D1696354

Dirk Niefanger

Barock

Lehrbuch Germanistik

mit 8 Abbildungen

3., aktualisierte und erweiterte Auflage

Verlag J.B. Metzler Stuttgart · Weimar

Der Autor
Dirk Niefanger, geb. 1960, ist Professor für Neuere deutsche Literaturwissenschaft
an der Friedrich-Alexander-Universität Erlangen-Nürnberg.

Gedruckt auf chlorfrei gebleichtem, säurefreiem und alterungsbeständigem Papier

Bibliografische Information der Deutschen Nationalbibliothek
Die Deutsche Nationalbibliothek verzeichnet diese Publikation in der Deutschen
Nationalbibliografie; detaillierte bibliografische Daten sind im Internet
über <http://dnb.d-nb.de> abrufbar.

ISBN 978-3-476-02437-4

© 2012 J. B. Metzler'sche Verlagsbuchhandlung
und Carl Ernst Poeschel Verlag GmbH in Stuttgart
www.metzlerverlag.de
info@metzlerverlag.de

Einbandgestaltung: Ingrid Gnoth | www.gd90.de
Satz: DTP + TEXT Eva Burri, Stuttgart, www.dtp-text.de
Druck und Bindung: CPI – Ebner & Spiegel, Ulm

Printed in Germany
August 2012

Verlag J. B. Metzler Stuttgart · Weimar

Inhalt

1. Vorbemerkung

> Schließlich war man wer. Wo alles wüst lag, glänzten einzig die Wörter. Und wo sich die
> Fürsten erniedrigt hatten, fiel den Dichtern Ansehen zu. Ihnen, und nicht den Mächtigen,
> war Unsterblichkeit sicher.

In seinem ›Barockroman‹ *Das Treffen in Telgte* (1979) hat Günter Grass diesen Gedanken dem Königsberger Autor Simon Dach zugeschrieben. Er erfasst die Situation
der Dichtkunst im 17. Jahrhundert, das beginnende Selbstbewusstsein der nun in ihrer
Muttersprache schreibenden Dichter und ihr langsam steigendes Ansehen in einer
vom Krieg schwer getroffenen Gesellschaft. Dass ihnen anders als den Mächtigen
Unsterblichkeit sicher sein sollte, wirkt indes wie ein frommer Wunsch. Gewöhnlich
wird eher an Wallenstein, Tilly und Ludwig XIV. erinnert als an Gryphius, Lohenstein oder Liselotte von der Pfalz. »Schließlich war man wer«, heißt vielleicht gerade
deshalb das Kredo Dachs im Roman – *wer* sie waren, *was* sie schrieben und *wie* sie
es formulierten – darüber handelt das folgende Buch.

Es ist als *Einführung* in die Literatur des 17. Jahrhunderts konzipiert und soll
in erster Linie einen Überblick über die wichtigsten Themen und Probleme dieser Zeit
liefern. Gedacht ist der Band auch als Kompendium und als schnelle Informationsquel-
le. Er ersetzt aber weder eine Literaturgeschichte noch Spezialstudien, sondern stellt
die Barockliteratur auf der Basis neuerer Forschungen dar. Die Einführung versucht,
komplexe Zusammenhänge zu erläutern, verzichtet aber weitgehend auf abgelegene
oder originelle Analysen von Einzeltexten.

Der gebotene Überblick legt besonderen Wert auf eine Einbettung der Literatur in ihren kultur- und diskursgeschichtlichen Kontext. Er beginnt historisch mit
den Bemühungen von Weckherlin und Opitz um eine neue deutschsprachige Poesie
(1618/1624) und endet bei den literarischen Konzepten der galanten Übergangszeit
am Anfang des 18. Jahrhunderts. Da die Barockliteratur wie kaum eine andere von
den anthropologischen, religiösen, sozialen, rhetorischen und philosophischen Vorstellungen der Zeit abhängt und weil sie Teil eines gesellschaftlichen Systems (und
nicht ›autonom‹) ist, liegt ein kulturwissenschaftlicher Zugang nahe.

Die Literatur des 17. Jahrhunderts bildet keine überschaubare Einheit; das
zeigen nicht zuletzt die Diskussionen um den inzwischen gängigen Barockbegriff
(s. Kap. 2). Für eine Gesamtdarstellung der Barockliteratur ist es daher schwierig, die
disparaten Strömungen und weitgehend unabhängig voneinander existierenden Teilli-
teraturen adäquat aufeinander zu beziehen und dennoch in ihrer Eigenart darzustellen.
Vereinfachungen und Vergröberungen in der Darstellung bleiben deshalb nicht aus.

Für einige Leser/innen kommt als Schwierigkeit hinzu, dass sich die Barockzeit
durch eine große Fremdartigkeit ihrer Texte und Denkweisen auszeichnet. Zu ihren
Themen und Problemen muss erst hingeführt werden; und Fachbegriffe aus der Rhetorik, Poetik, Philosophie oder Politik sind zu erläutern. Größtmögliche Hilfestellungen
sollen durch Übersichten, Übersetzungen und Worterklärungen gegeben werden.

Die Einführung orientiert sich bewusst an gängigen Lesegewohnheiten. Deshalb
wurden die Barockliteratur nach Gattungen geordnet und die entsprechenden Kapitel (4–7) annähernd analog aufgebaut: Zu Beginn referiere ich literaturtheoretische

Positionen des 17. Jahrhunderts; ein Überblick über die Forschungsliteratur wird summarisch am Ende der jeweiligen Gattungskapitel gegeben. In Klammern hinter der Darstellung eines Spezialproblems oder einer Forschungsposition finden sich genauere Hinweise.

Der Band beginnt mit einer ausführlichen sozial- und kulturhistorischen Skizze, die auch in die Lebens- und Denkweise der Zeit einführt, und Hinweisen zum literarischen Leben (Kapitel 1–3). Es folgen die Ausführungen zu den literarischen Gattungen (Kapitel 4–6). Das letzte Kapitel (7) sucht speziell außerliterarische Textsorten zu berücksichtigen. Die Darstellung verzichtet auf einen Anmerkungsapparat. Die Literaturangaben in Klammern beziehen sich auf das Literaturverzeichnis am Schluss des Bandes. Genannt sind der Autor und die Seitenzahl in arabischen Ziffern, bei Dramen auch, getrennt durch eine Virgel (/), Akt und Verszeile. Unpaginierte Seiten werden durch Blattnummern (Bl.) und Seite (^{r} = recto, Vorderseite; ^{v} = verso, Rückseite) kenntlich gemacht. Bei mehrbändigen Werken bezeichnen die römischen Ziffern die Bandzahl. Bei den Zitaten aus der Literatur des 17. Jahrhunderts wurden Abbreviaturen aufgelöst und die Umlaute (å ů ŏ) nach heutiger Typographie (ä ü ö) wiedergegeben. Neuere und preiswerte Ausgaben wurden in der Regel berücksichtigt. Das Personenregister umfasst alle im Text erwähnten Autorinnen und Autoren; es bezieht sich auch auf die angegebene Forschungsliteratur.

Wenn ein neues Projekt entsteht, ist es sinnvoll mit möglichst vielen Kolleginnen und Kollegen darüber zu diskutieren. So konturiert sich, was anfangs nur vage entworfen worden ist; so strukturiert sich, wovon zuerst nur eine grobe Vorstellung bestanden hat. Jedes Buch, auch wenn es letztlich von einem Autor verantwortet wird, ist insofern – und sinnvoller Weise – Produkt eines Diskurses. So war es auch bei dem vorliegenden Lehrbuch zur Barockliteratur. Für alle Ratschläge und Hinweise sei deshalb hiermit gedankt. Ein breit angelegtes Lehrbuch ist ein waghalsiges Unternehmen und birgt manche Fehlerquelle. Schon deshalb sind Kritik und Berichtigungen meiner Ausführungen ausdrücklich erwünscht.

Für ihre vielfältige Hilfe bin ich speziell Susanne Niefanger (Göttingen), Ingo Koch (Göttingen), Johannes Rößler (Berlin), Christopher Stormer (Urbana Champaign/Illinois), Uta Kabelitz (Berlin) und meiner Lektorin Ute Hechtfischer (Stuttgart) dankbar.

Göttingen, im September 2000   Dirk Niefanger

Zur zweiten Auflage

Auch für die notwendig gewordene zweite Auflage konnte ich mich auf viele, hilfreiche, zum Teil ausführliche Hinweise von Kolleginnen und Kollegen stützen, die ich hier unmöglich einzeln nennen kann. Ihnen ganz besonders und den zum Teil sehr genauen Rezensenten der ersten Auflage sei hiermit herzlich gedankt. Die vielen Ratschläge zeigen nicht zuletzt, wie verantwortlich die *scientific community* auf ein Lehrbuch reagiert und dass universitärer Unterricht und Forschung gerade im Bereich der Frühen Neuzeit von vielen noch als notwendige Einheit gesehen werden. Dass sich auch in der Neuausgabe trotzdem noch Flüchtigkeitsfehler und Irrtümer finden, manches schon bald veraltet erscheint oder von Einzelnen anders gesehen wird, versteht sich von selbst. Auch muss gerade bei einem Lehrbuch letztlich im Sinne der Leserinnen und Leser sehr strikt entschieden werden, was genannt werden muss und was weggelassen werden kann. Und genau darüber, das haben die Rezensionen ebenfalls gezeigt, kann man offensichtlich unterschiedlicher Meinung sein. Weil ich auch bei der erweiterten Neuauflage auswählen musste, konnte ich nicht jeder Bitte, jedem Ratschlag folgen. In einigen Fällen müssen die Studierenden deshalb auch jetzt die zur Verfügung stehende Spezialliteratur konsultieren. Hinzugekommen sind aber Passagen zum Epos, zur Lyrik vor Opitz, zur oberdeutschen Literatur, zur aktuellen Poetik-Diskussion und zum Judentum. Erweitert wurden u.a. das Medien-Kapitel, die Darstellung des Musiktheaters und die Ausführungen zu den ›Epochenschwellen‹. Zu allen Themen des Buches habe ich, soweit notwendig und zugänglich, neuere Literatur ergänzt. Aber auch hier war es unmöglich und auch nicht ratsam, jeden neueren Forschungsbeitrag zu erwähnen.

Speziell zu danken habe ich meinen Erlanger Hilfskräften Jasmin Allousch, Victoria Gutsche, Nicole Käferstein und Julia Ziegler sowie meiner Stuttgarter Lektorin Ute Hechtfischer für ihre geduldige Hilfe bei der Bearbeitung der Neuauflage.

Erlangen, im August 2006   Dirk Niefanger

Zur dritten Auflage

Die vorliegende Neuauflage kann sich wiederum auf den Rat und auf hilfreiche Hinweise von Freundinnen, Freunden, Kolleginnen und Kollegen stützen. Ihnen sei hiermit herzlich gedankt. Die naturgemäß nicht immer zustimmende Erwähnung des Lehrbuchs in ganz unterschiedlichen Forschungszusammenhängen zeigt, wie streitbar Ergebnisse der inzwischen weit ausdifferenzierten Barock-Forschung immer noch sind. Auch aus den Zusendungen von einschlägigen, bisweilen auch kritischen Studien und kleineren Beiträgen konnte ich viel für die Neuauflage lernen. Neu hinzugekommen sind Kapitel zur weiblichen Autorschaft im 17. Jahrhundert, zum Laientheater und zum Prosaroman, insbesondere zum ›barocken‹ Faustbuch. Ergänzt und aktualisiert wurden längere Passagen in allen größeren Literaturgattungen sowie in den einführenden Kapiteln zur Religion und zur Barock-Forschung. Mitunter wurden undeutliche oder irreführende Formulierungen geändert, Positionen relativiert, revidiert oder ausführlicher begründet. Neuere Forschungsliteratur habe ich, soweit es mir sinnvoll schien, in allen Teilen des Buchs ergänzt. Speziell zu danken habe ich meinen Erlanger Hilfskräften Elena Müller und Dominik Leugering sowie meiner Stuttgarter Lektorin Ute Hechtfischer.

Erlangen, im Mai 2012   Dirk Niefanger

2. Barockforschung – Barockbegriff

Beim literarischen Barock sollte man sich vor übereilten Festlegungen hüten, denn was barock ist, lässt sich nicht so leicht sagen. Und auch ein Barocklehrbuch kann kaum mehr leisten, als Probleme zu referieren und für ein pragmatisches Umgehen mit der Epoche zu plädieren. Es gibt Entwicklungslinien an, liefert Hilfestellungen für die eigene Lektüre und Vorschläge für Interpretationen und Textanalysen.

Vor allem die ältere Forschung hat sich angesichts scheinbarer Anachronismen und Widersprüche in der Literatur und der Geistesgeschichte des 17. Jahrhunderts damit beholfen, von einer Zeit voller Gegensätze zu sprechen. Schon 1922 bestimmte Arthur Hübscher das Lebensgefühl dieser Zeit antithetisch. Sein – aus heutiger Sicht – etwas oberflächlicher Versuch, eine unübersichtliche Epoche in ihrem Wesen zu erfassen, soll hier nicht referiert werden. Zugegeben, die Vorliebe für entsprechende Gestaltungsmittel der zeitgenössischen Rhetorik (Antithetik, Formen der Anapher) oder der Metrik (Alexandriner mit Mittelzensur) legt einen Zugang über die Gegensätze nahe. Einschlägig sind auch die strikten Dualismen, die im 17. Jahrhundert das Leben und Denken strukturierten: Gott – Welt, Diesseits – Jenseits, Augenblick – Ewigkeit, Höhe – Fall, Ordnung – Chaos oder Krieg – Frieden. Das dualistische Denken ergab sich dabei zu keinem geringen Teil aus konkreten historischen Konstellationen, wie dem Dreißigjährigen Krieg und seinen Gräuelerfahrungen auf der einen Seite sowie Prunk und Reichtum der Höfe auf der anderen. Es entstand aber auch aus dem Fortwirken mittelalterlicher Theologie. Denn das Überleben älterer Denk- und Ordnungsgewohnheiten (etwa der mittelalterlichen ›Ordo‹-Vorstellung) steht im 17. Jahrhundert neben einer deutlichen Neuorientierung im Bereich der Philosophie, der Technik, der Politik, des Rechts, der Wirtschaft und der Kultur. Dieses Nebeneinander von Altem und Neuem trägt seinen Teil zum widersprüchlichen (oder auch nur unklaren) Erscheinungsbild der Epoche bei.

Solche eher allgemeinen Einschätzungen der Epoche gelten auch für die Literatur: Sie zeigt sich, bestimmt durch streng normierende Poetiken, in einer formalen Strenge und scheint dennoch in nicht wenigen Texten charakterisiert durch überaus große poetische Möglichkeiten. Unübersehbar bietet sie eine Perspektive auf das Jenseits und schreitet doch lustvoll den Raum des Hier und Jetzt aus. Sie bestätigt absolutistische Denkweisen, liefert aber gleichfalls subversive Textebenen und kritische Blicke auf das Hofleben. Sie erscheint als eine Literatur des Spiels, thematisiert dabei aber sehr ernste und essenzielle Probleme.

Trotz der genannten Gegensätze gab es immer wieder Versuche, die Barockliteratur als einheitlich bestimmbares Phänomen zu betrachten. Für die Forschung kann Conrad Wiedemanns Beitrag zum Systemcharakter barocker Literatur als besonders wirkungsmächtig angesehen werden (Wiedemann 1973; kritisch: Bauer 2000). Die Barockliteratur sei gekennzeichnet – so die These – durch einen schmalen Themenbereich, durch ein gering ausgebildetes Problemdenken und einen hohen Grad an Verschultheit. Eine große Gelehrtheit, die sich am einheitlichen Standard humanistischer Ausbildung orientierte, eine mächtige an antiken Idealen ausgerichtete Rhetorik, eine präskriptive Poetik, festumrissene Politikideale und eine allgegenwärtige Theologie ließen kaum Platz für Originalität. Vielmehr zeige sich die Qualität barocker Texte in der Wahl und im Arrangement ihrer Verweismittel, also in der Sprache (Wiedemann 1973, 28).

Eine adäquate Einschätzung der Barockliteratur liegt wohl irgendwo zwischen den genannten Polen. Sie muss sowohl in ihrem systemischen Charakter als auch in ihren – durch die Vorgaben erst ermöglichten – Spielräumen und Gegensätzen, in ihrer Vielschichtigkeit und Polyperspektivik gesehen werden. Dann erscheint sie keineswegs »unaktuell, langweilig und pompös« (Bauer 2000, 124). Ein solches Verständnis will das Lehrbuch vermitteln.

2.1 Barockforschung

Ein knapper Überblick zu einzelnen Bereichen und spezielleren Fragen der Barockforschung wird in den Einzelkapiteln gegeben. Im Folgenden soll ein Einstieg ermöglicht werden, indem Forschungsinstitutionen (Bibliotheken, Institute, Arbeitskreise), Zeitschriften, Bibliographien, Internetadressen und Überblicksdarstellungen (Literaturgeschichten, Einführungen) vorgestellt werden.

Literaturgeschichten, Einführungen, Kanon

Glücklicherweise sind die Zeiten vorbei, in denen man konstatieren musste, dass die deutsche Literaturgeschichte zwischen Luther und Lessing so gut wie vergessen sei (Schöne (Hg.) [3]1988, V). Die Barockliteratur gehört heute zweifellos zum Kanon der deutschen Dichtung. Die umfangreichen Literaturgeschichten bieten eigene (Teil-)Bände zum Barock (Gaede 1971; Reinhart (Hg.) 2007; Meid 2009). Selbst die kürzeren Literaturgeschichten widmen der Barockliteratur recht ausführliche Kapitel (Beutin u. a. [4]1992, 85–120; Brenner 1996, 25–48) und heben inzwischen die Bedeutung des Barock hervor:

> Mit dem beginnenden 17. Jahrhundert erfährt die Entwicklung der deutschen Literatur einen entscheidenden Wandel. (Brenner 1996, 25)

Eine solche Bewertung der Epoche war Anfang des letzten Jahrhunderts selbst bei Standardwerken keine Selbstverständlichkeit. Zwar hebt etwa der national gesinnte Adolf Bartels hervor, dass im 17. Jahrhundert der »Grund zu dem modernen Deutschgefühl« ([6]1909, I, 246) gelegt wurde. Doch sieht er erst in der Frühaufklärung eine »geistige Mündigkeit« (247) Deutschlands verwirklicht.

Behandelt werden Autoren des 17. Jahrhunderts schon seit den literarhistorischen Darstellungen von Koberstein (1827), Gervinus (1835–1842) oder Lemcke (Neue Ausgabe 1882). Eine spezielle Textsammlung der Literatur des 17. Jahrhunderts kommt 1892 heraus (*Die Litteratur des siebzehnten Jahrhunderts*); auch einige Bände der monumentalen *Deutschen National-Litteratur* (Bd. 23 ff.) von Josef Kürschner sind barocken Autoren gewidmet. Nach der Jahrhundertwende erschienen spezielle **Literaturgeschichten des Barock**. Eine erste wissenschaftlich ambitionierte Sichtung der Barockliteratur stammt von Herbert Cysarz (1924) – allerdings mit einem heute etwas befremdlichen Zugang. Das nach regionalen Schwerpunkten geordnete Buch versucht den Geist und die Form des Barock in ihrer Einheit zu erfassen. Streng unterscheidet Cysarz dennoch zwischen dem norddeutschen bürgerlichen Barock und dem süddeutschen kaiserlichen. Auch Günter Müller beschreibt im *Handbuch der Literaturwissenschaft* (1926–28) die Barockliteratur. In Ermangelung von Alternativen wurde Müllers Epochendarstellung 1930 und 1957 sogar wieder aufgelegt. Freilich ist auch diese Darstellung heute schon wegen ihrer überholten Wertungen kaum noch hilfreich. Noch häufiger wurde die *Formgeschichte der deutschen Dichtung* (1949) von Paul Böckmann zur Hand genommen; den Barockstil behandelt er im ersten Band. Derzeit kaum zur Kenntnis genommen werden Hankamers Darstellung ([1]1947], [3]1964) und die Ostberliner Kollektivarbeit von Boeckh u. a. (1962).

Die derzeit ausführlichste und brauchbarste Geschichte der Barockliteratur stammt von Volker Meid: *Die deutsche Literatur im Zeitalter des Barock. Vom Späthumanismus zur Frühaufklärung 1570–1740* (2009). Sie ersetzt den 1951 erschienenen Band V der umfassenden, weit verbreiteten und mit hohem Geltungsanspruch ausgestatteten deutschen Literaturgeschichte von de Boor/Newald. Einer der beiden Hauptherausgeber, Richard Newald, hatte im, schon seit längerer Zeit sehr kritisch beurteilten, Vorgängerband über *Die deutsche Literatur vom Späthumanismus zur Empfindsamkeit 1570–1750* ([1]1951, verbesserte Aufl. [6]1967) nicht nur den damals noch umstrittenen Barock-Begriff weitestgehend vermieden, sondern auch nicht mit deutlich negativen Wertungen über die Literatur dieser Zeit gespart. Er folgte darin einer heute als überholt geltenden Orientierung der Literaturgeschichte an den Dichtungsnormen der deutschen Klassik. Volker Meid setzt sich hiervon dezidiert ab, wenn er im Vorwort betont, dass er seine Darstellung als »eine Art Bestandsaufnahme des in den letzten Jahrzehnten Erarbeiteten« begreift und dass er sich »der Forschung« gerade dieser Jahre »tief verpflichtet« fühlt (XV). Die Literaturgeschichte ist in neun große Kapitel unterteilt, die sich den einzelnen literarischen Gattungen und gebräuchlichsten Textsorten – Lyrik, Drama, epische Versdichtung, Roman, weitere Prosaformen –, den (kultur-)historischen Rahmenbedingungen der Literatur, der Schwellenzeit um 1600 und einem Ausblick auf die Übergangszeit zwischen Barock und Aufklärung widmen. Dass Meid sich, wie das vorliegende Lehrbuch, bei den Gattungskapiteln an heute gängige und nicht an zeitgenössische Vorstellungen hält, erscheint als sinnvolles Zugeständnis an die moderne Leserschaft. Wer sich also eingehender mit der Barockliteratur beschäftigen möchte, kann auf Meids umfassende Literaturgeschichte getrost zurückgreifen.

Daneben finden sich noch zwei ältere Darstellungen in den Bibliotheken, die für das heutige Studium aber weniger geeignet erscheinen: Werner Kohlschmidts erster Band seiner handlichen Literaturgeschichte von 1965 (*Geschichte der deutschen Literatur vom Barock bis zur Klassik*) und Friedrich Gaedes geistesgeschichtlich orientierte Darstellung der Frühen Neuzeit im *Handbuch der deutschen Literaturgeschichte* (1971). In der methodischen Anlage der Analysen und in der Auswahl der referierten Autoren sind diese beiden Darstellungen nicht mehr aktuell. Lediglich einen knappen Überblick über die Barockliteratur (auf 125 Seiten) bietet das Bändchen von Nusser (2002); seine Darstellung der *Deutsche[n] Literatur von 1500 bis 1800* ist als Nachfolgeband seiner Mittelalterdarstellung gedacht.

Ähnlich wie Gaede und Nusser behandeln zwei, auf die neuen Studiengänge zugeschnittene, kurze **Frühneuzeit-Einführungen** die Barockzeit nur als Teil einer indes unterschiedlich aufgefassten größeren literaturgeschichtlichen Einheit: Kai Bremer begrenzt die *Literatur der Frühen Neuzeit* auf *Reformation – Späthumanismus – Ba-*

rock (2008), lässt also die Aufklärung weg, da für sie ein eigener Einführungsband vorgesehen ist. Er arbeitet mit vier Modulen, einem problemorientierten Basismodul und drei aufeinander aufbauenden historischen Modulen. Der Späthumanismus 1570 bis 1630 erhält so den gleichen Stellenwert wie Barock oder Reformationszeit. Integriert sind Beispielanalysen und Fragen. Andreas Keller vermeidet in *Frühe Neuzeit. Das rhetorische Zeitalter* (2008) den gewöhnlichen Zugang über gängige Gattungsvorstellungen, konkrete Buchtitel und bekannte Autoren. Er konzentriert sich vielmehr auf einen Zugang, der die frühneuzeitlichen Texte im Kontext einer komplexen Wissensentfaltung und Rhetorik begreift. Diese gelehrte Begegnung mit der Literatur versucht, dem Selbstverständnis der Zeit nahezukommen, das sich allerdings bei genauerem Hinschauen weniger einheitlich zeigt, als es hier suggeriert wird. Zudem wählt er für seine Einführung eine kaum zu bewältigende Zeitspanne (ca. 1380 bis 1790), so dass die Auswahl der erwähnten literarischen Zeugnisse schließlich willkürlich erscheinen muss.

Neben diesen beiden Bändchen stehen noch zwei ältere **Einführungen in die Barockliteratur** zur Verfügung, die heute aber weniger oft in Seminaren und Vorlesungen zur vorbereiteten Lektüre vorgeschlagen werden: Marian Szyrockis gut lesbarer Überblick *Die deutsche Literatur des Barock. Eine Einführung* ([1]1968, bibliographisch erneuerte Auflage 1997) und Wilhelm Emrichs Vorlesung *Deutsche Literatur der Barockzeit* (1981). In beiden Büchern ist die Auswahl der behandelten Werke bzw. die Darstellung der Barockliteratur nicht repräsentativ. Bei Emrichs Vorlesung überwiegt ein Interesse an der religiösen Thematik, insbesondere im Bereich der Lyrik. Szyrocki grenzt bewusst den sozial- und kulturgeschichtlichen Hintergrund aus und hält sich an damals schon anerkannte Größen der Barockdichtung. Für eine rasche Übersicht über einzelne Werke eignen sich beide Darstellungen; als Einführungen scheinen sie nach zwanzig bzw. über dreißig Jahren wichtiger Barockforschung (mit neuen sozial-, kultur- und wissenschaftsgeschichtlichen) Schwerpunkten überholt zu sein. Dies gilt auch für die selten in deutschen Bibliotheken zu findende, in Rumänien erschienene Einführung von Raducanu (1974).

Weder eine Literaturgeschichte im engeren Sinne noch eine Einführung stellen die beiden **sozialgeschichtlichen Aufsatzsammlungen zur Literatur des 17. Jahrhunderts** dar (Steinhagen (Hg.) 1985; Meier (Hg.) 1999). Die umfangreichen Bände decken die Barockliteratur im engeren Sinne und einige verwandte Textsorten ab (Verhaltenslehrbücher, Predigt); sie bieten zudem hilfreiche Beiträge zum sozialgeschichtlichen, diskursiven und kulturellen Hintergrund der Texte. Für die Beschäftigung mit Einzelproblemen der Epoche sind die sozialgeschichtlichen Darstellungen unersetzliche Hilfsmittel. Auf die Einzelbeiträge dieser Sammelbände wird im vorliegenden Lehrbuch immer wieder verwiesen. Eine Einführung in die Barockliteratur ersetzen sie indes keinesfalls.

Heute gehören einige Werke der Barockliteratur zweifellos zum erweiterten **Kanon literaturgeschichtlichen Wissens**. Es gibt zur Zeit kaum eine Leseliste an den Universitäten und kaum ein Curriculum für höhere Schulen, die nicht wenigstens die wichtigsten Barocktexte verzeichnen oder zumindest zur Lektüre empfehlen. Andreas Gryphius und Hans Jacob Christoffel von Grimmelshausen rechnet man zu den großen deutschen Dichtern. Martin Opitz gilt in den Literaturgeschichten als Vater der neueren deutschsprachigen Poesie. Dietrich Schwanitz verzeichnet in seinem Buch *Bildung. Alles, was man wissen muss* (1999) den *Simplicissimus* als zentralen Text der europäischen Kultur, der unbedingt gelesen werden sollte. Für ihn ist der

Roman »das erste bedeutende Werk der neueren deutschen Literatur« (227); ihm folgt Goethes *Werther* (233 f.) und Lessing (235).

Die große Tiepolo-Ausstellung 1996 in Würzburg, die aufwendige Präsentation der Jesuitenkultur 1997 in München sowie die Feiern zur 350-jährigen Geschichte des Westfälischen Friedens 1998 mit Kongressen und den Barock-Ausstellungen in Münster, Osnabrück und Nürnberg haben die Kultur des 17. Jahrhunderts einer breiteren Öffentlichkeit nachhaltig ins Gedächtnis gerufen. Selbst Barockliteratur, die in Schaukästen nur schwer präsentierbar ist, wurde in kleinerem Rahmen bedacht. So konnte man in Berlin, Oldenburg und Göttingen 1997 Opitz-Ausstellungen besuchen.

Institutionen, Zeitschriften, Internet

Sichtbar wird die starke Präsenz der Barockzeit auch an der Einrichtung von universitären Lehrstühlen speziell für Mittlere deutsche Literatur (Berlin, Magdeburg usw.), am Ausbau interdisziplinärer Forschungszentren (Augsburg, Erlangen, Göttingen, Osnabrück, Wolfenbüttel, Wien), an Graduiertenkollegs zur Barockzeit oder fest etablierten Arbeitskreisen zur Frühen Neuzeit (Augsburg, Essen, Bonn, Tübingen). Auch angelsächsische und amerikanische Universitäten haben wichtige Lehrstühle mit barocken Schwerpunkten (etwa Yale, Oxford, Columbus/Ohio, Penn State, Berkeley, Illinois/Urbana-Champaign und Irvine). An der Universität Wrocław/Breslau existiert eine ›Forschungsstelle für Kultur und Literatur des schlesischen Barock‹. In der Biblioteka Uniwersytecka we Wrocławiu gibt es umfangreiche Bestände der schlesischen Barockliteratur. Nicht zu vergessen sind schließlich die zum Teil sehr aktiven Literaturgesellschaften (Gryphius-, Spee-, Knorr von Rosenroth- und Grimmelshausen-Gesellschaft). Das Simplicissimus-Haus in Renchen hat ein eigenes kleines Veranstaltungsprogramm. Ein Museum des Dreißigjährigen Krieges befindet sich seit 1998 in Wittstock/Dosse (www.mdk-wittstock.de).

Zentrum der Barockforschung in Deutschland bleibt die **Herzog August Bibliothek in Wolfenbüttel** mit ihrem großartigen Buchbestand, ihren Ausstellungen, Tagungen und Stipendienprogrammen. Sie ist im Rahmen der konföderalen Nationalbibliothek Deutschlands für *Deutsche Drucke des 17. Jahrhunderts* zuständig. Die *Deutschen Drucke des Barock 1600–1720* (1977–1996) sind in einem gedruckten, auch in anderen Bibliotheken einsehbaren Katalog nachgewiesen. Seit 1972 existiert in Wolfenbüttel ein *Arbeitskreis für Barockforschung*, der alle drei Jahre einen zentralen interdisziplinären und internationalen Kongress zur Frühen Neuzeit veranstaltet und mit den *Wolfenbütteler Barock-Nachrichten* (Wiesbaden) eine wichtige Zeitschrift zum 17. Jahrhundert herausbringt. In der Zeitschrift findet sich eine fortlaufend geführte »Bibliographie zur Barockliteratur«. Die Bibliothek gibt seit 1973 die *Wolfenbütteler Arbeiten zur Barockforschung* heraus. Ein weiteres gutes Hilfsmittel stellen die großen **Bibliographien** von Faber du Faur (1958), Pyritz (1985–1994) und Dünnhaupt (1990–1993) dar. Zur Auffindung von Quellentexten und literarischen Werken dient das über die Bibliothekscomputer und das Internet (www.vd17.de) abrufbare *Verzeichnis der im deutschen Sprachbereich erschienenen Drucke des 17. Jahrhunderts* (VD 17), das auch die Titelblätter und bibliographisch relevante Seiten der Publikationen als Faksimiles enthält. Als das wichtigste wissenschaftliche Periodikum zur Literatur der Frühen Neuzeit, insbesondere zur Barockliteratur, hat sich die Zeitschrift *Daphnis* (Amsterdam; Beihefte *Chloe*) etabliert. Speziell mit der Kultur des 17. Jahrhunderts beschäftigen sich außerdem das Wiener *Frühneuzeit-Info* und die *Early Modern Literary Studies*. Das *Metzler Autoren Lexikon* (hg. von Bernd Lutz und Benedikt Jeßing), Killys *Literaturlexikon*, das *Autorinnen-Lexikon* von Woods/Fürstenwald, Koschs *Deutsches Literatur-Lexikon* und das Reclam-Handbuch *Deutsche Dichter* (Bd. 2: Reformation, Renaissance und Barock) bieten biografische Artikel zu den bekanntesten Barockdichtern. Umfassende Informationen zur Kulturgeschichte bietet die *Enzyklopädie der Neuzeit*.

Im **Internet** sind inzwischen nicht nur eine Reihe wichtiger Primärtexte greifbar; auch die Literaturgesellschaften, Universitäten, Lehrstühle und Forschungsinstitute bieten Diskussionsforen, Materialien sowie hilfreiche Hinweise auf Tagungen und Veröffentlichungen. Hier seien einige Internet-Adressen (www.[...]) genannt, die für die Barockforschung einschlägig sind und die weiterführende Links enthalten:

Das *Forum Computerphilologie* (computerphilologie.uni-muenchen.de) informiert generell über Internet-Aktivitäten im Bereich der Literaturwissenschaft, *germanistik.net* (germanistik.net), das neue Fachportal Germanistik (germanistik-im-netz. de) und die *Erlanger Liste* (erlangerliste.de) über solche im Bereich der Germanistik. Viele Texte der Frühen Neuzeit in digitaler Form bietet das *Projekt Gutenberg* (gutenberg.org). Die Web-Seite *Frühe Neuzeit Digital* (hab.de/kataloge/de/fnd/) der Herzog August Bibliothek zeigt eine umfangreiche Aufstellung von Projekten, Ausstellungen und Tagungen in der ganzen Welt. Unter www.hab.de/bibliothek/wdb findet man die Wolfenbütteler Digitale Bibliothek mit Links zu Digitalisierungsprojekten (etwa zum *dünnhaupt digital*, einem Erschließungsprojekt aller in der wichtigsten Barock-Bibliographie angezeigten Drucke) und zu einzelnen digitalen Editionen (etwa die Briefe von Athanasius Kircher an den Wolfenbütteler Herzog). Die Verfügbarkeit von Barock-Digitalisaten – nicht nur auf den Seiten der Herzog August Bibliothek – hat in den letzten Jahren enorm zugenommen. Den besten Zugriff auf die unterschiedlichen Server hat man über das VD 17 (vgl. Fabian (Hg.) 2010), wo die zur Verfügung stehenden Volldigitalisate verzeichnet sind, oder über das Zentrale Verzeichnis Digitalisierter Drucke (www.zvdd.de). Hier lässt sich ein Zugang nach Jahrhunderten einstellen, so dass man die barocken Drucke leicht aussondern kann. Sinnvoll ist ein Zugriff über den DFG-Viewer, eine in Deutschland standardisierte, sehr nützliche Benutzeroberfläche für digitale Editionen. Für die Barock-Forschung, die sich mit der besseren elektronischen Erfassung von Drucken beschäftigt, ist der Versuch bedeutsam, die Barocktexte nach standardisierten »Document Type Definitions«, nach für das 17. Jahrhundert typischen Gattungsmerkmalen, zu erschließen. Recherchemöglichkeiten zu den kleineren frühneuzeitlichen Gattungen (Flugblatt, Emblembuch, Gebetbuch etc.) und ihren typischen Merkmalen gibt es über http:// dbs.hab.de/barock/barock.htlm.

Als ein Fachportal zur historischen Forschung präsentiert *historicum.net* (historicum.net) viele Informationen zur frühen Neuzeit. Das Portal enthält Forschungsüberblicke, ein Forum, Rezensionen und aktuelle Hinweise. Schwerpunktthemen sind die »Hexenverfolgung« und »Krieg&Gesellschaft«. Ähnliches wie das Münchener Projekt leistet die Dortmunder *Virtual Library Geschichte: Frühe Neuzeit* (historisches-centrum.de/index.php?id=66). Die *Andreas-Gryphius-Gesellschaft* bietet eine Homepage (gryphius.net) mit Hinweisen zu Tagungen und Neuerscheinungen, vielen Links zur Forschung sowie ein Diskussionsforum. Auch die *Knorr-von-Rosenroth-* (knorr-von-rosenroth-de), die *Grimmelshausen-* (grimmelshausen.org) und die *Spee-Gesellschaft* (friedrich-spee.de) haben eigene Web-Seiten. Selbst über den *Pegnesischen Blumenorden* (irrhain.de) kann man sich im Internet informieren. Informativ ist ebenfalls die Seite des *Arbeitskreises Militär und Gesellschaft in der Frühen Neuzeit* (amg-fnz.de). Ein schönes Barock-Quiz für Anfänger findet sich bei den Kieler Germanisten (literaturwissenschaft-online.uni-kiel.de/e-learning/barock. asp). Der *Hamburger Bildungsserver* bietet eine Linkliste zum Thema ›Barock‹, die sich vorwiegend an Lehrer, Schüler und interessierte Laien richtet (lbs.hh.schule.de/ welcome.phtml?unten=/faecher/deutsch/epochen/barock). Die Informationen auf diesen Seiten erscheinen mir aber nicht unbedingt verlässlich; sie zeugen jedoch von einem lebendigen Interesse an der Epoche, das sich auch in der zum Teil sehr kreativen Gestaltung der Webauftritte zeigt. Nicht nur aufgrund genereller wissenschaftlicher Erwägungen (Qualitätskontrolle etc.) scheinen mir die *Wikipedia*-Artikel zu ›Barock- literatur‹ und ›Barock‹ für das Studium leider unbrauchbar.

2.2 Barockbegriff

Die fruchtbare Diskussion des Barockbegriffs in den vergangenen Jahrzehnten trug letztlich zur Wiederentdeckung der Epoche bei. Die Kontroverse vermochte darüber hinaus, auf generelle literaturwissenschaftliche Fragestellungen hinzuweisen. Sie hat Periodisierungsprobleme sichtbar gemacht. Und sie konnte zeigen, dass stiltypologi- sche und historische Zugänge letztlich unvereinbar sind.

Grundsätzlich besteht bei der Verwendung des Barockbegriffs das Problem, dass er sich nicht aus der »Semantik der geschichtlichen Selbstverständigung der Epoche ableiten läßt« (Kühlmann 1982, 2). Noch 1963 benutzt Friedrich Beissner in einem Aufsatz über die Barocklyrik Anführungszeichen (38 u. ö.), um die Fraglich- keit des Begriffs zu verdeutlichen. Im 17. Jahrhundert spricht kein Mensch von der Barockliteratur oder der Barockepoche, während die Bezeichnungen Renaissance, Humanismus, Aufklärung und Empfindsamkeit sehr wohl auf eine zeitgenössische Redeweise zurückführbar sind. Deshalb muss zu Beginn einer Barockeinführung über den Epochenbegriff und seine Herkunft nachgedacht werden.

Geschichte des Begriffs

Der **Begriff** ›**Barock**‹ wurde vermutlich aus dem portugiesischen *barocco* (französisch: *baroque*), *schräg, unregelmäßig* abgeleitet. Er bezog sich ursprünglich auf die zum Teil schiefrunde Beschaffenheit von Perlen. Schon im 18. Jahrhundert übernahm ihn in Deutschland die Kritik als (ab)wertenden Begriff. ›Barock‹ (oder ›barockisch‹) bezeichnete seither einen wunderlichen und seltsamen Geschmack, eine schwülstige Formenwelt jenseits von Rationalismus und Aufklärung. Auch in Italien bürgerte sich mit paralleler Bedeutung das Adjektiv *barocco* als Stilbezeichnung ein.

Diese frühe ästhetische Bestimmung wurde in der zweiten Hälfte des 19. Jahrhunderts von der Kunstwissenschaft als **Stil- und Formbegriff** übernommen. Er charakterisierte fortan vorwiegend den Kunststil, der auf die Renaissance folgt, wurde aber auch für ähnliche Stilphänomene außerhalb dieser Epoche verwendet.

Die kunsthistorische Forschung versuchte mit dem Stilbegriff ›Barock‹, Auflösungserscheinungen und Dekadenzphänomene am Ende einer formstrengen Klassik zu fassen. Mit einer so konstatierten regelmäßigen Abfolge von Klassizismen und Barockphasen schienen verschiedene Kulturen, historische Kunststile und historische Zusammenhänge begreifbar. Diese Denkweise entlehnt noch Oswald Spenglers vielzitiertes Buch *Der Untergang des Abendlandes* (1918–22). Für als ›entartet‹ verstandene ›Spätphasen‹ verschiedener Weltepochen verwendet er den Begriff ›Barock‹.

Der sich zuerst in der Kunstgeschichte etablierende **Epochenbegriff** ›Barock‹ übernahm weithin den Geltungsbereich der Bezeichnung **Manierismus**. Dabei vollzog sich eine leichte Bedeutungsverschiebung auch in der Stilbewertung dieser Zeit. ›Manierismus‹ hob das unkreative, übertrieben epigonale Moment hervor, während ›Barock‹ ursprünglich stärker das Schwelgerische, Üppige, Extreme und Schwülstige betonte. Die stilgeschichtliche Verwendung von ›Manierismus‹ meint jede Erstarrung in tradierten Formen und die damit einhergehende Überbetonung des ästhetischen Aspekts gegenüber der inhaltlichen Präsentation.

Auch auf die Literatur wird der Stilbegriff ›Manierismus‹ gelegentlich angewendet. Spahr plädiert dafür, Manierismus als Stilbezeichnung und Barock als Epochenbegriff zu benutzen (Spahr 1967). Neuere literaturwissenschaftliche Untersuchungen folgen dieser Tendenz: So fasst man heute den literarischen Manierismus als poetische Artistik, die nicht an eine Epoche gebunden ist (Zymner 1995). Als kunstgeschichtliche Epoche meint der Manierismus die Zeit zwischen Renaissance und Barock. Letzterer setzt im späten 16. Jahrhundert in Italien ein und erfasst im 17. und 18. Jahrhundert die gesamte europäische Malerei, Skulptur und Architektur. Er wirkte – mit einigen Verzögerungen – auch in überseeischen Ländern, die von der katholischen Mission erreicht wurden (z. B. Südamerika).

Ende des 19. Jahrhunderts kamen Überlegungen auf, den Barockbegriff auch auf die anderen Künste, nämlich auf die Musik und die Literatur zu übertragen. Schon **Friedrich Nietzsche** schlägt in seiner Skizze *Vom Barockstile* (1879) vor, ›Barock‹ als Stilbegriff auf alle Künste anzuwenden, ihn als überzeitliches, periodisches Phänomen aufzufassen und ihn in seiner spezifischen Qualität zu sehen. Er wertet den Barockstil also nicht von vornherein ab. Für Nietzsche ist der Barockstil seinem Wesen nach an das Rhetorische gebunden (Barner 1970, 3–21). Als Schlüsseltext für die Einordnung der barocken Kunst kann **Heinrich Wölfflins** Studie *Renaissance und Barock* (1888) angesehen werden. Er stellt unmissverständlich fest, dass die Kunst des 17. Jahrhunderts »barock« sei, »auch wenn man nicht nur an Schwulst und Überladung denkt, sondern auf die tieferen Prinzipien der Gestaltung zurückgeht« (Barner (Hg.) 1975, 14). Das tiefere Prinzip der Barockkunst erklärt Wölfflin mit einem neuen Körpergefühl: An die Stelle der schlanken Gestalten der Antike und Renaissance treten vollmassige Körper mit schwellender Muskelbildung und rauschenden Gewändern. Rubens' runde Frauenkörper ersetzen die leichten Figuren Botticellis.

Prägend für die literaturwissenschaftliche Verwendung des Barockbegriffs wurde schließlich **Fritz Strich**. Er nimmt den *lyrischen Stil des 17. Jahrhunderts* (1916) in den Blick; die Gedichte dieser Zeit fasst er als Barocklyrik. Bestimmend für sie sei ein antithetisches Verfahren (Strich, in: Barner (Hg.) 1975, 43). Damit war die oben referierte wissenschaftliche Charakterisierung des Barock gefunden. Der Barockbegriff blieb in der Literaturwissenschaft allerdings weiterhin problematisch. Sein wichtigster Kritiker war **Benedetto Croce**, der 1925 den zuerst vorwiegend pejorativ gebrauchten Begriff für ungeeignet hielt, eine Epoche oder einen Stil zu bezeichnen. Immer wieder kritisierte die Barockforschung – unter anderem Ernst Robert Curtius – das Nebeneinander verschiedener Denotationen des Barockbegriffs; diese würden zu »Verwirrung« führen (Barner (Hg.) 1975, 2). Mit der wissenschaftlichen »Erfindung des ›Barock‹« zu Beginn des Jahrhunderts und den frühen Kontroversen um den Begriff befassen sich neuere Studien Leppers (2006b, 2007).

Neuere Klärungsversuche

Sinnvoll ist die Unterscheidung von drei Geltungsbereichen des Barockbegriffs: einen wissenschaftlichen, einen lokalen und einen systematischen Bereich. Den Geltungsbereichen können jeweils einzelne Bedeutungen zugeordnet werden, so dass sich folgendes Schema ergibt:

wissenschaftliche Bereiche:	■ literaturgeschichtlicher Begriff
	■ kunstgeschichtlicher Begriff
	■ musikwissenschaftlicher Begriff
	■ architekturgeschichtlicher Begriff
	■ kulturwissenschaftlicher Begriff
	■ geisteswissenschaftlicher Begriff
lokale Bereiche:	■ regionaler Begriff
	(Süddeutschland, Brabant usw.)
	■ nationaler Begriff
	(Deutschland, Italien, Spanien usw.)
	■ übernationaler Begriff
	(Europa, Bereich der katholischen Mission)
systematische Bereiche:	■ stiltypologischer Begriff
	■ kunstkritischer Begriff
	■ Epochenbegriff
	■ historiographischer Begriff

Die drei Bereiche sind kombinierbar. In der germanistischen Literaturwissenschaft wird mit dem Begriff ›Barock‹ eine Epoche (systematischer Bereich) der Literatur (ästhetischer Bereich) in Deutschland (lokaler Bereich) gemeint: also die deutsche Literatur zwischen etwa 1600 und 1720.

´Vor allem die polnische Germanistik der 60er Jahre – Marian Szyrocki, Elida Maria Szarota – und gegen Ende des Jahrzehnts auch deutsche und amerikanische Germanisten – Blake Lee Spahr, Albrecht Schöne, Wilfried Barner – etablierten diesen literaturwissenschaftlichen Barockbegriff, der nun vornehmlich die Literatur des 17. Jahrhunderts als Epoche fasste.

Im wissenschaftlichen Bereich hat der Begriff seine abwertende Konnotation verloren, auch wenn er gelegentlich noch zu polemischen Auseinandersetzungen herangezogen wird. So stellte Ende der 60er Jahre Theodor W. Adorno die These von einem »mißbrauchte[n] Barock« auf (Adorno 1967, 133–157). Er sei zum »Prestigebegriff« (133) einer bürgerlichen Kultur geworden, die das Objekt ihrer Begeisterung, insbesondere die gesellschaftliche Position der höfischen Kultur, eigentlich nicht recht begreife – und zwar weder in ihrer historischen Gebundenheit noch in ihren ästhetischen Formen. Eine solche Kritik am Barockbegriff richtet sich gegen eine unkritische, ausschließlich auf ökonomischen Gewinn zielende Vermarktung der Barockkultur auf Tonträgern, in Kostümfilmen und bei Schlossführungen. Hier hat sie ihre Berechtigung; für die wissenschaftliche Beschäftigung mit dem 17. Jahrhundert mag sie indes weniger relevant sein.

Sprachregelung: Frühe Neuzeit, Barock

Heute ist die Sprachregelung kaum noch umstritten: ›Barock‹ hat sich als Verständigungs- und Arbeitsbegriff für die Literatur des 17. Jahrhunderts eingebürgert (Freund 2001; Burgard (Hg.) 2004; *Barock* (Text + Kritik) 2002; Wiedemann 1994/2005, 33; Küster u. a. 2005; Braungart 2006; Meid 2009). Lediglich in der Lyrik-Forschung (vor allem: Kemper 1987 ff.) werden noch Alternativen diskutiert (s. Kap. 5). Das Jahrhundert wird zunehmend als Teil der weiter gefassten **Frühen Neuzeit** gesehen. So argumentieren etwa die Einführungen von Bremer (2008) und Keller (2008), der programmatische Beitrag von Richter (2009) sowie der neue Katalog des Germanischen Nationalmuseums zur *Kunst und Kultur vom 16. bis zum 18. Jahrhundert* (Hess/Hirschfelder (Hg.) 2010). ›Frühe Neuzeit‹ ist ein »mehrere Literaturepochen überspannender Begriff aus der Allgemeinen Geschichte«, der die Dichtung »etwa vom 16. bis gegen Ende des 18. Jahrhunderts« umfasst (Jaumann 1997b, 632). Insbesondere die kulturgeschichtlich ausgerichtete Forschung versteht die Barockzeit als mittlere und in vieler Hinsicht entscheidende Phase der Frühen Neuzeit.

Die geschichtswissenschaftliche Periodisierung sieht meist den Westfälischen Frieden (1648) als Zäsur innerhalb des 17. Jahrhunderts (s. Kap. 3.1, anders: Münch 1999; Meumann 2004b). Diese wird von der älteren Germanistik, etwa von Wilhelm Scherer, übernommen, aber schon bald wieder abgelehnt (Beissner 1963, 46). Die Barockzeit selbst wird häufig Binnengliederungen unterworfen (Titzmann 1991). So tauchen in der Forschung Einteilungen auf wie:

- Frühbarock (Opitz) – Hochbarock (Gryphius) – Spätbarock (Hoffmannswaldau)
- weiterer Barock (Opitz) – engerer Barock (Gryphius)
- vorbarocker Klassizismus (Opitz) – Barock (Gryphius)
- 1. Schlesische Schule (Opitz) – 2. Schlesische Schule (Lohenstein)

Akzeptiert man die Dreiteilung als gängigstes Ordnungsschema, so ergibt sich folgende Systematik. Sie ist als **Orientierungshilfe und Sprachregelung** gedacht und sollte nicht normativ verstanden werden:

	Renaissance/ Humanismus	(16. Jahrhundert)
Frühe Neuzeit	Barock	(17. Jahrhundert)
	Aufklärung	(18. Jahrhundert)

Obschon die eingebürgerte Begrifflichkeit von Früh-, Hoch- und Spätbarock, dem dann die Frühaufklärung folgt, es nahe legt, sollte eine solche Systematik nicht als Aufstiegs- und Niedergangsmodell verstanden werden. Vielmehr gestaltet sich der immer fließende Übergang als Neubesetzung literarischer Felder. Die Dominanz einer neuen Literatur zeigt sich – um ein Modell Bourdieus (2001) zu verwenden – in ihrem erhöhten Ansehen und nicht so sehr an der tatsächlichen Verbreitung. Dies wird im 17. Jahrhundert durch wirkungsreiche Poetiken und Mustertexte begünstigt. Nach dem Erfolg von Opitz' *Buch von der Deutschen Poeterey* (1624) können deutschsprachige Texte literarische Teilfelder (Gelehrtenliteratur, Trauerspiel) besetzen, die ihnen vorher verwehrt waren.

2.3 Barock im internationalen Kontext

Die Epocheneinteilung wird durch zwei Aspekte erschwert: Erstens bereitet die Internationalität der barocken Kunst gewisse Probleme, da die europäischen Barockepochen asynchron verlaufen. Und zweitens, verlangen die einzelnen Künste unterschiedliche zeitliche Zuschreibungen. Zwar kann man von einer zumindest europäischen Großepoche des Barock sprechen, doch wird unter ›Barock‹ je nach Nationalkultur und Kunstgattung etwas spezifisch anderes verstanden und ein anderer Zeitabschnitt gemeint (Hoffmeister 1987). Zudem ist der Barockbegriff selbst im europäischen Kontext umstritten. So wird in Frankreich häufig die Bezeichnung Klassik oder *classicisme* (Klassizismus) herangezogen. Pierre Chaunu verwendet in seinem Standardwerk zur europäischen Kulturgeschichte des 17. Jahrhunderts im französischen Original (*La Civilisation de l'Europe classique*) einen anderen Epochentitel als Alfred P. Zeller in seiner deutschen Übersetzung (*Europäische Kultur im Zeitalter des Barock*).

In den europäischen Ländern hat in der Tat die Barockliteratur und noch mehr die Barockkunst (Burbaum 2003), einen jeweils anderen Charakter. In Italien bezieht sich Barock in erster Linie auf die römische Architektur im Umfeld Berninis und Borrominis, auf die Musik Monteverdis und Scarlattis, auf die Malerei Caravaggios, Guido Renis und Carraccis, die spätbarocke Malerei Tiepolos (Deckenfresken in der Würzburger Residenz, 1750–53) und Canalettos sowie auf die Skulpturen Berninis. Corelli und Vivaldi prägten die italienische Musik des Spätbarock. Die italienische Literatur des 17. Jahrhunderts wird häufig als Manierismus – nach dem Barockdichter Giambattista Marino (1569–1625) auch als Marinismus – bezeichnet, der die Renaissance in übertriebener Rhetorik fortführte und zu überbieten suchte. Als der wichtigste Dichter des italienischen Barock kann durchaus Torquato Tasso (1544–1595) angesehen werden, der schon vor 1600 wirkte. Italien ist die Wiege der Barockoper, des Schäferspiels und der *commedia dell'arte*.

Spanien gilt als eines der Zentren des europäischen Barock, speziell auch der Barockliteratur. Das hat historische Gründe: Konnte sich in Italien nach dem Mittelalter eine an der Antike orientierte Literatur etablieren, war die spanische Kultur des Mittelalters und der Frühen Neuzeit durch die *reconquista*, durch den Kampf der christlichen Bevölkerung gegen die islamische Herrschaft, geprägt. Eine vergleichbare Haltung übertrug man auf den Kampf gegen das reformierte Europa (Hoffmeister

1987, 15). Der in Spanien durch Ignatius von Loyola (1491–1556) gegründete Jesuitenorden wird zum zentralen Instrument der Gegenreformation. Der Orden wirkt in ganz Europa auf die katholische Barockkultur. Das Meisterwerk der spanischen Barockliteratur ist zweifellos der Roman *Don Quixote* (Teil 1: 1605, Teil 2: 1615) von Miguel de Cervantes Saavedra (1547–1616). Auf die Darstellung idealer Verhaltensweisen wirken in ganz Europa *Agudenza y arte de ingenio* (1642), *El criticón* (1651 f.) und das *Oráculo manual* (1647) von Baltasar Gracián (1601–1658). Auch die Konzeption des barocken Welttheaters geht auf spanische Autoren zurück, vor allem auf Calderón de la Barca (1600–1681). *El gran teatro del mundo* (1645) und *La vida es sueño* (1636) sind Schlüsseltexte barocken Selbstverständnisses. Neben Calderón gilt der Begründer des spanischen Nationaltheaters Félix Lope de Vega Carpio (1562–1635) als der bedeutendste Barockdramatiker auf der iberischen Halbinsel. Aus der Barockmalerei in Spanien ragen die Bilder von Diego Velázquez (*Las Meninas*, 1656/57) und Bartolomé Murillo heraus.

Die Literatur des 17. Jahrhunderts fasst man in **Frankreich** in der Regel unter der Bezeichnung *classicisme* (Klassizismus). Zwar muss man Unterschiede zwischen den stark normativ ausgerichteten Prinzipien der *doctrine classique* im Sinne von François de Malherbe (1555–1628) und den oft preziösen Formen barocker Kunst in Frankreich sehen, doch wird man kaum von verschiedenen, gar oppositionellen Programmen sprechen können. Zumindest werden Prinzipien des Klassizismus – im Bereich der Tragödie und der Gedichtformen, insbesondere des Sonetts etwa – im barocken Europa rezipiert. Und man muss zwischen der literarischen Praxis und den strengen Poetiken in Frankreich unterscheiden. Schon bei den Dichtern der *Pléiade*, der klassizistischen Dichtergruppe um Ronsard seit Mitte des 16. Jahrhunderts, und ihrer ausgefeilten Rhetorik könnte man typisch barocke Züge entdecken. Zur barocken Seite der französischen Literatur im 17. Jahrhundert zählen die Werke des Hugenotten Théophile de Viau (1590–1626) oder jene Cyrano de Bergeracs (1619–1655). Die Geschichte des europäischen Dramas prägten eher die großen klassizistischen Dichter der Zeit wie Pierre Corneille (1606–1684), Molière (1622–1673) oder Jean Racine (1639–1699), in deren Stücken man durchaus barocke Züge – vom Personal und Plott bis zur Rhetorik – entdeckt hat (Hoffmeister 1987, 29–31). Bedeutende Maler des 17. Jahrhunderts sind: Nicolas Poussin (*Die Hirten von Arkadien*, 1650–55), Georges de La Tour und Claude Lorrain. Von Hyacinthe Rigaud stammt das berühmte *Bildnis Ludwig XIV.* (1701), *das* Exempel absolutistischer Herrschaftsporträts.

Den Barockbegriff auf die Literatur in **England** zu beziehen, fällt ebenfalls nicht leicht. In der englischen Literaturwissenschaft wird er kaum verwendet. Statt dessen spricht man von der Shakespeare-Zeit oder der *English Renaissance*, die bis zur Mitte des 17. Jahrhunderts ausgedehnt wird. Die großen Renaissance-Dramatiker Christopher Marlowe (1564–1593) und William Shakespeare (1564–1616) traten in England auf, als in Spanien erste Barocktexte kursierten. Die Romane von Philip Sidney (1554–1586) und John Barclay (1582–1621) wurden auf dem barocken Festland bald übersetzt. Als ›barock‹ könnte man vielleicht Ben Jonson (1572–1637) und die *metaphysical poets*, religiöse Lyriker artistischer, zum Teil schwer verständlicher Texte, bezeichnen. Man hat auch John Miltons (1608–1674) religiöses Epos *Paradise Lost* (1667) als Barocktext gelesen. In Deutschland wurde es durch die Übersetzung der Frühaufklärer Bodmer und Breitinger (1732) bekannt. Die englische Barockkultur belebten die Trauerspiele und Opern von John Dryden (1631–1700) sowie die in London wirkenden (Opern-)Musiker Georg Friedrich Händel und Henry Purcell.

In den **Niederlanden** entstand das in mancher Hinsicht wichtigste philosophische Werk der Barockzeit, die neustoizistische Ethik *De Constantia* (1584) von Justus Lipsius (1547–1606). Für das deutschsprachige Barocktheater waren die holländischen Dramatiker von großer Bedeutung, insbesondere Jost van den Vondel (1587–1679) und Pieter Corneliszoon Hooft (1581–1647). Beide Autoren und der didaktisch-erbauliche Dichter Jacob Cats (1577–1660) prägen die holländische Barocklyrik. Nicht nur als Lyriker, sondern auch als unter anderem in Deutschland rezipierter Theoretiker trat Daniel Heinsius (1580–1655) auf. Das 17. Jahrhundert wird in den Niederlanden als das ›goldene Zeitalter‹ der Malerei gefeiert. Peter Paul Rubens wirkte im eher katholischen Süden, Rembrandt (sog. *Nachtwache*, 1642) im protestantischen Norden. Aber auch die Namen der anderen holländischen Barockmaler sprechen bis heute für eine Blütezeit: Jan und Pieter Bruegel, Frans Hals, Anthonis van Dyck, Adriaen van Ostade, Jacob van Ruisdael, Jan van Goyen, Adriaen Brouwer, Jan Steen, Gerhard Terborch oder Jan Vermeer.

Auch im **Heiligen Römischen Reich Deutscher Nation** stellt sich die Barockkultur – zumindest für den Laien – vorwiegend außerhalb der Literatur dar: in den Kirchenbauten Fischer von Erlachs und der Schlossarchitektur Balthasar Neumanns oder in der Musik von Johann Sebastian Bach, Schütz, Telemann und Buxtehude. Schließlich hatten Joachim von Sandrarts kunsttheoretische und kunstgeschichtliche Ausführungen eine über die deutschen Länder hinausreichende Wirkung (Sandrart 1994; Ebert-Schifferer/Mazzettti di Pietralata (Hg.) 2009; Thimann 2007).

Zu ergänzen wäre noch die **skandinavische** und **slawische Barockkultur**; im Bereich der Architektur könnte man sogar auf **Lateinamerika** und andere Kolonialregionen verweisen. Insbesondere scheinen der polnische und der schwedische Barock mit Deutschland verbunden zu sein. Einige wichtige deutschsprachige Barocktexte erschienen in Polen (Gryphius: *Lissaer Sonnete*, 1637); viele deutsche Dichter fanden im Nachbarland Anstellungen (etwa Opitz).

2.4 Anfang und Ende

Kehren wir nach dem Parforceritt durch die europäische Kultur des 17. Jahrhunderts noch einmal zu Schönes eingangs erwähnter Bemerkung zurück, die er seinem Sammelband deutscher Barockliteratur voranstellte. Dort gibt er als das zentrale Anliegen deutscher Kulturpolitik zu Beginn der Barockzeit an: »Es galt nachzuholen, Anschluß zu suchen an die literarische Kultur Europas« (Schöne ³1988, VI). Barner sieht ein solches »emphatische[s] Verkünden einer deutschen Defizienz« und das damit verbundene »Einklagen eines ›nationalen‹ Aufholens« (Barner 1987, 15) als wiederkehrende Denkstruktur in Übergangszeiten zwischen zwei Epochen.

Dieser These folgend kann um 1730 (Gottsched, Gellert) und um 1790 (Goethe, Schiller, Herder) eine strukturell vergleichbare Ablehnung deutscher Kultur der vorangehenden Epoche beobachtet werden. Beides – die Konstatierung eines nationalen Rückstands und der nationale Aufbruchsgestus – dient der Etablierung einer neuen Literatur. Mit dem literatursoziologischen Ansatz von Bourdieu (1987 und 2001) kann dieses Traditionsverhalten der jeweils neuen Kulturgeneration als Versuch der Demontage von Positionsbesetzungen im literarischen Feld angesehen werden. Ziel ist die Neubesetzung dieser Positionen, um damit auf die Kulturentwicklung Einfluss zu gewinnen. Das, was überwunden werden soll, wird als rückständig angesehen und mit einer avantgardistischen Haltung konfrontiert. Gelingt es, über Positionsbesetzungen neue Bedürfnisse und Kulturmaßstäbe zu etablieren, kann sich das eigene Kulturprodukt besser verkaufen.

Erhebt Opitz mit seinem *Buch von der Deutschen Poeterey* (1624) die deutschsprachige Dichtung in den Rang einer Literatur, die den anderen europäischen Nationalliteraturen und der lateinischen Dichtung ebenbürtig ist, besetzt er damit eine Position im literarischen Feld neu. Nun erscheint auch eine Kunstliteratur in deutscher Sprache möglich.

Zweifelhaft wäre aber, die Haltung einer sich neu etablierenden Avantgarde zum Ausgangspunkt der eigenen Analyse zu machen. Genau das macht der aber, der im ›Dichtervater‹ Opitz den alleinigen Gründer der deutschsprachigen Literatur sieht. Eine Beschreibung der literarischen Situation Anfang des 17. Jahrhunderts, die von einer defizitären Literatur vor Opitz und einer Kunstliteratur nach Opitz ausgeht, vollzieht nur das taktisch geprägte Traditionsverhalten des ›Dichtervaters‹ nach. In der Forschung (etwa bei Hoffmeister 1987, 56 ff. oder Meid 1986, 19 ff. und 2009, 116–123) wird in der Tat immer wieder so argumentiert. Sinnvoll ist hingegen das literarische Feld selbst zu analysieren. Bedenken sollte man, dass die Avantgarde keineswegs auf einen objektiven (oder objektivierbaren) Tatbestand reagierte, sondern ein notwendiges und typisches Traditionsverhalten zeigte.

Die Überbewertung von Opitz verkennt etwa die Bedeutung der Rhetorik für die Poesie. Für die Barockliteratur dürfte Gerhard Johannes Vossius' *Rhetorices Contractae, sive partitionum oratoriarum libri V* (1606) – das wichtigste Rhetorik-Lehrbuch des 17. Jahrhunderts (s. Kap. 4.3) – letztlich so relevant sein wie das *Buch von der Deutschen Poeterey* (1624) von Opitz. Zudem erscheint die Gründungslegende der deutschen Literatur mit Blick auf das 16. Jahrhundert auch literaturgeschichtlich fraglich (Beissner 1963, 47). Zu erinnern wäre an die bahnbrechende Etablierung der Muttersprache im kirchlichen Bereich (Luthers Bibelübertragung, Kirchenlieder), an den zum Teil deutschsprachigen Humanismus (Brant, Frischlin) sowie die recht lebhafte muttersprachliche Kultur niedrigeren Anspruchs, an die so genannten ›Volksbücher‹ wie *Faust* und die Meistersinger-Kultur. Die Gründungslegende missachtet außerdem die Theaterkultur (Jesuiten, Wanderbühne), das deutschsprachige Kirchenlied und die Lyrik (Weckherlin, Spee), die sich im 17. Jahrhundert schon vor oder unabhängig von Opitz etabliert hatte. Sinnvoller wäre es also von einem sukzessiven **Erneuerungsprozess zu Beginn des 17. Jahrhunderts** zu sprechen; innerhalb dieses Prozesses erscheint die Positionsbesetzung von Opitz als wichtiger Faktor der Diversifikation im Bereich der Vers- und der Stillehre.

Aus der bei Opitz und anderen erkennbaren Intention, das Niveau der anderen europäischen Kulturen zu erreichen, leitet Schöne zwei Folgephänomene ab: die Zurückdrängung der Volkskultur, die bislang den muttersprachlichen Bereich (Hans Sachs usw.) prägte, und die Verbreitung einer neuen, nämlich gelehrten Schreibart in deutscher Sprache. Diese Literatur lege mehr Wert auf die formale Gestaltung der Dichtung. Die Aufklärung und mit ihr ein Teil der späteren Forschung (Schwind 1977, Windfuhr 1966) bezeichnet die dichte rhetorische Ausformung der Literatur, die intensive Bildlichkeit der Texte und die Überladenheit der Sätze mit Stilmitteln als ›Phöbus‹ oder ›Schwulst‹. Dieser **Schwulst-Vorwurf** bietet Gottsched Anfang des 18. Jahrhunderts die Möglichkeit, die ältere Nationalliteratur mit Blick auf die europäischen Nachbarn (strenger Klassizismus in Frankreich) abzulehnen und eine neue deutsche Nationalliteratur im Geiste der Aufklärung zu etablieren. Aber auch dieser Übergang ist als Prozess zu betrachten, in dessen Folge verschiedene Positionen des literarischen Feldes neu besetzt werden (Niefanger 1995).

Gerade die früher eher vernachlässigte Übergangzeit zwischen Barock und Aufklärung ist in den letzten Jahren in der Forschung intensiv diskutiert worden, zuletzt unter dem Stichwort »Kulturelle Orientierung um 1700« (Simons 2005; Heudecker u.a. (Hg.) 2004). Zu Fragen war, unter welchen Bedingungen sich die Kultur in den deutschsprachigen Ländern verändert hat. Was waren die Faktoren, was waren die Orientierungspunkte dieser Veränderungen? Und wie beschreibt man adäquat den Übergang von Barock zu Aufklärung? Unter anderem hat man erwogen, der Übergangzeit – durchaus im Sinne der älteren Forschung (Singer [2]1966; *Der galante Stil*, 1969) – eine eigene Signatur zu geben, ihr also ein eigenes epochales Gewicht zwischen Barock und Aufklärung zuzusprechen: »Der galante Diskurs« sei, so eine prominente These, nicht nur eine Strömung zwischen zwei Großepochen, sondern eben (auch) ein »Epochenphänomen« (Borgstedt/Solbach (Hg.) 2001, 10). Zweifellos kann **das Galante um 1700** als eine europäische Mode (vgl. Simons 2005, 47; Steigerwald 2011; Rose 2012) bezeichnet werden, die Verhaltensweisen, Kleiderordnungen, die Rhetorik (vgl. Hess 1996), die Malerei und eben auch die Literatur prägte. Doch erfüllt es damit, jedenfalls nach gängiger literaturwissenschaftlicher Terminologie, noch keineswegs die Kriterien einer eigenständigen Epoche; eine repräsentative Auswahl von literarischen Texten müsste gemeinsame dominante Merkmale aufweisen, und für den gewählten Zeitabschnitt sollten einigermaßen klare Grenzen bestimmbar sein (vgl. Titzmann 2002 und 1991; Schnabel 2004, 77). Diese Kriterien sind für die Zeit zwischen 1680 und 1730 aber keineswegs erfüllbar. Mir scheint es deshalb sinnvoll, bei der Literatur um 1700 weniger den Epochencharakter als vielmehr die **Vielfalt und Ausdifferenziertheit,** ja, die räumliche und ästhetische ›Ungleichzeitigkeit‹ zu betonen und insofern eine vereinheitlichende Bezeichnung eher zu vermeiden (Heudecker u.a. (Hg.) 2004; Harms 2002). Dann erst macht man das ganze kulturelle Potential dieser Zeit sichtbar und grenzt nicht aus terminologischen oder systematischen Gründen charakteristische Phänomene (wie etwa das Weiterleben ›barocker‹ Kunstformen) aus; auch könnte man so den intensiven, zum Teil schwer nachzuzeichnenden Austausch mit den europäischen Nachbarländern betonen (Simons 2001; Niefanger 2000b).

Ganz anders argumentiert hier übrigens die systemtheoretisch geprägte Monographie von Claus-Michael Ort (2003), die die ›Literarisierung‹ des Dramas um 1700 beschreibt. Programmatisch beruft sich der Autor auf »diskursgeschichtliche und wissenssoziologische Thesen von Foucault und Luhmann« (8) und setzt damit eine teleologisch festgeschriebene und sehr deutliche Veränderung des Literatursystems voraus. Die Studie prägt insofern zwar keinen neuen Begriff für die Übergangzeit, konstruiert aber einen sehr deutlichen Systemwechsel. Als einschneidende Veränderung wäre weniger an spezifische literarische Verfahren, als an die neue Selbstorganisation des literarischen Marktes im frühen 18. Jahrhundert zu denken (S.J. Schmidt 1989). Diese – muss man den Systemtheoretikern wohl entgegenhalten – setzt sich freilich auch nicht mit einem Schlag durch. Wesentlich offener und näher am historischen Material argumentiert hier Stefan Kraft (2004), wenn er den Mammut-Roman *Die Römische Octavia* (1677–1714) von Herzog Anton Ulrich als Seismograph der vielschichtigen Übergangzeit um 1700 interpretiert. Er zeigt sukzessive Veränderungen zwischen Barock und Aufklärung in der Gestaltungsweise eines einzigen Romans.

Analoges wird man für die Zeit um 1600 diskutieren können. Über den schritt-weisen Beginn der Barockzeit gibt es keinen Zweifel; dies bestätigt auch die jüngere Forschung (vgl. Verweyen 2000). Parallel zum Ende der Barockzeit wird mit dem Begriff ›Späthumanismus‹ in Anschluss an ältere Arbeiten von Trunz (1995) auch eine eigene Bezeichnung für die Übergangszeit zu Beginn diskutiert (vgl. Kühlmann 1982; Seidel 1994; Kühlmann/Schäfer 2001). Verweyens Plädoyer für die »Pluralität der politischen, kulturellen und religiösen Gestaltung auf deutschem Boden« (2000, 99 nach Habermas) in seiner Auseinandersetzung mit der ›literarischen Evolution um 1600‹ verstehe ich schließlich als Hinweis darauf, dass der ›Späthumanismus‹ wie die ›galante Zeit‹ durch ein dynamisches Neben- und Miteinander unterschiedlicher Literaturen und Diskurse geprägt war. Generell, insbesondere aber in so genannten Übergangszeiten zwischen den Epochen, darf das Nichtkonforme, Konkurrierende, Unzeitgemäße nicht vernachlässigt werden (vgl. Schnabel 2004, 71).

So gesehen sind die Anfangs- und Enddaten der Barockzeit (ca. 1600 bis ca. 1720) nur Orientierungsmarken jeweils in Zeiten allmählicher Veränderung. Barock beginnt in seinen frühen Dichtungen zwischen 1600 und 1618, also als die Jesuiten in Augsburg und München anfangen, ihr poetisches Schaffen zu reflektieren, die ersten Alexandriner-Sonette im Heidelberger Dichterkreis verfasst und auf deutschen Bühnen erstmalig englische Komödianten rezipiert werden. Deutlich mag man dann die neue Zeit schließlich in Weckherlins *Oden und Gesängen* (1618) oder im *Buch von der Deutschen Poeterey* (1624) von Opitz wahrnehmen. Schließlich kann auch der Beginn des Dreißigjährigen Krieges (1618) als wichtiger Einschnitt gesehen wer-den. Die Barockzeit geht langsam in die Frühaufklärung über als der Gedichtband *Irdisches Vergnügen in Gott* (1721) von Brockes und Gottscheds Zeitschrift *Die vernünfftigen Tadlerinnen* (1725/26) erscheinen. Gottsched verwendet dort wahr-scheinlich erstmals das Adjektiv ›aufgeklärt‹ im Sinne der ›Aufklärung‹. Brockes auch thematisch noch recht ›barocke‹ Übersetzung des *Bethlehemitischen Kindermordes* von Giambattista Marino (1632) zeugt einmal mehr von der Schwierigkeit einer genauen Grenzziehung.

2.5 Barock-Moden, Barock-Rezeption

Eine solche vage historische Fassung der Barockzeit soll nicht darüber hinwegtäu-schen, dass Epochenvorstellungen und -grenzen eben auch spezifische Rezeptions-ereignisse darstellen und nicht selten für ganz unterschiedliche **Aktualisierungen** herhalten müssen. Den Tiefpunkt einer solchen Barock-Rezeption (vielleicht der Barockforschung überhaupt) stellt sicherlich Flemmings kulturgeschichtliche Studie von 1937 dar, die rassistische und antisemitische Passagen enthält (15-26, 46-50). Aber natürlich können Aktualisierungen auch methodisch befruchtend wirken: »Going for Barock« hieß 1995/96 die populistische Losung einer Ausstellung in Baltimore, die den so unbedarften wie provokanten Umgang mit der plakativen Epochensignatur und Kulturphänomenen des 17. Jahrhunderts in einigen neueren kulturwissenschaftlichen Beiträgen charakterisiert. Ein gutes Beispiel hierfür ist der Sammelband von Peter J. Burgard (2001), der ›Barock‹ programmatisch als »transhistorisches Phänomen« (11) fasst und deutliche Analogien zwischen Barock und Postmoderne in unterschiedlichen Lebens- und Kunstbereichen konstatiert. Auch das 25. Germanistik-Symposion der Deutschen Forschungsgemeinschaft (DFG) im Jahr 1999 versuchte einen »Brückenschlag zwischen dem 17. und dem 20. Jahrhundert« (Fischer-Lichte 2001, 18), beschränkte sich dabei aber auf analoge Phänomene im Bereich der Theatralität.

Zumindest methodisch ähnlich, nämlich indem recht riskant mediale Analogien zwischen Gegenwart und 17. Jahrhundert angenommen werden, verfährt der Text + Kritik-Band *Barock* (2002), den Ingo Stöckmann in Heinz Ludwig Arnolds Zeitschrift verantwortete. Hier wird Barock bewusst als das paradigmatisch ›Fremde‹ der Goethezeit für eine digital geprägte Gegenwart vereinnahmt. Die »Alterität« der Barockzeit sei gerade durch seine »spezifischen medialen Apparaturen und Datenverarbeitungstechniken« erzeugt (*Editorial*, 4; vgl. Rieger 1997); und in der Differenz dieser Techniken zur Moderne käme diese dann in neuer Weise in den Blick. Als Pate dieser Argumentation erscheint unüberhörbar der Medien- und Kulturtheoretiker Friedrich Kittler ([3]1995). Aber auch methodisch weniger ambitionierte Monographien berufen sich auf eine neue »Aktualität barocken Dichtens und barocker Lebenskultur« und erhoffen sich eine »Bedeutung« der »vergangenen Schreibweise für das Selbstverständnis der Gegenwart« (Freund 2004, 7). Freunds populistische, interdisziplinär ausgerichtete Einblicke in das »Abendteuer Barock«, so der Titel des Buches, erleichtern durch ihren Gegenwartsbezug aber durchaus den Einstieg in die fremde Welt des 17. Jahrhunderts, auch wenn neuere Forschungen nicht berücksichtigt werden. Die aktuelle Barock-Mode zeigt sich auch im kunsthistorisch ausgerichteten *Schnellkurs Barock* (Zähme 2000), der offensiv einen subjektiven Zugang vertritt. Das Buch ist für den wissenschaftlichen Gebrauch indes kaum geeignet. Von der Aktualität der Epoche zeugt das erste Heft der Zeitschrift *GeoEpocheEdition* (2010), das sich unter dem Label »Barock. Das Zeitalter der Inszenierung 1600 – 1750« recht anschaulich vor allem der Kunst und Architektur des 17. Jahrhunderts widmet. Die deutsche Literatur kommt hier aber leider so gut wie gar nicht vor.

Solche Beispiele für eine aktualisierende Barock-Lektüre zeugen von der Wirkungsmächtigkeit dieser Kultur bis heute, auch wenn immer wieder beklagt wird, dass sie in der neueren Dichtung und Literaturwissenschaft zu wenig wahrgenommen werde (Caemmerer/Delabar (Hg.) 2001, 8-13, Einleitung). Nicht wenige Forschungsbeiträge haben sich deshalb mit der **Geschichte der Barock-Rezeption**, also dem Weiterleben dieser Kultur nach dem 17. Jahrhundert, beschäftigt. Zu nennen sind u.a. die umfassende wertungsgeschichtliche Untersuchung von Jaumann (1975), Kiesants Beitrag zur Barockrezeption der Romantiker (1980), der historisch breit angelegte Sammelband von Garber (1991), Mannacks Buch (1991) über die Barock-Rezeption im 20. Jahrhundert, Palmes Studie zur Logau-Rezeption (1998), Parzefalls Untersuchung zum »Fortwirken des *Simplicissimus*« (2001), der Sammelband zur »Rezeption ›barocker‹ Literatur im Nachkriegsdeutschland« (Caemmerer/Delabar (Hg.) 2001), Martins Monographie zur Barock-Rezeption zwischen 1770 und 1830 (2000), dessen Einführung in die Barocksammlung *Schäfer* in Schweinfurt (2007), Hongs komparatistische Studie zu »Gewalt und Theatralität« im 17. und späten 20. Jahrhundert (2008), Stockhorsts Beitrag zum Lyriker Thomas Kling mit dem reißerischen Titel »Geiles 17. Jahrhundert« (2011), der Schwerpunkt »Wiederkehr der Frühen Neuzeit« in der *Zeitschrift für Germanistik* (Martus (Hg.) 2007) oder der Aufsatzband zu unterschiedlichen »Wiederentdeckungen« des barocken Musiktheaters (Gess u.a. (Hg.) 2008). Hinzu kommen Einzelbeiträge in vielen neueren, einzelnen Autoren gewidmeten Sammelbänden: etwa zu Simon Dach, herausgegeben von Walter (2008), zum ›gelehrten Stofflieferanten‹ Abraham a Sancta Clara, den Knittel verantwortet (2012) oder zu Paul Fleming, ediert von Arend und Sittig (2012). Zu den skurrilsten Studien zur Barock-Rezeption gehört Kawatakes aus dem Japanischen übersetztes Buch *Das Barocke im Kabuki – Das Kabukihafte im Barocktheater* (1981).

3. Gesellschaft, Politik und Kultur

Das 17. Jahrhundert wird in der Geschichtsschreibung, der bildenden Kunst und der Literatur wie kein anderes mit Endzeitvorstellungen, Gewaltexzessen, Seuchen und vor allem verheerenden Kriegen in Verbindung gebracht. Nicht nur der zweifellos traumatisch erlebte Dreißigjährige Krieg und die damit einhergehenden Verwüstungen, Epidemien und Hungersnöte wären zu nennen (Burkhardt 1992); auch Kriegshandlungen, Aufstände und barbarische Verbrechen in ganz Europa werden immer wieder und in ganz unterschiedlicher Weise als Kennzeichen dieser Zeit angeführt. Die Kriege Frankreichs unter Ludwig XIV. gegen Spanien und das Reich, die Nordischen Kriege zwischen Russland, Schweden und Polen, die Revolution und der Bürgerkrieg in England, das Vordringen der Osmanen auf dem Balkan (verbunden mit ihrer stetigen Bedrohung des kaiserlichen Wiens) und schließlich zu Beginn des 18. Jahrhunderts der spanische Erbfolgekrieg ließen auch außerhalb der Grenzen des Reiches Gewalt und Krieg zur Alltagserfahrung und zum schmerzlich erfahrenen Orientierungspunkt werden (Meumann/Niefanger 1997, 8).

Der **Krieg** erscheint als die bis heute gängigste **Signatur der Zeit** zwischen 1600 und 1700; die Bezeichnungen der Epoche sprechen eine deutliche Sprache: »Eißernes oder Martialisches Saeculum« (Weigel: *Sculptura Historiarum*, 229) heißt es schon am Endes des Jahrhunderts; »siècle de fer« (Cornette 1993, 23 nach Jean-Nicolas de Parivals *Historie de ce siècle de fer*, 1653) ist analog das Schlagwort, das in Frankreich die Schattenseite der Klassik ausdrückt. Das »Jahrhundert des großen Krieges« betitelt Gustav Freytag den entsprechenden Abschnitt seiner *Bilder aus der deutschen Vergangenheit* (197); »Zeitalter der Glaubenskämpfe« steht auf dem Deckblatt des entsprechenden Bandes von Gebhardts *Handbuch der deutschen Geschichte* (Zeeden ⁷1986). Mit »Jahrhundert des immerwährenden Krieges« markiert die neuere Forschungsliteratur die Grundstimmung der Barockzeit (Münch 1999, 13). Das dunkle, düstere Jahrhundert der »Kriege und Krisen« (Press 1991) lässt die ›Aufklärung‹ (›siècle des lumières‹, ›enlightenment‹, ›Illuminismo‹) um so heller erscheinen.

Dieser negativen Einschätzung der Barockzeit steht eine positive entgegen, welche das Jahrhundert als **zentrale Konstitutionsphase der Frühen Neuzeit** ansieht, als wesentlichen Schritt auf dem Weg zur Modernisierung der Gesellschaft, des Staates und der Lebenspraxis. Im Laufe des 17. Jahrhunderts kommt es mit dem Westfälischen Frieden zu einer politischen Einigung mit hohem Symbolwert für die nachfolgende Zeit; der Konfessionalismus wird überwunden und weitestgehend durch ein System der Duldung und Toleranz ersetzt. In Spanien, Frankreich und den Niederlanden feiert die Kultur eine nationale Blütezeit, ein ›klassisches‹ bzw. ›goldenes Zeitalter‹. In Deutschland entsteht eine Kulturnation mit eigener Sprache (›Hochdeutsch‹), Literatur und vor allem Musik. Zeitungen und Zeitschriften werden etabliert; wichtige Erfindungen und Entdeckungen (Blutkreislauf, Luftpumpe, Teleskop, Mikroskop, Thermometer, Rechenmaschine usw.) prägen das Leben nachfolgender Generationen. Reformen des Bildungssystems und neue Denkweisen in der Mathematik, Astronomie, Theologie, Philosophie und den Natur- und Technikwissenschaften führen schließlich zu einer ersten »wissenschaftlichen Revolution« (Münch 1999, 131). Und die Beschäftigung mit der eigenen Vergangenheit führt zu einem neuen geschichtlichen Denken; der ›Fortschritt‹ wird am Ende des Jahrhunderts zu einer Kategorie. Vor allem aber verdrängt erst im 17. Jahrhundert eine »mathematische, mechanisch-funktionale Vorstellung von der Welt« (135) das theologische Weltbild der Scholastik in Deutschland.

Die Barockzeit ist also eine durchaus **gegensätzliche Epoche**. So wundert es kaum, dass auch viele Urteile der Zeit nicht recht zusammen passen wollen. Auf der einen Seite finden sich – mit Blick auf den großen Krieg – düstere Bestandsaufnahmen, wie die viel zitierten ersten Sätze an den »Großgünstigen Leser« im Trauerspiel *Leo Armenius* (1650) von Andreas Gryphius:

> INdem vnser gantzes Vatterland sich nuhmehr in seine eigene Aschen verscharret / vnd in einen Schawplatz der Eitelkeit verwandelt; bin ich geflissen dir die vergänglichkeit menschlicher sachen [...] vorzustellen. (4)

Auf der anderen Seite formuliert Johannes Buno schon 1639 – also mitten im Krieg – eine gänzlich andere Einschätzung. Dieser *Sermon von der Siebzehnden dieses hundertjährigen Zeit Lauffs Glückseligkeit Beschreibung* war Balthasar Schupp so wichtig, dass er ihn aus dem Lateinischen übersetzte und 1659 publizierte. Buno meint, seine Zeit sei keinesfalls schlechter als die von den Humanisten so gelobte Antike. Die Hauptthese der Rede wird im Kontext der *Querelle des anciens et des modernes* wieder diskutiert werden. Dieser Streit um die Vorbildlichkeit der Antike und die Verbindlichkeit ihrer Normen wurde in der zweiten Hälfte des Jahrhunderts vor allem in Frankreich geführt. Der *Sermon* Bunos betont, dass die Glückseligkeit der Menschen nun höher sei, dass sie kräftiger und älter würden als früher und dass die Kultur nun einen höheren Standard erreicht habe.

Ein Blick auf das wichtigste Vorstellungsmodell der Zeit, das **antipodische Denken**, vermittelt, dass sich die alternativen Perspektiven durchaus als Merkmale einer ›Epoche‹ verstehen lassen. Dieses Denken dringt bis in die formalen Strukturen der Poesie ein (v. Wiese [1928]/1965). Deutlich wird es etwa in dem Gedicht *Betrachtung der Zeit* von Andreas Gryphius, das Ideen der barocken Zeitvorstellung vermittelt:

> Mein sind die Jahre nicht die mir die Zeit genommen /
> Mein sind die Jahre nicht / die etwa möchten kommen
> Der Augenblick ist mein / und nehm' ich den in acht
> So ist der mein / der Jahr und Ewigkeit gemacht.
> (Gryphius: *Gedichte*, 106)

Das Epigramm, das sich auf Positionen von Augustinus beziehen lässt, arbeitet mit dem **für das Barock typischen Alexandriner**, der mit seiner Mittelzäsur antithetische Bewegungen besonders gut nachbilden kann (s. Kap. 5.1). Die antithetische Konstruktion der Verse setzt die menschliche Augenblickhaftigkeit und die göttliche Ewigkeit gegeneinander. Zwei antipodische Gesten bestimmen die ersten beiden Gedichtzeilen: der Blick zurück und der Blick nach vorn. Doch die augenscheinliche Antithese (»genommen« – »kommen«) erweist sich als Homologie, die durch eine Anapher (»Mein sind die Jahre [...]«) realisiert wird. Die Antithese wird zu einer Synthese umgearbeitet, freilich zu einer Synthese, der selbst wieder eine Antithese entgegensteht. Der zerronnenen Vergangenheit und der noch nicht besessenen Zukunft steht der »Augenblick« entgegen. Allein auf diesen hat das Ich einen Zugriff; für diesen hat es eine Verpflichtung. Das *carpe diem*-Motiv (*carpe diem* = Nutze den Tag!) führt zu einer weiteren Antithese. Der menschlichen Gegenwart steht die Ewigkeit Gottes gegenüber. Der erfüllte Augenblick ermöglicht aber die Zugehörigkeit zu Gottes Heilsplan. Durch seine sinnvolle Gestaltung erreicht das Ich eine Teilhabe an der Ewigkeit und am konkreten Jahr. Er erschließt ihm somit die Zukunft und die Vergangenheit. Solche Erkenntnis ist freilich, weil sie nur mittelbar, nämlich hermeneutisch ist, keine Erkenntnis der Wahrheit. Historisches gehört zum niedrigen, zum empirischen Wissen.

Die im Gedicht evozierten Gegensätze – Gott und Mensch, Diesseits und Jenseits, Augenblick und Ewigkeit, Vergangenheit und Zukunft, Besitz und Verlust, Dasein und Vergänglichkeit, Anspruch und Realität – sind für das barocke Weltbild entscheidende Orientierungspunkte.

Mit diesen Antipoden des Lebens korrespondieren lebensweltliche Merkmale (arm – reich, krank – gesund, anerkannt – ausgegrenzt). Außerdem entspricht dem antipodischen Denken eine uneinheitliche, gegensätzliche und spannungsreiche Kultur in Deutschland (vgl. Schöne (Hg.) [3]1988, IX). Und dies wurde so auch von den Zeitgenossen wahrgenommen. Auffällig sind die konfessionellen Gegensätze (katholisch – protestantisch), denen grob politische (kaiserlich – ständisch) und geographische (süd – nord) entsprechen. Hinzu kommen gesellschaftliche (höfisch – bürgerlich) oder patriotische Positionen (national – regional), die jeweils miteinander konkurrieren.

Dass aus den leicht konstatierbaren Antipoden bei genauerem Hinsehen komplizierte Systeme werden, zeigt ein Blick auf die Kultur: Neben der höfischen und kirchlichen Kultur erscheinen so die Universitäten und Gymnasien als dritte Kulturinstitution des 17. Jahrhunderts (Kühlmann 1982, 4). Ähnliche Differenzierungen ließen sich auch in anderen Bereichen anbringen. Die antipodische Strukturierung hat in vieler Hinsicht lediglich den Charakter einer Verstehhilfe für eine komplizierte Epoche.

3.1 ›Teutschland‹ im 17. Jahrhundert

Im 17. Jahrhundert existierte kein deutscher Staat im modernen Sinn; das Reich war eine – zumindest seit dem Westfälischen Frieden – lose Föderation einzelner Länder. Doch gab es trotzdem ein recht starkes Bewusstsein vom ›geistigen‹ Zusammenhalt deutscher Länder, nämlich von dem, was Weckherlin, Opitz, Zincgref, Gryphius oder Scherffer ganz selbstverständlich »Teutschland« nennen (*Gedichte des Barock*, 13, 19 f., 37, 116, 142). Obwohl sich das Deutsche erst im 17. Jahrhundert als Kultursprache durchsetzt, gibt es die Vorstellung einer gemeinsamen **Kulturnation** (Garber (Hg.) 1989, Geisen (Hg.) 1991), die wesentlich an die von allen gesprochene Sprache gebunden ist.

In der zweiten Hälfte des 17. Jahrhunderts ist es kein geringerer als Gottfried Wilhelm **Leibniz**, der in seiner patriotischen Schrift *Ermahnung an die Teutsche[n], ihren verstand und [ihre] Sprache beßer zu üben* (1679) ein eher optimistisches Bild des eigenen Landes zeichnet. Den düsteren Urteilen seiner Zeitgenossen stellt seine Schrift die Vision einer blühenden deutschen Kulturnation gegenüber, die nur aus ihrem Dornröschenschlaf geweckt werden müsste.

> Das band der sprache, der sitten, auch sogar des gemeinen Nahmens vereiniget die Menschen auf eine sehr kräfftige wiewohl unsichtbare weise, und machet gleichsam eine art der Verwandschafft. (*Ermahnung*, 798)

Heute erscheint seine Betonung der produktiven Pluralität in Deutschland, die er gegen die zentralistischen Kulturen der Nachbarländer abwägt, hochaktuell. Die Kleinstaaterei und die damit einhergehende Förderung regionaler Kultur ist für Leibniz ein unübersehbarer Vorteil:

> Ist nicht die menge der fürstlichen höfe ein herrliches Mittel dadurch sich soviel leute hervor thun können, so sonst im staube liegen müsten [?] (*Ermahnung*, 801)

In Mitteleuropa seien die klimatischen Bedingungen ausgezeichnet und Krankheiten selten; Deutschland sei ausgesprochen fruchtbar und an Bodenschätzen – insbesondere an Metallen – reich. Zudem lebten hier Fachleute, die in »bergwerckssachen der gantzen welt lehrmeister« (799) sein könnten. Die Schiffs- und Handelswege seien gut nutzbar; außerdem lieferten die Wälder und Steinbrüche genügend Baumaterial.

> Wenn wir die gaben Gottes gnugsam zu brauchen wüsten, würde es uns kein land so gar an Zierde und beqvämligkeit zuvor thun. [...] Gott hat den Teutschen stärcke und muth gegeben, und es reget sich ein edles bluth in ihren adern [,] ihre aufrichtigkeit ist ungefärbet, und ihr herz und mund stimmen zusammen. (*Ermahnung*, 800)

Der ehrliche, kräftige, mutige Deutsche hat leider ein Hauptlaster: sein »viehisches sauffen« (805). Dieses Stereotyp stammt schon aus der *Germania* von Tacitus (Kap. 22 und 23). Als 1469 in der Renaissance diese Schrift wieder entdeckt wird, haben auch die dort geäußerten Vorurteile gegen die Deutschen – besonders in den Ländern der Romania (Enea Silvio Piccolominis *Germania* von 1496) – wieder Konjunktur (Krapf 1979). Aber schon bald gibt es ›Richtigstellungen‹ und Relativierungen (Melanchthon, Rhenatus). In dieser humanistischen Tradition steht auch Leibniz, indem er einerseits den Urteilen des Tacitus zustimmt, andererseits Differenzierungen vorbringt. Er unterscheidet zwischen dem »tummen Volck« (805) und freieren Geistern, die ihren Horizont der gemeinsamen Kultur öffnen sollten. Dabei denkt er keineswegs nur an ›professionelle‹ Gelehrte (805); sein konkretes Konzept einer »Teutschgesinte[n] gesellschaft« (806) soll allen Standesgruppen offen sein. Er scheut deshalb auch nicht vor einer Kritik am deutschen Gelehrtentum zurück, das noch zu sehr an der lateinischen Tradition vorheriger Jahrhunderte festhalte (809).

Reichsstruktur

Die politische Verfassung der deutschen Länder war im 17. Jahrhundert sehr kompliziert (Neuhaus ²2003); sie basierte zum Teil auf mittelalterlichen Landesgrenzen, die sich im Lauf der Frühen Neuzeit verschoben haben. Zum einen gab es noch eine überregionale Institution, die im engeren Sinne aber keinen Staat mehr darstellte: das **Heilige Römische Reich Deutscher Nation**, das Norditalien, die Niederlande, die habsburgischen Länder und Teile Dänemarks umfasste. Es war ein Bund von einigen hundert mehr oder weniger selbständigen politischen Größen, dem der Kaiser vorstand. Diesem gab die Verfassung eine universalgeschichtliche Bedeutung und sah ihn in einer Herrschaftskontinuität seit der römischen Antike.

Im 17. Jahrhundert entwickelte sich das Reich ›zentrifugal‹, das heißt seine Mitte verlor an Macht.

Zum anderen gab es eine nach Größe und Bedeutung sehr heterogene Masse von deutschen **Kleinstaaten** mit unterschiedlichen Verfassungen, differierender Selbständigkeit und verschiedenen Regierungsformen. Ein Teil dieser Territorialstaaten kam dem Ideal absolutistischer Herrschaft recht nahe. Insofern entwickelten sich die Einzelstaaten selbst – anders als das Reich – ›zentripetal‹.

Das Staatensystem war keineswegs durch feste Grenzen geprägt. Die deutschen Länder wandelten sich von Personenverbandsstaaten auf der Basis alter Lehensvorstellungen mehr und mehr zu institutionellen Flächenstaaten. Verwandtschaftsbeziehungen, Klientelverhältnisse und Lehensrechte ergaben für manche Gebiete praktisch unüberschaubare Regierungsansprüche. Lehensverflechtungen bestanden auch zu ›nicht-deutschen‹ Ländern wie Polen und Frankreich. Zum Reich gehörten vor 1648 noch Staaten, die de facto schon selbständig waren, wie die Schweiz oder nach Selbständigkeit strebten, wie die Niederlande; andere, offensichtlich nicht deutsche, waren eingegliedert, wie Franche-Comté, die spanischen Niederlande oder norditalienische Staaten. Fremde Herrscher gehörten mit rechtlichen Ansprüchen zum Reich, waren aber souverän: So war der König von Dänemark gleichzeitig Herzog von Holstein. Das 17. Jahrhundert definierte ein politisches Territorium noch nicht ausschließlich durch Grenzen und Flächen.

In der Frühen Neuzeit entstanden in Europa neue politische Organisationsformen, die die mittelalterlichen sukzessive ablösten. Tendenziell zielten die Veränderungen auf eine größere Konzentration der Macht in den Händen der fürstlichen Herrscher und auf eine Entmachtung der Stände. Zur **Verwaltung der neuorganisierten Staaten** war eine qualifizierte Bürokratie notwendig, die meist mit Juristen besetzt wurde. Fachleute rückten insofern in die politische Elite auf, während viele Adelige aus dieser herausgedrängt wurden. Die Entwicklung in West- und Südeuropa verlief dabei asynchron zu der in Mitteleuropa. Während sich dort relativ rasch absolutistische Staatsformen entwickelten, zeigte sich auf dem Gebiet des alten Reiches eine verlangsamte Umsetzung dieser Organisationsform.

Das Reich und die Länder wurden jeweils durch eine **duale Struktur** geprägt. Dem Kaiser standen im Reichstag die Reichsstände und den Fürsten auf den Landtagen die Landesstände gegenüber. Die Verfassung legte ein Wahlkaisertum fest, wobei die 7 (bis 9) Kurfürsten und Kurbischöfe (Mainz, Köln, Trier, Böhmen, Kursachsen, Brandenburg, Kurpfalz, ab 1648 Bayern, ab 1692 Hannover) wahlberechtigt waren. Als Reichsorgan institutionalisierte sich der Reichstag (ab 1663) in Regensburg, der die Reichsgesetze in gütlicher Einigung (später sogar nach dem Mehrheitsprinzip) verabschiedete. In Speyer (später in Wetzlar) war das Reichskammergericht ansässig, das die das Reich betreffenden Gerichtsfälle verhandelte (etwa Landfriedensbruch). Als dritte Institution gab es die Reichskreise, die für die regionale Landesverteidigung zuständig waren sowie die Aufsicht bei Wirtschafts-, Steuer-, Münz- und *Policey*-Fragen übernehmen konnten. *Policey* (nach mittellateinisch *politia*) bezeichnet in der Frühen Neuzeit die gesamte öffentliche Ordnung. Als Reichskreise wurden geographisch geordnete Gruppen von Ländern gefasst, in denen jeweils ein weltlicher und ein geistlicher Fürst die Führung übernahmen.

Der deutsche Staatsrechtler **Samuel Pufendorf** (1632–1694) bezeichnet 1667 in seiner Schrift *De statu imperii Germanici* das Reich als eine »irreguläre Staatsform« (97):

Es bleibt also nichts anderes übrig, als das deutsche Reich, wenn man es nach den Regeln der Wissenschaft von der Politik klassifizieren will, einen irregulären und einem Monstrum ähnlichen Körper zu nennen, der sich im Laufe der Zeit durch die fahrlässige Gefälligkeit der Kaiser, durch den Ehrgeiz der Fürsten und durch die Machenschaften der Geistlichen aus einer regulären Monarchie zu einer disharmonischen Staatsform entwickelt hat. (106)

Der Staatskörper sei von »schweren Krankheiten« (107) befallen; er sei eine Zwitterform von einer Föderation selbständiger Staaten und einer einheitlichen Monarchie.

Pufendorfs harsche Kritik am Reich ermöglichte eine Fiktion: Der Autor beschreibt als Italiener Severinus von Manzambano aus Verona seinem Bruder Laelius das deutsche Staatswesen. Erst die posthume Ausgabe von 1706 lüftet das Geheimnis von Pufendorfs Autorschaft.

Das *Heilige Römische Reich Deutscher Nation* war zweifellos eine metaphysische Größe; es stellte prinzipiell die säkulare Universalmacht neben dem Papsttum als Größe mit religiösem Universalanspruch dar. Im Reich manifestierte sich die ›deutsche‹ Nation: aber als polyzentrische Nation mit unterschiedlichen Kulturen und – anders als in Frankreich, England, Schweden oder Spanien – mit mehreren christlichen Konfessionen. Als wichtigstes Erkennungszeichen der Nation galt seit Martin Luthers Bibelübertragung (1522–1545) und Sebastian Munsters *Cosmographey* (1588) die deutsche Sprache; doch gab es mächtige Regionalsprachen (Friesisch, Holländisch, Dänisch, Italienisch u. a.) sowie eine Gelehrtensprache (Latein) und eine Adelssprache (Französisch).

Chronik

Die Geschichte Deutschlands im 17. Jahrhundert ist nur vor dem Hintergrund konfessioneller Auseinandersetzungen in Europa seit der Reformation verstehbar. Allerdings erklären die religiösen Differenzen nicht allein die Vielzahl von Kriegen und die komplexen staatlichen Probleme. Einen gewissen Überblick über die Ereignisgeschichte gibt die folgende Chronik:

1576–1612	Kaiser Rudolf II.
1593–1609	langer Türkenkrieg
1598	Edikt von Nantes
	eingeschränkte Religionsfreiheit für die Hugenotten (Calvinisten) in Frankreich
1608	Gründung der protestantischen Union
1609	Gründung der katholischen Liga
1609	›Majestätsbrief‹ v. Rudolf II.
	gewährt Religionsfreiheit für die böhmischen Stände
1609–1614	Jülich-Klevescher Erbfolgestreit
1612–1619	Kaiser Matthias
1618–1648	Dreißigjähriger Krieg
1619–1637	Kaiser Ferdinand II.
1637–1657	Kaiser Ferdinand III.
1640–1688	Friedrich Wilhelm von Brandenburg (der ›große Kurfürst‹)
1643–1715	Ludwig XIV. von Frankreich

1648	Westfälischer Frieden
1655–1660	1. Nordischer Krieg
1658–1668	1. Rheinbund Frankreichs mit deutschen Fürsten
1658–1705	Kaiser Leopold I.
ab 1663	immerwährender Reichstag in Regensburg
1663–1664	Türkenkrieg
1672–1678	Französisch-Holländischer Krieg
1675	Sieg Brandenburgs über die Schweden bei Fehrbellin
1683–1699	großer Türkenkrieg
1685	Aufhebung des Edikts von Nantes
1688–1697	Pfälzischer Krieg
1705–1711	Kaiser Joseph I.
1697–1733	August der Starke von Sachsen, König von Polen
1700–1721	2. Nordischer Krieg
1701–1713	Friedrich I. (›König in Preußen‹)
1701–1714	Spanischer Erbfolgekrieg

Der Dreißigjährige Krieg

Für das Verständnis vieler bedeutender Texte der Barockliteratur – von Opitz' *Trost-Gedichte in Widerwertigkeit deß Kriegs* (1633) bis zu Grimmelshausens *Simplicissimus* (1668) – sind Grundkenntnisse über den Dreißigjährigen Krieg notwendig (Press 1991, 161–267; Burkhardt 1992, Bußmann/Schilling (Hg.) 1998; Neuhaus 2000; Emich/Signori (Hg.) 2009; Nowosadko u.a. (Hg.) 2008).

Die Konflikte, die zum Krieg führten, hatten ihre Wurzeln in den konfessionellen Auseinandersetzungen nach dem Augsburger Religionsfrieden (1555). Die Verhärtung der Fronten zwischen evangelischen und katholischen Reichsständen führte zur Behinderung der Reichsorgane. Nach einem Rechtsstreit kam es 1608 zur Gründung eines Schutzbündnisses evangelischer Fürsten, der protestantischen Union, an deren Spitze der pfälzische Kurfürst stand. Die Gegengründung der katholischen Liga unter der Führung von Maximilian I. von Bayern folgte 1609. Die erste Machtprobe zwischen beiden Parteien lieferte der Streit um die Erbfolge der Herzogtümer Kleve, Jülich und Berg (1609–14). Zwar konnte er durch die Teilung der Gebiete zwischen Brandenburg und der Pfalz beigelegt werden, doch kam es bald zu tiefer gehenden Auseinandersetzungen.

Nachdem gegen den Widerstand der Stände 1617 der spätere Kaiser Ferdinand II. zum böhmischen König gewählt worden war, spitzten sich am 23. Mai 1618 die Konflikte zwischen den katholischen Habsburgern als Machthabern und den vorwiegend evangelischen Ständen in Böhmen zu. Es kam zum Prager Fenstersturz, dem Auslöser des Dreißigjährigen Krieges, als der König gegen geltendes Recht einen Protestantentag in Prag verbot. Daraufhin wurden zwei kaiserlich-katholische Statthalter aus dem Fenster des Hradschins, der Prager Burg, geworfen. Bei den folgenden Aufständen erhielten die Protestanten Unterstützung durch weitere Reichsstände. Sie wählten den Führer der protestantischen Union, den protestantischen Friedrich V. von der Pfalz, zum König von Böhmen (›Winterkönig‹). Doch konnte er nicht alle protestantischen Länder hinter sich vereinen. Schon 1620 verlor Friedrich in der **Schlacht am Weißen Berg** gegen die katholische Liga und das kaiserliche Heer. Es folgte die Rekatholisierung Böhmens und die Übergabe der Kurpfalz an Bayern.

Als das kaiserliche Heer unter Tilly und das vom Kaiser verpflichtete Söldnerheer Wallensteins ins protestantische Norddeutschland vordrangen, griff Dänemark in den Krieg ein, um eine weitere Rekatholisierung zu verhindern. Doch erlitt Christian IV. von Dänemark 1626 in der **Schlacht bei Lutter am Barenberge** eine Niederlage.

Der Kaiser war somit am Zenit seiner Macht angelangt. Offenbar in Überschätzung seiner Stellung erließ er das Restitutionsedikt, das die Protestanten zur Rückgabe aller geistlichen Güter verpflichtete. Dass der Dreißigjährige Krieg nicht nur ein Konflikt zwischen zwei Konfessionen, sondern auch zwischen den Ständen und dem Kaiser war, zeigte sich nun an der Reaktion der katholischen Fürsten. Sie erzwangen auf dem Regensburger Kurfürstentag 1630 die Entlassung Wallensteins. Im gleichen Jahr landete **Gustav II. Adolf von Schweden** in Pommern. Sein Eingreifen als ›Retter‹ der protestantischen Sache war in vielen Schriften und Flugblättern vorbereitet worden; vom Großmachtstreben und den wirtschaftlichen Interessen war dabei nicht die Rede. Die in der Barockzeit immer wieder betrauerte **Zerstörung Magdeburgs** durch Tilly folgte 1631; dieser fiel in der Schlacht am Lech 1632, Gustav Adolf im gleichen Jahr in der für Schweden siegreichen **Schlacht bei Lützen**. Der Kaiser sah sich gezwungen, Wallenstein zurückzurufen. Da dieser wahrscheinlich in den Augen einiger kaiserlicher Offiziere zu selbstherrlich agierte, wurde er 1634 ermordet. Nach der Niederlage der Schweden bei Nördlingen (1634) kam es 1635 zum **Prager Frieden** zwischen dem Kaiser und den Ständen. Dann griff das katholische Frankreich auf Seiten der protestantischen Schweden in den Krieg gegen den katholischen Kaiser ein; nun ging es offen um die Macht in Mitteleuropa, nicht mehr um religiöse Kontroversen. Die Kämpfe brachten indes keine Entscheidung mehr.

Der Dreißigjährige Krieg hatte weit reichende **soziale Folgen**. In vielen Regionen verursachten die Kriegshandlungen, Hungersnöte und Seuchen einen Bevölkerungsverlust von bis zu 70%. Insgesamt war im Reichsgebiet ein Rückgang der Einwohnerzahl von etwa 30% zu verzeichnen: Statt 15 Millionen wohnten nun etwa 10 Millionen Menschen in Deutschland. Der Krieg führte zweifellos zu einer allgemeinen Verwilderung; das Räuberunwesen, Rohheiten, Verbrechen und Vergewaltigungen nahmen in der Kriegszeit zu, da Ordnungsmächte oft fehlten oder überfordert waren. Zerstört oder zumindest gestört wurden gewachsene städtische Strukturen, Handelswege und Handwerkstraditionen. Handfeste Folgen der Heeresdurchmärsche und der Kämpfe waren Obdachlosigkeit, Krankheiten, Feuersbrünste, Ernteausfälle und Hungersnöte. Bei Einquartierungen erlebten die Bewohner und die Soldaten Ablehnung, Fremdheit und Bevormundung. Oft stellte sich ein Gefühl der Ohnmacht gegenüber den bewaffneten Beherrschern ein.

Der **finanzielle Schaden** war immens. Die – für die damalige Zeit – riesigen Heere mussten versorgt und besoldet werden. Für die Beseitigung der gröbsten Kriegsschäden (zerstörte Dörfer, Straßen, Städte, Schlösser, Befestigungsanlagen und Verkehrsmittel) bedurfte es großer finanzieller Mittel und vieler Arbeitskräfte. Schätzungen gehen davon aus, dass etwa ein Drittel der Infrastruktur und der Bauten in den Kriegsgebieten vernichtet wurde (Langer 1978, 8).

Der Krieg trieb die Bevölkerung zu einer **stärkeren Orientierung am Jenseits**; er begünstigte eine religiöse Konjunktur im 17. Jahrhundert, die in ihren Extremen auch zu Okkultismus und Hexenverfolgung führte. Außerdem bewirkte er, dass Ordnung und Sicherheit zu hohen persönlichen Werten wurden. Die Staatsräson stieg zu einem wichtigen Moment der Politik auf.

Am 24. Oktober 1648 kam es zum **Westfälischen Frieden** in Münster und Osnabrück; in Nürnberg wurde dann die militärische Entflechtung der Parteien und die Versorgung der Heere verhandelt.

Der Frieden regelte drei Hauptkomplexe:
1. Die konfessionellen Grenzen von 1624 (›Normaljahr‹) wurden festgeschrieben und der Calvinismus (die reformierte Kirche) als dritte Religion zugelassen. Alle Reichsinstitutionen sollten nach dem Proporz besetzt werden und Entscheidungen über religiöse Fragen nur in Übereinkunft der konfessionell orientierten Stände entschieden werden.
2. Der Friedensvertrag schränkte den Kaiser in seinen Befugnissen erheblich ein; er wurde der Zustimmung der Reichsstände verpflichtet und musste diesen weit reichende Hoheitsrechte in ihren Ländern überlassen (Gesetzgebungsrecht, Bewaffnungsrecht, Steuerhoheit etc.).
3. Einige Gebiete des Reichs gingen an Frankreich und Schweden. Die Schweiz und die Niederlande erhielten die Selbständigkeit. Innerhalb des Reiches wurde der Besitzstand von 1618 beibehalten; allerdings ging die kurpfälzische Würde an Bayern. Für die Pfalz wurde eine achte Kur geschaffen. Schweden und Frankreich wirkten als Garantiemächte des Friedens.

Ein Söldnertagebuch

Unter dem Titel *Ein Söldnerleben im Dreißigjährigen Krieg* hat Jan Peters (1993) eine wichtige Quelle zur Sozialgeschichte des 17. Jahrhunderts ediert, ein so genanntes ›Egodokument‹ oder ›Selbstzeugnis‹ (Krusenstjern 1994, Schulze (Hg.) 1996, Pröve 1997). Mit dessen Hilfe lässt sich zumindest ein partieller Blick ›von unten‹ auf die Geschichte des Kriegsjahrhunderts und des beschwerlichen Alltags werfen.

Die Quellenbezeichnung in der Preußischen Staatsbibliothek Berlin lautet »Aufzeichnungen eines Soldaten 1625–1649«. Das mit einem einfachen Pappeinband versehene Büchlein enthielt 192 (heute noch 176) Oktavblätter (11 x 8 cm), die das handschriftliche Tagebuch eines einfachen Söldners – eines ›Landsknechts‹, der später zum ›Corporal‹ aufstieg – darstellen. Wahrscheinlich handelt es sich um eine Reinschrift älterer Aufzeichnungen, die 1647/48 angefertigt wurde. Der Verfasser scheint relativ schreibgeübt gewesen zu sein, könnte also einige Zeit eine Lateinschule besucht haben. Das Schriftbild ist aber schlicht, die Orthographie unregelmäßig. Peter Hagendorf, so heißt vermutlich der anonyme Verfasser, war sicherlich kein berufsmäßiger Schreiber. Die Dialektanalyse von Peters ergibt, dass der Verfasser wohl aus dem Rheinland stammte, vielleicht aus der Umgebung Kölns. Aufgewachsen ist er möglicherweise in der Nähe von Magdeburg. Der Berufssoldat zeigte ein besonderes Interesse für Mühlen, deren Technik er genau kannte. Auch für das Brotbacken interessierte er sich. Vielleicht kam er also aus einer Müllerfamilie. Als Handwerkersohn hätte ihm im städtischen Raum eine gewisse Schulbildung offen gestanden.

Das Tagebuch hat selbstverständlich keinerlei literarische Ansprüche; die Aufzeichnungen sind privat, bestenfalls für die Verwandtschaft und die Familie gedacht.

Im Gegensatz zu Grimmelshausens *Simplicissimus* liegt hiermit also eine faktuale Erzählung über Ereignisse des Dreißigjährigen Kriegs vor. Das Tagebuch kann als einmaliges Dokument gelesen werden, das aus der Perspektive eines teilnehmenden Beobachters geschrieben wurde und weniger die Haltung eines ›Erleidenden‹, als vielmehr die eines ›Täters‹ einnimmt.

So war der Söldner an der Belagerung und **Zerstörung Magdeburgs** beteiligt; dabei erlitt er schwere Verwundungen. Trotz des lakonischen, ja geradezu emotionslosen Tons, in dem die Ereignisse beschrieben werden, scheint die Schwere der Kämpfe doch durch:

> Vns verlecht auff dörffern vndt geblogkiret, den ganssen windter [...] bis zum frulieng dessen 1631 gars da haben wir edtliche schanssen eingenommen, In Walde fur Magdeborgk, Alda Ist vnser haubtman, fur eine schansse todt, nehben Ihrer viel, geschossen worden, Auff einen tag haben wir 7 schanssen eingenommen, darnach sindt wir gans, dafur gezogen, vndt mit schanssen, vndt lauffgraben zugebauwet, doch hat es viel leute gekostet [...] den 20 Meige [Mai], haben wir mit ernst angesedtzet vndt gesturmet vndt auch erobert [...]. Aber in die stadt am neistadter tohr bin ich 2 Mal durch den leieb geschossen worden das ist meine beute gewesen [.] (*Söldnerleben*, 46 f.)

Die Verletzungen wurden ohne Betäubung versorgt. Damit die Operation gelang, hatte der »feldtscher« dem Kranken »die hende auff den Rugken gebunden«. »Halb todt« wurde der Soldat schließlich in seine »hudten« gebracht (47).

Die Söldner waren privatrechtlich an ihren Kriegsherrn gebunden. Die Lagerdisziplin und die Wahl der Anführer wurde gemeinschaftlich geregelt. Ein Tross von Marketendern, Frauen, Kindern, Prostituierten und Handwerkern begleitete das Heer (Pröve 1997, 25). Deshalb kann die Frau des Söldners die nötigen Dinge zur Versorgung des Schwerverletzten aus Magdeburg holen und zudem einige Wertsachen erbeuten. Von den Gefährten des Soldaten hatte ihm »Ieder edtwas verehret, einen tall [Taler] oder halben tall« (47). Zur Genesung wurde der Landsknecht schließlich bei einem Bauern für sieben Wochen einquartiert.

Der Angriff auf den eigenen Körper wird mit der Zerstörung Magdeburgs parallelisiert:

> Ist mir doch von herdtzen leit gewesen das die stadt so schreglich gebrunnen hat wehgen der schönen stadt, vndt das es meines vaterlandes Ist [.] (47)

Von den Menschen, die in den einfallenden und brennenden Häusern umkommen, wird später berichtet. Die Exzesse der Soldaten (Kaiser 1997, 43), die sich damit für die verlustreiche und lange Belagerung rächen, verschweigt das Tagebuch.

Die Zerstörung Magdeburgs scheint eines der traumatischsten Ereignisse des Dreißigjährigen Kriegs, wohl des 17. Jahrhunderts überhaupt, gewesen zu sein. In unzähligen Flugblättern, Gedichten, Briefen oder anderen Schriftstücken wird davon berichtet. Selbst von kaiserlicher Seite wird das »erschröcklich[e] Pluetpadt« beklagt (Kriegskommissar Hagsdorf, zit. Kaiser 1997, 43). Diederich von dem Werder verwendet in einem *TrawerLied* über das Magdeburger Inferno das Bild einer vergewaltigten und ermordeten Jungfrau, um die Einnahme und Zerstörung der Stadt greifbar zu machen (*Gedichte des Barock*, 49–51).

3.2 Gesellschaft

Auch wenn im 17. Jahrhundert die moderne Bedeutung von (bürgerlicher) ›Gesellschaft‹ (im Sinne von französisch *société*) noch nicht gebräuchlich ist, bezeichnet der Begriff im Folgenden – als soziologische Kategorie – Menschen, die unter ähnlichen wirtschaftlichen, politischen und kulturellen Bedingungen leben. Dass sie unter den Bedingungen je nach gesellschaftlicher Position unterschiedlich leben können, versteht sich von selbst. So wird der Begriff heute auch für das 17. Jahrhundert verwendet (Maurer 1999, 18 ff.; Press 1991, 51 ff.; Münch 1999, 67).

Die wichtigsten Aspekte sozialen Lebens im 17. Jahrhundert auch nur anzureißen, erscheint im Rahmen einer Einführung kaum möglich; hier muss auf die inzwischen erschienene und gut lesbare Forschungsliteratur verwiesen werden (v. Dülmen ²1999; Münch 1992; Braudel 1985; Langer 1978; Lahnstein 1974). Ich beschränke mich auf grobe Skizzierungen und auf die für die Literatur relevanten Phänomene.

Niklas Luhmann hat für Gesellschaften wie die des 17. Jahrhunderts den Begriff ›stratifikatorisch‹ (= ›geschichtet‹) (1987, 264) eingeführt. Die ›interne vertikale Differenzierung‹ ihrer ›Ranggruppen‹ (Adel, Bürger, Bauern) unterscheidet die Barockgesellschaft von einer modernen, im Prinzip ›horizontal‹ geordneten (ebd.). Im 17. Jahrhundert gibt es aber erste Anzeichen für »die gesamtgesellschaftliche Evolution im Übergang von stratifikatorischer zu funktionaler Systemdifferenzierung« (Luhmann 1994, 54). Das heißt: In der Barockzeit gibt es Merkmale des Wandels von einer hierarchisch zu einer funktional organisierten Gesellschaft. So übernehmen nichtadelige Gelehrte und Verwaltungsfachleute schon spezifische Aufgaben, die nicht zur vertikalen Gliederung passen.

Ständische Ordnung

Das barocke Sozialsystem ist also noch ein ständisches. Die Unterteilung der Bevölkerung in verschieden angesehene Gruppen prägt das Denken auch in Bereichen, die auf den ersten Blick nichts mit dieser Aufteilung zu tun haben. Das stratifikatorische System der sozialen Gruppen spiegelt sich im Schul- und Bildungssystem, in Kunst- und Literatur oder in Verhaltensnormen. Nach mittelalterlichem und auch noch frühneuzeitlichem Verständnis sind die weltlichen Standesgrenzen erst im Jenseits aufgehoben. Die Hierarchisierung und Funktionsordnung der Stände garantiert – so war die Vorstellung – Ordnung, Frieden, Sicherheit und Orientierung.

Vom Mittelalter übernimmt die Barockzeit die Unterteilung in den ›Lehrstand‹, insbesondere die Geistlichkeit, den ›Wehrstand‹, vor allem der Adel, und den ›Nährstand‹, die Bauern.

Als modifizierte soziale Ordnung gilt im 17. Jahrhundert folgende Hierarchie:
1. Adel
2. Bürger (Kaufleute, Handwerker, Gelehrte usw.)
3. Bauern

Parallel zu dieser Ordnung verhalten sich die Dreistillehre (s. Kap. 4.3) in der Rhetorik (hoher, mittlerer, niedriger Stil), die Klassifizierung poetischer Texte (etwa: Tragödie, Schäferspiel, Komödie; s. Kap. 6) und Strukturierungen beim Militär oder der Geistlichkeit. Deshalb erscheint die Unterteilung in drei hierarchisch geordnete

Gruppen als universelles Prinzip des Barockdenkens, wobei die dreiteilige hierarchische Sozialstruktur in ihrer Bedeutung im Lauf des Jahrhunderts zurückging. Denn in den Städten bekommen die Handwerker und Kaufleute ein Gewicht, das schwer einzuordnen ist. Gleiches gilt für die höfischen Beamten, die nun häufig ›gelehrt‹ und nicht mehr adelig sind.

Allein der Adel ist durch Titel, Wappen oder Brief genau abgrenzbar, während die anderen Gesellschaftsgruppen unscharfe Ränder aufweisen. Bauern haben zum Teil als Handwerker gewirkt und kleinstädtische Bürger als Bauern. Die protestantischen Geistlichen und fürstlichen Beamten sind am ehesten der Mittelschicht zuzuordnen, ohne dass sie ›Bürger‹ im engeren Sinne gewesen sind.

Der **Adel** wird hierarchisch in drei Gruppen unterteilt: 1. Fürsten, 2. Grafen und Herren, 3. Ritter; er macht nur etwa 1 % der Gesamtbevölkerung aus. Hauptsächlich drei Lebensmöglichkeiten kamen für einen Adeligen in Frage (Maurer 1999, 32 f.): Er ging als Offizier zum Militär, er übernahm Aufgaben der zivilen Verwaltung oder er betrieb auf seinem Anwesen Landwirtschaft. In diesem Fall ließ er in der Regel sein Land bewirtschaften, beschäftigte sich manchmal mit dem Bergbau, widmete sich der Verwaltung, der Organisation des Guts, der Vermarktung seiner Güter und der Jagd. Außer diesen drei Tätigkeiten konnten Adelige Funktionen in der Kirche bekleiden (Domherr, Abt usw.). Vergleichbare Aufgaben gehörten zu den wenigen Tätigkeiten, die adelige Damen ausüben konnten. Ihnen boten Damenstifte (Essen, Quedlinburg, Gandersheim usw.) oder Klöster Entfaltungs-, Bildungs- und angemessene Aufenthaltsmöglichkeiten.

Das Leben der mittleren **städtischen Bevölkerung** bietet ein uneinheitliches Bild. Zu unterscheiden sind Einwohner mit Bürgerrechten und Stadtbewohner ohne weiterreichende Rechte (zu denen etwa Schauspieltruppen, die Dienerschaft oder Juden gehören konnten). Waren die Städte anfangs aus der Assoziation rechtlich gleichgestellter Bürger entstanden, so entwickelten sich im 17. Jahrhundert zunehmend politische Eliten (›Patrizier‹), die die Geschicke der Städte bestimmten; sie wurden also mehr und mehr oligarchisch regiert.

Das städtische Leben war durch die **Gilden und Zünfte** geprägt, in denen sich die Handwerker und Kaufleute organisierten. Im 17. Jahrhundert standen sie nur männlichen Gesellen offen, die freier, ehrlicher und ehelicher Abkunft waren. Sie mussten deutsche Eltern haben und der Konfession der jeweiligen Stadt angehören. Die Juden (s. Kap. 3.4), die nicht-deutsche Bevölkerung sowie die Sinti waren ausgeschlossen. Die Beschränkungen wurden im künstlerischen Bereich und bei der Produktion von Luxusgütern weniger streng gehandhabt (Bildhauer, Musiker, Maler usw.). Die Zünfte regelten die Arbeitszeit, die Arbeitsverhältnisse und überwachten Qualität und Preis.

Um 1600 dürfte es in Deutschland etwa 5000 Städte, meist Klein- und Kleinstädte gegeben haben (Maurer 1999, 35). Ihre Entwicklung im 17. Jahrhundert ist unterschiedlich und hängt mit dem Dreißigjährigen Krieg, der Verlagerung von Handelswegen (s. Kap. 3.3) und der Bedeutung von Residenzen zusammen. Die größten Städte bzw. die auffälligsten demographischen Entwicklungen seien hier mit den jeweils geschätzten Einwohnerzahlen angeführt:

	1600	1650	1700
Wien	50.000	60.000	114.000
Augsburg	48.000	21.000	21.000
Köln	40.000	45.000	42.000
Hamburg	40.000	75.000	70.000
Magdeburg	40.000	5.000	10.000
Nürnberg	40.000	25.000	40.000
Berlin	25.000	12.000	55.000
Frankfurt/M.	18.000	17.000	28.000
Leipzig	14.000	11.000	20.000
Frankfurt/O.	13.000	2.000	9.000
Dresden	12.000	15.000	40.000

Demographische Entwicklung großer Städte im 17. Jahrhundert (nach: de Vries 1984, 272 f.; Münch 1999, 36)

Der radikale Niedergang der Einwohnerzahl von Augsburg, Magdeburg oder Frankfurt/O. ist vor allem auf Kriegsfolgen zurückzuführen. Köln oder Frankfurt/M. hatten hingegen kaum Verluste. Die Bedeutung Hamburgs als wichtigster deutscher Seehafen resultierte aus der Verlagerung des wirtschaftlichen Bezugsfeldes vom Mittelmeer und dem Hanse-Raum zum Atlantik. In der zweiten Hälfte des Jahrhunderts wuchsen die neuen Handels- und Messestädte Leipzig und Frankfurt/M. sowie die Residenzstädte Dresden, Berlin und Wien. Von Fürsten gefördert und zum Teil als Residenzen gebaut entstanden im 17. Jahrhundert auch einige wichtige Neugründungen wie Freudenstadt (1599), Glückstadt (1616), Karlshafen (1699), Ludwigsburg (1709) oder Karlsruhe (1715). Die äußere Erscheinung der Städte hat Matthäus Merian (1593–1650) in seinen Kupferstichen festgehalten; sie wurden mit Kommentaren zur Stadtgeschichte und Geographie von Martin Zeiler publiziert (*Topographia Germaniæ* 1640 ff.). Merian hat auch bedeutende Stadtpläne von Basel, Köln und Frankfurt/M. gestochen (s. Kap. 8.4).

Die meisten Menschen – je nach Region zwischen 80 und 90% – lebten auf dem Land, in Dörfern, Marktflecken, Weilern oder auch auf Einzelhöfen. Das Dorf bot Orientierung: Hier fand das soziale Leben außerhalb der Familie statt; hier befand sich die Kirche, die Flurgenossenschaft und war die Nachbarschaft anzutreffen. Die **Bauern** waren freilich keine homogene Gruppe; wenige freie Landwirte mit eigenem Grundbesitz standen der Mehrzahl von abhängigen und unfreien Landarbeitern gegenüber. Eigentümer waren der Adel, die Kirche, einige reiche Bürger oder deren Institutionen. Ihnen mussten zum Teil hohe Abgaben (›Gülten‹ usw.) geliefert und zeitaufwendige Dienste (›Frondienste‹) geleistet werden. Für die unfreie Landbevölkerung galt das Erbrecht nur eingeschränkt und sie brauchte für Rechtsvorgänge (Eheschließungen usw.) in der Regel die Erlaubnis der jeweiligen Herren. Die Abhängigkeitsverhältnisse der Bauern sind komplex und regional unterschiedlich: Im Osten dominiert die Gutsherrschaft, im Westen die tendenziell freiere Grundherrschaft. Die Abgaben und Leistungen der Bauern bezogen sich auf Boden-, Gebäude- und Inventarnutzungen, auf die Erhaltung der Kirche und ihrer Einrichtungen, auf gemeindliche Einrichtungen (Wege, Armenhäuser, Schulen, Hirtenlöhne usw.) und auf hoheitliche Aufgaben (Recht, Sicherheit usw.). Sie wurden zur Mehrung des fürstlichen Besitzes eingezogen und zum Teil speziell durch die persönliche Unfreiheit der Bauern (Leibzins usw.) legitimiert.

Das patriarchalische Verhältnis des Fürsten zu seinem Adel spiegelte sich als **Verhältnis des Hausvaters zu seiner Familie** im alltäglichen Leben der Bevölkerung (s. Kap. 8.3). Denn klar markierte hierarchische Beziehungen bestanden auch innerhalb des Hauswesens, also zwischen Mann und Frau, Eltern und Kindern sowie zwischen Herrschaft und Gesinde. Je unangefochtener die Herrschaftsstruktur war, desto besser konnte das Hauswesen verwaltet werden. **Gehorsam war die Basistugend**, die das Funktionieren der Gemeinschaften und ihrer Abhängigkeitsverhältnisse garantierte (Münch 1999, 68). Die Alltagsstruktur war patriarchalisch geprägt, wobei eine strikte häusliche Arbeitsteilung bestand. Die Ungleichheit in Gesellschaft und Familie wurde theologisch begründet.

Die Menschen hatten genaue **Ordnungsvorstellungen**, die an Wichtigkeit noch zunahmen, als die Lebensumstände (Krieg, Krankheit, Flucht) chaotischer wurden. Das Wissen um seinen Platz in der gesellschaftlichen Ordnung war insofern ein beachtetes Gut, das durch ein spezifisches Verhalten gefestigt werden konnte. Die hierarchische Ordnung war im 17. Jahrhundert das universale Prinzip, das die Familie, die Gesellschaft, den Staat, den Hof, die Kirche, ja, selbst die Wissenschaften und Künste strukturierte und in der zeitgenössischen Wahrnehmung bestimmte.

Die Höfe

Das 17. Jahrhundert ist eine **höfische Gesellschaft** mit einer vornehmlich **höfischen Kultur** (Buck (Hg.) 1981), die der Selbstdarstellung und der Domestizierung des Adels im Dienste der jeweiligen Fürsten und Könige diente. Seit dem Ende des Dreißigjährigen Kriegs erschien der französische Hof Ludwig XIV. in Versailles als das überragende Vorbild dieser Kultur. Das gilt nicht nur für die absolutistische Hoforganisation, sondern auch für das Schloss von Versailles selbst, das 1661 bis 1689 erbaut wurde. In Deutschland kopierten oder variierten es unter anderem das Residenzschloss Ludwigsburg bei Stuttgart (1704–1733), Schloss Nymphenburg in München (1664–1728) oder Schloss Schönbrunn in Wien (1692–1749). Das Hofleben war durch und durch französisch geprägt. In Wien pflegte der Adel allerdings – anders als an den meisten anderen deutschen Höfen – einen eher spanischen Hofstil.

Die Schlossanlagen waren Orte der **Repräsentation**, in denen sich der Adel inszenierte und sich huldigen ließ. Das Zeremoniell war äußerst luxuriös, genau festgelegt und minutiös geplant. Das Barockschloss mit seinen Bauten war die Szenerie für Festumzüge (s. Kap. 6.6), Ballette, Opern (s. Kap. 6.7), Schauspiele (s. Kap. 6), Feuerwerke und prachtvolle Gottesdienste. In Teilen der Barockgärten wurden genau geplante Jagden abgehalten. Ziel aller Inszenierungen war die Darstellung der weit reichenden und unangefochtenen Macht des fürstlichen Oberhaupts. Es wurde als strukturelles Zentrum eines ausdifferenzierten und komplexen Systems gefeiert. Die Bedeutung des Fürsten war abhängig von der Repräsentation durch seinen Hof. Das aufwendige Hofleben brachte es mit sich, dass die Residenzen auch zum Magneten für die geistige Elite eines Landes werden konnten. Sukzessive entwickelten sich die Höfe deshalb zu geistigen Zentren für nicht-adelige Gelehrte (Musiker, Hofbeamte, Erzieher und Lehrer).

Um in der Nähe des Fürsten einen für sich günstigen Platz zu erobern, musste der Höfling ein bestimmtes Verhalten einüben. Er musste gut reden können, Konversation pflegen, Komplimente richtig verteilen, sich passend kleiden und die Etikette genau einhalten. Diese Fähigkeiten wurden einerseits in Ritterakademien und andererseits durch Hauslehrer vermittelt (s. Kap. 3.5). Zur Unterstützung wurden eine ganze Reihe von Lehrbüchern aufgelegt, die ein bestimmtes Ideal höfischen Verhaltens vorschrieben (s. Kap. 8.3).

Die gemeinsame Sprache des Adels (Französisch) sowie die verwandtschaftlichen und politischen Beziehungen vernetzten die europäischen Höfe miteinander. Die Diplomatie gehörte zu den gerne gepflegten Tätigkeitsfeldern, mit denen ein **transnationales System** erhalten wurde. Unter der adeligen Führungselite bestanden oft enge persönliche Beziehungen, die durch ausgiebige Besuche und die Kavalierstour, die Ausbildungsreise junger Adeliger nach Holland, Frankreich oder Italien, gefestigt wurden. Für die Reisen bildeten sich bald feste Routen heraus (›Giro d'Italia‹: Venedig, Padua, Bologna, Rom, Neapel; ›Tour de France‹: Straßburg, Nancy, Angers, Saumur, Sedan, Paris). Zwischen den europäischen Höfen bestand aufgrund dieser institutionell gesicherten Verbindungen eine »verhältnismäßig hohe Kommunikationsdichte« (Maurer 1999, 37).

Die verschiedenen Höfe in Deutschland sind Ausdruck und Ort einer polyzentrisch wirkenden Kultur im 17. Jahrhundert. Mit gewissem Recht kann in der eigenständig nuancierten Hofkultur die Basis des späteren Föderalismus in Deutschland gesehen werden. Auch dass im Laufe der Kulturgeschichte verschiedene Kulturzentren dominieren konnten (Leipzig im 18. Jahrhundert, Weimar um 1800, Berlin Anfang des 20. Jahrhunderts usw.), lässt sich auf die polyzentrische Struktur des Reiches zurückführen. Da die kleineren Höfe nicht alle Kultursparten gleichermaßen fördern wollten oder konnten, kam es zu Spezialisierungen: In Wolfenbüttel entstand eine bedeutende Bibliothek, in Dresden widmete sich der Hof der Architektur oder in Schlesien und Nürnberg bildete die Poesie und Sprachpflege einen Schwerpunkt.

Die höfische Lebensweise drückte sich besonders in den ausgefeilten Arrangements von barocker **Gartenkunst und Architektur** aus, die als Gesamtkunstwerke gestaltet wurden. Maßgebend war der ›französische Garten‹ nach dem Muster André Le Nôtres (1613–1700). Er schuf vor allem die Gärten in Vaux-le-Vicomte (1653–60) und Versailles (1663–88). Die Gärten sind durch ein Achsensystem und sternförmig ausstrahlende Alleen strukturiert und auf das Schlossgebäude als Zentrum der absolutistischen Macht bezogen.

Der Hof und sein ausschweifendes Leben war, solange er existierte, Gegenstand der **Hofkritik** (Kiesel 1979), auch und besonders im 17. Jahrhundert. Ziel der Kritik in der Barockzeit war allerdings in der Regel nicht die Abschaffung des Hofes, sondern seine zeitgemäße Modernisierung im Sinne des Absolutismus. Die Ordnung des Hofes galt als Indiz für den Zustand eines Landes. Seine Verbesserung sollte dem Wohl des Staates und seiner Bevölkerung dienen.

Ökonomie

Ein einheitliches Wirtschaftssystem gab es im 17. Jahrhundert noch nicht; dies gilt besonders für das faktisch durch Kleinstaaten beherrschte Deutsche Reich. Nach dem Dreißigjährigen Krieg nahm die Vernetzung der Wirtschaftsregionen zu; erst die Realisierung merkantilistischer und kameralistischer Konzepte schuf Wirtschaftsräume im engeren Sinne.

Der Neuaufbau von Wirtschaftsräumen war unter anderem deshalb notwendig geworden, weil während des Krieges **Handelswege** nicht mehr benutzt werden konnten und durch die globale Verlagerung der Handelsinteressen traditionelle Vernetzungen (wie durch die Hanse) aufgegeben wurden. Mit den neuen Kolonien in Übersee veränderte sich die Bedeutung von Hafenstädten und Handelsnationen. Der Atlantik wurde für Handelsschiffe nach Amerika erschlossen. Den für das Reich relevanten Nord- und Ostseehandel übernahmen weitestgehend die Niederländer, Engländer, Dänen und Schweden. Hamburg blieb wegen seiner Lage an der Elbe der wichtigste deutsche Hafen. Im Binnenland ging die Bedeutung der traditionellen Handelszentren Nürnberg, Augsburg und Köln eher zurück, während die Messestädte Leipzig und Frankfurt/M. wichtiger wurden. Dies zeigt sich auch am Bevölkerungsanstieg in diesen Städten (s.o.). Aus dem Reich wurden vor allem Getreide, Holz und Halbfabrikate aus Metall exportiert, während Fertigprodukte und Luxuswaren (besonders aus Frankreich) importiert wurden (Münch 1999, 53). Insgesamt ist der Handel im 17. Jahrhundert natürlich wegen der schlechten, wetterabhängigen Straßenverhältnisse und des beschwerlichen Flussaufwärts-Transportes wesentlich eingeschränkter zu denken als heute. Die Kapazitäten der Beförderungsmittel waren deutlich geringer; größere Waren konnten praktisch nur über den Wasserweg transportiert werden.

Im deutschsprachigen Gebiet standen durchaus **Rohstoffe** zur Verfügung. Das Land war reich an Holz und Bodenschätzen. Wasser und Wind wurden zum Teil schon für die Produktion genutzt (Mühlen, Hammerwerke usw.); meist benötigte das Gewerbe freilich den Einsatz menschlicher oder tierischer Kraft.

Die intensive und wenig reflektierte Ausbeutung der Rohstoffe und eine einseitige Bewirtschaftung von Grünflächen hatten schon im 17. Jahrhundert **ökologische Folgen** (Ellenberg [5]1996): Der Waldbestand war in dieser Zeit zwar geringer als man es heute vermuten würde, der steigende Bedarf an thermischer Energie führte jedoch noch zu einer zusätzlichen Abholzung von Wäldern, die nicht mehr aufgeforstet werden konnten (Lüneburger Heide) oder aber zu Monokulturen umgewandelt wurden (Schwarzwald). Bestimmte Nutzungsformen der Grünflächen (Hutweide, Waldstreu-Entnahme, Laubheu usw.) begünstigten zusätzlich die Verheidung der Landschaft. Immerhin entstanden in wenigen Gebieten auch ökologisch sinnvolle Holznutzungsverfahren (›Hauberge‹ im Siegerland). In Westfalen begann man, das Holz durch Steinkohle zu ersetzen. Insbesondere durch einige Gewerbezweige (Färbereien, Seifensiedereien, Abdeckereien) kam es schon in der Barockzeit zu starken Gewässerverschmutzungen. Die zahlreichen Wassermühlen stellten, weil sie die Fließgeschwindigkeit des Wassers verminderten und unüberwindbare Flussgrenzen schufen, ebenfalls schon einen deutlichen Einschnitt ins ökologische System dar, der sich u.a. auf den Fisch- und Pflanzenbestand auswirkte. Schließlich brachte auch der Krieg landschaftliche Verwüstungen mit sich (Veraschung des Bodens, Verwilderung der Felder usw.).

In erster Linie war das Reich im 17. Jahrhundert ein Agrarstaat. Die bäuerliche Wirtschaft bildete »die Grundlage der gesamten Ökonomie«; sie leistete etwa 80% des Sozialprodukts (Münch 1999, 43). Heute trägt die **Land- und Forstwirtschaft** in Deutschland nicht mehr als 1,7% hierzu bei. Die Landwirtschaft lieferte nicht nur die Nahrung, sondern viele weitere Materialien, die gewerblich weiterverarbeitet wurden. Vor allem wurde Holzwirtschaft betrieben, das Stroh verwertet und Gespinstpflanzen (Flachs, Hanf) angebaut. Die Haus- und Nutztiere hielten die Bauern nicht nur zur Nahrungsaufnahme, sondern nutzten auch ihre Wolle, Pelze, Haare,

Häute, Därme, Knochen, Hörner, Zähne und Federn. Zum Teil verarbeiteten sie die tierischen Rohstoffe im Nebenerwerb weiter.

Wichtigstes **Nahrungsmittel** (s. Kap. 8.3) war Getreide, speziell Roggen, Gerste oder Hafer; es wurde zu Brot verbacken oder meist einfach mit Wasser zu einem Brei (bzw. zu Grütze) verarbeitet. Weißbrot (aus Weizen) kannten nur die Reicheren. Die Kartoffel war zwar bekannt und wurde in manchen Regionen verstärkt angebaut, setzte sich aber erst im 18. Jahrhundert durch. Einen Hinweis auf die steigende wirtschaftliche Bedeutung der Kartoffel gibt Johann Royers *Beschreibung des ganzen Fürstlich Braunschweigischen gartens* (²1651). Dort wird nicht nur die Kartoffel im Katalog der angebauten Pflanzen angeführt (18), sondern auch deren Nutzen ausführlich beschrieben, ja, es werden sogar Kochrezepte für Bratkartoffeln und Eintöpfe geliefert. Royer verzichtet auf eine ausführlichere Beschreibung der Pflanze, »weil« die Kartoffel »nun so gemein worden« sei, »daß sie fast ein ieder Baur im Garten hat« (105).

Neben dem Getreide gab es vor allem Hülsenfrüchte, Kohlsorten und Rettich. Die Produktivität war vergleichsweise gering (im 17. Jahrhundert pro Hektar 10 Doppelzentner Roggen, heute etwa 80). Dies lag an der meist noch praktizierten Dreifelderwirtschaft. In den Gegenden, in denen auf die Mehrfelderwirtschaft umgestellt wurde – im Rheinland und an der Küste –, stieg die Produktivität. Neben dem Gemüse- und Getreideanbau kam natürlich der Vieh- und Milchwirtschaft eine besondere Rolle zu; eine spezialisierte Landwirtschaft gab es nur in Ausnahmefällen (Wein) oder in Regionen, wo Getreide- und Gemüseanbau nur eingeschränkt möglich war. Fisch und Fleisch (Schwein, Rind, Geflügel – auch Singvögel und Tauben) gehörten in der Frühen Neuzeit nicht nur bei reichen Leuten zu den üblichen Nahrungsmitteln; zwar gab es auch hier regionale Unterschiede, doch war der Verzehr von Fleisch im Allgemeinen nicht wesentlich eingeschränkter als heute (Braudel 1985, 197 f.).

Seit Mitte des 16., besonders aber im 17. Jahrhundert versuchten Autoren, die landwirtschaftliche Effektivität durch spezielle Lehrbücher zu steigern. Die Bücher basieren zum Teil auf antiken Schriftstellern. In den ökonomischen Lehrbüchern, insbesondere in der Hausväterliteratur (s. Kap. 8.3), sind bäuerliche Themen genauso wie Erziehungs- und Ehefragen oder Krankheiten behandelt.

Im 17. Jahrhundert können vier verschiedene **Produktionsweisen** unterschieden werden (Münch 1999, 47 ff.): Handwerk, Heimgewerbe, im Verlagssystem organisiertes Gewerbe und Manufakturen. Dass die Art und Weise der Herstellung nicht immer deutlich zuzuweisen ist und oft kombiniert wurde, versteht sich von selbst. In den Städten war das Handwerk nach den traditionellen – genau differenzierten und selbständigen – Zünften organisiert. Während das spezielle Handwerk – wie Hutmacher, Barbiere oder Goldschmiede – nur in den Städten zu finden war, gab es auf dem Land auch das einfachere Handwerk wie Schuhmacher, Sattler, Schneider oder Müller. In Dörfern war das Handwerk meist nicht zünftig geordnet; oft wurde es als Nebenerwerb praktiziert. Das Luxushandwerk – die Herstellung von Schmuck, Möbeln oder Porzellan – konzentrierte sich auf die Groß- und Residenzstädte.

In eher ertragsschwachen Gegenden setzte sich ein Gewerbe durch, dass nach dem Verlagssystem organisiert war. Das schon im Mittelalter praktizierte System nutzt die vorhandenen billigen Arbeitskräfte auf dem Land, die auf einen Nebenerwerb angewiesen waren. Frauen, Männer und Kinder konnten problemlos in das Arbeitssystem mit einbezogen werden. Diese konnten ihre Produktion in der Regel zu Hause verrichten und überließen dem Verleger die logistische Organisation der Arbeit.

Dieser stellte die Rohstoffe und verkaufte das Produkt oder nahm das Halbfabrikat zur Weiterverarbeitung, die er anderen überlassen konnte. Da im Verlagssystem die Arbeitskraft fremd genutzt wird, der Produktionsprozess oft nicht mehr in einer Hand liegt und Lohnarbeitsverhältnisse entstehen, kann hierin auch eine Vorform kapitalistischer Wirtschaft gesehen werden (›**Protoindustrialisierung**‹).

Die Verbreitung von Manufakturen war im 17. Jahrhundert noch nicht groß. Doch gab es in bestimmten Branchen (Büchsenmacherei, Textilgewerbe, Glasproduktion, später Porzellan und andere Luxusgüter) zentralisierte und arbeitsteilig organisierte Produktionsstätten, die Maschinen benutzten. Häufig arbeiteten die entstehenden Manufakturen mit Handwerksbetrieben und Verlegern zusammen. Manchmal siedelten diese Produktionsstätten bewusst neben kasernierenden Lebensformen (Waisenhäuser, Zuchthäuser, Armenhäuser), um auf deren billige Arbeitskräfte zurückzugreifen. Zum Teil waren die neuen Produktionsweisen durch eine erhöhte Nachfrage notwendig geworden. Dies gilt für die Herstellung von Luxusgütern für die Höfe. Noch deutlicher ist dies aber bei Militärwaren. So entstanden in Essen Manufakturen, um den im Krieg gestiegenen Bedarf an Gewehren zu decken.

Der Dreißigjährige Krieg bewirkte in vielen Regionen Deutschlands **ökonomische Krisen.** Die Entvölkerung und Verwüstung ganzer Landstriche, der Abzug von Arbeitskräften, kriegsbedingte Seuchen, erhöhte Steuern zur Deckung der Kriegskosten und die Ernährung der durchziehenden Heere brachten dem Handel und der Landwirtschaft enorme Probleme. So explodierten in den Kriegsjahren die Getreidepreise. Hinzu kam in den Jahren 1620 bis 1623 (*Klipper und Wipper-Zeit*) eine regelrechte Inflation, da zur Deckung der Kriegskosten massenhaft minderwertige Kupfermünzen in den Umlauf gebracht wurden.

Nach dem Krieg setzte verstärkt ein **Umdenken im Bereich der Ökonomie** ein. Als Grundsätze bildeten sich zwei Prinzipien heraus:

1. Jeder Haushalt (Staat, Fürstentum, Hof, Stadt, Gewerbe, privater Haushalt) muss wirtschaftlich verfahren, das heißt er muss verantwortlich mit seinen Ressourcen (Finanzen, Arbeitskräften, Rohstoffen, seiner Zeit usw.) umgehen.
2. Reichtum kann nur erworben werden, wenn andere von ihrem Besitz etwas abgeben.

Auf diesen Prinzipien beruhten wesentlich die zwei seit der Barockzeit diskutierten idealtypischen Denkweisen des **Merkantilismus** und des **Kameralismus**. Beide Systeme gehen von einer weit reichenden Lenkung des Staates im Wirtschaftsleben aus, wobei die Einflussnahme jeweils etwas anders gewichtet wird. In beiden Fällen liegen dirigistische Förderungs- und Kontrollmaßnahmen in den Händen der Regierung.

Der Merkantilismus beruhte auf einer gezielten Handelspolitik des Staates, insbesondere im Bereich des Außenhandels. Einfuhrbestimmungen, Zölle und eine gezielte Exportpolitik sollten helfen, den Reichtum im eigenen Land zu fördern. Ziel war es, einen Ausfuhrüberschuss (eine ›aktive Handelsbilanz‹) zu erwirtschaften, um damit den Geldzufluss zu erhöhen. Im eigenen Land konzentrierte sich die Politik auf die Schaffung eines einheitlichen Wirtschaftsraums und eine breite Wachstumsförderung.

Der Kameralismus bezog sich hingegen mehr auf die Besteuerung im eigenen Land; eine gute Haushaltspolitik sollte den wirtschaftlichen Aufschwung gewährleisten und damit den Reichtum fördern. Das Land sollte bestmöglich besteuert werden, wobei die Bevölkerung (als wichtigste ökonomische Ressource) nicht geschröpft werden sollte. Vielmehr musste sie – durch Reformen und Strukturmaßnahmen – in die Lage kommen, möglichst viel Steuern zu zahlen. Besonders der Kameralismus trug dazu bei, dass die Wirtschaft nach 1648 zwar gesundete, sich aber nicht frei entwickelte. Die staatliche Kontrolle baute sich immer mehr aus und verhinderte freies Unternehmertum. Ein früher Anreger des Kameralismus war das Werk *Teutscher Fürsten=Stat* (1656) des Staatstheoretikers und Kanzlers in Sachsen-Gotha Veit Ludwig von Seckendorff (1626–1692). Es betont zwar die dirigistischen Rechte des Fürsten, hebt aber auch die Pflichten desselben hervor. Dieser ist in seinem Handeln an Rechte (göttliche Rechte, Reichsrechte, eigene Gesetze, Verträge) gebunden (16 ff.). Ziel der fürstlichen Politik soll nach Seckendorff der »Wolstand« (39) sein.

Körperlichkeit, Erotik, Kleidung

Die spezifische ›Entdeckung‹ des Erotischen und der Kosmetik in der adeligen Welt des 17. Jahrhunderts gehört zum »Prozeß der Zivilisation« (Elias [21]1997); sie dient der »Triebverwandlung und -regulierung« (ebd., II, 386) und stellt – wie die Körperpflege, die Kochkunst, die Krankenpflege oder das Begräbnis – eine Überwindung des rein körperlichen Daseins dar. Das Bewusstsein vom eigenen Körper unterscheidet den ›naiven‹ Menschen vom zivilisierten, im Verständnis der Zeit: den kultivierten Menschen vom einfachen. Bei diesem findet sich ein Ausgeliefertsein an den Körper, während die Kultur eine Beherrschung und Lesbarkeit desselben ermöglicht (Czarnecka 2004; Mallinckrodt (Hg.) 2008; Niefanger 2009a).

In der Frühen Neuzeit stellte Krankheit eine viel höhere Gefahr für den Menschen dar als heute. Medizin und **Hygiene** beginnen erst am Ende des Jahrhunderts einige Fortschritte zu machen (Vigarello 1992). Besonders in bürgerlichen Schichten entstand allmählich ein neues Ideal der Reinlichkeit und mit ihm erste Grundsätze der Hygiene. Aber erst die Abdichtung der Latrinen, verbindlichere *Policey*-Bestimmungen und der Schutz des Trinkwassers im 18. und 19. Jahrhundert brachten eine deutliche Besserung des Gesundheitszustandes (Frank: *System einer vollständigen medicinischen Policey*, 1779–1788). Den üblen Geruch, der im 17. Jahrhundert allerorts herrschte, verdeckte die adelige Gesellschaft mit Parfums.

Die **Erotik** trat im Umfeld des Hofes weniger als triebbefriedigendes Moment auf, sondern eher als Teil einer reglementierten Kommunikationsform. Die kultivierte und deshalb codierte Erotik erhielt also den Status einer spezifischen Umgangsform, in die der beherrschte Körper einbezogen wurde. Sie zielte – anders als die Liebe – nicht auf Transzendenz, nicht auf Innerlichkeit, Dauer, Ewigkeit oder Einzigartigkeit. Im Gegenteil, der Transzendenz entsprach die ostentative Diesseitigkeit der Erotik. Ort der Liebe war die Seele; ihr stand die Äußerlichkeit des schönen Körpers gegenüber. Der auf Dauer angelegten Zuneigung und Ehe widersprach die Augenblickhaftigkeit der Erotik und der Sexualität (›kleiner Tod‹, *piccola morte*).

Mit der bloßen und trivialen Wollust aber erschien ein zweiter Gegensatz, von dem die Erotik absetzbar war. Deren Darstellung könnte man mit heutiger Terminologie als ›Pornographie‹ bezeichnen. Während die Erotik als Kulturgut in die Kunst und speziell in die höfische Poesie und Malerei eingehen konnte, grenzte die höfische Kultur die Wollust als Inbegriff des Animalischen und Niedrigen aus. Die Wollust zielte ausschließlich auf Triebbefriedigung, während die Erotik zwar erregte, aber im Bereich der sinnlichen Verfeinerung und Vermittlung angesiedelt wurde.

Die höfische und spielerische Erotik war ganz selbstverständlich Teil der barocken Kultur. Als solche wurde sie etwa in der Barockpoesie (s. Kap. 5.2) und -malerei (Rubens: *Venusfest*, Velázquez: *Venus mit Spiegel*) entdeckt. Die Darstellung des Erotischen gehört zum scharfsinnigen Spiel der höfischen Barockkunst. Die ästhetische Präsentation impliziert ein Verharren im Fiktionalen; nur unter dieser Voraussetzung erhielt die Erotik eine poetische Lizenz. Gleichwohl antizipieren die Texte die körperliche Verwirklichung des Erotischen. Der Sprecher in einem Gedicht Hoffmannswaldaus klagt deshalb:

> Das reine schertzen /
> So mich ergetzt /
> [...]
> Läst mich in schmertzen /
> Du hast mir mehr als deutlich kund gethan
> Daß freundlichkeit nicht ankern kann.
> (*Die Entdeckung der Wollust*, 34)

Die Lizenz des Erotischen basiert also auf ihrem Beitrag zur zunehmenden Kultivierung des menschlichen Zusammenlebens. In der Frühen Neuzeit stellte das Erotische – die Lust am Körper – ein Gegengewicht zum Schrecken des Körpers dar, der sich in Krankheiten, Kriegsverletzungen, Verstümmelungen, Vergewaltigungen, Foltern und Gewalttaten fast alltäglich zeigte. Hier hatte das Erotische seine kulturfördernde Funktion. Dass sich mit dem Erotischen gerade im Bereich der höfischen Kultur eine dominierende und unterdrückende Männlichkeit aussprach, versteht sich von selbst.

In der Sprache der späten Barocklyrik (s. Kap. 5.3) wird ein Zusammenspiel von Erotik und Gewalt bemerkbar. Zwar werden hier konkrete Gewalthandlungen (Bisse, Schläge, Verletzungen, Vergewaltigungen) eher selten antizipiert, doch rückt die Gewalt über die stark metaphorisierte Sprache in den Horizont der erotischen Vorstellungswelt. Einem »scharff-geschliffen schwerd / das tieffe wunden hauet« gleicht in einem Gedicht Hoffmannswaldaus die weibliche Brust (*Gedichte*, 1994, 27). Von Feuer, Dornen, Ketten, Kerker, Zügeln, Wunden, Höllenpein oder Liebeswaffen ist in ähnlichen Texten die Rede.

Objekt der Erotik ist in erster Linie der Körper: also das Äußere des Menschen, seine Schönheit, die Materialität seines Seins, die Zeichen seiner Erscheinung. Eine besondere Bedeutung gewinnen im erotischen Spiel die gewöhnlich tabuisierten sekundären Geschlechtsorgane und andere neuralgische Stellen der Anatomie (Körperöffnungen). Diese Stellen des Körpers zu beherrschen, ist ein Ziel im Zivilisationsprozess, in dessen Kontext die Barockerotik zu verstehen ist.

Wie das Essen und Trinken, die Wohnung oder bestimmte Verhaltensweisen »war auch die Art der Kleidung Ausweis des Ranges, den jemand in der Gesellschaft einnahm« (Münch 1992, 344). Eine spezielle Kleidung bezeichnete wichtige Lebensstationen (Taufe, Kommunion, Tod usw.), die Geschlechter, die verheiratete Frau (Haube usw.), das Alter, den Beruf, den Stand, die Religion (dunkle Kleidung der Pietisten), gesellschaftliche Außenseiter (Judenhut, Klapper der Aussätzigen, Schleier der Prostituierten usw.), die politische Gesinnung (Bundschuh, Sansculotten usw.) oder den Wochentag (Sonntagsrock usw.). Sie war in der Frühen Neuzeit – noch viel mehr als heute – ein sehr komplexes Zeichensystem.

In Deutschland gab es keine einheitliche Tracht, wohl aber regionale Kleidergewohnheiten. Modevorbild der oberen Schichten wurde im 17. Jahrhundert Frankreich; vorher war es Spanien. Weil die Kleidung die Ordnung der Gesellschaft lesbar machte, erließen die Städte und Staaten genaue Kleiderregeln.

Da einerseits das Kleidungssystem so ausgefeilt war und neue Kleider zumindest kostspielig sein konnten, andererseits aber moderne Ausweispapiere, genaue Beschreibungen und Bilder von Menschen meist nicht verfügbar waren, genügte oft ein Kleiderwechsel, um unerkannt zu bleiben. Selbst das Geschlecht konnte man so recht leicht verbergen. Denn die *gender*-Vorstellung wurde in der Regel über den äußeren Habitus definiert. Viele Berichte über Frauen in Soldaten- oder Matrosenkleidung scheinen dies zu bestätigen (Münch 1992, 347). Vermummungen, Verkleidungen und das Motiv des *gender-crossing* spielen deshalb in der Barockliteratur – besonders in der Oper, in der Komödie und dem Roman – eine gewisse Rolle. Die Maske wird zum Symbol des *theatrum mundi*, der Welt, die als Theater gedacht wird (s. Kap. 6).

3.3 Politik- und Rechtsvorstellungen

Ein großer Komplex der Bewusstseinsgeschichte des 17. Jahrhunderts sind die Politik- und Rechtsvorstellungen. Sie reflektieren das Ordnungsbedürfnis der Menschen und suchen es in praktikablen Theorien vom Aufbau des Staatswesens und seiner Organe zu berücksichtigen. So wundert es kaum, dass philosophisches Denken im 17. Jahrhundert immer wieder in die Auseinandersetzung um politische Theorien mündet. Der Staat und seine zugrunde liegenden Rechtsvorstellungen werden zu einem zentralen Problem der Barockzeit. Dies liegt vermutlich am reformbedürftigen Zustand des Reiches, am strukturellen Umbau der Nachbarstaaten (Frankreich, Spanien) und nicht zuletzt an den Wirren des Dreißigjährigen Krieges. Die Politik- und Rechtsvorstellungen des 17. Jahrhunderts zielen auf eine stärkere Sicherung und Regelung des Lebens, auf eine verbesserte Verlässlichkeit der Rechtssysteme und auf eine Stabilisierung des gesellschaftlichen Umgangs. Sie sind die Basis des frühmodernen Staates, der in Deutschland freilich nur sehr langsam verwirklicht wurde. Tendenziell kann von einem »Zuwachs an ›Staatlichkeit‹« in deutschen Ländern (Münch 1999, 101) bei gleichzeitiger Abnahme der rechtlichen Bedeutung des Reiches ausgegangen werden.

Individualpolitik

Die theoretische Auseinandersetzung mit der Politik beginnt in der Frühen Neuzeit mit dem bis heute umstrittenen Florentiner **Niccolò Machiavelli** (1469–1527). Sein mit Beispielen aus der Geschichte begründeter Fürstenspiegel *Il principe* (1513, Erstausgabe 1532) und seine Geschichtskommentare *Discorsi sopra la prima deca di Tito Livio* (1531) entwerfen ein durch und durch pragmatisches Politikmodell, das allerdings nicht an eine bestimmte Staatsform (Republik, Monarchie usw.) gebunden ist. Erstrangiges Ziel der Politik eines Fürsten ist die möglichst lange Erhaltung seiner Macht. Um diese zu festigen, sind praktisch alle Mittel recht; an Moralvorstellungen ist der Fürst nicht gebunden. Seine Haupttugend ist *virtú*, Mut, zupackender Geist. *Virtú* umfasst politisches Selbstbewusstsein, Klugheit, Energie und Kompetenz, die eingesetzt werden, um das politisch Notwendige (*necessità*) in einzelnen Situationen zu überblicken. Ein solches Handeln – und nicht die politische Moral – ist letztlich der Garant für »die Lebensfähigkeit und Stabilität des Gemeinwesens« (Münkler 1984, 313).

Machiavelli denkt also keineswegs so ruchlos wie viele es seit dem 16. Jahrhundert meinen. Politiker lernen von ihm vor allem, dass öffentliches Handeln erfolgsorientiert sein muss. Machiavelli bezieht diese Maxime auf den Erfolg des Einzelnen, der durch seinen Gewinn die Ordnung des Staates gewährleistet. In der Barockzeit möchte das christlich orientierte Staatsdenken das egoistische Moment der Theorie ausblenden. Machiavellis Politikansatz, Sittlichkeit und Politik zu trennen, wird verworfen, es sei nicht christlich, da der gute, durch Gott legitimierte Herrscher immer auch sittlich gut sei.

Im berühmten Prolog des Geschichtsdramas *The Jew of Malta* (1588) von Christopher Marlowe kommt Machiavelli selbst zu Wort. Er beklagt sich dort, dass seine Bücher geschmäht würden, obwohl sie jeder – heimlich natürlich – lese. Selbst der Papst in Rom lasse sich von ihnen inspirieren.

> Allbeit the world thinke Machevill is dead /
> Yet was his soule but flowne beyond the Alpes.
> (Marlowe: *The Jew of Malta*, 263)

Der Prolog in Marlowes Drama benennt ein merkwürdiges Faktum in der Rezeptionsgeschichte Machiavellis. Er wird wie kaum ein anderer Staatstheoretiker im 17. Jahrhundert aus christlicher Perspektive regelrecht verteufelt. Selbst der Preußenkönig Friedrich II. sieht sich noch 1739 gezwungen, mit großer Geste einen *Antimachiavell* zu verfassen. Und das, obwohl an der Bewertung der politischen Lehre des Italieners seit gut 150 Jahren kaum Zweifel bestehen sollten. Denn einen *Contre-Machiavell* bringt schon 1576 der Hugenotte Innocent Gentillet auf den Markt. Vorher, 1559, kommen auf Initiative der Jesuiten die Bücher Machiavellis auf den ersten *Index librorum prohibitorum*. Obwohl auch die protestantische Seite in Deutschland machiavellistisches Gedankengut ablehnt und eine christlich fundierte Politik fordert – etwa Georg Schönborners *Politicorum libri septem* (1609) –, beobachten einige Zeitgenossen eine untergründige Wirkung der machiavellistischen Doktrin; so ist die folgende Bemerkung Friedrich von Logaus aus dem Jahre 1654 derjenigen Marlowes noch ausgesprochen ähnlich:

> *Vom Machiavello.*
> Mancher schilt auff diesen Mann / folgt jhm doch heimlich nach;
> Gibt jhm um die Lehre nicht / gibt jhm um die Oeffnung / Schmach.
> (*Sinngedichte*, Nr. II/7, 115)

Selbstverständlich sind die Schriften des Florentiners im 17. Jahrhundert kaum noch greifbar, seine politischen Ideen aber um so mehr. Sie werden nun im christlichen Kontext neu begründet. Wichtiger Verbreiter der neuen Politik ist der spanische Jesuitenpater **Baltasar Gracián y Morales** (1601–1658), dessen weit verbreitetes *Oráculo manual y arte de prudencia* (1647) erstmals 1686 ins Deutsche übertragen wurde. Es hat spätestens in Arthur Schopenhauers Übersetzung, also seit 1862, seinen festen Platz in deutschen Bücherschränken gefunden. Das *Hand-Orakel* ist eine Klugheitslehre für den in administrativen Diensten stehenden Bürger. Es soll ihm helfen, sich in einer Welt voll Missgunst und Intrigen zu bewähren und vor allem sich ›politisch‹ durchzusetzen. ›Politisch‹ bezeichnet hier einen weiteren Bereich als heute, nämlich im Grunde den des Handelns in der Öffentlichkeit überhaupt.

> Ein Krieg ist das Leben des Menschen gegen die Bosheit des Menschen. Die Klugheit führt ihn, indem sie sich der Kriegslisten, hinsichtlich ihres Vorhabens, bedient. Nie thut sie das, was sie vorgiebt, sondern zielt nur, um zu täuschen. [...]; dann aber führt sie in der Wirklichkeit etwas Unerwartetes aus, stets darauf bedacht ihr Spiel zu verbergen. (Gracián: *Handorakel*, übers. v. Schopenhauer, 9/Nr. 13)

In dieser »Hauptstelle« (Barner 1970, 125) des *Oráculo manual* konzentriert sich die gesamte politische Philosophie des Spaniers. Zugrunde liegt eine – über Calderón im 17. Jahrhundert populär gewordene – Vorstellung der Welt als Theater (*theatrum mundi*), in dem die Menschen Rollen spielen müssen (s. Kap. 6.1). Das *Oráculo manual* gibt an, wie dies besonders effizient geschehen kann: Es kommt darauf an, sich mit Klugheit (*prudencia*) durchzusetzen. Als probates Mittel steht vor allem die geschickte Täuschung (*disimulo*) zur Verfügung. Sie ist in der privaten Klugheitslehre mit Scharfsinnigkeit (*agudeza*) und Weitsichtigkeit bzw. Vorbedacht (*cautela*) gepaart. Wie bei Machiavelli zielt die Politik auf die Bewährung des Einzelnen im Kampf um die Macht. Die ausführlichere Politiklehre Graciáns – *El Político Don Fernando el Católico* (1640) – wird 1672 von Lohenstein ins Deutsche übertragen.

Christian Weise und Christian Thomasius betreiben am Ende des 17. Jahrhunderts eine Renaissance des *politicus*-Ideals ausdrücklich in der Tradition Graciáns. Ein Schlüsseltext hierfür ist der *Discours Welcher Gestalt man denen Frantzosen im gemeinen Leben und Wandeln nachahmen solle* (1687), zuerst als Ankündigung zu einem Gracián-Kolleg von Christian Thomasius verfasst. Während dieser den *politicus* in ein Gesamtkonzept von **galanter Lebensführung** einbezieht (Niefanger 2000a; Borgstedt/Solbach (Hg.) 2001), legt Weise einen deutlichen Akzent auf die pragmatische Ausrichtung (Barner 1970, 190–220). Die Ausbildung des *politicus* dient bei ihm der Vorbereitung auf eine Verwaltungstätigkeit, zu der insbesondere die Stärkung der Rede- und Schreibfähigkeit (Rhetorik und Epistolographie) gehört. Als ein Grundsatz der Klugheitslehren kann die Einsicht gelten, dass keinem Ding eine Bedeutung an sich beigemessen ist, dass eine Sache folglich so oder so vorgetragen werden kann und dass man sich deshalb gegenüber seinem Partner auch so oder so verhalten kann.

Thomasius wartet in seinem *Gracián-Discours* mit einem recht konkreten Konzept auf, das eine spezifische Ausbildung zur Klugheit fordert. Er weist darauf hin, dass die »Galanterie [...] etwas gemischtes sey / so [...] aus der guten Art etwas zu thun / aus der manier zu leben / so am Hoffe gebräuchlich ist / aus Verstand / Gelehrsamkeit / einem guten judicio, Höfflichkeit / und Freudigkeit zusammengesetzt werde / und deme aller zwang / affectation, und unanständige Plumpheit zuwieder sey« (*Deutsche Schriften*, 19).

Neben Gracián rezipieren die deutschen Verhaltens- und Politiklehren (s. Kap. 8.3) höfische Konzepte der Renaissance, wie Baldassare Castigliones *Il Libro del Cortegiano* (1528), Giovanni della Casas *Galateo* (1558) oder Stefano Guazzos *La civil conversazione* (1574).

Der Neustoizismus von Justus Lipsius

Die moralische Grundlage des Handelns lieferte in der Barockzeit in vielerlei Hinsicht ein Niederländer: Justus Lipsius (1547–1606), der Vater des Neustoizismus war Jurist und Philosoph an der calvinistischen Universität Leiden. Die Lehre seines Buches *De Constantia libri duo* (1584) – in der zeitgenössischen Übersetzung von Andreas Viritius: *Von der Bestendigkeit* (²1601) – wurde zum überkonfessionellen Leitfaden christlichen Handelns im Barock; für das leidvolle Kriegsjahrhundert liefert es die ›Krisenphilosophie‹. Grundlage seiner Philosophie ist der antike Stoizismus (vor allem Seneca, 4 v. Chr.- 65) und die Tröstungsphilosophie des Römers Boethius (480–524). Dessen Hauptwerk *De consolatione philosophiae* erschien 1473 und entfaltete dann erst seine Wirkung. Die christliche Weiterführung der Gedanken durch Lipsius verzichtet auf die Kosmologie und Metaphysik der antiken Autoren und betont in seinen ethischen Ausführungen die Zweckrationalität.

Dabei setzt Lipsius auf eine autonome und effiziente Lebensbewältigung. Autonomie bedeutet in diesem Kontext Unabhängigkeit von den eigenen Affekten. Richtiges Handeln setzt also eine möglichst rationale Steuerung voraus. Mit ihr gelingt die Bewältigung der Krisen, die das Leben bringt (Krieg, persönliche Schicksale, vermeintliche Zufälle). Da alles mit göttlicher Notwendigkeit geschieht, muss der Mensch versuchen mit ihr in Einklang zu leben. Die göttliche Determination (*providentia dei*) entbindet also nicht vom selbstverantwortlichen Handeln. Dieses muss sich so gut wie möglich einer christlichen Verhaltensweise anpassen. Sich gegen die *providentia* zu stellen, hat keinen Zweck und ist unklug. Sittlich richtiges Handeln dient also der klugen Selbsterhaltung im göttlichen System. Die Sünde hingegen erscheint als irrational und affektabhängig; sie führt letztlich zur Selbstzerstörung.

Daraus ergibt sich die Haupttugend des Neustoizismus, die zugleich einen der Kernbegriffe barocken Denkens darstellt: *constantia*, Beständigkeit. Sie sichert die Autonomie des Menschen gegenüber der Affektwelt und schafft Raum für vernünftiges, bewusst gesteuertes Handeln, das sich an christlichen Prinzipien orientiert. Das Ideal dieser Ethik ist der stoische Weise, der sich ganz dieser Lehre unterwirft. Innere Ruhe, Verlässlichkeit und Konsequenz bestimmen sein Handeln, denn er sieht die Unhintergehbarkeit des Weltlaufs und passt sich diesem deshalb im Vertrauen auf Gott möglichst optimal an. Mit seiner *constantia* begegnet er dem Chaos der Gegenwart und der Unberechenbarkeit der Geschichte.

Diese aufs individuelle Handeln gerichtete Philosophie birgt politische Konsequenzen. Denn wenn Gott die Geschichte bestimmt, bewirkt er auch den Politikwechsel durch einen Tyrannen. Dieser kann im Neustoizismus dann als Werkzeug Gottes gesehen werden, der verantwortlich, aber sich nicht seiner göttlichen Rolle bewusst ist. Der Tyrann ermöglicht letztlich dem Tugendhaften eine exemplarische Bewährung. In diesem Sinne sind die Märtyrer in den Barockdramen analysierbar: etwa Papinian, Catharina von Georgien oder Carolus Stuardus (s. Kap. 6.4).

Der Neustoizismus bringt trotz der christlichen Ausrichtung gegenüber älteren Sittenlehren eine deutliche Rationalisierung der Ethik. Diese Tendenz setzt sich in der Aufklärung und ihrem auf Vernunft gegründeten Tugendsystem (Wolff, Gottsched usw.) fort.

Nach neuerem Verständnis der barocken Stoa-Rezeption ist die dominante Stellung der *constantia* anzuzweifeln (Abel 1978, 14, 84). So kann nicht allein Lipsius als Vermittlungsweg angesehen, sondern von einer direkten und wirkungsmächtigen Seneca-

Lektüre ausgegangen werden. In dessen Kulturphilosophie rückt nämlich – anders als beim Niederländer – nicht so sehr die Frage nach der Beständigkeit in den Mittelpunkt, als vielmehr der Gedanke eines naturgemäßen Lebens (*secundum naturam vivere*). Er gewinnt im 17. Jahrhundert als Alternative zum neuzeitlichen zweckrationalen Neostoizismus in der Linie von Lipsius wieder an Attraktivität, auch, so eine neuere These, in den Barockdramen (Arend 2003). Zu diesen Überlegungen passt, dass jetzt auch die Kategorie der ›Aufrichtigkeit‹ im 17. Jahrhundert diskutiert und gegenüber der ›Verstellung‹ und ›Anpassung‹ aufgewertet wird (Benthien/Martus (Hg.) 2006).

Eine Folge der Lipsius-Rezeption ist die Betonung der **Affektbeherrschung** im barocken Denken (Steiger (Hg.) 2005). Denn die Affekte sind – wenn man so will – der ›inhumane‹ Teil des Menschen, der relativ eigenständig gedacht ist. Die Affekte tauchen in einigen literarischen Texten der Zeit (etwa in Bidermanns *Cenodoxus* oder in Lohensteins *Sophonisbe*) als eigenständig agierende Allegorien auf. Die Affektbeherrschung führt zu tugendhaftem Leben. Denn ein vernünftiges Handeln jenseits der Tugend erscheint im 17. Jahrhundert schlicht nicht vorstellbar. Als wichtig für die Bekämpfung der Affekte wird ihre genaue Kenntnis erachtet, die letztlich die Furcht vor den Unsicherheiten des Lebens nimmt. Hiernach erscheint es folgerichtig, dass auch die Literatur der Affektenlehre dient. Im poetischen Spiel lernen die Rezipienten die Affekte, Möglichkeiten ihrer Beherrschung und ihre vernichtende Macht kennen. Die Literatur kann insofern auch von Affekten reinigen, indem ihre ungünstigen Folgen vorgeführt und miterlebt werden (barocke *Katharsis*-Lehre, s. Kap. 6.1). Speziell mit der »Affektdarstellung in der Frühen Neuzeit« beschäftigt sich eine neuere Studie von Lepper (2008). Für seine Analyse nutzt er u.a. Aby Warburgs in kulturwissenschaftlichen Kontexten heute gern genanntes Konzept der **Pathosformel**, das etwas vage ein tradiertes Repertoire von Ausdrucksformen für Affekte extremer innerer Ergriffenheit in der bildenden Kunst, Musik, Bühne und Rhetorik umfasst; Pathosformeln seien – auch für literarische Texte geltende – Möglichkeiten der pathetischen Aufrüstung barocker Affektdarstellungen. Die Darstellung bezöge sich auf vier Aspekte: »(1) Bewegungssuggestion, (2) Repertoirisierbarkeit [erkennbare Bezogenheit auf ein Repertoire], (3) Memorabilität, (4) Beglaubigung« (Lepper 2008, 43; vgl. Benthien 2006, 266–328).

Staatspolitik – Reichspolitik

Der Individualethik korrespondieren staatspolitische Konzepte. Zum Ideal des Gemeinwesens steigt im 17. Jahrhundert der **absolutistische Staat** auf. Er soll vom allein regierenden Fürsten mit Hilfe eines speziell dafür ausgebildeten Beamtenapparates in rationaler Weise geführt werden. Der Adel, bisher durch Geburt an der Macht beteiligt, sollte nach diesem Modell möglichst wenig an der Politik partizipieren – es sei denn, er bringt dafür Fähigkeiten und Wissen mit. Erste Ziele der Staatspolitik sind die Ordnung und Stabilität des Gemeinwesens, die Erhaltung und der Schutz seiner Bewohner.

Seit Kopernikus, Galilei und Kepler entsteht in der Frühen Neuzeit ein heliozentrisches Weltbild (s. Kap. 3.6); die politische Theorie hat mit dem Absolutismus hierzu ein Pendant geschaffen. Der Fürstenhof ist der Kern, um den sich das gesellschaftliche Leben in konzentrischen Kreisen gruppiert. Der Pariser Hof des Sonnenkönigs Ludwig XIV. repräsentiert diese Idee idealtypisch.

Als ›Bibel‹ des Absolutismus können die *Six Livres de la République* (1576) von **Jean Bodin** gesehen werden. Den Anfang seines Werkes bildet die berühmte **Definition des Staates:**

> République est un droit gouvernement de plusieurs ménages, et de ce qui leur est commun, avec puissance souveraine.

> Der Staat ist definiert durch die dem Recht gemäß geführte, mit souveräner Gewalt ausgestattete Regierung einer Vielzahl von Familien und dessen, was ihnen gemeinsam ist. (Bodin: *Six Livres de la République*, 8)

Unter *ménage* (Familie) versteht Bodin im weiteren Sinne eine Gruppe von Menschen, die durch ein Oberhaupt geführt wird. Das patriarchale Muster der Familie bildet also der Staat in seiner Struktur ab (13). Das Staatswesen beruht auf einer hierarchischen, aber rechtmäßigen und durchschaubaren Ordnung; bestimmte Rechte einzelner und einzelner Gruppen, wie das Recht auf Eigentum und Schutz, werden dabei akzeptiert. Sie stabilisieren das Gemeinwohl (14).

Mit Bodin tritt auch der Begriff **Souveränität** (19 ff.) in den politischen Diskurs ein. Er bezeichnet die höchste und unteilbare, das heißt ›absolute‹ sowie zeitlich unbegrenzte und universal zuständige Regierungskompetenz des Fürsten. Aus der lateinischen Version der entsprechenden Passage bei Bodin (19) leitet sich die Bezeichnung Absolutismus ab. Über dem souveränen Herrscher wird als einzige Instanz Gott – und nicht das Volk oder der Papst – anerkannt (20). Deshalb ist die ideale absolutistische Verfassung die erbliche Monarchie.

Der **Begriff ›Absolutismus‹** bezeichnet letztlich allerdings nicht viel mehr als eine diffuse Idealvorstellung zeitgenössischer Staatstheoretiker, eine mehr oder weniger verbreitete Denkhaltung oder Absicht, vielleicht auch vage Versuche, den frühneuzeitlichen Staat zu modernisieren. Realisiert wurde er in reiner Form – auch in Frankreich – nicht. »Was Absolutismus sei; ob, wann, in welcher Erstreckung es ein ›Zeitalter des Absolutismus‹ gegeben hat, erscheint heute fragwürdiger denn je«, konstatiert schon 1986 der Historiker Rudolf Vierhaus (1986, 52; vgl. Henshall 1992). Vom Mythos ›Absolutismus‹ ist zwar schon bald die Rede (Ash/Duchhardt (Hg.) 1996), doch bewirken die Zweifel am faktischen Geltungsbereich der Absolutismus-Idee keine Abstinenz in seinem (populär-)wissenschaftlichen Gebrauch. Da der Begriff ›Absolutismus‹ sogar in historischen Handbüchern (zum Teil als Epochenbegriff), in einschlägigen Lexika und in der literaturwissenschaftlichen Forschung häufig verwendet wird, sollte man ihn als wichtigen Konventionsbegriff verstehen, aber mit aller Vorsicht – hinsichtlich eines real existierenden Absolutismus – verwenden.

Generell muss man sich sogar fragen, ob die frühneuzeitlichen Herrschaftsgebilde, insbesondere natürlich das *Heilige Römische Reich Deutscher Nation* auch mit dem Begriff ›Staat‹ adäquat erfasst oder ob damit nicht eine moderne Vorstellung allzu rasch ›rückübersetzt‹ wurde (Meumann/Pröve 2004). Der Staatscharakter des Reichs wird jedenfalls in den letzten Jahren in der geschichtswissenschaftlichen Frühneuzeitforschung äußerst kontrovers diskutiert (Schmidt 1999; Schilling 2001; Reinhard 2002; als Überblick über die Debatte vgl. Schnettger 2002). Vorstellungen des modernen Staates, auch oder gerade wenn sie von dem ausgehen, was man mit ›Absolutismus‹ zu bezeichnen gewohnt ist, scheinen wesentlich geprägt durch den Nationalstaatsbegriff des 19. Jahrhunderts. In den deutschen Ländern des 17. Jahrhunderts lag aber – schon verfassungsmäßig (Neuhaus ²2003; s. Kap. 3.1) – ein völlig anderes Gebilde vor; analoges gilt für das ›Staatsverständnis‹ der Menschen, die dort lebten. Sie hatten nicht das Gefühl, in einem einheitlichen, straff organisierten ›Staat‹ zu leben, sondern in einem regional deutlich begrenzten und lokal regierten Territorium. Hinzu kommt, dass auch im übrigen Europa Landschaften mit ganz unterschiedlich verfassten Gemeinwesen existierten: Zu nennen wären Monarchien (England, Frankreich), Republiken (Niederlande, Schweiz), Stadtherrschaften (Venedig, Genua), Adelsherrschaften (Polen) und ein staatlich relativ gering organisiertes Altes Reich (Meumann/Pröve 2004, 29).

Im *Heiligen Römischen Reich Deutscher Nation* bestand schon aufgrund der Kaiserwahl eine fatale Differenz zur absolutistischen Theorie. Dies war der Ansatzpunkt für die Kritik von Samuel Pufendorf (s. Kap. 3.1). An dieser staatstheoretischen Schwachstelle änderte auch die Legitimation kaiserlicher Rechte über die *translatio imperii* (Übertragung von Herrschaft) nichts. Mit dieser ursprünglich römischen Theorie wurde die Vorherrschaft eines Staates begründet, der die Macht von einem anderen Staat übernahm. Die Behauptung der Herrschaftskontinuität wurde häufig mit der biblischen Vier-Reiche-Lehre der Daniel-Prophetie (Daniel 7, 1) zusammengebracht, wobei am Ende der Reihe das deutsch-*römische* Reich als Nachfolgestaat des Römischen Kaisertums stehen sollte. Die *translatio imperii* dient in den Trauerspielen Lohensteins der Huldigung an den habsburgischen Kaiser (s. Kap. 6.4).

Als Kernbegriff des neuen Staatsrechts erscheint die **Staatsraison** (*ratio status*). Sie bezeichnet die Verpflichtung der Herrschenden und ihrer Regierung auf die Machterhaltung und vor allem die Stabilität des Staates. Auch dieser Begriff stammt aus dem 16. Jahrhundert; populär wird er durch die Schrift *Della Ragione di Stato libri dieci* von Giovanni Botero aus dem Jahr 1589 und durch die Lehre Machiavellis. Auch wenn Machiavellis Berücksichtigung des egoistischen Handelns eines Fürsten angegriffen wird, sieht die barocke Staatstheorie – wie der Italiener – die Stabilität des Staates als herausragendes Ziel. Das Primat der Sicherheit vor den Individualinteressen entbindet den Herrscher in Staatsangelegenheiten durchaus von ethischen und rechtlichen Prinzipien. Denn auch die christlich-barocke Vorstellung der Staatsraison erlaubt in Ausnahmesituationen eine Verletzung der Rechte und ein gewaltsames Auftreten des Staates.

Zum Ausgangspunkt der Staatstheorie gehören Überlegungen zur **Legitimation von Herrschaft**; sie werden notwendig, da die ständische Bestimmung eines Oberhauptes im idealen absolutistischen Staat obsolet wurde. An seine Stelle tritt ein ideal gedachter, im Naturzustand vollzogener Vertrag zwischen Volk und Souverän, dem die Herrschaftsrechte übertragen werden. Dieser Vertrag sieht eine Beteiligung der Stände nicht vor. Die Legitimation des neuen Herrschers geschieht also **naturrechtlich**.

Die grundlegende Idee ist, dass alle Menschen im Prinzip mit der gleichen Rationalität ausgestattet sind bzw. in ihnen die gleiche göttliche Weltvernunft herrscht. Die Theorie, die davon ausgeht, dass der Mensch ein soziales Wesen ist, sieht einen Staatsvertrag als sinnvolle Legitimation der Politik. Ein vernünftig geführter Staat, der die Macht jedes Einzelnen begrenzt, ist notwendig, weil sonst Anarchie herrschen würde.

Thomas Hobbes (1588–1679) spricht im 13. Kapitel seines *Leviathan* (1651) vom »Kriege aller gegen alle« (»war of everey man, against everey man«, 115) im Naturzustand. Der Krieg würde – nach Hobbes – herrschen, weil der Freiheitswille und Selbsterhaltungstrieb des Menschen zu Rechtsansprüchen führt, welche die Rechte anderer beeinträchtigen. Das Volk übertrage deshalb seine Souveränität auf einen Fürsten, der die ungeteilte Macht erhält; er werde durch diesen Unterwerfungsvertrag

Titelkupfer von:
Thomas Hobbes:
Leviathan or The Matter,
Forme and Power of
A Commonwealth
Ecclesiasticall and Civil,
London 1651.

zum absolutistischen Friedensstifter. Der Fürst als einziger Mensch im Staat, der die Freiheit des Naturzustandes behalte, gewährleiste die Ordnung und Effizienz des Staates. Auch nach Pufendorf sind Naturrechtsnormen notwendig; sie seien Koexistenz ermöglichende Begrenzungen der natürlichen Handlungsfreiheit.

Auf dem Deckblatt des *Leviathan* von 1651 ist eine Zwittergestalt dargestellt, die in der linken Hand ein Zepter und in der rechten ein Schwert hält. Ihr Körper besteht aus lauter Menschen; die Gestalt beherrscht das Land unter sich; Dörfer, Städte und Kirchen sind sichtbar. Der Leviathan repräsentiert also eine organische Vorstellung des Staatskörpers, der von einem fürstlichen Kopf beherrscht wird. In ihm ist die berühmte absolutistische Formel Ludwig XIV. – »L'état, c'est moi!« – ins Bild gesetzt. Die Allegorie bildet das Ideal eines geordneten und harmonisch wirkenden Staates ab. Da das Volk seinem Herrscher auf *unabsehbare* Zeit die Macht überlassen muss, erscheint – nach Hobbes – die Demokratie nicht als ideale Regierungsform; doch die naturrechtliche Herleitung des Staates geht von einer prinzipiellen Notwendigkeit aller

Staatsglieder aus, die in einem Sinn agieren müssen; auch dies wird in der Allegorie sichtbar. Wie Bodin erkennt Hobbes die Sicherung des Privateigentums als wichtiges Moment des funktionierenden Staates; es garantiere die Selbsterhaltung des Menschen. Die Relevanz des Privateigentums in den Staatstheorien bietet auch die Grundlage für eine verlässliche Wirtschaftspolitik. Die Umsetzung des absolutistischen Systems in der Politik beförderte in der zweiten Hälfte des Jahrhunderts und in der Folgezeit den Aufschwung der Ökonomie. Die Diskussion um das Naturrecht führen im 17. Jahrhundert, neben Thomas Hobbes und Samuel Pufendorf, unter anderem Hugo Grotius (1583–1645) und Christian Thomasius (1655–1728).

Im Kontext der Staatstheorie wird in der Frühen Neuzeit auch das **Widerstandsrecht** diskutiert. Dabei stellen nicht nur Autoren philosophischer oder politischer Texte die Frage, ob ein Widersetzen gegen staatliche Gewalt in Sonderfällen legitim ist, sondern auch Poeten. Vor allem Andreas Gryphius setzt Probleme des politischen Aufbegehrens in seinen Dramen *Leo Armenius* (1650/1657), *Carolus Stuardus* ([A]1657/[B]1663) und im *Papinian* (1659) ausführlich in Szene; aber auch Christian Weise, Christoph Kormart, August Adolf von Haugwitz und Daniel Casper von Lohenstein thematisieren sie (s. Kap. 6.4).

Der Fall des römischen Rechtsgelehrten Papinian wird zum Paradigma des passiven Widerstands erhoben. Der Jurist weigerte sich, Instrument einer tyrannischen Politik zu werden. Er beteiligte sich nicht am Vorgehen gegen den unrechtmäßig verfahrenden Staat, lässt sich von diesem aber auch nicht missbrauchen. Die hitzigen Debatten um die Enthauptung Karl Stuarts (1649) zeigen, dass in der Widerstandsdiskussion die theologischen Argumente ein ebenso großes Gewicht wie die naturrechtlichen hatten. Denn die vom Parlament beschlossene Verurteilung des Königs richtete sich gegen einen gottbegnadeten Herrscher. Schon in der zeitgenössischen Historiographie wird deshalb Karl Stuart zum Märtyrer in der Nachfolge Christi stilisiert.

Im *Carolus Stuardus* werden diese Fragen immer wieder diskutiert; sehr anschaulich geschieht dies in einer Unterredung Cromwells, des neuen Herrschers, mit dem schottischen Gesandten, der sich um die Begnadigung des Königs bemüht. Karl ist nominell auch Herrscher von Schottland:

GESA.:   Vergossen Königs Blut rufft Rach' und schreyt für GOtt!
CROM.:   So viler Britten Blut / wil Blut / wie GOtt gebot.
GESA.:   Ein Erb-Fürst frevelt GOtt / GOtt hat nur Macht zu straffen!
CROM.:   GOtt führt sein recht jtzt aus durch unterdrückter Waffen.
GESA.:   Heist dises Gottes Recht / wenn man das Recht verkürtzt?
CROM.:   Wenn trotze Tyranney den strengen Halß abstürtzt? (79)

Das rasche, fast hastige Für und Wider (*Stichomythien*, s. Kap. 6.1) macht deutlich, wie sich beide Parteien mit durchaus einleuchtenden Argumenten auf Gott berufen können. Gegen das Widerstandsrecht spricht, dass der Herrscher von Gott eingesetzt ist, also nur von ihm abgesetzt werden kann. Das entspricht Luthers Obrigkeitsvorstellung in seiner Schrift *Von der Freiheit eines Christenmenschen* (1520) (s. Kap. 3.4). Trotz seiner begrifflichen Unterscheidung von legitimer Herrschaft (*monarchie royale ou legitime*) und tyrannischer (*monarchie tyrannique*) verbietet auch Bodin den aktiven Widerstand, da sonst die Autorität des Staates gefährdet sei (*Über den Staat*, 56 ff.). Erlaubt ist allerdings, sich der Macht des Tyrannen zu entziehen und sich diesem zu verweigern (59).

Für den aktiven Widerstand spricht die Pflicht, gegen einen unrechtmäßig verfahrenden Tyrannen vorgehen zu müssen. Mit der Wiederherstellung des Rechtszustandes könnte der Staat in seiner Stabilität und Ordnung wieder gesichert werden. So leitet Cromwell die Notwendigkeit des Eingreifens aus dem verflossenen Blut der Briten und aus der Unterdrückung legitimen Rechtsbegehrens ab. Der Rechtsverstoß des Widerstands begründet sich aus dem vorherigen und nachhaltigen Verstoß des Königs.

Die Relevanz der Frage nach dem Widerstandsrecht ergibt sich aus der Diskussion um die *providentia dei*, um die Vorsehung Gottes. Die Frage ist, ob sich die Politik gegen Gottes Willen stellen darf oder ob der Widerstand gegen einen Tyrannen, der häufig nicht durch Gott eingesetzt ist, nicht sogar durch Gott gedeckt wird. Dann wäre der Widerstand Teil des göttlichen Geschichtswillens. Die *ratio status*-Diskussion spitzt das Problem dahingehend zu, dass sie die Legitimität an die Stabilität des Staats als höchsten Wert knüpft. Der Widerstand wäre möglicherweise ein Faktor, der die Ordnung und Stabilität gefährde, oder er sichere langfristig den Staat, weil er ihm einen festeren Legitimationsgrund liefere.

Die Monarchomachen – eine Gruppe französischer Theoretiker, die bald Anhänger in anderen Ländern finden – beharren auf dem naturrechtlichen Herrschaftsvertrag zwischen Volk und Souverän. Deshalb sind die Ständevertreter zum Widerstand berechtigt. Aus der neustoizistischen Position ergibt sich die Möglichkeit des passiven Widerstandsrechts. Die Tugend der *constantia* (Beständigkeit) prädestiniert zum Ausharren gegenüber Unrecht. Im Vertrauen auf die übergeordnete Instanz Gottes kann der christliche Stoiker sich der Vereinnahmung durch den Staat widersetzen. Papinian gibt hierfür das historische Exempel. Noch in der Auseinandersetzung um den Widerstand gegen den Nationalsozialismus werden vergleichbare Positionen erwogen. Der moderne Widerstandsdiskurs – auch wenn er antike Vorbilder bemüht (Cato, Papinian) – hat in der Frühen Neuzeit seine Wurzeln.

Das Konzept der Sozialdisziplinierung

Von großer Bedeutung für die ältere Forschung zum 17. Jahrhundert, auch der Literaturgeschichte, ist das Konzept der Sozialdisziplinierung. Den Begriff hat Gerhard Oestreich (1969) eingeführt; er wird heute intensiv diskutiert und in seiner generellen Geltung in Frage gestellt (Schmidt 1997; Freitag 2001). Als Basis der Beobachtung diente Norbert Elias' Untersuchung der Entwicklung der abendländischen Gesellschaft. Der »Prozeß der Zivilisation« (Elias [21]1997, zuerst 1939) lasse den Menschen seit Ende des Mittelalters zunehmend seine Aggressionen und Affekte kontrollieren. Diesen Prozess begleite, so die These, auf staatlicher Seite die Sozialdisziplinierung, die man aus absolutistischen Politikvorstellungen, also dem Willen möglichst viele Handlungen der Untertanen zu kontrollieren, ableitet kann. Um das Gemeinwesen möglichst effizient führen zu können, biete sich auf der einen Seite die möglichst strikte Kontrolle der Bürger, insbesondere die Einführung von Befehl und Gehorsam (etwa im Beamtenapparat und im stehenden Heer), als zentrales Verfahren der Handlungssteuerung an. Auf der anderen Seite gehöre auch die Verlässlichkeit der staatlichen Ordnungsorgane zum Konzept der Sozialdisziplinierung. Die öffentlichen Institutionen sollten, was Sanktionen, Verwaltungsvorgänge und Verpflichtungen betraf, berechenbar sein, um keine Unzufriedenheit zu wecken.

Oestreich hat dieses Konzept eigentlich »eindeutig idealtypisch« gemeint; in der älteren Forschung wurde es aber »zu einer sozialen Prozesskategorie übersteigert« (Meumann/Pröve 2004, 21) und so zum globalen Interpretament sozialer Veränderung in der Frühen Neuzeit genommen. Es passte eben recht gut zum offensichtlichen Bedürfnis der Menschen nach Ordnung und Orientierung im Zeitalter konfessioneller Auseinandersetzungen, in Zeiten eines unübersichtlich und chaotisch gewordenen Kriegs. Nur der moderne Staat konnte, so die ältere Vorstellung, als Institution die notwendige Disziplin fordern, die zur Schaffung übersichtlicher und verlässlicher Strukturen führe. Nun steht seit einigen Jahren, wie oben angeführt, aber die Wirkungsmächtigkeit staatlicher Kräfte im *Heiligen Römischen Reich Deutscher Nation* erheblich in Zweifel. Die Strukturen der vorhandenen Gemeinwesen (Verkehrswege, Anzahl der Ordnungskräfte, Akzeptanz der Ordnungskräfte usw.) reichten einfach nicht aus, um eine umfassende Sozialdisziplinierung zu etablieren. Oftmals war der Wille diese durchzusetzen auch nicht besonders hoch. Viel stärker als heute gab es dezentrale Mächte (Höfe, Städte, Kirchen, Zünfte, Großfamilien, Banden, Militär, Fürsorgestellen usw.), die je unterschiedlich und in differentem Grade für ›policeyliche‹ Ordnung sorgten. In vielen Gebieten gab es eine funktionierende »Selbstregulierung der Untertanen« (Schilling 1997; Schmidt 1997), wenn man so will autochtone Ordnungsmaßnahmen. Alle Kampagnen der Sozialdisziplinierung waren räumlich und zeitlich stets begrenzt, oft kommunal, zumindest aber regional intendiert. Hinzu kamen Formen des Aushandelns und Ausprobierens von Normen, auch von zeitlich und räumlich differenten Auslegungen der Verhaltensspielräume im konkreten sozialen Handeln. Diese Verfahren, da sie letztlich auf einem »bilateralen Konsenscharakter von Herrschaft« fußten (Meumann/Pröve 2004, 44), hatten oft eine größere Effizienz als autoritäre, ausschließlich von oben kontrollierte Ordnungsmaßnahmen. So kommt es, dass in der alltäglichen Erfahrung – und darum, nicht um abstrakte Konzepte geht es neueren kulturwissenschaftlichen Richtungen wie der Historischen Anthropologie (Münch u.a. 2001) – Maßnahmen der Sozialdisziplinierung gar nicht oder zumindest nicht als einengend oder bedrohlich empfunden wurden.

Theoretische Basis des Konzepts der Sozialdisziplinierung im 17. Jahrhundert war der Neustoizismus von Justus Lipsius, dessen tatsächliche Bedeutung für die Stoizismus-Rezeption (Neymeyr u.a. (Hg.) 2008) und die daran anschließende deutsche Literatur (Opitz, Gryphius, Lohenstein usw.) aber in der älteren Forschung wohl auch überschätzt wurde (Abel 1978; Arend 2003). Den vom Reformator Jean Calvin schon propagierten Schlüsselbegriff *disciplina* fasste Lipsius als Zusammenwirken von *exercitium* (Übung), *ordo* (Ordnung), *coercitio* (Zwang) und *exempla* (Beispielgebung).

Rechtsvorstellungen und Rechtspraxis

Die komplexe staatliche Struktur des Reiches erschwerte zweifellos die Verbreitung und Durchsetzung moderner Rechtsvorstellungen. So stand die oberste Rechtsinstanz, das Reichskammergericht, in Konkurrenz zum Reichshofrat, dem kaiserlichen Obergericht in Wien. Trotzdem suchte es die Rechtsvereinheitlichung im Reich und damit die Rechtssicherheit voranzutreiben. Basis sollte das **Römische Recht** sein, das seit dem Humanismus zunehmend auch in Deutschland rezipiert wurde. Es eignete sich gut, weil es auf eine kaiserliche Instanz zugeschnitten war und deshalb dem angestrebten politischen System recht gut entsprach. Außerdem lag es schon im *Corpus Juris Civilis* schriftlich fixiert vor und war deshalb relativ leicht zu kanonisieren. Die Einführung des Römischen Rechts als allgemein geltendes Recht sollte vor allem die Unsicherheit, die durch einzelne Verträge, Bestimmungen, regionale Unterschiede und mündliche Überlieferungen entstanden war, beseitigen.

In den Gemeinwesen übernahmen Juristen zunehmend Schlüsselfunktionen. Sie waren an der Verwaltung und Leitung des Staates beteiligt oder vertraten Interessensgruppen in politischen Auseinandersetzungen. Dichter wie Hoffmannswaldau, Lohenstein oder Gryphius hatten hauptberuflich juristische Positionen inne, zum Teil recht bedeutende (Banet 1984). In seiner Funktion als Syndicus der schlesischen Landstände veröffentlichte Gryphius sogar eine Sammlung der Glogauischen *Landes Privilegia* (1653), also einen Band mit Verträgen und Rechtstexten des Fürstentums (Lentfer 1996). Er sollte die Stellung Glogaus gegenüber den habsburgischen Machthabern stärken.

Eine wesentliche Stütze der Sozialdisziplinierung waren die **Gerichtspraxis** und das Strafwesen. Man kann es als Kehrseite des Bildungssystems (s. Kap. 3.6) ansehen. Werden dort die Normen zur Aufrechterhaltung der Ordnung gelehrt und gelernt, werden sie hier überwacht und Verstöße sanktioniert.

Die Gerichtsverfahren hatten sich gegenüber dem Mittelalter deutlich verändert; das lag nicht zum geringen Teil an der Rezeption des Römischen Rechts. Rechtsstreitigkeiten wurden nun nicht mehr in Fehden ausgetragen, sondern durch eigens dafür ausgebildete Personen, durch Juristen, geklärt. Auch wurde die Verfahrensart geändert; der Staat übernahm nun selbst die Verfolgung einer Straftat bei einer vorliegenden Anzeige (Inquisitionsprozess). Rechtsgrundlage der Verurteilung war in der Regel das Geständnis; deshalb griff man auf das Mittel der Folter in den Rechtsverfahren zurück.

Anders als in der Moderne, diente die **Strafe** nicht der Besserung und nachträglichen Erziehung des Menschen, sondern der Wiederherstellung des Rechts und der Abschreckung weiterer ›Missetäter‹. So der zeitgenössische Begriff für Verbrecher oder Straftäter. Die Gerichtspraxis glich zwar auch in der Barockzeit einem »Theater des Schreckens« (van Dülmen ⁴1995), war aber keineswegs ohne Rechtsempfinden. Man kann sogar sagen, dass im 17. Jahrhundert mit der Stärkung von *Policey* und Staat ein Prozess der Verrechtlichung des Straf- und Gerichtswesens einsetzte. Die Bevölkerung hatte durchaus ein gewisses Empfinden vom Gewaltmonopol des Staates. Denn die angemessene Abstrafung sah sie als Pflicht des Souveräns an, wobei der Scharfrichter als Stellvertreter des Souveräns agierte (Foucault 1994). Ein Vernachlässigen der Strafpflicht konnte als Ausdruck von Schwäche verstanden werden. Die Gemeinschaft, das Staatswesen, das der Souverän vertrat, hatte im Interesse seiner Stabilität auf der Strafe zu beharren. Sie verkehrte die Unordnung wieder in Ordnung. Im Blickfeld stand deshalb nicht der Täter (als zu bessernder Mensch), sondern die Tat, die es zu rächen galt. Strafe war eine Reinigung. Die Höhe und Art der Strafe richtete sich deshalb nach dem Vergehen; hier gab es genaue Regeln, die vorschrieben, welche Straftat welche körperliche Peinigung verlangte. Denn die körperliche Strafe war die Form des ›Ausgleichs‹, die man entschieden bevorzugte. Konnte man im Mittelalter noch mit Geldleistungen ein Verbrechen sühnen, stand man in der Frühen Neuzeit fast immer mit dem eigenen Körper für sein Vergehen in der Verantwortung. So bevorzugte man Strafrituale, die sich an der Art des Vergehens orientierten, so genannte ›Spiegelstrafen‹. Meineidigen etwa konnten die Schwurfinger abgehackt werden.

Die sehr differenzierte Bandbreite der Strafmöglichkeit reichte von den verschiedenen Hinrichtungsarten (Schwert, Strang, Rad, Ertränken, Vierteilen, Verbrennen, Lebendigbegraben) über Verletzungen des Körpers (Brennen, Verstümmeln, Züchtigen), die in der Regel mit sozialer Ausgrenzung einhergingen, bis zu Ehrenstrafen (Pranger, Aufenthaltsverbote), die zum Teil auch die Angehörigen betrafen, und die Verhängung von Diensten (Kriegsdienst). Körperstrafen konnten – als ›Strafverstärkung‹ – auch *nach* der Hinrichtung angewendet werden. Gefängnisstrafen waren im 17. Jahrhundert eher unüblich. In den Gefängnissen verbrachten die Delinquenten nur die Zeit bis zur Strafe.

Verfolgte Übeltäter waren meist Räuber, Diebe und Brandstifter, natürlich Mörder, insbesondere auch Kindesmörder, dann Gotteslästerer und Ketzer sowie Hexen und Zauberer. Hinzu kamen Vergehen im sittlich-moralischen Bereich wie Ehebruch, Unzucht und Blutschande. Angesichts der Strafvorstellung als Rückversetzung in einen geordneten Zustand verwundert es kaum, dass die Strafe eine öffentliche Angelegenheit war. Die nicht-öffentliche Aburteilung verstand man als eine deutliche Strafminderung.

Für die Ordnungsmacht war der Strafvollzug, zumal die Hinrichtung, eine Machtdemonstration, für das Volk ein Fest, bei dem es die eigene Reinigung von verbrecherischen Elementen und die Befreiung des oft reumütigen Sünders von seinen Taten feierte. Hinrichtungen besuchte das Volk also keineswegs nur aus Sensationslust und makaberer Gesinnung. Sie hatten einen rituellen Charakter; sie waren öffentliche Inszenierungen mit festgelegten gesellschaftlichen Funktionen.

Hexenverfolgung

In den Komplex der Strafverfolgung gehört auch die Hexenverfolgung (Behringer 1998; www.historicum.net/themen/hexenforschung), die sich gegen Ende des 16. Jahrhunderts zu einem regelrechten Hexenwahn in Europa ausweitete. Die erfolgreichste Hetzschrift *Malleus Maleficarum* (1487) von Heinrich Kramer, der so genannte *Hexenhammer*, wurde 1572 neu aufgelegt. Im deutschsprachigen Gebiet kamen die meisten Hexenjagden vor (Levack 1995, 164–168). Der Höhepunkt der deutschen Hexenverfolgung (mit seinem Zentrum in Franken) lag in den Jahren 1626–1630. Nach dem Dreißigjährigen Krieg ließ hier die Hexenverfolgung nach. Zwischen 1400 und 1800 wurden in ganz Europa etwa 70 000 Hexen hingerichtet, davon etwa 40 000 in deutschen Ländern.

Die Bekämpfung von Hexen (insbesondere von Frauen, aber auch von wenigen Kindern und Männern) war ganz unterschiedlich. Es kamen manchmal nur einzelne Gerichtsverfahren gegen das Vergehen der Hexerei vor. Dokumentiert sind aber auch richtige Hysterien mit Hunderten von Justizopfern. Dabei verrieten die Angeklagten unter der Folter weitere Namen, die dann auch verfolgt und gefoltert wurden. So kam es um 1600 in Trier zu einem Prozess, bei dem 306 Hexen etwa 1500 Beteiligte denunzierten. Ein Phänomen sind die regelrechten Hexenjagden, die an manchen Orten entstanden. Sie sind als kollektives Zwangsverhalten, vielleicht sogar als Form der Massenhysterie, zu begreifen, das durch eine Angst vor dem Fremden und Unbeherrschbaren geschürt wurde. Zudem eignete sich der Vorwurf der Hexerei, um eine benennbare Gruppe für Unglücksfälle (Feuersbrünste, Seuchen usw.), Naturereignisse (Missernten, Gewitterstürme usw.) und Krisen verantwortlich zu machen.

Die Ursachen des Hexenwahns waren vielfältig: Die Kriegs- und Krisenerfahrungen, die sozialen Nöte, eine wachsende religiöse Unsicherheit und die Frauenverachtung in einer von Männern dominierten Gesellschaft dürften die Hauptgründe gewesen sein. Bei der Verfolgung von Hexen spielte sicher die Angst, selbst Opfer der Hexenjagd zu werden, und die Vorstellung einer zunehmenden Bedrohung des eigenen Umfelds eine Rolle. In der Hexenjagd drückte sich vermutlich ebenfalls eine Unsicherheit über *gender*-Normen aus. Das mit der Hexerei möglicherweise in Frage gestellte Geheimwissen der Frauen (über Empfängnisverhütung, medizinische Praktiken usw.) empfand man(n) in einer zunehmend kontrollierenden und disziplinierenden Gesellschaft offenbar als eine Bedrohung.

So konnten Hexenverfolgungen durchaus andere Gründe haben als die Bestrafung von Ritualen außerhalb der christlichen Normen. Es war möglich, sich auf diese Weise leicht einer unliebsamen Person zu entledigen, eine bestimmte Gruppe von Widersachern auszuschalten oder das Interesse der Bevölkerung von bestimmten Problemen abzulenken. Auch war es eine Möglichkeit, sich zu bereichern, da die Güter der Verurteilten eingezogen wurden. Schließlich scheint die Hexenverfolgung in einigen Fällen die Karriere von Beamten und Notaren befördert zu haben. Das 17. Jahrhundert unterschied verurteilte Hexen, die mit der Hinrichtung bestraft wurden, von bloß Besessenen, die nicht zum Tode verurteilt wurden. Sie galten als heilbar durch christliche Macht. Basis der Hexenverfolgung waren gelehrte Bücher und vermeintlich genaue Untersuchungen der Bedrohung. Sowohl die katholische als auch die evangelische Seite beteiligten sich an der Hexenverfolgung und lieferten theologische Begründungen. So wurde eine Affinität von Zauberei und Häresie angenommen, die theologische Argumentationen entscheidend prägte. Zum Teil gehörten die Verfolgungen wohl auch zur Strategie der Rekatholisierung.

Gegen den Hexenwahn: Spee und Thomasius

Seit dem 16. Jahrhundert gibt es einen Diskurs über die Rechtmäßigkeit der Hexenverfolgung und die Herkunft der Hexerei. Schon früh wird sie ›natürlich‹ erklärt und auf Krankheiten zurückgeführt (1563 von Johann Weyer). In die Diskussion griff auch der Barocklyriker und Jesuit **Friedrich Spee** von Langenfeld mit seiner zuerst anonym in Rinteln erschienenen *Cautio Criminalis* (1631) ein (Battafarano (Hg.) 1988, Battafarano 1998a, 1998b). In seinem lateinisch verfassten Buch kritisiert der Professor für Moraltheologie eindringlich die Praxis der Hexenverfolgung. Er tut dies aus eigenen Erfahrungen, hatte er doch einige Male Hexen vor ihrer Hinrichtung die Beichte abgenommen. In diesem Werk sind fünfzig Fragen und Antworten über die Hexenprozesse zu lesen. Zwar zweifelt dort Spee nicht die Existenz der Hexen an, doch kritisiert er den Umgang mit diesem Phänomen. Speziell warnt er vor Amtsmissbrauch und unbegründeter Verfolgung, vor einer Überbewertung der üblen Nachrede und der Verleumdung, vor dem schlechten Vorbild der Geistlichkeit und üblen Richtern. Wenn die Hexenprozesse weiter gingen sei »kein Mensch / was Geschlechts / Vermögens / Stands / Ampts / vnd Würden« vor einem Verdacht sicher (*Cautio Criminalis*, 429). Vor allem zweifelt er am Sinn der Folter:

> Laß sein daß unsere heutigen Richter / ein anders mit der *Tortur* vorhetten / als Kayser *Nero*, [...] so bleibt dennoch [...], daß die Krafft vnd Würkung der Folter heut zu Tage eben dasselbig vermöge [...]: Gleich wie nun dero Zeit die Pein / Marter / vnd die

Besagungen es dahin haben bringen können / daß auch die aller vnschuldigsten / sich haben schuldig geben müssen / so können sie es auch noch wohl / vnd wann zu diesen heutigen Zeiten. (432)

Die Folter könne nur beibehalten werden, wenn sichergestellt sei, dass keine Unschuldigen darunter leiden. Da dies nicht möglich sei, solle überlegt werden, ob die Folter als Instrument der Wahrheitssuche nicht abgeschafft werden solle (318 f.).

Schon 1635 verbreitet Johann Meyfahrt wichtige Gedanken des Buches in deutscher Sprache. Johann Seiffert überträgt es 1647 dann vollständig ins Deutsche; 1649 folgt eine weitere und genauere Übersetzung der *Gewissensschrift an die Obrigkeit Deutschlands* von Hermann Schmidt, die oben zitiert wird. 1703 erscheint die Schrift in einer Textsammlung gegen die Hexenverfolgung. Auch ins Niederländische, Polnische und Französische wird die *Cautio* bald übersetzt. Dies zeugt von ihrer breiten Wirkung, obwohl die Rechtsfolgen anfangs noch nicht sonderlich auffällig sind. Immerhin scheint die Anweisung der schwedischen Regentin, die Hexenprozesse in den von ihr verwalteten Teilen Deutschlands auszusetzen (1649), auf die Seiffertsche Übersetzung der Schrift zurückzugehen. Auch soll die *Cautio* auf Johann Philipp Schönborn, seit 1647 Kurfürst von Mainz, Einfluss gehabt haben; der Bischof schaffte die Hexenprozesse in dem von ihm beherrschten Gebiet ab. Leibniz hebt diese unmittelbar politische Wirkung in seiner *Théodicée* (1710) hervor.

Neben Leibniz war am Ende des Jahrhunderts **Christian Thomasius** der bekannteste Gegner der Hexenverfolgung. In der Dissertation *Theses Inaugurales de crimine magiae* (*Über das Verbrechen der Zauberei*, Halle 1701, Übersetzung: 1702) greift Thomasius die Hexerei als fiktives Verbrechen an. Respondent, also der kritische Gegenredner im Disputationsverfahren (s. Kap. 3.5), war Johann Reiche. Da der Teufel zwar existiere, aber keine körperliche Gestalt habe und nicht körperliche Bündnisse eingehen könne, seien tatsächliche Hexen nicht denkbar. Geständnisse seien ein Produkt der Folter oder eines Wahns. Wie Spee hebt er die vielen Irrtümer bei der Verfolgung der Hexerei hervor. Die Hexenprozesse sollten deshalb und weil die Existenz von Hexen nicht beweisbar sei, eingestellt werden. Polemische Antworten auf Thomasius kamen zuerst aus dem Umfeld der lutherischen Orthodoxie. 1712 veröffentlichte Thomasius zur Unterstützung seiner Argumentation eine Untersuchung über den Ursprung des Teufelspaktes. Seine Schriften gegen die Hexenverfolgung leiteten eine Liberalisierung des Strafrechts im 18. Jahrhundert ein.

3.4 Religion

Der Begriff ›Religion‹ hat in der Frühen Neuzeit eine andere Bedeutung als heute. Gemeint sind damit noch nicht generell unterschiedliche Möglichkeiten, an Gott bzw. übersinnliche Kräfte zu glauben (etwa im Sinne des modernen Begriffs ›Weltreligionen‹). Seit dem Mittelalter verwandte man ›Religion‹ vielmehr entweder allgemein für die christliche Gottesverehrung oder im übertragenen Sinn auch für Mitglieder eines christlichen Ordens (so genannte *religiosi*), die in bestimmten vorgegebenen Handlungen der Gottesverehrung nachkamen. Religion war demzufolge eine Art Tugend, die darin bestand, so zu handeln, dass es Gottes Forderungen gerecht wurde.

Die Entdeckungen und neuen Kolonien brachten in der Frühen Neuzeit eine Konfrontation mit bislang unbekannten Religionen mit sich. Gemeinsam mit der Expansion des osmanischen Reiches auf dem Balkan machten es diese Entwicklungen anders als im Mittelalter notwendig, die eigene religiöse Vorstellung in Relation zu anderen bekannten Religionen zu setzen. Daraus entwickelte sich ein wirkungsmächtiges vierteiliges Religionssystem. Dieses geht auf den Astrologen Gerolamo Cardano und seine Schrift *Von der Feinheit* (1550) zurück und bestimmte im 17. Jahrhundert wesentlich die frühneuzeitliche Auffassung eines Nebeneinanders von Religionen (vgl. Behringer 2005 ff., X, 1049–1052).

Die vier *leges* (Gesetze, Religionen) nach Cardano (1550) waren:

- Götzendiener / Heiden
- Juden
- Christen
- Mohammedaner

Der lateinische Begriff *leges* (Gesetze) wurde schon bald mit Religionen oder Gefolgschaften gleichgesetzt oder übersetzt. Eine für das 17. Jahrhundert typische Reformulierung dieser Einteilung lesen wir bei Edward Brerewood: »There are four sorts or sects of Religions, observed in the sundrie regions of the world: Namely, Idolatry, Mahumetanisme, Judaisme, and Christianity« (Brerewood 1675, 96). Diesem viergliedrigen Schema wurden von manchen Gelehrten die vier Erdteile Asien (Juden), Afrika (Mohammedaner), Amerika (Heiden) und Europa (Christen) zugeordnet. Auch differenzierte man die Gruppe der Heiden weiter, etwa in antike und moderne Heiden sowie als dritte Gruppe in Teufelsanbeter, Hexen und Zauberer. Stets wurde das Christentum als überlegene Religion gesehen, Islam und Judentum konnten als letztlich verwandte Glaubensrichtung interpretiert werden, weil sie sich auch auf eine Offenbarung beriefen. Das Heidentum sah man natürlich deutlich negativer, konnte ihm unter Umständen allerdings auch so etwas wie eine gründlich falsch geleitete, aber gewissermaßen ›natürliche‹ Religiosität zusprechen. So argumentiert im Grunde noch *Zedlers Universallexikon*, das wichtigste deutschsprachige Nachschlagewerk der Frühaufklärung (vgl. Behringer 2005ff., X, 1051 und Zedler 1732–1754, XXXI, 443). Die Unterteilung der vier Religionen diente in konfessionellen und theologischen Polemiken der Frühen Neuzeit nicht selten als Argumentationsraster, mit Hilfe dessen etwa einem Gegner bestimmte Praktiken oder Vorstellungen einer nicht-christlichen Religion unterstellt werden konnten.

Generell spielen christliche Vorstellungen und Glaubensauseinandersetzungen im 17. Jahrhundert eine weit größere Rolle als heute. Man spricht von der nachreformatorischen Zeit als Phase der »Glaubenskämpfe« (Zeeden 1973) oder vom »konfessionellen Zeitalter« (Heckel 1983). Denn seit der Reformation im 16. Jahrhundert wird Mitteleuropa durch den Gegensatz von katholischem und evangelischem Glauben geprägt.

Im 17. Jahrhundert tritt mit dem Calvinismus eine dritte – durch den Westfälischen Frieden aufgewertete – Konfession hinzu. Die Wahl des Religionsbekenntnisses war seit dem Augsburger Religionsfrieden 1555 für den Einzelnen allerdings nicht frei, sondern wurde durch das Prinzip des Landeskirchentums (*ius reformandi*) bestimmt. Der Glaube der Bevölkerung richtete sich in der Regel nach dem Bekenntnis des Landesherren: *cuius regio, eius religio*. Das Prinzip bezog sich bis 1648 nur auf die beiden Hauptreligionen. Nur wenige Ausnahmen waren zugelassen, etwa bei paritätischen Städten oder Gebieten, die sich schon früh einer Konfession zugewandt hatten. Außerdem existierte ein verbrieftes Auswanderungsrecht bei erzwungenem Religionswechsel. Die Aufnahme religiöser Minderheiten gleicher Glaubensrichtung (Hugenotten, Mennoniten usw.) hatte oft politische oder wirtschaftliche Gründe. Nach dem Dreißigjährigen Krieg bedeutete der Bevölkerungszuwachs meist zugleich eine höhere Steuereinnahme für den Staat und eine Erweiterung handwerklichen Wissens, er war also durchaus attraktiv.

Erfahrungen in den Grenzgebieten, wechselnde Herrschaftsansprüche (wie in Schlesien) und schließlich der Dreißigjährige Krieg selbst relativierten im Lauf des 17. Jahrhunderts zunehmend die Exklusivität der Konfessionen. Das Recht der Religionsbevormundung durch den Fürsten und der Sinn der starren Konfessionsgrenzen konnten zumindest ansatzweise diskutiert werden. Mit Blick auf das 18. Jahrhundert kann insofern schon in der Barockzeit ein »Drängen auf Toleranz« (Maurer 1999, 47) beobachtet werden.

Der Westfälische Frieden brachte eine Stabilisierung der Konfessionsunterschiede. Er legte die regionale Religionszugehörigkeit nach dem so genannten ›Normaljahr‹ 1624 fest. Die dort festgelegten Grenzen bestimmen im Grunde bis heute die Dominanz der jeweiligen Konfession: Der Süden bleibt überwiegend katholisch, der Norden und Osten evangelisch.

Anfang des Jahrhunderts bemühten sich die Konfessionen noch um eine **Systematisierung und Dogmatisierung** ihres theologischen Denkens (Press 1991, 135 f.; Hauschild ³2005). Sie rüsteten sich geradezu für die bevorstehenden Auseinandersetzungen. Die katholische Kirche hatte – nach der Reformation – im **Konzil von Trient** (1545–1563) die Kirchenorganisation überdacht, die Ausbildung der Kirchenleute verbessert, mittelalterliche Traditionen erneuert, die Dogmen reformuliert und die offizielle Lehre festgelegt. Ziel des Konzils war die Sicherung der katholischen Position in den Konfessionsdebatten (Weiß 2005). Zu diesem Zweck wurden möglichst eindeutig und umfassend geltende Lehrdekrete erlassen, die auch die Aufgabe hatten, sich deutlich von vermeintlich falschen, protestantischen Positionen abzusetzen. Die nachhaltige Vereinheitlichung der Liturgie und des Katechismus diente der besseren Orientierung der regionalen Kirchen und konkret auch der einzelnen Gläubigen; zudem sollte damit der römische Zentralismus gestärkt werden. Auch innerhalb der Organisation der katholischen Kirche und bei der Ausbildung der Priester kam es zu Reformen. In nicht wenigen Neuerungen reagierte die katholische Kirche ausdrücklich auf Kritik. So schaffte sie den Ablass für Geld, der Luther zum Anschlag seiner Thesen veranlasst hatte, ab; der Ablass als menschliche Leistung im Prozess der Buße blieb aber bestehen. Die Hierarchie der Ämter, insbesondere die Stellung des Papstes, ließ das Konzil auch unangetastet. Auf die Abgrenzung gegenüber den Protestanten legte die katholische Kirche großen Wert. Neben der Bibel nahm sie die Überlieferung der Kirchenväter in den Kanon auf, die Heilsbedeutung der Religionsvermittler (die Heiligen, die Kirche, die Priester) wurde betont und die sieben Sakramente festgeschrieben. Allerdings differenzierte die Kirche nun zwischen der Anbetung (*adoratio*) Gottes und der Verehrung (*veneratio*) der Heiligen. Mit dem seit dem 16. Jahrhundert bestehenden *Index Librorum Prohibitorum* wehrte sich die katholische Geistlichkeit gegen unliebsames Schrifttum. Durch die verbindliche Festlegung der kirchlichen Lehre hatte die Inquisition nun klare Ziele und Vorgaben, so dass gegen ›Ketzer‹ effizienter vorgegangen werden konnte.

Die evangelischen Kirchen leiteten um 1600 ihr »Zeitalter der Orthodoxie« (Press 1991, 136) ein. Ziel der jungen Kirche war die Verrechtlichung der religiösen

Verhältnisse und eine strikte Abgrenzung zu den Nachbarreligionen. Der Glaube sollte vereinfacht, die lutherischen Gedanken kodifiziert und dadurch die Konfessionsunterschiede auch für weniger Gebildete überblickbar werden. Die Heilige Schrift hoben die Protestanten als ganze in den Stand eines *principiums*; das heißt die Theologen gingen davon aus, dass sie Wort für Wort ihren Verfassern in die Feder diktiert wurde (Verbalinspiration). 1580 wurde das *Konkordienbuch* publiziert, das unter anderem die Glaubensbekenntnisse, die *Confessio Augustana* von 1530, die Schmalkaldischen Artikel Luthers, dessen Katechismen und einige Texte Melanchthons enthielt. Es machte die Prinzipien des Protestantismus greifbar und förderte ihre Verbindlichkeit.

Katholische Kirche

Als ihr eigenes fundamentales Charakteristikum sah die katholische Kirche ihren Anspruch, im Unterschied zu allen ›häretischen‹ (einer Irrlehre anhängenden) Erneuerern, an den überlieferten Werten und Glaubensgrundsätzen der Alten Kirche in ungebrochener Tradition festzuhalten. Sie verstand sich als einzige rechtmäßige Kirche, der es zustand, die ganze Christenheit umfassend (im Sinn von gr. *katholikós*: allumfassend) zu vertreten. Die spezifizierende Bezeichnung ›römisch-katholisch‹ verdeutlicht seit der Frühen Neuzeit diesen Anspruch als Vorstellung *einer* christlichen Kirche in Konkurrenz zu anderen (orthodoxe Kirche, evangelische Kirche, reformierte Kirche). Der Druck der Konfessionalisierung seit dem 16. Jahrhundert führte zwar zu Versuchen der stärkeren Dogmatisierung des Glaubens, entfesselte gleichzeitig aber innerhalb der katholischen Kirche auch eine durchaus kontrovers geführte theologische Klärungsdynamik (Weiß 2005). Sie machte, trotz des zentralen römischen Geltungsanspruches, zunehmend und bis heute unterschiedliche Positionen und Gruppierungen sichtbar.

   Die katholische Kirche hatte den Status einer ›Reichskirche‹, denn der deutsche Kaiser war der katholische Herrscher eines ›römischen Reiches‹. Doch war seit der Reformation ihre Bedeutung für Deutschland nachhaltig in Frage gestellt worden. Dem sollte die Erneuerung der katholischen Kirche entgegenwirken. Sie beruhte zum einen auf einer internen Modernisierung nach den Vorgaben des Trienter Konzils, zum anderen aber auch auf der bewusst forcierten **Gegenreformation.** Die Reichskirche suchte – besonders unterstützt durch die Habsburger und Wittelsbacher – Terrain, das durch die Reformation verloren gegangen war, zurückzugewinnen. Der Erfolg der Gegenreformation beruhte auch auf dem Recht des Landesfürsten, über die Religion seiner Untertanen zu bestimmen. Dieses Recht sollte ursprünglich die protestantischen Reichsstände schützen, wurde nun aber von katholischer Seite offensiv genutzt. Die Gegenreformation als Selbstbehauptung der katholischen Kirche gegen den Protestantismus wurde ergänzt durch die **katholische Reform,** einer Selbstbesinnung der Kirche im Inneren (Weiß 2005, 11–16). Beides führte zu einer Ausweitung und Stabilisierung der katholischen Seite im Barock. Auch wenn das Vorgehen der Kirche insgesamt nicht einheitlich war, lassen sich doch einige typische **Merkmale der aufeinander bezogenen Reformbestrebungen** anführen:

- Umsetzung der Vorgaben des Konzils von Trient
- Behutsame Öffnung der katholischen Kirche für das nicht Latein sprechende Volk
- Vereinheitlichung von Liturgie und Katechismus

- Konsequente Durchsetzung der Regel *cuius regio, eius religio* durch die katholischen Landesherren
- Zwangsmaßnahmen in Ländern mit hohem protestantischem Anteil (Kärnten, Steiermark, Böhmen usw.)

Im Kontext der katholischen Reform entstand zuerst in Spanien und Italien, dann auch in den deutschen Ländern, eine zum Teil muttersprachliche Literatur, die half, die katholische Spiritualität zu stärken und zu verbreiten. Zur Erbauung und zur Festigung des Glaubens sollten etwa Hagiographien (Heiligenviten), Predigt- und Exempelsammlungen sowie meditative und mystische Texte dienen. Man verfertige schließlich zur Verbreitung des Glaubens und in Konkurrenz zum Luthertum auch katechetische Texte, Psalmen, geistliche Lieder und kirchenhistorische Abhandlungen in deutscher Sprache.

Als das wichtigste Buch der sich erneuernden katholischen Kirche kann man die *Exercitia spiritualia* (zuerst span., dann lat., Rom 1548, redigiert durch André des Freux, dt. *Geistliche Übungen*, 1628, 1645 u.ö.) des Jesuiten Ignatius von Loyola ansehen, die anfangs handschriftlich kursierten. Nach einer Legende soll die Jungfrau Maria Ignatius die *Exerzitien* diktiert haben. Das schmale Buch enthält Regeln und Anleitungen für geistliche Erzieher – heute würde man von ›Multiplikatoren‹ sprechen. Es soll helfen, über sich selbst zu siegen und das eigene Leben neu zu ordnen. Nur dann sei es möglich, auch andere vom rechten katholischen Glauben zu überzeugen. Die Übungsanweisungen beziehen sich auf einen Zeitraum von insgesamt vier Wochen; sie dienen zuerst der Askese und Konzentration auf wesentliche Glaubensinhalte und verfolgen dann einen mystischen Erleuchtungsweg in Auseinandersetzung mit dem Leben, der Passion und Auferstehung Christi. Ziel ist eine konsequente Nachfolge des Herrn. Hierzu erscheinen eine radikale Dämpfung eigener Leidenschaften und des eigenen Willens sowie ein absoluter Gehorsam gegenüber der Kirche notwendig. Radikal formuliert ist dies am Ende der Übungen in einer viel zitierten und in neuerer Zeit sehr umstrittenen Regel:

> Wir müssen, um in allem sicher zu gehen, stets festhalten: Was meinen Augen weiß erscheint, halte ich für schwarz, wenn die hierarchische Kirche so entscheidet.
> (*Regeln über die kirchliche Gesinnung*, Nr. 13, zit. n. Ignatius von Loyola ²1922, 161)

Noch heute gehören Exerzitien zu den wichtigen Elementen der katholischen Kirche, insbesondere auch des Jesuitenordens (Online Exerzitien: www.jesuiten.org/sonderseiten/online-exerzitien.html).

Zur wichtigsten internen Neuerung der katholischen Kirche gehörte die Reform des Priesterstands. Priesterseminare wurden in jeder Diözese eingerichtet, ein Theologiestudium für Pfarrer verlangt, die Aufgaben der Geistlichen genau festgelegt, ein regionales Überwachungssystem der Gemeinden eingeführt (›Visitationen‹) und regelmäßige Diözesansynoden abgehalten. Die Bischöfe konnten zur Präsenzpflicht im Bistum gezwungen werden. Synoden mussten durchgeführt werden. Zudem wurde die päpstliche Präsenz in Deutschland durch die Einführung von Nuntiaturen gestärkt. Die Kirchenleute sollten regelrecht diszipliniert werden. Dies führte zum Beispiel dazu, dass sich gegen Ende des Jahrhunderts das Zölibat wieder stärker durchsetzte und das vorher geläufige Konkubinat mit Mägden und Haushälterinnen zurückging (Münch 1999, 112).

Neben dem Priesterstand wurden auch viele der Orden reformiert und einige neu gegründet (Salesianer, Ursulinen, Kapuziner, Englische Fräulein der Mary Ward). Ein besonders wirksames Mittel der Gegenreformation war der neue **Jesuitenorden** (Baumstark (Hg.) 1997; Weiß 2005, 74–90). Der deutsche Name der Societas Jesu ist ›Gesellschaft Jesu‹. Als Kennzeichen wird bis heute das Kürzel ›SJ‹ hinter dem Namen verwendet. Der Baske Ignatius von Loyola gründete zusammen mit einigen Gefährten den Jesuitenorden 1534 in Paris; 1537 wurden die Mitglieder bei Venedig zu Priestern geweiht. 1540 bestätigte der Papst den ihm unmittelbar unterstellten Orden; sein Auftrag: Ausbreitung des Glaubens, Exerzitien, karitative Werke, Seelenführung und vor allem Schulung. Der Männerorden verzichtet auf Klausur und Chorgebet und legt Wert auf Disziplin, Mobilität, Menschenführung und Kommunikation. Eine einheitliche Kleidung wurde nicht vorgeschrieben, so dass die Mitglieder weitestgehend unerkannt agieren konnten.

Die ›Gesellschaft Jesu‹ ist hierarchisch organisiert; an ihrer Spitze steht ein auf Lebenszeit gewählter General; bis in die einzelnen Ordensprovinzen setzt sich eine straffe Organisation fort. Peter Canisius, der 1543 in den Orden aufgenommen wurde, baute in Deutschland die Gesellschaft Jesu auf. Es entstanden Ordensschulen, Gymnasien und Kollegien; das an sie angeschlossene Jesuitentheater (s. Kap. 6.3) konnte insbesondere im 17. Jahrhundert seine Wirkung entfalten. 1773 wurde der Orden verboten, 1814 aber wieder zugelassen. Die Jesuiten hatten in Europa besonders in den durch die Reformationen verlorenen Gebieten gewirkt; dort waren sie zweifellos sehr erfolgreich.

Im 17. Jahrhundert entwickelte sich, durch die Kirchenleitung gefördert, eine spezifische katholische **Frömmigkeitskultur**, die später gerne »Barockfrömmigkeit« genannt wurde (Münch 1999, 114). Sie wird heute unmittelbar sichtbar an den barocken Kirchen, ihrer Illusionsmalerei und ihrem reichen Schmuck, an der großen Festtradition sowie den vielen Heiligenbildern, Bildstöcken und Flurkreuzen, die damals im öffentlichen Raum platziert wurden. Die Kirchen dienten nicht nur dem Lobe Gottes, sondern vor allem auch der Präsentation des Glaubens als multimediales *event*. Hier wurde die Religion ausgesprochen feierlich inszeniert: Geistliche in kostbaren Gewändern mit einer großen Anzahl von Ministranten zelebrierten im Schein von unzähligen Kerzen, im Duft von Weihrauch und mit festlicher Musik ihren Gottesdienst, dessen Höhepunkt das Altarsakrament bildete, also das, was bei den Reformierten quasi zum Symbolakt reduziert wurde. Die Wandlung (von Brot und Wein zum Leib und Blut Christi) markierte ein Klingelzeichen, ein Glockengeläut; in der Barockzeit hörten die Kirchgänger in Versailles, Reims oder Wien auch schon mal kräftige Böllerschüsse. Die Gläubigen wurden durch eine Reihe von Haltungen, Gebärden und Gesten (Knien, Stehen, Bekreuzigen usw.) an der Liturgie beteiligt. Volkstümliche Elemente – wie Prozessionen, Wallfahrten, Reliquienglauben, Passionsspiele und die Fastnacht – wurden gefördert und in das Kirchenjahr eingebunden. Kennzeichnend für den katholischen Glauben in der Barockzeit dürfte eine **performative Vorstellung symbolischer Vorgänge** sein. Im vor allem durch Bilder, Architektur und Skulptur gestalteten Glaubensraum (Barockkirchen, Altäre usw.) sollten Voraussetzungen zum symbolhaften Erleben des Heiligen geschaffen werden. Im Gebet, in der andächtigen Betrachtung, in der Berührung, dem Niederknien oder in der Bewegung durch den Kirchenraum sollte das Sakrale eine symbolische Präsenz erreichen; sie diente primär der Ehre Gottes, Marias und der Heiligen; dabei ging es generell auch um Stärkung in Zeiten der Anfechtung und des Zweifels. In dem durch

Mittel der kirchlichen Kunst modulierten religiösen Erleben zeigte sich eine Spannung zwischen dem einzelnen Gläubigen und der in der Kunst repräsentierten Dogmatik der Kirche. Seit dem 16. Jahrhundert in Italien und seit Ende des Jahrhunderts auch in den deutschen Ländern erschienen Schriften – etwa Jacob Müllers *Kirchenschmuck* (1591) – die eine gegenreformatorische Bildtheologie propagieren. Sie sollte dazu dienen, die katholische Tradition zu bewahren und zu stärken; dazu gehörte, dem sakralen Bildmaterial der Zeit eine theologisch abgesicherte Deutung zu geben.

Im 17. Jahrhundert entstanden deutsche Gebetbücher und eine Erbauungsliteratur; Volksprediger, wie etwa der berühmte **Abraham a Sancta Clara** (= Johann Ulrich Megerle, 1644–1709; Knittel (Hg.) 2012) wandten sich direkt an den gläubigen Menschen. Sancta Claras Predigten und Traktate, zum Beispiel sein Aufruf aus Anlass des Türkenkrieges (*Auff/auff ihr Christen*, 1683), wurden schnell in ganz Deutschland verbreitet (s. Kap. 8.2).

Eine größere Rolle spielte die Herz-Jesu-Verehrung und die **Marienfrömmigkeit**. Bis heute praktizierte Gebete und Gebetstraditionen (*Ave Maria*, Rosenkranz usw.) wurden gebräuchlich und regionale Wallfahrten begründet (etwa seit 1655 zur Schwarzen Madonna von Czéstochowa in Polen, nach Altötting in Bayern, nach Mariazell in Österreich, nach Telgte im Münsterland).

Die neue Frömmigkeit zeigte sich auch in der familiären Feier der Sakramente, die den Lebensweg (Taufe, Erstkommunion, Firmung, Eheschließung) eines Katholiken begleiteten. Seit dem 17. Jahrhundert band die ›letzte Ölung‹ die Erfahrung des Todes in das alltägliche Leben ein. Die Installierung von Beichtstühlen in den Kirchen stärkte das Bußsakrament.

Die Präsentation des Glaubens nach außen und die in den Tages- und Jahresablauf eingreifende Glaubenspraxis war in vieler Hinsicht als Gegenmodell zum asketisch wirkenden Protestantismus entwickelt worden.

Lutherische Kirche

Das Adjektiv ›lutherisch‹ oder Ausdrücke wie ›Luthertum‹, ›Lutheraner‹ oder ›Lutheranismus‹ hatten anfangs eine pejorative und nicht selten polemische Bedeutung. Sie wurden von der katholischen Seite für die Abweichler und – aus ihrer Sicht – Häretiker gebraucht, die die Einheit der Kirche in Frage stellten. Die Anhänger der Reformation nannten sich anfangs ›evangelisch‹, ›apostolisch‹ oder einfach nur ›christlich‹. Mit dem Aufkommen einer dritten Konfession des westlichen Christentums benutzte man dann selbst die Differenzierung ›lutherisch‹. Denn seit dem 16. Jahrhundert existierten in Deutschland zwei evangelische Bekenntnisse: das lutherische und das reformierte.

Die Organisation der beiden Kirchen war vergleichbar; der jeweilige Landesherr stellte auch das nominelle Oberhaupt dar. Ihm standen eine Reihe von Berufsgeistlichen, die hierarchisch organisiert waren ([General-]Superintendenten, [Ober-]Konsistorialräte, Pfarrer, Diakone, Prediger), zur Seite. In Synoden trafen die Geistlichen auf verschiedenen Ebenen zusammen. Die Frauen waren, da es in evangelischen Ländern keine Klöster mehr gab, von der Kirche weitestgehend ausgeschlossen, aber die Pfarrfrau wurde zur Institution ohne offizielles Amt in der Gemeinde. Die evangelischen Geistlichen waren in der Regel gut ausgebildet, da sie eine Universität besucht hatten. »Pfarrerkarrieren« basierten aber allzu oft auf »Familiennetzwerken«, so dass sich eine »Oligarchisierung des Standes« herausbildete (Münch 1999, 120).

Die **Familie** wird im Luthertum mehr und mehr zum Ort der Religion. Evangelische Geistliche waren verheiratet; deshalb kam der Familie des Pfarrers und seiner Frau eine besondere Bedeutung zu. Sie waren am Gemeindeleben beteiligt und wurden als Vorbilder gesehen. In der Familie wurde – soweit es ging – die Lektüre der Lutherbibel, des kleinen Katechismus und der Erbauungsschriften gepflegt. Dies war möglich, da das Deutsche im Gottesdienst als Glaubenssprache präsent war und weite Teile des protestantischen Gebietes besser alphabetisiert waren als die katholischen Regionen. So entstand schon früh eine gewisse Lese- und Buchkultur (**Buchfrömmigkeit**). Die evangelischen Christen besaßen seit etwa 1600 schon ihr persönliches Gesangbuch (s. Kap. 5.3).

Für einen Großteil der Protestanten in Deutschland war **Luthers Theologie**, insbesondere auch seine Auffassung vom Verhältnis von Staat und Religion bindend. An der Schnittstelle zwischen Politik und Religion liegt Martin Luthers Schrift *Von der Freiheit eines Christenmenschen* (1520), die im protestantischen Bereich bis weit ins 17. Jahrhundert eine kaum zu überschätzende Wirkung ausübte. Ursprünglich war sie als Beilage zu einem Sendbrief an Papst Leo X. verfasst worden, erschien aber schon in den folgenden 15 Jahren in 30 Auflagen. In dieser Schrift bestimmt Luther, dass der Christ nicht durch weltliche Handlungen und äußerliche Bindungen das Heil erlangen könne, sondern nur im Glauben an das Wort Gottes. Zu Beginn des Textes steht ein scheinbarer Widerspruch:

> Ein Christenmensch ist ein freier Herr über alle Ding und niemand untertan.
> Ein Christenmensch ist ein dienstbarer Knecht aller Ding und jedermann untertan.
> (Luther: *Von der Freiheit*, 125)

Das innere, geistliche Wesen des Menschen ist frei, während die äußere, leibliche Natur unfrei ist. Der Mensch soll »seinen Leib regieren« (148) und den Forderungen der Obrigkeit unterwerfen. Luther »gebietet« unter Berufung auf Paulus, dass die Menschen »weltlicher gewalt untertan und bereit sein [...] [sollen,] daß sie [...] der Obrigkeit dadurch dienten und ihren Willen täten aus Liebe und Freiheit« (149). Dies begründet die Schrift mit der äußerlichen Unfreiheit des Menschen und seiner ontologischen Bestimmung zu leiden und zu dienen. Luthers Haltung im Bauernkrieg zeigt unmissverständlich, dass es ihm ernst war mit dem Bündnis von Thron und Altar. Die wahre Frömmigkeit verbietet eine politische Auflehnung; ein Widerstand ist nur in geistlichen Dingen legitim.

Zwei wichtige Aspekte prägen die lutherische Theologie: 1. das **Schriftprinzip** und 2. die **Gnadenlehre**:

1. Für das evangelische Selbstverständnis war die Vorstellung einer für alle zugänglichen Laientheologie prägend, die auf die theologische Vermittlung ausgebildeter Priester verzichten kann. Sie ersetzt zudem die institutionelle Autorität des Papstes in Glaubensfragen durch die Autorität der Schrift. Diese allein gebe Auskunft über Fragen der Offenbarung und des Glaubens (*sola scripturum*). Damit verbunden war eine Abkehr vom seit dem Mittelalter geltenden vierfachen Schriftsinn (literaler, typologischer, tropologischer und anagogischer Sinn), der in katholischen Gebieten die Auslegung der Bibel weiterhin prägte. Luther meinte, die Schrift lege sich gewissermaßen selber aus (*scriptura sui ipsius interpres*), deshalb sollten im Zentrum der Bibelauslegung keine weiteren Ebenen angelegt sein als einzig der *sensus litteraris*, der literale Sinn der Worte selbst. Das Wort Gottes sei einfach und bei rechtem Verfahren wahrheitsgemäß auszulegen.

Die Lehre von der Schriftauslegung führte im protestantischen Bereich zur ›Erfindung‹ der (wissenschaftlichen) **Hermeneutik**, der Methode komplexe Texte auszulegen. Der Theologe Johann Conrad Dannhauer (1603–1666), übrigens ein erklärter Gegner des sich seit dem Barock durchsetzenden Weihnachtsbaumes, verwendete den Begriff ›Hermeneutik‹ erstmals 1629 in einer Rhetorikvorlesung an der Reichsuniversität Straßburg. Er bezeichnet damit schon eine Auslegungsmethode, die auf der Basis dessen, was man in den sieben Freien Künsten (s. Kap. 3.5) gelernt hatte, für die drei hohen Fakultäten der Universität – Theologie, Jurisprudenz und Medizin – gelten sollte. Seine *Hermeneutica sacra* (1654) führt den Begriff Hermeneutik erstmals im Titel eines Buches.

2. Neben dem Prinzip *sola scriptura* vertritt die lutherische Kirche weitere *particula exclusiva* (durch ›allein‹ gekennzeichnete Glaubensgrundsätze), von denen die wichtigste *sola fides* ist. Sie legt fest, dass allein der Glaube zählt. Dieser Grundsatz stellt zum Einen die menschliche mögliche Form dar, Gott zu begegnen, zum Anderen ist er eng verbunden mit der Auffassung, dass das menschliche Heil allein von der Gnade Gottes und nicht, wie es die katholische Kirche vertritt, von den menschlichen Handlungen (Beten, Gutes tun, Ablässe erwerben usw.) abhängt. Dies entbindet den evangelischen Christen aber nicht von einem gottgefälligen, christlichen Verhalten, insbesondere gegenüber seinen Mitmenschen. In Teilen des Protestantismus breitet sich schon seit der Frühen Neuzeit die Ansicht aus, dass man am Wohlstand und an den erreichten Lebenszielen den Grad der Gnade Gottes ablesen könne. Daraus entstand letztlich die selbst disziplinierende Arbeitshaltung, die schließlich Max Weber zu Beginn des 20. Jahrhunderts als ›protestantische Ethik‹ apostrophieren sollte.

Parallel zur Systematisierung des Glaubens setzte seit 1600 im Bereich des Protestantismus eine neue **mystisch geprägte Frömmigkeit** ein (s. Kap. 5.3), die als Gegenstück zur verwissenschaftlichten Orthodoxie zu verstehen ist. Eine Schlüsselfigur dieser Bewegung ist **Johann Arndt** (1555–1621). In seinen Schriften (etwa *Vier Bücher vom wahren Christentum*, 1605–1610), die sehr hohe Auflagen erreichten, betont der Autor die reine Herzensfrömmigkeit und das einfache Leben im Zeichen Christi. Arndt schließt an die spätmittelalterliche und romanische Mystik sowie an theosophische Gedanken an. Er propagiert einen lebendigen Glauben und ein demütiges, bußfertiges Leben in der Nachfolge Christi.

An seine Vorstellung von der *pietas* (der frommen Pflicht) schließt der **Pietismus** seit etwa 1670 an (Philipp Jacob Spener, 1635–1705; Hermann August Francke, 1663–1727; später: Nikolaus von Zinzendorf, 1700–1760; vgl. Brecht u.a. (Hg.) 1993 ff.). Er sieht sich als Vollender reformatorischer Bestrebungen im Bereich der Glaubenspraxis (*praxis pietatis*) und richtet sich gegen eine erstarrte Orthodoxie. Innerhalb des Protestantismus erscheint er als bedeutendste Frömmigkeitsbewegung der Frühen Neuzeit. In unterschiedlicher Weise entwickelt sie sich u. a. in Deutschland, den Niederlanden und England. Zentrum des deutschen Pietismus um 1700 ist Halle. Der Pietismus fördert den individuellen Glauben, die christliche Bewährung des Einzelnen im alltäglichen Leben und betont das subjektive Religionserlebnis. Element des Glaubens ist eine deutliche Hoffnung auf bessere Zeiten (*Chiliasmus*). Formen der religiösen Praxis im Pietismus sind die eigenständige Bibellektüre, der Hauskreis (*collegium pietatis*; *ecclesiola in ecclesia*), das Studium von Erbauungsschriften, die Verbindung mit anderen ›Frommen‹ zu pietistischen Netzwerken und schließlich auch die (äußere) Mission, etwa in Amerika. Die auf das Individuum gerichtete Glaubenspraxis fördert die Stellung des Laien innerhalb der Religion und mindert konfessionelle

Vorbehalte. Der pietistische Individualismus weist bewusstseinsgeschichtlich weit ins 18. Jahrhundert. Ab 1722 bietet Zinzendorf Glaubensflüchtigen auf seinem Landsitz in der Lausitz Schutz; daraus entwickelt sich ab 1727 die Herrnhuter Brüdergemeinde. Weil das lutherische Schriftprinzip zur verstärkten Bibellektüre führte, entstand im Pietismus der bis heute vermutlich am weitesten verbreitete deutschsprachige Prosatext der Barockzeit: August Hermann Franckes *Einfältiger Unterricht wie man die Heilige Schrift zu seiner wahren Erbauung lesen sollte* (EA 1694) war eine pietistische Einführung in die Bibellektüre, die bis ins 20. Jahrhundert den Bibeln der Cansteinischen Bibelgesellschaft vorangestellt wurde. Hier kann man u. a. lesen, dass man sich mit der »Heilige[n] Schrift« nicht bloß zum »Zeitvertreib« beschäftigen sollte oder weil »da einige Historien darin sind, daran sich auch ein natürliches Gemüt einigermaßen ergötzt«. Vielmehr »muß allein dein aufrichtiger Zweck sein, daß du ein gläubiger und frommer Christ werden mögest, nicht nach dem Schein, sondern in der wahren Kraft« (Francke ²2004, 1f.). Kulturgeschichtlich interessant erscheinen die performativen Aspekte der Bibelrezeption: »Billig ist es auch, daß das Lesen der Heiligen Schrift mit lauter Gebet und Seufzen, wie auch Lob und Dank Gottes verrichtet werde« (ebd., 2). Francke (1663–1727) widmete sich seit 1695 dem Aufbau einer großen sozialen Stiftung in Halle (heute: Franckesche Stiftungen), die unterschiedliche Schulen, Waisenanstalten, eine Buchhandlung, eine Buchdruckerei, eine Apotheke und ein ostindisches Missionshaus umfasste. Noch heute kann man die reichhaltige, zu Lehrzwecken errichtete barocke Kunst- und Naturalienkammer (die sog. »Wunderkammer«) besichtigen.

Für die Geschichte der Autobiographie sind die im Umfeld des Pietismus entstandenen Lebensläufe bedeutsam, die **Johann Henrich Reitz** in seiner *Historie Der Wiedergebohrnen* (1698–1717, Fortsetzungen 1730 und 1745) gesammelt hat. Die 161 Biographien stellen beispielhafte Wege zu Frömmigkeit, Einkehr, Selbsterforschung und Bekehrung dar; exemplarisch erscheinen Bewährungssituationen und göttliche Gnadensakte. Nachfolgesammlungen waren Gottfried Arnolds *Das Leben der Gläubigen* (1702) und Gerhard Tersteegens *Auserlesene Lebens-Beschreibungen Heiliger Seelen* (1733 u. ö.). Die genannten Werke wirkten u. a. auf Jung-Stilling, Moritz und Goethe.

Reformierte Kirche, Calvinismus

Fehlte es der lutherischen Kirche etwas an Sinnlichkeit, so kann dies noch mehr von der reformierten Frömmigkeit gesagt werden. Sie beruft sich auf die Lehren Calvins und Zwinglis. Wichtige Komponenten des Calvinismus sind die strikte Vorstellung, dass das Leben des Menschen vorherbestimmt sei (Prädestination), das symbolische Abendmahlsverständnis und ein asketisches Verhältnis zu zeremoniellen und sinnlichen Traditionen des christlichen Glaubens. Die Prädestinationslehre förderte entscheidend das Arbeitsethos, denn der diesseitige Erfolg sollte auf den Platz im Jenseits weisen. Die Calvinisten berufen sich in ihrer Lehre auf eine enge Auslegung der Bibel. In extremer Form lehnen sie Hostien, Kelche, Altäre, Bilder, liturgische Gewänder oder die Privatbeichte ab. Auch in das Privatleben greift der radikale Calvinismus ein: Manche Bräuche werden untersagt, Feiertage abgeschafft, Wirtshausbesuche, Tänze sowie Würfel- und Kartenspiele verboten. Die lutherische Reformation sollte durch eine Veränderung der Lebensführung (*reformatio vitae*) ergänzt werden.

Verbreitet war der Calvinismus zuerst in den Niederlanden, der Schweiz und in den Randgebieten des Reiches, etwa in Ostfriesland und am Niederrhein. Später nahmen einige Landeskirchen (Nassau-Dillenburg und Wittgenstein, Kurpfalz, Anhalt) den calvinistischen Glauben an. Nicht immer konvertierte aber die Bevölkerung, wie in Brandenburg; hier bildete sich eine calvinistische Elite heraus. In Deutschland trug der Calvinismus gegenüber den westlichen Ländern eigene Akzente. Obwohl der deutsche Calvinismus weniger stark die Auseinandersetzung mit dem Luthertum suchte als in den stärker reformierten Ländern (etwa den Niederlanden), wurden dessen ›papistische‹ Reste kritisiert.

Die reformierte Kirche legte viel Wert auf eine gute Ausbildung. Den Gläubigen standen die modernen, calvinistisch geprägten Universitäten Hollands (Leiden) und einige eigene Universitäten zur Verfügung, u. a. die kurpfälzische Universität Heidelberg. In Duisburg wurde 1655 eigens eine reformierte Universität gegründet.

Die Religionskontroversen in der Barockzeit produzieren auch ein Bedürfnis nach Ausgleich und Versöhnung. So finden sich nach 1648 einige ernsthaft vorgetragene Reunionsversuche. Zu den **Irenikern** (also zu denjenigen, die für eine Aussöhnung der Kirchen eintraten) gehörte zum Beispiel auch Leibniz.

Religion richtete sich natürlich nicht nur nach den großen Konfessionen (Laufhütte/Titzmann (Hg.) 2006). Gerade im Feld der protestantischen Religion gab es **Häretiker** und ›Sektierer‹ (etwa die im Reich verfolgten Wiedertäufer) sowie Sonderformen des Spiritualismus.

Eine für die Geistesgeschichte folgenreiche Auffassung verbreitete **Benedictus (Baruch) de Spinoza** (1632–1677), ein portugiesischer Jude, der in den Niederlanden lebte. Er wurde 1656 wegen der Verbreitung von Irrlehren aus der jüdischen Gemeinde ausgestoßen. Sein *Tractatus theologicus-politicus* (1670) und seine *Ethik* (1677) basieren auf den Lehren René Descartes' (1596–1650). Dort kritisiert er die Veräußerlichung der Religion, bezeichnet die Bibel als Menschenwerk und relativiert den christlichen Glauben. Nur die mathematische Denkweise führe zur Wahrheit. Die Ansammlung von Wissen über die Natur verbessere die Kräfte des Menschen und seine Fähigkeit zur Selbstbestimmung. Die Natur selbst sei Gott.

Judentum

Der Geschichte des Judentums in den deutschsprachigen Ländern des 17. Jahrhunderts sollte, auch wenn ihre Relevanz für die hier diskutierte deutschsprachige Literatur alles in allem wohl eher begrenzt ist, doch eine gewisse Aufmerksamkeit geschenkt werden, schon weil sie für die Kulturgeschichte der Frühen Neuzeit insgesamt von großem Belang ist (Battenberg 2001; Kießling u.a. (Hg.) 2007). Als negative Figuren tauchen Juden im 17. Jahrhundert typischerweise in der Komödie oder der Oper auf; positive Judendarstellungen in der Barockliteratur sind mir nicht bekannt. Erhalten ist etwa Christoph Blümels antisemitische Wanderbühnen-Komödie *Der Jude von Venetien* (ca. 1670; Nachdruck der Handschrift: Flemming 1930 ff., Bd. 3, 204–276), die vielleicht auf Shakespeares *Merchant of Venice*, 1600, zurückgeht. Auch in der bekannten Schulkomödie *Horribilicribrifax* (1663) von Andreas Gryphius (s. Kap. 6.8) findet sich in einer Nebenrolle die karikierte Figur des jüdischen Rabbiners und Pfandleihers Isachar. Und im zweiten Teil von Grimmelshausens *Wunderbarlichem*

Vogelnest (1675) erscheint die jüdische Messiashoffnung als satirischer Gegenstand. In der literaturwissenschaftlichen Barockforschung spielt die jüdische Kultur und Lebensweise erst in den letzten Jahren eine größere Rolle (Gutsche 2011; Gearhart 1965). Deutlich antisemitischen Passagen finden sich aber in Flemmings *Deutsche Kultur im Zeitalter des Barock* (1937, 46 ff.) – ein Buch, das durchaus noch in den Seminarbibliotheken zu finden ist und deshalb nachhaltig korrigiert werden muss. Willi Flemming, nach 1945 Germanistikprofessor in Mainz, gehörte immerhin zu den wichtigsten und einflussreichsten Barockforschern seiner Zeit.

Notieren sollte man sich auf jeden Fall, dass es im 17. Jahrhundert einige bemerkenswert positive Veränderungen in der deutsch-jüdischen Kulturgeschichte gegeben hat. Denn seit dem Mittelalter besserten sich offenbar die Rahmenbedingungen für die Juden stetig, auch wenn es immer noch zu Verfolgungen, Plünderungen und Vertreibungen kam (Fettmilch-Aufstand in Frankfurt, 1614; Vertreibung vieler Wiener Juden, 1670). Gegen Ende des 16. Jahrhunderts hatte »eine neue Periode jüdischer Ansiedlung in Städten und Territorien« eingesetzt, »aus denen sie vorher vertrieben worden waren oder in denen es früher kaum Juden gegeben hatte« (Breuer/Graetz 2000, 85). Mit der allmählichen Modernisierung und Zentralisierung der staatlichen Verwaltung wuchs zwar auf der einen Seite das Bedürfnis, auch die Ausübung der Religionen zu kontrollieren, auf der anderen Seite suchten aber viele Juden Wege, sich mit den neuen Politikvorstellungen zu arrangieren. In Prag kam es zum Beispiel während des Dreißigjährigen Krieges zu einer fruchtbaren Allianz zwischen kaiserlichen Kräften und jüdischen Finanziers, die die Situation der Juden in der Stadt während dieser Jahre gut sichern konnte. Auf mittlere Sicht führte das neue Verwaltungsverständnis in den deutschen Territorien (s. Kap. 3.3) zu einer zumindest partiellen Eingliederung der Juden ins alltägliche Leben, zur Ausdehnung der erlaubten Wirtschaftssektoren, zu größerer, wenn auch natürlich nicht umfassender Toleranz und letztlich – freilich erst im 18. Jahrhundert – zur jüdischen Aufklärung (*Haskala*). Schon seit Ende des 16. Jahrhunderts zeichnete sich ein Aufstieg des Hofjudentums und der landesherrlich anerkannten Landjudenschaft ab.

Bevorzugtes Siedlungsgebiet der Juden waren, nach den Vertreibungen aus vielen großen Städten während des 15. und 16. Jahrhunderts, kleinere Ortschaften, nicht selten in der Nähe der ökonomisch attraktiven Metropolen (etwa Fürth in der Nähe Nürnbergs). Oft gab es ökonomische Gründe, die Ansiedlung zu gestatten, ja, sie zu fördern. Als prominentestes Beispiel kann die Aufnahme österreichischer Juden 1671 in Brandenburg-Preußen gelten. In einigen größeren Städten, wie in Hamburg durch den Zuzug portugiesischer Juden, kam es sogar zu Neugründungen jüdischer Gemeinden, in anderen, wie in Prag, zu einem außerordentlichen Wachstum der jüdischen Bevölkerung (1600: ca. 6000, 1702 etwa 11 500 Juden). Ein hoher Anteil jüdischer Einwohner war indes nur auf wenige Orte und Gebiete des Reiches begrenzt; insgesamt stellten Juden nur einen sehr geringen Bevölkerungsanteil dar. Aufgrund der schwieriger werdenden Situation der Juden in Osteuropa (Ukraine, Litauen, Polen) setzte nach 1648 eine Wanderungsbewegung nach Mitteleuropa ein.

Als **geistige Zentren des Judentums** entwickelten sich Wien und Prag, daneben gab es bedeutende Talmudschulen in Frankfurt, Worms, Altona und Fürth. Sie profitierten oft von der Zuwanderung gelehrter Rabbiner aus Osteuropa. Wichtige jüdische Gelehrte waren der in Bingen geborene Rabbiner Jehuda Mehler (1660–1751), der Prager Rabbi Nethanel Weil (1687–1769) und der Rabbi Jair Chajim Bacharach (1638–1702), der in Koblenz und Worms wirkte. Da die Kenntnis der hebräischen

Sprache in den jüdischen Gemeinden abnahm und gleichzeitig auch hier – wie in der Frühen Neuzeit überhaupt – die Wertschätzung der Muttersprache zunahm, kam es 1678 zur ersten deutschen Übersetzung der jüdischen Bibel durch Jekutiel Blitz. Das *Ma'asse-Buch*, die erste und vermutlich wichtigste gedruckte Sammlung von jiddischen Prosaerzählungen (vor allem aus *Talmud* und *Midrasch*) erschien 1602 in Basel. Ins Jiddische wurden zudem einige deutsche Prosaromane (Botes *Dil Ulenspiegel, Schiltbürgerbuch*) übertragen und populäre Lieder gedichtet, wie das *Vinzlied* über die Rückkehr der Juden nach dem Fettmilch-Aufstand in Frankfurt. Eine zunehmende Bedeutung erlangte im 17. Jahrhundert die Mystik der **Kabbala**, als deren wichtigste Vertreter im deutschsprachigen Raum die Rabbiner Elia Loans (1564–1636) und Jesaja Horwitz (ca. 1565–1630) gelten.

Wie sehr die Kabbala auch christliche Denker inspirierte (vgl. Schoeps 1952), zeigt nicht zuletzt Christian Knorr von Rosenroths Edition *Kabbala Denudata* (1677/78 und 1684, ND 1999; s. Kap. 5.3), eine Sammlung von Hauptschriften der jüdischen Mystik; sie enthält u.a. das Buch *Sohar*. In der Vorrede werden die Gemeinsamkeiten von jüdischem und christlichem Denken betont, die durch Bibelstellen belegt werden (der *Kabbala Denudata* widmet sich Heft 16 (2006) der Zeitschrift *Morgen-Glantz*).

Mit der jüdischen Kultur – auch jenseits der im Kontext der Pansophie modisch gewordenen Kabbala – hat sich sehr intensiv der Altdorfer Polyhistor **Johann Christoph Wagenseil** (1633–1705) befasst. Vielfach interessiert und breit ausgebildet, widmet er sich – mit durchaus manischem Publikationsbedürfnis – ganz unterschiedlichen kultur- und religionswissenschaftlichen Fragen. Als seine bis heute vielleicht wichtigste Publikation kann man seine jiddische Sprachlehre (1699) ansehen, die, wie die Forschung kürzlich betonte, »den Ausgangspunkt für die wissenschaftliche Beschäftigung mit dem Jiddischen in Deutschland bildet« (Blastenbrei 2004, 45). Wagenseils Altdorfer Sammlung von wertvollen Hebraica und orientalischer Literatur, insgesamt ein gutes Beispiel barocker Sammellust, findet sich heute in der Erlanger Universitätsbibliothek (vgl. Bobzin/Süß (Hg.) 1996). Wagenseils Schriften über das Judentum stellen vermutlich eine der ersten ernsthaften, historisch differenzierenden Betrachtungen der jüdischen Kultur, auch ihrer »›ungelehrten‹, volkstümlichen Traditionen« (Bobzin 2002, 57) in Deutschland dar; sie sind freilich aus dezidiert christlicher Sicht verfasst, versuchen aber, sich auf das Fremdartige des Judentums einzulassen und Verwandtes mit der eigenen Religion herauszufinden. Sie hegen selbstverständlich auch – ein für die Frühe Neuzeit allerdings nicht ungewöhnliches – Interesse an der ›Judenmission‹, das uns heute befremdlich anmutet. Wagenseil glaubte sogar an eine unmittelbar bevorstehende allgemeine Judenbekehrung. Aber vermutlich war im 17. Jahrhundert die ›Bekehrung‹ der Juden der einzig gangbare Weg, um ihnen einen Zugang zur privilegierten christlichen Gesellschaft zu ermöglichen (vgl. Bobzin 2002, 47). Wagenseil verfolgt insofern mit seinen Schriften vor allem auch eine Verbesserung des praktischen Zusammenlebens von Juden und Christen im Alltag (vgl. Blastenbrei 2004; Schoeps 1952 und 1965).

Für den Antisemitismus der folgenden Jahrzehnte in Deutschland war **Johann Andreas Eisenmengers** *Entdecktes Judenthum* (1700) ein häufig konsultiertes Referenzwerk. Hier sind rabbinische Quellen zusammengestellt, die geeignet erschienen, jüdische Lebens- und Denkweisen aggressiv zu verunglimpfen. Die Texte sollen unter anderem die antichristliche Ausrichtung des Judentums belegen. Zwar sind die Übersetzungen wohl recht genau und die Zitate nicht gefälscht, doch bietet die

Zusammenstellung und Kommentierung ein deutlich verzerrtes Bild des Judentums, gegen das sich jüdische Offizielle immer wieder vehement gewehrt haben. Beschwerden beim Kaiser führten sogar zu einem partiellen und vorübergehenden Verbot des Buches in deutschen Ländern; der Erfolg des antisemitischen Werkes konnte damit aber nicht verhindert werden (Breuer/Graetz 2000, 152 f.).

3.5 Bildung und Wissenschaft

In der Frühen Neuzeit erhöht der Staat nicht nur seine Kontrollfunktionen, er übernimmt auch mehr Aufgaben im sozialen Bereich. Dies gilt im 17. Jahrhundert insbesondere für das Schul- und Universitätswesen. Die Landesväter sahen es zunehmend als ihre Pflicht an, für die Bildung ihrer Bevölkerung zu sorgen. Die ihnen übertragene Souveränität erbrachte auch eine pädagogische Verantwortung. Im Barock erhielt die Bildung nach den weit reichenden Anstrengungen des Humanismus somit eine neue Basis. Es gab einen Trend zu mehr und besseren Schulen, vor allem aber zu planmäßiger Bildungspolitik. Bildungsprogramme wurden entworfen, Schulformen entwickelt oder reformiert, Lehrpläne neu strukturiert und Universitäten gegründet (etwa Gießen 1607, Paderborn 1614, Rinteln und Straßburg 1621, Salzburg 1622, Altdorf bei Nürnberg 1623, Duisburg 1655).

Zu den großen Pädagogen des Jahrhunderts gehörten Wolfgang Ratke (1570–1635) und **Johann Amos Comenius** (1592–1670), die schon früh Theorien und Programme kindlicher Ausbildung entwarfen. Letzterer ist der Autor des ersten Lehrbuchs für den Elementarunterricht in Deutschland: *Orbis sensualium pictus*, die sichtbare Welt in Bildern, aus dem Jahre 1658. Dieses Buch bestand aus Bildern und dazugehörigen Begriffen in acht Sprachen. Dadurch wurde ein Basiswortschatz von etwa 8000 Worten und 1000 Sätzen erschlossen. Das Buch erreichte in den 100 Jahren nach seinem Erscheinen sehr viele Auflagen und war bis in die Goethezeit hinein weit verbreitet.

Im 17. Jahrhundert gab es sogar Ansätze zur Bildungsevaluation. Staatliche Behörden hatten im protestantischen Bereich ein Visitationsrecht. Bei katholischen Schulen übernahmen die Orden (vor allem die Jesuiten) die Aufsicht.

Schulen und Universitäten

Die Schulbildung orientierte sich noch nicht an einem individualistischen Ideal, das Wert auf die Ausbildung einer Persönlichkeit legte und das auf ethische Festigung oder auf Erkenntnisgewinn zielte. Die Bildung diente vielmehr der **Sozialdisziplinierung**. Der Staat bildete aus, damit er effizienter funktionierte. Die Schule verfolgte eine Abrichtung oder Domestikation der Kinder. Bevorzugt wurde der Frontalunterricht, der durchaus als Äquivalent zur absolutistischen Denkweise verstanden wurde. Ein Ziel der höheren staatlich geförderten Schulen war die Rekrutierung späterer Mitarbeiter.

In der Regel galt ein dreigliederiges **Bildungssystem** (Schöne (Hg.) 1976) in Deutschland; die Schulformen bauten aber nicht – wie heute – aufeinander auf, sondern bestanden unabhängig voneinander. Wichtigstes Unterscheidungskriterium war die **Unterrichtssprache**. Es gab keine verbindlichen Klassenstufen, Prüfungen und Zulassungsvoraussetzungen.

1. Deutsche Schulen (Elementarschulen)
2. Lateinische Schulen (Gymnasien)
3. Hochschulen und Universitäten

Die Unterscheidung der Schulformen bleibt indes undeutlich. Manches Gymnasium hatte eher den Charakter einer Universität, manche Hochschule den Charakter einer Lateinschule. Die **Elementarschulen** (so genannte ›Winkelschulen‹; Winkel = abschätzig für einen kleinen, abgelegenen, unwichtigen Ort) hatte es seit dem Spätmittelalter praktisch in allen Städten gegeben; oft übernahmen die Kirchen die Leitung. Im 17. Jahrhundert stieg die Anzahl solcher Schulen. Der Unterricht in Elementarschulen war allerdings schlecht; dies lag an der unzureichenden Ausbildung der Lehrer und den schwierigen Lernbedingungen. Die Schulbesuche beschränkten sich meist auf die Wintermonate, da die Kinder in der Landwirtschaft gebraucht wurden. Die Lehrer waren zudem schlecht besoldet und mussten meist noch einen anderen Beruf ausüben. Nicht selten übernahmen invalide Soldaten, gescheiterte Handwerker oder Tagelöhner den nicht besonders gut angesehenen Job.

Die Bildung war in der Barockzeit eine **Standes-, Berufs- und Konfessionsangelegenheit**. Von einer allgemeinen Versorgung der Bevölkerung konnte selbstverständlich keine Rede sein. Eine höhere Bildung war in der Regel Privileg bürgerlicher oder adeliger Personen männlichen Geschlechts. Etwa nur jeder zweite Mann ging im 17. Jahrhundert »irgendwann einmal für einige Zeit zur Schule« (Maurer 1999, 89). Eine Schulpflicht existierte natürlich in der Regel genauso wenig wie eine moralische Verpflichtung bei den Eltern, ihren Kindern Bildung zu schenken. Ein Schulbesuch bedeutete für die Familie meist, dass in dieser Zeit auf eine wichtige Arbeitskraft verzichtet werden musste. Immerhin wurden im 17. Jahrhundert aber erste Ideen zu einer allgemeinen Volksschule entwickelt, ohne dass sich dies freilich durchsetzen ließ. So wurde 1612 in Weimar, 1642 in Gotha, 1649 in Württemberg und 1717 in Brandenburg eine **Schulpflicht** angeordnet, die allerdings eher selten befolgt wurde. In Gotha sah die Schulordnung des Herzogs, die der Schulrektor Andreas Reyher verfasst hatte, eine ganzjährige Schulpflicht vom 5. bis zum 12. Lebensjahr vor; auch sie ließ sich freilich nicht durchsetzen.

Im Vergleich zu neueren Zeiten lag die Bildung der Bevölkerung praktisch brach. Große Bevölkerungsgruppen waren von der weitergehenden Bildung faktisch ausgeschlossen, etwa Frauen, Bauern oder Soldaten. Immerhin konnte die hohe Rate der **Analphabeten** im Laufe des 17. Jahrhunderts deutlich verringert werden. So stieg in der Züricher Landschaft die Lesefähigkeit zwischen 1650 und 1700 von 30 auf 40%. Allerdings sind gravierende regionale Unterschiede nicht zu übersehen. Da im protestantischen Bereich das Elementarschulwesen besser organisiert war, lag der Anteil der Analphabeten niedriger als in katholischen Gebieten (Münch 1999, 127f.). Der Dreißigjährige Krieg unterbrach die Kontinuität des Bildungsaufbaus; er verursachte deutliche Einbrüche bei den Studenten-, Schüler- und Lehrerzahlen.

Die **Lateinschule (Gymnasium)** war in der Regel nach christlich-humanistischem Muster aufgebaut. Schon im 16. Jahrhundert hatten Johannes Sturm und Philipp Melanchthon das Bildungsideal in die Formel *sapiens atque eloquens pietas* gefasst und damit Klugheit, Redefähigkeit und Frömmigkeit als Ziele festgeschrieben. Die Schule war bemüht, eine lateinische Sprachfähigkeit (*eloquentia latina*) zu vermitteln, die u. a. den Besuch der Universität ermöglichte. Die Rhetorik (s. Kap. 4.3) hatte in der Ausbildung eine Leitfunktion. Ihre Grundlage war ein seit der Antike überliefertes Regelsystem (*doctrina, praecepta*). Daneben wurde auch Religion, Mathematik und Musik unterrichtet. Als Modell diente das humanistische Ausbildungsmuster mit seinen sieben ›Fächern‹ bzw. ›Kunstfertigkeiten‹:

Die Artes liberales
Die sieben freien Künste

Sprachliche Ausbildung	Mathematische Ausbildung
Trivium	*Quadrivium*
Grammatik	Geometrie
Rhetorik	Arithmetik
Dialektik	Astronomie
	Musik

Das katholische Gegenstück zur protestantischen Lateinschule war das **Jesuitengymnasium**, das sich am gleichen Bildungskanon orientierte. Die jesuitischen Schulen hatten einen Zweck in der Verbreitung der Gegenreformation (Barner 1970, 331). Sie verbanden konfessionelle Schulung, geistliche Besinnung und lateinischen Drill; aber die ganzheitliche Ausbildung bezog sich außerdem zunehmend auf einige Realienfächer, auf körperliches Training und Umgangsformen.

Die protestantischen Staaten gründeten für ihre Landeskinder **Fürsten- und Landesschulen** mit öffentlicher Förderung, etwa in Pforta, Meißen, Grimma oder Joachimsthal. Auch in ehemaligen Klöstern brachten sie Internate unter, besonders im württembergischen Raum: Blaubeuren, Maulbronn oder Urach. Diese Schulen waren bis ins 18. und 19. Jahrhundert hinein bedeutende Ausbildungsstätten. Lessing besuchte etwa die Fürstenschule St. Afra in Meißen.

Während die katholischen Schulen dieser Ebene auf dem Lateinischen beharrten, gab es im protestantischen Bereich **Reformversuche**, die das Deutsche als Unterrichtssprache etablieren wollten. Johann Balthasar Schupp (1610–1661) hat sich dafür eingesetzt, und der Rektor des Zittauer Gymnasiums Christian Weise (1642–1708) versuchte dies gegen Ende des Jahrhunderts. Zu dieser Zeit wurde ebenfalls behutsam der Fächerkanon erweitert und nun auch Geschichte, Geographie, Mechanik und Naturkunde gegeben. Die ›Realienfächer‹, die das Bürgertum und die Handwerker interessierten, konnten sich nur langsam durchsetzen (in Halle um 1700 oder ab 1739 in Berlin).

Eine höhere **Ausbildung für Frauen** ermöglichte das Bildungssystem des 17. Jahrhunderts in der Regel nicht. Wenige katholische Klöster (Ursulinen, Englische Fräulein) unterrichteten vorübergehend Mädchen. Hier sollten die Schülerinnen auf gesellschaftliche Funktionen vorbereitet werden. Sonst kamen für Mädchen nur Privatlehrer in Betracht. Wie aus der Hausväterliteratur und speziellen Ratgebern für Frauen zu schließen ist, übernahmen normalerweise die Mütter die Aufgabe, ihre Töchter in den Fragen der Haushaltsführung zu unterweisen (Brandes 1999, 483).

Für die fürstliche Ausbildung etablierte sich die **Ritterakademie** (*collegium illustre*) nach französischem Vorbild. In Tübingen, Kassel, Lüneburg, Wolfenbüttel, Berlin oder Wien entstanden bekanntere Schulen diesen Typs. Hier kamen ›adelige Fächer‹ wie Reiten, Fechten, Schießen, Voltigieren, Ballspielen, Tranchieren, Fortifikationslehre und Tanzen dazu. Aber auch auf die Sprachausbildung und das Erlernen von Fremdsprachen (vor allem Französisch und Italienisch) legten die Akademien Wert. Auch Religion, Jurisprudenz, Ethik, politisches Handeln, Geschichte, Mathematik, Mechanik und Feuerwerkerei konnte auf den Stundenplänen stehen.

Die **Universitäten** (s. Kap. 8.6) waren zwar noch nach mittelalterlichem Recht autonome Kooperationen, standen aber unter landesherrlicher Aufsicht und wurden häufig zu staatlichen oder konfessionellen Erziehungsinstrumenten umgebaut. Vor dem Dreißigjährigen Krieg besuchten etwa 8000 Studenten die Universitäten. Studiert wurde Theologie, Jurisprudenz oder Medizin. Unterrichtsformen waren die *lectio*, die *disputatio* oder die *declamatio*, die sich nach starren Mustern vollzogen.

Die wichtigste Form, die *disputatio* – eine Form »geistigen Turniersports« (Barner 1970, 394) an den Universitäten – bestand aus der geregelten Diskussion einer Reihe von Thesen unter der Leitung eines Präsidenten, die vor einem Auditorium abgehalten wurde. Die Argumentationsweise musste in logisch-schlüssiger Form von den beiden Parteien vorgebracht werden. Die eine Seite pflegte die Verteidigung (*defendere* oder *respondere*), die andere den Angriff (*opponere*). Die *disputatio* förderte die Scharfsinnigkeit, Schlagfertigkeit, Spontaneität und Sprachfähigkeit der Studierenden.

Vom Brandenburgischen Kurfürsten wurde 1694 die **Reformuniversität Halle** gegründet, die den Lehrbetrieb deutlich modernisierte. Hier wirkten der Frühaufklärer Christian Wolff und der galante Dichter Benjamin Neukirch. Mit ihnen setzte sich der auf eine praktische Ausbildung drängende Pietist August Hermann Francke kritisch auseinander. Und in Halle hielt Christian Thomasius seine deutschsprachigen Vorlesungen in eleganter Kleidung; er soll »zur Vorlesung und Disputation das Katheder im bunten Modekleid mit Degen und zierlichem goldenem Gehänge« bestiegen haben (Paulsen [3]1919/21, I, 537). Neugründungen im frühen 18. Jahrhundert (etwa Göttingen 1737) folgten dem Modell Halles.

Neben den genannten Bildungsinstitutionen kam dem **Privatunterricht** besonders bei wohlhabenderen Schichten eine gewisse Bedeutung zu. Hofmeister übernahmen den Unterricht beim Adel, Pfarrer standen im ländlichen Bereich gerne zur Verfügung, da sie den Nebenverdienst schätzten.

Erfindungen und Entdeckungen

Im 17. Jahrhundert kannten die Gelehrten keine Trennung der Disziplinen; das Ideal war eine **universelle Gelehrsamkeit** (Lüdke u.a. (Hg.) 2008). Trotzdem trug die Barockzeit mit ihrer Lösung von mittelalterlichen Vorstellungen viel zur Entstehung der modernen Wissenschaften bei. In Geschichtsdarstellungen wird der Aufbruch des neuen Denkens in der Barockzeit, das vor allem die Astronomie, Physik, Mathematik, Mechanik und Philosophie betraf, als »wissenschaftliche Revolution« (Münch 1999, 131; Schneider 2004) gefeiert.

Zu den größten Denkern der Epoche ist **Galileo Galilei** (1564–1642) zu zählen, der das quantitative Experiment einführte, die Pendel- und Fallgesetze entdeckte, Beiträge zur Mechanik lieferte sowie Grundlagen für das heliozentrische Weltbild stiftete. Letzteres brachte ihm 1632 ein Urteil der heiligen Inquisition in Rom ein, so dass er ein Jahr später von seinen Einsichten abschwor.

Für die Etablierung neuen wissenschaftlichen Denkens sind die Ausführungen des Philosophen und Mathematikers **René Descartes** (1596–1650) relevant. Sie wurden u. a. an der deutschen Universität Duisburg und der holländischen Universität Leiden verbreitet. Descartes, der sich lange in Deutschland, Holland und Schweden aufhielt, gilt als Begründer des Rationalismus, mithin der neueren Philosophie überhaupt. Im Zentrum seiner Philosophie steht die Überzeugung der Souveränität der Vernunft. Ausgangspunkt seiner Überlegungen ist deshalb der unbezweifelbare Satz »*cogito, ergo sum*« (»ich denke, also bin ich«). Descartes unterscheidet zwischen zwei Substanzen, den *res extensa* (ausgedehnten Körpern der materiellen Welt) und den *res cognitas* (den geistigen Dingen). Auf diesem Dualismus beruht letztlich die neuzeitliche Naturbeherrschung und die Vorstellung von Subjekt und Objekt.

Dass sich die Himmelskörper in elliptischen Bahnen um die Sonne drehen, hat der deutsche Astronom **Johannes Kepler** (1551–1630) auf der Basis des kopernikanischen Systems entdeckt (s. Kap. 8.4). Die so genannten Kepler'schen Gesetze bestimmen die Planetenbewegungen. Auch in der Optik und Mathematik leistete der aus Württemberg stammende Gelehrte Bahnbrechendes. Andreas Gryphius feiert ihn in einem Epigramm: »Du dreymal weiser Geist / du mehr denn grosser Mann!« (*Gedichte*, 107).

In England lebte **Isaac Newton** (1643–1727), der Begründer der theoretischen Physik. Er formulierte die Gravitationsgesetze und für die Berechnung von Himmelskörpern entscheidende Axiome zur Mechanik. Auch in der Optik (Lichtbrechung, Spektralfarben) gelangen ihm große Entdeckungen.

Am Ende des Jahrhunderts machte der deutsche Universalgelehrte **Gottfried Wilhelm Leibniz** (1646–1716) von sich reden. Sein Einsatz führte 1700 zur Gründung der *Societät der Wissenschaften* in Berlin (s. Kap. 3.1, 8.4). Bekannt geworden ist seine Monadenlehre, mit der er die Welt als Zusammenhang autonomer Systeme begriff. Er entwarf Grundzüge einer übernationalen Universalsprache, lieferte Grundlagen der formalen Logik (Satz vom Grund, Satz vom Widerspruch), erfand das binäre Zahlensystem (mit den Ziffern 0/1) sowie die erste Rechenmaschine und entdeckte die Differentialrechnung.

Viele **empirische Beobachtungen und technische Entdeckungen** veränderten im 17. Jahrhundert die Weltsicht. Außer den genannten sind zumindest folgende Gelehrte noch zu nennen: Otto von Guericke (1602–1686), der das Vakuum entdeckte (Magdeburger Halbkugelversuch) und die Luftpumpe erfand (s. Kap. 8.4), Johann Hevelius (1611–1687), der das Danziger Luftteleskop vorstellte, Denis Papin (1647–1712/14), der den Dampfdrucktopf und eine Dampfmaschine für Boote entwickelte, sowie Christian Huygens (1629–1695), der die Pendeluhr konstruierte.

Die neuen Wissenschaften richteten ihren Blick nicht nur auf die Himmelskörper; die Mikroskope eröffneten ihnen neue Welten im Kleinen. So kommt es, dass Mikro- und Makrokosmos in einer sich gegenseitig erhellenden Parallele gedacht werden konnten. Die tiefgreifenden Veränderungen des Weltbildes verabschiedeten endgültig das scholastische Denken des Mittelalters. Die Natur scheint am Ende des Jahrhunderts nicht mehr nach einem geheimen göttlichen Plan gestaltet; diese Vorstellung ersetzt eine mechanistisch wahrgenommene Welt, der mit empirischen Methoden, Entdeckungen und Messungen beizukommen ist.

4. Literarisches Leben, Kulturtechniken

Die Beschäftigung mit der Literatur sah der Barockdichter ausdrücklich als **Neben-tätigkeit.** Wer sich im 17. Jahrhundert mit der Poesie beschäftigte, rechtfertigte sich nicht selten dafür. So betont Georg Rodolf Weckherlin (s. Kap. 5.3), dass er seine Zeit hauptsächlich in »schweren obligenden geschäfften vnd Raysen« zubringe, da er »in grosser Herren / Fürsten vnd Königen Dinsten« stehe (*Gedichte*, 120). Selbst die Abfassung des sehr umfangreichen *Arminius* (1689/90) sei nur eine »Neben=Arbeit« seines Autors Daniel Casper von Lohenstein (s. Kap. 7.4) gewesen, heißt es im »Vor-bericht« (Bl. 1ᵛ) zum Roman.

Und Martin Opitz, der Autor des Gründungstextes der neueren muttersprach-lichen Literatur (*Buch von der Deutschen Poeterey*, 1624), erlaubt sich das Studium der Poesie nur mit dem Hinweis auf ihre Marginalität:

> [Ich] wil auch nachmals besten fleißes mich bemühen / an größeren vnd mehr wichtigen sachen (denn ich gar wol weiß / das es mit der Poeterey alleine nicht auß gerichtet sey / vnd weder offentlichen noch Privatämptern mit versen könne vorgestanden werden) durch beystandt Göttlicher hülffe alle mein heil zue versuchen. (6)

Erscheint die Poesie auf der einen Seite als Nebentätigkeit, illustriert und ergänzt sie auf der anderen Seite Texte über ›ernsthafte Anliegen‹. So enthält Christoff Hagens Leichenpredigt für Sibylle Schwarz (1638) im Anhang zwei Liedtexte der Autorin. Die Gedächtnisschrift zur Brandkatastrophe von Freystadt, die Andreas Gryphius 1637 veröffentlicht, enthält als Abschluss eine Ode, die den Bericht auf einer ande-ren Ebene reflektiert. Ganz selbstverständlich gehören im Barock poetische Texte in Bücher und Schriften, die hauptsächlich nicht-literarische Gegenstände behandeln. Sie werden für Widmungen eingesetzt und liefern angemessene Einleitungen oder Beigaben zu Sachbüchern. Selbst – um ein extremes Beispiel zu nehmen – das erste Buch über den Schiffbau in deutscher Sprache, die *Architectura Navalis* (1629) von Joseph Furttenbach, setzt ein »Teutsches Poetisches Gedicht / vber den Meerhafen« (Angabe im Register) an den Anfang der technischen Ausführungen (1–8). Schon diese Beispiele machen deutlich, dass die Trennung von poetischer Nebentätigkeit und beruflichem Wirken nicht so strikt zu sehen war.

4.1 Weibliche Autorschaft im 17. Jahrhundert

Die Auffassung, Poesie sei bloß eine Nebenarbeit, gilt nicht nur für die im Berufs-leben stehenden Männer, auch oder gerade von Frauen, die nach frühneuzeitlicher Vorstellung eine besondere Verantwortung im Haus und für die Haushaltung trugen, musste das Verfassen von literarischen Texten eigens begründet werden. So führte man häufig an, die Produktion poetischer Texte diene einzig dem Lob und der Ehre Gottes, nicht aber der eigenen Eitelkeit. Wenn, wie etwa Opitz oder Harsdörffer meinen, Dichten die Sache der Gelehrten ist, Frauen im 17. Jahrhundert in der Regel aber keine oder kaum humanistische Bildung erfahren konnten, müsste Dichtung im Barock primär Männersache gewesen sein. Doch die auch im Vergleich zum 18. Jahrhundert relativ hohe Anzahl angesehener Dichterinnen dieser Zeit – Catharina Regina von Greiffenberg, Anna Owena Hoyers, Sybille Schwarz, Esther von Baruth, Dorothea Eleonora von Rosenthal, Anna Rupertina Fuchs (Daphne), Sibylla Ursula von Braunschweig-Wolfenbüttel, Barbara Juliane Penzel (Daphne), Maria Dorothea Omeis (Diana die andere), Maria Katharina Stockfleth (Dorilis), Johanna Eleonora Petersen (Phöbe), auch Glückel von Hameln usw. – zeigt, dass eine weibliche Autorschaft unter bestimmten Voraussetzungen im 17. Jahrhundert sehr wohl möglich war (Czarnecka (Hg.) 1997; Woods/Fürstenwald 1984; Becker-Cantarino 1987; Merkel/Wunder 2000; Scheitler 2007; Schuster (Hg.) 2009).

Relativ gute Bedingungen weiblicher Autorschaft scheinen im Umfeld der Pegnitz-Schäfer in Nürnberg existiert zu haben. So sieht die Satzung des Ordens – anders als die meisten anderen Dichter-Sozietäten des Barock (s. Kap. 4.5) – ausdrücklich vor, »Personen, von beyderley Geschlecht« (*Die Pegnitz-Schäfer*, 6) aufzunehmen. Auch kam es in Nürnberg zu Dichterkrönungen von Frauen: »Das Freulein Poësy ist ja ein Frauenbild: / wie solt ihr Lorbeerlaub nicht auch die Frauen krönen?«, fragt Sigmund von Birken 1671 (Birken 2009 ff., I, 393).

Für Frauen bedeutete das Gelehrtheitsideal in dieser Zeit gleichwohl eine hohe Hürde; war es doch für sie ungleich schwieriger, den Grad an Bildung zu erlangen, der für die regelgerechte Dichtung notwendig war (s. Kap. 4.2 und 3.5). Ihr Schreiben könnte, dieser Vorstellung eines *poeta doctus* (eines gelehrten Dichters) folgend, demnach nur defizitär sein. Die Poetin hat im 17. Jahrhundert also nicht nur Probleme, ihre Tätigkeit zu rechtfertigen; sie muss auch legitimieren, dass sie überhaupt schreiben *kann*. Eine Möglichkeit, dies zu begründen, war, sich auf das schon antike Ideal des *poeta vates* (des Dichters als Seher, als von Gott inspirierter) zu beziehen. Die fehlende Gelehrtheit wird in diesem Fall durch eine besondere, im Barock meist religiös gedeutete Empfänglichkeit ausgeglichen.

Ganz besonders ausgeprägt ist diese poetologische Haltung in einem bekannten Sonett der Greiffenberg: *Auf die unverhinderliche Art der Edlen Dicht-Kunst*. Auch wenn der Sprecher oder die Sprecherin eines Gedichts generell nicht mit der Autorin oder dem Autor gleichgesetzt werden darf, kann man im Gedicht ein religiös legitimiertes Programm erkennen, das ein freies Dichten unabhängig von Geschlecht und Stand erlaubt. Eingänglich wird hier formuliert, dass sich geistliche Dichtung nicht unbedingt an sonst geltende Normen, wie etwa eine gelehrte Autorschaft oder Anspielungen auf einen reichen Wissensschatz, zu halten braucht. Als Sprechweise des Sonetts wird das Gebet, also eine unmittelbare Ansprache an Gott gewählt; der imaginierte Zuhörer adelt gewissermaßen das Anliegen der Sprecherin. Hier die abschließenden Terzette:

> Diß einig’ ist mir frey / da ich sonst schier Leibeigen /
> aus übermachter Macht des Vngelücks / muß seyn.
> Es will auch hier mein Geist / in dieser Freyheit zeigen /
>
> was ich beginnen wurd / im fall ich mein allein:
> daß ich / O Gott / dein Ehr’ vor alles würd erheben.
> Gieb Freyheit mir / so will ich Ewigs Lob dir geben.
> (Greiffenberg 1662, 88)

Die Forschung diskutiert, ob und inwiefern das Gedicht auf »persönliche Erfahrungen der Dichterin Bezug« nimmt (etwa v. Ingen 1982, 322, zum Lebenslauf vgl. Schnabel 2005), die später etwa zur Emigration aus Glaubensgründen führten. Davon abgesehen, sind die beschriebene Problemlage und der Ausweg, das Dichten religiös zu legitimieren, typisch für die Barockzeit. Die Schlussfolgerung ist mit dem *Freyheit*sbegriff hier nur besonders radikal formuliert.

Mit einem Bekenntnis zu einer bewusst einfachen, ungelehrten Diktion wird das weibliche Schreiben bei Anna Fuchs verbunden:

> Nein! Meiner Zeil=Bley / bild keiner Wörter=Pracht
> Mich hat die blaue Milch der Einfalt aufgezogen [...]
> Ich hab das Abc [...] der Verse kaum gefass't [...]
> So hab ich die Geburt versteckt und selbst gehass't / [...].
> (Fuchs 1720, Bl. 2$^{r/v}$)

Die ungelehrte Diktion, ja sogar poetische ›Fehler‹, werden im 17. Jahrhundert als nicht unbedingt negativ konnotierte, sondern sogar reizvolle Merkmale weiblicher Autorschaft gesehen. Deshalb bittet zum Beispiel der posthume Herausgeber der Werke von Sibylle Schwarz, dass »der aufrichtige Leser« beim Lesen das Geschlecht der Autorin »gern zu guht halten« möge. Die »Fehler« in den Gedichten entschuldigt der männliche Herausgeber ausdrücklich (*Deutsche Poëtische Gedichte*, Bl. aiv). Es liegt durchaus nahe, hierin eine ›männliche‹ Vorstellung von weiblicher Autorschaft zu sehen. Bei Sibylle Schwarz wird das Einfache geradezu zur Lebensform (s. Kap. 5.3) erhoben und das Zusammensein mit gleichgesinnten Freundinnen vom Höfischen abgesetzt. Gleichwohl verteidigt sich die junge Autorin vehement gegen jene, »die unsere Poesey wol für ein unnützes übel schelten« (*Deutsche Poëtische Gedichte*, Bl. iii):

> [Ich] kann aber auch nicht verfechten / das ich nicht hochstraffbahr wehre / wen ich di Poesey mehr als anderer Jüngferlicher Arbeit obliegen / unn die gescheffte meines Beruffs andern sachen zu den Füßen legen wollte[.] (ebd.)

Sibylle Schwarz beteuert ausdrücklich und mehrmals, dass durch die literarische Tätigkeit, »andere gescheffte nicht hindan gesetzet / oder seumich verrichtet werden« (iv). Inwieweit die vielfach schattierte weibliche Autorschaft von Sibylle Schwarz wirklich ein Programm oder nur ein (männliches) Herausgeber-Konstrukt ist, wird in der Forschung diskutiert (Greber 2002, 2006, 2008; Tuttas 1994; Niefanger 1997).

4.2 Dichtung und Gelehrtheit

Die Barockdichtung musste eine »gelehrte Grundlage« (Barner 1970, 220 ff.) haben. Die gelehrten Anteile der Barockliteratur (Anspielungen, Anmerkungen, Rhetorik usw.) zeichnen den jeweiligen Poeten bzw. die Poetin aus (Grimm 1983, Niefanger 1996). Opitz bezeichnet die Poesie als »vorneme wissenschaft« (*Buch von der Deutschen Poeterey*, 5), die »alle andere[n] künste und wissenschaften in sich helt« (15). Und Philipp Harsdörffers *Poetischer Trichter* (1647–53) bestimmt, »daß der den Namen eines Poëten / mit Fug / nicht haben möge / welcher nicht in den Wissenschaften und freyen Künsten wol erfahren sey« (I/1, 6). Die Poesie eignet sich nicht für den »gemeinen Mann [...] / weil sie ihm zu hoch / und er nicht loben kann / was er nicht versteht« (ebd.). In der Barockzeit dominiert also ein ausgesprochen elitäres

Literaturbewusstsein. Das weitreichende, am humanistischen Ideal orientierte Wissen des Dichters wird zur *conditio sine qua non* der Poetologie erhoben. In der Barockzeit gilt das Ideal des gelehrten Dichters (*poeta doctus*).

Als weniger wichtig erscheint indes die Inspiration und das Talent des Poeten. Zwar betonen einige Literaturtheoretiker der Zeit – wie Johann Klaj in seiner *Lobrede der Teutschen Poeterey* (1645) –, dass die »Dicht- und Reimkunst« durch eine »Himmelgnade eingegossen« werde (*Poetik des Barock*, 88), doch hat im 17. Jahrhundert die Poesie vor allem den Charakter einer erlernbaren Technik (gr. *techne*), eines »handwercks«, wie Benjamin Neukirch formuliert (*Vorrede von der deutschen Poesie*, 6). Das Wissen von der rechten Art, Literatur zu produzieren, stammt aus der Antike (Aristoteles, Horaz) und – diese Tradition fortführend – der Renaissance (Scaliger, Sidney). Ein Poet muss, so Opitz, »in den griechischen vnd Lateinischen büchern« belesen sein und »alle lehren / welche sonsten zue der Poesie erfordert werden« beherrschen (*Buch von der Deutschen Poeterey*, 23).

Die wichtigsten der etwa 60 **Poetiken der Barockzeit** (Wesche 2004, 165; Birke 1966) sind:

> Jacobus Pontanus: *Poeticarum institutionem libri tres* (1594)
> Martin Opitz: *Buch von der Deutschen Poeterey* (1624)
> August Buchner: *Anleitung zur Deutschen Poeterey* (1665, vorher durch Vorlesungen bekannt)
> Philipp von Zesen: *Deutscher Helicon* (1640)
> Philipp Harsdörffer: *Poetischer Trichter* (1647–1653)
> Albrecht Christian Rotth: *Vollständige Deutsche Poesie* (1688)
> Christian Weise: *Curiöse Gedancken Von Deutschen Versen* (1692)

Daniel Georg Morhofs *Unterricht Von der teutschen Sprache und Poesie* (1682) kann als erste deutsche Literaturgeschichte bezeichnet werden. Neben den genannten Poetiken waren eine Reihe von Reden, kürzeren Ausführungen und Paratexten (Vor- und Nachworte, Widmungsreden usw.) für die Verbreitung einzelner poetischer Prinzipien relevant und sind bis heute für das Verständnis der Barockliteratur wichtig. Die Texte erfassen mitunter jene literarischen Texte (Romane usw.), die durch die Poetiken nicht abgedeckt werden. Zu nennen wären etwa:

> Martin Opitz: *Aristarchus sive de contemptu linguae Teutonicae* [*Aristarchus oder wider die Verachtung der deutschen Sprache*] (1617)
> Georg Rodolf Weckherlin: *Vorrede / An den freindlichen Lesern* [der *Weltlichen Gedichte*] (1647)
> Andreas Gryphius: *Vorrede an den Leser* [von *Leo Armenius*] (1650)
> Sigmund von Birken: *Vorrede* zu *Aramena* von Anton Ulrich von Braunschweig (1669)
> Hans Jacob Christoph Grimmelshausen: *Das I. Kapitel*, in: *Continuatio des abentheuerlichen Simplicissimus* (1669)
> Benjamin Neukirch: *Vorrede von der deutschen Poesie*, in: *Herrn von Hoffmannswaldau und anderer Deutschen Gedichte. Erster Theil* (1695, [2]1697)

Als in der zweiten Hälfte des 17. Jahrhunderts das Bedürfnis nach deutschsprachigen Gelegenheitsdichtungen und Huldigungen zunahm, wuchs auch die Zahl der Poetiken, die Regeln zur korrekten Herstellung der Texte publizierten. So gibt Balthasar Kindermanns *Deutscher Poët* (1664) an, er werde lehren, »welcher gestalt ein zierliches Gedicht / auf allerley Begebenheit / auf Hochzeiten / Kindtauffen / Geburts- und Nahmens-Tagen / Begräbnisse / Empfah- und Glückwünschungen / u.s.f.«

(Titel) auszusehen habe. Poetische Thesauren (›Schatzkammern‹) dienten nun der adäquaten Verfertigung von Poesie. Reimlexika, alphabetische Zusammenstellungen von poetischen Beschreibungen und zierlichen Redensarten sowie Sammlungen von Mustertexten halfen auch dem weniger begabten Poeten bei der übernommenen Aufgabe. Doch solche eher technischen Hilfsmittel gerieten schon bald in die Kritik. Von »schulfüchsereyen« (7) spricht am Ende des Jahrhunderts Benjamin Neukirchs *Vorrede von der deutschen Poesie*.

Weiterführende Hinweise zur Poetik der Barockliteratur finden sich in diesem Band jeweils zu Beginn der großen Gattungskapitel (s. 5.1, 6.1, 7.1 und 7.2). Einen brauchbaren Überblick über die Dichtungstheorien der Barockzeit bietet immer noch der erste Band der Poetikgeschichte von Markwardt (³1964); eine Sammlung von einschlägigen Textausschnitten liefert der Sammelband von Szyrocki (*Poetik des Barock*).

In den letzten Jahren befasste sich die **Forschung** erneut und sehr intensiv mit **poetologischen Problemen der Barockzeit**. Zu Fragen war, welche Rolle die Poetiken und andere präskriptive Texte tatsächlich für die Produktion von Literatur spielten. Härter (2000) untersucht das Verhältnis von Ordnung und Abweichung (*digressio*), das poetologische Vorstellungen dynamisiere und der Literatur Möglichkeiten verschaffe. Diese hatte Barner (2000) als Spielräume literarischer Produktion gefasst und deren Bedeutung gegenüber poetologischer Normierung betont. In diesem Sinne argumentiert auch Wesche (2004), wenn er die zum Teil restriktiven Bestimmungen der Barockpoetiken mit der tatsächlichen Vielfalt an poetischen Formen zusammendenkt, um daraus die stetige Diversifikation der deutschen Barockliteratur abzuleiten. Sie wiederum stärke die Unabhängigkeit und die Spielräume der poetischen Praxis gegenüber den Poetiken. Den Prozess der Ausdifferenzierung literarischer Produktion untersucht auch die deutlich systemtheoretisch ausgerichtete Studie Stöckmanns, die von einem allmählichen Umbau zentraler poetischer Leitkonzepte »Alteuropas« (2001) ausgeht. Dietmar Till (2000) macht nachhaltig darauf aufmerksam, dass die Barockpoetiken trotz aller Regelungsversuche auch dem poetischen *furor* (also gewissermaßen einer Vorform des ›Genies‹) eine Rolle bei der poetischen Produktion zuweisen. Schon im Lauf des 17. Jahrhundert wird die kreative Leistung des Dichters (*ingenium*) gegenüber den poetischen Regeln (*praecepta*) aufgewertet (Wesche 2004, 269). Den Begriff der Dichtung in der Frühen Neuzeit erläutert vor dem Hintergrund unterschiedlicher Diskurse Wels (2009).

Nicht mit Poetiken, sondern mit poetologisch wirksamen Paratexten (Vorworte, Nachworte, Titel usw.) beschäftigt sich Stefanie Stockhorst (2008). Hier sei ein Reservoir an Formierungsversuchen, das in der Diskussion poetologischer Fragestellungen bislang noch zu wenig beachtet worden sei. Auch die *Höchstmöglichen Cautelen für einen Studiosus juris* (lat. 1710, dt. 1713) von Christian Thomasius kann man nicht zur Textsorte der Poetiken rechnen, obwohl sie sogar in einem eigenen Poesie-Kapitel wichtige literarische Fragen behandeln und sie Jura-Studenten im Kontext einer umfassender gedachten *historia litteraria* (einer kritischen Gelehrtengeschichte) näherbringen. Scattola und Vollhardt (2003) verorten diesen insofern auch poetologisch verstehbaren Text »im literarischen Feld« der Übergangszeit um 1700 und diskutieren in diesem Zusammenhang Gattungs- und Funktionsfragen. Während die meisten neueren Studien zur Poetik, gerade Poetologisches jenseits des *Buchs von der Deutschen Poetrey* von Opitz heranziehen, nimmt sich Kaminski am Anfang ihrer Monographie noch einmal den ›Gründungstext‹ selbst vor, leitet die »Geburt der ›Deutschen Poetrey‹« aber »nicht aus dem Geist, sondern aus der politischen und militärischen Wirklichkeit des Dreißigjährigen Krieges« her (2004, 9). Krieg und Poesie erscheine seither als wirkungsmächtige Koalition ästhetischer Produktion. Als jesuitisches Pendant zu Opitz kann man die lateinischen *Poeticarum institutionum libri tres* (1594) von Jacob Pontanus lesen, die Mahlmann-Bauer (2005) in ihren spezifischen Kontexten erläutert.

Heudecker untersucht mit frühen Formen der **Literaturkritik im 17. Jahrhundert** eine weitere Textgruppe, die poetologische Fragestellungen diskutiert. Romane, Reisebeschreibungen und andere von den Poetiken weniger erfasste Bereiche poetologischer Normierung werden in den fiktiven Gesprächen von Johann Rist, Erasmus Francisci, Christian Thomasius und Hieronymus Gundling zum Teil mit systematischem Anspruch erörtert (Heudecker 2005, 53–135, zum Kontext vgl. Jaumann 1995, 1997; Martus 2007). Als verwandte, das dialogische Prinzip zumindest alludierende Gattung treten später fiktive (Literatur-)Briefe hinzu, die dann von Lessing als literaturkritische Form perfektioniert werden (*Briefe*, 1753; *Briefe, die neueste Literatur betreffend*, 1759–65). Nach 1700 übernehmen einige Poetiken die dialogische Form der Monatsgespräche, etwa Burckhard Menckes *Ausführliche Unterredung von der Deutschen Poesie* (1710; Heudecker 2005, 135–149). Ein gutes Beispiel für die mitunter poetologisch argumentierende frühe Literaturkritik ist die Rezension von Lohensteins *Arminius*-Roman, die Thomasius in seinen *Monatsgesprächen* veröffentlicht (1689). Sie schlägt eine erste eigenständige Romansystematik im deutschen Sprachraum vor (s. Kap. 7.2 und 7.4; Niefanger 2003; Voßkamp 1973). Die von Heudecker (2005) untersuchten Textgruppen der frühen gelehrten deutschsprachigen Literatur- oder besser ›Buchkritik‹ in Dialogen, Apologien und Satiren erscheinen zwar als relativ neue Gegenstände der Literaturwissenschaft, in ihrer Bedeutung für den sich formierenden literarischen Markt im 18. Jahrhundert, für die Frühzeit der literarischen Kritik und ihrer historischen Verfahren sowie für die Geschmacksdiskussion der Frühaufklärung sind sie aber eine zentrale Quelle.

Die Briefkultur als Randbereich der Literatur wird durch **Briefsteller** (Nickisch 1969; Erwentraut 1999; Furger 2010) geregelt (s. Kap. 8.1). Hier werden Anleitungen zum Abfassen von politischer Korrespondenz, von Geschäftsbriefen, aber auch von Privatbriefen oder solchen mit ausgesprochen poetischen Formen (Heldenbriefe, galante Briefe usw.) gegeben. Die wichtigsten Verfasser barocker Briefsteller waren Harsdörffer, Stieler, Weise und Neukirch – alles Autoren übrigens, die sich auch mit poetischen Fragen beschäftigt haben. Erdachte und effektvoll stilisierte Briefe finden sich als wichtige Einlagen in Romanen, Gedichtsammlungen oder ›Poetischen Wäldern‹ (Quodlibets, s. Kap. 5.1).

4.3 Barockrhetorik

Noch grundlegender für das Verständnis der poetischen Praxis als die Poetiken, poetischen Thesauren und Briefsteller erscheinen die rhetorischen Lehrbücher. Denn die Ausbildung in der Beredsamkeit bildete im 17. Jahrhundert die Basis der Gelehrtheit überhaupt (Barner 1970; Dyck [3]1991; Arend 2012, 25–39, 94–99; Till 2004; Benthien 2006; J.-D. Müller u.a. (Hg.) 2011). Die Rhetorik wurde als Teil der freien Künste gelehrt; sie gehörte zum sprachlichen *trivium* (s. Kap. 3.5).

Für einen Einstieg in die für die Barockliteratur unerlässliche rhetorische Analyse der Texte bieten sich die gängigen Rhetorik-Lehrbücher an (Ueding/Steinbrink [4]2006; Ottmers 1996); für weitergehende Fragen steht das Handbuch von Lausberg ([3]1990) zur Verfügung. Die Barockrhetorik und ihre institutionelle Verankerung ist in der Forschung eingehend behandelt worden (Barner 1970; Dyck [3]1991; Bauer 1986; Braungart 1988; Till 2004). Einige Überblicksbeiträge (Hinrichs 1999; Braungart 1985) können als Einführungen gute Dienste leisten.

Die Rhetorik erscheint als eine Art **Leitdisziplin des 17. Jahrhunderts.** Sie ermöglicht das Zurechtfinden in der Gesellschaft, hilft Positionen im Staat einzunehmen und sie erleichtert schließlich die Sicherung der erworbenen sozialen Position oder den sozialen Aufstieg. Aus der Sicht des Staates festigt die rhetorische Ausbildung das eigene Funktionieren: Der Beamtenapparat kann mit Hilfe der rhetorischen Normen leichter miteinander kommunizieren; ein angemessenes sprachliches Verhalten mindert die Konflikte mit der Obrigkeit. Außerdem bieten die rhetorischen Ordnungs- und Denkmodelle (Dreistillehre, Angemessenheit, Ausschmückung usw.) vielfältige Anschlussmöglichkeiten für angrenzende Disziplinen (Verhaltenslehre, Politik, Poesie, Architektur, Homiletik usw.) und Diskurse (über Staatsraison und Absolutismus, über spezielle Glaubensfragen, über die Legitimation der Oper um 1700 usw.).

Gleichwohl gab es im 17. Jahrhundert Stimmen, die vor den gefährlichen Möglichkeiten der Rhetorik gewarnt haben. Eine in dieser Hinsicht in der Forschung viel zitierte Passage ist der erste *Reyen* (s. Kap. 6.1) des *Leo Armenius* (1650) von Andreas Gryphius. Im Wechselgesang der Höflinge steht die **Macht der Rede** zur Diskussion (Barner 1968; Schings 1983, 217–220; Bogner 1997; Kemper 2009).

Grundsätzlich präsentiert sich jede sprachliche Äußerung als vielschichtig; sie bietet in der Regel mehr als eine Verstehensmöglichkeit an. Diese linguistische Beobachtung liegt dem *Reyen* im *Leo Armenius* zugrunde. Die rhetorische Gestaltung, die eine Bedeutungsebene der Aussage verdunkeln, verdecken, beschönigen oder herausarbeiten kann, nutzt die Vielschichtigkeit der Sprache. In der positiven und negativen Verwendungsmöglichkeit der Rhetorik konzentriert sich in gewisser Weise das gegensätzliche Denken der Barockzeit:

> Lernt / die jhr lebt / den zaum in ewre Lippen legen!
> In welchen heil vnd schaden wohnet /
> Vnd was verdammt / vnd was belohnet.
> Wer nutz durch wortte such't / sol jedes wort erwegen.
> Die Zung ist dieses Schwerdt
> So schützet vnd verletzt.
> (Gryphius: *Leo Armenius*, I, 30)

Die Disziplinierung der Rede kann gelernt werden. Denn die Redekunst erscheint nicht als Gabe, sondern als erworbenes Wissen, das mit Bedacht verwendet werden muss. Die Ambivalenz der Rhetorik zeigt sich nicht zuletzt an der simplen Tatsache, dass sie Schaden und Nutzen bewirken kann. Aus der Gefährlichkeit der Rede und der hohen Wirkungsmöglichkeit der Rhetorik ergibt sich die Notwendigkeit einer großen Ausbildungsanstrengung auf diesem Gebiet.

Als **Lehrbuch für den Rhetorik-Unterricht** in den protestantischen Gymnasien wurden meist die *Rhetorices Contractae, sive partitionum oratoriarum libri V* (1606) von Gerhard Johannes Vossius (1577–1649) verwendet (Braungart 1985, 219, Barner 1970, 265–274). Den Niederländer oder einen seiner Schüler haben vermutlich eine ganze Reihe von Barockdichtern (Opitz, Gryphius, Hoffmannswaldau u. a.) in Leiden noch gehört. Das Buch – es ist die Kurzfassung eines sechsbändigen Werks – erreichte im Laufe des Jahrhunderts viele Auflagen. Es gibt die humanistische Rhetorik in ihren Grundzügen wieder, die im Prinzip auch in den Jesuitenschulen gelehrt wurde (Bauer 1986). Als wichtigstes Lehrbuch der Jesuiten kann *De arte rhetorica libri tres* (1560) von Cyprian Soarez (1524–1593) bezeichnet werden.

Die **ersten deutschen Rhetoriklehrbücher** entstehen Anfang des 17. Jahrhunderts: etwa Johann Matthäus Meyfarts *Teutsche Rhetorica* (1634) oder Balthasar Kindermanns *Deutscher Redner* (1660). Kindermanns Rhetorik nimmt Elemente der *argutia*-Bewegung auf. Dieses »vor allem von den Jesuiten« getragene Redeideal (Braungart 1985, 222) setzt auf Scharfsinnigkeit, Kürze, pointierte Argumentationen und einen gewissen Lakonismus. Es steht dem Ideal des üppigen Ausschmückens, das die barocke Rhetorik eher prägte, entgegen.

Christian Weise führte an seinem Gymnasium in Zittau 1678 die deutsche Rhetorik als Schulfach ein. Als Grundlage steht sein rhetorisches Hauptwerk *Der politische Redner* (1677) zur Verfügung. Ab etwa 1700 setzte sich eine rationalistisch akzentuierte Rhetorik durch. Ihr Hauptvertreter ist der Frühaufklärer Johann Christoph Gottsched (1700–1766).

Rhetorische Grundbegriffe

Die folgende Darstellung der Barockrhetorik orientiert sich weitestgehend am Lehrbuch von Gerhard Johannes Vossius. Für eine gute Rede sollte nach humanistischer Ansicht eine festgelegte Abfolge von Schritten eingehalten werden. Diesen Schritten sind in den Rhetoriken meist – so auch bei Vossius – einzelne Kapitel zugeordnet. Selbst die Kapitel im *Buch von der Deutschen Poeterey* (1624) von Martin Opitz orientieren sich an dieser Einteilung (s. Kap. 5.1). Die fünf Teile sind:

1. *inventio*
2. *dispositio*
3. *elocutio*
4. *memoria*
5. *actio* / *pronuntiatio*

Der gute Redner muss eine These und Argumente finden (*inventio*), diese adäquat und wirkungsvoll anordnen (*dispositio*), das Angeordnete sprachlich umsetzen und stilistisch angemessen ausschmücken (*elocutio*), die Rede üben und sich einprägen (*memoria*) und dieselbe mit Blick auf Inhalt, Anlass und Publikum vortragen (*actio/pronuntiatio*).

In der **inventio** kann der Redner auf verschiedene Lehren zurückgreifen: Er sollte die Lehre von den Redegattungen (*genera causarum* bzw. *dicendi*) beherrschen, zum Beispiel die Lob- und Tadelrede (*genus demonstrativum*), die politische Entscheidungsrede (*genus deliberativum*) und die Gerichtsrede (*genus iudicale*) unterscheiden können. Auch steht ihm die Lehre von den Fundstellen (*loci, topoi*) zur Verfügung, mit deren Hilfe er die passenden Argumente findet. Die im speziellen Kommunikationszusammenhang gültige Topik wird durch die verfügbaren Gemeinplätze, die *loci communes*, ergänzt. Sie zu identifizieren erleichtert meist das Verständnis barocker Literatur erheblich. Die Lehre von den Affekten (etwa: *amor*/Liebe, *aemulatio*/Rivalität usw.) muss der Redner bedenken, um über die Emotionen das Redeziel zu erreichen; sie hilft ihm auch problematische Bereiche auszusparen. Hinzu kommt die Lehre von den Redeanlässen (Fest, Hochzeit, Tod, Dank usw.) und den Typen sprachlicher Handlung (Trost, Bitte usw.). Beide Unterscheidungen bleiben bis heute wichtiger Bestandteil der praktischen Rhetorik.

Die *dispositio* regelt die Ordnung der Rede. Sie ist nach klassischem Muster in vier Teile eingeteilt:
1. *exordium* (Einleitung)
2. *narratio* (Erzählung/Darlegung des Sachverhalts)
3. *argumentatio* (Beweisführung)
4. *peroratio* (Zusammenfassung/Erregung der Emotionen/Schluss)

Vossius variiert dieses ursprünglich für die Gerichtsrede (*forensische Rede*) vorgesehene Muster. Er lässt – Melanchthon folgend – der *narratio* die Formulierung des Redeziels (*propositio*) folgen. Dann kommt die eigentliche Argumentation mit der Ausführung des eigenen Standpunktes (*confirmatio*) und der Widerlegung der Gegenmeinung (*confutatio*). Darauf folgt der Schluss (*epilogus*). Das Predigt-Schema Melanchthons sieht nach der *confirmatio* die *ornamenta* (Ausschmückungen) und die *amplificatio* (Steigerung) vor (s. Kap. 8.2).

Der dritte Teil der Rhetorik-Lehre, die *elocutio*, behandelt die sprachliche Gestaltung der Rede. Folgende **Forderungen an die Darstellung** erhebt die Rhetorik des Niederländers:
- Korrektheit (*elegantia/latinitas*)
- Klarheit (*perspicuitas*)
- Würde und Glanz (*dignitas*)
- Angemessenheit (*decorum, aptum*)
- Schmuck (*ornatus*)

Zur *elocutio* gehört auch die Lehre von den Tropen (Allegorie, Metapher usw.) und den rhetorischen Figuren (Neologismus, Asyndeton, Digressio usw.). *Decorum* erscheint als »Leitbegriff« (Hinrichs 1999, 217 ff.) der Barockrhetorik. Die Angemessenheit und die schnelle Anpassung an die Gegebenheiten garantieren den Erfolg der Rede und ihre Wirkung. Der angemessenen Darstellung, der auch in der Barockliteratur besonderes Gewicht gegeben wird, dient die Orientierung an der **Dreistillehre**. Bei jedem Stil steht eine andere Wirkungsabsicht im Vordergrund; den Stilen sind bestimmte Gattungen und ein bestimmtes Personenarsenal zugeordnet (s. Kap. 5.1, 6.1, 7.1).

Hoher Stil	(*genus grande*)	→	*movere*	(Bewegen)
Mittlerer Stil	(*genus medium*)	→	*delectare*	(Unterhalten)
Niederer Stil	(*genus subtile/humile*)	→	*docere*	(Belehren)

Wenig ausführlich behandelt Vossius die beiden letzten Teile der Rhetorik, die *memoria* und die *actio*. Sie sind, da sie das Gedächtnis und die mündliche Präsentation betreffen, für die Textanalyse nicht sonderlich relevant. Im Schulalltag des 17. Jahrhunderts gilt dies freilich nicht. Denn insbesondere in den Aufführungen der Theaterstücke demonstrierten die höheren Schulen, wie perfekt bei ihnen die *actio* gelernt wurde (s. Kap. 6). Dies gilt für das protestantische Schultheater und die Jesuitenbühne gleichermaßen.

Barocke Sprachauffassung

Durch die neuere Forschung sind die verschiedenen Sprachauffassungen der Barockzeit inzwischen gut erschlossen worden (Martus 1999, Straßner 1995, 65–120, Bogner 1997, Gardt 1994). Sie sind eng verknüpft mit rhetorischen Vorstellungen, vor allem mit dem Bewusstsein von der – individual- und staatspolitischen – Wirkungsmächtigkeit der Sprache. Auch zum barocken Wortschatz (Wolter 2000; Schulz 2007) und zur »Spracharbeit«, der »sprachreflexive[n] Praxis« im 17. Jahrhundert (Hundt 2000, 6), finden sich jetzt umfangreiche Studien.

Im Zentrum der Sprachdiskussion stand im 17. Jahrhundert die Pflege der Muttersprache. Der **Sprachpatriotismus** bezog sich auf die Dichtung, die Wissenschaft, die höfische Kommunikation und die Kirche. Kritisiert wurde sowohl die Dominanz des Lateinischen und Französischen als auch die Überfrachtung der deutschen Sprache mit Fremd- und Lehnworten aus diesen Sprachen. Die Verteidigung der Muttersprache war ein europäisches Phänomen; in Italien (Dante) und Frankreich (du Bellay, Ronsard) gab es ähnliche Bewegungen wie in Deutschland. Hier wurde der Sprachpatriotismus unter anderem durch Martin Opitz (*Aristarchus*, 1617; s. Kap. 5.1), Philipp Harsdörffer (*Schutzschrift für Die Teutsche Spracharbeit*, 1644), Justus Georg Schottel (*Ausführliche Arbeit von der Teutschen HaubtSprache*, 1663), Philipp von Zesen (*Hooch-Deutsche Spraach-übung*, 1643), Hans Jakob Christoffel von Grimmelshausen (*Der teutsche Michel*, 1673) und die Sprachgesellschaften (s. Kap. 4.5) angeregt.

Die **Sprachmystik** geht von einem ursprünglich analogen Verhältnis von Sprache und Kosmos aus, das durch Sündenfall und babylonische Sprachverwirrung gestört wurde. Die Mystik leitet von diesem Ursprung die Rätselhaftigkeit der Sprache ab: Die Einheit von Kosmos und Sprache muss durch Deutung und »Spurensuche« (Martus 1999, 145) wiederhergestellt werden. Der wichtigste Sprachmystiker im 17. Jahrhundert war Jacob Böhme (1575–1624; s. Kap. 5.3).

Die dritte barocke ›Sprachtheorie‹ war der **Sprachuniversalismus**. Die Vertreter dieser Theorie orientierten sich an der Kombinatorik und den Geheimsprachen. Sie gingen davon aus, dass alle Sprachen ein geistiges Bild der Welt liefern. Daraus sei abzuleiten, dass den Sprachen auch eine gemeinsame Tiefenstruktur gegeben sei. Eine Idealsprache könne also die Ordnung der Welt vollkommen analog abbilden und so zum besseren Verständnis der Menschen entscheidend beitragen. Zu den Vertretern des Sprachuniversalismus gehören der Dichter Philipp Harsdörffer, der Pädagoge Johann Amos Comenius und der Philosoph Gottfried Wilhelm Leibniz.

4.4 Text und Bild

Das Verhältnis von Text und Bild sowie dasjenige von Literatur und bildender Kunst hat insbesondere in den letzten beiden Jahrzehnten die Forschung beschäftigt (Harms (Hg.) 1990). Der Barockzeit kommt bei der Geschichte der Text-Bild-Beziehung eine Schlüsselstellung zu, vor allem da mit der Allegorie und dem Emblem neue Verfahren der Veranschaulichung etabliert wurden (Willems 1989, 216 ff., 240 ff.).

Im 17. Jahrhundert entwickelte sich eine große Vorliebe für Bilder (Osterkamp 1999, 233). Gemäldesammlungen wurden ausgebaut, illustrierte Flugblätter verbreitet und Fresken in öffentlichen Häusern und Kirchen angebracht; Bücher erhielten Titelkupfer und zum Teil aufwendige bildliche Ausgestaltungen. In den Niederlanden und in Spanien erlebte die Malerei einen nationalen Höhepunkt (Rembrandt, Rubens – Velázquez). Kaum ein größeres Museum historischer Gemälde kommt heute ohne Beispiele aus der ›Goldenen Zeit‹ Hollands oder Spaniens aus.

Eine Konkurrenz der beiden Medien Schrift und Bild beherrscht schon seit der Renaissance die Kunsttheorie. Aus dieser Zeit stammt die Ansicht, dass die beiden Künste eng miteinander verwandt seien und deshalb auf gleichen oder zumindest analogen Prinzipien beruhen würden. Als Beleg hierfür gelten seither zwei Sätze antiker Autoren: Der griechische Lyriker Simonides von Keos habe, so berichtet Plutarch in den *Moralia*, den Satz gesagt, die Malerei sei eine stumme Poesie, diese aber eine sprechende Malerei. Horaz hat die Formel »ut pictura poesis« geprägt (*De arte poetica*, 361). Sie soll in der *ars poetica* die jeweilige Perspektive des Betrachters von Poesie hervorheben. Im hier diskutierten dichtungstheoretischen Kontext betont sie indes die gemeinsamen ästhetischen Gesetze der beiden Künste (Buch 1972). Im 17. Jahrhundert bemerkt zum Beispiel Philipp Harsdörffer in seinem *Poetischen Trichter* (1650–53), dass ein »Gedicht [...] eine grosse vereinbarung [Übereinstimmung] mit der Mahlerey« (*Poetik des Barock*, 138, vgl. 143) habe. Sie bezieht sich auf die Verfahrensweise der Nachahmung (*Mimesis*) und die Herstellung des Werks.

Die Verwandtschaft der beiden Künste lässt seit dem 16. Jahrhundert neue Formen des Zusammenwirkens von Bild und Text, von Malerei und Dichtung entstehen (Osterkamp 1999, 235). Sprichwörter werden visualisiert, wie in dem berühmten gleichnamigen Bild (1559) Pieter Bruegels, oder Bibeltexte ausgestaltet. In Gemälden sieht der Betrachter immer wieder lesende Menschen, Schriftstücke oder Bücher: etwa in *Die vier Philosophen* (1611) von Rubens (der Leser auf dem Bild ist Justus Lipsius) oder in Jan Steens *Rhetoriker am Fenster* (1662–1666). Und quasi umgekehrt beziehen sich Gedichte häufig ganz konkret auf Gemälde, wie *Op De brand van Troje door Rafael* (ca. 1644) von Jost van Vondel oder *Über Nicolai Copernici Bild* (1663) von Andreas Gryphius. Dichter- und Autorenbilder gehören zu den interessantesten Porträt-Kupferstichen der Zeit (Skowronek 2000). Im Barock werden Formen des Bildgedichts (s. Kap. 5.1) entwickelt und Bilder in Texte integriert wie in Flugblättern, Lehrbüchern oder illustrierten Romanen. So verzeichnet das Inhaltsverzeichnis des oben genannten Schiffslehrbuchs *Architectura Navalis* (1629) die Textseiten, die Holzschnitte und die Kupferstiche in eigenen Spalten. Die Abbildungen (Konstruktionszeichnungen, Schiffstypen, Hafenabbildungen usw.) werden im Buch durch komplexe Nomenklaturen mit dem Textteil verbunden.

Emblematik

Mit dem **Emblem** (gr. *emblema*: das Eingefügte, die Einlegearbeit, die Intarsie) entstand in der Frühen Neuzeit eine normierte Kunstform, in der beide Medien – Dichtung und bildende Kunst – weitestgehend gleichberechtigt auftreten, in der sich Wort und Bild ergänzen können und in einem interpretatorischen Verhältnis zueinander stehen (Emblemata 1996; Scholz 2002). Als deutscher Name für Emblem bürgert sich rasch *Sinn[en]bild* ein.

Ganz selbstverständlich taucht diese Kunstform in literarischen Texten auf. Zum einen, indem über sie gesprochen wird, wie im Roman *Die Adriatische Rosemund* (1645) von Philipp v. Zesen:

> Wann man sich von diesem prunkleuchter gegen abend, nach dem feuerherde [Kamin] zuwendete, so erblickte man oben über dem simse der feuermauer zwei schöne Sinnen-bilder neben einander. (59)

Zum anderen werden Embleme für das Verstehen literarischer Texte relevant, wenn auf den Bild- oder Textbereich bekannter Exempel angespielt wird (s. Kap. 5.1). Eine Wiedergabe der *pictura* kann durch Beschreibungen oder einfache Benennungen ersetzt werden (etwa in den Gedichten: *Teutschland. Emblema* von Henrich Hudemann oder *Einsamkeit* von Gryphius, in *Gedichte des Barock*, 38 und 120).

Das Emblem besteht aus drei Teilen, der *inscriptio*, der *pictura* und der *sub-scriptio*, die – meist – untereinander angeordnet werden. Spätestens seit Andrea Alciatus' *Emblematum Libellus*, dem ersten ausdrücklichen Emblem-Buch von 1531, gilt dieses dreigliedrige Schema des Emblems. Nach diesem Muster sind die Embleme in den Handbüchern verzeichnet:

Inscriptio
(Lemma, Motto, In- oder Überschrift)

> **Pictura**
> (Icon, Imago, Bild)

Subscriptio
(Unterschrift)

In einigen Fällen findet sich das Motto als ›Inschrift‹ im Bild. Die *subcriptio* besteht in der Regel aus einem Epigramm, das sich auf die beiden anderen Emblem-Teile beziehen lässt. Zwei Schriftteile stehen einem Bildbereich gegenüber. Zeitgenössische Traktate verstanden Bild und Wort analog zu den gängigen Dualismen des Lebens: zu Körper und Geist, Leib und Seele, Sichtbarem und Unsichtbarem. Im Emblem sah das 17. Jahrhundert diese gegensätzlichen Elemente als Einheit, wobei die Einzelteile nicht durch das jeweils andere ersetzt werden können. Emblematik erscheint als synthetisierende Kunst (Sulzer 1992, 50 ff.).

Das Emblem – als erkenntnisförderndes Hilfsmittel – ist eine Art **Vergleich**. Ein Sachverhalt aus der Natur, Ethik, Mythologie oder Geschichte wird im Bild gezeigt und deutend auf das tägliche Leben bezogen. Insofern entsteht ein allegorischer Zusammenhang. Auf konkrete Bilder werden Lehren appliziert, die diesen an sich nicht eigen sind. Sinn und Zweck der Emblemkunst ist die Erhellung der Wirklichkeit, die Durchdringung der Lebenswelt mit Wissen. Durch das Text-Bild-Ensemble wird eine Lehre, eine Moral, vermittelt. Das Bild macht diese anschaulicher (Bannasch 2007), die Unterschrift übernimmt dabei eher den reflexiven Part, das Motto bringt die Sache auf den Punkt.

Ein konkretes Beispiel aus dem zweiten Band des bekannten Emblembuchs (1594–1604) von Joachim Camerarius – der Kupferstich stammt von Hans Sibmacher; eine Übertragung des Handbuchs erschien 1671:

VIOLENTIA NOCENT
[Das Gewaltsame schadet]

Vt favus exitio est Vrso, sic saepe malorum
Autorem illaqueant visque dolusque suum.

[Wie die Honigwabe dem Bären den Tod bringt, so verfängt sich
oft der Urheber böser Machenschaften in seinen eigenen Schlingen
und gewaltsamen Anschlägen.]

Ohne den Text-Teil – Motto und lateinisches Distichon – bleibt das Bild unverständlich. Ja, aus dem Bild wird nicht recht deutlich, dass der Bär an seinem Raub zugrunde geht. Erst durch die *subscriptio* erfahren wir die Moral des Emblems: Bosheit und Gier schadet; ein subtileres und vor allem weniger gewaltsames Vorgehen erbrächte eine höhere Effizienz. Gewalt weist auf den zurück, der sie ausübt.

Über den Zusammenhang der drei Bestandteile (*inscriptio*, *pictura* und *subscriptio*) gibt es in den einschlägigen Theorien der Frühen Neuzeit (Sulzer 1992; Köhler/Schneider (Hg.) 2007) und in der gegenwärtigen Forschung unterschiedliche Ansichten. Die wichtigste Frage bei den Auseinandersetzungen ist die nach der Vorrangstellung eines der Emblemelemente.

Schöne vertritt die Ansicht, das Bild enthalte eine verborgene Bedeutung, die durch die Schrift enträtselt werde; das Emblem als Text-Bild-Ensemble öffnet die Augen dafür. Nach Schöne ist also die *pictura* an der Deutung des emblematischen Sinns maßgeblich beteiligt (Henkel/Schöne 1996, XI). Neuber sieht hingegen kein eigenständiges Deutungspotential auf Seiten des Bildes. Er glaubt »ein Bild« könne, »ohne daß ihm ein *Text* unterlegt würde, d. h. ohne daß man es – im engeren: durch einen Titel, ein Motto, ein Lemma – semantisierte, [...] nicht gelesen werden« (Neuber 1993, 353; vgl. Neuber 1990). Er begründet dies, indem er darauf verweist, dass Bilder prinzipiell »nicht ›erzählen‹« können (ebd.).

Das Deutungspotential eines Mediums – muss Neuber entgegen gehalten werden – kann nicht ans ›Erzählen‹ gebunden werden; weiß die Kunstgeschichte doch spätestens seit Panofskys *Ikonologie* (1980, 39 ff., zuerst 1939), dass auch Bilder einen interpretierenden Zugang zur Welt darstellen können. Analog wäre aus Sicht der Semiotik zu argumentieren (Eco 1972, 197 ff.). Insofern ist medientheoretisch natürlich eine Selbstauslegung des Bildes möglich (anders Neuber 1993, 354), zumal wir es bei Emblemen in der Regel mit stark konventionalisierten Bildelementen zu tun haben. Doch muss mit Neuber betont werden, dass im Emblem von einem »kognitiven Primat des Bildes vor dem Text« nicht die Rede sein kann (353). Im Gegenteil, die Auslegungsarbeit leisten in erster Linie die Schriftmedien: Das Lemma liefert die topische Vorgabe; in ihm muss also die »Zentralstelle des Emblems« gesehen werden (357). Die *subscriptio* beschreibt und erläutert das Bild im Hinblick auf die *inscriptio*; es führt das aus, was im Lemma angezeigt wird. Durch die Rubrizierung von Bild und Text unter einem Lemma ist das Emblem als Teil der barocken **Mnemotechnik** zu verstehen. Harsdörffer betont dies in seinen *Gesprächsspielen* (1641–1649) mit einem »Gleichniß«:

> Die Sinnbildkunst ist wie ein Siegelgraber / der das Bild oder Wapen und den Namen unserer Einbildung fertiget; Der Verstand ist das zarte Wachs / in welches das Gedächtniß solches Siegel eindrucket. (IV [1644], 167/im Neudruck: 211)

Die *inscriptio* hat im Bereich der Mnemotechnik die Funktion eines Merk- und Findwortes (Neuber 1990, 257) für einen Text-Bild-Zusammenhang, mit dem ein bestimmtes Wissen (meist eine Lehre) präsentiert wird. Die gesamte Emblematik erscheint so »als Sammlung von loci communes mit mnemonischer Ausgestaltung« (Neuber 1993, 358; zur barocken Mnemotechnik insgesamt vgl. Berns/Neuber (Hg.) 2000).

Im umfassenden **Handbuch der Sinnbildkunst**, das Henkel und Schöne herausgegeben haben (*Emblemata*, zuerst 1967, Taschenausgabe 1996), werden die Embleme nach Bildbereichen geordnet, so dass Anspielungen auf Embleme in literarischen Texten leicht erkennbar werden. Nach frühneuzeitlicher Auffassung ist allerdings das Lemma der ordnende Faktor (Neuber 1993, 354).

4.5 Literarisches Leben

Mit der Emblematik und vor allem der Rhetorik sind zwei gelehrte Bereiche genannt, die zu den unerlässlichen Kulturtechniken des Poeten gehörten. Die Anbindung der literarischen Tätigkeit an das gelehrte Wissen bewirkte dessen Aufwertung. Und zwar in zwei Richtungen: Es entstand eine Poesie, die nun den Vergleich mit den

Nachbarländern nicht mehr zu scheuen brauchte. Außerdem erhöhte die gelehrte Aufwertung des Poetischen die Akzeptanz der Dichtung bei den Mächtigen (Adel, Staatsapparat, Kirche). Dies führte auch zur Nobilitierung der Poeten als Gelehrte. Hinzu kam, dass die gelehrte Literatur volkssprachliche Traditionen des 16. Jahrhunderts (Meistersang, Spruchdichtung, so genannte Prosaromane) zurückdrängte oder ihnen Nischen zuwies, in der sie ›überlebten‹ (Kirchenlied, Gelegenheitslyrik in Handwerkerzünften, Trinklieder). Dies bedeutet freilich nicht, dass diese Traditionen abbrachen. Der Meistersang stellte sogar in Nürnberg eine ernstzunehmende Konkurrenz zur gelehrten Literatur dar.

Die zunehmende Konzentration auf eine gelehrte Literatur im 17. Jahrhundert begünstigte literarische Gruppenbildungen. Für die neue deutschsprachige Poesie war die Kommunikation der Gelehrten untereinander ein wichtiges Moment: Sie erbrachte eine erste Anerkennung, half eine gemeinsame Basis – etwa in den Regeln des *Buchs von der Deutschen Poeterey* – zu finden und stärkte den einzelnen Dichter in seinem Verhältnis zu Mäzenen und der politischen Elite. Analog zur *res publica litteraria* (der transnationalen, ideal gedachten Gelehrtenrepublik) verband die gelehrten Dichter ein gemeinsames Interesse an der deutschen Kultur und Sprache. Die deutschsprachigen Poeten bildeten innerhalb der Gelehrten einen eigenen *mundus litterarius,* der durch gegenseitige Besuche gefestigt wurde (Opitz in Königsberg und Greifswald, Zesen in Nürnberg, Fleming in Hamburg).

Mit den **Dichterkrönungen** (Flood 2006) stand im 17. Jahrhundert dem Kaiser und seinem Adel ein Instrument zur Verfügung, Poeten öffentlich Anerkennung zuzusprechen. Die aus der Antike stammende Tradition, hervorragenden Dichtern oder Autoren, die einen Wettstreit gewonnen hatten, mit dem Titel *poeta laureatus* auszuzeichnen, wurde in der Frühen Neuzeit durch die Krönung Petrarcas 1341 in Rom erneuert. Im 17. Jahrhundert (Verweyen 1979) wurden die ersten deutschsprachigen Dichter gekrönt, u. a. Martin Opitz (1625), Paul Fleming (1631), Andreas Gryphius (1637) und Johann Rist (1645).

Kunstfördernde Höfe, Universitäten, Sprachgesellschaften und manche Städte wurden zu ausgesprochenen **Zentren der neuen deutschsprachigen Literatur.** Die zergliederte Struktur des Deutschen Reiches (s. Kap. 3.1) brachte es mit sich, dass eine zentralistische Konzentration der Kultur wie in Frankreich (Paris) nicht entstand. Das wichtigste Zentrum deutschsprachiger Literatur war zweifellos Schlesien, das selbst wieder zu untergliedern wäre (Kosellek (Hg.) 2001). Die Konkurrenz zweier Konfessionen in diesem Gebiet belebte hier offenbar den Ehrgeiz insbesondere auf dem Gebiet des Theaters. In Nürnberg entstand im Umfeld der Pegnitz-Schäfer (s. Kap. 5.3, 7.6) ein bedeutender Dichterkreis. In Königsberg sammelte sich die Literatur der Königshütte und in Leipzig der Kreis um Fleming (s. Kap. 5.3). Die galante Literatur trat besonders im bürgerlichen Hamburg ans Licht. Vor allem im süddeutschen Raum (München, Ingolstadt, Wien usw.) etablierte sich die katholische Literatur der Jesuiten (s. Kap. 6.3, 3.7).

Schlesien:	Angelus Silesius, Czepko, Gryphius, Hoffmannswaldau, Kuhlmann, Logau, Lohenstein, Opitz.
Nürnberg:	Birken, Greiffenberg, Harsdörffer, Klaj
Königsberg:	Albert, Dach, Kaldenbach, Roberthin
Leipzig:	Fleming, Gloger, Finckelthaus, Schirmer, später: Beer, Reuter
Hamburg:	Rist, Greflinger, Zesen, später: Feind, Hunold

Sprachgesellschaften

Die Zentrenbildung wurde durch die Gründung literarischer und sprachpflegender Vereinigungen begünstigt (v. Ingen 1972, Bircher/v. Ingen (Hg.) 1978). Die ältere Forschung spricht – orientiert an zeitgenössischen Namen und analog zu vergleichbaren Zusammenschlüssen im 19. Jahrhundert – von **Sprachgesellschaften,** die neuere verwendet zum Teil den neutraleren, aber weniger üblichen Begriff »literarische Sozietäten« (Breuer 1999).

Die Sprachgesellschaften boten Foren kulturellen und literarischen Austausches. In ihnen waren die maßgebenden Kulturschaffenden und Kulturförderer organisiert, und sie verorteten bestimmte Diskurse. Sie wollten insbesondere den Gebrauch der deutschen Volkssprache in wissenschaftlichen Texten und der Literatur fördern. Sie suchten eine eigene deutsche, eine nationale Literatur zu etablieren, legten aber auch umfassendere Lebenskonzepte und Tugendvorstellungen fest. Eine Mehrfachmitgliedschaft in verschiedenen Gesellschaften war möglich

Wichtigstes Vorbild der deutschen Gesellschaften war die italienische *Accademia della Crusca*, die 1582 in Florenz zur Pflege und Säuberung der italienischen Sprache gegründet worden war. Daneben konnten sich die Sozietäten auch auf deutsche Traditionen beziehen: auf humanistische Gesellschaften, geistliche Orden, Bruderschaften, Ritterorden, Tugendgesellschaften, Meistersingerzünfte und verschiedene akademische Einrichtungen.

Zwar gab es in Deutschland keine dominierende nationale Organisation, doch war die *Fruchtbringende Gesellschaft* (auch: *Palmorden*), die nach dem Vorbild der italienischen Akademie gestaltet worden war, die ambitionierteste und wichtigste Sozietät der Barockzeit. Sie wurde 1617 durch Fürst Ludwig von Anhalt-Köthen (1579–1650) gegründet. Ludwig war auch Mitglied der *Accademia della Crusca*. Der *Palmorden* berief vorwiegend adelige Mitglieder. Zutritt hatten auch einige Gelehrte und wenige Geistliche. Die maximal 890 Mitglieder waren vorwiegend Protestanten; außer Catharina Regina von Greiffenberg wurden kaum Frauen aufgenommen. Die Verfassung der Gesellschaft sah eine gewisse Nivellierung der Standesgrenzen vor; deshalb gaben sich die Mitglieder Ordensnamen: Fürst Ludwig bezeichnete man als ›den Nährenden‹; Gryphius erhielt den Namen ›der Unsterbliche‹; Harsdörffer wurde ›der Spielende‹ genannt. Die Idee, die hinter dieser Umbenennung stand, war, Geistesadel und erblichen Adel im gelehrten Diskurs gleichzustellen. Die eher bürgerlichen Dichter wurden für die Verbreitung der Ideen gebraucht, die Adeligen für die politische und institutionelle Unterstützung. Dass die gesellschaftlichen Rangunterschiede implizit dennoch bestanden, ist anzunehmen. Fürst Ludwig war sich jedenfalls seiner Macht innerhalb des Ordens bewusst; er behielt sich ein Imprimatur (eine Publikationsgenehmigung) auf alle Druckerzeugnisse im Kontext des Ordens vor. Nach dem Tod des Gründers 1650 setzte ein langsamer Zerfall der Gesellschaft ein. Sie bekam mehr und mehr den Charakter eines höfisch-repräsentativen Ordens. 1680 wurde die *Fruchtbringende Gesellschaft* aufgelöst.

Die anderen Sozietäten in Deutschland sind deutlich weniger durch den Adel dominiert. Die *Deutschgesinnte Gesellschaft* wurde 1643 von Philipp von Zesen gegründet. Mitglieder waren vorwiegend bürgerliche Gelehrte (Lehrer, Juristen, Geistliche). Ausdrücklich ließ die Gesellschaft offenbar Frauen zu, allerdings können nur zwei weibliche Mitglieder nachgewiesen werden (Catharina Regina von Greiffenberg und Ursula Hedwig von Veltheim/Feldheim). Die *Deutschgesinnte Gesellschaft* litt unter einer mangelnden Akzeptanz in höfischen Kreisen und der zuerst geringen Anerkennung ihres Gründers und Vorsitzenden unter Adeligen. Zur Gesellschaft zählten sich neben Zesen auch Birken, Harsdörffer, Klaj, Moscherosch, Rompler von Löwenhalt, Knorr von Rosenroth, Feind und immerhin der große niederländische Dichter Jost van den Vondel. Das wichtigste Ziel der Sozietät war die Förderung der deutschen Kultur und eine Solidarität der Mitglieder bei kritischen Angriffen (etwa durch die Kirchen oder Höfe).

In Nürnberg wurde 1644 von Harsdörffer und Klaj der ***Pegnesische Blumenorden*** gegründet. In ihm schlossen sich vorwiegend Gelehrte zusammen, die in Nürnberg nicht einheimisch waren. Ausdrücklich erlaubt war aber auch die Aufnahme von Frauen in den Orden. So wurde Sophia Nicolai von Greiffenkranz schon 1646 vom ersten Präses der Gesellschaft, Harsdörffer, als Schäferin Diana aufgenommen. Weitere frühe Pegnitzschäferinnen waren Regina Magdalena Limburger als Magdalis, Barbara Juliane Penzel als Daphne, Maria Catharina Stockfleth als Doloris oder Maria Magdalena Götze als Chlorinde. Unter den ersten beiden Präsiden wurden insgesamt 14 Frauen unterschiedlichen Alters und Standes aufgenommen; von den meisten sind literarische Zeugnisse überliefert und zum Teil neu ediert worden (Schuster (Hg.) 2009). Die teils schwer verständlichen Texte des *Blumenordens* gaben diesem ein geradezu elitäres Gepräge. Dies lag zum einen an den formal ambitionierten Dichtungen (s. Kap. 5.3 und 7.6), zum anderen an den Selbstinszenierungen als Schäfer in einem eigenen Refugium, dem Irrhain vor den Toren der Stadt Nürnberg. Der *Pegnesische Blumenorden* ist die einzige barocke Sprachgesellschaft, die bis heute fortlaufend existiert, eine Website pflegt und ein eigenes Mitteilungsblatt herausgibt. Auch den Irrhain kann man noch in einem Wald nahe des Nürnberger Stadtteils Kraftshof besuchen. Eine gewisse Konkurrenz bestand zu den damals noch aktiven Meistersingern und Spruchdichtern in der Stadt, die sich vor allem als Gelegenheitsdichter (zu Hochzeiten, städtischen Festen, zu Neujahr, zur Kirchweih usw.) hervortaten (Niefanger (Hg.) 2011, 581–588, 584–596, 618–633). Wichtigster offizieller Spruchsprecher des Nürnberger Rats im 17. Jahrhundert war Wilhelm Weber (1602–1661), der 1647 sogar vom Pfalzgrafen Johann Gabler zum Dichter gekrönt wurde (Schnabel 2006; Holstein 1884).

Neben den genannten Sozietäten gab es eine Reihe kleinerer Gesellschaften (Breuer 1999, 207 ff.), wie den *Elbschwanenorden* in Hamburg (gegr. 1658), die *Poetische Gesellschaft* in Leipzig (gegr. 1677), die *Musikalische Kürbishütte* in Königsberg (gegr. 1636; Schöne 1975) oder *die Aufrichtige Tannengesellschaft* in Straßburg (gegr. 1633; Bopp 1998).

4.6 Medien

In der Frühen Neuzeit ereignete sich mit der Etablierung der neuen Drucktechnik durch Gutenberg (seit etwa 1450) der vermutlich größte **Medienwechsel** der Menschheitsgeschichte (Faulstich 1997–2004, Bd. 3; Arndt/Körber (Hg.) 2010; Herbst u.a. (Hg.) 2009; Meierhofer 2010). Der **Buchdruck mit beweglichen Lettern** erscheint heute freilich nicht als einziges Indiz eines sich seit der Renaissance, genauer seit Ende des 14. Jahrhunderts, verändernden Kommunikationsverhaltens, das noch den alltäglichen Medienumgang der Barockzeit erheblich prägte: Zu nennen sind die Entwicklung der Papierherstellung in Italien, die ersten Papiermühlen in der Nähe von Nürnberg und in Ravensburg, die Entstehung von Holzschnitt und Blockdruck sowie die Einrichtung von professionellen Schreibstuben. Hinzu kommen die sich etablierenden Buchbindereien (vor allem in den Universitätsstädten) und – kaum zu überschätzen – die **Einführung der Post** durch von Franz von Taxis (ca. 1488–1520). Im Verlauf des 17. Jahrhunderts veränderte sich die Erscheinungsform der Post, weil einerseits die kaiserliche Kontrolle weniger durchsetzbar war, andererseits sich auch hier eine Professionalisierung bemerkbar machte, die etwa zu einer Ausdifferenzierung des Berufsfeldes führte. Gegen Ende der Barockzeit machten die Postbehörden den Briefverkehr zu tragbaren Gebühren für breite Schichten zugänglich (Behringer 1990). Über die Post konnten nicht nur Nachrichten verschickt, sondern auch Druckwerke relativ rasch distribuiert werden.

Der technische Wandel, der zu einer **Dominanz der Druckmedien** führte, sollte aber nicht darüber hinwegtäuschen, dass gerade in der Barockzeit auch **handschriftliche Medien**, wie der Brief (s. Kap. 8.1) oder das Stammbuch (s.u.), **bildliche Medien** (wie Gemälde, Skulpturen, Wandgestaltungen oder Architektur) und auch **körpergebundene Ausdrucksformen** (wie der Meistersang, das Theater, der Tanz, die Predigt oder das Gespräch) ihre Bedeutung behielten oder – durch Wechselwirkungen mit anderen Medien – sogar ausbauen konnten. So unterstützten gedruckte Predigten oder Theaterstücke die Erinnerungen an das Medienerlebnis; oder Briefe erhielten in gedruckter Form ein erweitertes Publikum.

In den letzten Jahren ist mit dem **Stammbuch** (dem *Album Amicorum*, einer Art Poesiealbum für Erwachsene) ein für die Barockzeit zentrales handschriftliches Medium ins Forschungsinteresse gerückt (Schnabel 1995; Helk 2001; Schwarz 2002; Heß 2002; Ludwig 2006; umfassend: Schnabel 2003), das im literarischen Leben heute kaum noch eine Rolle spielt. Für die Frühe Neuzeit handelt es sich aber um eine »kulturhistorische Quelle« (Fechner (Hg.) 1981) ersten Ranges, die mitunter qualitätvolle literarische Zeugnisse in pragmatischen Kontexten überliefert. Das Stammbuch erscheint also nicht als primär poetisches Medium, wie eine Gedichtsammlung, sondern stellt sich als ein Ensemble unterschiedlicher, auch nicht-poetischer Kleinformen dar. Es sammelt handschriftlich verfasste Einträge, die nach bestehenden Konventionen speziell für das Medium produziert wurden und auf den Stammbuchhalter beziehbar sind, in jedem Fall aber der Selbstdarstellung des Schreibers dienten. In funktionaler Hinsicht stellt ein Stammbucheintrag insofern eine eigene Textsorte dar, die die Erinnerungen des Halters und bestimmte Autorvorstellungen aller Leser steuern. Neben Texten, oft Epigrammen, Sentenzen und kleineren Gedichten, die mit dedizierenden Formeln verbunden werden, finden sich häufig Zeichnungen oder Gouachen (vgl. Schnabel 2003, 202–208).

Stammbuchpoeme und -sprüche wurden gelegentlich in gedruckten Anthologien gesammelt und standen dann einer breiten Leserschaft zur Verfügung, z.B. im *Teutschen Stammbuch* (1647) von Johann Eurich Chorion (= Johann Heinrich Schill). Relativ umfangreich ist die Produktion speziell gestalteter Druckwerke – oft Emblematiken –, die jeweils handschriftlich ausgestaltet werden konnten und dann als *Alba Amicorum* gedacht waren. Im Sammelmedium ›Stammbuch‹ werden unterschiedliche Konfessionen, Bildungsmilieus, Einstellungen, Ortsveränderungen, Netzwerke und viele weitere personale Kulturdaten sichtbar. Es kann deshalb zum einen sehr gut für die prosopographische Erfassung und Beschreibung von Personen und ihren sozialen Verflechtungen genutzt werden, zum anderen liefert es wichtige Daten (Zitationsfrequenzen, einzelne Zitierkanones usw.) für eine sozialgeschichtliche oder feldorientierte Literaturwissenschaft etwa im Sinne Bourdieus (1987 und 2001). Das umfangreichste Nachweisinstrument für die Stammbuchforschung stellt die Datenbank *RAA – Repertorium Alborum Amicorum* (www.raa.phil.uni-erlangen.de/) dar. Ein gut erforschtes Beispiel eines barocken Stammbuchs mit Einträgern vorwiegend aus dem gelehrten (zum Teil auch adeligen) Milieu liegt mit dem Album Herzog Augusts des Jüngeren von Braunschweig-Lüneburg vor (vgl. Heß 2002).

Auf den ersten Blick boomte der Buchmarkt in der Barockzeit: Im 17. Jahrhundert wurden so viele Bücher publiziert wie nie zuvor, ganz zu schweigen von den anderen Medien: den neu aufkommenden Zeitungen und Zeitschriften sowie den Flugblättern und -schriften. Allerdings wurde die Verbreitung der Druckerzeugnisse immer noch durch Zensurmaßnahmen behindert. Auch gab es im 17. Jahrhundert ein Urheberrecht im modernen Sinne noch nicht. Nach- und Raubdrucke wurden zwar bedauert, gehörten aber zur Normalität.

Da die Lesefähigkeit im 17. Jahrhundert ausgesprochen gering war (s. Kap. 3.5), dürfte der Rezipientenkreis von Druckerzeugnissen sehr klein gewesen sein. Freilich gibt es in Städten und ländlichen Gemeinden mit engagierten Lehrern oder Pfarrern Ausnahmen (Enderer 1988; v. Dülmen ²1999, III, 152–267). Dass in den Familien, den Schulen und bei Hofe zum Teil vorgelesen wurde, ändert grundsätzlich nichts an dem Befund. Im Laufe des Jahrhunderts nimmt die Verbreitung von Gedrucktem deutlich zu. Das Buch etabliert sich als Medium.

Trotzdem waren **Bücher ein Luxus**, den sich nur wenige leisten konnten, zumindest in größerer Anzahl. Verkauft wurden fast nur religiöse Titel (etwa 90% aller Bücher), wie Johann Arndts ausgesprochen erfolgreiche *Vier Bücher vom wahren Christentum* (1605/1610; s. Kap. 3.6). Die schöne Literatur machte nur knapp 5% der veröffentlichten Bücher aus (Cersowsky 1999, 177). Wissenschaftliche Texte (aus den Bereichen Medizin, Jurisprudenz, Politik und Technik) waren verbreiteter. Am Anfang des Jahrhunderts erschienen die meisten Bücher in der Gelehrtensprache Latein; erst um 1650 zog das deutschsprachige Buch gleich; um 1700 wurden dann mehr deutsche Bücher verkauft.

Ausstattung und Größe der Bücher richtete sich nach dem Publikum und der Gattung; Schelmenromane erschienen etwa im Oktavformat (8°), der höfische Roman im Quartformat (4°), Gebetbücher im Duodezformat (12°) und Noten im Queroktav (quer 8°). Für den Einband war der Buchbinder zuständig, der – auf Anweisung – oft mehrere (kleinere) Texte zusammenfasste. Die Verleger vertrieben entweder ihre Bücher selbst oder überließen dies den so genannten ›Buchführern‹, die etwa den heutigen Buchhändlern entsprechen. Sie verkauften ihre Produkte teils in Läden, häufig aber auch auf Märkten und Messen, manche von ihnen hausierten auch. Buchmessen gab es – wie heute – in Frankfurt/M. und Leipzig. Nicht selten wurden hier Bücher verschiedener Verleger und Händler getauscht. Der Wert richtete sich nach der Menge bedruckten Papiers (Cersowsky 1999, 185). Für die Barockliteratur war der Verleger Johannes Fellgiebel in Breslau bedeutend: Er brachte unter anderem Gryphius, Lohenstein und Hoffmannswaldau auf den Markt.

Vor allem in nicht-gelehrten Kreisen waren die **Flugblätter und -schriften** verbreitet (Schilling 1990). Sie wurden seit 1488 gelesen und präsentierten Sensationsmeldungen, historische Berichte oder religiöse und politische Positionen (Tschopp

1991). Sie waren in Prosa verfasst oder enthielten Gebete, so genannte Zeitungslieder, Gedichte und Satiren. Flugschriften (3–40 Seiten, kleines Format) und Flugblätter (1–2 Seiten) werden nach Umfang unterschieden. In Flugschriften wurden häufig religiöse und politische Fehden, später auch Vorläufer von ›Literaturstreiten‹ (etwa um die Bewertung der Oper) ausgetragen. Flugblätter und -schriften konnten leichter unter Umgehung der Zensur publiziert werden. Viele Flugblätter des 16. und 17. Jahrhunderts sind inzwischen gesichtet und zum Teil publiziert worden (Harms (Hg.) 1980 ff.; Harms u. a. (Hg.) 1983).

Um 1600 wurden **die ersten Zeitungen** gegründet, die vorerst wöchentlich erschienen. Nachweisbar ist, dass 1609 Exemplare des *Aviso* in Wolfenbüttel und der *Relation* in Straßburg ausgegeben wurden (Bogel/Blühm 1971; Schröder 1995, 26 ff.). Als Zeitung bezeichnet die Forschung Druckerzeugnisse, die periodisch erscheinen, die aktuelle Meldungen bringen, die recht universal informieren und die einigermaßen große Publizität erreichen. Die Kriterien sind freilich nicht trennscharf (ebd.). Zeitungen wurden auch im Schulunterricht und als historiographische Nachschlagewerke verwendet. In den dreißiger Jahren gab es schon 52 Zeitungen im deutschsprachigen Gebiet (Cersowsky 1999, 179). Seit Mitte des Jahrhunderts erschienen einige täglich. Die erste deutsche Tageszeitung war die *Täglich Neu-einlauffende Nachricht von Kriegs- und Welt-Händeln*, die ab 1660 in Leipzig erschien. Herausgeber war Timotheus Ritzsch (1614–1678). Die neu entstehenden Medien, ihr Unterhaltungswert und ihr Nutzen wurden im 17. Jahrhundert von Gelehrten diskutiert (Schupp, Hartmann).

Im 17. Jahrhundert hießen Zeitschriften üblicherweise nach französischem Vorbild ›Journale‹ (Straßner 1997, 1). Später setzte sich der deutsche Begriff ›Monatsschrift‹ durch, seit 1780 spricht man von ›Zeitschriften‹. Am Ende des Jahrhunderts entstanden **gelehrte Zeitschriften,** die sich zu Rezensionsorganen und Diskussionsforen entwickelten. Von 1688 bis 1690 erschienen die *Monatsgespräche* von Christian Thomasius. Sie begründeten die literarische Kritik (s. Kap. 8) als eigenständige Textsorte (Jaumann 1995, 1997a).

Ebenfalls im ausgehenden Jahrhundert kommen so genannte **Klatschrelationen** auf (Fauser 1997). Hierbei handelt es sich um Sensationsblättchen mit Bemerkenswertem und Kuriosem aus allen möglichen Bereichen (Natur, Geschichte, Adelsklatsch, Entdeckungen usw.). Sie stehen im Kontext der Konversationsliteratur, die Stoffe für Gespräche – vornehmlich unter Adeligen – zur Verfügung stellte (s. Kap. 8.5). Die verbreitetste Relation war Eberhard Werner Happels *Größte Denkwürdigkeiten der Welt* (1683, dazu: Schock 2011). Die Relationen werden von der Literatur um 1700 (vor allem vom Roman und der Oper) als Quellen und Stoffsammlungen genutzt.

Das 17. Jahrhundert brachte für die Geschichte der deutschen **Bibliotheken** zwei einschneidende Ereignisse: 1622/23 ging die Pfälzische Hofbibliothek in Heidelberg (die berühmte *Palatina*) zur Entschädigung päpstlicher Kosten im Dreißigjährigen Krieg an den Vatikan. Und in Wolfenbüttel entstand die bedeutendste Bibliothek der Barockzeit und mit ihr der erste selbständige Bibliotheksbau seit der Antike (die *Rotunde* von Hermann Korb, 1705–10). Gründer dieser Bibliothek war Herzog August d. J. von Braunschweig-Wolfenbüttel (1579–1666). 1661 lagen in der Fürstenbibliothek Wolfenbüttel 116 351 Druckwerke, die in 28 415 Bücher gebunden waren. Sie sind zum größten Teil heute noch in der Augusteerhalle der *Bibliotheca Augusta* aufgestellt. Als Bibliothekare waren in Wolfenbüttel unter anderem Leibniz und Lessing tätig. Das 17. Jahrhundert brachte für viele Fürstenbibliotheken einen bedeutenden Ausbau;

sie dienten vor allem der Repräsentation, der Darstellung der fürstlichen Gelehrtheit und ihrer Weltoffenheit. Erhalten haben sich bis heute einige Gelehrtenbibliotheken, die mitunter als geschlossene Bestände in größere Bibliotheken übernommen wurden (z. B. Sammlung Wagenseil, Sammlung Trew in der UB Erlangen-Nürnberg). Neben den Bibliotheken erscheinen Kunstkammern, kleine Sammlungen und Museen als barocke »Schauplätze des Wissens« (Schramm u. a. (Hg.) 2003).

5. Lyrik und weitere poetische Kleinformen

Das folgende Kapitel fasst Gegenstände zusammen, die im Bewusstsein der Zeit nicht unbedingt zusammengehörten. Es orientiert sich an heutigen Lesegewohnheiten. Lyrische Texte sehen die Barockpoeten noch nicht als eine literarische Gattung. Denn es gilt nicht, dass der »Inhalt des lyrischen Kunstwerks [...] das einzelne Subjekt« (Hegel: *Ästhetik* III, 203) präsentiere und auch nicht »daß Lyrik im Wesen Selbstaussprache der Dichterseele« (Kayser [20]1992 [[1]1948], 191) sei. Die Barocklyrik stellt nicht das Erlebnis des jeweiligen Sprechers in ihr Zentrum. Solche Gattungsdefinitionen setzen eine moderne Subjektvorstellung voraus, die erst im 18. Jahrhundert entsteht, wo die Lyrik – neben der Epik und Dramatik – zur dritten Hauptgattung der Literatur erhoben wird. Charles Batteux (1713–1780) weist ihr eine eigene Art der Nachahmung zu; er sieht sie in *Les Beaux-Arts réduits à un même principe* (1746) als Nachahmung von Empfindungen. Johann Wolfgang Goethe (1749–1832) rechnet sie 1819 – folgenreich für die deutschen Gattungstheorien – zu einer der drei »Naturformen der Poesie« (*Hamburger Ausgabe*, II, 187).

Unter ›Lyrik‹ versteht man im 17. Jahrhundert – in Anlehnung an die griechische Bedeutung des Wortes – Dichtungen, die mit Musik versehen werden können, etwa Lieder (Opitz: *Buch von der Deutschen Poeterey*, 30). Die Barockzeit verwendet den Begriff »Poesie«. Dieser steht der »Rednerkunst«, der Rhetorik, entgegen (Opitz: *Buch von der Deutschen Poeterey*, 20, 23). Er wurde im 16. Jahrhundert aus dem Französischen übernommen. Die Regeln für die Poesie vermitteln Poetiken – zum Beispiel die »Poeterey« von Opitz. Poesie erfasst etwa jenen Bereich, der noch heute gemeint wird, wenn man ihn als Gegenbegriff zu Prosa verwendet: Literatur in Versen. Er entspricht den Parallelbegriffen in den romanischen (*poésie, poesia*) und den anglo-amerikanischen Ländern (*poetry*).

Kaum ein Dichter der Barockzeit hat sich in seinen Werken auf eine lyrische Form oder Gattung beschränkt (Baasner 1999, 526). Die kürzeren lyrischen Texte werden im 17. Jahrhundert häufig in Sammlungen, in so genannten ›**poetischen Wäldern**‹ (Opitz: *Gedichte*, 127; Adam 1988), verbreitet:

Johannes Grob: *Poetisches Spazierwäldlein* (1700)
Martin Opitz: *Erstes Buch Der Poetischen Wälder* (1625)
David Schirmer: *Rosen-Gepüsche* (1650), *Poetische Rauten-Gepüsche* (1663)
Philipp v. Zesen: *Dichterisches Rosen- und Liljen-thal* (1670)

Die Anordnung in diesen manchmal auf den ersten Blick wirren Sammlungen poetischer Texte ist keineswegs willkürlich zu nennen. Ihre topographische Bezeichnung legt das Ordnungsprinzip frei: Die Sammlungen sind wie Gartenanlagen gruppiert, in denen man verschiedene Blumen, Bäume oder Sträucher zu durchdachten ›Sträußen‹ kombinierte. Ordnungsmerkmale sind etwa: geistlich/weltlich, die Hierarchie der Adressaten bei Gelegenheitsgedichten, Formen usw. ›Poetische Wälder‹ waren insofern durchaus als Werke komponiert.

Da ›Poesie‹ sich im 17. Jahrhundert nicht nur auf die Lyrik im engeren Sinne bezieht, finden sich in den entsprechenden Sammlungen häufig auch Dramen oder kürzere Versepen. Gelegentlich wird der Begriff ›**Gedicht**‹ verwendet. Er umfasst in dieser Zeit etwa den gleichen Bereich wie der Poesie-Begriff: »Ein Gedicht ist« in der Barockzeit »vom Epos bis zum Epigramm jedes in Versen abgefaßte Werk« (Wagenknecht 1969, 6). So ist in Johann Christian Günthers *Deutschen und Lateinischen Gedichten* (1733) auch sein Schuldrama *Theodosius* abgedruckt.

Für die in diesem Kapitel behandelte Poesie hat sich der **Begriff ›Barocklyrik‹** eingebürgert. Zwar betont Wagenknecht in seiner Anthologie zu Recht, dass »die *Deutsche Lyrik des Barock* [...] nicht als ganze deutsch und lyrisch und barock« anzusehen sei (1969, 5), doch erscheint der Begriff in der Forschung weiterhin als der geläufigste. Er wird in den einschlägigen Sammlungen gebraucht (*Barocklyrik*, 1937; *Deutsche Barocklyrik*, ³1962; *Lyrik des Barock* 1971; analog: *Gedichte des Barock*, 1980) sowie in Einführungen (Meid 1986, Browning 1980, Herzog 1979, Lowry Jr. 1961) und in Sammelbänden (Bircher/Haas (Hg.) 1973, Steinhagen (Hg.) 1985) verwendet. Wagenknechts und Hartmanns Erfassung der Gedichte durch die bloße Angabe eines Zeitraums (*Gedichte 1600–1700*, 1969; *Komm, Trost der Nacht. Deutsche Gedichte aus dem 17. Jahrhundert*, 1977) sind als Ausnahmen anzusehen. Im anglo-amerikanischen Bereich etabliert sich der Ausdruck »Baroque Poetry« (Gillespie 1971, de Capua 1973, Browning 1980/Originaltitel). ›Barocklyrik‹ scheint auch in der Universitätslehre und den Schulen gebräuchlich.

In der Diskussion um den Barockbegriff (s. Kap. 2.2) hat **Kemper** in seiner umfangreichen Lyrikgeschichte eine deutliche Position bezogen: Er weist darauf hin, dass die Bezeichnung ›Barock‹ für die Lyrikgeschichte mit Vorsicht zu gebrauchen sei. Er schlägt für einen Zeitraum, der die Jahre 1555 bis 1685 umfasst, als »Epochen-Bezeichnung« den Begriff »Konfessionalismus« vor, da der Barockbegriff fast nur die höfische und humanistische Literatur der Zeit erfasse. Diesen reserviert er aber für zwei spezifische Richtungen: die »Barock-Mystik« und den »Barock-Humanismus« (Kemper, II, 1987, IX). Kempers Bezugsgröße ist die Frühe Neuzeit – 15. bis 18. Jahrhundert –, die in Anlehnung an die neuere Geschichtswissenschaft als Großepoche zwischen Mittelalter und Neuzeit verstanden wird (s. Kap. 2.2). Innerhalb dieser Epoche sieht er eine Binnengliederung in »Reformationszeit«, »Konfessionalismus« und »Aufklärung« (Kemper, I, 1987, 25, vgl. 23–35). Mit Blick auf die Geschichtswissenschaft müsste der Begriff ›Konfessionalismus‹ freilich auf die Zeit bis 1648 begrenzt werden. So jedenfalls periodisieren einschlägige Standardwerke (Heckel 1983, Klueting 1989, analog: Zeeden 1973, Press 1991). In seiner Monographie »zur deutschen Lyrik in Barock und Aufklärung« (Kemper 1981, Untertitel) verwendet Kemper noch den Barockbegriff in seiner weiten Bedeutung. Im Folgenden wird von ›Barocklyrik‹ gesprochen werden, ohne dass damit eine Einheitlichkeit unterstellt oder Wertung präjudiziert werden soll.

Für die Lyrik »bildet das 17. Jahrhundert die Epoche ihrer Neubegründung« (Wagenknecht 1969, 6). In dieser Zeit entstehen erstmals muttersprachliche Gedichte in nennenswerter Anzahl, die dem qualitativen Niveau der europäischen Nachbarländer entsprechen. Die Regeln der neuen Metrik, die Opitz im *Buch von der deutschen Poeterey* (1624, späterer Titel *Prosodia Germanica*) einführt und die die zeitgenössischen Dichter des 17. Jahrhunderts in ihren Werken realisieren, sind »in freilich immer engeren Bereichen bis heute maßgebend geblieben« (Wagenknecht ²1989, 59). Insofern trägt die Barocklyrik in Deutschland wesentlich zum Wandlungsprozess der Frühen Neuzeit bei, der in Europa mit der Renaissance beginnt. Insbesondere die Versreform des 17. Jahrhunderts stellt einen wichtigen Einschnitt in der Geschichte der deutschen Poesie dar; sie ist bis heute nicht überholt.

Viele Gedichte der Barockzeit haben inzwischen ihren Platz in den Literatur-geschichten gefunden. Die Sonette von Andreas Gryphius sind aus den Schulbüchern kaum noch wegzudenken, und selbst die Epigramme eines Friedrich von Logau werden in Liebhaberausgaben inzwischen neu gedruckt (Logau: *366 Sinn=Gedichte*). Einen gewissen (vielleicht auch zweifelhaften) *Kultstatus* haben in den letzten Jahren die erotischen Gedichte des Spätbarock bekommen (*Die Entdeckung der Wollust*, 1995; *Erotische Lyrik der galanten Zeit*, 1999). Der mitunter schlechte Ruf der Barocklyrik bei modernen Leser/innen speist sich häufig aus dem fremden, rhetorisch aufwendigen und bilderreichen Stil der Spätphase. In der manieristischen Lyrik Hoffmannswaldaus und Lohensteins verbindet sich die gelehrte Rhetorik mit einer romanisch inspirierten Stilvorstellung (s. Kap. 5.3); der **Schwulst-Vorwurf** der Aufklärer und der älteren Literaturwissenschaft trifft diese Lyrik wie keine andere Gattung der Barockzeit (Schwind 1977, Windfuhr 1966).

5.1 Theoretische und systematische Aspekte

Martin Opitz (1597–1639) wird schon früh und zu Recht als »Vater der deutschen Dichtkunst« bezeichnet (Gottsched: *Lob= und Gedächtnisrede*, Titel). Allerdings gab es, anders als es etwa Trunz behauptet (1975, 83*), auch in Deutschland Vorläufer und Anknüpfungspunkte. Opitz selbst nennt im *Buch von der deutschen Poeterey* (1624) ältere Dichter: Walther von der Vogelweide (22), Martin Luther (49), Paul Schede (Melissus) (45) Tobias Hüebner (51) oder Ernst Schwabe von der Heide (44), der schon im *Aristarchus* (1617) zitiert wird (*Gesammelte Werke*, I, 70 f.).

Einige Zeitgenossen sahen nicht in Opitz, sondern in Georg Rodolf Weckher-lin (1584–1653), den Erneuerer der deutschen Dichtkunst. Einer von ihnen ist der Württemberger Jesaia Rompler von Löwenhalt (1610–1672). Er betont in der Vorrede zu seiner Gedichtsammlung von 1647, wie rückständig die »hoch-ädle Poësie oder Tichtkunst« in Deutschland sei:

> Dan ob wol die umgelegene länder / Italien / Hispanien / Franckreich / Engelland / und Nider-teüschland [die Niederlande] schon lange zeit vorhin angefangen / ihre tichtung mit grosem fleiß auszubutzen und zu erhöben / ist doch Hoch-teütschland / fast in einer vorsätzlichen schlummerung / so fahrläsig bei seiner alten übelgestimbten leyren gebliben. (Rompler: *Erstes Gebüsch*, Bl. 3/ii^{v})

Er kritisiert die Gelehrten, dass sie nicht mehr von der Dichtung wissen würden als »ie-der schuster und schneider« (ebd.) – eine Anspielung auf Hans Sachs (1494–1576). Zu wenig bekannt geworden seien die Pionierleistungen etlicher »tapfere[r] männer«:

> Georg Rodolf Weckherlin hat ein groses stuck amm eiß gebrochen / als er imm 1618.ten jar die 2. Bücher seiner Oden und gesänge zu Stutgarten ausgehen lassen; derer lesung nachmals dem Martin Opitzen / zur nachfolge / gar wol bekommen. (Bl. 3/ii^{v} f.)

Mag auch bei dieser Genealogie der Erneuerung ein wenig Lokalpatriotismus mit-schwingen, so ist nicht von der Hand zu weisen, dass Weckherlin in der Geschichte der deutschen Metrik eine wichtige Rolle zukommt. Denn er hatte – zusammen mit Renaissance-Poeten wie zum Beispiel Paul Schede – versucht, der deutschen Posie eine romanisierende Metrik zu geben (Wagenknecht 1971). Dies war zweifellos ein erster ernst zu nehmender Versuch der poetischen Aufwertung deutscher Dichtkunst im europäischen Kontext.

Martin Opitz: *Buch von der Deutschen Poeterey*

Das grundlegende literaturtheoretische Werk der Barocklyrik ist das *Buch von der Deutschen Poeterey* (1624) von Martin Opitz. Es stellt die erste deutschsprachige Poetik über muttersprachliche Poesie dar, und es kann mit Fug und Recht als Gründungsurkunde der neueren deutschen Literatur angesehen werden. Das Buch setzt sich mit den wichtigsten Bereichen der Gedichtgestaltung auseinander und es erreichte, dass das Deutsche von nun an auch unter Gelehrten als Literatursprache akzeptiert wurde.

Martin Opitz wurde 1597 in Bunzlau (Schlesien) geboren und starb 1639 in Danzig an der Pest. Er studierte Jura und Philosophie in Frankfurt an der Oder, Heidelberg und Leiden, wo er wahrscheinlich die Dichter und Gelehrten Daniel Heinsius und Gerhard Vossius traf. Er reiste 1621 nach Jütland, wurde 1622 Gymnasialprofessor in Siebenbürgen, dann 1623 herzoglicher Rat in Liegnitz (Schlesien). In Wien krönte ihn 1625 Kaiser Ferdinand II. zum *poeta laureatus*. 1626–1632 erhielt er die Stelle eines Sekretärs und Leiters der geheimen Kanzlei des Kaiserlichen Kammerherrn in Breslau. 1627 folgte die Erhebung in den Adelsstand (›von Boberfeld‹), 1629 die Aufnahme in die angesehene Fruchtbringende Gesellschaft (als der ›Gekrönte‹). Später nahm Opitz eine Stelle als Diplomat der Herzöge von Liegnitz an, siedelte nach Danzig über und wurde 1636 schließlich Hofhistoriograph des polnischen Königs und königlicher Sekretär (Opitz 2009; Kühlmann ²2001; Fechner/Kessler (Hg.) 2006; Borgstedt/Schmitz (Hg.) 2002).

Opitz ist der wichtigste Übersetzer und Vermittler europäischer Literatur in Deutschland. In den verschiedensten Gattungen hat er Mustertexte publiziert. Auch als Herausgeber des mittelhochdeutschen *Annoliedes* (1629) und Verfasser der ersten deutschsprachigen Oper tritt er in Erscheinung. Seine Poetik ist Opitz' zweiter Text, der sich mit der Reform der deutschen Kultur befasst. Voran geht eine lateinische Rede – *Aristarchus sive de contemptu linguae Teutonicae* (*Aristarchus oder über die Verachtung der deutschen Sprache*, 1617) –, in der er die Literaturfähigkeit seiner Muttersprache erstmals betont.

Schon im 17. und zu Beginn des 18. Jahrhunderts kommt es zu einer regelrechten **Opitzverehrung**. Zu denjenigen, die Lobgedichte oder lobende Nachrufe auf den ›Dichtervater‹ verfasst haben, gehören neben dem erwähnten Gottsched die Schweizer Bodmer und Breitinger sowie in der Barockzeit: Simon Dach, Paul Fleming, Christian Hoffmann v. Hoffmannswaldau, Friedrich v. Logau und Benjamin Neukirch.

Für die Barockzeit ist generell eine doppelte Abhängigkeit der Poetik zu konstatieren. Sie steht in der Tradition poetologischer Vorgaben des Humanismus (Scaliger, Ronsard, Heinsius) und sie ist institutionell an die Rhetorik gebunden. Im 17. Jahrhundert wird sie in der Regel immer noch als Teilgebiet der Rhetorik gehandelt und nach ihren Prinzipien geordnet. Beides gilt auch für das poetologische Hauptwerk von Martin Opitz, das *Buch von der Deutschen Poeterey*.

Opitz selbst betont in seiner Vorrede, dass er nichts Originelles vermitteln, sondern nur Prinzipien angesehener antiker Autoren (Platon, Aristoteles und Horaz) auf die deutsche Situation übertragen und an einige Renaissancepoetiken (Scaliger und Vida) erinnern wolle. Ausgemachtes Ziel ist die Pflege der Muttersprache, insbesondere der deutschen Dichtung. Wie abhängig die Poetik von der Rhetorik ist, zeigt ein Blick auf die Gliederung des *Buchs von der Deutschen Poeterey*, die sich an der rhetorischen Dreiteilung von *inventio, dispositio* und *elocutio* orientiert.

Die Poetik umfasst acht Kapitel:

I.	»Vorrede«
II.	Sinn der Poetik
III.	Vorwürfe an die Poeten, Entschuldigung der Poeten
IV.	»Von der Deutschen Poeterey«:
	Tradition deutscher Poesie, Gelehrtheit des Poeten
V.	Inventio und Dispositio
	Gegenstände der Dichtung und deren Anordnung
	Gattungslehre, Ständeklausel
VI.	Elocutio
	Stilmittel, Redeschmuck, Dreistillehre
VII.	Metrik, Versreform
VIII.	»Beschluß dieses Buches«

Die folgende Darstellung der Lyriktheorie des 17. Jahrhunderts orientiert sich an den Themen, die im *Buch von der Deutschen Poeterey* behandelt werden. Sie beginnt mit der folgenreichsten Neuerung der Poetik.

Metrik und Versreform

Die **Reform der deutschen Verskunst** ging von Martin Opitz aus. Mit dem *Buch von der Deutschen Poeterey* (1624) und seinen *Teutschen Poemata* (1624/25), einer Sammlung von Gedichten, die nach den neuen Regeln versifiziert wurden, gelingt Opitz die **Einführung einer neuen Prosodie**.

Die Metrik, die literaturwissenschaftliche Verslehre, umfasst die beiden Teilbereiche Prosodie und Versifikation. Die Prosodie bezieht sich auf alle diejenigen Regeln einer Metrik, die das Material des Versbaus betreffen, etwa die Unterscheidung von langen und kurzen Silben. Die Versifikation bestimmt die Anordnung dieses Materials im Gedicht. Sie setzt sich also mit Versfüßen, Versarten oder Gedichtformen auseinander.

Die Opitz'sche Reform hat zuerst die Prosodie im Blick. Denn in der Neugestaltung des Versbaus mussten Grundlagen für die Annäherung der deutschen Poesie an ein europäisches Niveau geschaffen werden. Der Vorschlag von Opitz läuft darauf hinaus, »auf der Grundlage einer sinnfälligen Prosodie (nach dem ›thone‹ der Silben) die deutschen Verse sinnfällig aus ›Füßen‹ aufzubauen« (Wagenknecht 1971, 73). Seine Metrik sieht zwei Versfüße vor:

> Nachmals ist auch ein jeder verß entweder ein iambicus oder trochaicus; nicht zwar das wir auff art der griechen vnnd lateiner eine gewisse grösse [Länge] der sylben können inn acht nehmen; sondern das wir aus den accenten vnnd dem thone erkennen / welche sylbe hoch vnnd welche niedrig gesetzt soll werden. (Opitz, *Buch von der Deutschen Poeterey*, 49)

Opitz unterscheidet also zwischen ›hohen‹ und ›niedrigen‹ Silben, zwischen Silben mit und ohne Akzent beziehungsweise betonten und weniger betonten Silben. Bei Wagenknecht wird die Betonung mit den Begriffen ›schwer‹ und ›leicht‹ gekennzeichnet (²1989, 59). Festgelegt wird ein alternierender Rhythmus bei ausschließlicher Verwendung von zweisilbigen Versfüßen. Erlaubt sind der **Jambus** (∪ –; unbetont/betont) und der **Trochäus** (– ∪). Zeitgenössische deutsche Begriffe – »Kurtzlange[r]« und »Langkurtze[r]« – stammen von Justus Georg Schottelius (*Von der Teutschen HaubtSprache*, II, 835). Die Betonung der Silben, also die Verwendbarkeit eines Wortes in einem Vers, ist nicht frei oder willkürlich, sondern wird durch den **natürlichen Wortakzent** (›thon‹) bestimmt. »Líebe« muss nach Opitz also immer auf der ersten Silbe betont werden. In problematischen Fällen soll auch der Satzakzent berücksichtigt werden. Der Akzent ersetzt die seit der Antike übliche Messung der Silbenlänge in der Metrik (lang/kurz). Vorbild für die so einfache wie effiziente Betonungsregel (Alternation und ›natürlicher‹ Akzent) war die niederländische Poesie der Zeit (Heinsius, van Vondel). Die strengen Vorschriften der Opitz'schen Metrik eigneten sich gut für den Unterricht, sie waren schnell erlernbar und leicht anwendbar. Sie befreiten den Dichter von allzu komplizierten Verskompositionen und verlagerten seine Kreativität in den Bereich der Rhetorik und Semantik. Das Kunstvolle an Barockversen ist nicht ihre Metrik, sondern sind die Bilder und antithetischen Konstruktionen. Das Alternationsprinzip führte in der deutschen Lyrik des 17. Jahrhunderts zu einer – gewissen, später gescholtenen – Eintönigkeit. Von einer »rhythmischen Verödung« (Breuer 1981, 172) zu sprechen, erscheint allerdings etwas übertrieben.

Da sich die Betonung nach dem natürlichen Wortakzent, wie er in ein Lexikon eintragbar wäre, richtet, herrscht zunächst nur bei den meisten mehrsilbigen Wörtern Klarheit. Hingegen ergibt sich ein ungeregelter Bereich bei den einsilbigen Ausdrücken und den Nebentonsilben in mehr als zweisilbigen Wörtern (wie ›Augapfel‹). Selbst bei heute eindeutigen Komposita (›Teutschland‹) variiert im 17. Jahrhundert die Betonung. In solchen Fällen wird die Akzentuierung je nach Kontext entschieden; es besteht hier offenbar ein gewisser Spielraum. So ist es außerdem möglich, den Jambus am Versbeginn mit einem Spondeus (– –) oder nach der Zäsur durch einen Trochäus zu tauschen. Eine solche ›schwebende Betonung‹ bleibt aber die Ausnahme. Nach Opitz kann – in Einzelfällen – ein »dactylus« (– ∪ ∪) »geduldet werden / wenn er mit vnterscheide gesatzt wird« (*Buch von der Deutschen Poeterey*, 50).

Schon wenig später – seit etwa 1638 – wird der **Daktylus als dritter Versfuß** etabliert und damit der alternierende Rhythmus nicht mehr als verpflichtend angesehen. Der Wittenberger Professor August Buchner (1591–1661) führt ihn in seiner Poetikvorlesung ein. Philipp von Zesen (1619–1689) verbreitet diese Versform in seinem *Deutschen Helikon* (1640). Zesen schreibt Buchner die Erfindung der Dactylischen und Anapästischen Verse im Deutschen zu. Seither bürgert sich ein, bei daktylischen Versen von der »Buchner-Art« zu sprechen. »Höret die Lieder wie artlich sie klingen / Welche *Herr Buchner* erfindet und übt«, heißt es im *Dactylischen Sonnet* (1641) von Zesen (*Gedichte des Barock*, 128). Mit Daktylus und Anapäst (∪ ∪ –) sind faktisch auch Spondeus (– –) und Pyrrhichius (∪ ∪) zugelassen. Ab Mitte des Jahrhunderts finden sich in der Barocklyrik gemischte Verse. Solche ›mengtrittigen‹ Maße (Verse mit unterschiedlichen Versfüßen) fordert Zesen zur Belebung des Verses ausdrücklich.

Der **Reim** orientiert sich nach Opitz' Prosodie an der Hochlautung des Deutschen, auch wenn es in der Realisierung der Reime dialektale Unterschiede im 17. Jahrhundert gibt. Das *Buch von der Deutschen Poeterey* legt den reinen Reim fest (43 ff.). In der Regel ist nach Opitz die Poesie durchgehend gereimt (Wagenknecht ²1989, 60).

Das vorherrschende Versmaß ist der Jambus. Der beliebteste Vers in der Barocklyrik ist der sechshebige **Alexandriner** mit Mittelzäsur und ›weiblichen‹ (◡) oder ›männlichen‹ (–) Endreimen:

◡ – ◡ – ◡ – / ◡ – ◡ – ◡ – (◡)

> Ich seh' wohin ich seh' / nur Eitelkeit auff Erden [weiblicher Endreim]
> (Gryphius, in: *Gedichte des Barock*, 114)

> Ich weiß nicht, was ich wil, ich will nicht was ich weis [männlicher Endreim]
> (Opitz, in: *Gedichte des Barock*, 26)

Daneben tritt auch der in fünfhebigen Jamben verfasste *vers commun* noch relativ häufig auf, der in der deutschen Poesie meist eine Zäsur nach der zweiten Hebung hat:

◡ – ◡ – (/) ◡ – ◡ – ◡ – (◡)

> Au weh! Ich bin in tausendt tausendt schmertzen
> (Opitz: *Buch von der Deutschen Poeterey*, 55).

Metrische Bestimmungen finden sich auch in den Poetiken, die nach Opitz, Zesen und Buchner erschienen sind, etwa bei Harsdörffer. Doch ändert sich jetzt nichts Wesentliches mehr. Die Regeln des Verseschmiedens gehen in Handbücher und praktisch orientierte Anweisungen zur Gedichtherstellung ein. Sie dienen insbesondere der immer wichtiger werdenden Kasualpoesie (lat. *casus* = Fall, Gelegenheitsdichtung). Modifiziert wird die von Opitz eingeführte Metrik also in einigen Bereichen schon im 17. Jahrhundert; abschließend kodifiziert wird die deutsche Verslehre aber erst am Ende des 18. Jahrhunderts im *Versuch einer deutschen Prosodie* (1786) von Karl Philipp Moritz (Wagenknecht ²1989, 59). »Prosodie« bezeichnet hier die Metrik im Ganzen.

Gedichtformen

Im 17. Jahrhundert ist die Anzahl der relevanten Gedichtformen, auch wenn die Poetiken gerade die große Vielfalt an Ausdrucksmöglichkeiten betonen, nicht sonderlich groß. Sie beschränkt sich wesentlich auf:

- Sonette
- Oden (pindarische und sapphische Oden, strophisches ›Lied‹)
- Lieder (›Lyrica‹) im engeren Sinne (Kunstlieder, Gesellschaftslieder, Kirchenlieder, Volkslieder)
- Madrigale
- Epigramme (Sinn-Gedichte, Grabschriften)
- Bilder- und Figurengedichte

Diese Formen sind nach Anlässen unterscheidbar: Gelegenheitsgedichte (Segebrecht 1977), geistliche Gedichte, Liebesgedichte usw. Die häufigste Gedichtform ist das **Sonett** (Borgstedt 2009; Greber/Zemanek 2012) in jambischen Alexandrinern mit vier Strophen: zwei Quartetten (jeweils vier Verse) und zwei Terzetten (jeweils drei

Verse). Die Sonette gehören nicht selten zum Typ »antithetische Steigerung und Correctio« (Meid 1985, 369); der dialektische Aufbau wird bei diesen Sonetten am Schluss durch eine Selbstberichtigung (*correctio*) gesteigert. Das prägende deutsche Exempel dieses Typs stammt von Martin Opitz:

> An die Augen seiner Jungfrawen.
> Fast auß dem Holländischen.
>
> LEitsternen meines Haupts / vnd meiner jungen Zeit /
> Die als Planeten sind gesetzet meinem Leben /
> Jhr Augen / wann ich euch so freundlich sehe schweben /
> So bin ich als entzückt / vnd kenne gantz kein Leid:
>   Dann jhr beschliest in euch ein' hohe Liebligkeit /
> Vnd lieblich' Hoheit; jhr / jhr könnt alleine geben
> Genüge / rechte Lust: wornach wir Männer streben
> Das habt jhr / O mein Liecht / vor allem weit vnd breit.
>   Natura selber liegt im Tunckeln fast begraben /
> Vnd mangelt jhres Liechts / von wegen jhrer Gaben /
> Die gantz versamblet sind in solcher engen statt;
>   Doch ist sie enge nicht / vnd kann sich weit ergiessen /
> Ja were groß genung fast alles einzuschließen /
> Weil sich mein' arme Seel' in jhr verirret hat.
> (Opitz: *Gedichte*, 171 f.)

Die Zäsur wird im Alexandriner nicht selten zur Realisierung der Antithesen genutzt, die sich gegenseitig überbieten (*amplificatio*). Das letzte Terzett dient mitunter der Platzierung einer summierenden Häufung, einer letzten Steigerung oder Pointe, so dass manches Sonett einen epigrammatischen Charakter bekommt:

> Doch schweig ich noch von dem / was ärger als der Tod /
> Was grimmer denn die Pest / und Glutt und Hungersnoth /
> Das auch der Seelen Schatz / so vilen abgezwungen.
> (Gryphius: *Gedichte*, 7)

Die Quartette sind in der Regel – wie im Opitz-Sonett oben – *abba abba* gereimt; die Terzette stehen prinzipiell in freier Reimstellung etwa nach italienischer Manier *cdc dcd* oder sogar *cdc dee*. Häufig – etwa bei Opitz (oben und *Buch von der Deutschen Poeterey*, 53) – findet man ein an dem französischen Renaissance-Lyriker Pierre de Ronsard orientiertes Schema: also *abba abba*, dann *ccd eed*. Zu den – auch heute noch – bekanntesten Sonetten des 17. Jahrhunderts gehören die schon 1637 von Andreas Gryphius in einer Sammlung veröffentlichten *[Lissaer] Sonnete* (s. Kap. 5.3).

Von Christian Gryphius existiert ein *Ungereimtes Sonett* (1698). Dies ist nicht nur für diese Gedichtform die große Ausnahme; die Reimlosigkeit ist bis zur Übernahme des Blankverses durch Lessing und Wieland oder die Imitation antiker Formen durch Klopstock höchst ungewöhnlich in der deutschen Lyrik. In den Terzetten zeigt sich, dass Christian Gryphius die Lizenz für den Regelverstoß aus der Intention des Textes abgeleitet hat; die reimlose Form des Gedichts trägt zur Semiose bei:

> Die Liebe reimet sich so wenig mit Minerven /
> Als eine Sterbe-Kunst zu Karten und zu Würffeln /
> Das Brautt-Bett in die Gruft / Schalmeyen zu der Orgel /
> Ein Mägdchen und ein Greiß / als Pferde zu den Eseln /

Als Meßing zum Smaragd / als Rosen zu den Disteln /
Als diese Verse selbst / ja fast noch weniger.
(Christian Gryphius, in: *Gedichte des Barock*, 308)

Die Reimlosigkeit korreliert mit den Ungereimtheiten einer falschen Lebensführung und einer falsch verstandenen Liebe. Das lyrische Subjekt liebt »ein kluges Buch mehr als der Venus Gürtel« (ebd.). Minerva, antike Allegorie des Handwerks, steht hier für die Handlungsfreiheit des Sprechers, die durch die Liebe eingeschränkt würde. Sie richtet sich ganz auf das gelehrte Dasein.

Der Begriff ›Ode‹ meint im 17. Jahrhundert meist einfach ›Lied‹. Es ist in der Regel streng in Strophen unterteilt. Zwar hat in Deutschland schon Conrad Celtis 1513 (*Libri odarum quattuor*) die Ode als sangbares Kunstlied gefasst, doch ist die Form im deutschen Barock weniger festgelegt als in der lateinischen Dichtung des 16. Jahrhunderts. Die barocke Ode zeigt sich meist nicht an antike Formen gebunden. Doch erhält sie manchmal – etwa bei Gryphius – den typischen dreiteiligen Aufbau der pindarischen Ode (Strophe, Antistrope, Epode). Diese Form zeugt von einer durchaus lebendigen Antikenrezeption in der Barockzeit, bei der Ronsard als Vermittler fungiert. Die Oden sind insofern auch Beispiele für das Fortleben von Renaissance-Vorstellungen im Bereich der Dichtung. Schon der im *Buch von der Deutschen Poeterey* erwähnte Paul Schede (Melissus) hatte nach dem Vorbild Ronsards einige pindarische Oden verfasst. Ihm folgten Weckherlin (*Oden und Gesänge*, 1618/19), Opitz und vor allem Gryphius (*Oden* 1643, 1650, 1657). Von Horaz ist die neulateinische Odendichtung Jacob Baldes inspiriert. Sie hat geistliche Inhalte. Von Johann Plavius stammen Versuche in der Sapphischen Ode (*Deutsches Sapphicum*, 1630). Einzelne Beispiele finden sich bei Titz, Zesen und Schottelius.

Die Anfänge des neueren deutschen Liedes werden im 17. Jahrhundert angesetzt (Kross 1989, 11, vgl. 11–56). Die Opitz'sche Versreform »schuf die Voraussetzung zum reibungslosen Umsetzen poetischer Texte in das zur selben Zeit sich verfestigende moderne Taktsystem« (ebd., 16). Allerdings blieb die musikalische Ausgestaltung flexibler, da sie nicht von Opitz die Zweigliedrigkeit des Versfußes übernahm; sie behielt stets den dreigliedrigen Takt bei. Der »musikalische Taktschwerpunkt« musste »mit Vers-, Sinn- und Wortakzent der Textvorlage zusammenfallen« (ebd., 17). Diese Bestimmung lässt Kross »von einer neuen musikalischen Gattung« (ebd.), dem weltlichen (Kunst-)Lied, sprechen. Es löst das lediglich zum Tanz gesungene Lied ab. Neben den Oden und Kunstliedern gibt es im 17. Jahrhundert noch etliche einfache Liedformen: Zu ihnen gehören das protestantische Kirchenlied, dessen Vorbild die Werke Luthers und die der Reformation waren, das katholische Kirchenlied (s. Kap. 5.3), das für Laien gedacht war und deshalb volkstümliche Formen annahm, aber auch Soldatenlieder, Kinder- oder Volkslieder. Viele von ihnen wurden auf Flugblättern verbreitet (Brednich 1974 f.).

Aus einer einfachen Form muttersprachlicher Lieder entwickelt sich die kunstvolle Lyrik des **Madrigals**. Seit dem 16. Jahrhundert hat es meist drei Terzette und zwei abschließende Reimpaare (*abb cdd eff gg hh*). Die Verse können unterschiedliche Längen haben; die Anzahl der Verse kann im 17. Jahrhundert auch variieren (5–16 Verse). Sogar einzelne reimlose Verse (so genannte Weisen) werden im Barock beim Madrigal akzeptiert. Der Theoretiker des Madrigals im 17. Jahrhundert, Caspar Ziegler (*Von den Madrigalen*, 1653), nähert es dem Epigramm an. Wie dieses soll das Madrigal kurz gefasst, zugespitzt formuliert und gedanklich durchdrungen sein. Philipp von Zesen verweist in seinem Roman *Assenat* (1670) auf die schäferliche Herkunft des Madrigals. Von Zieglers Traktat inspiriert ist Ernst Stockmanns Sammlung *Poetische Schrift-Lust/Oder hundert Geistliche Madrigalen* (1668).

Neben dem Sonett trifft man am häufigsten auf das **Epigramm** (Verweyen/Witting 1989; Althaus 1996; Braungart 1997; Wesche 2004, 91–116; zur Scharfsinnigen Inschrift: Neukirchen 1999). Deutsche Begriffe für diese Gattung sind ›Aufschrift‹, ›Inschrift‹, im Barock: ›Sinngedicht‹ (Logau), ›Sinn- und Schlussreim‹ (Angelus Silesius) oder ›Bey-Schrift‹ (Gryphius). Die erläuternde Grab- und Gebäudeinschrift sind Textsorten, auf die das Epigramm vermutlich zurückgeht. Mit der Loslösung von der Gebrauchsform entsteht eine eigenständige Gedichtgattung. Vorbilder für die Barockdichter sind die Epigramme des Römers Martial (31/41-102) und des Neulateiners Owen (1560–1622).

Das Epigramm ist ein Gedicht, das auf gedanklich und formal konzentrierteste Weise – häufig antithetisch – eine geistreiche, überraschende oder auch nur sehr zugespitzt formulierte Interpretation eines Gegenstands oder Sachverhalts gibt. Wichtige Elemente sind im 17. Jahrhundert die Kürze (meist 2 bis 4 Verszeilen, manchmal länger, eine Strophe) und die Spitzfindigkeit (Opitz: *Buch von der Deutschen Poeterey*, 28). Es besteht in der Regel aus zwei gedanklichen Teilen, einem Erwartungsteil und einer Pointe, bzw. einer überraschenden Schlusswendung. Das übliche Versmaß ist der Alexandriner, der das in der Antike verwendete elegische Distichon ersetzt. Die konzentrierte Versart und die Pointe am Schluss kamen dem barocken Ideal der *argutia* (Scharfsinnigkeit) entgegen (Neukirchen 1999). Die Gedichtgattung übernimmt zwei Funktionen: die kurze Würdigung einer Person beziehungsweise einer Institution oder den Ausdruck von (abstrakten) Gedanken. Es hat dann den Charakter einer auf den Punkt gebrachten Beobachtung – oft mit satirischem Inhalt. Beliebte Themen sind das Laster (wie die Eitelkeit), die Schönheit von Frauen und körperliche Eigenheiten; zu finden sind außerdem religiöse und mystische Themen sowie Stände- und Berufssatiren.

Jutta Weisz (1979) hat für das 17. Jahrhundert verschiedene Typen des Epigramms analysiert, die auch in Mischformen vorkommen können: gnomische, satirische, spielerisch-concettistische (*concetto* = Wortspiel) und panegyrisch-hymnische. Während in den Poetiken meist das satirische Epigramm beschrieben wird, trifft man in den Sammlungen oft auf den gnomischen – den lehrreichen und spruchhaften – Typ. Er dient der Verbreitung von Verhaltensregeln und Tugendvorstellungen.

Das selbstreflexive Epigramm *Poeterey* von Friedrich von Logau (1604–1655) nimmt ein Vorurteil gegenüber der Poesie auf, um – mit dem Mittel der Steigerung – die Hingabe an Materielles zu geißeln.

> Was nützt Poeterey? Sie stiehlt die Zeit zu sehr;
> O schnöde Sorg um Pracht vnd Herrligkeit / noch mehr.
> (Logau: *Sinngedichte*, 82)

Die Beschäftigung mit Poesie stehle die Zeit, scheint der erste Vers des Epigramms einzuräumen; er spielt damit auf ein Verständnis der Poesie als bloße Nebentätigkeit an, das im 17. Jahrhundert durchaus gängig war (s. Kap. 4.5). Der zweite Vers relativiert aber diese Ansicht: Die Sorge um den Besitz verschwende noch mehr Zeit. Eine Pointe des Gedichts liegt in seiner Kürze; ein Epigramm, das aus zwei Versen besteht, ist die am wenigsten umfangreiche Literaturform, die denkbar ist. Sie stiehlt die Zeit gewiss nicht. Der Vorwurf des ersten Verses wird dadurch marginalisiert; ja, trifft, was die praktizierte Gedichtform anbelangt, ins Leere. Neben der Kritik an der materiellen Lebensweise enthält das Epigramm also auch ein implizites Plädoyer für die gewählte Gattung und die praktizierte Form des Gedichts.

Rhetorik

Das zitierte Epigramm von Logau zeigt, wie sehr im 17. Jahrhundert die Aussagen der Lyrik an ihre Form gebunden sind. Eine ausgefeilte Sprachgestaltung (*verba*) dient dazu, den Gegenständen (*res*) die gewünschte Kontur zu geben. Die gedankliche Basis hängt mit ihrer sprachlich-stilistischen Präsentation zusammen. Diese ist gebunden an die Rhetorik (s. Kap. 4.3).

Die Barocklyrik kann ohne Berücksichtigung der »gemeineuropäische[n] Rhetorik-Mode« (Barner 1970, 44; vgl. Beetz 1980), insbesondere der *argutia*-Bewegung nicht adäquat verstanden werden. Sie zielt auf eine möglichst kunstvolle und treffende Gestaltung der Sprache. Die gekonnte Auswahl der Gegenstände (*inventio*), ihre adäquate Anordnung (*dispositio*) und ihre sprachliche Gestaltung (*elocutio*) gehören im 17. Jahrhundert wesentlich zur Produktion lyrischer Texte. Die *elocutio* verfolgt eine scharfsinnige Darstellung (*argutia*) der *res*, zu der insbesondere die Ausgestaltung mit Bildern und Stilfiguren zu rechnen ist. Die Gedichte nur auf der Basis präskriptiver Texte (Poetiken, Vorreden) zu verstehen, wäre allerdings falsch und würde deren kreative Möglichkeiten unterschätzen. Die Rhetoriken und die jeweiligen Gattungsbestimmungen in den Poetiken bieten Spielräume, die es in den lyrischen Texten auszuloten gilt (Wesche 2004; Barner 2000, vgl. Kap. 4.1). Insofern hat die Analyse von Barockgedichten keineswegs nur die Aufgabe, die präskriptiven Vorgaben in den Texten aufzusuchen, sondern muss auch zeigen, an welchen Stellen die Räume der Präskriptiva genutzt, erweitert und überschritten wurden. Dann leistet die rhetorische Analyse erst einen Beitrag zur historischen Hermeneutik.

Gerade im 17. Jahrhundert beschränkt sich die rhetorische Gestaltung der Gedichte nicht auf die »Ebene der Elocutio: der Stilmittel, des sprachlichen Schmucks, der ›Auszierung‹« (Verweyen 1997, 35). Vielmehr zeigen sich Barockgedichte schon auf der Ebene der *inventio*, »des Stoffs, der ›Argumente‹, der ›Beweismittel‹, des Themas« (ebd.) durch präskriptive Momente geprägt. Die Topik (die Fundstättenlehre) erscheint als wichtiges Teilsystem der *inventio*. Sie ist die Lehre von den Gemeinplätzen, den als gültig anerkannten Argumenten und logischen Mustern. Einerseits legt sie der poetischen Erfindung Zügel an, andererseits bieten die von ihr geschaffenen Strukturen eine Entlastung der Argumentation.

Anhand des Gryphius-Sonetts *Thränen des Vaterlandes / Anno 1636* hat Verweyen (1997) gezeigt, wie die Argumentationsstruktur des Gedichts auf der Topik basiert. Die einzelnen *Loci* (die Fundstätten) sind schon im ersten Quartett deutlich bestimmbar:

> WIr sind doch nunmehr gantz / ja mehr denn gantz verheeret!
> Der frechen Völcker Schaar / die rasende Posaun
> Das vom Blutt fette Schwerdt / die donnernde Carthaun /
> Hat aller Schweiß / und Fleiß / und Vorrath auffgezehret.
> (Gryphius: *Gedichte*, 7)

Das Sonett setzt im ersten Vers mit einem Hinweis auf die Wirkung eines Geschehens ein (*locus ex effectis*). Dann werden in zwei Versen Ursachen (*locus a causis*) aufgezählt, um im letzten Vers des Quartetts deren Wirkungen zu bestimmen (*locus ex effectis*). Das Aufzählen beziehungsweise Zerlegen der Ursachen in einzelne Momente (*locus ex enumeratione partium*), die genau auf die vier Teile der zwei Mittelalexandriner verteilt worden sind, gehört ebenfalls zu den klassischen Argumentationsmustern; es dient der genauen Beschreibung (*descriptio*). Der erste Vers steht zum Rest des Quartetts und dem Folgenden in einem Verhältnis, das mit These und Exemplifizierung zu fassen wäre. Der letzte Vers des zweiten Quartetts nimmt die Anfangsthese wieder auf (*Kyklos*).

Aber auch die sprachlich-stilistische Gestaltung des Sonetts zeigt, wie zentral die Rhetorik für die Analyse von Barockgedichten ist. Das Quartett beginnt mit einer Steigerung (*amplificatio*), einer ins Unrealistische weisenden Überbietung (*Hyperbel*). Es folgt ein Isokolon mit vier parallel gegliederten Sinnabschnitten. Die Kola beziehen sich auf ein singularisch verwendetes Verb im letzten Vers (»hat«), so dass die drei Verse die Figur eines Zeugmas erhalten. Das Objekt im vierten Vers ist ebenfalls als Aufzählung (*enumeratio*) gestaltet, wobei die ersten beiden Elemente – »Schweiß / und Fleiß« – mit einem Binnenreim aneinander gebunden sind. Auch diese Aufzählung erscheint zugleich, da die Elemente semantisch nicht in gleicher Weise auf die Ursachen beziehbar sind, als Zeugma. Das »Wir« zu Beginn des ersten Verses ist eine Allegorie: Sie steht für das im Titel bezeichnete »Vaterland«. Weitere Tropen finden sich in den beiden Mittelversen: Metonymien (»die rasende Posaun«, »die donnernde Carthaun«) und Metaphern (freche Völker, fettes Schwert). Bei den beiden Metaphern verschmelzen indes das Epitheton und das Nomen kaum zu einer Einheit (Fricke 1967, 201, Anm. 8).

Die im *Buch von der Deutschen Poeterey* vermittelten **allgemeinen Stilideale der neuen Poesie** sind:

- Zierlichkeit
- Reinheit
- Deutlichkeit
- Wohlklang
- Angemessenheit

Zumindest in der ersten Jahrhunderthälfte gelten die vorgegebenen Ideale. Später verfahren Autoren wie Hoffmannswaldau, Lohenstein oder die galanten Dichter insbesondere im Bereich der Bildlichkeit weniger puristisch. Wie schon das obige Beispielgedicht zeigt, werden im 17. Jahrhundert intensiv verschiedenste Stilmittel eingesetzt. Als **wichtigste sprachliche Gestaltungsmerkmale der Barocklyrik** gelten (vgl. Szyrocki 1997, 56–63):

- die insistierende Nennung
- die Häufung: Aufzählung einzelner Teile (*enumeratio partium*), Wiederholung, asyndetische Reihung, Parallelismus, Periphrase, Amplifikation usw.
- das Wortspiel (*concetto*), die Klangmalerei
- die Antithetik
- die Hyperbel
- die Pointe
- die Anrede
- die extensive Bildlichkeit

Als »**insistierende Nennung**« bezeichnet Conrady (1962, 128 f.) die Erweiterung einer Aussage durch eine wiederholte, aber variierte Nennung (*amplificatio*). Das Gesagte wird gewissermaßen von verschiedenen Seiten eingekreist. Manchmal enthält die insistierende Nennung auch eine Steigerung. Als gutes Beispiel für dieses Stilmittel liest sich das erste Quartett des Sonetts *An die Sternen* von Gryphius:

> Ir Lichter / die ich nicht auff Erden satt kan schauen /
> Ihr Fackeln / die ihr Nacht und schwartze Wolcken trennt
> Als Diamante spilt / und ohn Auffhören brennt;
> Ihr Blumen / die ihr schmückt des grossen Himmels Auen:
> (Gryphius: *Gedichte*, 7)

Diese variierte Anrede ist freilich eine eher zurückhaltende Variante der insistierenden Nennung. Geradezu manisch wird sie in der galanten Lyrik verwendet, die auf diese Weise – in der Tradition des Petrarkismus (s. Kap. 5.2) – das Besondere einzelner Körperteile der Angebeteten ›einkreisen‹ kann. So nimmt das Lob weiblicher Brüste in einem Rollengedicht Celanders (Johann Georg Gressel ?) aus dem Jahre 1716 etwa 140 (!) Verse ein. Die variantenreiche insistierende Nennung beweist die *argutia* (Scharfsinnigkeit) des Sprechers. Er belegt damit seine Vielfalt an Ausdrucksmöglichkeiten. Wie kaum in einem anderen Bereich der Literatur wird hier im quantitativen Feld die vermeintliche Qualität der Dichtung bestimmt.

Bei Hoffmannswaldaus Gedicht *Auff den mund* ist die variantenreiche Benennung zum dominierenden Prinzip erhoben. Das Gedicht besteht aus zehn Versen, in denen der Mund angerufen und durch eine Metapher erfasst wird. Solche *argutia*-Vorführungen, welche auch die Breite des *inventio*-Vermögens belegen, werden *Ikon*-Gedichte genannt. Drei beliebige Zeilen des Gedichts seien zitiert:

> Mund! der viel süsser ist als starcker himmels-wein /
> Mund! der du alikant [= süßer Wein] des lebens schenckest ein /
> Mund! den ich vorziehn muß der Inden reichen schätzen / [...].
> (*Gedichte des Barock*, 276)

Der Mund erscheint als Seelenstimulator, Lebensspender, als Stärkungswerkzeug, als vergnügte Blüte, als Rose, als durch Quellen der Grazien benetzt, als Korallen-Mund, als Purpur und noch als einiges mehr. Aber Kontur oder Individualität gewinnt der Mund dadurch nicht. Im Gegenteil: Das artistische Spiel lenkt die Aufmerksamkeit weg vom Signifikat und räumt der Variation des Signifikanten alle Aufmerksamkeit ein. Denn der Mund wird zehn Mal in identischer Weise angerufen. Der exzessive Metaphern-Gebrauch, die Reihung, entfernt den Gegenstand, statt ihn näher zu bringen. Das Verfahren führt hier also zur Lockerung der Beziehung von Wort und Sache, von Zeichen und Bezeichnetem.

Anders als Texte, die mit der insistierenden Nennung ein Thema fokussieren, wirken Gedichte, die mit **Häufungen** arbeiten, nicht selten wie Kataloge (Baßler 1997). Ein Stichwort – im folgenden Fall der »Wechsel menschlicher Sachen« – rechtfertigt die unstrukturierte Aufzählung von Elementen. Die Anordnung der Lexeme ist im Extremfall beliebig. Sie kann aber – wie unten – durch formale Gesichtspunkte (Reim, Rhythmus, Versmaß) gesteuert werden. Das *Wechsel*-Gedicht (1671) stammt von Quirinus Kuhlmann; auffällig sind die Langzeile und die schier endlose Folge von betonten Silben:

> Auf Nacht / Dunst / Schlacht / Frost / Wind / See / Hitz / Süd / Ost / West / Nord / Sonn /
> Feur und Plagen /

Folgt Tag / Glantz / Blutt / Schnee / Still / Land / Blitz / Wärmd / Hitz / Luft / Kält /
Licht / Brand / und Noth:
(*Gedichte des Barock*, 268 f.)

Die Aufzählung geschieht durchaus in performativer Absicht; der »Wechsel menschlicher Sachen« wird im Sprechen durch die jeweils neu einsetzende Betonung
›hörbar‹. Die willkürliche Reihenfolge der genannten Ereignisse und Vorkommnisse
illustriert den Wechsel, die Vergänglichkeit, das Wirken der Fortuna und die Dunkel-
heit der *providentia dei* (der Vorsehung Gottes). Die extreme Rhetorik des Gedichts
und nicht die Semantik der einzelnen Begriffe trägt also zum Verständnis des Textes
bei. Mit der Verlagerung des Sinns von Redeschmuck – vom bloßen Ornat zum Be-
deutungsträger – rückt die Artistik der Lyrik in den Vordergrund.

Gegen Ende des 17. Jahrhunderts sind zwei Tendenzen bemerkbar: die weitere
Intensivierung rhetorischer Mittel, was gerne als Indiz für den Schwulst-Stil genommen
wird (Windfuhr 1966, Schwind 1977), und – als Gegenbewegung – die ›Versachli-
chung‹ des Stils im Kontext eines neuen Natürlichkeitsideals.

Deutlichster Ausdruck der zweiten Tendenz ist die so genannte **Prosakonstruktionsregel** in Christian Weises *Curiösen Gedancken Von Deutschen Versen* (1692):

> Welche Construction in prosâ nicht gelitten wird / die sol man auch in Versen darvon
> lassen. Das Fundament dieser Regel muß è natura germanicæ lingvæ gesucht werden.
> [...] Hingegen müssen wir uns in allen Reden so genau an die rechte Construction
> binden / daß wir leicht schliessen können / was vor ein grosses Stücke der Lieblichkeit
> abgehen muß / wenn die Wort so eines hefftigen Zwanges gewohnen sollen. (*Poetik
> des Barock*, 228 f.)

Die Regel besagt, dass nur solche grammatischen Konstruktionen in Versen verwendet
werden dürfen, die auch in Prosa möglich wären. Weise begründet diese – übrigens
heute von kaum einem Lyriker akzeptierte – Regel mit der Eigenart des Deutschen. Die
Sprache vertrage keinen Zwang. Weises Verdikt findet auch in den galanten Diskurs
Eingang. Erdmann Neumeister zitiert sie zum Beispiel 1707 in seiner maßgebenden
Poetik (*Der galante Stil*, 30).

Bildlichkeit

Der Bildlichkeit (s. Kap. 4.4) kommt in der Barocklyrik »eine besondere Bedeutung«
zu (Meid 1986, 42); sie ist eines ihrer hervorstechendsten Merkmale, freilich auch
eines ihrer umstrittensten (Windfuhr 1966). Typisch für die Verwendung der Bilder
in der Barocklyrik ist, dass ihre Bedeutung in der Regel festgelegt ist. Sie gehören
zu einem riesigen Wissens-Fundus, auf den zurückgegriffen werden kann. Sie sind
in Emblemsammlungen, Handbüchern und Poetiken verzeichnet und durch poetische Texte in den Diskurs eingeführt. Bei Allegorien und Emblemen ist insofern
der Verwendungsspielraum relativ klein; das hindert die Poetinnen und Poeten
aber nicht daran, ein Bild immer wieder zu variieren und mit neuen Nuancen zu
präsentieren.

Vier Möglichkeiten, die lyrische Sprache bildlich zu gestalten, lässt das 17. Jahrhundert vorwiegend zu:

- Metapher
- Metonymie

- Allegorie
- Emblem

Gegen Ende des Jahrhunderts nimmt die Bedeutung dieser Stilmittel deutlich zu. Dies betrifft die Anzahl der verwendeten Bilder sowie ihre Qualität, nämlich ihre entlegene Herkunft, ihre absichtliche Verrätselung und ihre pathetische Präsentation. Windfuhr hat die Bildlichkeit aber auch als »Ausdruck eines ausgeprägten Sensualismus« (1966, 235) verstanden. Inspiriert wurde die überladene Bildlichkeit vom Stil der spanischen und italienischen Manieristen (Gracián, Góngora, Tesauro, Marino); ihr entgegen steht das Gebot angemessener Bildverwendung im Geiste der französischen *doctrine classique* (der poetischen Bestimmungen der französischen Klassik) und der Poetik von Opitz.

Die **scharfsinnige Metaphorik** trägt – nach den Vorstellungen der Zeit – zur Aufwertung der Texte bei. Nicht selten verschwindet dabei der konkrete Bildbereich der einfallsreichen Metapher hinter dem entlegenen und erlesenen Lexem: »Es scheint du heissest mich auff tuber-rosen gehen [...]«, heißt es in einem Gedicht *An Flavien* von Hoffmannswaldau (*Der galante Stil*, 54). Die Rose symbolisiert die Liebe; das Bild »tuber-rose« (= Agave) verspricht aber gegenüber der gemeinen Rose in dieser Hinsicht keinen eigentlichen semantischen Gewinn. Zum einen erscheint das fremde Lexem und nicht das Bild ›scharfsinnig‹ (im Sinne der *argutia*-Vorstellung). Und zum anderen verschieben die Eigenschaften der Tuberosen (*Polianthes tuberosa*) die Symbolik: Erotisches wird möglicherweise im Bild konnotiert, wenn der stärkere Duft der Tuberosen als Nebenbedeutung des sprachlichen Zeichens angesehen wird. Genau genommen wirkt das Bild indes schief: Denn auf der Agavenpflanze statt auf Rosen zu laufen, wird der Sprecher – wegen des starken Geruchs und der Konsistenz der Pflanze – sicher eher als unangenehm empfinden. Diese Bedeutungsnuance dürfte also kaum intendiert sein.

Im Kontext der spätbarocken Galanterie und des Petrarkismus wirken – schon auf den ersten Blick – viele der verwendeten **Metonymien** überzogen. Kunstvoll treten immer neue Körperteile an die Stelle der begehrten Frau oder des erotisierten Mannes: »Auge, lippe, brust und schooß / Sind wieder loß« (*Der galante Stil*, 95), reimt etwa Christian Hölmann (1677–1744).

Die Verwendung von **Allegorien** (Alt 1995, 162 ff.; Wiedemann 1979/2005) und die **Versprachlichung von Emblemen** (s. Kap. 4.4) sind auf eingeführte Bedeutungen angewiesen. Walter Benjamin definiert die Allegorie deshalb als »Ausdruck der Konvention« und »Ausdruck der Autorität« (^{2}1982, 153). Ein allegorisches Verhältnis zwischen Zeichen und Bezeichnetem ist ein für den Leser und Schreiber willkürlich festgelegtes, kein ›natürliches‹, und deshalb sind prinzipiell viele verschiedene allegorische Bedeutungen möglich – die barocke Allegorie ist ambivalent (Drügh 2000a, 1019; Drügh 2000b; Wiethölter 1994, 1998/1999). Viele Barockgedichte setzen die Kenntnis eingeführter emblematischer und allegorischer Bedeutungen einzelner Bilder voraus, sie spielen aber auch mit den möglichen anderen Bedeutungen dieser Bilder.

Embleme erschließen einen meist abstrakt und rational behandelten Gegenstand; so versteht man im 17. Jahrhundert das Schiff als Bild für das menschliche Leben oder den Staat. Nicht immer erscheint das Emblematische so deutlich wie im Sonett *Einsamkeit* von Andreas Gryphius; hier die Quartette:

> IN dieser Einsamkeit / der mehr denn öden Wüsten /
> Gestreckt auff wildes Kraut / an die bemoßte See:
> Beschau' ich jenes Thal und dieser Felsen Höh'

Auff welchem Eulen nur und stille Vögel nisten.
Hir / fern von dem Pallast; weit von des Pövels Lüsten /
Betracht ich: wie der Mensch in Eitelkeit vergeh'
Wie / auff nicht festem' all unser Hoffen steh'
Wie die vor Abend schmähn [meiden] / die vor dem Tag uns grüßten. [...]
(Gryphius: *Gedichte*, 13)

Eine moderne Lesart, die im ersten Quartett vielleicht eine Landschaft beschrieben sähe, würde nicht den Kern des Gedichts erfassen (Mauser 1982, 233). Im Zentrum steht ein Ich, das melancholisch die Vergänglichkeit der Welt und die Eitelkeit menschlichen Strebens betrachtet. Die einzelnen Elemente des betrachteten Bildes stehen für festgelegte Bedeutungen; dabei ist es unerheblich, dass sie – in der außerliterarischen Realität – nicht zusammen passen (Wüste, See, Palast). Die Elemente und ihr Zusammenspiel sind emblematisch erschließbar. Sie illustrieren jeweils für sich einen Teilaspekt der dargestellten menschlichen Situation.

Nehmen wir ein Element heraus: Eulen sind im 17. Jahrhundert ein beliebtes Zeichen in Emblemen. Das Handbuch von Schöne/Henkel (*Emblemata* 1996, 889 ff.) notiert etwa 20 einschlägige Darstellungen. Ein Emblem mit dem Motto SORTEM NE DESPICE FATI (»Den Schicksalsspruch verachte nicht!«, *Emblemata* 1996, 891 f.) aus dem III. Teil des verbreiteten Emblembuchs von Joachim Camerarius (1534–1598), das 1605 in einer Gesamtausgabe herauskam, geht vermutlich auf eine Passage in Vergils *Aeneis* (XII, 853 ff.) zurück. Dort wird beschrieben, wie sich die Tochter der Nacht zu einer Eule wandelt, die, wenn es dunkelt, auf Gräbern oder verlassenen Dächern sitzt und mit klagender Stimme zu hören ist. Schon in der *Aeneis* ist sie ein Sinnbild für die menschliche Furcht vor Krankheit, Krieg und Tod. Das Emblem zeigt die *pictura* einer Eule auf einem Sarkophag inmitten einer Einöde; am rechten Bildrand – weit weg – ahnt man einen Palast oder ein Stadttor, vielleicht auch eine Ruine.

Joachim Camerarius: SORTEM NE DESPICE FATI [Eulenbild auf einem Sarkophag?], in: Symbolorvm & Emblematum, Nürnberg 1596, Nr. 77, zit. *Emblemata* 1996, 892.

Die *subscriptio* erläutert folgendermaßen den Sinngehalt des Bildes:

Non temere, quicunque sapit, laeva omina spernit,
Cum ferat et spretum saepius exitium.

(Wer weise ist, verachtet nicht einfach Unglückszeichen;
denn auch das Unbeachtete bringt oftmals den Tod.
Emblemata 1996, 892)

Der Einsame hat die *subscriptio* offenbar verinnerlicht: Für ihn sind die Eule, das wilde Kraut, die Wüste und die Felsen Anlass, um über die menschliche Vergänglichkeit nachzudenken. Die im Emblem ausgedrückte Distanz zwischen menschlicher Behausung und der Eule auf dem Sarkophag kehrt im Gedicht wieder. Die Zivilisationsferne ermöglicht erst die Reflexion. Im Besinnen erscheint das arbiträre Zeichen als Sinnbild. Im Emblem wird dieser Zusammenhang dadurch ausgedrückt, dass die Eule in der *pictura* selbst als Bild erscheint. Die Eule ist kein beliebiger Vogel, sondern ein Unglückszeichen, das der Weise zu deuten weiß. Und wenn er es richtig liest, es »eigentlich erkant« hat (Gryphius: *Gedichte*, 13), schwindet die Furcht vor der Vergänglichkeit. Denn dann sieht der Weise, dass dem wechselnden Glück nur das Vertrauen auf Gott begegnen kann.

Auch die Form des Sonetts legt eine emblematische Struktur nahe: Der Titel erscheint dann analog der *inscriptio*, die darstellenden Quartette analog der *pictura*, und in den Terzetten können Funktionen der *subscriptio* gelesen werden. Tatsächlich enthält das *Einsamkeits*-Sonett im Bereich der Quartette und des ersten Terzetts bildliche Elemente, während das letzte Terzett diese Bildlichkeit pointiert interpretiert. Wie im Emblem deutet schon die bildliche Umsetzung das Lemma aus; die letzten Verse bringen es auf den Punkt:

Der Mauren alter Grauß / diß ungebau'te Land
Ist schön und fruchtbar mir / der eigentlich erkant /
Daß alles / ohn ein Geist / den Gott selbst hält / muß wancken.
(Gryphius: *Gedichte*, 13)

Die Ruinen der Zivilisation und die wüste, nicht urbar gemachte Natur selbst sind für den wissenden Sprecher im Gedicht verständlich; ja, sie sind sogar schön und fruchtbar, weil sie auf Gott als den Grund der Schöpfung verweisen. Die Wendung zu Gott macht, dass die hässlichen und unfruchtbaren Dinge Sinn bekommen. Seine Anwesenheit bringt für den Betrachter eine Umwertung weltlicher Werte. Hierin liegt der *sensus spiritualis* (der geistliche Sinn) der *pictura*.

Eine Eigenart der Barocklyrik ist die Verwendung von Bildern auf der Schrift-Ebene. Erst in der Konkreten Poesie wird wieder ähnlich spielerisch die druckgraphische Präsentation des Textes als Möglichkeit der Bedeutungserzeugung genutzt wie in den **Bilder- und Figurengedichten** (nach lat. *carmen figuratum*) des 17. Jahrhunderts (Plotke 2009). Sie sind lyrische Texte, die im Schrift- oder Druckbild den Gegenstand nachbilden, der inhaltlich evoziert wird. Sie erfreuen sich in der Barockzeit einer relativ großen Beliebtheit und werden in den deutschen Poetiken seit Schottels *Teutscher Vers- und Reimkunst* (1645) diskutiert. Horaz' Formel »ut pictura poesis« (*De arte poetica*, v. 361) wird im poetologischen Diskurs als Anweisung interpretiert, poetische Gemälde in den Gedichten zu realisieren (s. Kap. 4.4). Die Figurengedichte radikalisieren den sich aus der Formel ergebenden Grundsatz, dass Poesie und Bildkunst von gemeinsamen ästhetischen Prinzipien ausgehen können. Sie verbinden ausdrücklich beide Künste in einem Werk. Metrische Vorgaben gibt es für Figurengedichte nicht.

Ein häufig zitiertes Beispiel (*Gedichte des Barock*, S. 160):

JOHANN HELWIG

Eine Sanduhr.

O Menschenkind beacht doch diese Warnung hier/
so dir bezeugt den Lauf deins Lebens für und für!
Bund/ * Unser Leb. schau/ ringet stets im Kampf/ * Tod/
bunt/ waß es läg gewärt / ists ein bloßer Dampf. Glück/
Geld   Hoffen uns erhält/ Harm uns ernehrt ;   Noht/
schalle/   Kummer/ krankheit/ sorg verzehrt.   tütt/
Weld/   wie im Glaß geschwind   schnell
walle :   klarer Sand durchrinnt/   fält.
helle   so alhier vergehet/   wie
Freud/   nicht bestehet   Wind/
belle   um und um   hie
Neid.   ûsers Lebens Ruhm.   sind
Blut/   Ach! der blasse Tod/   pracht/
Mueh/   ist ein Both   Macht.
frisch   wol   bezûglet/   Zeit
steht/   und gar schnellgeflûglet/   alt/
risch   gibet uns gar schlechte Frist ;   schaß
geht ;   uns zu fellen sich stets rûst.   bald
hier   heut vor Abends trohe er mir/   leid/
höhn/ Morgen kommet er/und klopft deine Thûr. Freud ;
Zwier es hilft kein gewalt/es hilft nicht d' pracht. Feind/
Lohn. * Schön klug reich uñ stark jener nur verlache. * Freund.
Drum/Mensch/ bedenk es wol/ blaib wachsam und gerûst:
klug seyn / und nicht viel Jahr die Ehr des Alters ist.

Das Gedicht *Eine Sanduhr* (1650) von Johann Helwig (1609–1674) spricht von sich selbst als »Warnung«. Es thematisiert wie das *Einsamkeits*-Sonett von Gryphius die Vergänglichkeit und die Nichtigkeit menschlicher Dinge. Unweigerlich führt das Leben zum Tod, der graphisch im Zentrum des Zeitglases steht. Als Lehre des Gedichts erweist sich einerseits das *carpe diem*, andererseits ein Aufruf zur Klugheit und Wachsamkeit. Dem, der den Tag sinnvoll nutzt, verlängert sich sein Leben.

Themenbereiche

Die beiden zuletzt genannten Gedichte befassen sich mit dem wichtigsten Themenkreis der **weltlichen Lyrik** in der Barockzeit, dem Zusammenhang von *vanitas* (Eitelkeit), Vergänglichkeit, *memento mori* (Gedenke des Todes) und *carpe diem* (Nutze den Tag). Die Jenseitsperspektive des Vergänglichkeits-Themas zeigt, wie schwer weltliche und geistliche Lyrik im 17. Jahrhundert zu trennen sind. Auch die weltliche Lyrik befasst sich mit theologischen Implikationen; sie finden sich bei der Behandlung politischer und historischer Ereignisse (von dem Werder: *Magdeburg*), in Liebesgedichten (Weckherlin: *An meine erste L. ...*) oder panegyrischen Gedichten (Dach: *Einzugs=Lied*). Die letztgenannten Themen – Geschichte, Liebe, Huldigung

– sind, neben dem Land- und Hirtenleben (*Pegnitz-Schäfer*), die dominierenden der weltlichen Lyrik. Das Hofleben und seine Laster sind nicht selten Gegenstand der Kritik (Logau); auf den höfischen Bereich konzentriert sich aber auch die Gelegenheitsdichtung (Schilling 1999, Segebrecht 1977).

Gerade das Feld der **Kasuallyrik** (Keller u.a. 2010) ist im 17. Jahrhundert ausgesprochen weitläufig: Es umfasst unter anderem Hochzeitsgedichte, Texte auf die feierliche Ankunft eines gekrönten Hauptes, auf Geburten, Todesfälle, Taufen, Reisen, Verträge sowie Dankes-, Lob- oder Bittgedichte. In der weltlichen Lyrik werden im Allgemeinen private und alltägliche Begebenheiten, subjektive Erlebnisse und Gefühle sowie wirtschaftliche Probleme und häusliche Angelegenheiten nicht behandelt. Auch die ästhetisch und ganzheitlich gesehene Landschaft ist im 17. Jahrhundert in Gedichten noch nicht anzutreffen. Allenfalls werden einzelne allegorisch ausdeutbare Naturelemente in den Texten evoziert.

Die **geistliche Lyrik** (Scheitler 1982, 1984 u. 1999; v. Ingen/Moore (Hg.) 2001) umfasst vor allem das protestantische, reformierte und katholische Kirchenlied, die Psalm- und Hohe-Lied-Übersetzungen, einige – zum Teil polemische und satirische – Streitgedichte sowie die bedeutende Lyrik der Barockmystik (vgl. Kemper 1988, III). Dort reicht der thematische Rahmen von der Christusminne über magische und alchemistische Elemente bis hin zum Pantheismus und zur Häresie. Die Unterscheidung zwischen geistlichen und weltlichen Poemata war in der Barockzeit genauso üblich wie die Sammlung in so genannten ›Poetischen Wäldern‹ (s.o.).

5.2 Deutsche Barocklyrik im europäischen Kontext

Bis heute werden die einschlägigen Darstellungen der Barocklyrik nicht müde, die »deutsche Verspätung« im Vergleich zu den europäischen Nachbarn zu betonen. »Hatte man doch den entscheidenden Schritt versäumt, dem die Literaturen der süd- und westeuropäischen Länder ihren Aufstieg verdankten: die Erneuerung der volkssprachlichen Dichtung auf humanistischer Basis« (Meid 1986, 1). Die »eigentümliche Spätentwicklung« der deutschen Lyrik des 17. Jahrhunderts wird gerne als »auffallendes Merkmal« (Browning 1980, 11) verstanden. Solche Urteile gehen erstens vom Ideal einer muttersprachigen Nationalliteratur aus, und zweitens dient ihnen die implizit vorausgesetzte Originalität als Maßstab – also ein Wert, der erst seit dem späten 18. Jahrhundert Geltung beansprucht. Zudem sind solche nationalen Vergleiche wegen der ganz anderen Rahmenbedingungen sowieso fraglich.

Auf einigen Gebieten konnte die in Deutschland produzierte Literatur im europäischen Vergleich mühelos mithalten: in der lateinisch verfassten Poesie und wohl auch in der – keineswegs als zweitrangig empfundenen – Imitation antiker, italienischer und französischer Vorbilder. Beides, die deutsch-lateinischen Gedichte und die übersetzten Vorbilder wirkten maßgebend auf die deutschsprachige Poesie. Ihren »Einfluß« bezeichnet Browning gar als »allumfassend« (ebd., 14). Trotz der Emanzipation des Deutschen im Bereich der Dichtung, von der seit Opitz' *Buch von der Deutschen Poeterey* die Rede sein kann, bleibt die Poesie »kosmopolitisch« (Baasner 1999, 518). Diesen Vorteil behält sie, weil sie europäisch geltende – humanistisch geprägte – Kunstideale übernimmt und in weiten Teilen auf ›deutsche‹ Sonderwege verzichtet.

Lateinische Barockpoesie

Latein war im 16. und 17. Jahrhundert die Gelehrtensprache (Niefanger 1996); und da sich die Poeten in erster Linie als Gelehrte empfanden, erscheint es verständlich, dass sie lateinisch dichteten. Jedenfalls zu einem nicht geringen Teil. »[W]ir redten gut Latein« und »schlugen« unser Deutsch dafür »in« den »Wind«, heißt es überspitzt formuliert in einem Gedicht von Opitz auf den Niederländer Daniel Heinsius (*Gedichte des Barock*, 19), in dem er die Forderung nach einer gleichrangigen muttersprachigen Poesie erhebt. Denn in der Gelehrtensprache gab es auf deutschem Boden eine angesehene Dichtung.

In Latein wurden von deutschen Autoren schon im späten 15. und 16. Jahrhundert »Leistungen von europäischem Rang erreicht« (Meid 1986, 3). Den Humanisten Conrad Celtis (1459–1508) krönte der Kaiser gar 1487 als ersten Deutschen zum *poeta laureatus* (s. Kap. 4.5). Auch Ulrich von Hutten (1488–1523) gehört zu den bis heute bekannten Dichtern lateinischer Sprache in Deutschland. Paul Schede (= Paulus Melissus, 1539–1602) gilt als »einer der formvollendeten Künstler der neulateinischen Poesie« (Ijsewijn 1991, 293), der sich durch besonders große Belesenheit der zeitgenössischen europäischen Dichtung auszeichnet. Conrad Celtis, Laurentius Corvinus, Heinrich Bebel und Georg Fabricius publizieren lateinische Poetiken.

Die lateinische Literatur im 17. Jahrhundert, die in Deutschland entstand, konnte sich also auf nationale Vorbilder berufen. Von der großen lateinischen Lyrikproduktion in der Barockzeit sind etwa Janus Gruters Sammlung der *Delitiae Poetarum Germanorum*, Andreas Gryphius' lateinische Jugendgedichte (Neuausgaben 1938 u. 1961), Paul Flemings *Suavia* (1631) und seine *Epigrammata Latina* (1649), *Deliciae veris et aestatis* (1640) von Johannes Bissel oder die *Mirantische Maul-Trummel* (1699) von Laurentius von Schnüffis (= Johann Martin) zu nennen.

Der Jesuit **Jacob Balde** (1604–1668) kann als der »bedeutendste Neulateiner des 17. Jahrhunderts« (Szyrocki 1997, 185; Stroh 2004; Burkard u.a. (Hg.) 2006) bezeichnet werden. Von den Zeitgenossen erhielt er – wohl auch, weil ihm der Römer als Muster und Vorbild diente – den Ehrentitel »deutscher Horaz« (Kühlmann 1982, 190). Zum 400. Geburtstag im Jahr 2004 wurde er mit Ausstellungen in München und Neuburg an der Donau gefeiert (Hess u. a. 2004). Er arbeitete seit 1622 in bayerischen und österreichischen Ordenskollegien (München, Innsbruck, Ingolstadt, Landsberg und Neuburg a. D.), war Priester, Rhetorik-Professor, Prinzenerzieher, Hofhistoriograph und Hofprediger. 1638 publizierte Balde ein hundertstrophiges Vanitas-Gedicht (*Poema de Vanitate mundi*). Seit 1643 erschien seine Gedichtsammlung *Lyricorum libri IV, Epoden liber I*, ein Band mit Gelegenheitsgedichten, *Sylvae* (1643–46), und 1647 seine Marien-Oden. Von Jacob Balde sind auch deutschsprachige Gedichte bekannt, die aber anders als die lateinischen in die heutigen Barocklyrik-Sammlungen nicht mehr aufgenommen werden.

Die Rezeption der lateinischen Werke Baldes beschränkte sich nicht nur auf den katholischen Bereich, sondern war überkonfessionell; so wird Balde schon bald vom Lutheraner Gryphius übersetzt und auch der Protestant Johann Gottfried Herder widmet ihm einen Band (*Terpsichore*, 1795). Bei einem Vergleich eines Balde-Originals mit der Übersetzung von Gryphius wird deutlich, dass sich auch das Stilideal ändert. Als Beispiel sei der Anfang von *Enthvsiasmus. In Coemeterio considerantis Mortem* vorgestellt, den Gryphius mit *Entzückungen / als er auff dem Kirchhoff / den Tod und die Gebeine der Verstorbenen* übersetzt:

Balde:

Vt se feroces denique littori
Strauere fluctus! compositis minae
Velis, & humani modesto
Aequore detumuere fastus!
Marcent quieto cuncta silentio.

Gryphius:

Wie schläfft der tolle Sturm / der vngeheuren Wellen
So sanfft an diesem Strand? Der Segel grimmes Prellen
Vergeht / der Menschen Wahn vnd auffgeschwelte Pracht /
Ist auff der gleichen Flutt in feste Ruh gebracht.
(Schöne (Hg.) ³1988, 241 u. 243).

Durch die Wahl des Alexandriners wird eine Ausschmückung der eher kargen lateinischen Verse möglich. Insistierende Epitheta werden hinzugefügt.

Ein besonderes Verdienst kommt Balde in der politischen Lyrik zu. Viele seiner Texte befassen sich mit dem moralischen und kulturellen Verfall des Vaterlandes; sie beklagen die Zerrissenheit Deutschlands. Kühlmann hat als ein bedeutendes Beispiel dieser Lyrik Baldes *Wallenstein*-Gedicht interpretiert (1982, 190–197). Es ist zwar kein katholisches Propaganda-Gedicht; aber die Verse sind aus kaiserlicher Sicht verfasst worden. Deshalb ist die Perspektive, bei aller Distanz und trotz der Einbettung in allgemein politisch-historische Überlegungen, eine kritische. Der Duktus des Gedichts erscheint als »meditierend-reflektierende[r]« (ebd., 192). Als Ausgangspunkt wählt der Sprecher ein Gespräch mit einem Freund. Ihm werden zur Bewertung der Figur Wallensteins und seiner Eigenschaften historische Beispiele und Mythologeme vorgeführt. Schließlich kommt er zu einem Fazit:

Balde:

His, Alberte, viris annumerabere,
Bellorum vapor ac foeda catastrophe,
Fortunae pila quondam et
Magni fabula nominis

Herder:

Zugezählet wird einst diesen Geschichten auch
Wallenstein. Wie ein Dampf flammet' er und erlosch,
Er, ein Ball des Glückes,
Er, ein Märchen erhabner Macht.
(ebd., 188 f.)

Baldes Gedicht macht deutlich: Der Tod Wallensteins vollzieht nur, was sich aus seinem Verhalten im Leben ergibt. Das Sterben erscheint hier als »Urteil über eine bereits zu Lebzeiten verwirkte Existenz« (ebd., 194). Auf die Höhe des Ruhms folgt der tiefe Fall. Auch die Großen sind nur eine Spielball der Fortuna; ihre Macht wird als Fabel gesehen – als Täuschung und als Teil der literarischen Überlieferung. Dass auch die letztgenannte Nuance des Begriffs gemeint sein könnte, ergibt sich aus der Anlagerung der tradierten Mythologeme (Pluto, Charon) und überlieferten historischen Exempel (Hannibal, Krösus, Sejanus) im Gedicht. Sie führen vor, wie Geschichte vertextet wird, nämlich als Exempel für spätere Fälle.

Übersetzungen

Übersetzungen und Übertragungen erscheinen im 17. Jahrhundert nicht nur statthaft; sie sind auch künstlerisch wertvoll, oft sogar genauso wertvoll wie das Original. Wenn die Nachahmung der literarischen Vorbilder (*imitatio*) gut gemacht ist, fördert sie das Ansehen der muttersprachlichen Poesie; sie zeigt, dass sie fähig ist, auf hohem Niveau Vergleichbares zu leisten. Übertragungen haben zudem eine patriotische Stoßrichtung, da sie die Muttersprache ›adeln‹. In der Regel wird nämlich nur angesehene Poesie übersetzt; das Übertragene ist gewissermaßen schon erprobt worden.

Die übersetzte Poesie dient auch und besonders dazu, Vorbilder anderer Sprachen, insbesondere aber antike Autoren und Renaissance-Dichter, in Deutschland bekannt zu machen bzw. sich an diesen zu schulen. Die Barockpoeten waren der – keineswegs falschen – Meinung, im Nachvollzug könne am besten gelernt werden. Hatte doch schon Horaz verlangt, immer wieder die Alten, die Klassiker zu lesen, um zu lernen (*De arte poetica*, v. 268 f.); ins gleiche Horn stößt Du Bellays wirkungsmächtige Programmschrift der Pléiade (*Deffence et Illustration de la Langue Françoyse*, 1549). Die Pléiade war die bedeutendste Dichterschule der französischen Renaissance; Mitglieder waren neben Du Bellay unter anderem Ronsard, Tyard und Peletier. Ihre poetologischen Texte wurden in Deutschland rezipiert, ihre Oden und Sonette übersetzt.

Georg Philipp Harsdörffer hat im dritten Teil seines *Poetischen Trichters* (1647–1653) der Nachahmung und »Dolmetschung« fremdsprachiger Poesie ein ganzes Kapitel gewidmet, in dem er Übersetzungsfragen klärt, die auch heute noch relevant sind. So fragt er, wann wörtlich übersetzt, wann andere Bilder verwendet oder ob die rhetorischen Figuren übernommen werden sollen. Für Harsdörffer steht fest, dass der Dichter und Redner »erstlich andre wolgestelte Reden oder Gedichte lesen / ihre wolgeführte Wort beobachten / ihnen die Meisterstreiche / die zierlichen Figuren / die natürlichen Beschreibungen / Wortgleichheit / Gegensätze etc. ablernen [...]« muss (*Poetik des Barock*, 138). Der *Poetische Trichter* empfiehlt den Lernenden, sich »frembder Poeten Erfindungen« zu bedienen; dies sei »ein rühmlicher Diebstal« (*Poetischer Trichter* I, 102). Die deutsche Lyrik begreift sich zu Beginn des Jahrhunderts in der Lernphase. Die Übersetzungen der Gedichte Pierre de Ronsards, die Weckherlin und Opitz vorlegen, die Übertragung des Spaniers Jorge de Montemayor durch Johann Ludwig Kueffstein oder die vielen Petrarca-Verdeutschungen sind Beispiele für die Präsentation europäischer Lyrik in Deutschland (*Übersetzungen*, 39–115).

Petrarkismus

Eines der großen literarischen Gebiete, auf die sich die barocke *imitatio* konzentriert, ist der Petrarkismus. Die deutschen Dichter nehmen zwar an dieser europäischen Poesie-Mode anfangs kaum mit Originalbeiträgen teil und auch später sind originelle

Produktionen eher Mangelware, doch verbreiten sie den Petrarkismus in Deutschland durch Übersetzungen und Nachdichtungen (Aurnhammer (Hg.) 2006). Er wird nicht nur über die Gedichte des Italieners Francesco Petrarca (1304–1374), sondern auch über vermittelnde Autoren rezipiert. Die wichtigsten Zwischenstationen sind der neuere italienische Petrarkismus (Bembo, Guarini, Marino), neulateinische Nachdichtungen beziehungsweise Übersetzungen (Scaliger, Heinsius, Grotius) sowie Adaptationen aus dem Umfeld der französischen Pléiade-Dichtung (Ronsard) und des spanischen Petrarkismus (Montemayor). Petrarkistische Dichtungen gab es darüber hinaus in England (Wyatt, Gascoigne, die *metaphysical poets*: etwa Donne) und in den Niederlanden (Heinsius, Hooft).

Der Petrarkismus ist in erster Linie eine besondere Form der Liebeslyrik, die man vorzugsweise im Sonett vorbrachte. Die petrarkistische Poesie geht letztlich auf die 366 Gedichte des *Canzoniere* (1356 ff.) von Francesco Petrarca zurück, die dieser an seine Geliebte Madonna Laura gerichtet hat (317 der *Canzoniere*-Gedichte sind Sonette). Veröffentlicht wurden sie erst 1470 in Italienisch. Häufigstes Stilmittel ist die Antithese, daneben tauchen das Oxymoron, die Hyperbel, das Paradoxon und der Chiasmus auf. Die festgelegten Motive, Form- und Stil-Elemente, sowie der spielerische Charakter der Liebeslyrik machen das **petrarkistische System** aus.

Als wichtigstes Merkmal dieses Systems muss die **antinomische Konfiguration Geliebte – Liebender** gesehen werden (Hoffmeister 1972, 1973). Die geliebte Frau ist so bezaubernd wie tyrannisch; sie wirkt zugleich erotisch anziehend und abweisend, ja, arrogant. Von vornherein scheint sie für den leidvoll Liebenden unerreichbar. Gleichwohl erhofft er Mitleid. Unzweifelhaft erscheint ihre göttliche Schönheit. Häufig werden einzelne Körperteile isoliert hervorgehoben und besonders besungen. Der Liebende verhält sich fast sklavisch; typisch ist sein schmachtendes, werbendes Klagen, sein irrendes Suchen. Aber seine Liebe muss prinzipiell unerfüllbar bleiben. Das Liebesstreben selbst wird gekoppelt an die Antithetik von Sinnlichkeit und Tugend sowie Befreiung und Verfallenheit.

Ein weiteres Merkmal sind die **festgelegten Motive und Bildelemente** des Petrarkismus, mit denen die Sehnsucht und der Liebesschmerz ausgedrückt werden. Der heißen, anschmiegsamen Liebe steht die Klage über die Härte und Kälte der Frau gegenüber (Forster 1969). Der Liebende legt sich auf eine Treue bis in den Tod fest; so wird im Gedicht Leben und Sterben antithetisch gesetzt. Der Tod kann aber auch als antizipierter Geschlechtsakt (*piccola morte*) gedeutet werden, wie in *An Lauretten* von Hoffmannswaldau:

> Und wer alsdenn nach meiner zeit
> Zu lieben dich wird seyn bereit /
> Und hören wird / wie ich gestorben /
> Wird sagen: Wer also verdirbt /
> Und in dem zarten schoosse stirbt /
> Hat einen sanfften tod erworben.
> (*Gedichte des Barock*, 278)

Die sich ständig selbst überbietende Naturmetaphorik bestimmt einerseits die unerhörte, geradezu kosmische Dimension der Liebe, andererseits erscheint die Verwendung von Naturelementen selbst eher stereotyp. Wie Einträge in einem Lexikon bezeichnen praktisch immer Korallen die Röte der Lippen, Edelsteine oder Quellen die Augen, der weiße Schnee die Haut, Bäche die Tränen oder Marmor und andere Steine die Kälte der Geliebten. Über die Natur deutet sich so der Selbstverlust des Liebenden an; das

Werben reduziert sich auf das sprachliche Ereignis, der Sprecher verschwindet hinter den evozierten Naturelementen. Als Trostmotiv finden sich Träume von der Geliebten und Erinnerungen an frühere Begegnungen mit der Angebeteten. Auch die Beschreibung von Rückzugsmöglichkeiten gehört zum petrarkistischen System. Fern von der Geliebten findet der Sänger Ruhe, Zeit für Reflexionen, Raum für Meditationen und einen Platz für seine verzehrende Einsamkeit. Vorbild ist Petrarcas Gut *Vaucluse* (»abgeschlossenes Tal«) bei Avignon. Zum System kann auch die Liebesabsage, der heroische Verzicht, gehören.

Ein immer wieder übertragenes und variiertes Gedicht Petrarcas ist das Sonett CXXXII des *Canzoniere*, dessen erste Strophe hier zitiert sei:

> S' amor non è, che dunque è quel ch'io sento?
> Ma, S'egli è Amor, per Dio che cosa e quale?
> Se bona, ond'è l'effetto aspro mortale?
> Se ria, ond'è si dolce ogni tormento?
> (Francesco Petrarca: *Canzoniere*, CXXXII)

Das Gedicht existiert in 14 Übertragungen in ganz Europa. Es wurde unter anderem von Antoine de Baïf ins Französische, von Juan Boscán in Spanische, von Thomas Watson ins Englische und von Martin Opitz ins Deutsche übertragen:

> Ist Liebe lauter nichts / wie daß sie mich entzündet?
> Ist sie dann gleichwol was / wem ist jhr Thun bewust?
> Ist sie auch gut vnd recht / wie bringt sie böse Lust?
> Ist sie nicht gut / wie daß man Frewd' auß jhr empfindet?
> (Opitz: *Gedichte*, 173)

Die Übersetzung trägt den Titel *Francisci Petrarchae*, ein Gedicht Francesco Petrarcas; es wird so als Mustersonett des großen Renaissance-Poeten in den *Deutschen Poemata* (1625) von Opitz platziert. Die Liebe wird im ersten Quartett allgemein als Paradox behandelt: Sie ist gleichermaßen Quelle des Glücks und des Elends. Die Argumentationsweise erinnert an eine Disputation, bei der das Für und Wider bedacht wird. Dass Opitz Petrarca nicht völlig kopiert, ist zum Beispiel am abweichenden Reimschema erkennbar. Es verläuft *abba cddc*, während es beim italienischen Vorbild *abba abba* lautet. Opitz verstößt damit gegen die im *Buch von der Deutschen Poeterey* aufgestellten Reimregeln für das Sonett (53). Das zweite Quartett bezieht die Liebesproblematik auf das Ich; der Liebes-Philosophie folgt deren Anwendung auf das Ich selbst, das jeweils in der Hebung des ersten Jambus hervorgehoben wird:

> Lieb' ich ohn allen Zwang / wie kann ich schmertzen tragen?
> Muß ich es thun / was hilfft's daß ich solch Trawren führ'?
> Heb' ich es vngern an / wer dann befihlt es mir?
> Thue ich es aber gern' / vmb was hab' ich zu klagen?
> (*Gedichte*, 173)

In diesem Quartett wird die eigene Erfahrung, die Empirie eingebracht. Doch auch diese konkrete Befragung endet im Paradox (Maché 1982, 131). Die Gegensätze sind nicht auflösbar. Die Mittelzäsur des Alexandriners wird für die Antithesen genutzt; jeder Position ist in der Regel ein Halbvers zugeordnet. Nach dem 8. Vers findet sich ein inhaltlicher Einschnitt. Das Argumentationsschema der Quartette hat hier sein Ende: Der Sprecher des Oktetts sucht mit seinen vier Doppel-Fragen nach einer verstandesmäßigen Erfassung der Liebe. Die beiden Terzette – das Sextett – bringen die

Lebens- und Gefühlszustände des Liebenden (Maché 1982, 129). Bei Betonung der unterschiedlichen Perspektive, die die Quartette bieten, ist ein triadischer Aufbau – nach dem Schema der pindarischen Ode: Satz/Gegen-Satz/Nachsatz – zu konstatieren.

> Ich wancke wie das Graß so von den kühlen Winden
> Vmb Vesperzeit bald hin geneiget wird / bald her:
> Ich walle wie ein Schiff das durch das wilde Meer
> Von Wellen vmbgejagt nicht kan zu Rande finden.
> Ich weiß nicht was ich wil / ich wil nicht was ich weiß:
> Im Sommer ist mir kalt / im Winter ist mir heiß.
> (*Gedichte*, 174)

Die gedankliche Erörterung hat sich in den Terzetten zur Gefühlsbeschreibung gewandelt. Das Sonett nimmt eine immer subjektivere Position ein und betont dadurch die Befangenheit des Ichs in seiner Liebe. Die beiden Terzette arbeiten dann vorerst nicht mehr antithetisch; zwei Zeilensprünge verändern deutlich die sich steigernde Rhetorik der Quartette. Jetzt sind längere Satzperioden möglich. Bilder und Embleme werden gebraucht: schwankendes Gras, stürmische See. Neues bringen noch einmal die letzten beiden Verse – sie gehören zu den meistzitierten Sätzen der Barockliteratur. Der Sprecher greift auf die Antithetik der Quartette zurück und bezieht das Paradoxon der Liebe auf den eigenen Seelenzustand. Ratlos zeigt sich der Sprecher des Gedichts in seinen Schlusszeilen. Konstruiert sind sie als wiederholter Chiasmus. Dem Sprecher fehlt angesichts seiner Liebesgefühle eine vernünftige Orientierung. Diese – das zeigt der letzte Vers – kann auch die stetig wiederkehrende Jahreszeit nicht mehr bieten. Die strenge Form und die etwas aufdringliche Rhetorik stehen freilich in einem deutlichen Kontrast zur formulierten Rat- und Sprachlosigkeit. Das Gedicht desillusioniert sich selbst gewissermaßen als Spiel. Es geht nicht um die Liebe, sondern um das Formulieren der Liebe, um die Liebe als petrarkistisches Sprachspiel.

Der ›systemische‹ Charakter der petrarkistischen Liebesgedichte stiftet entindividualisierte Formen der Liebessprache. Die eingeführten Tropen, Bilder und Vokabeln erleichtern die Liebeskommunikation und bieten vielfältige Rückzugsmöglichkeiten ins Konventionelle und Stereotype. So konnte über den Petrarkismus die Liebe zu einem höfisch-unterhaltenden und im höchsten Maße geselligen Thema werden, ohne konkrete Anfechtungen oder bedenkliche Situationen hervorzurufen.

Das petrarkistische System bietet **Variationsmöglichkeiten**; so entstehen **verschiedene Formen des Petrarkismus** in Deutschland:

- weltlicher Petrarkismus (etwa bei Fleming)
- geistlicher Petrarkismus (etwa bei Spee)
- erotischer Petrarkismus (etwa bei Hoffmannswaldau)
- Antipetrarkismus (etwa bei Opitz)

Die letzten drei Formen ›überwinden‹ den stereotyp gewordenen weltlichen Petrarkismus. Objekt des geistlichen Petrarkismus ist nicht mehr die irdische Geliebte, sondern Gott oder Gottes Sohn. In einem Gedicht Friedrich von Spees aus der *Trutz-Nachtigall* (1634) »klaget« die »gesponß Jesu« (die Braut Jesu) »ihren hertzenbrand« (Neudruck 1936, 7 f.). Das zentrale Motiv der bittersüßen Liebe erscheint in diesen Liebesgedichten indes in einem völlig anderen Kontext: Die Liebe zu Jesus (Jesus-Minne) ist körperlos; und sie wird mit der Trauer um seine Kreuzigung kombiniert; deshalb klagt die »gespons JESV«:

> Die pfeil da kamen loffen
> Von seinen äuglein thewr,
> So mir das Hertz getroffen,
> Mit bittersüssem fewr.
> (Spee: *Trutz-Nachtigall*, 50)

Der erotische Petrarkismus antizipiert ein erfolgreiches Liebeswerben, das zum Teil sehr konkret ausgemalt wird, oder präsentiert frivole Aufforderungen an die Geliebte. Die Gedichte bedenken fast ausschließlich den Körper, nicht den Geist der Frau. Diese erscheint dadurch nicht mehr als entrückte Herrin, sondern als erotisches Objekt männlicher Begierde (Hoffmannswaldau: *An Lauretten*, Johann v. Besser: *An Calisten*). Der Antipetrarkismus (Fechner 1966) kehrt die Liebe zur unerreichten Frau ironisch um; als Objekt des Gedichts erscheint nun die fehlende Liebe, das Hässliche (Opitz: *XI. Du schöne Tynderis*, Michael Kongehl: *Die verkehrte Schöne*) oder die zeitliche Begrenztheit der körperlichen Vollkommenheit, wie in Hoffmannswaldaus Sonett *Vergänglichkeit der Schönheit*:

> Der liebliche corall der lippen wird verbleichen;
> Der schultern warmer schnee wird werden kalter sand [...].
> (*Gedichte des Barock*, 274).

5.3 Autoren und Autorengruppen

Zwar ist die Orientierung an der europäischen Renaissance-Lyrik unübersehbar, doch gibt es auch deutsche Wurzeln der Barocklyrik. So unbedeutend, wie es manche Literaturgeschichten sehen, ist auch die **muttersprachliche Poesie des 16. Jahrhunderts** für die Entwicklung der kunstvollen Barocklyrik nicht gewesen. Die Bekanntheit des Meistergesangs, die Lieder der zünftig organisierten Dichter-Handwerker in den Städten des 15. und 16. Jahrhunderts, war wohl noch groß (Wagenseil 1697). Der wichtigste Autor dieser – gerne und nicht ganz korrekt ›volkstümlich‹ genannten – Literatur ist Hans Sachs (1494–1576). Immerhin zeigt seine Erwähnung in Grimmelshausens *Simplicissimus* (621), dass er auch von einigen Barockpoeten rezipiert wurde. Da sein Name aber nicht unter den Exempeln im *Buch von der Deutschen Poeterey* auftaucht, ist davon auszugehen, dass seine deutsche Dichtung nicht als Muster angesehen wurde. Immerhin zitiert Martin Opitz dort (49) aber Kirchenlieder Martin Luthers (1483–1546), um den Jambus vom Trochäus zu unterscheiden.

Angeregt durch französische Übertragungen, genauer durch den Hugenottenpsalter von Marot (1542) und Beza (1562), existierten auch in Deutschland Versuche einer muttersprachlichen Version: Paul Schede (= Paulus Melissus) präsentierte 1572 den ersten Teil. Eine größere Verbreitung fand Ambrosius Lobwassers (1515–1585) **Psalterübertragung**; sie erschien 1573 und wird immerhin bei Opitz – wenn auch kritisch – erwähnt (48). Lobwasser verwendet als einer der ersten deutschen Dichter den Alexandriner (Szyrocki 1997, 104). 1584 kam noch eine freie Übersetzung, die Philipp v. Winnenberg geschrieben hat, auf den Markt.

Wichtiger noch für die Formentwicklung der Poesie als Sachs, Luther und auch Lobwasser ist das entstehende deutsche **Kunstlied** des späten 16. Jahrhunderts. Es nimmt musikalische Elemente der italienischen Liedkultur auf. Vor allem die *Welschen Villanellen* (1576) von Jakob Regnart (1540–1599), der Hofkapellmeister in Wien und Prag war, bieten Beispiele eines produktiven Umgangs mit den italienischen Vorbildern. Von Bedeutung für die Geschichte des Lieds in Deutschland (Kross 1989) war zweifellos Hans Georg Haßler (1564–1612), dessen Melodie zu *Herzlich tut mich verlangen* (1601) in Paul Gerhardts O *Haupt voll Blut und Wunden* (1667) weiter lebt.

Wichtige ›weltliche‹ Liedkomponisten des Barock sind der Leipziger Johann Hermann Schein (1586–1630), der auch Liedtexte mit literarischem Anspruch geschrieben hat (*Musica boscareccia*, 1621–28), der Nürnberger Johann Staden (1581–1634), der erfolgreiche Liedsammler Gabriel Voigtländer (1596–1643), Thomas Stelle (1599–1636), der mit Johann Rist (1607–1667) zusammengearbeitet hat, oder der Königsberger Heinrich Albert (1604–1651).

Frühe Barocklyrik

Schon vor der Versreform, die sich mit dem *Buch von der deutschen Poeterey* 1624 durchsetzte (s. Kap. 5.1), gab es im deutschsprachigen Raum eine ambitionierte Lyrik, die sich besonders an romanischen und lateinischen Vorbildern orientierte (vgl. Wagenknecht 1971, 1–24; Verweyen 1983). So hat Opitz selbst in seiner lateinischen Programmrede *Aristarchus oder Wider die Verachtung der deutschen Sprache* (1617) ein »Sonnet« des heute sonst fast unbekannten, »sehr gebildeten und durch die Liebenswürdigkeit seines Charakters sehr angenehmen« Dichters **Ernst Schwabe von der Heyde** zitiert und es wegen seiner regelmäßigen Versgestaltung gerühmt (Opitz: *Aristarch*, 90). Im Anhang der von Julius Wilhelm Zincgref (1591–1635) besorgten Ausgabe der *Teutschen Poemata* (1624) von Opitz (Neudruck: Braune (Hg.) 1879) finden sich weitere Beispiele der frühen muttersprachlichen Barockpoesie. Etwa das sprachpatriotisches Gedicht *Uberreime / an die Teutsche Musa* (*Gedichte des Barock*, S. 26; *Gedichte 1600–1700*, 57) aus der Feder des Straßburger Dichters Isaac Habrecht (1589–1633). »Uberreime« ist eine Lehnübersetzung von Epigramm. Zu den prominentesten Autoren, die dort vertreten sind, gehört der seinerzeit recht bekannte neulateinische Dichter **Paulus Melissus (= Schede)** (1539–1602). Von ihm stammt das, im gleichen Anhang abgedruckte Lied *Rot Röslein wollt ich brechen* (*Gedichte 1600–1700*, 57), das auf Goethes *Heideröslein* gewirkt haben könnte. Ein motivisch ähnliches Gedicht – *Sie gleicht wohl einem Rosenstock* – findet sich freilich in der Liedersammlung (1602) des Paul van der Aelst, die Herder und Goethe nachweislich kannten. Melissus scheint um 1600 zusammen mit Petrus Denaisius (1560–1610) in Heidelberg einen Dichterkreis organisiert zu haben. Einige Jahre später kam es offenbar am gleichen Ort zu einer Neukonstitution einer solchen Dichtergruppe, der dann Zincgref, der junge Opitz, Janus Gebhard (1592–1632) und andere angehörten (vgl. Verweyen 1983, 143; Mertens 1974).

Zu den großen deutschen Epigrammatikern gehört sicherlich **Julius Wilhelm Zincgref** (1591–1635, Kühlmann (Hg.) 2011), dessen kommentierte Werkausgabe – eine der großen Musteredition en der Barockzeit – seit 1978 erscheint. Wie Opitz setzt er sich für die Emanzipation des Deutschen als Kultur- und Literatursprache ein. Deutlich wird dies konkret am Epigramm *An die Teutschen* (*Gedichte des Barock*, 37) oder in der Apophthegmensammlung *Der Teutschen Scharpfsinnige kluge Sprüch* (1626).

Zincgrefs kongeniale Zusammenarbeit mit Matthäus Merian zeichnet die Sammlung *Emblematum Ethico-Politicorum Centuria* (1619) aus; das Buch enthält unter anderem eine ausführliche Staats- und Regierungslehre, die calvinistisch geprägt ist.

Georg Rodolf Weckherlin

Der Württemberger Weckherlin (1584–1653) gilt als wichtigster Vorläufer und Konkurrent von Opitz (Meid 1986, 74–78). Vor seiner Übersiedlung nach England, wo er am Hof Vorgänger von John Milton war, veröffentlichte er die Sammlung *Oden und Gesänge* (1618/19). Die metrische Gestaltung der Verse orientiert sich an der französischen Dichtung der Pléiade; von ihr übernimmt er die »prosodische Unterscheidung zwischen ›männlichen‹ und ›weiblichen‹ Wörtern, die Wertschätzung des ›reichen‹ und des ›doppelten‹ Reims und das metrische Prinzip der Silbenzählung ohne regelmäßige Alternation ›leichter‹ und ›schwerer‹ Silben« (Wagenknecht 1972, 261). Die *Gesänge* folgen also noch nicht dem Opitz'schen Prinzip des natürlichen Wortakzents. Damit ist freilich nicht gesagt, dass die Betonung bei Weckherlin völlig frei war (Wagenknecht 1971, 65). Aber der Rhythmus konnte von Vers zu Vers wechseln.

Ausdrückliche Absicht Weckherlins war es, in seinen »eigene[n] Gedichte[n]« den Beweis von der Qualität deutschsprachiger Dichtung zu erbringen. Er suchte die »übelgegründete Meinung zu widerlegen«, dass die deutsche Poesie voller »mangel und vnmöglichkeit« sei (Weckherlin: *Gedichte*, 118). Auch Weckherlins Dichtungen haben also, wie die von Opitz, ein kulturpatriotisches Interesse. Sie sollten das Deutsche als europäische Kultursprache etablieren und es als poesiefähig ausweisen.

Nach einer langen Publikationspause, die durch seinen Aufenthalt in England bedingt war, veröffentlichte Weckherlin die – zum Teil nach der Opitz'schen Reform umgeschriebenen – *Gaistlichen und Weltlichen Gedichte* (1641/48). Die Poesie Weckherlins kreist häufig um höfisch-repräsentative Themen und Anlässe. Widmungsgedichte, Beiträge zu Triumphzügen (s. Kap. 6.6), Trauergedichte und andere panegyrische Texte dominieren das Werk. Unter den Gedichten der späteren Sammlung findet sich aber auch eine Rubrik »Buhlereyen Oder Lieb-Gedichte« (*Gedichte*, 197 ff.).

Zu den patriotischen Texten Weckherlins gehört das Sonett *An das Teutschland* (*Gedichte*, 189). Es erschien in der Sammlung von 1641 als Eingangsgedicht der weltlichen *Poemata*. Hier wurde es in die ›heroischen Gedichte‹ der Sammlung eingeordnet, die historische bzw. politische Themen behandeln. Die Verse sollten von England aus auf das alte Vaterland wirken. Denn bei seiner Veröffentlichung hatte Weckherlin schon neun Jahre lang die englische Staatsbürgerschaft. Kurz vor Ausbruch des englischen Bürgerkriegs mahnte also ein deutscher Engländer die Deutschen, ihr Land nicht weiter durch einen ›Bürgerkrieg‹ (»durch dich selbs«) zu verwüsten.

Im ersten Quartett ruft der Sprecher des Gedichts zu »muth«, Großherzigkeit (*magnanimitas*) und Beständigkeit auf (ebd.). In der zweiten Strophe bleibt es nicht beim Beharrungsvermögen. Das zweite Quartett übersteigt die erleidende Position. Der Sprecher ruft dazu auf, sich aktiv zu wehren. Die kämpferische Losung lautet: Krieg dem Kriege, der dich verwüstet. Meid spricht von einer »militante[n] Rhetorik«, mit der die ›gerechte Sache‹ vertreten wird (1982, 153). Das Gedicht verweist mit den »feind[en] und falschen brüdern« (ebd.) auf die Präsenz fremder Truppen. Sie werden für die innere Zerrissenheit des Vaterlandes mitverantwortlich gemacht.

In den Terzetten kommt dann die christliche Ausrichtung hinzu: Mit Gottvertrauen und rechtgläubigen Fürsten komme man zum Ziel. Da Deutschland schon im Titel angesprochen wird, kann dies als Parteinahme für eine Seite angesehen werden. Der Sprecher des Gedichts will keinen Ausgleich zwischen den religiösen Parteien, sondern den Sieg der einen Partei. Weckherlin war Protestant.

Oberdeutsche Barocklyrik

Im 17. Jahrhundert gab es im deutschen Sprachraum, anders als es das Epochenlabel ›Barock‹ suggeriert, noch keine einheitliche Nationalliteratur, ja nicht einmal eine einheitliche deutsche Literatursprache. So kommt es, dass der Sprachgebrauch der oberdeutschen Barocklyrik von dem in den nord- und mitteldeutschen, vorwiegend protestantischen Ländern abweicht. »Die Autoren der katholischen Territorien schreiben bis weit ins 18. Jahrhundert hinein auf der Basis der oberdeutschen Gemeinsprache der kaiserlichen Kanzleien bzw. in Bayern der landesfürstlichen Kanzlei« (D. Breuer 1979, 7 f., vgl. 51 ff.). Dass dieser Sprachgebrauch durchaus programmatisch gemeint war und keinesfalls auf einer ›ungebildeten‹ Verwendung der Mundart beruhte, zeigt ein Blick in den »Vorbericht« der anspruchsvollen Psalter-Übersetzung des Münchner Dichters **Albert Graf Curtz** (1600–1671), der dem Dichterkreis um Jacob Balde (1604–1668) nahe stand. Hier wird betont, dass in Bayern, Österreich und Schwaben das Oberdeutsche »so weit überhand genommen« habe, dass es für einen Dichter sinnvoll erscheine, die »in disen Landen übliche Sprach maistens [zu] gebrauchen«. Zudem erscheint ihm das Oberdeutsche für seinen Gegenstand angemessener. Er betont deshalb,

> dass wir vns in übersetzung dises heiligen Psalters / keines weegs der newgeteutschten / vnd an etlichen Orten eingeführten Worten gebrauchen wollen; diß seynd Bemühungen etlicher sinnreicher Geister / mit welchen die Einfalt deß heiligen Lieds nichts zuschaffen hat. Ist auch ohne dass zweiffelhafftig / ob dieser newe fruchtbringende Baum / in dem richtig teutschen Garten gedultet werden wolle? (Curtz: *Vorbericht*)

Das Bild des fruchtbringenden Baums, von dem nicht sicher ist, dass er im Garten bleiben kann, spielt auf die *Fruchtbringende Gesellschaft* und ihre sprachpatriotischen Bemühungen an (s. Kap. 4.5). Die Psalm-Übersetzungen von Curtz stehen im Kontext der konfessionsübergreifenden Bemühungen, mit dem neuen, bibelnahen Genre ›Psalmlied‹ ein ursprüngliches Kirchenverständnis zu stärken. Die Verse klingen heute zwar ungewohnt, sind aber nicht ohne Raffinement gemacht, wie der Anfang des bekannten Psalm 23 (bei Curtz: 22) bestätigt:

1. Gott ist mein Hirt /
    Der machen wirdt /
        Daß mir nichts soll gebrechen /
2. Er hat bestellt /
    Mein Waid im Feld /
        Bey frischen Wasserbächen. (Pörnbacher (Hg.) 1986, 224)

Kunstvoll wechseln zwei kurze Verse mit männlicher Kadenz und ein langer Vers mit weiblicher. Jeweils die kurzen und die langen bilden untereinander Reimpaare, so dass ein umarmendes Schema entsteht. Die Reimpaare selbst bilden in der Regel eine semantische Einheit jenseits der grammatischen Struktur.

Der sprachlichen Grenze des Oberdeutschen entsprach in etwa auch das Geltungsgebiet der Versreform von Martin Opitz, das heißt die süddeutsche Literatur konstruierte ihre Verse unter Umständen ohne auf die Übereinstimmung von Silbenbetonung und natürlichem Wortakzent zu achten. Dies mag zwar manchmal, zumal, wenn man die vielleicht mitgedachte Melodie nicht im Kopf hat, nicht recht rhythmisch klingen, doch gilt heute, anders als noch vor einigen Jahrzehnten, dass ein so konstruierter Vers nicht unbedingt weniger qualitätsvoll ist. Eigentlich schon seit Anfang der 1980er Jahre sieht man in der oberdeutschen, insbesondere der bayerischen Barockliteratur vielmehr ein abgrenzbares, wenn auch nicht einheitlich begriffenes Kulturphänomen, das eine eigene Erforschung und Neuedition lohnt (vgl. D. Breuer u.a. (Hg.) 1984; Pörnbacher (Hg.) 1986). Ja, man betont sogar zunehmend die »Novitas der Form« (Scheitler 1984, 239) bei oberdeutschen Autoren. Dass es in diesem Zusammenhang auch in der Forschung mitunter zu Lokalpatriotismus und Konfessionspolemik kommt, ändert an der prinzipiellen Richtigkeit einer Ausweitung der literaturgeschichtlichen Wahrnehmung auf die nicht-opitzianische Barockliteratur nichts (vgl. D. Breuer 1979, 146 f.).

Im Bereich der oberdeutschen Lyrik könnte sich der Vorarlberger Kapuziner **Laurentius von Schnüffis** (eigentlich Johann Martin, 1633–1702) am ›protestantischen‹ Poetikdiskurs orientiert haben (vgl. Scheitler 1984, 216). Die Liedsammlungen des katholischen Erbauungsschriftstellers stellten ein Reservoir für die private Hausandacht in eher gebildeten Kreisen dar, wobei seine »Kapuzinerlyrik«, trotz eindeutig didaktischer Intention, keineswegs auf komplexe Liedkonstruktionen verzichtet (Althaus 2004, 83). Sie sollten der ›Seelenführung‹ dienen, die von der Buße (*via purgativa*) über die Erleuchtung (*illuminativa*) zur Vereinigung (*unitiva*) verläuft. Aus der erfolgreichen »Schäfferey« (s. Kap. 7.6) *Mirantisches Flötlein* von 1682 stammt die folgende 10. Strophe aus Clorindas Klage über »die abscheuliche Finsternuß Ihres Herzens«; sie folgt einer Aufzählung von bedrohlichen Nacht-Visionen:

Under der Feindlichen /
Dürmisch-unfreundlichen
Nächtlichen Schaar /
Aerger / gefährlicher /
Böser / beschwerlicher /
Schädlicher / Schlimmer /
Schwärtzer / und timmer
keine doch war' /
Als die / so ich stock-blind
An meiner Seel empfind'. (*Gedichte des Barock*, 209)

Das mundartliche »dürmisch« meint hier soviel wie ›wild /ungestüm‹ und »timmer« soviel wie ›dunkler / trüber‹. Der daktylische Rhythmus und die Kombination aus Paarreimen mit weiblicher Kadenz und umarmendem Reim mit männlicher erscheinen regelmäßig und durchaus ästhetisch ambitioniert. Die *amplificatio* der Nächte bereitet klug die anstehende Wende zur Erleuchtung vor, gestaltet also einen wichtigen Schritt in der Seelenführung Clorindas. Die ›Wanderung‹ »zum anderen Leben« (210), zum ›gläntzenden, / glori-bekräntzenden / göttlichen Licht‹ (212), wird in den nächsten Strophen perspektiviert.

Über den Lieddichter **Procopius (Andreas) von Templin** (1608–1680) wissen wir relativ wenig. Wohl stammt er aus dem Brandenburgischen, konvertierte zum katholischen Glauben, trat den Kapuzinern bei und wirkte später als Seelsorger und

Prediger in Böhmen, Süddeutschland und in den österreichischen Ländern. Seine Texte sind nicht nur geprägt durch das Studium weltlicher und geistlicher Literatur (Brady 1985), sondern vermitteln durchaus auch Erfahrungen des Ordenslebens wie in seinem Lied *Vrlaub von der Welt ins Closter* (1661). In diesem Text verbindet sich der Topos der Weltabsage, der bei Prokopius möglicherweise Bezüge zum *Simplicissimus* (s. Kap. 7.7) aufweist, mit der dialogisch angelegten Rechtfertigung des klösterlichen Standes. In der jüngeren Forschung wird sogar die These vertreten, dass in diesem Lied »hinter dem lyrischen Ich« auch die »Person des Autors« wahrnehmbar sei (D. Breuer 2004, 62).

Zur oberdeutschen Barocklyrik gehören neben den genannten Dichtern u.a. Jeremias Drexel (1581–1638), Joachim Meichel (1590–1637), Jakob Balde (1603–1668; s. Kap. 5.2) und Johann Khuen (auch: Kuen, 1606–1675).

Friedrich Spee von Langenfeld

An einen weiteren Poeten, der für die katholisch geprägte Barocklyrik von großer Bedeutung war, sei in diesem Kontext noch erinnert (s. Kap. 3.3). Der rheinische Jesuit **Friedrich Spee von Langenfeld** (1591–1635) gehört zu jenen Lyrikern, die »bewußt den Schritt zur Kunstdichtung« unternahmen (Meid 1986, 104). Seine Lieder finden sich noch heute in diversen Gedichtsammlungen, aber auch in den kirchlichen Gesangbüchern. Die bekannte Liedsammlung *Trutz-Nachtigal* (1634) macht in ihrem Vorwort »Ettliche Merckpünctlein für den Leser« deutlich, dass es sich bei den präsentierten Texten keineswegs um bloß religiöse Gebrauchsliteratur handelt, sondern hier ein poetisches Anliegen mit programmatischem Charakter verfolgt wird (vgl. Scheitler 1999, 360). Das »Poëtisch[e]« wird bei Spee in einer Weise begründet, die durchaus an Opitz erinnert: Er insistiert darauf, dass auch die deutsche Sprache, nicht nur das Lateinische, literaturfähig sei; es habe bislang nur »an poëten« gemangelt, die es »auch

Eigenhändige Zeichnung Friedrich Spees auf dem Titelblatt der Straßburger Handschrift, 1634, Bibliothèque Nationale et Universitaire, Straßburg.

im Teutschen wagen«, Poetisches zu publizieren. Auch im Versmaß orientiert sich Spee an den Normen von Opitz, wenn er ausdrücklich darauf verweist, dass der Jambus und der Trochäus »die gelehrten« Verse seien, die er verwenden werde und dass bei ihm meistens der natürliche Versakzent geachtet würde (Spee: *Trutz-Nachtigal*, 5 f.). Die Sammlung enthält 52 Lieder, die den Leser durchs Kirchenjahr begleiten, also von der Geburt Christi bis zur Auferstehung führen. Zu speziellen Festtagen (etwa zu Fronleichnam) stellt die *Trutz-Nachtigal* eigene Lieder bereit.

Das Titelblatt der Straßburger Handschrift (vgl. Abb.) und das Titelkupfer der Erstausgabe (344 f.) zeigen auf der rechten Seite den gekreuzigten Christus, der auf eine betende Figur herabblickt. Diese stellt die vom Liebespfeil getroffene »Gespons« (= Braut) Jesu dar; sie ist die christliche Seele, die in vielen Liedern besungen wird. Der weltlichen Liebe soll »Trvtz« geboten werden, indem das Buch ihr eine spezifisch christliche, die in der Lyrik besungen wird, entgegenstellt (Rustemeyer 2003, 97–153). Spee bezieht sich bei seiner Darstellung dieser Jesus-Minne (s. Kap. 5.2) auf das Hohelied. Als ein typisches Gedicht, das diesen Motivkreis ausgestaltet, kann der *Liebesgesang der Gesponß Jesu in anfang der Sommerzeit* (Nr. 8) angesehen werden. Die erste Hälfte des Liedes beschreibt die aufblühende, mit Leben sich bevölkernde Natur, wobei die ganze Szenerie etwa durch die auftretenden Nymphen antikisierend wirkt. Die Intensität und Verspieltheit der poetischen Naturgestaltung steigert sich in manchen Versen durch Binnenreim und Vokalismus zu einer geradezu modern anmutenden Lautmalerei, wenn etwa die »Vöglein [...] Jhr Schyr- vnd Tyre-Lyre« (41) hören lassen. Genau in der Mitte des Gedichts, in der sechsten Strophe, kommt es dann zur »Peripetie« (Herzog 1982, 273):

> Nur Jch allein,
> Jch leyde pein,
>   Ohn end ich wird gequeelet,
> Seit ich mitt dir,
> Vnd du mitt mir,
>   O JESV, dich vermählet. (41)

Hier erscheint das lyrische Ich nun als mitleidendes »Gespons« Jesu. Deutlich ist in Anspielung auf das Hohelied (2, 16) die Nähe zu Christus hervorgehoben; diese wird zusätzlich durch einen Chiasmus ausgedrückt. In der tiefsten Qual erlebt der Sprecher den höchsten Genuss, die Vermählung mit dem Heiland. Die vorbehaltlose Unterwerfungsgeste der Jesus-Minne führt gleichzeitig zur endgültigen Abwendung von der vorher besungenen schönen Welt. Dieses typisch barocke ›Ade Welt‹-Motiv wird in der vorletzten Strophe in Form einer *enumeratio* (bzw. *distributio*) rhetorisch ausgestaltet.

Der erste Teil des Liedes findet sich übrigens in der romantischen Sammlung *Des Knaben Wunderhorn*; und auch Eichendorff gehört zu den Bewunderern der Lyrik Spees. In seiner ›Barock‹-Erzählung *Der Aufruhr um den Junker Ernst* (1926) hat der jüdische Dichter Jakob Wassermann der Sprach- und Überzeugungskraft Spees ein literarisches Denkmal gesetzt.

Die Forschung zur Dichtung Friedrich Spees konzentriert sich im Spee-Jahrbuch, das von der Arbeitsgemeinschaft der beiden Friedrich-Spee-Gesellschaften (Düsseldorf und Trier) herausgegeben wird; sie hat eine eigene Webseite (www.friedrich-spee.de).

Martin Opitz und die Opitzianer

Opitz versuchte außer mit den Übersetzungen – etwa des *Hohen Liedes*, der *Psalmen*, der niederländischen Sammlung *Bloem-Hof* oder antiker Gedichte – auch mit den *Teutschen Poemata* (1624) und den *Acht Büchern Deutscher Poematum* (1625) die neuen Normen der *Deutschen Poeterey* durchzusetzen. Mit diesem poetologischen Ziel verbindet sich bei Opitz ein ausgeprägtes kulturpatriotisches Interesse (Kühlmann [2]2001).

Schon relativ bald nach den ersten Auseinandersetzungen des Dreißigjährigen Krieges begann Opitz die Arbeit an seinem großen Antikriegs-Gedicht, eines der frühesten seiner Art in deutscher Sprache. Das *TrostGedichte in Widerwertigkeit deß Kriegs* (1633), insgesamt 2308 Alexandriner, ist anonym in Breslau erschienen: Es ist »in vier Bücher abgetheilt und vor etlichen Jahren von einem bekandten Poeten anderwerts«, nämlich seit 1620 in Jütland/Dänemark, »geschrieben« worden (Opitz: *Gedichte*, 32). Es ist die umfangreichste eigenständige Dichtung des Bunzlauers. Wie *Zlatna Oder Getichte Von Ruhe deß Gemüthes*, *Lob des Feldlebens* (beide 1623) und *Vesuvius* (1633) gehört das *TrostGedichte* in den Bereich der Lehr- und Erbauungsdichtung (s. Kap. 8.3). Es zielt als ein geistlicher Text auf Tröstung. Das zeigen die Allusionen auf biblische Stellen, die Darstellung des Grauens, das an die Leiden Christi erinnert, und der unüberhörbare Predigtton. Das Gedicht soll helfen, die schwere Zeit zu ertragen. Appelliert wird an eine stoizistische Grundhaltung. Der Krieg sei zwar schrecklich, aber von Gott verhängt. Letztlich bessere er das Leiden der Menschen. Denn dieses fördere einerseits seine *constantia* (Beständigkeit); andererseits stärke es sein Gottvertrauen, seine Einsicht in die Notwendigkeit der Christus-Nachfolge. Der Krieg lehre, so das Gedicht, die Vergänglichkeit des Weltlichen. Das Trostgedicht verweist insofern auf das bessere Jenseits. Dies impliziert aber die Aufforderung zum geduldigen Ausharren in schwerer Zeit.

Das Trostgedicht umfasst zwei Bücher:

I. Buch:
1. Einleitung: Gründe, warum der Text geschrieben wurde
2. Schilderung des Kriegsunglücks
3. Klärung der Schuldfrage: Der Krieg ist durch Gott verhängt
4. Leidensphilosophie: Leiden bessert den Menschen
                  Weltliche und christliche Beispiele
5. Lohn im Jenseits; Aufruf zur Beachtung
                  von christlichen Handlungsmaximen (*imitatio christi*)
6. Macht Gottes vs. Schwachheit des Menschen
                  Durch das Leiden erfährt man seine eigene Nichtigkeit
7. Hoffnung auf das Kriegsende

II. Buch:
1. Poetologische Reflexionen
                  Poesie zum Lobe Gottes
2. *Providentia dei* (Geschichtslenkung durch Gott)
3. *Vanitas* (Vergänglichkeit)
4. Eitelkeit als schlechte Weltlichkeit
5. Lob der Tugend. Modell des weisen Mannes

Auch heute noch sind die Schilderungen der Kriegsgräuel (I. 2) besonders eindrucksvoll (s. Kap 3.1). Sie zeigen, dass der Krieg nicht an Standesgrenzen halt macht. Vor dem Allerhöchsten und dem Krieg, der von Gott kommt, seien alle Menschen gleich:

> Die Schwester ward entleibt in jhres Bruders Armen /
> Herr / Diener / Fraw vnnd Magd erwürget ohn Erbarmen:
> Ja / die auch nicht geborn / die wurden vmbgebracht /
> Die Kinder so vmbringt gelegen mit der Nacht /
> In jhrer Mutter Schoß: Eh sie zum Leben kommen /
> Da hat man jhnen schon das Leben hingenommen [.]
> (Opitz: *Gedichte*, 37)

Der Katalog des Grauens ist als *amplificatio* gestaltet. Die Wehrlosigkeit der Opfer steigert sich in der Darstellung. Die Gewalt gegen Kinder und Frauen, insbesondere gegen schwangere Frauen, stellt eine besondere Grausamkeit dar. Den gemordeten Frauen und Kindern folgen – als letzte Steigerung – jene, denen das Leben genommen wurde, »eh sie zum Leben« gekommen sind. Die barocke Philosophie der Vergänglichkeit alles Irdischen ist mit diesem Kriegsbild auf die Spitze getrieben, weil die Vergänglichkeit schon vor dem irdischen Sein ansetzt. Das Höhe-Fall-Prinzip erhält eine neue Spielart: Die Erhöhung ins Jenseits steht am Anfang; sie setzt vor der Geburt ein; und der Fall, der irdische Tod, liegt noch davor. Kunstvoll sind die Reime antithetisch aufeinander bezogen. So wirkt der Text passagenweise wie eine artistische Übung. Die Darstellung der Gräuel schließt mit dem Hinweis, selbst die Heiden hätten solche Grausamkeiten nicht fertig gebracht. Dabei habe der Sprecher aus »Graw vnnd Schew« (38) das Schlimmste verschwiegen.

In wenigen Jahren setzt sich die Versreform des *Buchs von der Deutschen Poeterey* durch. Gerade im protestantischen Norden und Nordosten wirken die Opitzianer: **Johann Rist** (1607–67, Steiger (Hg.) 2007) in Hamburg, **Andreas Tscherning** (1611–59) in Rostock oder **Johann Peter Titz** (1619–89) in Danzig. Hier lebte und wirkte Opitz seit 1635.

In Danzig erscheinen posthum (1650) die *Deutschen Poëtischen Gedichte* von **Sibylle Schwarz** (1621–1638). Herausgeber und möglicherweise auch Mitautor ist ein Geistlicher: Samuel Gerlach (1615?–1654), der zumindest aber zur Konstruktion der jugendlich naiven Dichterin beiträgt (Niefanger 1997). Von Gerlach ist 1647 und 1656 auch eine Sammlung von eigenen Schwänken und Erzählungen (*Eutrapeliae*) erschienen. Durch den weiblichen Autornamen und durch einige biographische Hinweise zu Sibylle Schwarz soll die Lyrik einen besonderen Reiz gewinnen, den sie nicht hätte, wenn sie von einem älteren protestantischen Pfarrer verfasst worden wäre. Zu den Widmungsgedichten zählt ein Text vom genannten Johann Peter Titz. Die Orientierung am Opitzkreis wird durch die metrische Gestaltung, durch ähnliche Vorbilder und durch vergleichbare Übersetzungen (Heinsius, Ovid) deutlich. Das bekannteste Sonett von Sibylle Schwarz – *ISt Lieb ein Feur* (*Gedichte des Barock*, 181) – variiert die oben zitierte Petrarca-Übertragung von Opitz. Kernpunkt ihres Werks ist die in vielen Einzeltexten »poetisch gestaltete Erinnerung« (Tuttas 1994, 294) an das Landgut Fretow in der Nähe von Greifswald, auf dem die junge Autorin offenbar einen Teil ihres Lebens verbrachte (Ziefle 1975). Diese *laus ruris*-Dichtung (›Lob des Landlebens‹) schließt an Opitz' Lehrgedichte *Zlatna* und *Lob des Feldlebens* sowie an antike Vorbilder an (s. Kap. 7.6).

In ihre Trauerklage über das verbrannte Landgut Fretow hat Sibylle Schwarz ein Lob des einfachen Lebens (s. Kap. 4.1) eingeflochten, das die Schlichtheit auch in der Versform und dem Vokabular nachzeichnet; abgeschworen wird dem schalen Geschmack üppiger Mahlzeiten, bevorzugt aber die kräftige Landkost.

Daher gegen loben wir
Einen Kohl / ein gut warm Bier /
Einen Knapkäs und ein Ey
Ist bey uns der beste Brey
Käs und Butter / Milch unn Fisch /
Fetter Speck auff unserm Tisch
Deucht uns besser als Confect
Der in Städten lieblich schmeckt.
Für den Wein und Malvasier
Loben wir Covent und Bier
(*Deutsche Poëtische Gedichte* I, 110)

Trotz der antiken Vorbilder und der Opitz-Nähe inszeniert sich in den Texten der Sibylle Schwarz nicht ein gelehrter Sprecher, der des städtischen oder höfischen Lebens müde ist. Vielmehr setzt sich die – mit der Edition ihrer Gedichte kunstvoll stilisierte – junge Autorin hier selbst in Szene. Sie gehört als naive Schäferin zum Inventar der entworfenen Geselligkeit, die das poetische Schaffen der jungen Frau überhaupt erst rechtfertigt und erlaubt (Niefanger 1997). Selbst die poetischen Missklänge mancher Gedichte werden durch die bukolische Stilisierung der Autorin zum poetischen Element. Der Autorname, mit dem sich eine spezifische *gender*-Strukturierung (sehr junge, naive, aber poetisch begabte Frau) verbindet, verlangt sie geradezu.

Paul Fleming und die Leipziger Dichtung

Unter dem Label ›Leipziger Dichtung‹ werden in den Literaturgeschichten »Werke einer Reihe von Dichtern« zusammengefasst, die »in den dreißiger und vierziger Jahren in Leipzig lebten und sich durch eine enge Anlehnung an die Opitz'schen Muster auszeichneten« (Meid 1985, 371). Die Gruppenbezeichnung mag insofern nicht ganz treffend sein, weil sich die Autoren dieses Kreises nicht nur an Opitz, sondern zunehmend auch am Wittenberger Rhetorik-Professor August Buchner orientierten, der die Versreform modifiziert hatte (s. Kap. 5.1; Schubert 2000; Arend/Sittig (Hg.) 2012; Frey 2009).

Zum Leipziger Dichterkreis gehörte auch Flemings Freund Georg Gloger (1603–1631); der angehende Mediziner war an sich ein Vertreter des eher leichten und floskelhaften sogenannten ›Leipziger Gesellschaftsliedes‹, das zu festen Gelegenheiten in lateinischer, griechischer oder deutscher Sprache vorgetragen wurde. Sein Stammbuch-Eintrag (s. Kap. 4.6) in das Album des Herrn Mylius von Berenburg, kurz nach der grausamen Belagerung von Magdeburg 1631 verfasst, zeugt aber von einer ernstzunehmenden Kriegsangst der jungen Leipziger Poeten. Die Verse weisen, trotz üblicher barocker Bildlichkeit, insofern eine für die Zeit ungewöhnlich authentisch klingende Emotionalität und eine daraus resultierende geradezu unheroische Haltung auf:

Wenn nicht die Hülfe selbst in Angst- vnd Bangeseyn
Vns an die Mannheit denkt, vnd Herz vnd Muth redt ein,
So sind wir, wie ein Blatt, das auch der schwächste Wind
Von seinem Äthem nur in stetem Zittern findt.
Vnd strauchelt nur der Trost, so liegt der Mann schon gar,
Der so beherzet stund vnd Held vnd Riese war.

So geht es mit vns zu. Des Glückes Stiefblick kan
Ohn' Hand vnd ohne Streit eröbern einen Mann.
      1631 in der Leipsigschen Belägerung.
(Gloger, in: Fleming: *Deutsche Gedichte* 1965, II, 661)

Bedeutendster Dichter dieses losen Kreises war Paul Fleming (1609–1640). Als
Thomasschüler lernte Fleming unter anderem beim erwähnten Kantor und Komponisten Johann Hermann Schein. Er studierte in Leipzig und reiste ab 1633 in der
Gesandtschaft des Herzogs von Holstein-Gottorp nach Persien und Russland, später
nach Leiden in den Niederlanden. 1640 kehrte er als Arzt nach Hamburg zurück,
wo er kurze Zeit später starb (Entner 1989). Zum Leipziger Kreis (Harper 1985)
zählen u. a. Gottfried Finckelthaus (1614–1648), David Schirmer (1623–1687) oder
Christian Brehme (1613–1667).

Volker Meid sieht Flemings Werk als »ersten Höhepunkt der deutschen
Lyrik des 17. Jahrhunderts« (1985, 371). Entscheidend wird es vom Petrarkismus
geprägt (Pyritz 1963), dessen starre Formen Fleming später überwindet (Meid
1986, 83). Die erste Publikation Flemings sammelt lateinische Gedichte (1631,
Neudruck 1863); im gleichen Jahr folgen Psalmübertragungen (1631), posthum schließlich die *Poetischen Gedichte* (1641) und die wichtigste Edition, die
Teütschen Poemata (1646, Neudruck 1969).

Zwei Gedichte dieser Sammlung reflektieren das sprechende Subjekt: die
selbstverfasste *Grabschrifft* (*Gedichte des Barock*, 56 f.) und *An sich* (ebd., 58). Die
Problematisierungen des Ichs legen aber keineswegs ein autonom gedachtes Individuum nahe. Hier werden keine persönlichen Erfahrungen thematisiert.

Das Sonett *An sich* ist ein meditatives Selbstgespräch, in dem sich der Autor
keineswegs selbst zum Thema macht. Der Gegenstand ist allgemein und abstrakt
gedacht; er wird hinweisend und lehrhaft vorgebracht (Kühlmann 1982, 160). Die
Verse sollen die Bedingung der Möglichkeit einer rationalen Ethik ausloten, die auf
der Basis christlich-neustoizistischen Gedankenguts formuliert wird; im Zentrum steht
die Beständigkeit (*constantia*), mit der dem Glück, dem Zufall (*fortuna*) Widerpart
geboten werden kann.

> An sich.
> SEY dennoch unverzagt. Gieb dennoch unverlohren.
> Weich keinem Glücke nicht. Steh' höher als der Neid.
> Vergnüge dich an dir / und acht es für kein Leid /
> hat sich gleich wieder dich Glück' / Ort / und Zeit verschworen.
> Was dich betrübt und labt / halt alles für erkohren.
> Nim dein Verhängnüß an. Laß' alles unbereut.
> Thu / was gethan muß seyn / und eh man dirs gebeut.
> Was du noch hoffen kanst / das wird noch stets gebohren.
> Was klagt / was lobt man doch? Sein Unglück und sein Glücke
> ist ihm ein ieder selbst. Schau alle Sachen an.
> Diß alles ist in dir / laß deinen eiteln Wahn /
> und eh du förder gehst / so geh' in dich zu rücke.
> Wer sein selbst Meister ist / und sich beherrschen kann /
> dem ist die weite Welt und alles unterthan.
> (*Gedichte des Barock*, 58; Fleming: *Deutsche Gedichte* 1986, 114)

Der Stand, die vorgeschriebenen sozialen Verhaltensnormen und Tugendgebote
werden vorausgesetzt und nicht eigens diskutiert. Innerhalb dieser Grenzen kann

ein punktuelles Aufbrechen des Rollen-Ichs beobachtet werden. Die »Imperative der Lebensführung« (Kühlmann 1982, 160) stärken das konkrete Subjekt. Nur insofern liegt hier im Vergleich zur üblichen Barocklyrik eine modifizierte Subjektauffassung vor. »Vergnüge dich an dir« ist ein Appell zur Selbstzufriedenheit und Genügsamkeit, die dazu führt, das Leben sinnvoll zu nutzen (*carpe diem*). Wer eine solche Lebensphilosophie pflegt, nimmt sein Verhängnis an.

Das Gedicht besagt: Die Wahrheit der vermittelten – global geltenden – Ethik steckt in jedem selbst. Mikro- und Makrokosmos seien aufeinander bezogen. Durch Meditation könne die Lebensweisheit des Stoikers erkannt werden: »Diß alles ist in dir«, lautet ein erstes Fazit; deshalb appelliert der Sprecher: »gehe in dich zu rück.« Ein Enjambement verbindet die Quartette und Terzette; die Zäsur rückt vor die beiden letzten Verse. Hier nun changiert das Gedicht zum Spruch. Die Beherrschung seiner Affekte und Gedanken mache einen zum Beherrscher der Welt. Der Gang zurück zu sich selbst stärke im Umgang mit der Welt. Die meditativ versicherte stoizistische Ethik des Gedichts soll auf das Leben vorbereiten. Selbstbesinnung und Öffnung sind aufeinander bezogene Bewegungen des angesprochenen Subjekts, aus denen es – wie der letzte Vers zeigt – gestärkt hervorgeht. Es erscheint nun als Exempel. Eine ›dekonstruktive Lesart‹ des Gedichts, in der das Leiden des Ichs hinter der stoizistischen Fassade freigelegt wird, schlägt Barbara Bauer (2000, 115 ff.; Neymeyr 2002) vor.

Paul Gerhardt und das protestantische Kirchenlied

Aus Sachsen stammt auch Paul Gerhardt (1607–1676). Er studierte in Wittenberg unter anderem bei August Buchner. Seit 1643 wirkte er in Berlin, wo er Kontakt zum Kantor der Nicolai-Kirche, Johann Crüger, bekam. Zwei Tafeln am Eingang der Kirche erinnern noch heute an das erfolgreichste Gespann des protestantischen Kirchenliedes. Crüger lieferte viele Kompositionen und sorgte als Herausgeber der *Praxis pietatis melica* (1647) – ein Gesangbuch mit zuerst 387 Liedern – für die rasche Verbreitung der Lieder. Gerhardt schrieb die eingängigen Texte; manche gehören zu den bekanntesten der Barockzeit – sieht man von einigen Gryphius-Gedichten ab: etwa die Kirchenlieder *Befiehl du deine Wege* (1656), *Nun ruhen alle Wälder* (1648), *Du meine Seele singe* (1653), *Geh aus mein Herz und suche Freud* (1656) oder *O Haupt voll Blut und Wunden* (1656). 31 seiner Lieder stehen heute in den Evangelischen Gesangbüchern und gehören zu den beliebtesten Gemeindeliedern auf der ganzen Welt. Auch im katholischen Gesangbuch haben einige der Lieder ihren festen Platz gefunden (Beeskow (Hg.) ²2007; Steiger 2007; Wendebourg 2008; Fix (Hg.) 2008).

Die meisten der Kirchenlieder des 17. Jahrhunderts – eine unüberschaubare Anzahl (Fischer/Tümpel (Hg.) 1904 ff., 6 Bände) – stammen von Geistlichen. Auch haben die Barockdichter Texte geschrieben, die heute noch zum traditionellen Liedgut der Kirchen gehören. So verzeichnet das Evangelische Gesangbuch Lieder von Gryphius, Buchner, Fleming, Dach, Rist und Zesen, sogar der Katholik Spee ist mit vier Liedern vertreten. Manche Kirchenlieder der Barockzeit gehören zu den international bekanntesten überhaupt: *Lobet den Herren, den mächtigen König der Ehren* (1665, 1680) aus der Feder des Pietisten Joachim Neander etwa oder *Nun danket alle Gott* (1647) von Martin Rinckart mit der Musik des Gerhardt-Freundes Johann Crüger.

Das umfangreiche geistliche Liedgut der Barockzeit ist ohne seine Eingebundenheit in religiöse Zwecke nicht zu verstehen (Scheitler 1982). Das Kirchenlied ist in erster Linie ein **religiöser Gebrauchstext**, kein Kunstwerk im engeren Sinne, zumindest im 17. Jahrhundert. Unterscheidbar sind die Lieder nach Funktionen und Anlässen: Sie werden zu verschiedenen Sonn- und Feiertagen im öffentlichen Gottesdienst gesungen; andere eignen sich eher für die Hausandacht oder für Trauerfeiern, Begräbnisse, Taufen usw. Die Texte sind in der Regel auf die Bibel und die Liturgie beziehbar. Der Sprachstil und die Melodie erscheinen meist schlicht, so dass die Lieder schnell gelernt und von der gesamten Gemeinde gesungen werden können. Im protestantischen Bereich bleiben Luther und das Kirchenlied der Reformation das prägende Vorbild. Die Form und die Musik werden in der Barockzeit allerdings von der Einführung des Generalbasses und der Versreform von Opitz beeinflusst.

Durch eine Sammlung älterer mystischer Texte, die Martin Moller am Ende des 16. Jahrhunderts ediert hat, wird Paul Gerhardt zu seinem Lied *An das Angesicht des HErrn Jesu* (1656) inspiriert. Das Lied gehört zu einer Reihe von Hymnen an verschiedene – christologisch relevante – Körperteile des Herrn. Der Gesang auf das dornenbekrönte Haupt Christi bildet den Höhepunkt. Er wird zu einem der bekanntesten Passionslieder des Protestantismus in Deutschland und begründet im Luthertum eine eigene, bis dahin nicht vorhandene Liedtradition (Rödding 1993, 82):

> O Haupt voll Blut und Wunden,
> Voll Schmerz und voller Hohn!
> [...]
> Gegrüßet seist du mir!
> [...]
> Nun was du, HErr, erduldet,
> Ist alles meine Last;
> Ich hab es selbst verschuldet,
> Was du getragen hast.
> (Gerhardt: *Geistliche Lieder*, 17 f.)

Im Vergleich zum lutherischen Lied zeigt sich hier ein markanter Wandel vom Wir zum Ich. Der persönliche Glaube, das Bekenntnis rückt ins Zentrum des Kirchenliedes. Damit ist allerdings noch keine individuelle Erfahrung angesprochen. Das Ich des Kirchenliedes ist eine Identifikationsschablone für das Gemeindeglied. Erst der Pietismus führt zum individuellen Glaubenserlebnis.

Barock-Mystik

Wenn auch Kempers Beobachtung, die mystische Literatur des 17. Jahrhunderts spiele »in den literarhistorischen Darstellungen zumeist nur eine Nebenrolle« (1987 ff., III, S. IX), nicht für die gesamte Forschung stimmt (Emrich 1981, 57–106; Szyrocki 1997, 233–261; Dohm 2000), ist ihre Sonderstellung nicht von der Hand zu weisen. Zwar gelten ihre Texte als schwer zugänglich und verschlüsselt, doch zweifelt kaum jemand an ihrer Bedeutung für die Geistes- und Ideengeschichte. Kempers Lyrikgeschichte widmet der »Barock-Mystik« (III, Titel) einen eigenen Band, um dieser Literatur »ihr ›epochales‹ Gewicht im Kontext des Konfessionalismus« (S. IX) zurückzugeben.

Die Mystik ist »in ihrer Funktion als komplementäre Ergänzung zum Humanismus des 17. Jahrhunderts zu denken« (ebd., vgl. 7–33). Sie ist durch die offizielle Dogmatik der Kirchen nicht gedeckt, sondern **durch den Einzelnen verantwortet**; das mystische Erlebnis ist zuerst an das Subjekt gebunden, seine Teilhabe am Göttlichen ist nicht durch die Amtskirche und ihre Vertreter (Priester, Pfarrer usw.) vorgegeben. Deshalb tendiert die Barock-Mystik dazu, die konfessionellen Grenzen zu durchbrechen. Die Gedichte, die das Mystische zu vermitteln suchen, bleiben indes oft noch an Konventionen religiösen Sprechens und an konfessionelle Diskurse gebunden.

Als globales Ziel mystischer Barocklyrik erscheint die persönliche und unmittelbare Näherung an das Höchste. Imaginiert wird in diesen Texten die Vereinigung (insbesondere der Seele) mit Gott, die *unio mystica*, oder die Suche nach dieser Erfahrung.

Kemper **definiert die Mystik** als »von persönlichem Bekenntnis und von Begründung begleitete Suche nach und Erfahrung von dem Einswerden des Menschen mit dem Numinosen (›unio‹) und schließt die Übung der Gottesliebe im Dienst an der Welt mit ein (›*contemplatio et actio*‹)« (Kemper 1987 ff., III, 4).

Die Bewegung hin zum Göttlichen gehört für die Barock-Mystik zu den Fähigkeiten des gläubigen Menschen; damit werden mystische Modelle des Mittelalters weiterentwickelt (Kemper 1987 ff., III, S. X). In den mystischen Imaginationen deutet sich eine **Ästhetisierung der Frömmigkeit** an, die in der Barockzeit zu einer Verbindung von Poesie und Mystik führt. Die Sprechhaltung ist in der Regel das Selbstgespräch oder der Dialog mit Gott. Anregungen erhielt die Barock-Mystik nicht nur aus der mittelalterlichen Theologie, sondern auch aus der (weißen) Magie (13 ff.); die Suche nach der *unio mystica* hat einen »magischen Charakter«, weil sie durch geheimes Wissen und nicht jedem zugängliche Mittel unterstützt wird (14 f.). Eine Möglichkeit der Begegnung mit dem Göttlichen liegt – für die pantheistisch orientierte Mystik – in der Natur (etwa bei Spee, Czepko, Scheffler oder Greiffenberg). Das ›geistige‹ *unio*-Erlebnis wird dadurch ›sinnlich‹ gefasst.

Zu den Vertretern der Barock-Mystik gehört eine große Gruppe schlesischer Dichter: **Jakob Böhme** (1575–1624), der ›Vater‹ dieser protestantischen Mystik, Daniel Czepko (1605–1660) und von diesem beeinflusst Johannes Scheffler (1624–1677), der unter dem Namen Angelus Silesius dichtete. Im oberpfälzischen Sulzbach wirkte der aus Schlesien stammende Mystiker **Christian Knorr von Rosenroth** (1636–1689). Bekannt geworden ist er nicht nur durch seine alchemistischen und kabbalistischen Schriften, sondern vor allem durch sein bildreiches Kirchenlied *Morgenglanz der Ewigkeit* aus seinem *Neuen Helicon* (1684, Neuausgabe: 2004). Nach diesem, noch heute in Gesangbüchern zu findenden Lied ist die für Forschungsaspekte wie die Barockmystik anregende Zeitschrift der *Knorr von Rosenroth-Gesellschaft* (s. Kap. 2.1) benannt. Der Aufbau seiner vielfältig deutbaren Liedsammlung wirkt zwar durchaus ungeordnet, ist aber so angelegt, dass beim Lesen ein fortschreitender mystisch-theologischer Erkenntnisprozess mitgedacht werden kann (Zeller 2004, 239) und eine subtile Affektsteuerung wirksam wird (Jahn 2004). Als Böhme-Anhänger gibt sich Quirinus Kuhlmann (1651–1689) aus, dessen Texte sehr schwer zu verstehen sind. **Catharina Regina von Greiffenberg** (1633–1694) ist die wichtigste Mystikerin des Nürnberger Umfeldes (Dohm 2000, 19–129) und **Friedrich Spee von Langenfeld** (1591–1635) der größte Mystiker katholischer Konfession (s. Kap. 3.3).

Der bis heute bekannteste Dichter dieser Gruppe mag wohl **Angelus Silesius** sein, der lutherisch erzogen wurde, 1653 aber zum katholischen Glauben konvertierte. Wahrscheinlich machte ihn der Mystiker Abraham von Franckenberg (1593–1652) mit den Schriften der berühmten älteren Mystiker (Paracelsus, Eckhart usw.) bekannt. Von einer Überbewertung seines Glaubenswechsels bei der Analyse der Gedichte sollte eher abgeraten werden; die Gründe hierfür liegen vermutlich in Differenzen seiner

Mystik zur orthodoxen Landeskirche. Nach Zensurvorfällen quittierte Scheffler sein Amt als Leibarzt beim protestantischen Herzog von Oels und bekannte sich, um seine Mystik weiter legal praktizieren zu können, zum katholischen Glauben. In seiner Bekenntnisschrift von 1653 weist er auf die Mystik-Feindlichkeit als ein Merkmal der Lutheraner hin. 1661 wurde er zum Priester geweiht; später stellte er sich offensiv auf die Seite der Gegenreformation.

Das wichtigste mystische Werk von Angelus Silesius ist *Der Cherubinische Wandersmann* (1675), eine Erweiterung seiner Sammlung von *Geistreichen Sinn- und Schlußreimen* von 1657. Sie dienen, wie der Untertitel der zweiten Auflage deutlich macht, zur Anleitung für die Wahrnehmung Gottes. Die Epigramme sind durchnummeriert und nach Büchern geordnet. Im ersten Buch unter der Ziffer 289 und dem Titel »Ohne warumb« findet sich eines der vielen Rosen-Epigramme Schefflers:

> Die Ros' ist ohn warumb / sie blühet weil sie blühet /
> Sie achtet nicht jhrer selbst / fragt nicht ob man sie sihet.
> (Angelus Silesius: *Der Cherubinische Wandersmann*, I, 289)

Die Schönheit der Rose mag man – mit dem Gedicht – als Veräußerlichung der göttlichen Harmonie sehen, in der die Ewigkeit sichtbar wird. Damit ist sie als zeitlose bestimmt. Sie erscheint dem Sprecher ohne Zweck ›schön‹, ist einfach da, weil Gott sie so geschaffen hat. Ihre Existenz ziele nicht auf Rezeption; sie sei göttlichen Ursprungs in ihrer Schönheit und wird unabhängig von ihrem Betrachter gedacht. In ihr erkennt dieser die Vollkommenheit des Schöpfers und dessen Liebe. Sie erscheint als eine »in den geistlichen Sinnbezirk transponierte Venusblume« (Gnädinger 1982, 310). Ihre Farbe erinnert den christlichen Leser an die Wundmale des Herrn und damit an die Erlösung des Menschen. Verstehbar ist die Rose im Gedicht zudem als Bild für die Kunst im Dienste Gottes; ihn zu erfahren ist demnach der einzige Sinn der Barock-Mystik; in Bezug auf das Weltliche ist sie aber völlig autonom (»ohn warumb«) gedacht: »sie blühet weil sie blühet.« Dieser Gedanke erinnert an ein Gedicht von Gertrude Stein, das – mit vergleichbarer Intensität und identischem Bildbereich – die Kunst-Autonomie der Moderne proklamiert: »A rose is a rose is a rose.«

Friedrich von Logaus *Sinngedichte*

»Bald werden wir einen von unsern besten alten Dichtern wieder unter uns aufleben sehen«, schreibt Gotthold Ephraim Lessing 1759 im 36. *Literaturbrief* (93) anlässlich einer Neuausgabe der Werke Friedrich von Logaus (1604–1655). Die Sammlung, die 1759 mit »Anmerkungen über die Sprache des Dichters« erscheint, besorgen Karl Wilhelm Ramler und Lessing selbst. Den Literaturbrief hat der Herausgeber als Werbetext für die neue Ausgabe verfasst; hier stellt er sein Vorbild im Bereich der Epigrammatik vor und gibt einige Kostproben. Angesichts der Qualität der Sinngedichte bedauert Lessing, »daß sich *Logau* bloß auf eine, und noch dazu gleich auf die kleinste Dichtungsart eingeschränkt« habe (ebd.; vgl. Palme 1998, 95–183).

Die erste Epigramm-Sammlung erschien 1638; sie brachte Logau die Mitgliedschaft in der *Fruchtbringenden Gesellschaft*. Gemäß seiner bevorzugten Gattung wurde er als »der Verkleinernde« aufgenommen. Logaus Hauptwerk, insgesamt 3560 Epigramme, erschien 1654 unter dem Titel *Salomons von Golaw Deutscher Sinn-Getichte Drey Tausend*. In ihnen vermittelt sich eine breit angelegte Sicht auf die

Welt (Althaus/Seelbach (Hg.) 2006). Ja, die Vielzahl der Gedichte begründet Logau mit der unendlichen Zahl menschlicher Handlungen und Zeugnisse Gottes (Meid 1986, 88; Malapert 2002). In einem selbstreflexiven Epigramm heißt es:

> KEin Deutscher hat noch nie / (ließ ich mich recht berichten)
> Gevöllt ein gantzes Buch / mit lauter Sinn-Getichten:
> [...]
> O lieber wie viel ists / das ich pflag zubesinnen?
> Geh zehle mir die Stern vnd Menschliches Beginnen!
> (Logau: *Sinngedichte*, 214)

Der Epigramm-Sammlung unterliegt ein mimetisches Konzept. Logau versucht, in der Masse der lyrischen Einzeltexte die Vielfalt menschlicher Intentionen darzustellen und sie in ihrer kosmischen Eingebundenheit zu präsentieren. Nimmt man das ausführliche Epigramm *Poeterey* (54 f.) hinzu, wird deutlich, welche Perspektive in der Sammlung eingenommen werden soll. Der schlechte Zustand der Welt – Krieg, Missgunst, höfisches Verhalten, Gesetzlosigkeit, fehlende Moral – zwingt den »heilsame[n] Verstand« (54) in die Pflicht: »Kunst vnd Witz« sind mit der »Poeterey« zu verbinden, um in kritischer Manier den Übeln zu begegnen. Das poetische Geschäft ist ein satirisches. Denn von der literarischen Satire, einer Kunstform, die seit der Antike nicht in erster Linie witzig, sondern kritisch und strafend verfährt, erhält der Poet seine Lizenz. Diese Kunst ist keiner menschlichen Instanz, keiner Gelegenheit und keiner höfischen Situation verpflichtet. »Jch biege keine Knie vnd rücke keine Kappen« (55), betont Logau im *Poeterey*-Epigramm. Die Darstellung der Welt mit spitzer Zunge und ausgefeilten Pointen bringt dem Poeten »Lust« (54) – eine Vokabel, die gleich zwei Mal fällt. Trotz dieser Charakterisierung der Epigrammatik überwiegen bei Logau nicht die satirischen, sondern die gnomischen (lehrreichen) Texte (s. Kap. 5.1).

Doch ›progressiv‹ ist diese kritische Perspektive auf die Welt und ihre Verwerfungen nicht. »Die Welt ist vmgewand«, bestimmt Logau (*Sinngedichte*, 167); sie sei aus den Fugen geraten und die Poesie solle, so Logau, dazu beitragen, dass diese Entwicklung rückgängig gemacht werden kann. Die Maßstäbe für Logaus ästhetische Auseinandersetzung mit der Realität stammen aus der Vergangenheit (Meid 1986, 88). Er verficht alte deutsche Tugenden wie Treue, Redlichkeit und Frömmigkeit und hält die ständisch geordnete, patriarchalisch gegliederte Staatsordnung für die beste. Den neuen Absolutismus mit seinen Höflingen, der französisch geprägten Hofkultur und der funktionalen Hoforganisation sieht er eher kritisch (*Gedichte des Barock*, 144, *Sinngedichte*, 117, 213). Er begünstige unehrliches, verdecktes, egoistisches und missgünstiges Verhalten. Vor allem halte der Hof die Eigenverantwortung klein. Mit dem höfischen Beamten verliere die Führungselite an Eigenständigkeit. Und der alte Adel, dem sich Logau auch durch seinen eigenen Stand verpflichtet sieht, werde zurückgedrängt. Das unter anderem durch Gracián sich verbreitende *politicus*-Ideal lehnt Logau ab.

Bei der Hofkritik erlaubt sich Logau manche Zote (*Sinngedichte*, 147). Überhaupt nehmen die Sinngedichte über die Liebe und die Frauen keinen geringen Raum ein. Die Spitzfindigkeit des Formulierens (*argutia*) arbeitet sich hier an einem offenbar geeigneten Gegenstand ab. Der Hinweis auf das Tugendideal wirkt äußerlich, wenn männliche Vorurteile mit Lust bedient werden (*Sinngedichte*, 87, 104, 129, *Gedichte des Barock*, 146 f.).

Trotz der eher ›konservativen‹ Grundhaltung finden sich, besonders, wenn es um den Krieg und die Verarmung geht, auch aus heutiger Sicht bemerkenswerte

Texte. So sieht Logau, dass die Bauern, obwohl sie die Ernährer des Landes sind, am meisten unter den Kriegsfolgen gelitten haben (*Sinngedichte*, 65, 98, 103). Die Nachricht über den Westfälischen Frieden löst bei Logau keine feierlichen Worte aus (*Sinngedichte*, 87, 94, 104). Er reagiert wiederum mit lehrhaften Epigrammen. Es komme darauf an, wie der Frieden verwirklicht werde und wer vom Frieden profitiere. So beschäftigt sich ein Epigramm mit den abgedankten Soldaten (*Gedichte des Barock*, 146), die nach 1648 in der Tat – wie es sich etwa auch im *Horribilicribrifax* (1663) von Gryphius zeigt – ein großes soziales Problem darstellten. Vor der Folie der Konfessionsstreitigkeiten ist das folgende Epigramm zu lesen:

> Glauben.
> Luthrisch / Päbstisch und Calvinisch / diese Glauben alle drey
> Sind verhanden; doch ist Zweiffel / wo das Christenthum dann sey.
> (*Gedichte des Barock*, 144)

Das Gedicht stellt den Anspruch der Konfessionen, das wahre Christentum zu vertreten, in Frage. Damit rücken die Kircheninstitutionen und nicht die religiöse Praxis ins Zentrum der Kritik. Logau erscheint als Ireniker, als jemand, der die Aussöhnung der Konfessionen anstrebt (s. Kap. 3.4). In der Teilung, so argumentiert spitzfindig das Epigramm, verliert sich das Ganze der Religion. Nicht die Summe der institutionalisierten Kirchen, sondern die Einheit des Glaubens mache das wahre Christentum aus.

Andreas Gryphius

Die Gedichte von Andreas Gryphius (1616–1664) vorzustellen erübrigt sich fast. Zu bekannt und zu oft interpretiert worden sind die *Vanitas*-Oden oder die Sonette: etwa *Thränen in schwerer Kranckheit*, *An die Sternen* oder *Einsamkeit*. Und auch Epigramme wie *Uber Nicolai Copernici Bild* sind in der Forschung immer wieder besprochen worden (Kaminski 1998 mit Bibliographie).

Gryphius wurde in Glogau/Schlesien geboren. Nach seiner Gymnasialzeit in Görlitz, Fraustadt und Danzig wurde er Hauslehrer beim Hofpfalzgrafen Schönborner, dem Verfasser einer bedeutenden Politik-Lehre (s. Kap. 3.3). Dieser verlieh ihm einen Adelstitel und krönte ihn zum *poeta laureatus* (s. Kap. 4.5). Die Söhne seines Gönners begleiteten Gryphius nach Holland; 1638–1644 studierte er an der Universität Leiden. Reisen führten ihn nach Frankreich und Italien. 1650 übernahm Gryphius eine Stelle als Syndikus bei den Glogauer Ständen. Er schrieb nicht nur literarische Texte, sondern edierte auch eine juristische Sammlung, verfasste Leichenpredigten (s. Kap. 8.2) und veröffentlichte einen Bericht über eine Feuersbrunst und die Sektion einer Mumie.

Formal orientiert sich Gryphius an den Vorgaben des *Buchs von der Deutschen Poeterey*. Allerdings verwendet er im Sinne Buchners gelegentlich den Daktylus. Die Rhetorik und die Bildlichkeit der Texte wirken gesteigert; sie sind abhängig von den behandelten Themen.

So weicht das Sonett *Die Hölle* in mehrfacher Hinsicht von der üblichen Gattungsform ab. Neben dem Alexandriner werden weitere Versmaße, überlange und verkürzte Formen verwendet, die aber regelmäßig angeordnet werden. Die asyndetisch gereihten Substantive im ersten Quartett sind als Ausrufe kenntlich gemacht. Das Gedicht beginnt mit elliptischen Ein-Wort-Sätzen. Akkumulativ werden die Schrecken der Hölle ausgerufen. Baßler bezeichnet dies als »Katalogverfahren«. Auf den ersten Blick rechtfertigt die Darstellung der Hölle die extreme Anwendung der barocken Rhetorik. Die Sonettform wird regelrecht deformiert (Baßler 1997, 131). Solche Verfahren sind bei der barocken Gewaltdarstellung üblich, dort aber nicht zwingend und schon gar nicht auf diese beschränkt. Die für die Lyrik eher unüblichen Verfahren ermöglichen erst die Darstellung von Gewalt, Leid und Extremsituationen in den Gedichten (ebd., 143 f.).

Nach einigen lateinischen Veröffentlichungen erschien 1637 der erste deutschsprachige Gedichtband: die *Lissaer Sonnete*, benannt nach ihrem polnischen Druckort. Dieses Bändchen enthält viele der bekannten Gedichte in einer ersten Fassung, etwa die *Trawrklage des verwüsteten Deutschland* (Das Gedicht trägt in der Fassung von 1663 den bekannteren Titel *Thränen des Vaterlandes. Anno 1636.*):

> WIr sind doch numehr gantz / ja mehr alß gantz vertorben.
> Der frechen Völcker schar / die rasende Posaun /
> Daß vom Blutt feiste Schwerd / die donnernde Carthaun /
> Hat alles diß hinweg / was mancher sawr erworben /
>   Die alte Redlichkeit unnd Tugend ist gestorben;
> Die Kirchen sind vorheert / die Starcken umbgehawn /
> Die Jungfrawn sind geschänd; und wo wir hin nur schawn /
> Ist Fewr / Pest / Mord und Todt / hier zwischen Schantz und Korben
>   Dort zwischen Mawr und Stad / rint allzeit frisches Blutt
> Dreymal sind schon sechs Jahr als unser Ströme Flutt
> Von so viel Leichen schwer / sich langsam fortgedrungen.
>   Ich schweige noch von dehm / was stärcker als der Todt /
> (Du Straßburg weist es wol) der grimmen Hungersnoth /
> Und daß der Seelen-Schatz gar vielen abgezwungen.
> (*Gedichte des Barock*, 116)

Das Sonett steht in der Tradition der Kriegsklage wie Opitz' *TrostGedichte in Widerwertigkeit deß Kriegs*. Im ersten Quartett zeichnet es mit einer *amplificatio* die verheerenden Auswirkungen der Kämpfe nach. Jeder Teil des Alexandriners nimmt einen Aspekt der Verwüstung auf. Den verschiedenen Sinnen teilt sich das Grauen unmittelbar mit; akustische und optische Signale künden von der Vernichtungskraft des Krieges. Dass die Vorräte aufgezehrt werden, weist auf noch bevorstehendes Leid. Der Krieg ist 1636 noch keineswegs überwunden. Die zweite Strophe beschreibt die Örtlichkeiten des Grauens: Türme, Kirchen, Rathaus und Wehrbefestigung sind betroffen. Nicht nur die Bauern, auch die anderen Stände leiden also unter dem Krieg. Vergewaltigungen, Feuer, Krankheit und Tod gehören zu den im Gedicht beschriebenen Folgen. Betroffen sind die Affekte, das Gefühl und die Ratio. Das erste Terzett bringt ein Bild höchsten Entsetzens, unterstützt durch die apokalyptische Zahl 6 die sich auf das Jahr 1636 bezieht: Die Flüsse sind von Leichen verstopft. Das Bild wird im 17. Jahrhundert spätestens durch das Münchener Rubens-Gemälde *Amazonenschlacht* ikonisch. Conrad Ferdinand Meyer verwendet es noch einmal in seiner Novelle *Das Amulett* (1873). Das zweite Terzett im Gryphius-Gedicht liefert die Pointe; schlimmer als die apokalyptischen Schrecken vorher, schlimmer als der Tod ist der erzwungene Glaubenswechsel. Damit dominiert am Ende die – in vielen Gryphius-Gedichten angelegte – Jenseitsperspektive. Der verlorene Glaube versagt den Leidenden die Hoffnung auf das Himmelreich. Denn das irdische Leben ist angesichts des christlichen Heilsversprechens nichtig.

Das Werk von Andreas Gryphius stellt den Höhepunkt der barocken Sonett-Kunst dar. Meisterhaft wird die Antithetik der Form genutzt, um die Dichotomien menschlicher Existenz zwischen irdischem Leid und himmlischer Verheißung auszudrücken. Im Sonett *Menschliches Elende* zeigt der Sprecher das Leben der Menschen als »Schauplatz herber Angst« (*Gedichte des Barock*, 115), wo Leid und Glückswechsel bestimmend sind. Das menschliche Leben steht für die Vergänglichkeit alles Irdischen (*vanitas*). Statt Eitelkeit hilft dem Menschen nur Gottvertrauen, der Blick auf das Ewige und besonders die stoizistische Tugend Beständigkeit (*constantia*).

Zwar werden mit den Gedichten zumindest mittelbar Probleme des Daseins im 17. Jahrhundert angesprochen (Krieg, Krankheit, Hunger, Verlust von Eigentum, Verfolgung religiöser Minderheiten). Aber in den Sonetten, Oden und Epigrammen werden keine konkreten Erfahrungen evoziert, sondern Verhaltensvorstellungen verallgemeinert. Hier spricht nicht das Ich des Autors (Kaminski 1998, 43). Die Gedichte von Andreas Gryphius gehören zur Rollenlyrik. Ältere Rekonstruktionen von Lebensstationen des Autors auf Grund der Gedichte erscheinen als Spekulation.

Dies gilt ganz besonders für die **Son- undt Feyrtags Sonnete** (1639, Neudruck 1883). Diese Perikopensonette – Gedichte zu den Bibeltexten des Kirchenjahres – sind in liturgische Zusammenhänge eingebunden. »Das ›Ich‹, das hier spricht, [...] ist ein stellvertretendes Ich. Ich und Thema fallen in ihm zusammen: Menschsein und Sündhaftigkeit, Eitelkeit, Hochmut und Angst« (Mauser 1976, 42). In der Darstellung des Ichs als Rollen-Ich erhält es einen exemplarischen Wert; damit weist das Einzelne auf Transzendentes (ebd.). Das Rollen-Ich ist konfessionell gebunden, es ist gesellschaftlich definiert. In den Texten sei, so Krummacher (1976, 477–500), eine klare frömmigkeitsgeschichtliche Position erkennbar (auch: Steiger 1997 und 2000). Eine solche Interpretation birgt allerdings die **Gefahr einer Verkürzung aufs Eindeutige** (Kemper 1981, II 351–353; Kaminski 1998, 45).

Die komplexe Aussagestruktur der Gryphius-Gedichte ist zuletzt anhand des Sonetts *Gedencket an Loths Weib* von Mauser, Kemper und Kaminski kontrovers diskutiert worden. Das Gedicht bezieht sich im Titel ausdrücklich auf die bekannte Bibelgeschichte. Sodom und Gomorra brennen, Loth verlässt mit seiner Frau die Stadt; da sich Loths Frau umdreht, erstarrt sie zur Salzsäule. Im letzten Terzett werden, anders als in der Bibel, die Tränen von Loths Frau beschrieben:

> Fühlt sie das threnen saltz aus ihren augen rint /
> Vnd sie / sie selbst wirdt saltz. Und ehr sie sich besinnt /
> Ist durch die weise straff ihr vorwitz ausgesöhnet.
> (Gryphius: *Gesamtausgabe* 1963 ff., I, 33)

Das Salz der Tränen steht in einem Bezug zur Salz gewordenen Figur. Die Strafe Gottes wird in dem Gedicht auch deshalb als weise angesehen, weil sie kausal an die Handlung der Sünderin gebunden wird. Trotzdem ist für Mauser »LothsWeib« – ganz im Sinne der lutherischen Orthodoxie – ein Beispiel für einen Menschen, der die Gnade Gottes verwirkt, weil er dessen Befehl missachtet (1976, 107). Aus der Abweichung der bei Gryphius wiedergegebenen Geschichte – das hinzugedichtete Tränensalz – leitet Kemper eine Interpretationsmöglichkeit jenseits der Orthodoxie ab (Kemper 1981, I, 275 ff.). Loths Frau wird selbst zum »Vorbild«, da sie sich als »Mitleid empfindendes Weib« zeigt (Kaminski 1998, 47 f.). Zudem bedeutet das Salz im hermetisch-magischen Kontext »Unsterblichkeit«; es schlägt die Teufel in die Flucht (Hinweis Kempers, zit. Kaminski 1998, 47). Anders als Loth wäre damit seine Frau schon von Gott zu sich gerufen worden – eine Deutung, die sich an der »Grenze zur Häresie« bewegt (Kemper 1981, I, 273). Kaminski plädiert dafür, die hermeneutischen Spielräume, die Sonette wie *Gedencket an Loths Weib* eröffnen, herauszuarbeiten (1998, 48). Sie sieht hierin Sinnbilder »poetischer Mehrdeutigkeit« (49). Die verschiedenen Interpretationsmöglichkeiten sprechen für den Text und nicht gegen einzelne Analysen. Die vielzitierten »Zentner=Worte« (Lohenstein, zit. *Andreas Gryphius*, 1) – wie »das threnen saltz« – wären dann nicht nur »mit klugen Lehren« erfüllt, wie Lohenstein sagt (ebd.), sondern vor allem mit Deutungspotential. Dieser ästhetische Mehrwert freilich zeichnet alle guten literarischen Texte aus.

1643 veröffentlichte Gryphius eine weitere Sonett-Sammlung, der 1650 ein zweites Buch folgte. 1698 ergänzte die Nachlass-Veröffentlichung von Christian Gryphius das Sonett-Werk seines Vaters. Die Epigramme wurden 1643 und die vier Odenbücher 1643 bis 1657 veröffentlicht.

Simon Dach und der Königsberger Dichterkreis

Im Mittelpunkt des Königsberger Dichterkreises um Simon Dach (1605–1659; vgl. Heyde 2010; Walter (Hg.) 2008) steht eine Örtlichkeit: die Kürbishütte. Sie stand im Garten des Komponisten und Dichters Heinrich Albert (1604–1651), einem Vetter von Heinrich Schütz. Dachs Freund Albert gilt als der musikalische Kopf des Kreises (Müller-Blattau 1951). In der Hütte traf sich 10 Jahre lang ein bürgerlicher Freundeskreis, der gemeinsam musizierte und sich Gedichte vorlas. Die Zerstörung der Kürbishütte – dem Musenort der Königsberger – hat Dach 1641 in 230 Alexandrinern besungen (*Dach*, 54–61). Die Verse verbinden, wie die *Fretow*-Gedichte von Sibylle Schwarz, das *laus ruris*-Motiv mit der Klage über die Vernichtung des gemeinsamen Musenortes. Der Text liefert Bausteine zur kultur- und sozialgeschichtlichen Rekonstruktion des Kreises (Schöne 1975). Zur Gruppe gehörten neben Dach und Albert die Gelehrten Robert Roberthin und Christoph Kaldenbach d.Ä. Roberthin war ein Freund von Opitz, der dessen Ideen in Königsberg verbreitete. Kaldenbach schrieb u. a. biblische Schuldramen (s. Kap. 6.4); später wurde er Rhetorik-Professor und Schulreformer in Tübingen. 1638 hielt sich Opitz für einige Zeit in Königsberg auf und wurde vom Kreis mit einem Lied Dachs, komponiert von Albert, begrüßt.

Heinrich Alberts bekanntestes musikalisches Werk ist das in ostpreußischem Dialekt geschriebene Hochzeitsliedchen *Anke van Tharaw* (*Gedichte des Barock*, 89f.). Es wurde wahrscheinlich von ihm selbst gedichtet. Die Verse finden sich später in den *Volksliedern* (1778f.), die Johann Gottfried Herder herausgab, freilich in einer hochdeutschen Übersetzung (*Annchen von Tharau*). Alberts *Gott des Himmels und der Erden* ist ein bekanntes Kirchenlied geworden.

Der Tod war im 17. Jahrhundert präsenter als heute. Das galt insbesondere für Königsberg, das mehrfach von der Pest heimgesucht wurde. Der Ausgestaltung von Beerdigungen widmete man einen gewissen Aufwand, der das Sozialprestige steigerte. Der Glaube an ein besseres Jenseits bewirkte, dass die Schwellensituation der Beerdigung angemessen (also das *decorum* achtend) gefeiert wurde. Nicht zuletzt aufgrund dieses etwas makaberen Umstandes war offenbar das Verfassen von Begräbnisliedern für die Königsberger recht einträglich. Sie bilden den größten Teil ihrer Gebrauchslyrik.

So verwundert es kaum, dass in den Liedern der *Kürbishütte* der Tod eine so herausragende Rolle spielt. Auch das Programmlied des Künstlerkreises, die *Musi-

calische Kürbis-Hütte von Heinrich Albert, das 1641 mit einer Einleitung an den »Kunst-liebhabenden Leser« veröffentlicht wurde, behandelt die menschliche Vergänglichkeit. Das Lied hat 12 Strophen, die an die 12 Mitglieder des Kreises erinnern. Die Präsentation des Liedes wird mit einer ›Performance‹ verbunden, die Albert in der Einleitung beschreibt: Die Namen der Freunde hat er jeweils an einen Kürbis geschrieben. Er tut dies einerseits aus »Ergetzung«, andererseits um zu mahnen: Denn die Früchte verfallen im Herbst nach und nach. Albert schafft damit eine Art Real-Allegorie. Die Kürbisse repräsentieren konkret die der Vergänglichkeit ausgelieferten Menschen, die in ihren poetischen Werken aber überleben. Die Schrift, die die Allegorie kennzeichnet, ist gleichzeitig Garant für das Überleben der Kürbishütten-Idee. Das Gedicht, aus der Sicht eines Kürbisses verfasst, präsentiert insofern eine fast heitere Ansicht vom Tod und von den Herbstmonaten des Lebens.

> Wenn der rauhe Herbst nun kömpt,
> Fall' ich ab, vnd muß verderben.
> Wenn dein Ziel dir ist bestimmt,
> Armer Mensch, so mustu sterben.
> [...]
> DEm Herbst verlangt nach mir,
> Mich zu verderben;
> Dem Tod', O Mensch, nach dir,
> Auch Du must sterben!
> (*Dach*, 228)

Der Kürbis ist ein Symbol der Vergänglichkeit: Er wächst im Sommer zu leuchtender Größe und zerfällt im Herbst; er weist in seiner Schönheit auf das Ende (*Dach*, 225–229). Erst die Beschriftung macht ihn zur Allegorie des Menschen. Nun gibt die Frucht »den Vorgeschmack süsser Ewigkeit« (Roberthin).

Das Liedchen *Phyllis, O mein Liecht* (*Dach*, 136 f.) gehört zu den Barocktexten, die bis ins 20. Jahrhundert hinein überlebt haben. Es steht – in einer späteren und verkürzten Version – im bekanntesten und weitverbreitetsten Liederbuch der Jahrhundertwende, im *Zupfgeigenhansel* der Deutschen Wandervogelbewegung (dort trägt es zwar die Jahreszahl 1640; Angaben zum Dichter und Komponisten fehlen allerdings). Dach hat es gedichtet, Albert hat es vertont.

Der Text ist ein Liebeslied, das mit petrarkistischen Verfahren arbeitet, wenn Einzelheiten hervorgehoben werden. Auch die abweisende, stolze Haltung der unerreichbaren Phyllis wird betont. Der Name Phyllis ist entindividualisiert, auch seine ursprünglich mythische Bedeutung (sie ist eine thrakische Königstochter) ist verblasst. Sieht man auf die letzte Strophe mit der geselligen Aufforderung, sich zum Reden im Gras niederzulegen, könnte man das Gedicht sogar der Schäferlyrik zuordnen. Auch der naive Ton spräche dafür. Das fröhliche Liedchen spielt mit der Gattung des Brautliedes; es dient als Gebrauchstext für Hochzeits- oder Verlobungsfeiern. Die polyphone Vertonung macht aus dem eher einfachen Liedchen ein kunstvolles Musikstück. Die Vielstimmigkeit verweist auf den geselligen Anlass.

Die Lieder der Kürbishütte sind 1991 in einer Aufnahme des Cantus Cölln unter der Leitung von Konrad Junghänel auf CD erschienen (RD 77245).

Nürnberger Lyrik

Die Lyrik der Nürnberger entstand im Umfeld des *Löblichen Hirten- und Blumen-Ordens an der Pegnitz* (s. Kap. 4.5). Zu den Dichterinnen und Dichtern des Ordens (Jürgensen 2006) gehörten Georg Philipp Harsdörffer, Johann Klaj, Sigmund von Birken, Regina Magdalena Limburger, der als Romancier bekannt gewordene Heinrich Arnold Stockfleth, der Theologe Johann Michael Dilherr und der Poetikprofessor Magnus Daniel Omeis. In Nürnberg und im engen Kontakt zu den Pegnitz-Schäfern agierte auch Catharina Regina von Greiffenberg. Die Dichtung des Ordens zielte auf den Nachweis, dass das Deutsche eine angesehene und anspruchsvolle Dichtersprache war. Sie verfolgte also – anders als etwa das *TrostGedichte in Widerwertigkeit deß Kriegs* von Opitz – eine primär ästhetische Intention (Newman 1990). Das Interesse an Dichtungsformen und -experimenten hat schon Gervinius dazu bewogen, den Nürnbergern zu bescheinigen, dass sie »mehr Ahnung von eigentlicher Poesie hatten, als Opitz« ([4]1853, 281, vgl. 218 ff. u. 414).

Tatsächlich bereicherten die Nürnberger gegenüber dem Opitzianischen Dichtungssystem – wie Philipp von Zesen – das lyrische Formenrepertoire durch rhythmische Mischformen, eine gehäufte Verwendung von Daktylen und durch verschiedene Klangexperimente (Assonanzen, Binnenreime, Alliterationen). Auch die Bildverwendung wirkt intensiver. Regelrechte Bildreihen werden in den Gedichten entworfen. Gleichwohl gibt es auch bei den Nürnbergern eine Auseinandersetzung mit dem Krieg. Das *Pegnesische Schäfergedicht* (1644) von Klaj und Harsdörffer liefert als prosaisch-lyrische Mischform ausdrücklich einen Gegenentwurf zum Dreißigjährigen Krieg in Deutschland (s. Kap. 3.1, 7.6).

Mit dem Westfälischen Frieden setzt sich Harsdörffers *Friedenshoffnung bey Nochschwebender Handlung* zu Münster und Osnabrück (1647) auseinander. Das Gedicht existiert in zwei Versionen und ist Jesaias Rompler v. Löwenhalt gewidmet. Auch dieser hatte eine Kriegsklage veröffentlicht, die er Johann Rist widmete. Die Anknüpfung Harsdörffers an Rompler – der im letzten Vers ausdrücklich erwähnt wird – geschieht über das Kriegsthema. Rist präsentiert im gleichen Jahr wie Harsdörffer das Festspiel *Friede wünschendes Teutschland* (s. Kap 7.6). Die verschiedenen Friedenstexte sind also über Widmungen intertextuell vernetzt. Der Anlassnennung im Haupttitel folgt eine bildliche Auslegung im Untertitel: *Der Kriegsmann wil ein Schäfer werden* – eine Variation der durch die Friedensbewegung der 1970er und 80er Jahre bekannt gewordenen Bibelpassage (Micha 4, 3 f.). Harsdörffer hat das Gedicht als Exempel für Hirtengedichte in seinen *Poetischen Trichter* (1648) aufgenommen. In der *Friedenshoffnung* tritt die Präsentation der Kriegsgräuel gegenüber der Darstellung der Friedensutopie zurück, die Schäferidylle wird zum sozial sinnvollen Gegenentwurf (Springer-Strand 1982, 248). Das Gedicht besteht aus unterschiedlich langen Versen; zitiert werden Ausschnitte der ersten beiden Strophen:

1.
Trommel und Pfeiffen / Herpauken / Trompeten /
Donnerkartaunen und Hagelmusqueten /
[...]
     entweiche nun weit
     des guldenen Friedens behäglicher Zeit.

2.
Sicherheit baue die dankbaren Felder /
Sicherheit hege die lustigen Wälder /
[...]
> Die Quellen erhellen
> vermählet den Auen;
> das silberne Tauen /
> beblume die Schwellen
> an Ceres Altar
> Glück Segen und Wonne bekröne das Jahr.

(*Pegnitz-Schäfer*, 85 f.)

Die erste Strophe stellt den Krieg vornehmlich durch seine akustischen Signale dar. Die Strophe läuft auf den Kurzvers zu, in dem die Verdrängung des Krieges durch den Frieden betont wird. In den Daktylen des letzten Verses wird der Frieden hervorgehoben. Die zweite Strophe besingt seinen Nutzen; blühende Landschaften entstehen. Deutlich erkennbar wird an diesem Beispiel die erwähnte Klangspielerei. Sie stellt einmal mehr die Lyrikfähigkeit des Deutschen unter Beweis. »[I]n allen Dingen / welche ein Getön von sich geben«, sagt Harsdörffer in den *Frauenzimmer Gesprächsspielen*, spricht »unsere Teutsche Sprache« (I, 357). Trotzdem verfolgt er nicht den Gedanken, einer naturnachamenden Sprache. Kayser hat schon früh bemerkt, dass Harsdörffer »nicht an der Natur, am Objekt, sondern am Wort- und Versklang« interessiert ist (Kayser [2]1962, 67). Seine Gedichte sind Beispiele für die »Tendenz zur sprachlichen Ästhetisierung und die Konzentration auf die Erweiterung der Ausdrucksmöglichkeiten« der deutschsprachigen Lyrik (Meid 1986, 97; Jakob/ Korte (Hg.) 2006; Keppler-Tasaki/Kocher (Hg.) 2011; Gerstl (Hg.) 2005).

Wegen der guten Quellenlage zu Werk und Leben **Sigmund von Birken**s (1626–1681) – es existieren viele Manuskripte, Tagebücher und sehr umfangreiche Briefwechsel – bietet der zweite Präses des Blumenordens (seit 1662) gute Forschungsmöglichkeiten (Laufhütte 2007; Stauffer 2007). Da der Autor die meiste Zeit seines Lebens keine feste Stelle innehatte, sondern von Auftragsarbeiten, Mäzenen und finanziellen Zuwendungen seiner Ehefrauen lebte, wird er – mit gewissem Recht – als einer der ersten ›freien‹ Schriftsteller deutscher Sprache geführt. Seine Gedichte prägen die Nürnberger Lyrik in gleichem Maße wie die Harsdörffers oder Klajs. Er zeichnet u.a. für die *Fortsetzung Der Pegnitz-Schäferey* (1645) verantwortlich, in der sich mit *Pegnitzlob* ein qualitätvolles Beispiel barocker Naturlyrik findet. Zwar wird die Pegnitz, ein Fluss, der durch Nürnberg fließt, nicht individuell und nur in Ansätzen wieder erkennbar beschrieben, doch enthält das Gedicht, wie man an der folgenden Passage sehen kann, eine unübersehbare und mit Lust betriebene Ästhetisierung der Landschaft als *locus amoenus*; sie wird – wie bei Harsdörffer – den Orten des Krieges kontrastiv gegenübergestellt:

> Dort strampfet und stampfet der Mülen Gehämmer/
> > Was Aeren und Erde geschenkt/
> Dort weiden mit Freuden die lustigen Lämmer/
> > Wann dass du die Auen getränkt.

(*Gedichte des Barock*, S. 159)

Birkens »höchst Verpflichtete-Treu-Innige EhrenFreündin« (Birken: *Werke und Korrespondenzen*, XII/1 89) **Catharina Regina von Greiffenberg** (1633–1694), die nie dem Pegnitz-Orden beigetreten ist, gilt als wichtigste Dichterin des 17. Jahrhundert (Meid 2009, 187). Van Ingen spricht von einem »der stärksten dichterischen Talente ihrer Zeit« (v. Ingen 2000, 231). Sie musste aus Glaubensgründen aus Niederösterreich emigrieren und lebte dann in Bayreuth, Regensburg und ab 1680 in Nürnberg (Schnabel 2005). Bekannt geworden ist sie mit ihren *Geistlichen Sonetten / Liedern und Gedichten* (1662), deren Druck Birken, mit dem sie in intensivem Briefwechsel (Birken 2009ff. XII/1 u. XII/2) stand, förderte. Neben geistlichen Liedern verfasste Greiffenberg überwiegend Andachten, die aus Bibelerzählungen und -auslegungen, Meditationen, Gebeten und Gedichten bestehen. In den *Passion=Betrachtungen* findet sich ein sprachreflexives Sonett. Es beginnt mit dem Quartett:

> O Wort! dem alle Wort zu wenig / es zu preisen!
> O Wort! durch welches ward / das man mit Worten nennt.
> Durch dich! O Wesen-Wort! man dessen Selbstheit kennt /
> Der seinen Allheit=Glantz / dich zeugend / wollte weisen.
> (Greiffenberg: *Sämtliche Werke* IX, *Andacht=Aufmunterung*, 2)

Angesprochen wird nicht Gott, sondern das Wort Gottes, das zu Beginn des Johannes-Evangeliums (1, 1–5) nicht nur mit Gott, sondern auch mit seiner Menschwerdung gleichgesetzt wird: »Und das Wort ward Fleisch!« (1, 14). Damit begründet sich nicht nur das Neue Testament und damit die Erlösung der Menschen, sondern auch der christliche Glaube. Er lebt als Wort in den Menschen weiter. Der Sprecher preist also nicht nur den Schöpfer, sondern auch die Schöpfung, die durch seine Gnade den Geist des Schöpfers inkorporiert hat. Dies ermöglicht eine Teilhabe an dessen unendlicher Herrlichkeit und befähigt selbst – als sprachliches Vermögen – zum Lob Gottes. Das Sonett endet mit einem Anruf an das Wort Gottes, der das Schöpferlob als spezifische poetische Fähigkeit der Sprecherin inspirieren soll:

> Wort! des Unmündigkeit die gantze Welt ausruff/
> O Wort das Gott beredt / zum Schaffen und Erlösen!
> Wolst Worte / dir zu Lob / in mir jetzt auserlesen. (3)

Mit solchen Gedichten stellt sich Catharina Regina von Greiffenberg inhaltlich in die Tradition der europäischen Mystik des Spätmittelalters und der Frühen Neuzeit. Die poetische Form (Bildkraft, Gedankenführung, Rhetorik usw.) erreicht indes ein Niveau, das seinesgleichen in dieser Zeit sucht.

Hoffmannswaldau, Lohenstein und die galante Lyrik

An der Ästhetisierung der Lyrik, die sich bei den Nürnbergern andeutete, arbeiteten Christian Hoffmann v. **Hoffmannswaldau** (1616–1679), Daniel Casper v. Lohenstein (1635–1683) und die galanten Dichter weiter – allerdings nicht im Bereich der Klangmalerei, sondern der rhetorischen und bildlichen Gestaltung der Texte. Zu den galanten Dichtern (Steigerwald 2011; Rose 2012; Borgstedt/Solbach (Hg.) 2001) werden vornehmlich die jüngeren Autoren gezählt, die in den ersten beiden Teilen der Lyrikanthologie *Herrn von Hoffmannswaldau und andrer Deutschen auserlesener und bißher ungedruckter Gedichte* (1695–1727) abgedruckt sind. Herausgeber der Sammlung ist Benjamin Neukirch (1665–1729). Außer diesem gehören unter anderem Aßmann v. Abschatz (1646–1699), Johann v. Besser (1654–1729; Besser 2009ff.),

Christian Hölmann (1677–1744) und Christian Friedrich Hunold (1681–1721; Rose 2012) zu den Galanten. Neukirch rechnet in seiner Vorrede zur Anthologie Lohenstein und Hoffmannswaldau neben Andreas Gryphius zum Höhepunkt der deutschsprachigen Poesie; ihre Dichtungen seien vergleichbar mit den Leistungen in Italien und Frankreich (Niefanger 1995, 2000b).

Hoffmannswaldaus Hinwendung zur italienischen Poesie, insbesondere zu Giambattista Marino (1569–1625) setzt in der Entwicklung der deutschsprachigen Lyrik neue Akzente. Er gilt als der bekannteste und renommierteste Repräsentant der ›Zweiten schlesischen Schule‹ (Baasner 1999, 534; Llewllyn 2000; Kiedron 2007). Der Dichter bekleidete hohe städtische und kaiserliche Ämter; schon zu seiner Zeit war er hoch angesehen und einflussreich. Die Ämter, die theologisch kontrollierte Zensur-Praxis und andere Dispositive des literarischen Diskurses erlaubten offenbar nicht den öffentlichen Druck seiner Werke. Hoffmannswaldau hätte sich bei einer Veröffentlichung vermutlich als Dichter diskreditiert. Die Texte kursierten allerdings als Handschriften zwischen Gelehrten der Region. Im Todesjahr erschien eine Sammlung. Durch Neukirchs Anthologie wurde Hoffmannswaldau zum Vorbild der späten Barocklyrik, die schon im 18. Jahrhundert als ›schwülstig‹ empfunden wurde; die ausdrückliche Orientierung an Marino erlaubt, sie ›manieristisch‹ zu nennen. Beide Charakterisierungen zielen auf die stark gekünstelte Form der Texte und ihre oft erotischen Inhalte.

Ein typisches Gedicht, das in der Anthologie veröffentlicht wurde, ist das in Auszügen zitierte *An Lauretten* (s. Kap. 5.1; *Gedichte des Barock*, 277 f.). Als *inventio* des Gedichts (als poetische Erfindung) zeigt sich eine antizipierte Liebesbegegnung mit der bislang unerreichten Laurette. Zur Geschichte gehört, dass die Liebe nur vorläufig gedacht wird. Ihre Erfüllung im Sexualakt bindet den männlichen Sprecher nicht; »alsdenn« (278) wird ein anderer kommen und an der »Leibesfrucht« (277) die Erfülltheit des Liebesaugenblicks ersehen können. Erfüllte Sexualität und Fruchtbarkeit werden eng geführt und aufeinander bezogen. Das *carpe diem* ist im Augenblick des erfüllten Sexualakts als *piccola morte* gesteigert. Den weiblichen Körper (s. Kap. 3.2) dekomponiert der Text in einzelne erogene Zonen, die mit eigenen Bildern versehen werden: Die Brust, die Haare, der Schoß, die Lippen und die Lenden werden bedacht. Der schöne Körper kontrastiert mit dem hässlichen männlichen; zum Beispiel ist von der schlechten Haut des Mannes die Rede. Dieses Schönheitsgefälle spielt mit dem petrarkistischen ›Höhenunterschied‹ von Mann und Frau. Fast blasphemisch steigert sich die antizipierte Liebesnacht, wenn sich der Schoß zum Empfang des männlichen Geschlechtsorgans »gen himmel« (277) führen soll. Der Sexualakt zeigt sich so als quasi ›göttliche‹ Erfüllung. Doch die Einmaligkeit und Größe des Begehrens wird wieder dekonstruiert, wenn in der letzten Strophe auf die Nachfolger der Liebesnacht angespielt wird.

In der Neukirch'schen Sammlung ist ein titelloses Gedicht von Hoffmannswaldau, dessen erste Strophe zitiert wird, abgedruckt:

> SO soll der purpur deiner lippen
> Itzt meiner freyheit bahre seyn?
> Soll an den corallinen klippen
> Mein mast nur darum lauffen ein /
> Daß er an statt dem süssen lande /
> Auff deinem schönen munde strande?
> (*Die Entdeckung der Wollust*, 25)

Kaum durch das Schiffs-Bild verdeckt antizipiert die erste Strophe einen Oralverkehr. Das Stranden des Schiffs evoziert die mögliche Erfüllung der männlichen Sexualität. Das Bild wird in der dritten Strophe noch einmal aufgenommen:

> Jedoch der schiffbruch wird versüsset /
> Weil deines leibes marmel=meer
> Der müde mast entzückend grüsset /
> Und fährt auff diesem hin und her /
> Biß endlich in dem zucker=schlunde
> Die geister selbsten gehen zu grunde
> (ebd.)

Die Strophe nimmt den Koitus vorweg. Die rhythmischen Bewegungen des männlichen Leibes sind kaum verhüllt im ›hin und her‹ der Mastbewegung wiedergegeben. Der zweite Orgasmus des Mannes ist ebenso deutlich beschrieben. Die *argutia* (Scharfsinnigkeit) richtet sich auf die Variation der Sexualität, wobei der Bildbereich beibehalten und ausstaffiert wird. Die Körperteile der anonymen Frau werden isoliert und zum bloßen Objekt des Sprechers degradiert. Die weiteren zwei Strophen dienen der Werbung für den in Aussicht genommenen Geschlechtsverkehr. Die Liebesnacht gestaltet das Gedicht als (heidnisches) Opfer, bei dem die Venus angerufen wird. Die verwendeten Metaphern konterkarieren damit den christlich konnotierten Bildbereich um Schiff und Seefahrt (Gemeinde-, Kirchenschiff). Dies klingt zwar blasphemisch, verweist aber, bedenkt man die Rollenhaftigkeit des Sprechens, auf die Unchristlichkeit dieser Art von Erotik.

Von **Lohenstein** sind keine drastischen Erotica bekannt; gleichwohl schreibt er ähnlich manieristisch. Seine Gedichte *Auff schöne augen* und *Auff einen schönen halß* (*Lyrik des Barock*, II, 74 f.) verweisen deutlich auf sein Vorbild Hoffmannswaldau. Unverkennbar ist der getragene Ton in seinen Texten; Meid nennt Lohenstein einen »Meister des rhetorischen Pathos« (1986, 124). Wenn Lohenstein über Gryphius sagt, »Wer reden ihn gehört / der hat ihn donnern hören« (Lohenstein, in: *Andreas Gryphius*, 1), so trifft das wohl auch auf ihn selbst zu. In der Sammlung *Blumen* von 1680 wird das Sonett *Umbschrifft eines Sarches* veröffentlicht. Es besteht im ersten Quartett aus einer variierenden Anrede an das sterbliche »Volck« der Menschen (*Gedichte des Barock*, 287 f.); das zweite zeigt das vergebliche Bemühen um überdauernden Glanz (*vanitas*). Die Terzette erinnern an den Tod, den das Verhängnis mit sich bringt. Es herrscht unnachgiebig über dem Irdischen. Der Tod macht alle gleich; diese Weisheit bezieht das Gedicht auf das Wissen, den Besitz und den Stand. Der einzige Unterschied zwischen den sterbenden Menschen liegt in der Art und Weise ihrer Beerdigung.

Die **galante Lyrik** (Heiduk 1971; Schöberl 1972) schließt einerseits an die Texte der Vorbilder Hoffmannswaldau und Lohenstein an, andererseits rezipieren die Galanten auch Weises Prosakonstruktionsregel (s. Kap. 5.1). Insofern kann von einer gewissen Abschwächung von Rhetorik und überbordender Bildlichkeit bei den Galanten gesprochen werden. Anders verhält es sich im Bereich der *inventio*: Nirgendwo sonst in der deutschen Literatur finden sich so extreme Beispiele erotischer Gedichte. So werden die Menstruation (Schöne (Hg.) ³1988, 484 f.), der sexuelle Voyeurismus (*Entdeckung der Wollust*, 26, 125), die Impotenz (ebd., 152) oder die Masturbation (ebd., 121 ff., 169) besungen (s. Kap. 3.2).

Johann Christian Günther

Obwohl Günther sicher nicht als erster Erlebnislyriker bezeichnet werden kann (Meid 1985, 383), wie es die ältere Forschung in der Nachfolge Goethes gerne tat, fängt mit seinen Gedichten ein neues Kapitel in der Geschichte der Lyrik an. Sie markieren, indem subjektive Töne hörbar werden, die Wende zwischen Barock und Aufklärung.

Die einschlägige Forschung der letzten Jahre vermittelt deshalb eine ambivalente Einschätzung Günthers. Sie verweigert sich jener glättenden Heroisierung des Dichters (als ›Kraftgenie‹ oder ›empfindsame‹ Persönlichkeit), die sein Bild noch in den siebziger und achtziger Jahren vorwiegend prägte (Stüben (Hg.) 1997). Sein Werk ist einerseits im Rahmen spätbarocker Diskurse und einer von dort tradierten Rhetorik begreifbar, andererseits weist die individuelle Gestaltung seiner Texte, ihr ›subjektiver‹ Ton auf die Poesie des 18. Jahrhunderts voraus. Diese Beurteilungen sind aber keineswegs sich ausschließende Bestimmungen. Sinnvoller als eine Vereinnahmung Günthers für das Neue oder seine Situierung im Alten vorzunehmen ist es, in ihm eine paradigmatische Übergangsgestalt zu sehen.

Johann Christian Günther (1695–1723) studierte in Frankfurt/O., in Wittenberg und Leipzig, lebte von Gelegenheitsgedichten, bemühte sich um das Amt eines Hofdichters bei August dem Starken und versuchte erfolglos, sich als Arzt niederzulassen.

Das Werk Günthers ist vielfältig: Zu nennen sind die panegyrischen Texte (insbesondere seine Oden), die Klagelieder, satirischen Texte, Studenten-, Trink- und Tabakslieder sowie vor allem die Liebeslyrik. In den Zyklen, die verschiedenen Geliebten gewidmet sind (Leonore, Rosette, Flavia, Philis), tritt tendenziell die durch barocke Traditionen strukturierte Geste zugunsten eines erfahrungsorientierten Tones zurück. Inwieweit hier – oder sogar bei seiner Kasualpoesie – von »literarische[r] Individualität« gesprochen werden kann, bleibt fraglich (Zymner 1997, 249–287).

In Günthers *Abschiedsaria* (EA 1735) wird der Übergang von erlebter Liebe zur Poesie thematisiert; die siebte Strophe lautet:

> Genug! Ich muß; die Marterglocke schlägt.
> Hier liegt mein Herz, da nimm es aus dem Munde
> Und heb es auf, die Früchte, so es trägt,
> Sind Ruh' und Trost bei mancher bösen Stunde,
> Und lies, sooft dein Gram die Leute flieht,
>   Mein Abschiedslied.
> (Günther: Gedichte, 13)

Der Anspielungsreichtum der Verse ist groß (Stenzel 1982, 389): Redewendungen, Sprichwörter, Gesangbuchverse, Dramentexte und Bibelstellen werden beim Motivkomplex Herz-Zunge alludiert. Das Gefühl, das ausgedrückt werden soll, ist also schon Text, bevor es formuliert wird. Und doch suggeriert die Strophe eine sukzessive Textwerdung des Gefühls (Kaminski 1997, 235 f.). Indem das Du das Gefühl von der Zunge liest, wandelt es sich zum reproduzierbaren Text. Dann nämlich erst bewahrt es den Abschiedsschmerz, der Zeugnis der Liebe ist, auf. Einerseits scheint der Abschied von vornherein als Texterlebnis angelegt zu sein, andererseits vermittelt gerade die Abschiedssituation eine hohe affektive Intensität (Regener 1989, 27). Sie rechtfertigt, um verstanden zu werden, den Rückgriff auf das Arsenal schon verschriftlichter Gefühle, so dass der reflektierte Versprachlichungsakt nicht unbedingt gegen den Erfahrungskern solcher Verse spricht. Auch hier macht eine polyphone Lesbarkeit den Text reizvoller.

5.4 Forschungsgebiete, Tendenzen und Aufgaben

Mit Kempers Lyrikgeschichte der Frühen Neuzeit (1987 ff.) liegt eine ausführliche, geistes- und ideengeschichtlich orientierte Einbettung der Barocklyrik in ihren literarhistorischen Kontext vor. Die Interessen seiner Habilitationsschrift über *Gottebenbildlichkeit und Naturnachahmung* (1981) fortsetzend liegt der Schwerpunkt der Darstellung auf der mystischen und religiösen Lyrik. Die Barockzeit wird hinsichtlich der konfessionellen Auseinandersetzungen wahrgenommen.

Eine Reihe – zum Teil älterer Monographien und Einführungen – gibt einen guten Überblick über die Barocklyrik, wobei die Schwerpunkte unterschiedlich sind. Meid (1986) stellt vor allem den historischen Hintergrund und die poetologische Basis (Opitz usw.) heraus. Die Darstellung von Browning (1980) bedenkt neben Opitz, Gryphius und den Mystikern besonders die spätbarocke und galante Zeit. Die Einführung, die Urs Herzog vorgelegt hat (1979), orientiert sich, anders als die anderen Monographien, nicht an Autoren und Autorengruppen, sondern an systematischen Fragen: zum einen an Anlässen und Funktionen, zum anderen an lyrischen Formen. Im englischen Sprachraum sind Überblicksmonographien von Cohen (1963), Gillespie (1971), de Capua (1973) und Lowry Jr. (1961) erschienen.

Neben diesen Gesamtdarstellungen zur Barocklyrik liegen eine Reihe von Überblicksaufsätzen und die Einleitungen zu den Lyrikanthologien vor (*Barocklyrik*, 1934; *Deutsche Barocklyrik*, ³1962; *Gedichte 1600–1700*, 1969; *Lyrik des Barock*, 1971; *Komm, Trost der Nacht*, 1977; *Gedichte des Barock*, 1980), die meist einen guten ersten Einstieg in die Materie bieten. Weniger brauchbar, weil sie noch sehr schablonenhaft argumentieren, sind ältere Artikel wie die von Strich (¹1916/1965) oder Beissner (1963). Einseitig auf die religiöse Lyrik bezogen ist die Darstellung in Emrichs Monographie zur Barockliteratur (1981); das Kapitel in Szyrockis Barockeinführung (1997) wirkt, da es auch die epischen Kleinformen und die Gebrauchsliteratur einbezieht, etwas unübersichtlich. Sozialgeschichtlich orientiert sind die neueren Beiträge von Meid (1985), Derks (1985), Schilling (1999) und Baasner (1999). Meid (1982) und Bircher/Haas (1973) haben hilfreiche Sammelbände mit einführenden Interpretationen zu einzelnen Gedichten und Gedichtgruppen herausgegeben.

Auf einzelne Themenbereiche konzentriert sich die Forschung besonders: Schon früh recht gut erforscht wurde etwa der petrarkistische Hintergrund der Barocklyrik (Pyritz 1963; Forster 1969/1976; Hoffmeister 1972, 1973; Fechner 1966; Borgstedt 2009; Aurnhammer (Hg.) 2006). Auch mit der religiösen Fundierung der Barocklyrik befassen sich eine ganze Reihe von Monographien und Sammelbände (etwa v. Ingen 1968; Mauser 1976; Krummacher 1976; Kemper 1981; Dohm 2000; Steiger 2000; Dohms 2010; v. Ingen/Moore (Hg.) 2001). Ähnliches gilt für die Metrik, die Bildlichkeit und die Rhetorik (Windfuhr 1966; Reinhold Grimm 1969; Wagenknecht 1971 und ²1989; Schwind 1977; Beetz 1980; Regener 1989 usw.). Zu allen wichtigen Untergattungen der Lyrik existieren inzwischen ausführlichere Studien (Weisz 1979; Segebrecht 1977; Scheitler 1982; Althaus 1996; Keller/Losel u.a. (Hg.) 2010 usw.). Zu vielen bedeutenden Barock-Lyrikern sind in den letzten Jahren wichtige Sammelbände erschienen, die einen guten Überblick über Werk und Umfeld der Autoren geben (Arend/Sittig (Hg.) 2012; Arnold (Hg.) 2008; Beeskow (Hg.) ²2007; Burkard (Hg.) 2006; Fechner/Kessler (Hg.) 2006; Fix (Hg.) 2008; Gerstl (Hg.) 2009; Keppler-Tasaki/Kocher (Hg.) 2011; Kühlmann (Hg.) 2011; Laufhütte 2007; Steiger (Hg.) 2007; Walter (Hg.) 2008; Wendebourg (Hg.) 2008).

Genaue Untersuchungen zur Abweichung der Barocklyrik von präskriptiven Normen (erste Ansätze: Barner 2000; Wesche 2004) und zur Einbindung lyrischer Texte in prosaische Kontexte (Roman, Leichabdankung, Feuerbeschreibung usw.) stehen noch aus.

6. Drama und Theater

Für das deutsche Barockdrama gab es keine Vorbilder im engeren Sinne. Es entsteht weder als deutschsprachige Variante erfolgreicher europäischer Dramenmodelle noch als Weiterentwicklung eines älteren deutschsprachigen Theatertyps (Schultheater der Renaissance, Fastnachtspiele usw. vgl. Dietl 1998; Brauneck 1993). Gleichwohl rezipiert das Barockdrama Formen und Themen holländischer, englischer, italienischer, französischer oder spanischer Stücke. Es steht in der Tradition der humanistischen Rhetorik und der abendländischen Dramaturgie seit Aristoteles. Auch gibt es zumindest Hinweise auf eine Kenntnis des älteren volkssprachlichen Theaters in Deutschland. So lassen sich Passagen des Schimpfspiels *Peter Squentz* (1658) von Andreas Gryphius auf die Meistersinger-Bühne von Hans Sachs beziehen. Seine Eigenständigkeit, seine Schlüsselstellung im literarischen Feld und seine vielfältigen Formen weisen dem deutschen Barockdrama aber eine Sonderstellung zu (Bornscheuer 1985, Brenner 1999). Die hohe Qualität des Dramas beruht auf seiner spezifischen Entstehungssituation und seiner sozialen Funktion: So war es wesentlich stärker als das der Nachbarländer durch seine Internationalität geprägt. Auch wenn das deutsche Barockdrama mit seinen unterschiedlichen Ausprägungen relativ eigenständige Dramenformen entwickelt hatte, so profitierte es doch deutlich vom Theater der Nachbarländer, das meist über Wandertruppen und Singspiele, aber auch durch Nachahmungen auf den Schul- und Hofbühnen in unterschiedlichen Varianten zu sehen war. Man hat das Fehlen eines Nationaltheaters im deutschen Barock früher als großen Mangel angesehen, doch erwiesen sich nach heutigem Verständnis die Offenheit für Theaterinnovationen, die regionalen Vorlieben und das Nebeneinander institutionell unterschiedlich verwurzelter Schauspielformen durchaus als Vorteil für die Qualitätsbildung. Das Theater bildete sich in wesentlichen Teilen als konfessionelle Bühne heraus, die auch der Ausbildung und Glaubenspropaganda diente. Das Nebeneinander von unterschiedlichen Religionen, Finanziers, Wandertruppen, Theater- und Schulformen ließ Konkurrenzsituationen entstehen und ermöglichte gegenseitige Inspirationen (Barner 2002; Niefanger 2003b; Brauneck 1996, II).

Die wichtigsten Theaterformen der Barockzeit:
- Ordensdrama (Jesuitendrama, Benediktinerdrama)
- protestantisches Schultheater (schlesische Trauerspiele, Lustspiele, protestantische Prosadramen)
- Wanderbühne (englische Komödianten, italienische Theatertruppen)
- Oper und Singspiel
- höfisches Festspiel, Schäferspiel
- Laientheater (geistliches Spiel, Fastnachtspiel)

Für die Geschichte des Theaters in Deutschland ist das 17. Jahrhundert von großer, vielleicht entscheidender Bedeutung. Zwar gilt normalerweise das 18. als das deutsche Theaterjahrhundert, doch werden ein Jahrhundert vorher die entscheidenden Weichen für die Entwicklung des Theaters gestellt. In dieser Zeit erlebten die Zuschauer die ersten Bühnen mit wechselnden Kulissen oder aufwendigen Theatermaschinen und besuchten die ersten Theater in festen, ausschließlich dafür vorgesehenen Theaterhäusern (seit 1605). In der Barockzeit entstand der Beruf des Schauspielers, und Frauen agierten erstmals auf öffentlichen Bühnen: seit etwa 1650 in deutschen Wandertruppen und schon seit Ende des 16. Jahrhunderts bei Auftritten der *Commedia dell'arte*. Im 17. Jahrhundert formierte sich mit der Oper eine der wichtigsten Bühnengattungen der Theatergeschichte (s. Kap. 6.7). Von großer Bedeutung war es, dass sich das Deutsche als Bühnensprache auch im anspruchsvolleren akademischen Umfeld durchzusetzen begann – etwa mit Meichels *Cennodoxus*-Übertragung (1635) oder Gryphius' Trauerspiel *Leo Armenius* (1650) – und so durch unterschiedliche Theaterformen ein sehr breites Publikum angesprochen werden konnte. Die Etablierung des Barockdramas trug dadurch wesentlich zur Erweiterung älterer, meist volkstümlicher Dramenformen – Possen, Fastnachtsspiele, Passionsspiele – durch kulturell anspruchsvolle und im europäischen Kontext konkurrenzfähige Produkte bei; das Barockdrama hatte insofern wesentlichen Anteil an der allmählichen Verfestigung und am sich verstärkenden neuen Selbstbewusstsein der deutschen Kultur der Neuzeit.

6.1 Theater- und Dramentheorie

Die theoretische Basis des Barockdramas ist trotz einiger Abweichungen die *Poetik* des Aristoteles. Daneben setzten sich die programmatischen Theatertexte des 17. Jahrhunderts auch mit Platons Dichtungskritik (im 10. Buch der *Politeia*) und den Lehrsätzen des Horaz (aus *De arte poetica*) auseinander. Vermittler der antiken Dichtungstheorien sind häufig die lateinischen Poetiken der Renaissance (Castelvetro, Maggi/Lombardi, Minturno, Robortello, Viperano), vor allem aber wirkt die wichtigste humanistische Poetik – *Poetices libri septem* (1561) von Julius Caesar Scaliger – auf das Barockdrama.

Dramentheoretische Äußerungen finden sich zum einen in den **Poetiken** der Barockzeit, zum anderen in den **Vorreden** zu den dramatischen Texten. Wichtige Bestimmungen stehen im *Buch von der deutschen Poeterey* (1624) von Martin Opitz und in den Texten der Jesuiten (Jakob Masen, Jacobus Pontanus); von einer ersten deutschsprachigen Dramaturgie kann bei Philipp Harsdörffers *Poetischem Trichter* (anonym, 1647–53) gesprochen werden; intensiver setzen sich Albrecht Christian Rotth (*Vollständige Deutsche Poesie*, 1688) und die anonym erschienene so genannte *Breslauer Anleitung* (1725) mit dem Theater auseinander. Programmatische Vorreden stammen von Opitz, Gryphius und Lohenstein.

Der **Aufbau** des Barockdramas (Meid 2009, 327–497) ist weniger strikt geregelt als jener antiker oder nachfolgender Dramenformen. Meist werden die Dramen in Akte (*Actus, Abhandlungen, Aufzüge*) und darauf folgende Chöre (*Reyen*) unterteilt. Die Akte setzen sich in der Regel aus einzelnen Szenen zusammen. Nicht selten wird ein Prolog vorangestellt und ein Beschluss ans Ende gesetzt. Teil der Dramentexte sind häufig eine Inhaltsangabe, Widmungen, Vorreden (Paratexte) und Angaben zum Spielort sowie den *dramatis personae* (Nebentexte). Hinzu kommt bei vielen Trauerspielen (Gryphius, Lohenstein) noch ein Textteil mit zum Teil ausführlichen historischen Anmerkungen. Die Dramen bestehen – Horaz folgend – aus fünf Akten; selten finden sich mehr Akte (Weise, Masen) oder – Cicero folgend – nur drei, manchmal auch vier Aufzüge.

Durch die Vielzahl von Paratexten (Vorreden, Anmerkungen) und zum Teil nicht aufführbaren Nebentexten (Regiebemerkungen, Ort-, Zeit- und Personenangaben) wie auch den großen Umfang vieler Barockdramen und die nicht selten beigelegten Illustrationen (Titelkupfer, Abbildungen der Hauptfiguren usw.) kommt es zu einer deutlichen Differenz zwischen **Lesedrama und Aufführungstext**. Während für das 17. Jahrhundert weder die Aufführung noch die Inszenierung auch nur annähernd rekonstruierbar sind, haben sich viele Barockdramen als zum Teil aufwendig typographisch gestaltete Lese- und Repräsentationsausgaben erhalten. Für ein solches Textensemble und nicht für die konkret auf der Bühne zu sehende Version hat sich der Begriff ›Barockdrama‹ eingebürgert. Anders als in späterer Zeit waren diese Texte selten Ausgangspunkte für Aufführungen. Da es in der Frühen Neuzeit keine Autoren- und Bühnenrechte wie heute gab, war es den Spielleitern in hohem Maße erlaubt, eigene Textvarianten herzustellen und die Texte radikal an die Anforderungen des eigenen Theaters anzupassen. Da in einigen Fällen – etwa beim *Papinian* von Gryphius oder bei einigen Jesuitenstücken – sowohl Szenare, Programmzettel oder Periochen als auch gedruckte Texte vorliegen, kann man wenigstens ansatzweise die Differenzen von Aufführung und Lesetext nachvollziehen.

Theater und Lebenswelt

Die Legitimation des Theaters leitet sich aus der ***theatrum mundi***-Vorstellung ab. Die Welt sei als Theater zu verstehen (Barner 1970, 86 ff.), in dem jedem eine festgelegte Rolle zugeschrieben sei. Dem Theater komme die Aufgabe zu, dieses Prinzip zu zeigen. Es reflektiert auf der Bühne das Lebensschauspiel draußen (Rusterholz 1970). Das Theater repräsentiert damit eine zentrale Struktur barocker Weltauffassung. *Theatrum mundi* ist im 17. Jahrhundert eine europäische Formel (Hoffmeister 1987, 157 f.): Jaques verwendet sie in seinem viel zitierten Monolog in Shakespeares *As you like it* (1599/1600); Segismundo nimmt sie im dritten Akt von Calderóns *La vida es sueño* (1635) auf und der holländische Nationaldichter Joost van den Vondel präsentiert sie als Epigramm über dem Haupteingang der Amsterdamer Schouwburg, dem ersten Nationaltheater der Niederländer (1638). In Deutschland betont Gryphius immer wieder, dass »der Mensch [...] / Im Schauplatz diser Welt« spielt (Gryphius: *Gedichte*, 8).

Ausführlich beschäftigt sich die Widmungsvorrede zu Lohensteins *Sophonisbe* (1680) mit der Vorstellung, die Welt sei ein Theater und »der Mensch [sei] ein Spiel der Zeit« (Lohenstein: *Sophonisbe*, 8). Als Ausgangspunkt der dramentheoretischen Überlegungen erscheint das in allen Bereichen des Lebens wirksame **Prinzip des Spiels** (Barner 1989; Niefanger 1995, 100 ff.). Es erklärt nicht nur die menschliche Situation in der Welt, das Leben »bey Hofe« (Lohenstein: *Sophonisbe*, 11) und das politische Handeln. Auch das Wirken der Natur, die »selbst ein stetig Spiel« sei, wird so vermittelt (ebd., 7). Um im Weltspiel zurechtzukommen, muss der Mensch mit Unwägbarkeiten rechnen, die Spielregeln und die Spieltechniken beherrschen. Sie lernt der Zuschauer vornehmlich im Theater und der jugendliche Schauspieler auf der Bühne seiner Schule. Da die Stoffe des Dramas von Lohenstein in der Regel der Historie entnommen sind, ergeben sich drei diachron unterscheidbare Spielebenen: der im Stück thematisierte Schauplatz der Weltgeschichte, die politische Gegenwart der Aufführung und die Zukunft, auf die das Stück vorbereiten soll. Aufgrund der Analogie dieser Schauplätze kann das Theater lehren, »wie ieder in der Welt vernünftig spielen kan« (ebd., 9). Mit dem Hinweis auf den Zustand des Vaterlandes, das sich »in einen Schawplatz der Eitelkeit verwandelt« (4) habe, beginnt deshalb die programmatische Vorrede zu *Leo Armenius* (1650), dem ersten Trauerspiel von Gryphius.

Das *theatrum mundi*-Konzept zeigt auch, dass Theatralität in der Barockzeit anthropologisch gedacht wird und keineswegs an die Bühne und ihre Institutionen gebunden ist (vgl. Schramm 2003; Niefanger 2005 ff., XIII 418–441). Theaterspielen und theatrale Wahrnehmung gehörten im 17. Jahrhundert vielmehr zur kulturellen, sozialen und religiösen Alltagspraxis. Menschsein und Theaterspielen dachte man elementar zusammen. So lautet die Antwort auf die Grundfrage »Was sind wir Menschen doch?« in einem bekannten Gedicht von Gryphius ein »Schauplatz herber Angst« (*Gedichte des Barock*, 115). Selbst im und am menschlichen Körper zeigen sich – wie auf der Bühne – Zeichen des Leides, Affekte des Grauens und Merkmale des Zerfalls. Der gewissermaßen unhintergehbare Körper mit seinen Narben und Eigenheiten gab auch in der Barockzeit Auskunft über die Angemessenheit des Spiels im Welttheater (s.u.). Deshalb kann, wie es etwa Weises *Wunderliches Schau-Spiel vom Niederländischen Bauern* (1700) deutlich macht, kein Landmann einen Herzog geben. Den angeborenen Standesunterschied meinte man im 17. Jahrhundert nicht nur an den Reden zu erkennen, sondern auch am unangemessenen tölpelhaften Verhalten. Ein Bauer tanzt deshalb nach barocker Semiotik normalerweise ›ungebärdig‹ (Mourey 2008), denn alles andere wäre unangemessen.

Als prominentes Beispiel eines unmittelbaren Lebensbezugs barocker Theaterkunst gilt die Wirkung des Jesuitenstücks *Cenodoxus* von Jakob Bidermann (1602, deutsche Fassung 1635 von Joachim Meichel). Nach der Münchener Aufführung von 1609 sollen sich zahlreiche Fürsten zu den Ignatianischen Exerzitien zurückgezogen haben und der Hauptdarsteller dem Jesuitenorden beigetreten sein. Das Theater*spiel* ist im 17. Jahrhundert eine durchaus *ernste* Angelegenheit.

Wie die Vorstellung, dass die Spielprinzipien der Welt im Theater wieder aufgenommen werden, deutlich macht, basiert das Barocktheater auf einer spezifischen **Theatersemiotik** (Fischer-Lichte ³1994). Diese geht davon aus, dass die im barocken Theater verwendeten Zeichen (Bühnenbild, Requisiten, Mimik, Sprache usw.) einer normativen Bedeutungszuordnung unterliegen. Diese Zuordnung ist gewissermaßen eine ›künstliche‹, weil sie von Menschenhand geschaffen ist; die Zeichensetzung geschieht »willkürlich« im Rahmen einer Konvention. Doch diese Konvention – die Angemessenheit der Darstellung auf der Bühne – steht in enger Relation zu den konkreten Erfahrungen der Alltagswelt, die ja als Teil eines *theatrum mundi* gesehen wird. Denkt man das Barocktheater von dieser Seite aus, erscheinen die Bühnenzeichen nicht einfach willkürlich und ›künstlich‹, sondern als notwendige, man könnte auch formulieren, ›natürliche‹ Repräsentanten einer vorgegebenen Weltordnung. Denn nur so kann man sich erklären, dass selbst der, mehr am heute ›künstlich‹ empfundenen barocken Singspiel denn am ›natürlicheren‹ Sprechtheater interessierte, Barthold Feind vom Theater generell verlangt, dass es »den Affectum natürlich darstellet«, damit »der Leser oder Zuschauer bey der Durchlesung oder *Præsentation* gerühret wird«. Voraussetzung für die Wirkung, sei, dass einem »die Sache in der That wahr zu seyn vorkömmt« (*Deutsche Gedichte*, 108). Selbst die gerne als Beispiel ›barocker‹ **Schauspiellehre** (Roselt (Hg.) 2005, 74–95) herangezogenen Ausführungen des Jesuiten Franciscus Lang dringen eindeutig auf die Beachtung von »Artis & Naturae legis«, also künstlerischen und natürlichen Gesetzen (*Dissertatio de actione scenica*, 12). Und auch der Nürnberger Georg Philipp Harsdörffer (s. Kap. 5.3) verlangt, dass auf dem »Schauplatz [...] am Ende aller Personen Geberden ziemlich nachzuahmen« seien (*Frauenzimmer Gesprächsspielen*, VI, 42). Diese »Geberden« aber kann man »kaum lernen«; sie sind »jedem eingeschaffen« (*Poetischer Trichter* III, 216, § 138). Sie erscheinen also gewissermaßen als ›natürliche‹ Körperzeichen der Menschen, die auf dem Theater angemessen (s.u.) dargestellt werden müssen. Eine solche ambivalente Deutung der barocken Schauspielkunst ist in der Forschung bis heute durchaus umstritten (Schleier 1999; Maler u.a. (Hg.) 2002; Till 2008; Niefanger 2009b, 2011a).

Dient die Bibel- oder Naturallegorese der Zeichenentschlüsselung, so kann die Allegorese des Barocktheaters als »Verfahren der Zeichenkonstitution« verstanden werden (Fischer-Lichte ³1994, II, 23 f.). Der Zuschauer kennt die auf der Bühne evozierten Zeichen aber auch aus seiner Alltagswelt. Sie sind deshalb ›Zeichen vom Zeichen‹ (ebd., I, 19). Hinzu tritt beim Barocktheater eine notwendige allegorische, etwa eine theologische Bedeutung. Natürlich gelten die Theaterzeichen als Repräsentationen dieser Bedeutungen, aber zugleich transportieren sie noch die Alltagsbedeutungen. Die Theaterzeichen sind also prinzipiell vieldeutig, weil die allegorische Bedeutung der Zeichen die kulturellen und anthropologischen Konnotationen keineswegs aufhebt. Im Barocktheater scheinen die Bedeutungsverhältnisse nur auf den ersten Blick einfacher, im Grunde sind sie durch die Allegorese ein wenig komplizierter als in späteren Jahrhunderten.

Das komplexe Verhältnis von Zeichen und Bezeichnetem im Theater wird auch durch die barocke Fassung der **Mimesis** bestimmt, die sich an der *Poetik* des Aristoteles (9. Kap.) orientiert. Die Dichtung besteht »im Nachäffen der Natur«, wobei sie »die dinge nicht so sehr beschreibe wie sie sein / als wie sie etwan sein köndten oder solten« (Opitz: *Buch von der Deutschen Poeterey*, 17). In den Bereich der Mimesis gehören auch religiöse Wahrheiten, zum Beispiel die Ehre des Martyriums; sie rechtfertigen eine allegorische Darstellung, etwa des Todes in der *Catharina von Georgien* von Andreas Gryphius (IV, 100 ff.). Das Auftreten von Allegorien unterscheidet das Barocktheater vom Drama der Frühaufklärung (Gottsched, Johann Elias Schlegel).

Angemessenheit

Als begrenzender Faktor der Wahrscheinlichkeit erscheint die Angemessenheit der Darstellung (*aptum* bzw. *decorum*). Nicht die einfache Abbildung der Realität ist das Ziel des Dramas, sondern die Darstellung einer ständisch geordneten, heilsgeschichtlich überformten und ethisch abgesicherten Welt (Dyck ³1991, 112). Die Forderung nach Angemessenheit bezieht sich auch auf die **Stilhöhe** (*genera dicendi*, s. Kap. 4.3) und die **Ständeklausel**, die für das spätbarocke Drama (Weise, Reuter) allerdings nur noch begrenzt gelten. Im Barockdrama sind generell das Figurenarsenal (der Stand), die Sprechweise der Figuren (der Stil) und die Gattung (Trauerspiel, Lustspiel) auf der gleichen Ebene angesiedelt; maßgebend ist die Dreistillehre (s. Kap. 4.3, 3.2): Im Trauerspiel – neben dem Epos die höchste Gattung (Opitz: *Buch von der Deutschen Poeterey*, 27) – agieren hohe Standespersonen und sprechen in einer kunstvollen, in

Verse gefassten Sprache; »in den niedrigen Poetischen sachen werden schlechte [= schlichte] vnnd gemeine leute eingeführet; wie in Comedien vnd Hirtengesprechen. Darumb tichtet man jhnen auch einfaltige vnd schlechte reden an / die jhnen gemässe sein« (ebd., 40). Das hohe Personal bedingt ein weiteres Prinzip barocker Dramaturgie: die **Fallhöhe**. Es bezeichnet den – tiefen, größtmöglichen – Fall des Helden nach der Wende (*Peripetie*), die der Handlungsverlauf nimmt.

Durch den Stoff, das Personal und den Ausgang der Handlung unterscheiden sich Trauerspiel (Tragödie) und Lustspiel (Komödie, Scherz- oder Schimpfspiel). Den Stoff bestimmen die *atrocitas* (Schrecklichkeit, Gräuelhaftigkeit), die *gravitas* (Erhabenheit) und die *indignitas* (unwürdige Behandlung). Opitz erfasst die möglichen Stoffe von Tragödie und Komödie in zwei Katalogen:

> Die Tragedie ist an der maiestet dem Heroischen getichte [Epos] gemeße / ohne das sie selten leidet / das man geringen standes personen vnd schlechte sachen einführe: weil sie nur von königlichem willen / Todtschlägen / verzweiffelungen / Kinder- vnd Vätermörden / brande / blutschanden / kriege und auffruhr / klagen / heulen / seuffzen und dergleichen handelt. [...]

> Die Comedie besteht in schlechtem wesen vnnd personen: redet von hochzeiten / gastgeboten / spielen / betrug vnd schalckheit der knechte / ruhmrätigen Landtsknechten / buhlersachen / leichtfertigkeit der jugend / geitze des alters / kupplerey vnd solchen sachen / die täglich vnter gemeinen Leuten vorlauffen« (Opitz: *Buch von der Deutschen Poeterey*, 27).

Neben Trauer- und Lustspiel sind in der Barockzeit auch Mischgattungen beliebt, wie das Schäferspiel, die Tragikomödie, die Komikotragödie oder die Allegorie.

Abhärtung, Trost und Förderung der Klugheit

Die Darstellung des Grausamen (*atrocitas*) gilt als ein zentrales Moment des barocken Trauerspiels (Brenner 1999; Meyer-Kalkus 1986; Kaufmann 1968). Die Dramentheorie leitet aus ihr eine spezifische **Abhärtungstheorie** ab: Die Schreckensdarstellung auf der Bühne legitimiert sich aus der Lebenswirklichkeit des 17. Jahrhunderts. Sie soll helfen das Grauen außerhalb des Theaters (Krieg, Verfolgung, Krankheiten usw.) besser zu bewältigen. Der Protagonist erscheint als Exempel. Das Anschauen der Gräueltaten und das Ausharren der leidenden Figuren stärkt – so die barocke Vorstellung – die *constantia* (Beständigkeit, s. Kap. 3.3). Die Darstellung des Grausamen und seiner Bewältigung dient aber auch der Förderung anderer christlich-stoizistischer Tugenden wie *prudentia* (Klugheit) und *magnanimitas* (Großherzigkeit). Martin Opitz bestimmt die pädagogischen Folgen der Gräuel in seiner wirkungsmächtigen Vorrede zur *Trojanerinnen*-Übersetzung (1625):

> Solche Beständigkeit aber wird vns durch beschawung der Mißlichkeit des Menschlichen Lebens in den Tragedien zu förderst eingeplantzet: dann in dem wir grosser Leute / gantzer Städte vnd Länder eussersten Vntergang zum offteren schawen und betrachten / tragen wir zwar / wie es sich gebühret / erbarmen mit jhnen / können auch nochmals aus wehmuth die Tränen kaum zu rück halten; wir lernen aber daneben auch aus der stetigen besichtigung so vielen Creutzes vnd Vbels das andern begegnet ist / das vnserige / welches vns begegnen möchte / weniger fürchten vnd besser erdulden. (Opitz: *Gesammelte Werke*, II/2, 430)

Die *atrocitas* auf der Bühne motiviert zu Mäßigung und zur Kontrolle von Affekten. Sie ist insofern die Voraussetzung für den Transfer des Gesehenen oder Gespielten in das gesellschaftlich-politische Leben. Nach Rotth geschieht die pädagogische Mäßigung der Affekte durch einen Reinigungsvorgang, den er aus der Katharsis-Lehre ableitet (Aristoteles: *Poetik*, 6; Rotth: *Vollständige Deutsche Poesie*, III, Bl. 2ʳ). Sie erscheint auch bei den Jesuiten »in moralischer Umdeutung« (Bielmann 1928, 51). Deren Theoretiker Jacob Masen und Jacobus Pontanus sehen in der Katharsis auch theologische Momente, wie Wandlung und Bekehrung (Thomke 1999, 385).

Theoriegeschichtlich beruht die Abhärtungsvorstellung auf einer Übertragung und Abwandlung der aristotelischen Begriffe *eleos* (Jammern) und *phobos* (Schaudern), die die Grundlage der antiken Tragödientheorie bilden (Aristoteles: *Poetik*, 6. Kap.; Schadewaldt 1960). Harsdörffers *Poetischer Trichter* (1647–53) nennt die tragischen Affekte »Erstaunen / oder Hermen und Mitleiden« (*Poetik des Barock*, 122); Rotth spricht später vom »Affect des Schröckens und des Mitleidens« (ebd., 198).

Hans-Jürgen Schings' Unterscheidung zweier Trauerspieltypen in der Barockzeit fußt auf dem Zusammenhang von Gräueldarstellung und moralischer Lehrintention. Für den ersten Typ, dem er vor allem die Stücke von Gryphius und die Märtyrerdramen der Jesuiten zuordnet, gilt: »Katharsis heißt *consolatio*« (Schings ³1980, 37; Schings 1983). Deutlich unterscheidbar seien in diesem Trauerspieltyp die gute und die schlechte Seite, die idealtypisch vom Märtyrer und Tyrannen repräsentiert werden (Benjamin ²1982, 40–80). Der *consolatio* (der Tröstung) entspricht die *prudentia* (die Klugheit) im zweiten Typ. Paradigma ist nun das Geschichtsdrama von Lohenstein. Im Zentrum steht nicht mehr das Leiden eines moralisch und gesellschaftlich hoch stehenden Protagonisten, sondern eine politische Situation, in der sich der Held bewähren muss. Dieser hat – anders als der Märtyrer – als ein ›gemischter Charakter‹ gute und schlechte Eigenschaften. Vermittelt werden soll die Fähigkeit zu angemessenem, politisch klugem, Erfolg versprechendem Handeln. Basiert der erste Typ vornehmlich auf der Beständigkeitslehre von Lipsius, bezieht sich der zweite Typ auf die Klugheitslehre von Gracián. Die Gegensätzlichkeit der beiden Typen ist in der Forschung häufig missverstanden und später zunehmend relativiert worden (Fülleborn 1969, 37; Spellerberg 1983, 165). Auffallend häufig folgen die Barockdramen bestimmten Handlungsmustern (Erdulden, Argumentieren, Intrigieren, Sich-Entziehen usw.), die von den Zuschauern leicht wiedererkannt werden können (Schnabel 2004).

Kritik am Theater

Zum Komplex der Dramentheorie gehört auch die **Kritik am Theater**, die im 17. Jahrhundert vorwiegend von theologischer Seite vorgebracht wird (Thomke 1999, 391–400; Alexander 1984, 66–69). Während die katholische Kirche das Theater im Dienst ihrer Sache sieht, äußern protestantische Theologen eine zum Teil harsche Kritik. Zwar wird im Sinne Martin Luthers zum Teil der pädagogische Nutzen der szenischen Darstellung eingeräumt, doch regt sich vor allem im Umfeld der reformierten Kirche und später der Pietisten eine heftige Kritik am Theater. Schwerpunkte hatte sie in Norddeutschland und in der Schweiz. Im reformierten Zürich erschien anonym Johann Jakob Breitingers kritische Polemik *Bedenken von*

Komödien und Spielen (1624). Im pietistischen Umfeld wirkte einige Jahre später Anton Reisers Streitschrift *Teatromania oder die Werke der Finsternis* (1681). Aus theologischer Sicht gehörte das Theater – wie der Tanz und die Musik – zu den Mitteldingen (*adiaphora*), die an sich weder gut noch schlecht seien und deshalb in den Dienst der Religion gestellt werden konnten. So legitimierte die Kirche zuerst das protestantische Bibeldrama, dann das Schultheater. Die Kritik traf die (bildliche) Sinnlichkeit des Theaters und die Darstellung von Liebesbeziehungen, die der moralischen Askese widersprechen würden. Anstoß erregte auch die Maskierung und Vermummung. Mit Platon und einigen Kirchenvätern konnten die Theatergegner argumentieren, dass die fiktionale Handlung des Dramas nicht der Wahrheit entspreche und dass die Darstellung unsittlicher Handlungen zur Nachahmung anrege. Das Theater verführe zur Genusssucht, zum Luxus und zum ungehemmten Ausleben der Affekte. Da eine Intention der Theaterkritik die verstärkte Kontrolle (von Aussagen, Affekten usw.) war, gehört sie auch in den Kontext der zunehmenden Sozialdisziplinierung im 17. Jahrhundert (s. Kap. 3.3). Eine Fortsetzung der Theaterkritik des 17. Jahrhunderts kann im Hamburger Opernstreit (Höhepunkt um 1700) und selbst in Gottscheds Vorbehalten gegen das Barockdrama sowie gegen die Oper (1731 ff.) gesehen werden.

6.2 Europäische Vielfalt auf deutschen Bühnen

Viel deutlicher als in den europäischen Nachbarländern war die deutsche Bühne des 17. Jahrhunderts durch ihre Internationalität geprägt (Hoffmeister 1987; Bircher/ Mannack (Hg.) 1977). Die ältere Kulturgeschichte hat es als Manko angesehen, dass im 17. Jahrhundert ein deutsches Nationaltheater nicht existierte (Gundolf 1922). Ein Blick auf Frankreichs Theater der *doctrine classique* (Corneille, Racine) oder Englands elisabethanisches Theater (Shakespeare, Marlowe) zeige, wie rückständig die deutsche Barockbühne war. Eine solche Kritik an den spezifischen deutschen Zuständen im 17. Jahrhundert übersieht aber, dass gerade im Austausch der Kulturen auf deutschem Boden ein Vorteil bestand. In keiner anderen europäischen Region gab es ein so vielfältiges Theater.

Wichtige Anregungen empfing das deutschsprachige Drama aus der **Antike** (Heinen u.a. (Hg.) 2011): Einer der Initialtexte des deutschen Theaters im 17. Jahrhundert war keine ›Originaltragödie‹, sondern eine Übersetzung von Senecas *Troades*: Martin Opitz' Tragödie *Die Trojanerinnen* (1625). Mit der Übersetzung des lateinischen Geschichtsdramas aus der römischen Kaiserzeit stellte sich das neue deutsche Drama in eine humanistische Tradition. Denn der europäische Humanismus des 15. und 16. Jahrhunderts verstand sich als Vermittler antiker Traditionen. Vor allem die antike Rhetorik und die moralischen Implikationen (Standhaftigkeit) machen die *Trojanerinnen* zu einem barocken Musterstück. Das große Vorbild Seneca prägte auch die *Antigone*-Übertragung von Opitz (1636). Belegbar ist ebenfalls eine Wirkung der *Antigone* von Sophokles auf Gryphius' *Leo Armenius* (1650; s. Kap. 6.4), dessen erster Reyen sich am ersten Chorlied (*Stasimon*) der griechischen Tragödie orientierte (Barner 1968, 325–358). Die Komödienschreiber nahmen die Stücke von Plautus und Terenz als Muster. Die Figur des prahlenden (›bramarbasierenden‹) Hauptmanns (*miles gloriosus*) aus der römischen Komödie kopierten Heinrich Julius, Johann Rist, Gryphius oder Weise (s. Kap. 6.8).

Ganz entscheidend für die Entwicklung des deutschen Theaters im 17. Jahrhundert war die Präsenz der **englischen Komödianten** zwischen 1586 und 1660 in Deutschland (Haeckel 2004). Ihre Texte waren in drei zeitgenössischen Sammlungen erschienen (1620/²1624, 1630 und 1670, Neudruck: *Spieltexte der Wanderbühne*). Sie gewannen auf das deutsche Theater um 1600 Einfluss (Jakob Ayrer, Heinrich Julius), wirkten aber auch auf das spätere Theater, insbesondere die Komödie (Gryphius, Weise). Vergleichbares kann von den italienischen, niederländischen und auch von einigen französischen Theatergruppen gesagt werden.

Der Einfluss der **Commedia dell'arte** auf die deutsche Komödie war immens (Hinck 1965; Katritzky 2006; Mehnert 2003). Ihre Hauptgestalten sind durch ihre Kostüme, ihre Mimik und Gestik festgelegt. Der Arlecchino (der Clown), die Columbina (das Kammermädchen), der Pantalone (der Vater/Kaufmann), der Dottore (der Arzt/Gelehrte), der Zanni (der Diener) und vor allem der Capitano (der prahlerische Hauptmann) treten schon im 17. Jahrhundert auf deutschen Bühnen auf. Sie finden sich nicht nur bei den italienischen Theatertruppen, sondern auch in den Komödien von Heinrich Julius, Gryphius, Johann Valentin Andreae, Weise oder Johann Ulrich König. Um 1700 haben die Figuren und die improvisierte Spielweise in der Tradition der Commedia dell'arte ihren festen Platz in der Theaterpraxis. Das Stegreifspiel war in der Frühaufklärung der zentrale Kritikpunkt des aufkommenden klassizistischen Theaters in Deutschland: Gottsched kritisiert in seiner programmatischen Vorrede zum *Sterbenden Cato* (1732), dass auf deutschen Bühnen nur »lauter schwülstige und mit Harlekins Lustbarkeiten untermengte Haupt- und Staatsaktionen, lauter unnatürliche Romanstreiche und Liebeswirrungen, lauter pöbelhafte Fratzen und Zoten« zu sehen seien (Gottsched: *Sterbender Cato*, 7).

Neben der Commedia dell'arte wirkte auch das Schäferspiel der italienischen Renaissance (Tasso, Guarini, Rinuccini) und vor allem die italienische **Oper** (Jacopo Peri, Andrea Salvadori) in Deutschland (s. Kap. 6.7). Sie war vorwiegend in katholischen Ländern, besonders in Wien und München, erfolgreich. Im Bühnenbereich setzte sich die Kulissentechnik der Oper zunehmend durch.

Für das protestantische Schultheater (s. Kap. 6.4) erlangte das **niederländische Theater** eine große Bedeutung (v. Ingen 1981; Konst u.a (Hg.) 2009). Opitz wurde in seiner Poetik und möglicherweise auch bei seiner *Trojanerinnen*-Übersetzung durch den Theoretiker Daniel Heinsius angeregt. Den führenden Trauerspiel-Autor der Niederlande, Jost van den Vondel, übersetzten Gryphius und Christoph Kormart. Relativ häufig wurden in der zweiten Hälfte des 17. Jahrhunderts Beispiele der *haute tragédie* (der ›hohen‹, klassizistischen Tragödie aus **Frankreich**), insbesondere Corneille und Racine, übertragen und gespielt. Zuerst tauchten Prosafassungen oder Opernbearbeitungen auf (Anton Ulrich, Georg Greflinger, Christoph Kormart), später auch ›regelgerechte‹ Versfassungen (Friedrich Christian Bressand, Heinrich Elmenhorst, Gottfried Lange). Zumindest ab 1670 rezipierten Teilbereiche des deutschen Theaters auch Molière-Komödien. Gespielt wurden Wanderbühnen-Fassungen seiner Stücke und einige Übersetzungen (*Tartuffe*, dt. 1696). Reuter und Weise übernahmen einzelne Motive.

6.3 Ordensdrama

Das Ordensstück, insbesondere das der Jesuiten, ist die wichtigste katholische Theaterform im 17. Jahrhundert (Szarota 1979–1987, 6–101; Valentin 1978; Glei/ Seidel (Hg.) 2008; Kasten/Fischer-Lichte (Hg.) 2007). Zwar existierten verschiedene volkssprachige Traditionen wie das geistliche Bürgerspiel und das Volksschauspiel zum Teil schon seit dem Spätmittelalter (Thomke 1999, 380 ff.), doch setzte das lateinische Jesuitendrama – mit seinem strukturierten Aufbau, seiner Aufführungstechnik und der Adaptation religiöser, antiker und historischer Stoffe – die wichtigeren Akzente in der Theatergeschichte. Es erreichte eine überaus weite Verbreitung und integrierte eine große Zahl von Mitspielern, Statisten, Organisatoren und Förderern. Das Jesuitentheater wurde auch vom protestantischen Schultheater rezipiert. So bearbeitete Gryphius in seiner *Heiligen Felicitas* (1657) ein Stück von Nicolas Caussin (*Felicitas*, 1621) und greift für seinen *Leo Armenius* (1650/57) auf ein Stück des englischen Jesuiten Joseph Simon zurück. Und Johann Christian Hallmanns mutmaßlich erstes Schuldrama *Hingerichteter Mauritius* (1662) geht auf ein Jesuitenstück von Jakob Masen (*Mauritius Orientis Imperator*) zurück.

Die Ordensdramen, in der Regel Schuldramen, entstanden vor allem bei den Jesuiten seit Mitte des 16. Jahrhunderts, in der zweiten Hälfte des 17. Jahrhunderts bei den Benediktinern, später auch bei anderen Orden wie den Praemonstratensern und den Zisterziensern. Das Ziel des Jesuitendramas war durch die Grundsätze des Ordens – Ausbildung von Priestern, Ordensbrüdern und Laien, Erziehung zum Glauben, Wahrung, Sicherung und Ausbreitung der römisch-katholischen Lehre – klar umrissen: Es diente in erster Linie der **Ausbildung** an Gymnasien sowie der **Selbstdarstellung des Ordens und seiner Glaubensvorstellungen.** *Omnia ad maiorem Dei gloriam* – diese Widmung zur Ehre Gottes steht am Ende der Dramen und Periochen. Die aufwendige Gestaltung der Stücke, ihre kunstvolle Sprache und Inszenierungstechnik sowie ausführliche Reflexionen zur Anfertigung und Spielweise der Stücke (von Pontanus 1594 bis Lang 1727) lassen zudem auf eine recht eigenständige – wenn auch nicht von Glaubenfragen unabhängige – **ästhetische Intention** schließen. Darüber hinaus kann im Rahmen der *ecclesia militans*, einem vor allem in der Gründungsphase (1544–1599) wichtigen Programm zur Eindämmung des Protestantismus, auch die **Glaubenspropaganda** (*propaganda fides* oder *fidei*) als ein Ziel des Jesuitendramas festgemacht werden. Die Vertreter der Gegenreformation sahen in ihm ein wichtiges Instrument zur Stärkung der eigenen Partei (Rädle 1979; Valentin 1985; Bauer 1995; Stroh 2004, 246). Der letzte Punkt hat aber keineswegs dazu geführt, dass Protestanten von Aufführungen des Jesuitentheaters ausgeschlossen waren (Mahlmann-Bauer 2005, 15–25; 58 f.). Im Gegenteil, eine Wirkung auf das evangelische Schuldrama ist mühelos nachweisbar (Mahlmann-Bauer 2004b). In Augsburg (wie in manchen anderen Städten mit zwei Konfessionen) kann man sogar von einer fruchtbaren, wenig aggressiven Konkurrenz der Theaterformen sprechen, weil dort »die Verpflichtung« herrschte, »den kaiserlich sanktionierten Religionsfrieden in der bikonfessionellen Stadt zu wahren und den Glauben der jeweils anderen Konfession zu respektieren« (Mahlmann-Bauer 2005, 15).

Innerhalb der schulischen Erziehung kam dem Theater eine besondere Bedeutung in der Latein- und Rhetorikausbildung zu (Bauer 1986). Durch Aufführungen konnten die Schüler lernen, sich auf spielerische Weise mit dem gesprochenen Latein vertraut zu machen. Das Theater förderte besonders effektiv die Redefähigkeit (*elo-

quentia) der Schüler, eine Eigenschaft, die in Schlüsselpositionen bei Hofe und in der Kirche von großem Nutzen war. Die Dramenaufführungen vertieften religiöses und historisches Wissen, sie dienten aber auch der »Unterhaltung« und waren – durch die Präsentation exemplarischer Haltungen – ein »Instrument der Seelsorge« (Pörnbacher 2000, 16).

Mit Theateraufführungen gestalteten die Schulen und katholischen Höfe feierliche Anlässe (Kaiserfestspiele – *ludi caesarei* – in Wien). Festinszenierungen von Jesuitenstücken fanden häufig auf öffentlichen Plätzen, später in eigenen, öffentlich zugänglichen Theaterbauten statt. Ausgehend von den Jesuiten erhielt das Theater innerhalb der barocken Festkultur so einen neuen Stellenwert (Valentin 1978, 957). Ein Grund hierfür war, dass die Jesuiten den kulturellen und den religiösen Bereich des Lebens nicht trennten. Das Theater war Teil der religiösen Praxis.

Die **Aufführungen** der Jesuitenstücke (Brauneck 1996, II, 358–380; Bauer 1994) waren zum Teil als komplexe Bühnenarrangements gestaltet. Das Ordenstheater nahm Innovationen der anderen Theaterformen schnell auf und passte sie ihren Bedingungen an. Von ihm gingen aber auch wichtige Anregungen im Bereich der Theatertechnik aus. Anfangs fanden die Aufführungen auf einem einfachen Podium statt, das ohne großen Aufwand unterschiedliche Szenarien zuließ. Die verschiedenen Spielorte wurden durch wenig komplexe Bühnenzeichen bestimmt. Die Bühne veränderte sich allmählich zu einer kubischen Simultanbühne, auf deren Hinterseite, durch Vorhänge getrennt, bespielbare Innenräume zu sehen waren. Diese Bühnenform wurde schließlich durch eine Sukzessionsbühne, deren Aufbau also wandelbar war, ersetzt. Diese Bühne entsprach durchaus schon dem heute üblichen Guckkastenformat. Sie arbeitete mit beweglichen Kulissen, die die Vorder-, Mittel- oder Hinterbühne gestalten konnten. Durch die barocke Illustrationstechnik ermöglichte diese Bühne perfekte Raumillusionen. Die Aufführungen des Jesuitentheaters waren spektakulär; sie hatten den Charakter eines **Gesamtkunstwerks**. Aufwendige Bühnenmaschinen, bewegliche Kulissen, Parallelbühnen, Massenszenen, blutige Auftritte, Theatereffekte (Feuerwerke, Lichteffekte, Geräusche) und Musik machten die Aufführungen zu einem erinnerungsstarken Ereignis.

Die Stücke der Jesuiten sind in der Regel in lateinischer Sprache verfasst, Zwischenspiele werden gegen Ende der Barockzeit auf Deutsch gegeben. In der Muttersprache sind zum Teil auch die **Periochen** gehalten. Als Periochen bezeichnet man die zur Aufführung verteilten Theaterzettel mit einem Titelblatt, Inhaltsangaben mit Deutungshinweisen und historischen Erläuterungen (dem Argument), knappen Angaben zum Inhalt der einzelnen Szenen und einer Liste der *dramatis personae* (oft mit Angabe der Schauspieler, *syllabus actorum*). Sie sind in zeitgenössischen Sammlungen (Franciscus Lang S. J.) enthalten und geben, da oft keine anderen Zeugnisse vorliegen, eine Vorstellung von der Vielfältigkeit der Jesuitenbühne, von Deutungsmustern, den Spielplänen, Spielorten, einzelnen Aufführungen und Erfolgen (Szarota (Hg.) 1979–1987; Valentin 1983–1984). Das Nebeneinander verschiedener Medien – Aufführung, Perioche, Dramentext – erzeugt komplexe, gegenseitige Deutungsbeziehungen: Die Periochen machen nicht nur das lateinisch aufgeführte Stück dem weniger gelehrten Publikum verständlich; sie geben auch Hinweise zur Interpretation des oft allegorisch gestalteten Geschehens. Die manchmal nicht leicht zu begreifenden Erzählungen der Periochen werden durch die Aufführung plastisch, ja erst verständlich.

Szarota (1979–1987, 57–89; vgl. Führer 2003, 32–44) unterscheidet nach thematischen Schwerpunkten fünf **Phasen des oberdeutschen** Jesuitendramas. Als

Tendenz zeigt sich eine zunehmende Verweltlichung der Themen. Der Orden existierte seit 1534/1540; 1773 wurde er verboten, 1814 von der katholischen Kirche wieder zugelassen:

1574–1622	Jesuitendrama im Dienste der Gegenreformation
1623–1673	Jesuitendrama unter dem Einfluss des Dreißigjährigen Krieges
1674– ca. 1700	Erziehungsprobleme, Ehefragen und Türkengefahr
ca. 1700–1735	Entstehung eines weltlichen Jesuitendramas
1735–1773	Einzug des Humanitätsgedankens, des Patriotismus und aufklärerischer Gesinnung

Viele Autoren der Ordensdramen sind nicht ermittelbar. Zu den herausragenden Verfassern im frühen 17. Jahrhundert gehören – neben dem schon als Dramentheoretiker erwähnten Jacobus Pontanus – Jakob Gretser und Jakob Bidermann. Mitte des Jahrhunderts treten Jakob Balde, Nikolaus von Avancini und der ebenfalls genannte Theoretiker Jakob Masen in Erscheinung. Inzwischen liegen recht viele Handschriften der Dramen transkribiert vor, sind entlegene Drucke neu ediert und einige wichtige Texte übersetzt worden, so dass man sich auch als Laie recht leicht ein Bild von der Lebendigkeit des Jesuitentheaters machen kann (Balde: *Opera poetica Omnia*, Bidermann: *Ludi theatrales*, Brunner: *Dramata sacra*; übersetzt liegen u. a. vor: Bidermann: *Cennodoxus* und *Philemon Martyr*, Bernardt: *Tundalus Redivivus*, Gretser: *Augustinus conversus*, Simon: *Leo Armenus*, Balde: *Jephtias* und der *Triumphus Divi Michaelis Archangeli Bavarici* (Bauer/Leonhardt (Hg.) 2000).

Pontanus prägte mit seinem *Eleazarus Machabaeus* (1600), dessen Stoff den Apokryphen (2 Makk 6, 18–31) entstammt, den Typus des Märtyrerdramas (s. Kap. 6.4). Gretsers bekanntestes Werk ist die Tragödie *Dialogus de Udone Archiepiscopo* (2. Fassung, 1598), ein Stück über einen kirchenhistorischen Stoff. Im Mittelpunkt steht der durch ein Marienwunder mit großen geistigen Fähigkeiten ausgestattete Erzbischof Udo von Magdeburg. Dieser führt ein hochmütiges, moralisch verwerfliches Leben, das in einem grausamen Höllensturz endet.

Jacob Baldes Trauerspiel *Jephthias Tragoedia* (1654), ebenfalls ein Märtyrerdrama, wurde 1637 aufgeführt. Religiöses Exempel ist hier Menulema, die Tochter des starrköpfigen Richters Jeptha (Führer 2003; Stroh 2004, 241–308). Sie geht »wie eine stoisch-gelassene Heldin und Märtyrerin in den Tod«, zeigt »sich aber auch gefühlvoll, schwankend und vor allem demütig«. Menulema erscheint dadurch als mariengleiche Präfiguration Christi (Führer 2003, 50, 145 f.). Ihr Name ist ein Anagramm von ›Emanuel‹ (= Christus; Jes 7,14 und Mt 1,23).

Das Staatsdrama *Pietas victrix sive Flavius Constantinus Magnus de Maxentino Tyranno Victor* (1659) des Nikolaus von Avancini gehört zu den *ludi caesarei* am Kaiserlichen Hof in Wien. Es thematisiert am Beispiel von Kaiser Konstantin den idealen christlichen Herrscher. In ihm und seinem Gegenspieler spiegeln sich nicht nur Gott und Luzifer, sondern auch Habsburg und die Türken. Von Avancini sind insgesamt 27 Stücke bekannt, die zwischen 1674 und 1686 in fünf Bänden erschienen.

Die Blüte des **Benediktinertheaters** war in der zweiten Hälfte des 17. Jahrhunderts. Seine bedeutendste Bühne war die der Universität Salzburg. Als ihr wichtigster Autor tritt Simon Rettenpacher – ein Freund von Avancini – auf, der in Salzburg wirkte und Stücke mit antiken Stoffen (*Demetrius*, 1672, *Perseus*, 1674, *Ulysses*,

1680) verfasste. Das Benediktinerdrama ist versöhnlicher, nicht so kämpferisch wie das Jesuitendrama. Es setzt stärker auf die Gnade und Barmherzigkeit Gottes (Boberski 1978).

Jakob Bidermann

Jakob Bidermann ist der bekannteste Autor des Jesuitendramas. Er wurde 1578 in Ehingen bei Ulm geboren und starb 1639 in Rom. Er war Schüler von Pontanus und Gretser. 1600 bis 1602 nahm er eine Lehrerstelle in Augsburg an. Nach einem theologischen Studium wurde Bidermann 1606 Lehrer am Jesuitenkolleg in München und ab 1615 in Dillingen. 1620 wurde er Assistent und Zensor des Ordensgenerals in Rom. Erst 1666 erschienen posthum seine Bühnenwerke (*Ludi theatrales*).

Sein fünfaktiger *Cenodoxus* (1602) ist das bis heute meistgelesene und -aufgeführte Jesuitenstück (Pörnbacher 2000, 7). Die deutsche Übersetzung von Joachim Meichel (1635) – Verfasser des Gebetbuchs *Geistliche Angelica oder Seelen Wurtz* (1628) – erschien noch vor der gedruckten lateinischen Originalfassung (1666 in der Werkausgabe). Schon vorher sind viele Aufführungen überliefert: unter anderem 1609 in München, 1617 in Ingolstadt, 1636 in Paris und 1637 in Wien.

Inhaltlich schließt das Stück an Gretsers *Udo* und den *Faust*-Stoff an. Auch hier steht der Hochmut einer Figur im Zentrum des Geschehens. Cenodoxus, der lasterhafte Doktor von Paris, verfällt voller Ehrgeiz und Überheblichkeit der Selbstliebe (»Aigen Lieb«) und Heuchlerei (»Gleißnerei«). Diese ringen als allegorische Figuren mit seinem Schutzengel und dem personifiziert auftretenden Gewissen um das Schicksal des Doktors. Zwischen den Allegorien entstehen regelrechte Streitdialoge. In einer Reihe exemplarischer Auftritte wird die Schuld von Cenodoxus dokumentiert. Seine Überheblichkeit geht so weit, dass er sich an die Stelle Gottes setzt. Höhnisch hält der Teufel ihm dies vor:

> PAN. [Teufel]:
> Die Seel gehört in d' Höll hinein.
> DOCT. [Cenodoxus]:
> O Gott / O Gott / errette mich.
> PAN.:
> Denckst an Gott? Er denckt nit an dich.
> Du selber bist dir gewest dein Gott /
> Dich selber rüeff an in der noth.
> (*Cenodoxus*, 70)

Als am Ende des vierten Aktes »nichts mehr helffen will« (ebd., 98), stirbt Cenodoxus. Es folgt eine große Gerichtsszene vor Christus, in der über das Schicksal seiner Seele entschieden wird. Mit dem Tod des Doktors werden die Grenzen humanistischen Strebens deutlich aufgezeigt. Der richtige Glaube, rechtzeitige Umkehr und Bescheidenheit sollen strikt den weltlichen Ehrgeiz einschränken. Die durchaus mit komischen Seiten gezeichnete Figur wird geradezu vom »Alpdruck der scholastischen Gelehrsamkeit« befreit (Alewyn 1974, 38). Das gelehrt-lateinische Drama wirkt dadurch für seine Zuschauer wie ein Spiegel; es gewinnt eine selbstreflexive Funktion.

In das Drama ist – als zusätzliche Deutungsebene – die Legende des heiligen Brunos von Köln, dem Gründer des Karthäuser-Ordens, eingearbeitet. Dieser erlebt im fünften Akt, wie sich der tote Cenodoxus aufrichtet, sich mit schrecklichen

Worten selbst anklagt und zur Hölle fährt. Bruno entschließt sich daraufhin zur Weltabkehr und Buße, ergriffen folgen ihm seine Anhänger. Eine Glaubenskonsequenz wird – gemäß der *propaganda fides* – als Exempel auf die Bühne gebracht. Hierdurch entsteht eine metadramatische Struktur. Wie Bruno dem »erschröcklichen Spectacl« (Bidermann: *Cenodoxus*, 144) beigewohnt hat, so sollen die Zuschauer den *Cenodoxus* als wirkungsmächtiges Spektakel auf der Jesuitenbühne erleben. Wenn sie ihrem Vorbild Bruno folgen, so führt das im idealen Fall zur Umkehr, der sich weitere Gläubige anschließen. Hierfür stehen als Exempel die Anhänger Brunos. Der *Cenodoxus* enthält insofern ein idealtypisches Modell seiner Rezeption. Aber auch die vermittelte Rezeption durch narrative Medien wird thematisiert. Denn die Umkehr der Anhänger ist nicht durch das Spektakel selbst, sondern durch dessen erzählte Wiedergabe bewirkt worden. Die »berühmt gewordene Erstaufführung in München« (Pörnbacher 2000, 7) mit ihrer legendären religiösen Wirkung (s. Kap. 6.1) bietet – als eine Art oraler Paratext zum Drama, als Geschichte, die sich bei jeder Aufführung in Erinnerung ruft – eine analoge metadramatische Reflexion.

Beachtenswert ist auch Bidermanns episch wirkendes Geschichtsdrama *Belisar* (1607), das aus wenig zusammenhängenden Szenen besteht. Es arbeitet wie der *Cenodoxus* mit dem Prinzip der Fallhöhe seines Helden, eines Feldherrn im Dienste Justinians. Allerdings wird hier eine geschichtliche Figur als negatives Exempel staatspolitischen Verhaltens gedeutet (Burger 1966). Auf die Quellenlage und die historische Wahrheit des Stückes kommt die zeitgenössische Vorrede zu den *Ludi theatrales* ausdrücklich zu sprechen (Rädle 1992, 1139). Das Märtyrerdrama *Philemon Martyr* (1618) thematisiert mit dem Maskenspiel seines Protagonisten erneut Probleme der Theatralität. Ein Heide vertritt einen Christen bei einem heidnischen Opfer. Als aus dem vermeintlichen Spiel Ernst wird, wird der Heide in der Maske des Christen zum Christen. Als solcher erscheint er dann als christlicher Märtyrer. Schein und Sein werden in diesem Stück Bidermanns virtuos gegeneinander ausgespielt.

6.4 Laientheater

Das Laienspiel im Rahmen des Kirchenjahres (Weihnachts-, Oster- und Passionsspiel) gehörte zu den relativ häufigen Theatererfahrungen der Menschen im 17. Jahrhundert (Kasten/Fischer-Lichte (Hg.) 2007). Man gab die Stücke auf öffentlichen Plätzen und in Kirchen. Oft wurden mehrerer Bühnen errichtet, auf denen Teile sukzessiv inszeniert werden konnten. Die Zuschauer folgten – wie in Prozessionen – der Aufführung von Ort zu Ort. Thematisch waren die Stücke auf zentrale Ereignisse der christlichen Heilsgeschichte (Anbetung des Christkindes durch die Hirten, die drei Marien und der Engel am Grabe usw.) und – als so genannte Mirakel- und Legendenspiele – auf Inhalte der bekannten Hagiographien eingeschränkt. Seit dem 15. Jahrhundert wurden zunehmend volkssprachige oder überwiegend volkssprachige Stücke gespielt. Weil der Laie die biblischen Stoffe und Heiligenlegenden kannte, konnte er der Handlung nicht nur gut folgen, sondern auch selbst ohne Weiteres daran mitwirken, zumal die Ansprüche an seine Spielfähigkeit naturgemäß nicht sehr hoch waren.

Das Laientheater bot folglich den Erwachsenen praktisch aller Stände die Möglichkeit, vor Publikum selbst Theater zu spielen, wobei die Rollen oft nicht nach schauspielerischen Fähigkeiten, sondern nach Lebenswandel und sozialem Ansehen (in den Städten vor allem an Patrizier und deren Söhne) vergeben wurden. Autor, Spielleiter und Christus-Darsteller waren aber in der Regel Geistliche. Dabei hatten die Spiele des Kirchenjahres eine entscheidende Besonderheit: Sie waren in liturgische Zusammenhänge eingebunden und verstanden sich üblicherweise als Teil des Gottesdienstes. Aus der Perspektive des geistlichen Rituals ist deshalb nicht von einem fiktionalen Geschehen zu sprechen, das vorgeführt wurde, sondern von einem sakralen, authentischen Geschehen, das vergegenwärtigt wird und an dem man als Spieler und Teilnehmer des Gottesdienstes teilhat (Jan-Dirk Müller 1998, 2000, 2004; Ziegeler (Hg.) 2004). Das kirchliche Laienspiel existiert seit dem Mittelalter und ist in allen deutschen Ländern zu finden; ein gewisser Schwerpunkt liegt im süddeutschen Raum. Im katholischen Bereich waren die geistlichen Laienspiele des 17. Jahrhunderts verbreiteter als im protestantischen.

Einen bis heute erfolgreichen Typus stellt das **Passionsspiel** dar, das den Leidensweg und die Kreuzigung Christi in Szene setzt. Es ist als mehrstündige, sehr feierliche, manchmal mehrtägige Aufführung unter Mitwirkung von zahlreichen Schauspielern angelegt. Mit der Erlösungstat des Heilands erhält das Spiel einen besonders wirkungsmächtigen und theologisch bedeutsamen Fokus, der es erlaubt, eine Reihe von Szenen der Bibel (und apokrypher Evangelien) einzuflechten und spielerisch auszubauen. So entstehen Passionsspiele mit ganz unterschiedlichen Nebenszenen aus dem Leben Jesu, Marias und Johannes'. Selbst präfigurativ gedeutete Szenen des Alten Testaments findet man. Passionsspiele gelten als meist gespielter Typus des geistlichen Spiels in der Frühen Neuzeit und waren auch im Barock noch verbreitet.

Einige Passionsspiele werden bis heute überwiegend in den katholisch geprägten Regionen Bayerns und Österreichs regelmäßig zur Aufführung gebracht. Die bekanntesten finden seit der Barockzeit in ununterbrochener Tradition in Oberammergau statt. Das **Oberammergauer Passionsspiel** kann wohl als das bekannteste Spiel dieser Art gelten, das heute von tausenden Zuschauer/innen aus aller Welt besucht wird. In einer mehrere Stunden dauernden Aufführung werden allein durch die Dorfbewohner Oberammergaus die letzten Tage Jesu auf die Bühne gebracht. Heute sind alle Rollen doppelt mit schon äußerlich ähnlich wirkenden Schauspielern besetzt. 1634 wurde das Passionsspiel zum ersten Mal in Oberammergau aufgeführt; der Legende nach gründet es auf einem Versprechen des Dorfes nach überstandener Pest im Jahr zuvor. 1674 erweiterte man den auf mittelalterliche Vorlagen zurückgehenden Text um Teile eines Weilheimer Passionsspiels von Johann Älbl (1615). Eine grundlegende Umarbeitung erfuhr das Stück durch den Ettaler Benediktiner Ferdinand Rosner (1709–1778). Seine *Passio nova* orientierte sich noch an Idealen barocken Festtheaters. Oberammergau wurde seit dem 18. Jahrhundert zum Leitbild für andere Passionsspielorte. Ab 1680 wurde ein zehnjähriger Aufführungsrhythmus festgelegt, wobei man meist jeweils im letzten Jahr eines Jahrzehnts spielte. Inzwischen ist der einst barocke Text mehrfach überarbeitet und variiert worden (zum barocken Text: *Das Oberammergauer Passionsspiel in seiner ältesten Gestalt*, 1968; zur Geschichte vgl. Schaller 1950*).

Als beliebte Form des Laientheaters wird bis heute auch das **Fastnachtspiel** noch gepflegt. Seine Stücke eigenen sich, weil sie unkompliziert und mit wenigen Personen aufführbar sind. Als eigene Spieltradition etablierte sich das Fastnachtspiel seit dem Spätmittelalter besonders in einigen Städten (Lübeck, Nürnberg usw.). Zum Ende der kirchlich vorgeschriebenen Fastenzeit inszenierten Laien meist einfache, recht derbe Stücke, die überwiegend der Unterhaltung und der Satire, dadurch aber auch der moralischen Unterweisung, dienten. Sie waren kurz, bedurften kaum der Requisiten, waren sprachlich schlicht gehalten und in eingängigen gut memorierbaren Knittelversen verfasst. Einige Stücke von Hans Sachs (1494–1576) kannte man noch in der Barockzeit. Themen waren die Ehe, die Liebe, dumme Bauern oder Städter, skurrile Pfarrer usw. In der Forschung streitet man darüber, ob die Fastnachtspiele eine kritisch-satirische Gegenwelt der einfachen Leute darstellen (Bachtin 1990) oder eine Art Katharsis-Funktion im Dienste der Kirche hatten (Moser 1993). Vermutlich müssen den Fastnachtspielen unterschiedliche Funktionen zugeschrieben werden, die je nach Region und Zeit variieren.

Um 1600, also in der Übergangszeit zum Barock, wirkte **Jacob Ayrer** (1544–1605) in Bamberg und Nürnberg als später Fastnachtspiel-Dichter (Paul 2002; Niefanger 2005, 105–112). Seine dramatischen Texte wurden im Wesentlichen posthum 1618 als ›Opus Thæatricum‹ mit dem Gattungshinweis »Comedien vnd Tragedien vonn allerhand Denckwürdigen alten Römischen Historien vnd andern politischen Geschichten und Gedichten« (Ayrer: *Dramen*, Titelblatt) herausgegeben. Bei Ayrer kann man einen gewissen Einfluss der englischen Komödianten nachweisen (s. Kap. 6.7). Umstritten ist, ob manche seiner Dramen (etwa *Sidea* oder *Phänicia*) von Wanderbühnen-Versionen Shakespeares oder Kyds beeinflusst sind. Ein Verdienst Ayrers ist es, das bekannte Humanistendrama *Julius Redivivus* von Nicodemus Frischlin für die Meistersinger-Bühne umgeschrieben zu haben. In der posthumen Werkausgabe hebt die anonyme Vorrede den effektvollen Realitätscharakter der Possen und Fastnachtspiele hervor. Hier wird betont, Ayrer habe »alles nach dem Leben angestellt vnd dahin gerichtet / das mans (gleichsam auff die neue Englische manier vnnd art) alles Persönlich Agirn vnd Spilen kann / auch so lieblich vnd begierig den Agenten zu zusehen/ als hette sich alles erst ferden [also vor einiger Zeit] oder heuer [gegenwärtig] verloffen vnd zugetragen« (Ayrer: *Dramen*, Vorrede, Bl. III^r).

6.5 Schlesisches Trauerspiel

Mit dem Begriff ›schlesisches Trauerspiel‹ werden deutschsprachige Tragödien bezeichnet, die sich an die Regeln des *Buchs von der Deutschen Poeterey* (1624) von Martin Opitz halten und die nach dem Muster seiner *Trojanerinnen*-Übertragung (1625) gestaltet worden sind. Eine Vorbildfunktion übernimmt auch die erste Originaltragödie dieses Typs, *Leo Armenius* (1650/1657) von Andreas Gryphius. Die Trauerspiele werden in der Regel zuerst auf protestantischen Schulbühnen in Schlesien gespielt. Das schlesische Trauerspiel »ist eine Hervorbringung des Breslauer Schultheaters« (Borgstedt 2000, 38; vgl. Gajek (Hg.) 1994).

Die ältere Forschung hat in diesem Zusammenhang etwas zu emphatisch vom deutschen oder schlesischen Kunstdrama gesprochen (Flemming (Hg.) 1930; Lunding 1940; Szyrocki 1997, 317). Fischetti verwendet – offenbar in Anlehnung an das französische Theater des 17. Jahrhunderts (*haute tragédie*) – die Gattungsbezeichnung ›hohe deutsche Barocktragödie‹ (Fischetti (Hg.) 1980, 191). Im 17. Jahrhundert fehlt aber in Deutschland – anders als in Frankreich, England oder Spanien – ein ›Nationaltheater‹, das nicht nachträglich durch einen Begriff installiert werden sollte; vielmehr ist die Vielfalt des Theaters in Deutschland (Jesuitentheater, Wanderbühne usw.) zu betonen.

Im Gegensatz zum Begriff ›schlesisches Kunstdrama‹ erfasst die vorgeschlagene Gattungsbezeichnung nicht die anders verfahrenden und anders aufgebauten Komödien (s. Kap. 6.8) und Mischspiele (s. Kap. 6.6) der schlesischen Dichter. Die vorgestellten Dramen tragen im Titel die Bezeichnung »Trawerspiel« (Gryphius: *Leo Armenius*, 9), den Albrecht Schöne in seiner wichtigen Textsammlung als Gattungsbegriff einsetzt (Schöne (Hg.) ³1988, 508). Diese Selbstbezeichnung (und nicht ›Kunstdrama‹ oder ›hohe Tragödie‹) für die Dramen zu reservieren, scheint sich in den letzten Jahren durchzusetzen (Kaminski 1998, 73 ff.; Brenner 1999, 543 ff.; Borgstedt 2000, 38).

Die schlesischen Trauerspiele sind fünfaktig, meist in **Alexandrinern** verfasst, zwischen den Akten sind die Reyen platziert. In den Stücken treten hohe Personen auf, ihr Stil ist das *genus grande* (hoher Stil). Zum Dramentext gehört in der Regel ein Teil mit Anmerkungen, der den Haupttext erläutert und belegt sowie Geschichtsdarstellungen des Dramenstoffs diskutiert und kommentiert. Die Trauerspiele halten sich weitestgehend an die Einheit der Zeit, auch wenn Harsdörffer in seinem *Poetischen Trichter* gemäß der fünf Akte auch fünf Tage Spielzeit akzeptiert (*Poetik des Barock* 1977, 122), und – weit gefasst – auch an die Einheit des Ortes. Die Dramentexte beginnen mit Widmungen, Vorreden an den Leser und einer Inhaltsangabe, die sich oft auch auf die Vorgeschichte des dramatisierten Stoffes bezieht.

Merkmale des schlesischen Trauerspiels:
- Aufführung als protestantisches Schultheater in Schlesien
- Einhaltung der Regeln des *Buchs von der Deutschen Poeterey*
- Trauerspiel in 5 Abhandlungen (= Akten)
- kommentierende Reyen zwischen den Abhandlungen, in den späteren Formen auch am Ende der Stücke
- erläuternde Anmerkungen zum Drama
- Personen hohen Standes, *genus grande*
- Alexandriner als vorherrschende Versform

Autoren dieses Trauerspieltyps sind Andreas Gryphius, Daniel Casper von Lohenstein, Johann Christian Hallmann und August Adolph von Haugwitz. Auch einige spätbarocke Trauerspiele von Friedrich Christian Bressand und Johann Christian Günther zählen zu dieser Dramenform. Christian Weise schuf einen auf dem schlesischen Trauerspiel fußenden neuen Typ der Tragödie.

Das schlesische Trauerspiel ist meist als **protestantisches Schultheater** konzipiert und aufgeführt worden. Nur einzelne Aufführungen an oder vor Höfen sind überliefert (möglicherweise 1666 Lohensteins *Sophonisbe*). Mit der Vorbereitung einer Aufführung und der (festlichen) Inszenierung sollte das im Unterricht erworbene Wissen ergänzt und erstmals angewendet werden. Die rhetorischen Regeln sowie politische und juristische Verfahren wurden hier im praktischen Einsatz vorgeführt und auf der Bühne erprobt. So gesehen, konnten die Schüler in der Aufführung und Probe Exempel späterer Tätigkeiten erleben. Außerdem übten sie mit Hilfe des Theaters das Gedächtnis und konnten die Wirksamkeit ihres eigenen Auftretens verbessern. Die öffentlichen Inszenierungen waren auch als Dank an Gönner und Herrschende (Stadt, Höfe) gedacht und hatten einen unübersehbaren Werbeeffekt: Sie stellten die Leistungsfähigkeit der Schule dar, wodurch letztlich neue Schüler aus adeligen Familien gewonnen werden konnten. Die Aufführungen gaben schließlich Jubiläen und Abschlussfeiern des Schuljahres einen festlichen Rahmen.

Bis ins 17. Jahrhundert hinein existierte auch ein in lateinischer Sprache abgefasstes Schultheater der Protestanten (etwa Johannes Prasch: *Arminius,* 1678), doch wurde in Schlesien vorwiegend in deutscher Sprache gespielt. Die Lehrer inszenierten die Stücke im großen Schulsaal (Aula) oder im Hof des Gymnasiums. Ein erhöhtes Podium, in der Regel in Vorder- und Hinterbühne durch Vorhänge unterteilt, bildete den Spielort. Die Bühnentechnik orientierte sich durchaus am Jesuitentheater. Von ihm übernahm das Theater möglicherweise die häufigen Ortswechsel im Stück, die die Aufführungen belebten. Es gab Kulissen und Requisiten, doch blieb die Bühnenpräsentation insgesamt – im Vergleich zur zeitgenössischen Oper und zum Jesuitentheater – auch aufgrund der geringeren finanziellen Ausstattung des Theaters eher schlicht. Das protestantische Schultheater setzte auf Deklamation.

Wie zu den Stücken der Jesuitenbühne wurden auch zum protestantischen Schultheater Einladungsschriften und Szenare (mit Inhaltsangaben und Besetzungslisten) verteilt (Gajek (Hg.) 1994). Diese Programmhefte stehen wie die jesuitischen Periochen in einem Deutungsverhältnis zum gespielten Stück. Sie erläutern den Inhalt und informieren manchmal über historische oder mythologische Hintergründe. Die Einladungsschriften erlangen allerdings für die Zuschauer keine so große Bedeutung wie bei den Jesuitenstücken, da das schlesische Trauerspiel in der Regel auf Deutsch gespielt wird, also auch für weniger gelehrte Rezipienten recht gut verständlich ist.

Emblematik und Drama

Immer wieder werden in Trauerspielen Bilder evoziert, deren festgelegte Bedeutungen in Emblembüchern nachlesbar sind. In den Anmerkungstexten sind mehrmals Sammlungen verzeichnet, aus denen die Embleme stammen. Die Sinnbilder zeugen von der Richtigkeit einer Handlung und von der Wahrheit eines Geschehens. Die Verwendung von versprachlichten Emblemen in den Reden der Protagonisten überrascht indes angesichts der Vorliebe für eine bildliche Sprache im 17. Jahrhundert nicht (s. Kap. 4.4).

Albrecht Schöne vertritt die These, emblematische Verfahrensweisen würden nicht nur die Reden der Figuren betreffen, sondern auch die **Struktur der Dramen** (Schöne [3]1993, zuerst: 1964). Der Dreigliedrigkeit des Emblems (*inscriptio, subscriptio, pictura,* s. Kap. 4.4) entspreche die dreigliedrige Struktur des Trauerspiels (Titel, Abhandlung, Reyen). Zwischen den einzelnen Komponenten ergäben sich Deutungsbeziehungen: Die Reyen platzierten eine Interpretation der Handlung auf verallgemeinernder Ebene. Und umgekehrt konkretisierten die Abhandlungen die allgemeinen Aussagen der Reyen; sie legten sie aus. Analog zur *pictura* im Emblem fänden sich auch in den Abhandlungen Deutungen der Ereignisse.

Ein Beispiel, das Schönes These illustriert: Die Reyen der zweiten Abhandlung in *Catharina von Georgien* von Andreas Gryphius bieten kommentierende Reflexionen der von »Chach Abas erwürgeten Fürsten« (II/357 ff.; 63–65). Der Chor betont die rasche Vergänglichkeit des Lebens, die durch eine *amplificatio* verschiedener »Zeichen« (II/372) – Tageslicht, Blumen, Tau, Schiff, Vogel, Schatten, Sturm, Pfeile – dem Zuschauer und Leser nahegebracht wird. Jeden wird der Tod treffen, also auch den Mörder. Der Gegen-Chor beklagt die Grausamkeit des Schahs mit einem Katalog seiner Foltermethoden an:

Phal / Mörsel / Spiß / Bley / Beil vnd Stangen /
Rohr / Säge / Flamm / zuschlitzte Wangen /
Entdeckte Lung' / entblöste Hertzen /
Das lange zappeln in den schmertzen /
Wenn man vns Darm und Zung entrückte! (II/395–399)

Gemeinsam bitten beide Chöre den Richter, den grausamen Taten des Schahs ein gerechtes Ende zu setzen:

Wache! grosser Gott erwache.
Wache! Wache! Wache! Wache!
Rache! Rache! Rache! Rache. (416)

Die letzten Verse des zweiten Aktes sind keine Prophezeiungen, obwohl sie auf das Kommende vorbereiten. Denn die folgenden Akte präsentieren die Folter Catharinas und ihren Märtyrertod (*atrocitas*, s. Kap. 6.1). Die Reyen rücken das Bild des grausamen Schahs zurecht und relativieren dessen Selbstdarstellungen im zweiten Akt. Der Verweis auf den letzten Richter macht den beschränkten Wirkungskreis des ›mächtigen‹ Schahs deutlich; auch ihn wird – schneller als er denkt – die göttliche »Rache« treffen. Die Reyen haben in diesem Beispiel also verschiedene Funktionen; sie kommentieren auch – im Sinne der Emblematik-Theorie Schönes – das Vorhergehende. Ebenfalls sind im genannten Beispiel emblematische Denkweisen in den Reden der Protagonisten präsent. So wird eine ganze Reihe von Zeichen der Vergänglichkeit genannt, um die Kürze des Lebens zu beklagen. Diese Zeichen sind, wenn sie nicht auf Anhieb plausibel werden, über Emblematik-Handbücher (Henkel/Schöne: *Emblemata*) gut erschließbar.

Im *Papinian* (1659) von Gryphius wird die Geltung der Emblematik in einem Fall scheinbar in Frage gestellt: Den Tod Papinians fasst der letzte Reyen mit einem Bild, das der gängigen emblematischen Deutung völlig entgegensteht: Ein Blitz zerstört einen Lorbeerbaum (V/476), während in den Emblembüchern der vor Blitzen sichere Baum gerade für die Unzerstörbarkeit der Tugend steht. Aber dies widerspreche – so Schöne – der generellen Geltung der Embleme keineswegs. Gryphius wolle nicht auf die Fraglichkeit der Embleme verweisen. Die Dekonstruktion des einen Emblems solle lediglich die Unerhörtheit der Vorgänge betonen. Diese lege Zeugnis über die verwirrte und aus den Fugen geratene Welt ab (Schöne ³1993; Szyrocki 1997, 321–324).

Noch auf anderer Ebene der Dramen begegnen ›emblematische‹ Strukturen: Der Titel eines Trauerspiels birgt eine Interpretation des Geschehens. Zudem entspricht seine Struktur der eines um ein Glied verkürzten Emblems; ein Beispiel (Gryphius: *Papinian*, Titel):

Andreæ Gryphii
Großmüttiger
Rechts=Gelehrter /
oder
Sterbender
Aemilius Paulus
Papinianus.
Trauer=Spiel.

Ein konkreter geschichtlicher Fall (Papinian) wird durch den zuerst genannten Alternativtitel verallgemeinert und auf eine Generaltugend (Großmütigkeit, *magnanimitas*) bezogen. Die Zweigliedrigkeit des Titels erinnert an die aus der Heraldik hervorgegangene *Imprese*. Sie stammt aus dem 14. Jahrhundert (Osterkamp 1999, 238). Dem Bildbereich der Imprese entspricht der Verweis auf den sterbenden Papinian. Das zweigliedrige Schema ›konkreter Fall – Verallgemeinerung‹ taucht im Titel noch einmal auf. Das vorliegende Drama des Autors Gryphius (erste Zeile des Titels) gehört zur Gattung des Trauerspiels (letzte Zeile).

Schönes These, dass das Barockdrama eine besondere Affinität zum Emblem habe, ist nicht unumstritten. Vor allem Schönes Emblem-Begriff ist in den letzten Jahren in die Diskussion gekommen (Neuber 1993; s. Kap. 4.4). Im Hinblick auf das Verhältnis von Drama und Emblem wäre zu fragen, ob nicht die Barockpoesie generell ›emblematisch‹ (in diesem weiten von Schöne gebrauchten Sinne) verfährt, also versprachlichte Embleme sowie zwei- und dreigliedrige Strukturen verwendet.

Märtyrerdrama, Geschichtsdrama

Viele schlesische Trauerspiele gehören zur Gattung **Märtyrerdrama** (Szarota 1967), die auch auf der Jesuitenbühne gespielt wird. Szenische Darstellungen von Märtyrergeschichten sind seit dem Mittelalter in deutscher und lateinischer Sprache bekannt (Hrotsvit v. Gandersheim) und werden sogar noch im 18. Jahrhundert produziert. Sie thematisieren dann allerdings keine christlichen Inhalte mehr, sondern sind säkularisiert (Gottsched: *Der sterbende Cato*). Die Haltung des Märtyrers verändert sich von einer christlichen zu einer (bloß) tugendhaften. Neuss (1989) spricht deshalb sogar von einer Krise der Gattung seit der Frühaufklärung.

Das Konzept der Märtyrertragödie basiert auf einer antagonistischen Figurenkonstellation (Benjamin [2]1982, 51–57), in der gegensätzliche Handlungsmodelle und Zeitlichkeitsvorstellungen korrelieren. Benjamin spricht zwar von *dem* Tyrannen und *dem* Märtyrer; doch stehen im Barockdrama der einen überragenden Märtyrergestalt meist mehrere verschieden ausgeprägte Antagonisten gegenüber (Niefanger 2005, 120–124). Der passiv erduldende Märtyrer kontrastiert mit den aktiven Parteigängern des Tyrannen. Tendenziell sind diesen beiden Figuren die aristotelischen Erregungszustände zuzuordnen: Der Märtyrer erregt Jammer (bzw. Mitleid) und der Tyrann Schaudern (bzw. Furcht oder Schrecken) beim Zuschauer. Der Hinwendung zu Gott, für die der Märtyrer steht, entspricht die Verfallenheit an die Welt, die seine Gegner exemplifizieren. Diese haben sich von Gott und dessen *ordo*-Prinzip (der christlichen Ordnung) verabschiedet. Da die gute, von Gott geschaffene Welt sich in eine chaotische verwandelt hat, verlangt der Glaube eine geistige Abwendung von dieser Welt; der Märtyrer orientiert sich deshalb nicht am Zeitlichen, sondern an der Ewigkeit. Die Tyrannen-Gruppe repräsentiert hingegen die Verfallenheit an die vergängliche Welt. Märtyrerfiguren sind Mariamne, Catharina von Georgien, Carolus Stuardus, Papinian oder Maria Stuart; als Tyrannen treten Herodes, Chach Abas, Cromwell, Hugo Peters, Bassianus oder Elisabeth auf.

Wichtigste Eigenschaft des Märtyrers im barocken Trauerspiel ist seine *constantia* (Beständigkeit). Sie hilft die Qualen des Martyriums auszuhalten. Ergänzt wird diese stoizistische Eigenschaft durch die *magnanimitas* (Großherzigkeit, Großmütigkeit), durch die Fähigkeit, überlegen, nicht kleinlich zu denken und zu handeln. Sinn des Handelns, meist ein passiver, duldender Widerstand, ist die Anerkennung durch Gott, genauer: die Erlangung der Märtyrerkrone. »Der Ewikeiten Cron ist fort an mein Gewin«, sagt Carolus Stuardus in dem Sterben, in dem Augenblick also, als er die weltliche Krone verliert. »Wol disem! dessen Cron der Abschid so vergrösset!«, wird ihm geantwortet (Gryphius: *Carolus Stuardus*, 111, V/448 f.). Die Märtyrerkrone erscheint dem Protagonisten erstrebenswerter als die weltliche Würde.

Anders denken freilich die weltorientierten Tyrannen: Sie streben im Sinne der machiavellistischen Lehre vor allem nach Macht. Diese soll aber nicht – anders als ursprünglich bei Machiavelli (s. Kap. 3.3) – den Staat stabilisieren, sondern dient egoistischen Zwecken. Die barocken Tyrannen haben daher meist einen Hang zur Verwirklichung affektgesteuerter, erotischer Ansprüche (Chach Abas in *Catharina von Georgien*, Herodes in Hallmanns *Mariamne*). Die Handlungsmöglichkeit der Tyrannen wirkt flexibler als die der Märtyrer; sie können, da sie sich nicht auf stoizistische Tugenden festlegen, situativ reagieren. Die barocken Märtyrer wirken deshalb oft blass im Vergleich zu ihren agilen Gegnern. Deutlich wird dies etwa bei Karl I. von England im Vergleich zu Oliver Cromwell im *Carolus Stuardus* von Gryphius. Die Haltung der Märtyrer ermöglicht – oder besser: verlangt – eine weit reichende Affektkontrolle. Anders ihre Gegner: Sie sind negative Exempel für affektbeherrschte und deshalb zu verurteilende Menschen. Der *constantia* (Beständigkeit) des Märtyrers steht die *pertinacia* (Hartnäckigkeit) der Tyrannen gegenüber.

Da schon die Dramen Lohensteins, deren Figuren weniger kontrastreich gestaltet sind (*mediocritas*-Prinzip), nicht unter die Gattungsbestimmung Märtyrerdrama fallen, kann mit diesem Begriff nur ein Teil der Barockdramen, insbesondere die Trauerspiele von Gryphius und viele Jesuitenstücke, erfasst werden. Eine kleinere Gruppe von Dramen, die an protestantischen Schulen gespielt wurden, wären am besten als ›Bibeldramen‹ (etwa Kaldenbachs *Babylonischer Ofen*) zu bezeichnen.

»Aristoteles lehrt uns«, heißt es in einem poetologischen Text des 17. Jahrhunderts, »daß eine Tragoedie oder Trauerspiel / dessen Inhalt bekandt / und auß den Historien genommen / das vollkommenste ist« (Huet/Happel, in: *Romantheorie*, 79). Die auffällige Konzentration des schlesischen Trauerspiels auf historische Stoffe legt es nahe, diese mit der Gattung Geschichtsdrama zu kategorisieren (Niefanger 2005). Sie macht die Texte und ihre speziellen Formen mit Dramentypen anderer Zeiten (Antike, Shakespeare-Zeit, 18. und 19. Jahrhundert) vergleichbar. Der Begriff Geschichtsdrama (auch: Geschichtstragödie oder historisches Drama) findet schon lange in der Barockforschung Verwendung (Kayser [1]1941/1980; Schings [3]1980, 42; Szarota 1979–1987, 81; Barner 1996, 229). Mit ihm können Dramen bezeichnet werden, die ein historisch identifizierbares Geschehen präsentieren, das nicht von bloß temporärer Bedeutung ist und vorwiegend der politischen Öffentlichkeit angehört. Die Historie wird in den Geschichtsdramen als Exempel für die Gegenwart gedeutet. Die Geschichtsdramen verwenden in der Regel ursprünglich historiographische Darstellungsweisen wie wörtliche Zitate, Anmerkungen oder Belege.

Typisch für die Geschichtsdramen des 17. Jahrhunderts (Gryphius, Lohenstein, Weise, Günther) ist neben der starken Profilierung einer politischen und theologischen Position die Darstellung alternativer Geschichtsdeutungen. Sie resultiert aus der Skepsis barocken Geschichtsdenkens gegenüber historischen Wahrheiten, die bloß dem Bereich der Empirie zugeordnet werden (Schmidt-Biggemann 1983, 21–30; Willems 1989, 236 ff.; Muhlack 1991, 67–87). Johann Amos Comenius (s. Kap. 3.5) hat deshalb in seinem *Labyrinth der Welt* (1623) darauf hingewiesen, dass die Brillen, mit denen der

Mensch in die Vergangenheit schaue, trügerisch sein könnten. Es wäre folglich fraglich, ob »eine Sache sich auch wirklich so verhalte, wie sie dem Beobachter erscheine« (106).

Die Problematisierung der einen historischen Wahrheit kann auf vielfältige Weise sichtbar werden: So zeugt im *Carolus Stuardus* von Andreas Gryphius die Struktur des Stückes von einer gewissen Skepsis gegenüber der auf der Inhaltsebene vollzogenen Geschichtsdeutung. Der als Märtyrer sterbende König tritt im zentralen dritten Akt nicht auf und er nimmt an den Auseinandersetzungen um die Rechtfertigung seiner Hinrichtung nicht teil (s.u.). In anderen Fällen wird der leise Zweifel an der historischen Wahrheit in den Anmerkungen geäußert (Gryphius: *Papinian*; Lohenstein: *Agrippina*) oder in der über Gebühr ausführlichen Erörterung politischer Positionen (Lohenstein: *Sophonisbe*; Gryphius: *Carolus Stuardus*) verwirklicht. Im späten 17. Jahrhundert trifft man sogar auf die Darstellung unterschiedlicher Geschichtsmodelle (Weise: *Masaniello*, Günther: *Die von Theodosio bereute Eifersucht*).

Ausgangspunkt der Dramen ist nicht die Geschichte selbst – wie das gelegentlich von Dramatikern des 19. Jahrhunderts behauptet wird –, sondern die **Textualität der Geschichte**. Das dramatisierte Geschehen gewinnen die Autoren aus Historiographien, ausdrücklich »auß geschribenen vnnd theils gedruckten Büchern« (Gryphius: *Leo Armenius*, 107) und eben nicht aus ›Quellen‹. Die Vorlagen selbst bedürfen der Auslegung, die im Geschichtsdrama geleistet wird. Kein Ereignis an sich ist wert in einem barocken Geschichtsdrama evoziert zu werden. Geschichte interessiert nur dann, wenn sie im Sinne eines Exempels ausgelegt werden kann. Genau das leisten die Historiographien, die damit das Geschehen für den Dramenautor als auslegenswert (als ›Geschichte‹) ausweisen. Ein historisches Ereignis dient der Sinnzuweisung im Dienst der *historia magistra vitae* (der Geschichte als Lehrmeisterin des Lebens).

Andreas Gryphius

Wichtigster Autor des schlesischen Trauerspiels ist **Andreas Gryphius** (s. Kap. 5.3). Sein erstes eigenes Stück, ***Leo Armenius*** (1650/57), behandelt den Sturz des byzantinischen Kaisers Leo(n), der 820 n. Chr. in der Hagia Sophia ermordet wurde. Anregungen für das Stück gingen wahrscheinlich vom *Leo Armenus* (1645) des Jesuiten Joseph Simon aus (Mahlmann-Bauer 2004). Gegenspieler Leos ist der Feldhauptmann Michael Balbus, der den Sturz des Kaisers als legitimen Tyrannenmord versteht. Im *Leo Armenius* wird die **Fallhöhe** zum Kompositionsprinzip. Der große Monolog Leos in der Mitte des Stückes (III/6 ff.) kennzeichnet den Glückswechsel (*Peripetie*). War zuerst Michael Balbus der Gefangene und Leo der Herrscher, dreht sich nun das Geschick um. Die weltliche Macht zeigt sich als eine vergängliche. In der zeitgenössischen Politikdiskussion wird der Tyrannenmord etwa von den *Monarchomachen* als durchaus gerechtfertigt erachtet (s. Kap. 3.3). Hinzu kommt, dass Leo selbst keineswegs legal an die Macht kam, sondern seinen Vorgänger mit Gewalt beseitigte. Zwar wirkt der Kaiser auch im *Leo Armenius* nicht als durchweg positive Figur, doch seine Ermordung wird von ihm selbst und den Zeugen als Vergehen gegen den christlichen Glauben stilisiert. So berichtet ein Bote der Witwe:

> Er schaw'te sich vmbringt! die Wachen fern verdrungen:
> Die freunde sonder Rath: doch stund er vnverzagt
> Alß ein erhittzter Löw / der / wenn die strenge jagt
> Jhm alle weg' abstrickt / mit auffgespanten Rachen

Itzt Hund / jtzt Jäger schreckt / vnd sucht sich frey zu machen.
Vmbsonst: weil man auff jhn von allen seitten drang /
Dem nun das warme blutt auß glied vnd adern sprang /
Er fühlte das die kräfft' jhm algemach entgangen /
Alß er das Holtz ergriff / an welchem der gehangen
Der sterbend vnß erlöst [...] / rufft er / an das Leben /
Das sich für ewer Seel an dieser Last gegeben.
Befleckt deß Herren Blut / das diesen stamm gefärbt.
Mit Sünder blut doch nicht. Hab ich so viel verkärbt /
So schont vmb dessen Angst / den dieser stock getragen /
An JESUS Söhn-Altar die grimme Faust zu schlagen.
Sie starrten auff diß wortt / wie wenn ein Felß abfält; [...]
Er [Michael Balbus] schrie: nun ists / Tyrann! Nun ists nicht zeit zu bitten!
Vnd schwung sein Mordschwerd auff / das auf den Fürsten kam /
Vnd jhm mit einem streich so Arm' alß Creutz abnahm.
Man stieß in dem er fiel / jhn zweymal durch die brüste:
Ich hab es selbst gesehn / wie Er das Creutze küßte: [...].
(*Leo Armenius*, V/136 ff.; 94–95)

Leos Ermordung verurteilt der Bote als unrecht; sie widerspricht dem Ordnungsdenken der Barockzeit (*ordo*-Gedanke) und stellt letztlich das stabile Staatssystem in Frage, das Leben, Ordnung und Ruhe garantiert hätte (s. Kap. 3.3). Ein besonderes Gewicht gewinnt diese Deutung des Geschehens durch die Stilisierung des Kaisers. Dieser stirbt nach dem Modell der **Imitatio Christi** (der Nachfolge Christi): Er umfasst und küsst sterbend das Kreuz Jesu, offenbar eine Reliquie. Damit liegt eine deutliche Stilisierung des Ereignisses im Sinne der Heilsgeschichte vor, auch wenn sie nur von einem Boten vorgetragen wird.

Es mag verwundern, dass diese dramatische Todesszene nicht auf der Bühne gezeigt, sondern von einem Boten berichtet wird. Dafür gibt es zwei Gründe. Dies entsprach erstens der Konvention des frühen protestantischen Schuldramas, Gräueltaten nicht auf der Bühne zu zeigen (Zelle 1987, 1–16). Harsdörffers *Poetischer Trichter* (II, 1647) bestimmt eindeutig:

Grausame Marter und Pein so die Henkerbuben verüben werden auf den Schauplätzen nicht gesehen / sondern von den Boten [...] erzehlet (*Poetik des Barock*, 122).

Die Bestimmung geht auf die übliche Interpretation einer Passage aus der *ars poetica* des Horaz (das **Medea-Paradigma**: v. 182–188) zurück, die auch von der Darstellung zweifelhaften Geschehens handelt.

Dieser zweite Aspekt ist auch beim Botenbericht des *Leo Armenius* wichtig: Die Geschichte wird nämlich zweitens auch als schon gedeutete präsentiert. Damit bricht die narrative Vermittlung perspektivisch die Darstellung (Kaminski 1998, 81–97, 110 f.); eine alternative Sichtweise wird somit denkbar, zumal die Deutung des Todes sich an der Selbststilisierung des Sterbenden orientiert. Dessen Worte werden wörtlich zitiert: Der Bote sagt also, dass Leo sagt, er stehe an der Stelle des Gekreuzigten. Er sagt damit nicht, Leo sei ein Märtyrer wie Christus. Das doppelt vermittelte Geschehen ist somit in seinem fraglichen – doppelt ›empirischen‹ – Wahrheitsgehalt bestimmt.

Hinzu kommt, dass der Bote mit einer Allegorie arbeiten muss, und diese ist prinzipiell ambivalent, weil sie auch andere Deutungen zulässt. Die allegorische Identifikation Leos mit einem Löwen ist dies noch in besonderer Weise (Drügh 2000a, 1024 ff.). Sie vermittelt, dass der Kaiser beides sein kann – je nach Deutung: ein animalischer Herrscher *und* ein christlicher Märtyrer. Auf diese Ambivalenz verweist sein Name. So tritt Leo in der Todesszene als teuflischer Löwe auf, der sich bis zum Tode aktiv gegen den Machtverlust wehrt, und als biblischer Löwe, der erleidend das auserwählte Volk repräsentiert (1 Moses 49,9; Offenbarung 5,5). In seiner *Doctrina Christiana* hat Augustinus betont, dass der Löwe sowohl Christus als auch den Teufel (1. Petr. 5,8) bedeuten kann. Diese bekannte Ambivalenz der Löwen-Allegorie bleibt in der Figur des Kaisers Leo erhalten. Mit den Mitteln der Historiographie und der Allegorese werden so die **ambivalenten Seiten der Herrscherfigur** betont, ohne dass deren Ermordung gerechtfertigt würde. Eine Skepsis gegenüber der einseitig heilsgeschichtlichen Deutung ist auch aufgrund eines Vergleichs mit dem Jesuitenstück von Simon (s. o.) angebracht (Mahlmann-Bauer 2004b, 456–465).

Im zeitgeschichtlichen Trauerspiel *Carolus Stuardus*, erschienen in zwei Fassungen ([A]1657 und [B]1663), stehen sich zwei politische Positionen gegenüber. Zur Diskussion steht, ob die Absetzung, Verurteilung und Hinrichtung des Königs durch das Rumpfparlament 1649 gerechtfertigt war. Beide Parteien argumentieren juristisch und theologisch auf vergleichbarem Niveau, allerdings ist prinzipiell an der monarchistischen Grundhaltung des Stückes nicht zu zweifeln (Michelsen 1981, 56 f.). Die Independenten unter Oliver Cromwell verteidigen die Hinrichtung des Königs als von Gott gewollte Geschichte, während die Königstreuen diese Tat als gottlosen Frevel hinstellen. Eine kleine Gruppe Königstreuer um Lady Fairfax versucht, die Hinrichtung durch eine Gegenintrige zu verhindern. Ihr Vorhaben scheitert am Zögern des Generals Thomas Fairfax und an der passiv duldenden Haltung des Königs. Seine Selbststilisierung zum christlichen Märtyrer trägt letztlich sogar zur Vollendung der Tat bei. Der Leidensweg und Tod des Königs wird als *Imitatio Christi* gestaltet (Gilbert 1949/50, 88; Schöne [2]1968; Jaumann 2000). Bei dieser Stilisierung bezieht sich das Drama auf zeitgenössische Publikationen zur Hinrichtung (Berghaus 1984).

Seinen *Carolus Stuardus* hat Gryphius wie den *Leo Armenius* symmetrisch aufgebaut (Niefanger 2005, 151–192). Im zentralen dritten Akt tritt der König nicht auf. Es ist der handlungsreichste Akt, in dem die Hinrichtung Karls argumentativ vorbereitet wird. Damit kontrastieren die beiden handlungsarmen Akte 2 und 4, die durch die Monologe des Königs ihr Gewicht erhalten. Sie verlangsamen den Fortgang der Geschichte. Akt 1 wird durch den Rettungsversuch Karls und Akt 5 durch dessen Hinrichtung geprägt. Ruhe (Passion) und Bewegung (Aktion) wechseln sich im Trauerspiel also ab. Durch die Dramenstruktur rückt das Schicksal des Königs aber an den Rand. Nicht sein Leiden steht im Zentrum des Stücks, sondern die politische, theologische und historische Bewertung der Hinrichtung. Ihr ist der zentrale dritte Akt mit seinen – für das Barockdrama typischen – scharf formulierten **Stichomythien** gewidmet (Dialoge mit wechselnden, komprimierten Positionen pro Vers). Am Doppeltitel läßt sich ablesen, worum es in dem Drama geht:

AndreæGryphii
Ermordete Majestät.
Oder
Carolus
Stuardus
König von Groß Britanien
Trauer=Spil. (3)

Im Zentrum steht die Ermordung des Königs, also das historische Ereignis, und nicht der tugendhafte Mensch »Carolus Stuardus«. Gryphius verzichtet – anders als im *Papinian* (*magnanimitas*), in der *Catharina* (*constantia*) oder in der *Felicitas* (*constantia*) – auf die Proklamation einer Tugend im Titel.

Anders verhält es sich beim Märtyrerdrama **Catharina von Georgien** (1657). Hier steht zweifellos das Martyrium von Catharina und ihre *constantia* im Zentrum. Dramatisiert wird erneut ein (fast zeit-)historischer Stoff, die Tötung der georgischen Königin durch den persischen Schah Abas (»Chach Abas«) im Jahr 1624. Catharina weigert sich, ihrem Glauben zu entsagen, und hält dem Liebeswerben des fremden Herrschers stand. Daraufhin lässt der Schah sie foltern und im Affekt töten (Borgstedt 2000, 57); später bereut der Schah die Tötung Catharinas. Das Beharren auf der eigenen Konfession erscheint im Kontext der zunehmenden Rekatholisierung Schlesiens als wichtige politische Botschaft.

1655 erschien eine Serie von Radierungen (8 Blätter), die sich an Szenen aus einer (geplanten?) Inszenierung der *Catharina von Georgien* am Hofe Herzog Christian von Wohlaus orientierten. Die Abbildungen sind idealisierte Darstellungen, keine genauen Wiedergaben der Inszenierung; sie lehnen sich an italienischen Operninszenierungen des 17. Jahrhunderts an. Eine Abweichung vom Dramentext zeigt die Radierung der Folterung Catharinas, die im Drama nur von Boten berichtet werden darf. Ob die Darstellung als Hinweis auf eine variable Inszenierungspraxis, als Erinnerungsblatt an die Leiden der Märtyrerin oder sogar als Werbeinstrument zu werten ist, bleibt letztlich ungeklärt.

Gregor Bieber (Zeichner), Johann Using (Stecher):
Radierung einer Szene aus *Catharina von Georgien*,
zit. Flemming 1921, Tafel III; Brauneck (Hg.) 1996, II, 399.

Im Leidensbericht Serenas, einer Hofdame (V/1 ff., 103–107), rückt die sexualisierte Folter und die *imitatio christi*-Interpretation ins Zentrum (Kaminski 1998, 110). Catharina erscheint den Zuhörerinnen des Berichts als Nachfolgerin und Braut Christi. Durch die Trennung von Bericht und Interpretation akzentuiert das Stück die Verfahren der Historiographie. Das berichtete Martyrium bietet zudem die Möglichkeit, die Qualen der Märtyrerin über das Mitleid der Zeugin sichtbar zu machen. Zwei weitere Botenberichte, der eines Priesters und der eines Getreuen des Schahs, machen unmissverständlich deutlich, worum es bei einem barocken Geschichtsdrama geht: um die Bezeugung einer Begebenheit als historisches Exempel. Das Drama zeigt also, wie Geschichte gemacht wird (Niefanger 2005, 171–177).

Als eine kontrovers diskutierte These bei der Deutung des Dramas hat sich die Vorbildlichkeit Catharinas herauskristallisiert, die durch ihre Leidensgeschichte verbunden mit ihrer politischen Position (Alt 2004, 60 ff.) und durch die Sakralisierung ihrer Handlungen (Borgstedt 2000, 42) belegt zu sein schien. Denn in der ersten Abhandlung des Dramas wird durchaus deutlich gemacht, dass Catharina einen recht skrupellosen Weg zur Herrschaft wählt (Szyrocki 1964, 87; Brenner 1988, 257). Von diesem verabschiedet sie sich erst mit der Annahme des Martyriums (Borgstedt 2000, 48 ff.). Arend nimmt diese ambivalente Gestaltung der Herrscherin zum Anlass, Catharinas Handeln vor dem Hintergrund der Kulturphilosophie Senecas zu verstehen (s. Kap. 3.3). Sie habe sich als Herrscherfigur vom naturgemäßen Leben entfernt, ein »Rückzug in die stoische Praxis der Identitätsstiftung« sei folglich notwendig (Arend 2003, 88, vgl. 85–124). Als konsistente Exempelfigur mag sie dann zwar nicht mehr verstanden werden, ihre religiöse Einkehr und damit ihre Verweigerung einer schamlosen Politik scheint aber dennoch ›vorbildlich‹ gedacht zu sein. Die religiöse Sprache der Leidensberichte wirkt hier eindeutig.

Das Trauerspiel *Cardenio und Celinde* (1657) fällt aus der Reihe der Geschichtsdramen und Märtyrertragödien heraus, auch wenn manche Elemente des Stücks noch an diese Gattungen erinnern (Kaminski 1992). Es hält sich nicht an die von Opitz festgelegte Ständeklausel, die Reden nähern sich dem *stylus mediocre* (mittleren, unterhaltenden Stil), der Ausgang ist versöhnlich, und der Stoff entstammt nicht der Historie, sondern einer spanischen Erzählung (Göbel 1992). Diese Abweichungen werden offen in der Vorrede angesprochen: »Die Personen so eingeführet sind fast zu niedrig vor ein Trauer-Spil« und auch »die Art zu reden ist gleichfalls nicht viel über die gemeine« (Vorrede, 6). Das Trauerspiel wurde also absichtlich nicht regelgerecht verfasst. In ihm wird zwei Liebenden durch Geistererscheinungen ein verkehrender Spiegel vorgehalten, der sie auf den Tugendweg zurückführt (Kaminski 1998, 123 f.). Denn auch die Liebe bedarf der Bändigung, zum Beispiel der Erinnerung an den Tod (*memento mori*): »denck jede Stund ans Sterben« (V/430, 86), heißt es im Schlussvers des Dramas, den Cardenio spricht. Durch die Begegnung mit einer Todesallegorie, in die sich die vermeintliche Geliebte plötzlich verwandelt, begreift er die Nichtigkeit der Leidenschaft.

Das letzte dramatische Werk von Gryphius, *Papinian* (1659), muss als Märtyrertragödie *und* als Geschichtsdrama gelesen werden. Es schließt politisch an die Diskussionen der ersten beiden Trauerspiele an. *Papinian* behandelt eine Episode der römischen Geschichte aus dem Jahre 212, bei der es um den Widerstand gegen einen tyrannischen Herrscher geht. Nun tritt indes nicht der Herrscher als Märtyrer auf, sondern derjenige, der (passiven) Widerstand leistet: der Staatsbeamte und Jurist Papinian (Barner 1996). Dieser treibt seine politische Standhaftigkeit so weit, dass er seinen eigenen Sohn opfert:

Wol! wol! so stirb mein Kind! weil es der Käyser heist!
Wir sind gehorsam!
[...]
Mein Sohn! stirb unverzagt! [...]
[...] / ein solcher Tod: das allerhöchste sigen.
(*Papinian*, V/257 ff., 106)

Dieses Verhalten wird im Stück aber keineswegs kritisch kommentiert, sondern erscheint als Ausdruck übermenschlicher Großmütigkeit (*magnanimitas*). Im Stück herrscht die *Themis* (die Göttin des Rechts) über menschliche – also ›kleinliche‹ – Angelegenheiten.

Daniel Casper von Lohenstein

Neben Gryphius hat vor allem Daniel Casper von Lohenstein (1635–1683) das schlesische Trauerspiel geprägt. Der Dichter gehörte zur politischen Elite seiner Heimatstadt; als Sohn eines Breslauer Ratsherrn wurde Lohenstein, der Jura in Leipzig und Tübingen studierte, zuerst Anwalt und später Syndikus der Stadt. Als politischer Gesandter ging er 1675 nach Wien und war dort als Kaiserlicher Rat tätig. Er ist auch als Verfasser des höfisch-historischen *Arminius*-Romans (s. Kap. 7.4) und spätbarocker Lyrik (s. Kap. 5.3) hervorgetreten.

Seine Geschichtsdramen stellen als neuen und wirkungsreichen Typus der Gattung den zweiten Höhepunkt des schlesischen Trauerspiels dar (Brenner 1999, 552). Sie sind formal zwar an den Trauerspielen von Gryphius orientiert, die Sprache der Stücke wirkt aber manieristischer, bild- und metaphernreicher. Auch mit emblematischen Figuren und Gleichnissen spart Lohenstein nicht. Dieser ›barocke‹ Stil brachte Lohenstein im frühen 18. Jahrhundert (vor allem bei Gottsched) den Vorwurf des Schwulstes ein. In seinen Stücken thematisiert Lohenstein Probleme des Staatsrechts und des politisch klugen Handelns (*prudentia*). Er wählt Stoffe aus der vor- oder außerchristlichen Welt. Darin kann eine Säkularisierungstendenz, eine Konzentration auf innerweltliche Auseinandersetzungen gesehen werden. Die Immanenz der Lohenstein-Dramen steht im Gegensatz zur Transzendenzorientierung bei Gryphius.

Mit dem Verhängnis gibt es in den Dramen Lohensteins gleichwohl eine göttliche Instanz: Sie garantiert den Verlauf der Geschichte, der von den Protagonisten in der Regel aber nicht eingesehen werden kann. Mit der Übernahme der auf Habsburg ausgerichteten **translatio imperii** (der festgelegten Folge von vier Weltreichen, s. Kap. 3.3) in die Dramen (*Sophonisbe*, 105, V/160; *Cleopatra*, 137 f., V/472 ff.) präsentiert Lohenstein plausibel das Verhängnis als eigenständige Geschichtsmacht. Ein wichtiger Unterschied zu Gryphius ist die unvermittelte Darstellung von Gewalt und Erotik auf der Bühne, die durch die Immanenz möglich geworden ist. Sie dokumentiert die heidnischen Gräueltaten (als *atrocitas*) und das ungebändigte Wirken der Affekte.

In der Trauerspiel-Ausgabe von Just (Lohenstein 1953, 1955) werden die türkischen (*Ibrahim Bassa*, *Ibrahim Sultan*), römischen (*Epicharis*, *Agrippina*) und afrikanischen (*Sophonisbe*, *Cleopatra*) Trauerspiele unterschieden. Diese Klassifikationen haben sich inzwischen in der Forschung durchgesetzt. Seit 2005 erscheint eine neue, kritisch kommentierte Werkausgabe, die nun bei der wissenschaftlichen Bearbeitung zugrunde gelegt wird.

Lohensteins *Cleopatra* (1661, Neubearbeitung 1680) arbeitet, wie die meisten schlesischen Trauerspiele, mit einer antagonistischen Figurenkonstellation. Auf der einen Seite stehen Cleopatra und ihr Mann Antonius, die beide durch Affekte geprägt sind, auf der anderen ist der rationale Augustus platziert, dessen Handlungskalkül dem Ideal der *prudentia* (politischen Klugheit) entspricht. Auch Cleopatras Verhalten zeichnet sich durch politischen Ehrgeiz und eine patriotische Gesinnung aus. Sie versucht genauso wie Augustus, durch vorgetäuschte Affekte zu ihrem politischen Ziel zu gelangen: die Verführung des Römers, um Ägypten zu retten. Durch die Verbindung von Politik und Erotik beabsichtigt Cleopatra die Vergrößerung ihres Machtbereichs (Voßkamp 1981, 71 ff.). Augustus geht nur zum Schein auf ihr Werben ein, sieht aber vor, sie im Triumphzug in Rom den Massen als Gefangene vorzuführen und sie damit zu entwürdigen. Als Cleopatra dies erfährt, bleibt ihr nur ein letztes Täuschungsmanöver. Sie heuchelt Liebe, bereitet aber den Selbstmord mit einer Schlange vor, der schließlich als geradezu erotischer Akt inszeniert wird:

> Ja! unsrer hohen Seel des Cörpers Pforten lüfften.
> Komm' angenehmes Thier! Komm kom[m] und flechte dich /
> Umb diesen nackten Arm! Vermähle durch den Stich /
> Der Adern warmem Quell dein züngelnd-tödtend küssen.
> (*Cleopatra*, V/175 ff., 126)

Die auf den ersten Blick affektbesessene Tat Cleopatras steht im Einklang mit einer patriotischen *prudentia*. Sie verhindert, dass Augustus seinen Sieg im Triumphzug auskosten kann und zwingt ihn so zu einer gemäßigten Politik gegenüber Ägypten. Ihr Tod kehrt seinen Sieg zur halben Niederlage um (131, V/292 ff.). Affektbesessenheit und Affektbeherrschung (verbunden mit einem patriotischen Opfer) liegen nah beieinander.

Die Erotik wirkt auch in Lohensteins *Agrippina* (1665) als ein probates Mittel der Politik (Meyer-Kalkus 1986). Agrippina verstößt mit ihrem Liebeswerben um den eigenen Sohn Nero gegen das *decorum* (gegen die Schicklichkeit). Außerdem schreckt sie auch vor heimtückischen Morden nicht zurück, um Macht über Nero zu gewinnen. Beides sind radikale Verfehlungen gegen die Maximen der Politik und der christlichen Moral. Mit Agrippinas Untergang wird deutlich, dass die politische Klugheit zwar das erstrebenswerte Ziel des Handelns bleibt, dass sie aber keineswegs der Affekte bedarf. Sie soll rational und zweckorientiert verfahren, doch auf der christlichen Lehre basieren.

Nicht so sehr das Skandalon der Fast-Verführung Neros zum Beischlaf auf der Bühne – von Hubert Fichte eindrucksvoll als Höhepunkt seines *Agrippina*-Hörspiels (NDR, 1977) gestaltet – beschäftigt die neuere Forschung, sondern das Verhältnis des ausufernden Anmerkungstextes zum Haupttext, das besonders im letzten Akt auffällig ist: Hier klimpert virtuos das spätbarocke Gelehrtentum (Fichte 1978, 165), erscheint die Geschichte in ihren pluralen Darstellungsmöglichkeiten (Newman 1993, 207; Niefanger 2005, 193–213; Niefanger 2010) und entfaltet sich die rhetorische Selbstreflexion Lohensteins (Kittler 1988).

Als das heute meist gelesene Trauerspiel von Lohenstein gilt *Sophonisbe* (1680). Es dramatisiert eine Episode aus dem Zweiten Punischen Krieg, den Versuch der numidischen Königin Sophonisbe als Herrscherin zu überleben. Wieder steht eine starke Frau mit guten und schlechten Eigenschaften auf der Bühne. Auch der Einsatz ihrer erotischen Attraktivität in der Politik erinnert an Cleopatra. Als ihr Gegenüber agiert der rational denkende Scipio. Ihm ist die »Wollust [...] Gift«; ihm schmeckt die »Geilheit

[...] herbe« (89, IV/277). Sophonisbes Männer Syphax und später Masanissa hingegen werden vorwiegend durch ihre erotischen Affekte bestimmt. Ihnen ist die Numidin mit ihrer Politik überlegen, während sie Scipio, der die Geschichte auf seiner Seite weiß, unterlegen ist. Deshalb endet das Drama ähnlich wie *Cleopatra*: Sophonisbe tötet sich selbst, als sie durch Didos Geist verkündet bekommt, dass sie der römischen Macht vergeblich trotzt. Scipio »ist der Götter Kind« (89, IV/308), nicht zuletzt, weil er im Sinne der *translatio imperii* die zukünftige Herrschaftstradition der Habsburger verkörpert.

Weitere Trauerspiel-Autoren

Zwar wurde **Christoph Kaldenbach** (1613–1698) in Schlesien geboren, doch wirkte er in Königsberg – im Dichterkreis der ›Kürbishütte‹ um seinen Freund Simon Dach und den Komponisten Heinrich Albert (s. Kap. 5.3) – und in Tübingen. Sein *Babylonischer Ofen* (1646) ist ein »›regelmäßige[s]‹ Trauerspiel«, das vor den bekannten schlesischen Stücken entstanden ist (Barner 1997, 72), aber weitgehend wirkungslos blieb. Er veröffentlichte es während seiner Tätigkeit als Prorektor der Altstädtischen Lateinschule in Königsberg. Es ist zwar vor allem der Tradition des älteren protestantischen Schuldramas verpflichtet, hält sich aber an die Vorgaben der *Trojanerinnen*-Übersetzung und der Poetik von Opitz. Der *Babylonische Ofen* hat fünf Akte und ist in Alexandrinern verfasst. Auch finden sich Chorpartien, die die Akte schließen. Allerdings wird ein anderer Stoff gewählt als in den späteren Stücken der Schlesier: Der *Babylonische Ofen* ist ein Bibeldrama über den Feuertod dreier jüdischer Fürsten. Das Bild ihrer Wiederauferstehung bekehrt am Ende den babylonischen König Nebucadnezar.

Das Märtyrerdrama *Maria Stuarda* (1683) von **August Adolf von Haugwitz** steht ganz in der Tradition der schlesischen Trauerspiele. Die Nähe zu Gryphius ist unübersehbar. Maria tritt – wie Catharina – als ein Opfer ihres Glaubens auf. Ihrer Gegenspielerin Elisabeth wird gleichwohl politische Klugheit attestiert, so dass ein annähernd gleichgewichtiges Spiel entsteht (Szarota 1976, 80 ff.; Alexander 1984, 105).

Eng an Gryphius orientiert ist auch **Christoph Kormarts** Prosa-Übersetzung der *Maria Stuart* (1672) des holländischen Dramatikers Jost van den Vondel. So zitiert die Vorrede den Auftritt von »Mariæ Geist« aus dem *Carolus Stuardus*. Zweifellos steht hinter diesem intertextuellen Bezug auf das bekannte Stück auch eine gewisse Werbeabsicht.

Eigene Akzente vor allem im Bereich der rhetorisch ausgeformten Dialogführung (über Staatsräson) setzt **Johann Christian Hallmanns** Trauerspiel *Mariamne* (1670). Es dramatisiert, wie vor ihm schon Hans Sachs und nach ihm unter anderem Friedrich Hebbel, einen Stoff des antiken Geschichtsschreibers Flavius Josephus: die Geschichte des rasenden Herodes, der seine Frau Mariamne ermorden lässt, weil diese sich über seine Ungerechtigkeit beklagt. In der Forschung wird vor allem die stark ornamentale, an Lohenstein erinnernde Sprache hervorgehoben und vorschnell als Verfallssymptom der Gattung gewertet, was Spellerberg zu Recht kritisiert (in: Hallmann: *Mariamne*, 182). Durch einen Todesgesang, den Mariamne kniend in einer jüdischen Kapelle anstimmt, rückt ihr Sterben in eine weltabgewandte Sphäre, so dass schon auf der Bühne »jenes Reich« angedeutet wird, »wo Königinnen nicht empfinden Stahl und Streich« (*Mariamne*, V/606, 117). Wie in der *Catharina* von Gryphius wird so das Leiden an der Geschichte den Zeugen – auch hier ein Priester und Jungfrauen

– und nicht der Märtyrerin übertragen. Von diesem intertextuell gestalteten Ende her verwundert es kaum, dass der Vorredner im ersten Akt hermeneutische Probleme zwar prinzipiell nicht bestreitet, aber mit Blick auf das Ende doch Zweifel an der theologischen Intention entschieden zurückweist: »Diß Werk ist klar und klärer als man meinet / So bald die Sonne nur bewehrter Deutung scheinet« (I/5 f., 19,). Die schon in den Gryphius-Dramen bewährte Märtyrer-Erhöhung Mariamnes soll Bedenken gegenüber der ambivalenten Darstellung gegenstandslos machen.

Kaum Erwähnung in der Forschung finden die späteren Formen des schlesischen Trauerspiels. Zwei Beispiele seien stellvertretend genannt: die Märtyrertragödie *Hermenegildus* (1693) des Wolfenbütteler Hofdichters **Friedrich Christian Bressand** und das Schweidnitzer Schuldrama *Die von Theodosio bereute Eifersucht* (1715) **Johann Christian Günthers**. Obwohl Bressand nie und Günther nicht sehr lange in Schlesien gedichtet haben, entsprechen ihre Stücke dem Typ des schlesischen Trauerspiels. Sie sind Beispiele für die späte Wirkung dieser Dramenform. Beide Stücke sind fünfaktige Alexandrinertragödien, die eine tugendhafte Figur ins Zentrum stellen. Sie stehen insofern eher den *consolatio*-Dramen von Andreas Gryphius näher als jenen Lohensteins. Die Geschichte des westgotischen Königs Hermenegild wird in vielen Jesuitenstücken dramatisiert. Die Jesuiten machen ihn quasi zum Heiligen, zuerst in Spanien (1586), dann in der gesamten römischen Welt (1636 durch Papst Urban VIII.). Bressand gibt in seiner ›protestantischen‹ Version allerdings nicht näher genannte französische Vorbilder an, setzt sich also von der dominanten jesuitischen Tradition ab. Wie bei Gryphius wird das Martyrium des Protagonisten durch Boten berichtet. Als erste Rezipientin der Legende erscheint die trauernde Gattin. Als sie die Botschaft hört, stirbt sie und ist damit im Jenseits mit Hermenegildus wieder vereint. So eröffnet sich recht konkret der bei Gryphius oft thematisierte Dualismus zweier Welten. Im Drama selbst wird das Überleben des Märtyrers im Diesseits als Legende thematisiert, als Sieg der Zunge, der Sprache, über das Schwert des Mörders (Niefanger 2005, 246–248). Schon im berühmten ersten Reyen des *Leo Armenius* von Gryphius war die Zunge als Schwert verstanden worden (30, V/545, s. Kap. 4.3, 5.1).

Günthers *Theodosius* (Villinger 1988; Gajek 1997) bietet – wie Lohenstein – eine überraschende Gestaltung der Geschlechterrollen (*gender*). Als überragende Gestalt der *dramatis personae* ist nämlich nicht der oströmische Kaiser gestaltet, sondern dessen kluge und gebildete Frau Eudocia. Sie verdächtigt der Kaiser zu Unrecht der Untreue mit dem gelehrten Paulinus. Dieser wird durch die Hand des Kaisers – gleich einer Märtyrergestalt – getötet. Leiden wird am Ende aber der Kaiser, der seine unrechte Tat tief bereut, während Eudocia ihn verlässt. Sie wirkt fortan in Jerusalem, wo sie ein Kloster gründet.

6.6 Protestantische Prosaschauspiele und dramatisierte Fürstenspiegel

Neben den schlesischen Schauspielformen etablierte sich besonders an protestantischen Schulen auch eine spezifische Form des Prosaschauspiels (Meid 2009, 374–397), das sich zwar zum Teil auch an die Vorgaben von Opitz hielt, die gebundene Sprache aber als der Mimesis abträglich ansah. Auch halten sich diese Dramen nicht an die Ständeklausel und lassen häufig sehr viele Protagonisten auftreten. Zu nennen wären hier die moralisch-erbauenden Lehrstücke Johann Sebastian Mitternachts (1613–1679), besonders dessen fünfaktiges Trauerspiel *Der unglückselige Soldat Und Vorwitzige Barbier* (1662) und sein dramatisierter Fürstenspiegel *Politica dramatica* (1667); beide Stücke wurden auch zu festlichen Zwecken vor Landständen aufgeführt.

Ganz ähnlich wie Mitternachts dramatisierter Fürstenspiegel suchen in Prosa verfasste so genannte **Historisch-politische Schauspiele** (Reichelt (Hg.) 1987) zur rechten und vor allem adäquaten Regierkunst aufzurufen. Das anonyme Prosadrama *Ratio Status* (1668) knüpft an die Staatsraison-Diskussion der Zeit an (s. Kap. 3.3). Formal hält es sich nicht an die von den Schlesiern vorgeschlagenen Trauerspiel-Regeln. Denn verschiedene Stände agieren in einem in Prosa verfassten Schauspiel nebeneinander. Allegorische Figuren (der »Tod«, die »Pest«) finden sich genauso wie Bauern, die Dialekt sprechen (»Drevs Drümpel«). Auch eine klassische Narren-Rolle (»Hans Lufft=Streicher«) taucht auf. Komische Effekte werden zudem dadurch erzeugt, dass die politische Rationalität allegorisch als satirisch gemeinter Quacksalber auftritt, der seine teuflische Arznei an kränkelnde Staaten verscherbeln will. Einem durch Importe in ökonomische Schieflage geratenen Kleinstaat, vertreten durch eine Königin, preist sich der fliegende Händler großsprecherisch an: »Ich habe / Großmächtige Königin / mich eintzig und allein auff die politische Artzeney geleget / und in derselben den vortreflichen Machiavell zu einen Lehrer gehabt / also daß mir keine Krankheit hierinnen vorkommen« soll / die ich nicht zuzutreiben verhoffe« (Reichelt (Hg.): *Historisch-politische Schauspiele*, 17). Innerhalb des politischen Diskurses der Zeit galt Machiavelli als Schreckbild politischer Philosophie (s. Kap. 3.3). Das neue machiavellistische System führt freilich zum Krieg. Die Königin sieht schließlich, was sie angerichtet hat und verfällt dem Wahnsinn. Ratio Status aber hinterlässt verbrannte Erde als er aufbricht, um in Europa sein grässliches Werk zu vollenden. Zu den dramatisierten Fürstenspiegeln sind auch die Prosadramen *Von der erlöseten Germania* (1679) und *Von Staats-Eiffer* (1681) von Johannes Riemer zu zählen.

Christian Weises Trauerspiele

Riemer war Nachfolger **Christian Weises** (1642–1708) in Weißenfels. Dessen Prosatragödien weichen ebenfalls von der strengen Norm des schlesischen Trauerspiels ab. Weise studierte in Leipzig Theologie, Jura, Philosophie und Medizin, wurde 1670 Rhetorik-Professor in Weißenfels und übernahm seit 1678 die Rektorenstelle des Gymnasiums in Zittau. Seine Stücke verfasste Weise im Kontext seiner Schultätigkeit: Er hat etwa 60 Schauspiele, wenn auch meist Komödien, konzipiert. Trotz seiner Eingebundenheit in den Schulalltag war Weise also einer der produktivsten Dramenautoren der Barockzeit. Nur vier seiner Stücke sind Trauerspiele: *Jephtha* (1679), *Marggraff von Ancre* (1681), *Masaniello* (1683) und *Marschall von Biron* (1693). Die Aufführungen waren in einen strengen schulischen Ablauf eingebunden: Am ersten Tag wurde ein Bibeldrama gegeben, am darauf folgenden ein Trauerspiel, dann meist ein Lustspiel.

Seine in der Regel fünfaktigen Trauerspiele verstoßen in zwei zentralen Punkten gegen die Gattungspoetik der Opitzianer (Gryphius usw.): Die Stücke sind in Prosa verfasst und in ihnen treten komische Figuren auf. Zudem fehlt ein Anmerkungstext (wie bei Gryphius und Lohenstein) und es schwillt das Personal der Stücke ungewöhnlich an. So führt das Personenverzeichnis zum Trauerspiel *Masaniello* (1682) 82 *dramatis personae* auf, einige sind als Gruppen gedacht, so dass die Schule zur Aufführung mehr als 100 Spieler benötigte. Die Abweichungen vom etablierten schlesischen Barocktheater begründet Weise in seinen Dramenvorreden aus didaktischen Zwängen. Die lustigen Figuren waren eher für jüngere Schüler vorgesehen. Die hohe Zahl der Protagonisten resultierte aus der Menge der notwendig zu beteiligenden Schüler, und die Prosa bevorzugt Weise, weil sie besser auf die Redepraxis vorbereite.

Weises *Masaniello* behandelt wie *Carolus Stuardus* von Gryphius ein zeitgeschichtliches Thema, von dem in Flugschriften und in den ersten Zeitungen des 17. Jahrhunderts berichtet wurde. Das historische Ereignis liegt gerade 40 Jahre zurück: die Revolte von 1647, die der einfache Fischer Thomas Aniello (= Masaniello) gegen den Vizekönig von Neapel und den korrupten Adel führt. Nach harten Auseinandersetzungen gewinnt Masaniello die Macht. Der Höhepunkt des Stückes ist die Szene im Dom zu Neapel (IV/12), in der der einfache Fischer offiziell die Regierungsgewalt übertragen bekommt; dieses »Spectacul« wird von zwei Adeligen, die zu den späteren Mördern des Fischers gehören, kommentiert (IV/13). Sie fragen sich erstaunt »wo [...] in allen Historien ein gleiches Exempel« (141) zu finden wäre. Die Geschichte gerät – aus der Sicht der Protagonisten – außer Kontrolle. Leichtfertig geben die Mächtigen von Neapel aber nicht auf. Sie verabreichen Masaniello ein Mittel, das ihn wahnsinnig macht. So kommt es, dass die Beschlüsse Masaniellos aberwitzig werden und die mit guten Vorsätzen gestartete Regierung unberechenbar wird. Die Revolution frisst schließlich ihre Kinder. Masaniello wird erschossen, ein grausames Strafgericht gegen die Revolutionäre folgt. Und die alte Herrscher-Clique stellt die frühere Machtkonstellation wieder her.

Dieses Geschehen fängt Weise in einer Reihe von Einzelepisoden und Parallelhandlungen ein. Die Bewertung der historischen Ereignisse durch das Drama ist nicht unkritisch und bedenkt auch die Leiden des Volkes; die Darstellung erscheint, wenn man die Paratexte (Vorrede, Inhalt, Nachredner) mit der Handlung vergleicht, geradezu polyperspektivisch (Battafarano 1996, 192–196). Dazu trägt auch der Einsatz der Narren-Figur Allegro bei. Er ist für eine Sichtweise der Ereignisse ›von unten‹ zuständig. So verkauft er Teile des zerstückelten Fischers als »Reliqvie[n] zum Gedächtnis« (*Masaniello*, 173, V/23) an eine hoffnungsvolle Zeit. Wollten die Mörder mit Masaniellos Tod auch seine Geschichte und seinen Namen, wie es in der Mord-Szene vorher heißt, auslöschen, sollen die Körperteile jene Geschichtserzählung ins Gedächtnis eingraben, die die höfische Historiographie aus Gründen der Staatsraison ausgrenzen musste. Die Gefahr, mit dem toten Rebellen eine Märtyrer-Gestalt geschaffen zu haben, wäre zu groß. So kann Weise natürlich auch nicht an den historischen Masaniello erinnern, deshalb persifliert Allegro diese Sicht der Ereignisse. Er erwägt sogar, weitere Bauern zu erschlagen, um sie als weitere Reliquien zu verkaufen. Eine ironisch vorgebrachte heilsgeschichtliche Deutung, wie durch den Narren Allegro vorgeführt, erkennt prinzipiell die Möglichkeit einer solchen Variante der Historie an; sonst wäre sie sinnlos (Niefanger 2005, 219–226).

Die von Weise favorisierte, ganz im Dienst der Schulausbildung stehende **Schauspielkunst** setzte ausdrücklich auf die Präsentation des ganzen Menschen, der sich möglichst so geben sollte, wie es später in der beruflichen Öffentlichkeit notwendig erschien: »Ich habe die gewohnheit / daß ich auch bey meinen Exercitiis oratoriis ein kleines theatrum gebrauche / da sich die Redner mit dem gantzen Leibe præsentieren müssen / wie sie dermaleins im Theologischen oder Politischen

THEATRO mit ihrer Person auskommen sollen«. Bei der Rollenbesetzung berücksichtige er »eines jedweden NATURELL«, damit dessen Affektspiel möglichst »ungezwungen« wirke (Weise: *Sämtliche Werke* XV, 100f.).

6.7 Schauspiel der Wanderbühne

Weises effektvolle Integration komischer Szenen in die Trauerspiele stammt wahrscheinlich aus der Praxis der Wanderbühnen, speziell der englischen Komödianten und der italienischen *Commedia dell'arte*.

Die **englischen Komödianten** (Haeckel 2004) waren Berufsschauspieler, die sich in Truppen organisiert hatten. Seit Mitte des 16. Jahrhunderts ließen sich in England bereits 160 Gruppen nachweisen. Die Behinderung des Theaters durch die Puritaner seit 1570 veranlasste einige Truppen nach Dänemark, Holland und Deutschland auszuwandern. Seit 1586/87 traten englische Komödianten in Deutschland auf. Die erste bekannte Truppe, die von Robert Browne, spielte seit 1592 am Hof von Heinrich Julius von Braunschweig-Wolfenbüttel. Die berühmtesten Gruppen, deren Mitgliederzahl jeweils zwischen 10 und 25 Personen lag (Schauspieler und Musiker), wurden von Browne, Greene, Spencer, Jolliphus und Sachville geleitet. Zuerst wurde englisch gespielt, ab etwa 1600 dann auch in deutscher Sprache. Zunehmend wurden deutsche Akteure in die englischen Truppen integriert; auch übernahmen die Engländer »die Ausbildung deutscher Schauspieler, Tänzer und anderer Bühnenartisten« (Brauneck 1996, II, 335). Erste deutsche Schauspielgruppen (auch: Theatertruppen oder -banden) existierten seit Ende des Dreißigjährigen Krieges. Angeführt wurden sie von einem **Prinzipal** (auch: *Entrepreneur*), der über Einstellungen, Gage, Entlassungen von Schauspielern, den Spielplan und die Ausstattung entschied und der vor allem die Aufführungen besorgte. Er verhandelte mit den städtischen oder fürstlichen Behörden um die Spielgenehmigung (*Privilegium*) und übernahm in der Regel auch die Regie der Stücke. Bekannte Anführer deutscher Truppen waren Michael Daniel Treu, Carl Andreas Paulsen, Andreas Elenson und Magister Johannes Velten. Gespielt wurde in Schlössern, auf Marktplätzen, im Ratssaal oder Marstall, erst später auch in festen Theatern. Wichtige Spieltermine waren Hof- oder Stadtfeste und die Messen, für die oft Sondergenehmigungen für Aufführungen erteilt wurden. Das Ottoneum, der erste Theaterbau Deutschlands, entstand 1604/1605 am Kasseler Hof.

Die Wanderbühne ist ein **Aktionstheater**, für das der gesprochene Text gegenüber der Bühnenhandlung an Bedeutung verliert. Dadurch unterscheidet sich seine Darbietungsweise erheblich vom Deklamationsstil der humanistisch geprägten Bühnen der Barockzeit (protestantisches Schultheater, Jesuitentheater). Die lebendigen Aufführungen wurden durch Musik- und Liedeinlagen unterstützt. Die Stücke waren in einfacher, leicht verständlicher Prosa verfasst und boten oft Raum für Improvisationen und Stegreifeinlagen. Nicht selten waren drastische Gewaltdarstellungen und derbe Obszönitäten auf der Bühne zu sehen; letztere führten ab und an zu Aufführungsverboten. Eine feste Institution waren komische Figuren (Clowns, Pickelhäring) auch in ernsten Stücken.

Aus zwei Gründen waren die Wandertruppen in Deutschland zu einem auf **Publikumseffekte** ausgerichteten Theater gezwungen: Zum einen verlangte die sozialökonomische Situation der Truppen ein erfolgreiches und kein kritisches Theater und zum anderen bot ein solches Theater Möglichkeiten, leichtverständliche Stücke und aus dem Heimatland gewohnte Spieltechniken zu übernehmen. Zum Theater gehörte vor allem die leidenschaftliche und sinnliche Präsentation von Affekten und blutigen Aktionen. Sie konnte nur gelingen, wenn die oft kopflastigen und wortzentrierten Vorlagen für die Stücke radikal gekürzt und auf die eindrucksvollsten, ›körperlich‹ spielbaren Szenen zugeschnitten wurden.

Die **Reduzierung der verbalen Elemente** des Dramas resultierte natürlich auch aus der fremdländischen Herkunft der ersten Schauspieltruppen. Sie zwangen die Truppen zur verstärkten Verwendung von mimischen und gestischen Mitteln sowie einer Betonung von einfachen Requisiten. Insofern bestimmten ihre eigenen Probleme, in deutscher Sprache zu spielen, und die ihres Publikums, französische, italienische oder englische Texte zu verstehen, neben der notwendigerweise einfachen Ausstattung der Wanderbühne, die Arrangements der Stücke. Die körperbetonte Spielpraxis erwies sich als ausgesprochen erfolgreich; sie wurde später von den deutschen Wanderbühnen kopiert. Die Tendenz zur verbalen Vereinfachung ging mit einer Konzentration auf inhaltliche Antagonismen einher. Zweifelhafte Zwischentöne wurden also eher vermieden. Der besseren Konsumierbarkeit der Stücke dienten aber auch dem Stoff ursprünglich fremde Einsprengsel, die die eigentliche Handlung bestenfalls flankierten, wie akrobatische Einlagen, das Einführen von neuem, meist komischem Personal (Hanswurst, Pickelhäring usw.), die Präsentation von Jahrmarktssensationen und extemporierte Einlagen.

Vergleichbare Spielweisen präsentierten auch **italienische Theatertruppen**, die natürlich stark durch die Tradition der *Commedia dell'arte* geprägt waren. Das italienische Wandertheater trat zuerst im bayrisch-süddeutschen Raum auf; seit 1568 spielten die *Comici Gelosi* in München, Wien und Linz. Seit den 1640er Jahren gastierten auch **niederländische Truppen** in Deutschland.

Nach Baesecke (1935) können **vier Phasen des englischen Komödiantentheaters** in Deutschland unterschieden werden:

1560–1600	Stark gestisch und mimisch geprägtes Aktionstheater in englischer Sprache
1600–1620	Deutsche Sprache auf der Bühne. Starke Formelhaftigkeit der Stücke
1620–1648	Ausweitung des Repertoires. Wirkung der Textsammlungen von 1620
1648–1700	Westfälischer Frieden und andere aktuelle Stoffe im Repertoire

Das Repertoire der Wanderbühnen war eine bunte Mischung verschiedener Theatergenres: Man sah Singspiele und Possen, mythologische Stücke oder Tragödien. Bearbeitet wurden immerhin Texte von Marlowe, Shakespeare (etwa Christoph Blümel: *Der Jude von Venetien*, 1670, *Hamlet* in der Version der Paulsen-Truppe oder *Richard III.* in der Fassung von Johannes Velten), Calderón, Lopes de Vega oder Molière. Viele Lust- und Trauerspiele, insbesondere jene mit höfischem Personal, hatten häufig einen einfachen und stereotypen Aufbau (Liebesintrigen, politische Verwicklungen, Festlichkeiten).

Gottsched nennt diese Stücke 1732 **Haupt- und Staatsaktionen** (Gottsched: *Sterbender Cato*, 7). Diesen Begriff, der in der älteren Germanistik pejorativ verwendet wird, vermeidet die neuere Forschung meist. Die ›Hauptaktion‹ bezeichnet das ernste Stück im Gegensatz zum komischen Nachspiel; die ›Staatsaktion‹ bezieht sich auf den höfischen Handlungsraum der Tragödien.

Der wichtigste deutsche Prinzipal war **Johannes Velten** (1640–1693?), der 1678 die Leitung der Theatergruppe von Carl Andreas Paulsen übernahm. Anders als die meisten Theaterleute der Zeit hatte Velten studiert und in Leipzig das Bakkalaureat erworben. Wohl deshalb liest man häufig vom ›Magister Velten‹. Aufführungen seiner Truppe sind u. a. in Köln, Frankfurt, Nürnberg, Augsburg, Regensburg, München, Hamburg, Berlin, Leipzig und Dresden überliefert. Der sächsische Hof wurde schließlich zum festen Spielort des Ensembles; es wurde zur offiziellen »Bande chursächsischer Comoedianten« (Brauneck 1996, II, 349). Velten verlagerte das Repertoire von englischen und italienischen Stücken zu französischen. Er spielte Molière (allein 10 Stücke), Scarron, Pierre und Thomas Corneille sowie Demortes und bevorzugte Stücke mit einheitlicher Handlung und überschaubarer Struktur. Die Berücksichtigung eines eigenen literarischen Werts der Stücke bei der Aufführung, die zunehmende Vermeidung von Bühneneffekten, die nicht durch das Stück legitimiert waren, und überhaupt die ästhetische Qualitätssicherung des Theaters stehen für die bedeutende »Bühnenreform« von Johannes Velten (Brauneck 1996, II, 349 ff.). Frauen- und Mädchenrollen wurden bei ihm weiblich besetzt (Puschmann 2000, 37).

Ein Stück, das von den Wanderbühnen anonym überliefert ist, kennen heutige Leser vor allem in einer zeitgenössischen Version Shakespeares: *Titus Andronicus*. Beide Texte gehen offenbar auf die gleiche Quelle zurück. Ein Vergleich der Schlussszene der deutschen Wanderbühnen-Version mit der viel bekannteren Shakespeare-Version lässt erkennen, wie eigenständig und anspruchsvoll das Wanderbühnentheater in Deutschland sein konnte (Niefanger 2005, 140–144).

Die Schlussszene des *Titus Andronicus* nach Shakespeare gehört wahrscheinlich zu dem Grausigsten, was das europäische Theater zu bieten hat. Auf nicht mehr als etwa 200 Zeilen verteilen sich zwei zum Festmahl zubereitete Tote, dann vier Morde kurz hintereinander, schließlich eine perfide, im Shakespeare-Text durchaus als ›gerecht‹ apostrophierte Verurteilung des Scheusals Aaron: Es sieht vor, ihn bis zur Brust vergraben und dann verhungern zu lassen. Das Stück endet bei Shakespeare mit der Rechtfertigung der drastischen Racherituale am toten Körper der Gotenkönigin. Man solle sie den Biestern und Vögeln zum Fraß hinwerfen; ihr Leben sei tierisch und ohne jedes Mitleid gewesen. Und da sie nun endlich tot sei, sollten höchstens die Vögel Mitleid mit ihr haben. Die ›gerechte‹ Rache endet nicht mit der Hinrichtung, sondern offenbart sich als zeitloses Movens der Geschichte. Die Rache kreiert unvereinbare Gegensätze und erzwingt stetig Machtveränderungen; sie lässt den Staat nicht zur Ruhe kommen.

Die deutsche Wanderbühnen-Version wirkt angesichts dieser so einfachen wie brutalen Geschichtsinterpretation geradezu human. Sie erscheint keineswegs als verstümmelte oder »vergröbert[e]« Version (Emrich 1981, 132), sondern als durchaus eigenständige Auslegung der Geschichte. Bei Shakespeare tötet der spätere Kaiser, einer archaischen Vorstellung von Macht folgend, den dekadent gewordenen Vorgänger. Auch in der deutschen Fassung wird der Kaiser durch die Hand eines Sohnes hingerichtet. Doch folgt hier keine Ausfüllung des Machtvakuums durch den Mörder des Kaisers. Obgleich – wie bei Shakespeare – dem Sohn des Titus sofort die Kaiserwürde vom Bruder seines Vaters angetragen wird, reagiert dieser mit einer abwehrenden Geste:

> VESPASIANUS: [W]as sol ich das Keyserthumb regieren / mein Hertz wil mir im Leibe zerspringen wegen dieser TRAGÆDI, welche nimmermehr mag kläglicher erhöret / ich weiß für groß Betrübniß nicht was ich sol anfahen / führt ihr nun die Keyserliche Crone auff ewrem Häupte / dann ihr seyd der neheste darzu.
> VICTORIADES: O nein ich begehre sie nimmermehr zu führen / ihr aber seyd ein rechter Erbe dazu [...].
> VESPASIANUS: So last uns nun hinein gehen / daß ich die Krone für jedermänniglich emphahe / aber nimmermehr werd ich können frölich seyn.
> (*Spieltexte der Wanderbühne* I, 521 f.)

Vespasianus gelingt es nicht, seinen Bruder zur Übernahme des schweren Amtes zu überreden. Dieser verweigert ebenfalls die Krone und zwingt den zuerst gefragten in die Verantwortung. Glücklich wird dieser mit der erworbenen Macht offenbar nicht. Funktioniert bei Shakespeare der letzte Machtwechsel geradezu organisch und wird durch konsequente Richtsprüche funktionell im Sinne der Etablierung einer ›elisabethanisch‹ gedachten Ordnung gestützt, dominieren beim deutschsprachigen Stück die Machtskrupel bis zum letzten Satz. Die Machübernahme erfolgt nur, damit »widerumb Fried / [...] Einigkeit und Frewde« (ebd.) einkehre. Die skeptischeren und auch leiseren Töne im Spiel der Mächte werden in diesem Fall zweifellos auf der deutschen Wanderbühne gesprochen.

6.8 Mischspiele

Eine gattungsorientierte Darstellung der Barockliteratur kommt nicht umhin, auch die vielen anderen Formen szenischer Darstellung zur Kenntnis zu nehmen, die im 17. Jahrhundert neben den klassischen Gattungen Trauerspiel und Komödie existieren. So verbinden viele der Wanderbühnenstücke die ernste mit der komischen Spielkunst.

Alexander (1984, 64 ff.) unterscheidet strukturell **drei Formen von Mischspielen:**

- die Verwendung von Tragik und Komik in einem Stück wie etwa in Weises Trauerspielen
- die Verbindung von ernstem Stoff und hohen Personen mit einem guten Ausgang wie oft in den Opern
- das Auftreten verschiedener Stände im Drama wie im Schäferspiel

Festspiel

Als typisch barocke Form, neben Trauerspiel und Komödie, sind die aufwendig inszenierten höfischen Festspiele (Béhar/Watanabe O'Kelly 1999; Buck (Hg.) 1981; Rahn 2006; Berns/Rahn (Hg.) 1995; Bramenkamp ²2009) zu nennen, die zu Geburten, Hochzeiten oder Einzügen veranstaltet wurden. Richard Alewyn spricht etwas pathetisch davon, dass »vom ›Herbst des Mittelalters‹ bis zum sterbenden Rokoko«, also im 16. und 17. Jahrhundert »ein bacchantischer Festzug durch die Gassen und Gärten, die Schlösser und Kirchen Europas« rauschte (Alewyn 1957, 101). Die üppigen Festaufführungen sind Teil der öffentlichen Selbstinszenierung der Herrscherhäuser, ein Part der Aufführung (speziell gewidmete Szenen oder Zwischenspiele, Deklamationen usw.) konnte allerdings einer beschränkten Hofgesellschaft vorbehalten bleiben.

Der wichtigste Teil der Festspiele war der *trionfo* (der Triumphzug), eine seit der italienischen Renaissance (Triumphzug der Beatrice in Dantes *Divina Commedia*) in seinem Programm relativ festgelegter Umzug von Figuren, Wagen mit allegorischen Darstellungen oder sogar Schiffen (in Antwerpen, Amsterdam oder Venedig). Er zielte mit seiner Prachtentfaltung auf die Festigung der Herrschaft und eine identifikatorische Huldigung durch das Volk. An wichtigen Haltepunkten des Umzugs wurden Ballette, Pantomimen und andere Aufführungen gegeben. Zu beachten war, dass die Wagen und Menschengruppen der Adeligen und Würdenträger die Phantasie anregten, thematisch aufeinander abgestimmt und in ihrer Wirkung stets gesteigert wurden, damit die mythologische Überhöhung der Machthaber, die als Höhepunkt in aller erdenklichen Pracht erschienen, schließlich gelang. Denn das wesentliche Anliegen des gesamten höfischen Festes war neben der kulturellen Überbietung der in Konkurrenz stehenden Länder, die Inszenierung des Herrschers als ideale, geradezu übermenschliche, ja, göttliche Gestalt. Der Zug ging durch festlich geschmückte Straßen, durch nur zu diesem Zweck errichte Triumphbögen, an Statuen, Säulen, Pyramiden, Brunnen, Obelisken, kleinen Tempeln, Bildtafeln und überbordendem Blumenschmuck vorbei. Das meiste war freilich aus Gips, Holz, Pappmaché und viel Farbe hergestellt und nach dem Fest kaum mehr zu gebrauchen. Die Ausgaben hierfür waren immens; sie standen im krassen Gegensatz zur sozialen Lage der zuschauenden Bevölkerung. Diese war vom eigentlichen Fest hinter den Toren des Palastes mehr oder weniger ausgeschlossen. Bei einigen Festspielen trat der Herrscher selbst als Sonne, Apollo oder Jupiter auf. Eine ausgetüftelte Choreographie feierte seinen ›immerwährenden Ruhm‹, seine Tugenden (Klugheit, Frömmigkeit, Tapferkeit, Beständigkeit usw.) und seinen Kunstsinn. Der allegorischen Haupthandlung, die auf den jeweiligen Anlass bezogen war, wurden komische oder mythologische Szenen entgegengesetzt. Das abschließende *grand ballet* bezog die Anwesenden mit ein (Engelhardt 1999, 338).

Integriert in die Feierlichkeiten waren außerdem Wasserspiele, Tänze, Feuerwerke, Pferdeballette, Schauessen, Schiffskämpfe, künstliche Landschaften und provisorische Gebäude. Zum höfischen Fest gehörten ferner Rollenspiele, der Mummenschanz, Opernaufführungen oder das Ballett (Mourey 2003). Aus dem Mittelalter übernahmen die barocken Feste auch ritterliche Turniere, die freilich keineswegs ernst ausgefochten wurden. Sie bestätigten allenfalls Rangordnungen. Was man heute zum Glück nicht mehr pflegt, sind die pompösen **Schauessen**, die notwendig zum richtigen barocken Fest gehörten. Im *Salzthalischen Mäyen=Schluß*, der Beschreibung eines Geburtstages der Herzogin von Braunschweig-Lüneburg aus dem Jahr 1694, wird solch ein Schauessen beschrieben; am Anfang heißt es:

> Bald nach geendigtem Gottesdienst wurde zur Tafel geblasen / und begaben sich sämtliche Hohe und Vornehme anwesende in den neuen Saal / welcher in die länge angelet war. Daselbst war eine grosse und herrliche Tafel / auf so ungemeine und sonderbare art aufgerichtet / daß die augen aller anschauenden sich darüber verwundern musten.
> Die Tafel für sich selbst / deren Figur länglicht oval, hatte in der breite 24. fuß [...] / und in der länge 68 [...]. Deren ganze bekleidung war ein Lustgarten von lauter Zucker / womit sie über und über bedeckt war. (Bressand: *Salzthalischen Mäyen=Schluß*, Bl. B ij^{r}.)

Auf den Tischen fanden sich Bäumchen mit Sinnbildern und »ordentlich eingetheilte Beete und garten=felder / mit vielfärbigten condirten und allerhand safft=zuckern angefüllet: die nicht anderst / als eine angenehme Vermischung unterschiedlicher und ohnzahlbarer schöner blumen / die augen ergetzten.« (B ij^v) In diese Zuckerlandschaft wurden »bisemkugeln«, stark parfümiertes Gebäck, und kandierte Mandeln platziert, um Wiesenstücke und Hügel zu modellieren. Wege legte man durch gefärbten Zucker, »welcher rechter natürlicher Sand zu seyn schien« (B ij^v), an und verzierte sie mit Brunnen und Statuen aus Süßwaren. Georg Philipp Harsdörffer unterscheidet zwischen den eigentlichen Schauessen, die schön aussehen und trotzdem verspeist werden können, und den radikaler konzipierten *Schaugerichten*, die den sinnlichen Genuss vornehmlich dem Auge und der Nase vorbehalten.

Da die einzelnen Genres oft in Kombination mit Musik und ausgesuchten Theatereffekten präsentiert wurden, kann beim barocken Festspiel von einer Art **Gesamtkunstwerk** gesprochen werden. In der Forschung werden gelegentlich auch die zum gleichen Anlass aufgeführten Opern und Singspiele dazu gerechnet. Überliefert werden die Festspiele durch häufig illustrierte Festbeschreibungen, die Feier und Anlass noch einmal ins Gedächtnis rufen (Großmann u. a. (Hg.) 1998, 326 ff.). Eine verbindliche literaturwissenschaftliche Bestimmung des Festspiels existiert bisher nicht, allerdings versucht Berns (1984) eine Typologisierung. Festspiele als zentrale Ausdrucksform barocker Höfe rücken mehr und mehr ins Interesse neuerer Forschung (Rahn 2006; Mourey 2003; Wade 1996).

Gut dokumentiert sind die Festbeschreibungen und der Triumphzug der **Stuttgarter Hoffeste** (1616) von Georg Rodolf Weckherlin, Philipp Hainhofer, Johann-August Assum und Jakob Frischlin, dem Bruder des Renaissance-Dramatikers Nicodemus Frischlin (Krapf/Wagenknecht (Hg.) 1979). Zu nennen wären auch die Friedensspiele von **Johann Rist**, *Das Friedewünschende Teutschland* (1647) und *Das Friedejauchzende Deutschland* (1653). Beide allegorischen Stücke stehen in engem Zusammenhang mit dem Dreißigjährigen Krieg. Verfolgt wird ein patriotisches, politisches und moralisch-didaktisches Anliegen. Um die Wirkung zu erhöhen, verfasste Rist seine Texte in Prosa und integrierte einige eingängige Lieder. Inhalt und Intention der Spiele sind leicht verständlich: Deutschland geht selbstverschuldet in den Krieg, der als göttliche Strafe für menschliche Sünden interpretiert wird. Dem Krieg (»Mars«) weicht der Frieden (»Irene«) und mit ihm die Tugenden. Durch Gottes Gnade kehrt der Frieden schließlich zurück. Die Festdokumentation *Irene* (1650) und das Friedensspiel *Geburtstag deß Friedens* (1650) von Johann Klaj feiern die letzte Unterzeichnungszeremonie zum Westfälischen Frieden in Nürnberg (*Pegnitz-Schäfer*, 163–173).

Schäferspiel und dramatisierte Fürstenspiegel

Neben dem Trauer- und Lustspiel gilt in manchen Barockpoetiken das Schäferspiel als dritte dramatische Gattung (Caemmerer 1998). Es soll – nach Harsdörffers *Poetischem Trichter* (1647–53) – »in wohlgesetzten Reimen / von schöngestalten Personen / nach der lieblichen Music gesungen« werden (*Poetik des Barock*, 131). Harsdörffer selbst akzeptiert allerdings auch in Prosa verfasste Schäferspiele. Ihre Wurzeln liegen – im Gegensatz zur *laus ruris*-Dichtung (einer Dichtung, die auf das ›Lob des Landlebens‹ zielt) und zu den bukolischen Eklogen (Schäfergedichte) – weniger in der Antike als in der italienischen Renaissance. Vorbilder sind Tassos *Aminta* (1573) und Guarinis *Pastor Fido* (1589). Wenn Schlesien als das Zentrum der dramatischen Kunst in Deutschland zu gelten hat, muss Nürnberg angesichts der *Pegnitz-Schäfer* (s. Kap. 4.5 und 7.6) als Mittelpunkt der deutschen Schäferdichtung angesehen werden.

Sie entwerfen einen utopischen, sorglosen Raum, in dem sich Liebesbeziehungen entfalten. Der **Handlungsablauf** ist relativ festgelegt: »Eine Schäferin (seltener ein Schäfer) verachtet das Gebot Amors und stößt damit den liebenden Partner in die größte Qual, solange bis verschiedene Umstände die stolze und spröde Person zur Gegenliebe bewegen und die Vereinigung am Schluß herbeiführen« (Garber 1974, 52). Die durch Choreinlagen und Musik gestalteten Spiele verbinden tragische mit komischen Elementen. Das hohe Personal (in der Regel ›schäferlich‹ gekleidet) schließt ans Trauerspiel an, während das meist versöhnliche Ende und die komischen Nebenhandlungen an die Komödie erinnern. Manchmal treten dort sogar Personen niederen Standes auf, die auch durch ihren Sprachgestus (dialektsprechende Bauern usw.) unterscheidbar sind. Das Schäferspiel steht zum Trauerspiel »nicht antagonistisch, sondern auf eine komplizierte Weise komplementär« (Wiedemann 1977, 107). Während das als Geschichtsdrama geformte Trauerspiel den öffentlichen Part des höfischen Lebens abdeckt, übernimmt das Pastoraldrama den privaten, freilich verdeckt und vermittelt durch ein Masken- und Rollenspiel. So kann auch der private Bereich in tugendhaften Exempeln in Szene gesetzt werden.

Neben den weltlichen Liebesbeziehungen existiert auch ein **religiöses Schäferdrama** (Wade 1984), das die Liebe zu Christus thematisiert. Wichtige deutsche Schäferspiele sind Georg Philipp Harsdörffers Oper *Seelewig* aus den *Frauenzimmer-Gesprächsspielen* (1644), Simon Dachs *Cleomedes* (1635), Herzog Anton Ulrichs Oper *Amelinde* (1657), Johann Christian Hallmanns später zur Oper umgearbeitetes Stück *Adonis und Rosibella* (1673) und der häufig übersetzte *Pastor Fido* von Giovanni Batista Guarini in seinen deutschen Versionen. Übersetzer waren unter anderem Hoffmannswaldau, Abschatz oder Bohse.

Zu den mit heutigen Kategorien schwer einzuordnenden Mischspielen könnte man auch die dramatisierten Fürstenspiegel rechnen (s. Kap. 6.6).

6.9 Musiktheater

Im 17. Jahrhundert gehören die Oper (Überblick: Brockpähler 1964) und das Sprechtheater noch zu einer Gattungsfamilie, wie zeitgenössische Bezeichnungen, etwa »dramma per musica« (Renuccini) oder ›musicalisches Schauspiel‹, und viele Mischformen aus Sprech- und Musiktheater (etwa Kaspar Stielers *Rudolstädter Festspiele*, 1665/67) zeigen. Auch das Jesuitentheater arbeitete ab etwa 1650 mit musikalischen Elementen in seinen Aufführungen. Sinnvoll erscheint es daher, von einem umfassenden Feld des Musiktheaters (vor allem auch als Gegenstand der Literaturwissenschaft: Jahn 2005) zu sprechen, das sowohl die Oper im engeren Sinne, unterschiedliche Formen des Singspiels, Operetten, Serenaden, musikalische Prologe, Oratorien und Ballette umfasst (Textnachweise in deutschen Bibliotheken: RISM 1992).

Als erste **Opern** (bzw. erste Singspiele) gelten heute Jacopo Peris *La Daphne* (1598) und *Euridice* (1600), die auf Texten von Rinuccini basieren. Wegen seiner

Betonung musikalischer Elemente (etwa durch Instrumentalpartien) hebt man meist auch Claudio Monteverdis *Orfeo* (1607), nach einem Text von Alessandro Striggio d. J. (1573?–1630), besonders hervor. Von Monteverdi (1567–1643) stammt auch das für die Entwicklung der Oper wichtige Prinzip der *seconda prattica*, eine Kompositionsweise, die auf der Einheit von Musik und Sprache beharrte. Von Italien aus setzte sich die Oper in ganz Europa, speziell auch an den deutschen Höfen durch. Italienische Modelle (z.B. die Entwicklung des madrigalischen Verses), ab 1670 auch französische (etwa am Ansbacher Hof) galten als vorbildhaft. Schon 1614 wurde in Salzburg die erste Oper auf deutschsprachigem Gebiet inszeniert: die italienische Pastoraloper *Orfeo*. Der Erfolg der neuen Gattung war sensationell. Es folgten Aufführungen in Dresden, Wien, Innsbruck, Prag, Heidelberg und Düsseldorf. Schließlich existierte kaum ein Hof ohne Operngastspiele und eigens gestaltete Spielräume für das Musiktheater.

Aber auch die größeren Städte nutzten das neue repräsentative Kunstmedium (Nürnberg, Frankfurt/Main, Hamburg). Vor allem im süddeutschen Raum wurden aufwendige italienische Opern gegeben, seltener kamen deutschsprachige Stücke zur Aufführung. Wichtige und von der Forschung beschriebene Spielorte waren Weißenfels (Smart 1996), Nürnberg (Paul 2002), Halle (Bircher 1996) und Wien (Ritter 1999). In Hamburg existierte seit 1677 sogar im bürgerlichen Umfeld ein feststehendes Opernhaus (Schröder 1998; Jahn 2005).

1627 fand auf Schloss Hartenfels bei Torgau möglicherweise die erste deutschsprachige Opernaufführung statt (zur bis heute umstrittenen These vgl. Rothmund 1998 und vor allem Scheitler 2011, die das Stück lediglich »als Schauspiel mit gesungenen Chören, einem Sololied und einem möglicherweise gesungenen Prolog« sieht. Zitat: 225). Anlass waren die Festlichkeiten, die der Kurfürst von Sachsen zu Ehren der Hochzeit seiner Tochter Sophie Eleonore mit dem Landgrafen Georg II. von Hessen-Darmstadt ausrichtete. Zur Aufführung kam das Musikdrama *Daphne* (1627), der Text stammte von **Martin Opitz**, die Musik von **Heinrich Schütz**. Damit arbeiteten bei diesem Stück der angesehenste Dichter und der bedeutendste Musiker ihrer Zeit zusammen. Das Musikdrama ist wahrscheinlich bei einem Brand 1760 verlorengegangen. Es war eine Bearbeitung eines italienischen Stückes von Ottavio Rinuccini und Jacopo Peri. Ob man nun *Daphne* als erste deutsche Oper ansieht oder nicht, hängt letztlich davon ab, wie man Oper, Musikdrama und Schauspiel mit Musik differenziert. Fest steht aber, dass mit der *Daphne* keine originär deutsche Operntradition angestoßen wurde. In Mitteleuropa war weiterhin die italienische Oper maßgebend. Nach einem biblischen Stoff fertigte Opitz seine *Judith* (1635) an. Bezugstext war die Oper *Giuditta* von Andrea Salvadori. Sie konnte erst 1646, also nach Opitz' Tod, in einer Fassung, die Andreas Tscherning überarbeitet hat, von Mattheus Apelles von Loewenstein vertont werden.

Ebenfalls in deutscher Sprache verfasst wurde das geistlich-pastorale Singspiel *Seelewig* (1644) von **Georg Philipp Harsdörffer**. Die Musik hatte Johann Gottlieb Staden komponiert; die Partitur findet sich wie das Libretto in Harsdörffers *Frauenzimmer-Gesprächsspielen* publiziert (Wade 1984). Sie gilt als erste erhaltene deutschsprachige Oper (Braum 1981, 78; Dietl 1998, 188; Bauer-Roesch 2000, 645). Parallelen finden sich zu Emilio de Cavalieris italienischer Oper *Rappresentazione di anima e di corpo* (1600). Eine besondere Qualität erlangt Harsdörffers *Seelewig* durch seinen Publikationsort: Die fiktiven Gespräche ermöglichen eine Erörterung poetologischer und theatraler Fragen. So wird *Seelewig* zugleich ein Reflexionstext über die Gattung ›Oper‹ (Bauer-Roesch 2000). Die Handlung ist allegorisch gestaltet:

Die sinnliche Liebe bedroht »auf vielerley Wege[n]« Seelewig (die ewige Seele), die aber durch das Gewissen und den Verstand gerettet wird (Harsdörffer: *Gesprächsspiele* IV, 33). Die Auseinandersetzung zwischen Liebe und Seele erweist sich als Kampf zwischen Körper und Seele (Keller 1977, 67).

Die beiden Singspiele von **Andreas Gryphius**, *Majuma* und *Piastus*, erschienen erst in der von Christian Gryphius besorgten Werkausgabe von 1698. Das Freudenspiel *Majuma* wurde 1653 als Huldigung anlässlich der Krönung Ferdinands IV. verfasst. In der Beschwichtigung des Kriegsgottes Mars durch Chloris, die Blumenmutter, zeigt sich die Friedenshoffnung nach dem Ende des Dreißigjährigen Kriegs (1648). Auch das Singspiel *Piastus* gehört zu den Gelegenheitsdichtungen. Es behandelt – den Herzögen von Brieg, Liegnitz und Wohlau huldigend – die Sage vom Ursprung des alten polnischen Fürstenhauses der Piasten. Zu beiden Texten sind keine Noten überliefert.

Trotz der unübersehbaren Präsenz der Oper im barocken Deutschland kann man **keinesfalls von einer nationalen Variante der Gattung sprechen**, auch dann nicht, wenn deutsche Libretti verwendet werden. In den meisten Fällen sind italienische und französische Opern das mitunter auch in den Paratexten markierte Vorbild. Als vorteilhaft erwies sich – wie in den anderen Literaturgattungen – die Aufnahmebereitschaft ausländischer Spiel- und Gestaltungsweisen; der ›vermischte Geschmack‹, als die Kombination unterschiedlicher Stile galt als Ideal. Dies führte zu einem dauernden, aber ungemein produktiven Experimentieren auf den Opernbühnen. So kommt es, dass einige literarische Entwicklungen des 18. Jahrhunderts (etwa die Darstellung von Sinnlichkeit, Auseinandersetzungen mit der Kategorie ›Geschmack‹, Momente der ›Empfindsamkeit‹ usw.) schon auf der Opernbühne um 1700 mit Erfolg erprobt wurden (Jahn 2005).

Außerdem nimmt gegen Ende des Jahrhunderts der Anteil des Musik- gegenüber dem Sprechtheater deutlich zu; dies gilt insbesondere für den repräsentativen Teil der Kunst, weniger vielleicht für die Schulbühne oder das Wander- und Meistersingertheater. Etwas provokativ spricht Jahn sogar vom »Libretto als literarische[r] Leitgattung am Ende des 17. Jahrhunderts« (Jahn 1996, 143) und verweist damit zu Recht auf die Vorbildfunktion von typischen Opernszenen für Romane (Kap. 7), Komödien (Kap. 6.8) und bukolische Genres (Kap. 6.6, 7.6). Festhalten kann man jedenfalls, dass die sehr lebendige **Theaterszene zwischen 1680 und 1740 deutlich vom Musiktheater geprägt** wird.

Thematisch wirkt das barocke Musiktheater wenig eingeschränkt; ganz unterschiedliche Sujets (vom Martyrium bis zur erotischen Zote, von der Sozialsatire zur Schäferei) werden präsentiert und auch zu verschiedenen Zwecken genutzt. Die Oper scheint als wichtiges politisches, moraldidaktisches und sogar als theologisches Medium gesehen worden zu sein. Vereinzelt finden sich mythologische Themen; es dominieren aber historische, gelegentlich sogar zeitgeschichtliche Plots.

Einen solchen quasi zeitgeschichtlichen Stoff nimmt das Hamburger Stück *Masagniello Furioso* (anonym, 1706) von **Barthold Feind** (1678–1721) auf; die dreiaktige Oper wurde von Reinhard Keiser vertont. Neuere Aufführungen fanden in Berlin (1967), Basel (1973) und Heidelberg (1985) statt. Sie bringt das gleiche Ereignis wie Weises oben erwähntes Trauerspiel *Masaniello* auf die Bühne (Bauer-Roesch 1997; Thiel 1988; Niefanger 2005, 226–235). Die Zeitgenossen kennen den Vorfall aus Flugblättern, aus bekannten historiographischen Werken (s. Kap. 8.4) wie dem *Theatrum Europaeum* (1633–1738) oder dem *Historischen Labyrinth der Zeit* (1701) von Ziegler-Kliphausen und sogar aus Klatschrelationen (s. Kap. 8.5) wie Happels *Relationes Curiosae* (1684). Die letzten drei Geschichtserzählungen nennt Feind in seinem »Vorbericht« (*Deutsche Gedichte*, 253), ohne sich aber bei seiner Oper allzu eng an seine Vorlagen zu halten. Unter der Führung des einfachen Fischers Thomaso Aniello (= Masagniello/Masaniello) hatte sich im Juli 1647 die neapolitanische Stadtbevölkerung gegen den tyrannischen Vizekönig und den ihn unterstützenden Adel erhoben. Nach der Ermordung Masagniellos bricht der Aufstand zusammen. In der Oper zeigt Feind den wenig verantwortlichen, mehr an Liebesintrigen als an politischen Ereignissen interessierten Adel genauso wie die »Wuth dieses tobenden Masaniello mit dessen zwar unglückseeligem / jedoch wohl=verdientem Ende« (255).

Das Libretto kombiniert also den geschichtlichen Stoff operngerecht mit einer verwickelten Romanze. Um den verbrecherischen Aufstand noch abscheulicher darstellen zu können, kommt es in der Oper zu einem Bündnis des Fischers mit dem ruchlosen »Banditen=General« Perrone und zu einer Pervertierung der Macht Masagniellos. Der neunte Auftritt des dritten Aktes zeigt im Rathaus die prunkvolle Übergabe der Macht vom Vizekönig an den Fischer, der hier nun – kaum standesgemäß – mit »einem köstlichen Kleide« erscheint (305). Die Szene endet mit Chorsätzen und einem durchaus provokativ verstandenen »Grand Ballet« (307). Der Bandit Perrone führt schließlich »masquirte Personen« an, die den Fischer ermorden (316). Zwar kann Feind (wie Weise) nicht offen Sympathien für einen Aufständigen zeigen. Bemerkenswert bleibt aber, dass er den Revolutionär seine Anliegen, die Welt »von der Höllen Dienstbarkeit« zu befreien (264) und die alte, gerechte Ordnung wiederherzustellen, mit recht guten Argumenten vortragen lässt:

> Ich bin zwar auch ein Fischer nur/
> Dennoch will ich das heilige Recht/
> So in Neapolis geschwächt/
> Im alten Stande wieder schaffen.
> Ergreifet nur die Waffen/
> Lauft zu/ Lauft zu ihr Leut/
> Und wer der Freyheit Freund/
> Und es getreulich meynt/
> Der spreche gleich mit mir: Der König lebt! (264)

Die gute Ordnung repräsentiert hier das vor 1442 von Spanien unabhängige ›Königreich Neapel‹, das durch die Fremdherrschaft des Vizekönig destruiert worden sei. Der an sich wohl eher soziale Aufstand wird in der Oper also auch mit nationalen Intentionen versehen. Sie lassen von der Bedrohung des Reichs durch osmanische Heere bis zur Schwedenherrschaft in Norddeutschland ganz unterschiedliche, aber beim zeitgenössischen Publikum wirkungsreiche Assoziationen zu.

Es mag kein Zufall sein, dass eine solche ›politische‹, durchaus adelskritische Oper nicht an einem der kunstliebenden Höfe, sondern im bürgerlichen Hamburg gegeben wurde (zu den Libretti aus dem Hamburger Repertoire der Zeit vgl. Meyer (Hg.) 1980). Denn hier existierte das bedeutendste **bürgerliche Opernhaus** der Barockzeit, das *Theater am Gänsemarkt* (Schröder 1988). Dieses orientierte sich am venezianischen Modell eines öffentlichen und kommerziellen Theaterhauses. Der Holzbau (von G. Sartorio) fasste etwa 2000 Besucher; vier Logenreihen und eine große, technisch gut ausgestattete Bühne garantierten ein beeindruckendes Opernerlebnis. Die Hamburger Oper existierte seit 1677, der Spielbetrieb setzte aber erst 1678 ein; sie schloss 1767. In den 1680er Jahren entbrannte der heftig geführte **Hamburger**

Opernkrieg zwischen den Verfechtern der neuen Theatergattung und religiös-fundamentalistischen Gegnern. Der *primus inter pares* der Hamburger Oper um 1700 war Christian Heinrich Postel. Er verfasste 28 Operntexte, von denen *Ariadne* (1691), *Gensericus* (1693) und *Iphigenia* (1699) die bekanntesten sind. Auch der erfolgreiche Romancier Christian Friedrich Hunold (d.i. Menantes) präsentierte Opern (*Salomon*, 1703; *Nebucadnezar*, 1704) in Hamburg. Neben Postel und Hunold, zählte der erwähnte Barthold Feind mit seinen 15 Libretti zu den bekanntesten Operndichtern der Stadt, der sich zudem theoretisch zur Oper geäußert hat. Er definiert eine Oper als »ein aus vielen Unterredungen bestehendes Gedicht, so in Music gesetzet«. Wie Monteverdi vertraut er auf ein Zusammenwirken von Text und Musik. Er bestimmt, dass »der Poet den Musicum zu allerhand Inventionen« veranlassen soll und »der Musicus dem Poeten folgen muß« (Feind, in: *Der galante Stil*, 44 f.). In Hamburg wirkten Reinhard Keiser, Georg Friedrich Händel und Georg Philipp Telemann als bedeutende Komponisten von Opern.

Als Förderer der deutschen Oper erwies sich besonders der Hof von **Braunschweig-Wolfenbüttel**. Ein sehr produktiver Verfasser von Libretti war der junge Anton Ulrich von Braunschweig-Wolfenbüttel, der eine Reihe von Opern zu festlichen Anlässen im Elternhaus beisteuerte. Sie wurden meist vom Hofkapellmeister Johann Jakob Löwe vertont. Er bearbeitete einige Tragödien Corneilles, Monteverdis *Orfeo* und verfasste Pastoralopern (*Amelinde*, 1656; *Selimena*, 1663). In Wolfenbüttel präsentierte einige Jahre vorher Justus Georg Schottel, der eher als Sprachtheoretiker, Hofpräzeptor und Erzieher Anton Ulrichs bekannt ist, eine Oper: *Neu erfundenes Freuden Spiel / genandt Friedens-Sieg* (1648). Als Hofdichter Anton Ulrichs wirkte Friedrich Christian Bressand in Wolfenbüttel. Seine Opern (u.a. *Andromeda*, 1692, nach Corneille und *Porus*, 1693, nach Racine) wurden nicht nur im neuen Theater in Salzdahlum erfolgreich gespielt, sondern auch in Braunschweig und Hamburg.

Eine Besonderheit vor allem der spätbarocken Oper bis weit ins 18. Jahrhundert hinein war das **Auftreten von Gesangskastraten** als Heldensoprane (Ortkemper 1993; Münch 2000), die das heutige Publikum mit der merkwürdigen Tatsache konfrontiert, dass typisch männliche Rollen (Cäsar, Achill, Odysseus usw.) mit hohen – also weiblichen – Stimmen besetzt wurden. So hat man in Busenellos bzw. Monteverdis *L'incoronazione di Poppea* (1642) Neros Rolle mit einem Soprankastraten besetzt, während die Partie seiner Geliebten Poppea als weiblicher Sopran oder Mezzosopran gedacht war, also allenfalls geringfügig höher angelegt wurde. Die hohen Männerstimmen übernahmen nicht selten Sänger des ›dritten Geschlechts‹ (*Homines tertii generis*). Mit oft extremer Begeisterung wurden die von Männern mit hohen Stimmen gesungenen Arien aufgenommen, so dass während der Aufführungen manchmal Zugaben gegeben werden mussten. Da der männliche Brustkorb den hohen Stimmlagen ein größeres Volumen als etwa Knabenstimmen gab, konnten Kastraten eine enorme stimmliche Kraft und einen langen Atem mit einer hohen Stimme verbinden. Kastrierte Sänger bekamen an den europäischen Höfen hohe Gagen, so dass es für ärmere Familien attraktiv wurde, ihre Kinder zur Operation freizugeben. Natürlich reifte nicht jeder Kastrat zu einem erfolgreichen Sänger. Berühmte italienische Kastraten waren Nicolini, Caffarelli, Bernacchi und Farinelli, der durch einen Spielfilm (*Farinelli*, Belgien 1994) bekannt geworden ist. Die hohen Stimmen für männliche Rollen in der Oper können auch als Indiz dafür gewertet werden, dass in der Barockzeit das soziale und kulturelle Geschlecht (*gender*) manchmal die entscheidendere Kategorie war als das biologische (*sex*).

Im ausgehenden 16. Jahrhundert entstand in Italien das **Oratorium**, eine musikgestützte Darbietungsform für den Kirchenraum. Es bestand aus teils lyrischen, teils erzählenden, zum geringen Teil auch dramatisierten Textteilen, die in Arien und Rezitativen, selten auch szenisch vorgetragen wurden. Der Einsatz von Chören und Instrumentalmusik unterstützte die Aufführung, die anfangs freilich vor allem die Gottesdienste und Andachten begleitete. Behandelt wurden geistliche Stoffe der Bibel oder der Heiligengeschichten.

Herausragende deutschsprachige Beispiele (Scheitler 2005) sind – neben der *Auferstehung Christi* (1623) von Heinrich Schütz – Oratorien, die erst um 1700 entstanden sind. Zu nennen wären die *Johannes-Passion* (1704) von Christian Heinrich Postel, zu der Georg Friedrich Händel die Musik komponierte (Olsen 1973, 192–197), *Der Blutige und sterbende Jesus* (1704) von Christian Friedrich Hunold – Musik: Reinhard Keiser – und die *Passionsgedanken* (1708) Christian Reuters mit der Musik von Johann Theile. Diese deutschsprachigen Oratorien verwirklichen eine emotionalisierte Darstellung der Passionsgeschichte, die nicht unumstritten war. Seinen Höhepunkt findet das Oratorium indes im 18. Jahrhundert mit Händels *Messiah* (*Messias*, 1741) oder Haydens *Schöpfung* (1798).

Schon in der Mitte des 17. Jahrhunderts entstand eine eigene Form dieser Gattung, die die ältere Forschung **Redeoratorium** (Wiedemann 1966), die neuere **rhetorischer Schulactus** (Paul 2002) nennt. Diese von **Johann Klaj** geschaffene Mischform von geistlichem Sprech-, Rede- und Singspiel fand keine direkten Nachfolger. Klaj reduziert den Musikanteil bei seinen Aufführungen auf den Schlusschor. Dominant sind die deklamatorischen Passagen, so dass man eher von Reden in Rollen, vom Deklamieren, als von einer dramatischen Form im engeren Sinn sprechen kann. Vorbild ist möglicherweise die epideiktische Rede oder das Redeportrait der Antike (Wiedemann 1966, 112). Bekannt sind sechs Texte, von denen Klajs später Text *Freudengedichte Der seligmachenden Geburt Jesu Christi* (1650) als der bedeutendste gilt. Paul (2002, 238 ff.) bezweifelt mit guten Argumenten die Zugehörigkeit dieser Texte zur Gattung Oratorium. Klajs Texte seien keineswegs zur Aufführung in der Kirche gedacht gewesen, sondern wären im *auditorium publicum* – ein gymnasiales Forum – vorgetragen worden. Die Stücke seien mit »›Rhetorikbetrieb‹ und ›Schultheater‹ auf engste verknüpft« gewesen (243).

6.10 Lustspiel

In Deutschland behauptete sich im 17. Jahrhundert »eine eigenständige Komödientradition« (Brenner 1999, 562). Sie hat Wurzeln im deutschen Renaissance-Drama und zwar sowohl in seiner humanistischen (Frischlin: *Julius redivivus*) als auch in seiner volkssprachlichen Variante (Hans Sachs, Jacob Ayrer). Das lateinische Schuldrama des 16. Jahrhunderts ruft mit seinen Plautus- und Terenz-Aufführungen zudem antike Komödientraditionen wach. Um 1600 kommen mit den englischen Komödianten und den italienischen Wandertruppen weitere Traditionen, wie die *Commedia dell'arte* hinzu. Die Internationalität der deutschen Literatur am Anfang des 17. Jahrhunderts begünstigt die Entwicklung einer anspruchsvollen und eigenständigen deutschen Komödie.

Die Komödien haben im Kultursystem der Barockzeit zwei Funktionen. Im Kontext der Sozialdisziplinierung (s. Kap. 3.3) warnen sie vor Sittenverfall und der Missachtung sozialer Regeln (Brenner 1999, 569). Sie verweisen zudem durch ihre unernsten Verkehrungen auf den Scheincharakter der Welt. Werden im Trauerspiel die Vorzüge des perfekten Spiels gepriesen, dekonstruiert die Komödie allzu perfide Inszenierungen im *theatrum mundi*. Die Diskrepanz von Sein und Schein, von sozialer und erstrebter Rolle erzeugt in der Barockkomödie die Komik. Verstöße gegen das soziale und sprachliche *decorum* (Standesanmaßung, Aufschneiderei, Missachtung der Stilebenen, Sprachmengerei) sind ihre wichtigsten gestalterischen Mittel. Sie werden durch die Komödie zwar angeprangert, aber im Vertrauen auf einen guten Ausgang auch vorgeführt (Fulda 2005). Lustspiele findet man in jedem Theaterbereich des 17. Jahrhunderts, zum Beispiel unter den Stücken der Rudolstädter Festspiele (*Der vermeinte Printz*, 1665), auf der Wanderbühne (Sammlungen von 1620, 1630 und 1670), beim Jesuitentheater (Jakob Masen: *Ollaria*, 1654) und dem protestantischen Schultheater (Gryphius, Weise).

Gleich zu Anfang des Jahrhunderts legt **Heinrich Julius von Braunschweig-Wolfenbüttel** eine Reihe deutschsprachiger Lustspiele vor. Sie sind der drastischen Spielweise der englischen Komödianten verpflichtet, die zu diesem Zeitpunkt an seinem Hof agierten. In seiner sechs-aktigen Komödie *Vincentio Ladislo Sacrapa* (1594) wird ein prahlender (›bramarbasierender‹) Kriegsheld (ein *miles gloriosus*), der an die Komödiengestalt des Plautus erinnert, entlarvt. Der Protagonist Ladislaus gibt vor, große Taten vollbracht zu haben. Dies durchschaut und kommentiert der Hofnarr Bouset, indem er ihn zuerst bestätigt, dann aber ironisch übertrifft. Als sich der Held zusätzlich noch in eine vom Narren ausgeheckte Liebesintrige verwickelt, muss der blamierte Kriegsheld fluchtartig den Ort verlassen. Aufschneidende Kriegshelden, die sich nicht zu benehmen wissen, sind in der höfischen Gesellschaft nicht angesehen. Von der großen Wirkung der Komödie zeugen Aufführungen in Süddeutschland und eine Versbearbeitung von Elias Herlitz.

Andreas Gryphius

Die gleiche Figur, der *miles gloriosus*, erscheint im *Horribilicribrifax* (1663) von **Andreas Gryphius** in doppelter Gestalt. Der Titelheld und sein Antagonist Daradiridatumtarides führen geradezu Wettkämpfe in der Kunst des Bramarbasierens auf. Immerhin erörtern sie eine so ernste Angelegenheit, wie die Bewältigung des Dreißigjährigen Kriegs. Ihr Prahlen belegen die Kriegshelden mit historischen Namen und Orten. Der eine will von Pappenheim eine goldene Kette erhalten haben, weil er als erster die Mauern von Magdeburg erstürmte. Sein Kollege brüstet sich damit, den Generälen Pappenheim und Tilly die Erstürmung Magdeburgs überhaupt erst nahe gelegt zu haben. Der erste prahlt später mit der Tötung Tillys und Pappenheims, und der zweite kontert mit der Erschießung Gustav Adolfs von Schweden. Der Krieg ist auf die rhetorische Ebene verlagert worden. Die Form von Sprachkriegen haben auch die Liebeshändel, die die Komödie vorführt. Die in einem Gemenge verschiedener Sprachen und Stilebenen geführten **Wortgefechte** (Bourger 1999) überschreiten oft und absichtlich die Grenze des Verständlichen. Konkret vorgeführt wird so die Relevanz des angemessenen Redens und die Gefahr von Missverständnissen. Wesentliche Teile der Komik resultieren im *Horribilicribrifax* aus Kommunikationsproblemen zwischen den Protagonisten. Die Differenz über die Ausdruckskonvention des Gesagten produziert hermeneutische Fehltritte. So glaubt der Schulfuchs Sempronius auch mit der alten Kupplerin Cyrilla griechisch und lateinisch reden zu können – ein klarer Verstoß gegen das *decorum*. Er provoziert damit ihre fatalen Fehlinterpretationen seiner Worte. Denn sie sieht nicht das differente Sprachsystem, sondern ordnet die Phoneme in ihre Signifikantenwelt ein. Völlig sinnentleert werden die Worte im Redewettstreit zwischen Sempronius und Horribilicribrifax (63–71). Hier wird das schöne Nichts-Sagen zum Programm. Horribilicribrifax:

> [...] nichts desto weniger wil ich sagen / weil mir zu sagen gebüret / und die Reye zusagen an mich gelanget ist / und wil nicht sagen / dass ich zu beweisen willens / dass ich wohl und viel sagen könte / sondern wil auffs einfältigste vor euch sagen / was mich düncket / das gesaget werden müste / und will nichts weniger sagen / als was gesaget ist von den berühmtesten Leuten [...]
> (Gryphius: *Horribilicribrifax*, 68 f.)

Der Kriegsmann ›sagt‹ ohne eigene Aussageintention; er wählt nur die Worte, von denen er meint, dass sie jeder ›sagen‹ würde, der schön reden will. Der *ornatus* (der Redeschmuck) tritt an die Stelle der substanziellen Aussage; Prahlerei wird zum einzigen Zweck der Rede. Harpax (der Diener als ›Schiedsrichter‹) verlangt deshalb keineswegs zu ›verstehen‹, sondern lobt gemäß seiner Stellung: »Das ist ein schön untereinander gemischtes Gesage! wäre nicht eine Abschrifft darvon zu erlangen?« (ebd., 69) Seine augenzwinkernd vorgebrachte Bitte um eine »Abschrifft« dekonstruiert die Sinnlosigkeit des ›Gesages‹. Eine Botschaft enthielte die Abschrift nicht, sie würde vielmehr die Textur der Sinnlosigkeit offenbaren. Die pathetische Rede des vermeintlichen Kriegshelden erschiene als inhaltsleeres Palaver im ›schönen‹ Ornat.

Wie sehr die Zweideutigkeit der Sprache das Theaterbewusstsein prägt, zeigt auch ein Blick auf das Schimpfspiel **Absurda Comica oder Peter Squentz** (1658) von Andreas Gryphius. Reizvoll an dem Stück ist zweifellos seine metadramatische Konstruktion, die Tatsache, dass ein Drama im Drama aufgeführt und kommentiert wird. Das **Spiel im Spiel** macht den Zuschauer mit seiner eigenen Situation bekannt, mit einer freilich ideal gefassten. Er bekommt die Grenze zwischen ›Spiel‹ und ›Realität‹ als ›gespielte‹ mitgeteilt. Der Schulmeister Squentz erfährt in Gryphius' Stück, dass der König durch sein Dorf kommen werde. Mit einigen Handwerkern will er, in der Tradition des Meistersangtheaters von Hans Sachs (1494–1576), diesem zu Ehren ein Stück aufführen. Die Aufführung *Pyramus und Thisbe*, ein Stück, das schon in Shakespeares *A Midsummer Nights Dream* (1600) präsentiert wurde, misslingt; trotzdem – oder gerade deswegen – amüsiert sich der König und setzt 15 Gulden für jede »Sau« aus, die den Theaterleuten passiert. ›Sau‹ bezeichnet hier ein Theater-Missgeschick, einen dramaturgischen Fehler. Bei der Inszenierung der Tragikomödie *Piramus und Thisbe* durch Peter Squentz kommt es wegen der großen Anzahl von ›Säuen‹ zu erheblichen Verständnisproblemen, die von den Zuschauern ausführlich diskutiert werden. Schließlich sieht sich der Spielleiter gezwungen, erläuternd einzugreifen; eine Klärung wird damit naturgemäß aber nicht erreicht. Es mag hier wie im ›wirklichen Leben‹ moderner Literaturkritik sein: Je mehr eindeutige Interpretationen vorgeschlagen werden, desto vielschichtiger und unverständlicher erscheint das gespielte Stück. Das aber wollen die herrschaftlichen Zuschauer im *Peter Squentz*; ihnen geht es um ein Spiel mit der Mehrdeutigkeit der Theatersprache und nicht um eine gelungene Inszenierung. Die hätte der Hof allemal perfekter gegeben.

Gleichfalls als ein kompliziertes Theaterexperiment ist die Doppelkomödie *Verliebetes Gespenst / Die geliebte Dornrose* (1660/1661) von Andreas Gryphius konzipiert. Der Theatertext koppelt ein Gesang- und ein Scherzspiel, indem jeweils abwechselnd ein »Auffzug« (Akt) eines Stückes präsentiert wird. In dem im bäuerlichen Bereich spielenden Stück *Die geliebte Dornrose* sprechen die Protagonisten im schlesischen Dialekt; das bürgerliche Gesangspiel *Verliebetes Gespenst* ist in Versen (vorwiegend in Alexandrinern) verfasst. Sinn der Theaterdoppelung sind metadramatische Effekte, die auf diese Weise erzielt werden. Die Stücke kommentieren sich gegenseitig. Zudem wird in beiden Stücken ›Theater‹ gespielt. Im *Verliebeten Gespenst* inszeniert der Protagonist Sulpicius um der Liebe zu Chloris willen das Trauerspiel seines eigenen Todes und seiner Auferstehung. Im Tonfall des Spaniers Calderón zählt sein Diener Fabricius schon vorher die Möglichkeiten auf, wie man dieses Theaterspielen seines Herrn begreifen kann: »Ists Traum! ists Spiel! ists Schertz! ists Wahn?« (13). In *Die geliebte Dornrose* erweist sich »Wilhelm von hohen Sinnen« als so geschickter wie anmaßender Theatermann, der trotz seiner fehlenden Bildung auf die schlesischen Trauerspiele *Carolus Stuardus* und *Ibrahim Bassa* anspielen kann und der im ›Welttheater‹ zum höchsten greift: Er inszeniert eine Art jüngstes Gericht und sich selbst als Richter. Immerhin gelingt ihm damit die Lösung eines Liebeskonflikts zwischen zwei Bauern. Die metadramatische Konstruktion entlarvt aber dennoch nicht die Fragwürdigkeit des Theaters, sondern verweist auf die Theatralität der Welt draußen. Die Doppelkomödien vermitteln das *theatrum mundi* und seine ewig präsente Dualität von Schein und Sein.

Alle drei Komödien von Gryphius haben insofern einen »transzendentalen Charakter« im Kant'schen Sinn, sind also »Komödien über die Bedingung von deren Möglichkeit« (Greiner 1992, 131). Als metadramatische Stücke reflektieren sie die Funktion des (Scherz-)Spiels in ernsten Zeiten.

Christian Weise und Christian Reuter

Ein produktiver Komödienautor war **Christian Weise**. Seine 18 Lustspiele sind fast durchweg im nicht-adeligen Milieu situiert. Wie seine Trauerspiele sind sie der *commedia dell'Arte* verpflichtet. Die ältere Forschung hat Weises Komödien lange ihre Formlosigkeit vorgehalten, ohne zu bemerken, dass diese durch den pädagogischen Einsatz der Stücke bedingt war (Horn 1966; Zeller 1980; Hesse (Hg.) 2009). Eine neue Studie sieht Weises Stücke gar als Paradigmen eines Medienwechsels um 1700. Sie ständen für den Übergang vom Schul- zum Lesedrama (Ort 2003). Weise hat seine Art, Komödien zu schreiben, in einer Reihe von Vorreden verteidigt. Er räumt dabei dem Vergnüglichen einen eigenständigen Platz in der protestantischen Ethik ein; das Lachen sei von Gott gegeben. Hinweise auf das Vorkommen des Komischen in der Bibel und in der Antike stützen seine Argumentation.

Die Sein-Schein-Thematik, die schon aus den Komödien von Calderón und Gryphius bekannt ist, nimmt das *Schauspiel vom Niederländischen Bauer* (1700, Uraufführung: 1685) auf. Einem betrunkenen, schlafenden Bauern zieht ein Herzog fürstliche Kleider an. Als der Bauer aufwacht, erlebt er einen Tag lang das Dasein eines Prinzen, ehe er wieder in einen Bauern zurückverwandelt wird. Sein fürstliches Leben denkt er fortan als Traum. Die Komik entsteht aus der Gegensätzlichkeit der Stände und ihrer Lebensbereiche. Da der gebürtige Bauer mit seiner vorübergehenden Rolle als hohe Standesperson nicht zurechtkommt, schließt das Drama mit der höfischen Erkenntnis: »Dem Bauer wird kein Dienst mit unsrer Pracht gethan.« (*Schauspiel*, 105). Die sozialdisziplinierende Lehre lautet: Schuster bleibe bei deinen Leisten.

Auch der *Bäurische Machiavellus* (1681, Uraufführung: 1679) befasst sich mit der Differenz der Stände. Im Parnass steht die Frage zur Diskussion, woher die Verderbtheit der Welt komme: aus der Natur des Menschen oder aus den Schriften Machiavellis (dem Inbegriff des Bösen) und ähnlich gesinnter. Zwei Vertreter Apollos sollen die Frage auf der Erde untersuchen. Sie beobachten das Ränkespiel dreier Bauern, die sich in einem Marktflecken um die Stelle eines Pickelherings bewerben. Wieder dient also das Theater als vorzüglicher Ort des kalkulierten Falschspielens. Fazit: Die Laster, aber noch mehr die Tugenden sind angeboren.

Einen gewissen Neuansatz im Bereich der Komödie bieten die Stücke von **Christian Reuter**, die stärker am Unterhaltungswert als an der Lehrhaftigkeit orientiert sind. Auch scheinen die Stücke Reuters realitätsnäher als die anderen Barockkomödien. Die beiden *Schlampampe*-Komödien (1695–1696) siedelt Reuter im Studentenmilieu an, dem er selbst angehört. Dabei beabsichtigt er keineswegs – wie Johann Georg Schochs *Comoedia vom Studenten-Leben* (1657) – eine Verbesserung studentischer Tugenden. Im Gegenteil: Als Gegenstand der Satire erscheint die spießbürgerliche Welt der Frau Schlampampe und ihrer Kinder. Sie passen sich allzu sehr an die kurzlebigen Vorlieben der Zeit, insbesondere an französische Verhaltenformen der adeligen Welt an (›Alamode‹). Die Töchter sind putzsüchtig und streben Beziehungen zu Adeligen an, die Söhne erscheinen großsprecherisch bzw. räsonierend. Zwei Studenten kommt die Funktion zu, das anmaßende Verhalten der Bürger aufzudecken. Nachdem die geizige Wirtin diese aus dem Zimmer geworfen hat, zetteln sie eine Intrige an, bei der das peinliche Gebaren der Schlampampe-Familie schonungslos offen gelegt wird. In der Wirtin Schlampampe hat Reuter seine ehemalige Leipziger Zimmerherrin Anna Rosine Müller aufs Korn genommen. Diese verklagte Reuter und seinen Verleger deshalb beim Universitätsgericht als Pasquillanten. Im Gegensatz zur Satire galt im 17. und 18. Jahrhundert das Pasquill (persönlich beleidigende Schmäh- oder Spottschrift) als verboten. Nach seiner Verurteilung musste Reuter für 15 Wochen in den Karzer. Dies blieb nicht die einzige Auseinandersetzung Reuters mit Zensurbehörden.

Das dritte Lustspiel Reuters, *Graf Ehrenfried* (1700), setzt beim galanten Verhalten des Dresdner Hofes an. Wieder greift Reuter auf ein reales Vorbild für seinen Protagonisten zurück, einen bettelarmen, über seine Verhältnisse lebenden Adeligen am Hof Augusts des Starken. Gegenstand der Satire ist der Adel, dessen aufwendige Lebensweise nicht mehr mit seiner ökonomischen Schwäche korreliert. Insofern geht es in der Komödie um die Differenz von Anspruch und Wirklichkeit, von Sein (verarmter Adel) und Schein (galante Welt am Hof). Dass im *Graf Ehrenfried* unter der Hand auch das Herrschaftsgebaren Augusts des Starken Opfer der Satire ist, sei ergänzend bemerkt; dies wird in einer Szene deutlich, die auf den politisch motivierten Übertritt des Königs zum katholischen Glauben anspielt, und zeigt sich sogar auf dem Titelblatt, das ein fingiertes Druckprivileg des Königs enthält. Cordie liest das Stück als »Zeitdiagnose der Jahrhundertwende um 1700« (2000, 42).

6.11 Forschungsgebiete, Tendenzen und Aufgaben

Neben wenigen, zum Teil einführenden Gesamtdarstellungen (Aikin 1982; Alexander 1984), den einschlägigen Kapiteln in den Einführungen (Szyrocki 1997; Emrich 1981) und den Überblicksaufsätzen in den sozialgeschichtlichen Sammeldarstellungen zur Literatur des 17. Jahrhunderts (Jäger 1985; Bornscheuer 1985; Reichelt 1985; Mannack 1985; Engelhardt 1999; Thomke 1999; Brenner 1999) existieren in der neueren Forschung zum Barockdrama viele meist historisch interessierte Spezialuntersuchungen. Hilfreich für die erste Beschäftigung mit einzelnen Dramen sind die Aufsatzsammlungen zu Gryphius (Kayser (Hg.) 1968), zu Lohenstein (Gillespie/ Spellerberg (Hg.) 1983) und auch die entsprechenden Kapitel in neueren Einführungsmonographien zu Barockautoren (Asmuth 1971a; Mannack ²1986; Kaminski 1998).

Häufig finden sich in der Barockforschung ideengeschichtlich argumentierende Studien zu einzelnen Teilfeldern des Barockdramas. Besonders interessiert zeigt sich die Forschung dabei am Geschichtsverständnis (Voßkamp 1967; Mannack 1983; Niefanger 2005), an philosophischen und religiösen Grundlagen (Schings 1966; Steinhagen 1977) sowie an politischen Vorstellungen (Mulagk 1973; Szarota 1976; Reichelt 1981; Lenk 1984; Habersetzer 1985). Intensiv werden Bezugstexte und Quellen der Barockdramen erarbeitet (etwa bei Asmuth 1971b, 1978; Berghaus 1984; Arend 2003). Einige Arbeiten befassen sich mit der Rhetorik (Barner 1968; Kittler 1988; Till 2008; Benthien 2006) sowie mit Gattungs- und Formfragen (Hinck 1965; Szarota 1967; Asmuth 1993; Schings 1983 und ³1980; Schöne ³1993; Toscan 2000; Niefanger 2005; Fulda 2005; Menhennet 2003; Beise 2010). Nicht nur zum schlesischen Trauer- und Lustspiel, auch zum Jesuitentheater erschienen recht ausführliche Darstellungen und Sammlungen (Valentin 1978 und 1983–1984; Szarota 1979–1987; Rädle 1979; Wimmer 1982; Mahlmann-Bauer 2004b, 2005; Führer 2003). Auch ein Überblick über die Dramen Sigmund von Birkens liegt jetzt vor (Silber 2000). Die Fremdartigkeit des Barocktheaters wird durch erfreulich viele Studien zur Theaterpraxis im 17. Jahrhundert näher gebracht (Flemming 1921; Bauer-Heinold 1966; Kindermann III ²1967; Bircher (Hg.) 1976; Brauneck II 1995; Paul 2002; Puschmann 1999; Maler u.a. (Hg.) 2002; Kasten/Fischer-Lichte (Hg.) 2007). Erst einzelne Arbeiten existieren zur Rezeptionsgeschichte des Barockdramas (Martino 1978; Martin 2000; Gess u.a. (Hg.) 2008).

Reinhold Grimm hat vor einigen Jahren einen »Vermittlungsvorschlag« (Grimm 1987, 3) zwischen der eher ›quellenorientierten‹ und der eher ›weltanschaulichen‹ Analyse des *Carolus Stuardus* von Gryphius gemacht. In diesem Sinne ist auf eine Forschung zu hoffen, die in Zukunft die vielen, materialreichen und in der Regel sehr gelehrten Einzeluntersuchungen zum Barockdrama zusammenführt und auf dieser Basis neue Fragestellungen entwickeln kann. Zu denken wäre an breite kulturgeschichtlich und kulturanthropologisch orientierte Studien, wie man sie aus der anglo-amerikanischen Renaissance-Forschung (Greenblatt (Hg.) 1982 und 1988; Montrose 1986) oder von neueren Shakespeare-Monographien kennt (Greenblatt 1990; Ansätze finden sich etwa bei van Laak 2003, Newman 2000, Elnaggar 2009 und Arend u.a. (Hg.) 2008). Der theatergeschichtliche Schwerpunkt der Forschung bekommt möglicherweise von Seiten der Theatersemiotik (Fischer-Lichte, II ³1994) neue Anregungen. Die Intertextualitäts- und Intermedialitätsforschung (Kühlmann/ Neuber (Hg.) 1994; Arend 2003), die Systemtheorie (Ort 2003) sowie die *gender*-Forschung (Szarota 1987; Becker-Cantarino 1987; Wunder 1992; Plumpe 1995; Alt

2004 und 2007) setzen sich im Bereich des Barockdramas immer mehr durch. Auch hier sind in nächster Zeit noch weitere Studien zu erwarten.

7. Roman und weitere erzählende Formen

Wird Poesie – mit Aristoteles (*Poetik*, Kap. 1) – über die Kategorie ›Mimesis‹ (›Darstellung‹) definiert, so könnte die Prosaepik zweifellos in ihr Spektrum gehören. Doch scheint Aristoteles selbst nur von Versepen (*Poetik*, Kap. 5) auszugehen; und auch in den meisten späteren Poetiken finden sich in der Regel nur Aussagen über das Epos, nicht aber über den Roman oder die Prosaerzählung. In der heutigen Forschung spielt das Epos indes kaum eine Rolle, auch wenn es auf diesem Feld vereinzelte barocke Versuche wie den *Habspurgischen Ottobert* (1663/64) von Hohberg gegeben hat (Rohmer 1998, 4–23, 257–339; s. Kap. 7.9). Obwohl das Epos mit gutem Recht als *die* erzählende Leitgattung der Antike (Homer, Ovid, Vergil) und des Mittelalters (*Beowulf*, *Nibelungenlied*, Dante) bezeichnet werden kann und es auch in der europäischen Renaissance noch große Exempel der Gattung gegeben hat (Ariost, Tasso, Marino), wird es im Lauf des 17. Jahrhunderts weitestgehend durch den Roman verdrängt. Zweifellos hat es aber in der Folgezeit noch große Epen auch in deutscher Sprache gegeben (Bodmers Übersetzung von John Miltons *Paradise Lost*, Klopstocks *Messias*). Im Bereich des Romans liegt gegen Ende der Barockzeit mit Lohensteins *Arminius*-Roman (1689/90) ein episches Werk mit einem eindeutig nationalen Gegenstand vor, das immerhin in Teilbereichen mythische und sozial-identifikatorische Funktionen des alten Epos übernehmen kann.

In der Barockzeit dominiert im Bereich der Prosa der Roman, obwohl es – seit dem Mittelalter – starke epische Traditionen auch in anderen Gattungsbereichen gibt (Rötzer 1972a, 5–35). Sie stammen zum Teil aus der volkstümlichen Dichtung, wie dem Schwank oder der moralischen Erzählung, zum Teil aber auch aus antiken Traditionen, wie der Prosaekloge oder dem Apophthegma. Ursprünglich mündliche Erzählformen, die auch noch im 17. Jahrhundert gepflegt werden, stehen neben kunstvollen Prosastücken mit ausgefeilten Pointen. Die Bandbreite der Prosadichtung im Barock ist groß, die Anzahl der literaturwissenschaftlich relevanten Werke aber verhältnismäßig gering. Im Folgenden sollen nur die fiktionalen Texte behandelt werden, wobei der Roman als prosaische Leitgattung den Schwerpunkt der Ausführungen bildet. Er ist theoretisch am stärksten reflektiert worden und spielt in der Forschung bis heute die größte Rolle. Einige epische Kleinformen werden im Anschluss an das Epos besprochen (s. Kap. 7.10), nicht-fiktionale Textsorten in Prosa (Leichabdankung, Geschichtsschreibung, Festbeschreibung usw.) werden später in einem eigenen Kapitel betrachtet (s. Kap. 8).

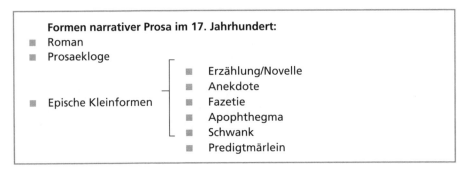

Formen narrativer Prosa im 17. Jahrhundert:

- Roman
- Prosaekloge
- Epische Kleinformen
  - Erzählung/Novelle
  - Anekdote
  - Fazetie
  - Apophthegma
  - Schwank
  - Predigtmärlein

Nicht nur für das Drama, auch für die Geschichte des Romans zeigt sich das 17. Jahrhundert von besonderer Bedeutung. Mit Cervantes *Don Quixote* (1605/1615; dt. 1621, 1648) erscheint eines der bis heute zweifellos herausragendsten Beispiele dieser Gattung. Und immerhin ist der bekannteste und meistgelesenste Text der deutschen Barockliteratur ein Roman: nämlich Grimmelshausens *Simplicissimus* (1668), der sogar 1976 als vierteilige ZDF-Serie verfilmt worden ist. Im deutschsprachigen Gebiet liegen im 17. Jahrhundert überhaupt erste Originale des neuzeitlichen Romans vor, wie Zesens *Adriatische Rosemund* (1645; Kap. 7.5). Als erster heroischer Roman gilt der *Herkules* (1659/60) von Heinrich Buch(h)oltz. Der heute weitestgehend vergessene Roman wurde offenbar am Ende des 18. Jahrhunderts noch rezipiert: »Unter allen« Romanen, betont die ›schöne Seele‹ in Goethes *Wilhelm Meister*, »war mir der ›Christliche deutsche Herkules‹ der liebste« (Goethe: *Hamburger Ausgabe*, VII, 359). Die Vorlieben Wilhelms liegen allerdings eher beim Schaurigen, wenn er in einem Puppenspiel den blutrünstigen Tyrannen »Chaumigrem« aus Zieglers *Asiatischer Banise* (1689), einem späteren Barockroman, auftreten lässt (Goethe: ebd., VII, 23).

Die Verbreitung der Romane im 17. Jahrhundert war noch nicht sehr groß. Gerade im Vergleich zum 18. Jahrhundert, wo die Erweiterung des Lesepublikums sich gerade für die umfangreicheren Prosawerke positiv auswirkte, war die Romanproduktion eher gering. Anders als die Dramen sind sie ja wesentlich auf ein lesendes Publikum angewiesen und das war im 17. Jahrhundert noch recht überschaubar. Immerhin stieg gegen Ende des Jahrhunderts parallel zur Lesefähigkeit in der Bevölkerung (s. Kap. 3.5) und zu den Fortschritten im Buchdruck die Anzahl der produzierten Romane (s. Kap. 4.6). 1615 bis 1669 erschienen 87 Romane, darunter 58 Übersetzungen, in Deutschland, von 1670 bis 1724 schon 466, davon 151 Übersetzungen (Hirsch 1954, 97). Es kamen also mehr Romane und im Verhältnis auch mehr Originalromane auf den deutschen Markt.

Der erhebliche Zeitaufwand bei der Lektüre der oft überlangen Bücher und ihr hoher Preis machten diese Literatur – insbesondere den hohen Roman – zu einem exklusiven Produkt. Daniel Caspar von Lohensteins umfangreicher Roman *Arminius* (1689/90, s. Kap. 7.4) kostete 8 Reichstaler. Dieser Betrag entsprach dem Monatsgehalt eines subalternen Beamten. Da es sich bei dem erworbenen Roman aber nur um einen Stapel loser Blätter handelte, kostete die Arbeit des Buchbinders noch einmal etwa den gleichen Betrag (Meier 1999, 304).

Die durchschnittliche Lesedauer für den Roman kann bei etwa 600 Stunden angesetzt werden – und zwar Stunden, die nicht dem Broterwerb dienen konnten. In einem Brief (1704) aus Paris an ihre Tante berichtet Liselotte von der Pfalz über die Zeit, die ihr für das Lesen der *Octavia* (1677–1707) von Herzog Anton Ulrich – insgesamt etwa 7000 Seiten – bleibt:

> Wenn ich die romans lange und an einem stück lesen müßte, würden sie mir beschwerlich fallen; ich lese aber nur ein blatt 3 oder 4, wenn ich met verlöff [mit Verlaub] auf dem kackstuhl morgens und abends sitze, so amüsierts mich und ist weder mühsam noch langweilig so. (*Briefe*, 152)

Bei diesem Lesetempo hat der Roman Liselotte über mehrere Jahre begleitet. Als sie 1706 einen weiteren Band aus Deutschland zugeschickt bekommt, bemerkt sie: »der roman macht an die ewigkeit gedenken, denn er nimmt kein end.« (*Briefe*, 159).

7.1 Romanformen

Der deutschsprachige Roman des 17. Jahrhunderts kann sich kaum auf eine nationale Tradition berufen. Zwar kennt schon das Mittelalter epische Großtexte, wie den ›Höfischen Roman‹ oder das Heldenepos, doch unterscheiden sich diese nicht zuletzt durch ihre Versform und ihre Stoffe erheblich vom neuzeitlichen Roman. Erste Prosadichtungen – das sind meist so genannte **Prosaauflösungen** von Versepen (Brandstetter 1971) – finden sich zuerst in Frankreich (etwa der *Prosa-Lancelot*, um 1230). Seit dem 15. Jahrhundert tauchen vergleichbare Texte erstmals in deutschen Übersetzungen aus dem Französischen auf. Diese Prosa wird anfangs von der ritterlichen oder gelehrt-geistlichen Oberschicht verfasst und rezipiert. Sie bildet eine höfisch-ritterliche Idealwelt ab, die mit ›konservativer Haltung‹ der aufkommenden neuzeitlichen Welt entgegengestellt wird. Diese einfachen Prosafassungen der Heldenepik und neue Versionen antiker, orientalischer und anderer, oft vermischter Stoffe verbreiten sich seit dem 16. Jahrhundert durch den Buchdruck als ›Prosaromane‹ recht schnell (v. Ertzdorff 1989, s. Kap. 7.8).

Neben dieser weniger komplexen Literatur existierte im deutschsprachigen 16. Jahrhundert auch eine gelehrte Sonderform humanistisch geprägter Prosasatire (Johann Fischarts *Geschichtklitterung* 1575/82/90 in Anlehnung an Rabelais).

In **Europa** entsteht **im 16. Jahrhundert** parallel in verschiedenen Formen und Nationalsprachen der neuzeitliche Roman im engeren Sinne:

- als Schäfer-Roman (Sannazaros Arcadia, 1502; Sidneys Arcadia, 1590)
- als Amadís-Roman, einer spezifischen Form des Ritter-Romans (Rodríguez de Montalvos Amadís, 1508),
- als Schelmen-Roman (Lazarillo de Tormes, 1554),
- als höfisch-historischer Roman (Barclays Argenis, 1621)

Die Renaissance hatte in Heliodors *Aithiopika* (3. Jh. n. Chr), einem spätantiken Liebesroman, ein brauchbares Muster für die neue Literaturform gefunden. Der Roman erschien 1547 in einer französischen Übersetzung von Jacques Amyot; 1554 wird er ins Deutsche übertragen. Die Übertragungen lösten gegen Ende des Jahrhunderts in ganz Europa eine *Heliodor*-Begeisterung aus.

Die genannten Romane, als Mustertexte einer neuen Gattung, werden meist erst Anfang des 17. Jahrhunderts ins Deutsche übersetzt. ›Originalromane‹ tauchen erst Mitte des Jahrhunderts auf. Sie orientieren sich an den europäischen Romanformen der Renaissance und nicht an den deutschsprachigen ›Prosaromanen‹ des 16. Jahrhunderts.

In Anlehnung an den europäischen Roman können im **Deutschland des 17. Jahrhunderts** drei Formen gesondert werden, die nebeneinander existieren. Die Unterscheidung orientiert sich am triadischen Prinzip, das aus der Nachahmungslehre des Aristoteles (*Poetik*, 2) und der rhetorischen Dreistillehre bekannt ist (s. Kap. 4.3, 5.1). Die sprachliche Gestaltung aller Romantypen beruht indes auf Stilmischungen. Die Unterteilung der drei Formen basiert auf der Dominanz des jeweiligen Personals: Im hohen Roman handeln Personen fürstlichen Standes, im niederen einfache Personen, und im Schäferroman sind die Standesunterschiede meist aufgehoben. Qualitätsunterschiede im heutigen Sinn bieten die Merkmale hoch/niedrig nicht. Als spätbarocke Erscheinung erweitert der galante Roman als vierte Form das triadische Schema. Folgende Übersicht ergibt sich:

Die wichtigsten Romanformen der Barockzeit:

- Höfisch-historischer Roman (hoher Roman) (s. Kap. 7.4)
- Mischformen von hohem und niederem Roman (s. Kap. 7.5)
- Schäferroman (s. Kap. 7.6)

- Satirischer Roman (niederer Roman) (s. Kap. 7.7)
  - Satirischer Roman
  - Pikaro-Roman (= Schelmenroman)
  - Politischer Roman

Seit dem Spätmittelalter:

- Prosaroman (sog. ›Volksbuch‹, s. Kap. 7.8)

Im Spätbarock:

- Galanter Roman (s. Kap. 7.9)

Eine erste systematische Unterscheidung von Romanformen in Deutschland, die auch den satirischen Roman bedenkt, stammt von **Christian Thomasius**. Sie findet sich in seinen *Monatsgesprächen* (1688–1690), einer kritischen Zeitschrift »über allerhand / fürnemlich aber Neue Bücher« (Thomasius: *Monatsgespräche*, 1690, Titelblatt, s. Kap. 8.4). Schon im ersten Heft der *Monatsgespräche* veröffentlicht Thomasius ein »Gespräch über Romane« (1688; *Romantheorie*, 80–86), wo »zwey Classen« (82) unterschieden werden: die französischen Kurzromane – nach dem Muster von Mme La Fayettes *La Princesse de Clève* (1678) – und die höfisch-historischen Romane nach deutscher Manier. Der begrenzten, leicht lesbaren Liebesgeschichte steht eine Romanform entgegen, die die »Historie einer gantzen Nation« (82) erfassen will.

Die beiden ein Jahr später erschienenen Rezensionen (1689) von Lohensteins *Arminius*-Roman in den *Monatsgesprächen* bieten schon auf den ersten Blick viel mehr als nur die Besprechung eines umfangreichen und wichtigen Romans. In ihnen dominiert der Versuch einer allgemeinen literaturtheoretischen Orientierung. In seiner Rezension legt Thomasius die erste annähernd vollständige Klassifizierung der Roman-Gattung in Deutschland vor. Thomasius unterscheidet **vier »Classen«** (Thomasius: *Monatsgespräche*, IV, 654) von Romanen: ›Prosaromane‹, Schäfereien, höfisch-historische und satirische Romane. Beispiele der ersten Romanklasse lehnt Thomasius weitestgehend ab, weil sie keinen Nutzen für die Gesellschaft erbringen und in unansehnlicher Form geschrieben seien. Die Romane der zweiten Klasse, die Schäfereien, seien zwar in einer »leichten und nicht unangenehmen Schreib=Art« (655) verfasst worden; sie wären aber zu kritisieren, weil sie »nur Ziererereien und gezwungene Erfindungen ohne moralischen und politischen Nutzen für den Leser enthalten« (Kafitz 1970, 37). Die beiden anderen Romangruppen sieht Thomasius als nützlicher an. Der heroische Roman zeichnet sich durch »zierliche Worte / scharffsinnige Erfindungen / und nützliche Lehren« für den Leser aus (Thomasius, *Monatsgespräche*, IV, 658). Die Kenntnisse, die diese Texte vermitteln, sieht Thomasius im Bereich des ›politischen‹ Verhaltens und der Moral. Insbesondere können die Romane in ihren Fiktionen die »Lehre von affecten« (659) vermitteln. Diese sei für das richtige Verhalten notwendig, wird offenbar aber in den Schulen zu wenig gelehrt. Ausführlich stellt die Rezension auch die vierte Gruppe vor: den satirischen Roman. Sie erscheint deshalb besonders wichtig, weil mit der Rechtfertigung der satirischen Schreibart auch das Verfahren der kritisch-satirischen *Monatsgespräche* reflektiert wird. Die Satiren seien zwar gefährlich, weil sie leicht zu »Schmähe=Schriften« (663) verkommen, doch sei ihre Aufgabe unbestreitbar: Sie stellen die »Thorheiten und Laster der Menschen« (661) vor. Die beiden positiv bewerteten Formen der Gattung stehen in einem komplementären Verhältnis (Voßkamp 1973, 103–120): Hoher (höfisch-historischer) und niederer (satirischer) Roman decken nach Thomasius verschiedene Teilfelder ab.

Neben den genannten vier Romanklassen hat die Forschung noch drei **Sonder-formen** ausgemacht, die innerhalb der Typologie von Thomasius akzeptabel wären: den erwähnten kurzen, novellistischen Liebesroman nach französischem Muster, den utopischen und schließlich den enzyklopädischen Roman (Voßkamp 1973, 103–120). Die dritte Sonderform in die Klassifizierung der Romanformen bei Thomasius einzugliedern, stellt indes ein Problem dar. Denn der enzyklopädische Roman Lohensteins (s. Kap. 7.4) bleibt ein Einzelfall; er weitet – als geschickt begründete **Ausnahme** – nur den Spielraum für die Gattung aus, ohne eine neue Untergattung zu begründen. Der gegen poetische Regeln verstoßende *Arminius*-Roman hat für Thomasius keinen exemplarischen Charakter. Insofern unterscheidet er sich auch von den anderen Sonderfällen:

> Zu welcher Classe aber wollen wir nun des Herrn von Lohenstein seinen *Arminium* rechnen? Gewiß zu keiner von allen diesen / denn sein Werck hat was sonderliches und i r r e g u l a i r e s; Aber ich tadle selbiges hiermit nicht / denn was auch vortrefflich ist / weicht von der gemeinen Regel ab.
> (Thomasius: *Monatsgespräche* IV, 664)

7.2 Romantheorie

Erst um 1800 wird der Roman zur Leitgattung einer Epoche. Dann erscheint er – mit den Worten des Frühromantikers Friedrich Ast – als »absoluteste aller Dichtungen, in welcher Poesie und Philosophie [...] verknüpft zusammen wohnen« (Ast 1805, in: *Romantheorie*, 289). Eine solche Hochschätzung des Romans gibt es im 17. Jahrhundert noch nicht. Im Gegenteil, in der wichtigsten Poetik der Barockzeit, im *Buch von der Deutschen Poeterey* (1624), fehlen nähere Hinweise auf den Roman. Allenfalls sind die kurzen Angaben zum »Heroisch getichte (das gemeiniglich weitleufftig ist / vnd von hohem wesen redet)« (24) nicht nur auf das Epos (in Versen), sondern auch auf die narrative Prosa zu übertragen.

Die Ausgrenzung des Romans im *Buch von der Deutschen Poeterey* verwundert auf den ersten Blick ein wenig: Immerhin hat Martin Opitz selbst mit zwei wichtigen Übersetzungen – Barclays *Argenis* (1626) und Sidneys *Arcadia* (1638) – zur Verbreitung des Genres beigetragen. Und in seinem ersten poetologischen Text, dem lateinisch verfassten *Aristarchus* (1617), lobt er ausdrücklich die deutschen Übersetzungen des *Amadís*-Romans. Er sah hierin Beispiele für die Vergleichbarkeit deutscher mit französischer Prosa. Außerdem erwähnt schon Julius Caesar Scaliger in seinen *Poeticis libri septem* die *Aithiopika* von Heliodor als Muster epischer Dichtung (Spalte 144a). Scaligers Poetik ist einer der Gewährstexte von Opitz.

Seine ›unpoetische‹ Prosaform und seine faktische poetologische Ausgrenzung in der Antike verwehren dem Roman offenbar einen eigenen Stellenwert in den deutschen Poetiken. Berücksichtigt wird er erst im späten 18. Jahrhundert; vorher sehen ihn die Literaturtheoretiker offenbar als untergeordnete Gattung an, die in einigen Fällen den Epen bzw. Heldengedichten zugeordnet wird. Im 17. Jahrhundert führen die *Dicht-Kunst* (1679) Sigmund von Birkens und Albrecht Christian Rotths *Vollständige Deutsche Poesie* (1688) den Roman als eigenständige Gattung auf. Birken spricht von einer »neuen« Gattung, »welche ingemein *Roamzi* oder *Romains* genennt« werde (*Teutsche Rede- bind- und Dichtkunst*, 303). Er bestimmt sie über das Kriterium der Fiktionalität (Romane sind »GeschichtGedichte«, 303) und der Vermischung gebundener und ungebundenen Rede. Rotth schränkt den Roman inhaltlich auf die Erzählung »eine[r] *Liebes-Geschichte*« (*Poetik des Barock*, 220) ein; darin unterscheide er sich vom Epos; der »STYLUS (welches das andere ist / worinne Romaine von Helden-Gedichten [= Epen] unterschieden/) hat bißher in ungebundenen Reden allein bestanden« (220). Rotth hält es prinzipiell aber für möglich (Liebes-)Romane auch in Versen zu verfassen.

Außerdem gibt es nennenswerte romantheoretische Überlegungen, die häufig in Vorworten (wie bei Birken oder Beer), manchmal auch in selbstreflexiven Passagen der Romane (etwa bei Grimmelshausen, Barclay/Opitz und Huet/Happel), in fiktiven Gesprächen (etwa bei Rist und Harsdörffer) oder in Rezensionen (wie bei Thomasius) geäußert werden. Literaturkritisches Schreiben hat im 17. Jahrhundert seine Wurzeln (Heudecker 2005, vgl. Kap. 4.1). Eine Reihe von gattungskonstituierenden Aspekten kann zudem aus der Form der vorhandenen Texte erschlossen werden.

Insgesamt ist die Romangattung in der Barockzeit **geringer normiert** als das Drama. Dies liegt zum einen an der fehlenden Berücksichtigung in den meisten Poetiken und zum anderen an der – trotz des antiken *Heliodor* (s.u.) – eher kurzen Tradition der Gattung. Von der Spätantike bis zur Spätrenaissance wurde diese Gattung nicht mehr gepflegt, so dass Mustertexte geringer verbreitet waren.

Aspekte des hohen Romans

Die romantheoretischen Konzepte der Zeit beziehen sich in der Regel auf den hohen bzw. höfisch-historischen Roman. Gelegentlich spricht die ältere Forschung analog vom heroischen Roman oder vom heroisch-galanten Roman (Lugowski 1936/1965; Emrich 1981, 257 ff.; zum ›Barockheroismus‹ insgesamt vgl. Disselkamp 2002). Albert Meier (1999, 303 f.) gibt ; an ihnen orientiert sich die folgende Darstellung:

1. Im Roman agiert hochrangiges Personal, das in etwa dem des schlesischen Trauerspiels entspricht. Es treten historische Gestalten, insbesondere Herrscher und Helden sowie biblische Figuren auf. In der Regel findet sich kein Personal der heidnischen Mythologie.
2. Kombiniert werden Liebeskonflikte zwischen Personen hohen Ranges mit Ereignissen, die von politischem Interesse sind. Sie bieten Raum, um staatsphilosophische Problemzusammenhänge zu diskutieren.
3. Als Hintergrund der Geschehnisse wird das Weltbild der neustoizistischen Philosophie präsentiert. Die Romanschlüsse verweisen auf die richtigen ethischen Entscheidungen: Die Tugend wird gerühmt, das Laster kritisiert. Der Roman fungiert – wie es im »Vorbericht« zum *Arminius* von Lohenstein heißt – als ›über-

zuckerte Pille‹ (Lohenstein: *Arminius*, [6]). Er gibt der oft bitteren Tugendlehre eine angenehme Hülle.

4. Nicht selten finden sich Verschlüsselungen aktueller und historischer Ereignisse in den häufig antiken Stoffen. Die Ereignisse werden freilich im Sinne barocker Geschichtsschreibung stilisiert und der Intention des Romans angepasst.

5. Die Haupterzählung ergänzen viele Einschübe (Lyrik, Streitgespräche, Dialoge, Opern usw.). Sie wird auch durch ausführliche Gesprächsszenen, die gelehrtes Wissen präsentieren, unterbrochen.

6. Die Romane sind ausgesprochen umfangreich; die Handlung ist von vielen Nebenhandlungen durchsetzt, so dass eine komplexe, auf den ersten Blick oft undurchschaubare Narration entsteht. Eine Verfolgung der Haupthandlung ist deshalb nicht immer leicht.

7. Im Gegensatz zum niederen Roman ist der hohe Roman sowohl durch eine Homogenität von Erzählstil und Motiven als auch durch eine relative Konsistenz der Figurenkonzeptionen und Handlungsräume geprägt.

Die Aspekte zeigen, dass der Barockroman für ein ausgesuchtes Publikum geschrieben wurde, das über ausreichende Bildung sowie über Geld und Zeit verfügen musste. Kostbare Bücher wiesen den Besitzer als einen Gelehrten oder Förderer der Wissenschaft aus; allein die Bücher als konkrete und kostbare Gegenstände repräsentierten Gelehrtheit und Wohlstand.

Der höfisch-historische Roman soll zwar zur Tugend führen; er ist aber nicht gesellschaftskritisch. Er bezieht zum (absolutistischen) Staat eine affirmative Position. Das schließt nicht aus, dass im hohen Roman nicht auch Elemente der Hofkritik zu finden sind (Kiesel 1979, 129–175). Sie dient letztlich aber der Stabilisierung des Staates (s. Kap. 3.3).

Auf der Grundlage der *Aithiopika* (3. Jh. n. Chr.; dt. 1554) wurde in der Renaissance das **Heliodor-Schema** entwickelt. Grundlage war die Neuausgabe des spätantiken Romans durch Obsopoeus (Basel 1534). Der Roman, in griechischer Sprache von Heliodor aus Emesa verfasst, ist eine *Darstellung der äthiopischen Geschichten von Theagenes und Charikleia*, wie es im ausführlichen deutschen Titel heißt.

Das Heliodor-Schema sieht einen unmittelbaren Einstieg ins Romangeschehen, also einen Eingang *in medias res* vor. Weil der Leser wissen möchte, wie es zu der geschilderten Situation gekommen ist, akzeptiert er gerne die nachgeholte Vorgeschichte (Inversionstechnik). Der unmittelbare Einstieg in die Erzählung steigert also die Erwartung des Lesers. Zudem gibt es zahlreiche Nebenhandlungen, die teils die Spannung steigern, teils das Geschehen komplexer gestalten. Bis zum heutigen Tag (und sogar in unzähligen Filmen) hat sich das Schema erhalten, das im Heliodor-Roman die Liebesbeziehung gestaltete: Zwei Liebende werden voneinander getrennt und kommen erst nach großen Leiden und etlichen Abenteuern wieder zusammen. Dabei agiert die Frau nicht mehr als passive Hofdame wie in mittelalterlichen Epen, sondern als selbstständige Figur. In Heliodors Roman sieht der Leser schon im ersten Bild, wie sich die wunderschöne Charikleia um einen blutüberströmt daliegenden Helden, Theagenes, kümmert. Nach dem Heliodor-Schema gehen die beiden Partner eine schickliche und sittliche Beziehung ein; das *decorum* steht – gerade in der barocken Variante – an oberster Stelle. Es hilft die vielen Verwicklungen, Verwechslungen und Trennungen zu überwinden. Das Schema wirkte insbesondere auf den hohen Roman: Bestimmend wurden die *Aithiopika* hinsichtlich ihres Stils (*genus grande*), ihrer ausgeprägten Rhetorik, ihrer narrativen Strategien und ihrer Liebesauffassung (Spellerberg 1985, 311).

Eine Tradition des Ritterromans, die mit den deutschen Epen des Mittelalters relativ wenig zu tun hat, stammt aus Spanien. Die überaus erfolgreichen **Amadís**-Romane gehen auf *Amadís de Gaula* (1508) von Garci Rodríguez de Montalvo zurück. In wenigen Jahrzehnten sind die *Amadís*-Romane in ganz Europa zu lesen. Sie stellen gewissermaßen das Roman-Modell dar, das sich – auch in den Köpfen der Kritiker – am weitesten verbreitete. Offenbar übten die in den Romanen entworfenen Wunderwelten des Rittertums einen großen Reiz aus. Der Held dieser Romane, Amadís, ist ein Findelkind adeliger Herkunft, das sich später als Ritter für die Schwachen einsetzt und das Böse besiegt. Er besteht zum Teil unglaubliche Abenteuer, bis zum Schluss seine Liebe zu Oriana, einer Königstochter, erfüllt und seine Abkunft geklärt wird. Doch schon bald muss er zu neuen Bewährungen aufbrechen, so dass sich beliebig viele Fortsetzungen ergeben. Eine deutsche Amadís-Version erschien 1569, und 1595 existierten bereits 24 Bände des Romans; er war zweifellos ein Bestseller.

Die »Vorrede Des Teutschen Tranßlatoris« zum *Amadís*-Roman (1569) verteidigt den Nutzen des Werkes und wendet sich gegen den Vorwurf der Zeitverschwendung. Die Vorrede zum *Amadís* reflektiert auch das Fiktionsproblem, das aufschlussreich für die frühneuzeitliche Romanvorstellung ist. Erstens habe das Erfinden von Geschichten eine lange Tradition – Homer und Vergil werden genannt – und zweitens würden auch diejenigen, die vorgäben, die Wahrheit zu schreiben, diese »zum füglichsten vnd müglichsten / verklügen vnd mit Ferblin bestreichen«. Die Stilisierungen würden – wie das Erfinden von Geschichten – einen bestimmten Zweck verfolgen: die Förderung der Tugend und die Verurteilung des Lasters. Und das ließe sich »besser vnnd klärlicher in einer erdichte[te]n Narration / dann einer wahrhafften History / darthun« (*Amadís*-Vorrede, in: *Romantheorie*, 35 f.).

Grundlegende Aspekte des Romans als Gattung der Dichtkunst werden im ***Don Quixote*** (1605/1615; dt. 1621, 1648) von Miguel de **Cervantes** Saavedra diskutiert (Buch I, Kapitel 47). Dort erläutert ein Domherr dem närrischen Leser von Ritterromanen das Wesen einer qualitätvollen Romanprosa, die sich an den Normen antiker Poetiken orientiert. In aristotelischer Tradition wird in der Mimesis das Wesentliche der Dichtung entdeckt und nicht in der Verssprache. Deshalb lässt sich nach Ansicht des Domherrn eine epische Dichtung auch in Prosa schreiben. Er verlangt, dass sie vielseitig sei, aber gleichzeitig ein einheitliches Ganzes darstelle; so sieht er den idealen **Roman als Gewebe**, das aus mannigfachen und reizenden Verschlingungen besteht. Das Fiktionale der Dichtung muss sich am **Wahrscheinlichen** und Möglichen orientieren, damit der Leser das Erdichtete *be*greift, es ihn *er*greift, in Staunen versetzt und unterhält. Der Roman soll schließlich – im Sinne von Horaz – belehren und ergötzen.

Wie in der *Amadís*-Vorrede und im *Don Quixote* (Buch I, Kapitel 16) akzentuiert auch die »Vor-Ansprache« zur *Aramena* (1669–73) die beiden Pole **Geschichtsschreibung und Fiktion**. Dieser Paratext, der dem Roman Anton Ulrichs von Braunschweig-Wolfenbüttel vorangestellt ist, stammt aus der Feder seines ehemaligen Erziehers **Sigmund von Birken**. Die Forschung hat hervorgehoben, dass hier zum ersten Mal in Deutschland »ein romantheoretisches Reflexionsniveau« erreicht wurde (Voßkamp 1973, 8). Allerdings verwendet Birken den Begriff ›Roman‹ nicht, sondern redet von »Geschichtschriften« oder »Historien«. In diesem Feld unterscheidet er drei Arten: (1) die »Geschichtschriften, welche man Annales oder

Jahrbücher« nennt (Historiographien), (2) die »Geschichtgedichte« (Romane) und (3) die »Gedichtgeschichte[n]« (Epen). Im Bereich der Romane sieht Birken zwei Möglichkeiten: entweder die Verbindung von Fiktion und Historie, wie beim Epos, oder die reine Fiktion. Allerdings gilt auch im letzten Fall, dass »Begebenheiten« erzählt werden müssen, »die einmal und irgendwo mögen geschehen seyn / oder noch geschehen möchten«. Auch für den frei erfundenen Roman besteht also eine **Verpflichtung zur Wahrscheinlichkeit**. Was die *Amadís*-Vorrede nur knapp andeutet, betont Birken explizit: Die Fiktionen sind »zweifelsfrei weit nützlicher / als die wahrhafte[n] Geschichtschriften«, weil sie ihre Lehre spezifischer und zielgerichteter vermitteln können (Birken, in: *Romantheorie*, 61–64).

Auch die **Romankritik im 17. Jahrhundert** setzt beim Fiktionalitätsproblem an. Natürlich mit entgegengesetzten Akzentuierungen. Als Werk des Teufels beschimpft Gotthard Heidegger, ein reformierter Theologe aus der Schweiz, den Roman. Seine *Mythoscopia Romantica: oder Discours Von den so benanten Romans* (1698) fasst die wichtigsten Einwände gegen die Gattung, die am Ende des Jahrhunderts vor allem von calvinistischer Seite geäußert werden, zusammen (Meid 1974, 42). Als Hauptkritikpunkt erweist sich, dass die Handlung erdacht ist: Ein Roman sei »Lugen-Kram«; »wer Romans list / der list« demzufolge »Lügen«. Daran ändert auch die Verwendung historischer Elemente und Namen nichts; im Gegenteil, dadurch werden die Romane »vil schlimmer [...] / denn sie machen wahrhafte Geschichten zu Lügen« (Heidegger, in: *Romantheorie*, 87–92). In diesem Zusammenhang nennt Heidegger ausdrücklich auch Lohensteins *Arminius* (1689/90). Repliken auf Heidegger formulierten der Thomasius-Schüler Hieronymus Gundling und eine Rezension aus dem Umfeld von Leibniz.

Von großer Bedeutung für die Entwicklung der Romantheorie war der *Traité de l'origine des romans* (1670) von **Pierre-Daniel Huet**, einem französischen Bischof. Eberhard Guerner [Werner] Happel hat den Text ins Deutsche übersetzt und als Teil des Romans *Der Insulanische Mandorel* (1682; ND: 2007) veröffentlicht. Im selben Jahr erscheint auch eine lateinische Fassung von Wilhelm Pyrrho, die 1683 in den einflussreichen *Acta Eruditorum* rezensiert wird. Huets Traktat kann **als erste eigenständige Theorie des Romans** bezeichnet werden. Es orientiert sich an der Vorrede zum *Ibrahim* (1641) von **Madeleine de Scudéry**. Schon hier werden Werte der französischen *doctrine classique* vertreten, die vorschreiben, dass sich das Theater, die Kunst und die Literatur an der Wahrscheinlichkeit (*vraisemblance*) und der Schicklichkeit (*bienséance*) zu orientieren haben. Als Muster des Romans wird Heliodors *Aithiopika* herangezogen.

Auch Huets Romantheorie orientiert sich an den Vorgaben der zeitgenössischen Poetikdiskussion. Sein Traktat beschäftigt sich mit drei Themenfeldern: der Verteidigung des Romans, der Geschichte der Gattung und der Romantheorie. Huet definiert den Roman als »auß Kunst gezierte und beschriebene Liebes Geschichten in ungebundener Rede zu unterrichtung und Lust des Lesers« (Happel/Huet, in: *Romantheorie*, 76 f.). Während die Epen politische und kriegerische Stoffe präferieren, behandeln Romane also vornehmlich Liebesgeschichten. Hauptzweck sei dennoch »die Unterrichtung in einigen Dingen oder Wissenschafften / da man dan allemahl die Tugent rühmen und das Laster straffen muß«. Die Romane müssen »mit Kunst / und nach gewissen Regeln geschrieben sein« (ebd., 77), sie müssen einen Organismus bilden. Wie bei Cervantes ist auch bei Huet die Hochschätzung des Romans letztlich auf poetische Überlegungen von Aristoteles zurückzuführen. Dichtung, über die Mimesis und nicht über die Versform definiert, umfasst auch den Roman.

Die deutsche Huet-Rezeption übernimmt in der Regel die genannte **Opposition von Epos und Roman**. So unterscheidet Albrecht Christian Rotth 1688 zwischen »Helden-Gedichte[n]« und »Romainen oder Liebes-Gedichten« (*Poetik des Barock*, 204, 219, 222). Die poetologischen Texte beziehen sich bis zur Lohenstein-Rezension (1689) von Thomasius vornehmlich auf den hohen Roman und zum Teil auf den französischen Liebesroman. Überlegungen zum satirischen Roman finden sich bis dahin nur in den Romanen selbst, etwa im ersten Kapitel der *Continuatio des abentheuerlichen Simplicissimi* (1669) von Grimmelshausen, oder in Vorreden, etwa jener zum Doppelroman *Teutsche Winter-Nächte / Kurtzweilige Sommer-Täge* (1682/83) von Johann Beer.

Aspekte des niederen Romans

Der niedere Roman ist als Gegenentwurf zum höfisch-historischen Muster zu verstehen (Meid 1974, 40). Der Begriff ist nicht unumstritten, kann aber – ein klassifikatorischer Vorteil – auf eine größere Gruppe z. T. recht unterschiedlicher Texte bezogen werden (Späni 2004, 14). Insofern lassen sich parallel zum hohen Roman auch sieben Merkmale des niederen Romans anführen, wobei zwischen dem Pikaro-Roman im engeren Sinne und dem satirischen Roman im weiteren unterschieden werden muss.
1. Im satirischen Roman steht das einfache Personal im Zentrum. Es entspricht etwa dem des Lustspiels. Die Figuren sind erfunden und überzeichnet. Es agieren Soldaten, Diener, Komödianten, Räuber oder Dirnen. Sie erweisen sich als Schelme oder werden Opfer von schelmischen Anschlägen.
2. Die niedere Romanform gehört in den Bereich der Satire. Deshalb bemerkt etwa Johann Beer 1682, dass sein »Entwurf mehr einer Satyra als Histori«, im Sinne von ›Erzählung‹, »ähnlich siehet« (Beer: *Die teutschen Winter-Nächte*, 7 f.). Da die Satire meist verschiedene Bereiche des Lebens in den Blick nimmt, durchlebt der Held Episoden, die in diesen Bereichen spielen. Ein Muster des niederen Romans ist die menippeische Satire (Trappen 1994) – eine Prosa-Satire nach römischem Muster.
3. Wie der höfisch-historische, so zielt auch der satirische Roman auf die Vermittlung von Tugenden. Sie geschieht meist durch Überzeichnung der entsprechenden Untugenden. Bei Grimmelshausen dominieren moralische Normen, die religiös geprägt sind, bei Weise setzt sich ein eher pragmatisches Tugendideal durch. Die Lehre wird, wie im höfisch-historischen Roman, durch eine angenehme Darstellung – hier vor allem durch komische Szenen – versüßt.
4. Eine Verschlüsselung der Figuren ist eher selten zu finden – etwa in Reuters *Schelmuffsky* (1696) oder Hunolds *Satyrischem Roman* (1706). Objekt der Satire sind – im Gegensatz zum Pasquille – Eigenschaften und nicht Personen. Deshalb verbietet sich für den – regelgerechten – satirischen Roman eine Verschlüsselung.
5. Die Handlung ist in recht überschaubare Episoden unterteilt, die nur lose miteinander verbunden sind. Oft ist die Identität des Helden bzw. seine Reise das einzig verknüpfende Element.
6. Die niederen Romane sind deutlich kürzer und weniger komplex als die hohen.
7. Die Unstetigkeit des Helden gehört zum satirischen Roman, insbesondere zum Modell des Pikaro-Romans. Da im satirischen Roman weniger einzelne Personen als deren Eigenschaften und mögliche Lebenssituationen in den Blick genommen

werden, ist eine Konsistenz der Figurengestaltung nicht notwendig. Auch können die Erzählstile und Motive je nach dargestelltem Lebensbereich wechseln.

Hat der höfisch-historische Roman eine eher affirmative Haltung zum Staat und seinem absolutistischen Aufbau, findet sich im niederen Bereich, gemäß der traditionellen Ausrichtung der Satire, ein eher gesellschaftskritischer Impetus. Insbesondere wird durch die satirische Darstellung die Divergenz von Sein und Schein im gesellschaftlichen Umgang dekonstruiert. Die Gesellschaftskritik des niederen Romans trifft also in aller Regel nicht die Grundprinzipien des Staates, sondern die mangelnde Umsetzung seiner rationalen Grundlagen.

Diese allgemeinen Merkmale des niederen Romans sind durch spezielle Hinweise auf das **Modell des Pikaro-Romans** (auch: Schelmenroman, Cordie 2001) zu ergänzen. Muster des Pikaro-Romans sind die spanischen Romane *Lazarillo de Tormes* (anonym, 1554), *Guzmán de Alfarache* (1599/1604) von Mateo Alemán und *Pícara Justina* (1605) von López de Ubeda (Rötzer 1972 b). Auch zum französischen *roman comique* gibt es Parallelen (Valentin 1992). Die typische Pikareske basiert auf einer autobiographischen Fiktion. Der Held des Pikaro-Romans stammt aus niederen, meist ungeklärten Verhältnissen. Er erzählt seine Geschichte aus einer zeitlichen Distanz (v. Gemert 1999, 453). In der Erzählzeit präsentiert sich der Held also als ein gegenüber der erzählten Zeit Gewandelter. Insofern tritt er in doppelter Funktion – als erzählendes und erlebendes Ich – auf. Denn er hat eine Wandlung, eine **Bekehrung**, hinter sich, die ihn von seinem früheren Schelmendasein Abstand nehmen lässt. Sie ist Voraussetzung der Distanz und damit auch der Narration. Als Gegenstück zur Bekehrung erscheint die **Initiation**, die am Anfang der Pikareske steht: Sie ist als so genanntes *desengaño*-Erlebnis gestaltet. Die spanische Vokabel *desengaño* bezeichnet hier die »traumatische Desillusion, die den naiven jugendlichen Helden schlagartig die Verlogenheit der Welt erkennen läßt« (v. Gemert 1999, 454). Der *desengaño* führt dazu, dass der Held zum Pikaro wird und der Verlogenheit der Welt mit eigener Verschlagenheit begegnet. Diese wird in vielen Stationen, die verschiedene Bereiche des Lebens repräsentieren, vorgeführt. Häufig bringt ihn seine pikareske Haltung an den Rand der Gesellschaft, so dass seine Schelmereien nicht nur eigene Fehler, sondern auch die der Gesellschaft aufdecken. Dabei hat der Pikaro nicht immer Erfolg; ganz im Gegenteil, gerade die Unberechenbarkeit der Ereignisse, das **Walten der Fortuna** (des Glücks), wird am episodenhaften Lebensweg des Pikaro deutlich. Die spätere Bekehrung bezieht sich nicht nur auf den moralischen Bereich; sie kann auch im Religiösen als *converso* (Konversion, Übertritt zum rechten, in Spanien zum katholischen Glauben) gestaltet sein. Die Wandlung des Helden ermöglicht dem Erzähler, dessen frühere Taten zu kommentieren und zu werten.

7.3 Internationalität des Romans

In der Barockforschung hat es sich leider eingebürgert, die deutsche Literatur in nationalen Vergleichen herabzusetzen: »An Quantität und Qualität läßt sich die deutsche Romanproduktion jedoch nicht mit der der Romania vergleichen.« (Hoffmeister 1987, 164). Unbestreitbar ist, dass in Frankreich und Spanien die großen Romanmodelle des Jahrhunderts entstanden. Ob die Qualität des *Lazarillo de Tormes* allerdings höher als diejenige des *Simplicissimus* bewertet werden kann, ist gewiss eine müßige Frage. Zu Vorbildern wurden die romanischen Prosawerke jedenfalls von der Mehrzahl der deutschen Autoren und Romantheoretiker gewählt. In praktisch jeder Untergattung stehen der deutschen Literatur fremdsprachige Muster zur Verfügung. Das Pikaro-Modell für den Schelmenroman etwa stammt aus Spanien (Bauer 1993 und 1994). Thomasius erwähnt das französische Modell des kurzen Liebesromans. Auch englische Autoren prägen den europäischen Roman.

Die großen europäischen Romane wurden rasch als Muster greifbar, schon weil bald deutsche Übersetzungen erschienen. Eine herausragende Stellung nahm **John Barclays** *Argenis* (1621) ein; er lieferte das Vorbild für den höfisch-historischen Roman. Mit der Übertragung wurde in Deutschland das *Heliodor*-Schema verbreitet. Barclays *Argenis* erschien zuerst in lateinischer Sprache in Paris. Kurze Zeit später wurde der Roman unter anderem ins Französische, Italienische, Englische und Niederländische übertragen. Bald existierten 64 Übersetzungen in 13 europäische Sprachen. Fünf Jahre nach der Erstausgabe erschien auch seine erste **deutsche Übersetzung** (1626–31), die von keinem geringeren als von **Martin Opitz** stammt. Sie soll eine Auftragsarbeit des Breslauer Verlegers David Müller gewesen sein. Opitz griff bei seiner Übersetzung nicht nur auf die lateinische, sondern auch auf die französische Fassung zurück.

Gegenstand des allegorisch verschlüsselten Staatsromans, *Argenis*, der im vorrömischen Sizilien spielt, sind Ereignisse der europäischen Zeitgeschichte und staatstheoretische Diskussionen (Siegl-Mocavini 1999). Komplexe historische Exempel werden in eine Liebesgeschichte um die Königstochter Argenis eingebaut; ein Ziel ist, politische und moralische Maximen angenehm zu vermitteln. Der Roman endet mit der Hochzeit der Königstochter. Aus vier konkurrierenden Freiern wird – unter Beachtung des *decorums* (der Schicklichkeit) – der gallische König Poliarchus ausgewählt.

Da im 17. Jahrhundert keine verbindliche Romanpoetik vorliegt, ist die Präsentation von **poetologischen Äußerungen** im *Argenis*-Roman wichtig. Sie sind die ersten theoretischen Reflexionen zur Gattung nach der genannten *Amadís*-Vorrede (1596), die in deutscher Sprache zu lesen sind. Ein Dichter, Nicopompus, legt im 14. Kapitel des 2. Buchs dem Priester Antenorius und Hieroleander sein Programm einer »newe[n] Art zu schreiben« dar (*Romantheorie*, 41). Als Kernstück der Romanpoetologie erscheint das Bekenntnis zur Fiktionalität. Sie erlaube eine deutliche Kritik an historisch verbürgten Verhaltensweisen. Nicopompus sagt, er schreibe »keine History [...], die sich genau an die Wahrheit binden muß«. Er besteht vielmehr auf einer poetischen »Freyheit«, mit der er »die Laster / nicht die Menschen beleydigen« will (41). Andererseits räumt er ein, dass er manche »Feinde« seiner Ansichten »mit solchen Umschweiffen dermassen herumführen« möchte, »daß sie sich selbst mit Lust vnter frembden Namen sollen« verklagt »sehen«. Dieses Gemenge verschaffe eine wahre »Lust zum lesen« (41). 1706 folgte eine weitere Version der *Argenis* aus der Feder des galanten Dichters August Bohse (= Talander).

Auch an der Übertragung von **Sir Philip Sidneys** *Arcadia* (Fragment, 1590/1593, eine ältere Fassung kursierte schon früher in handschriftlicher Form) beteiligte sich Martin Opitz. Diese zweite wichtige Übertragung eines bedeutenden Romans ins Deutsche erschien 1638. Genau genommen ist sie allerdings nur eine Überarbeitung. Schon 1629 brachte der Kupferstecher Matthäus Merian in seinem Verlag und mit eigenen Illustrationen eine erste deutsche Übersetzung eines Unbekannten (unter dem

Pseudonym Theocritus von Hirschberg) heraus. Opitz konzentrierte sich bei seiner Bearbeitung der Prosapartien auf stilistische Glättungen; die lyrischen Einlagen übersetzte er – nach den Normen seines *Buchs von der deutschen Poeterey* (1624) – ganz neu. Er zog dafür die französische und die englische Fassung heran.

The Countesse of Pembroke's Arcadia – so der Originaltitel – erzählt die Geschichte zweier adeliger Liebespaare. Zwei junge Prinzen werben um die Gunst zweier Töchter des Königs Basileus, die in Arcadien als Schäferinnen erzogen werden. Um sich den Töchtern Pamela und Philoclea nähern zu können, verkleiden sich die beiden Prinzen Musidorus und Pyrocles als Bauer und Magd. Unglücklicherweise verliebt sich Basileus in die vermeintliche Magd und die Königin, die das *cross-dressing* durchschaut, in den Prinzen. So entsteht eine weit reichende Verwirrung, die noch zunimmt, als der fanatische Amphialus die beiden Prinzessinnen – aus ›falscher‹ Liebe – entführt. Ihm hilft seine böse Mutter Cecropia. Musidorus und Pyrocles befreien schließlich die tugendhaften Prinzessinnen. Es kommt zur Hochzeit; die Gesellschaft wechselt das schäferliche Ambiente wieder mit der höfisch-ritterlichen Welt. Diese wurde letztlich durch den Sieg der »tugendhaften Beständigkeit über einen brutalen Bösewicht bestätigt« (Rötzer 1972a, 50).

Schon vor Opitz wurde der erste französische Roman der Neuzeit, *Astrée* (1607–1627) von Honoré d'Urfé (1619–1635 durch Johann Balthasar Burckhardt) übertragen (vgl. Jürgensen 1990). Dieser Schäferroman – er handelt von der Liebe des Céladon zu Astrée – ist ebenfalls nach Heliodor komponiert. Auch die *Astrée* förderte die Verbreitung der antiken Romanform. Nach den Opitz-Übersetzungen folgten noch eine Reihe wichtiger deutscher Versionen europäischer Romane (Spellerberg 1985, 317–319): die *Ariane* von Jean Desmarets de Saint-Sorlin (anonym 1643, durch Richter 1644, durch Bohse 1708), der *Ibrahim* von Madeleine de Scudéry (1645 durch Zesen), *Cléomedé et Sophonisbe* von Gerzan (1647 ebenfalls durch Zesen), *Cassandre* von La Calprenède (1656 durch Sibylla Ursula und Anton Ulrich von Braunschweig-Wolfenbüttel) oder der *Clélie* von Madeleine de Scudéry (1664 durch Stubenberg). Gerade in den Roman-Übersetzungen zeigt sich die Barockepoche als **europäische**. Die Präsenz der wichtigsten fremdsprachigen Romane auf dem deutschen Buchmarkt garantierte dem Adel und den Gelehrten eine Teilhabe an wichtigen europäischen Kulturdiskursen: Sie trug etwa zur Verbreitung französischer Umgangs- und Komplimentierformen an deutschen Höfen bei oder lieferte das semiotische Material für Feste und andere höfische Repräsentationsakte.

Natürlich entstehen vor allem in der zweiten Hälfte des Jahrhunderts auch in Deutschland Momente einer eigenen Erzählkultur: Die beiden deutschen Formen der Schäferdichtung in Prosa (Prosaekloge und Schäferroman) unterscheiden sich deutlich von vergleichbaren europäischen Mustertexten (Montemayor, Sidney, d'Urfé). Und Grimmelshausens *Simplicissimus Teutsch* (1668) vereinigt nicht nur mehr als eine europäische Tradition, sondern stiftet auch eine ganz eigene Form der Romansatire, den ›simplizianischen Roman‹.

7.4 Höfisch-historischer Roman (hoher Roman)

Der erste höfisch-historische Roman der Barockzeit ist *Des christlichen teutschen Groß-Fürsten* HERKVLES *und der böhmischen königlichen Fräulein* VALISKA *Wunder-Geschichte in acht Bücher und zween Teile angefasset und allen Gott- und Tugend-liebenden Seelen zur Christ- und ehrlichen Ergezligkeit ans Licht gestellet* (1659/60). Noch 1781–83 erscheint eine umgearbeitete Version des *Herkules,* auf die sich Goethe möglicherweise im *Wilhelm Meister* bezieht. Autor des Romans ist der Braunschweiger Theologe **Andreas Heinrich Buch(h)oltz,** der u. a. als Philosophie- und Theologie-professor an der Universität Rinteln arbeitete und später verschiedene Kirchenämter in Braunschweig übernahm. Der Roman spielt in einer Ritterwelt, die in das 3. nachchristliche Jahrhundert vorverlegt ist. Der Plot ist frei erfunden, wirkt aber wie eine Historie früherer Zeit. Es sind – nach dem Titel – Wunder-Geschichten, in die historische Daten eingearbeitet werden. Zur besseren Orientierung finden sich eine Inhaltsangabe und ein Personenverzeichnis als Paratexte. Die Handlung hat Buch(h)-oltz polyhistorisch konzipiert: Verschiedene Erzählstränge laufen parallel, werden aber immer wieder zusammengebracht. Der Held des Romans, Herkules, wird als Sohn Heinrichs, des Großfürsten der Deutschen, eingeführt. Räuber überfallen und entführen ihn. Bald kann ihn Ladislas, sein Jugendfreund, befreien. Herkules revanchiert sich, indem er seinerseits Vladiska, die Schwester Ladislas, rettet. Hinzu kommen noch unzählige weitere Abenteuer. Alle Gestalten sind ständig in Bewegung, reisen und geraten in große Schwierigkeiten. Immer wieder müssen ritterliche Tugenden und eine christliche Gesinnung bewiesen werden. Und immer siegt schließlich das Gute.

Der Roman soll unterhalten, erbauen, belehren und bekehren, das heißt, zum wahren christlichen Handeln führen. Gegenbilder des christlichen *Herkules* sind ausdrücklich die *Amadís*-Ritterromane, die seit Mitte des 16. Jahrhunderts in hoher Auflage Europa überschwemmen. Sie erscheinen verwerflich, weil ihnen die wahre ›Gottesfurcht‹ fehlt. Der dort entworfenen phantastischen Wunderwelt und ihren Ungereimtheiten stellt der *Herkules* eine chronologisch stringente Erzählung entgegen (Rötzer 1972a, 82; Spellerberg 1985, 320). Gleichwohl erinnern die Erzählweise, die Zeichnung der Figuren (als Ritter) und das Genre (Rittererzählung) an genau diesen älteren Romantyp. Dem *Herkules* lässt der Autor einige Jahre später einen weiteren Roman in bewährter Manier folgen: *Der Christlichen Königlichen Fürsten Herkuliskus Und Herkuladisla [...] Wunder-Geschichte* (1665).

Einer der wichtigsten Autoren des höfisch-historischen Romans ist **Anton Ulrich von Braunschweig-Wolfenbüttel.** Der Herzog ist der Sohn Augusts des Jüngeren, der die Bibliothek in Wolfenbüttel gegründet hatte. Zu seinen einflussreichen Erziehern gehörten die Dichter und Gelehrten Julius Georg Schottel(ius) und Sigmund von Birken. Die höfisch-historischen Romane des Herzogs sind insofern besondere Beispiele dieser Gattung, weil der Autor zur Zeit der Abfassung einige Zeit Mitregent seines Landes war. Die staatsphilosophischen Exkurse der Romane können also auf politische Konstellationen und das Selbstbewusstsein des absolutistisch regierten Kleinstaates bezogen werden. Hier schreibt ein Fürst für den Adel. Gleichwohl handelt es sich um fiktionale, um gestaltete Welten, über die der Autor – wie ein idealer Fürst – souverän herrscht. Dies wird auch von **Gottfried Wilhelm Leibniz** in seinem Brief an den Herzog betont. Er sieht den romanschreibenden Autor in der Position eines allmächtigen Gottes:

Es ist ohne dem eine von der Roman-Macher besten künsten, alles in verwirrung fallen zu laßen, und dann unverhofft herauß zu wickeln. Und niemand ahmet unsern Herrn beßer nach als der Erfinder von einem schönen Roman. (Leibniz an Anton Ulrich, 26. 4. 1713, in: *Theorie und Technik des Romans*, 67 f.)

Der Verwirrung der Romanhandlung soll – nach Leibniz – eine »entknötung« (67) folgen. Die Souveränität des Erzählers über seine Handlung macht ihn mit Gott vergleichbar. Hierin eine Blasphemie zu sehen, wäre falsch. Der gelungene Roman erscheint als Abbild der Welt; deshalb dient er dem Lob Gottes.

Zwei wichtige Romane werden zum Werk Anton Ulrichs gerechnet: *Die Durchleuchtigste Syrerinn Aramena* (1669–73) und *Octavia / Römische Geschichte* (1677–1707, überarbeitet 1712–14, VII, 1762). Beide Romane sind im Grunde Gemeinschaftswerke; sie wurden von anderen Personen überarbeitet und fortgeführt. Die ursprüngliche Konzeption stimmt deshalb nicht mit den fertigen Romanen überein. Begonnen hatte die schließlich 3800 (!) Octavseiten umfassende *Aramena* eine Schwester des Herzogs, **Sibylla Ursula**. Sie war, zusammen mit ihrem Bruder, eine wichtige Übersetzerin französischer Romane und stand wie er mit Madeleine de Scudéry im Briefwechsel. Später vollendete Anton Ulrich zusammen mit Birken die *Aramena*.

Die Handlung des Romans ist sehr verworren; die Figuren treten in verschiedenen Masken auf, werden verwechselt bzw. sind verschlüsselt dargestellt. Auch das *gender-crossing* (die Vertauschung der Geschlechterrollen) erschwert – wie in mancher komplizierten Barockoper – die Übersicht. Aramena erscheint in drei weiteren Figuren: Sie wächst als untergeschobenes Kind in der Fremde auf; sie tritt als Ritter Dison auf und sie wird mit ihrem Bruder verwechselt. Ihr vermeintlicher Vater erweist sich als ihr Onkel, der sie zur Frau begehrt. Vor ihm flieht sie, findet zum richtigen Glauben und heiratet schließlich den Keltenfürsten Marsius. Insgesamt 34 Hauptpersonen und 17 Hochzeiten können gezählt werden (Meier 1999, 310).

Der zweite Roman des Herzogs, die unvollendet gebliebene monumentale *Octavia*, bringt es auf 24 Paare. Auch im Umfang übertrifft er noch den Erstling; er hat in der zweiten Fassung 7237 Seiten. Dies sei »gar ein artiger roman«, schreibt 1695 Liselotte von der Pfalz an die Kurfürstin Sophie von Hannover; die »inventionen« (poetischen Einfälle) des Herzogs seien beeindruckend (*Briefe*, 108). Schauplatz ist das Rom Neros, das unter anderem aus der *Agrippina* (1665) Lohensteins bekannt war. Octavia, eine heimliche Christin, ist die unglückliche Gattin des Kaisers. Sie liebt und heiratet – nach Neros Tod – den armenischen König Tyridates. Dies ist aber nur eine von unzähligen verworrenen und verschlüsselten Handlungen des Romans, bei denen es um Schiffbruch, Überfall, Entführung, Kindsvertauschung, Intrigen und Verwechslungen geht. Die Geschichte setzt, getreu dem Heliodor-Schema, *in medias res* ein; die Vorgeschichten werden dann in überlangen Rückblenden nachgeholt. Auch der historische Schauplatz weitet sich aus: Neben der römischen Geschichte rückt die germanische, der gesamte mittlere und der ferne Osten in den Blick. Die neuere Forschung sieht den Roman als Seismograph des Übergangs um 1700 (Kraft 2004).

Lohensteins *Großmüthiger Feldherr Arminius*

Zu den bedeutenden Werken der Barockzeit gehört zweifellos Daniel Casper von Lohensteins *Arminius*-Roman (1689/90). Auch er konnte – wie die *Octavia* – nicht vom Autor vollendet werden. Der jüngere Bruder Johann Casper, der auch einen biographischen Versuch zu Daniel Casper (1685) verfasste, unternahm einen ersten Versuch, den Roman zu beenden; der Theologe Christian Wagner fügte schließlich das letzte, das 18. Buch, an. Ergänzt wird der Roman durch einen romantheoretisch bedeutsamen »Vorbericht an den Leser«, dessen Autor unbekannt blieb, und durch umfangreiche »Allgemeine Anmerkungen«. Für orientierungsbedürftige Leser/innen des Großromans sind die beigegebenen Stammbäume hilfreich. Vor nicht allzu langer Zeit hat die Forschung die genannten Paratexte, insbesondere die Anmerkungen als die »noch immer wichtigste Interpretation« bezeichnet (Asmuth 1971, 62). Sie bestimmen drei Absichten, die der Haupttext verfolge: die Erzählung einer Liebesgeschichte sowie die Verfolgung patriotischer und didaktischer Intentionen. Auch der vollständige **Titel** ist aussagekräftig und liefert – gleich einer Inscriptio – erste Deutungen:

Großmuethiger Feldherr Arminius oder Hermann, Als ein tapfferer Beschirmer der deutschen Freyheit, Nebst seiner Durchlauchtigen Thußnelda In einer sinnreichen Staats- Liebes- und Helden-Geschichte Dem Vaterlande zu Liebe Dem deutschen Adel aber zu Ehren und ruehmlichen Nachfolge in Zwey Theilen vorgestellet [...].

Das Titelblatt hebt hervor, dass es sich bei dem Werk um mehr als bloß einen einfachen Roman handelt; so werden gleich drei Gattungen genannt, eine »Staats- Liebes- und Heldengeschichte«. Der Held des Romans, ein Feldherr der Germanen, erhält im Titel die barocke Tugend Großmut (*magnanimitas*) zugeordnet. Sie ist besonders für hohe Würdenträger im Staat und andere Politiker (wie Papinian im Drama von Gryphius) vorbehalten. Diese Tugend wird von einer historischen Person – Hermann, der Cherusker – konkretisiert. Im Titel folgt dann dessen größte historische Tat: die Erhaltung der ›Freyheit‹ und die Verhinderung der römischen Okkupation. Der Roman wäre kein Roman, würde er nicht auch eine Liebesgeschichte erzählen. Also wird im Titel Thusnelda genannt, von der Arminius (= Hermann der Cherusker) lange Zeit getrennt leben musste. Hierauf folgt die genauere Gattungsbezeichnung. Eine Widmung an den deutschen Adel und das Vaterland ergänzt die Hinweise, so dass der Staatsroman sich auch als konkreter Fürstenspiegel zu erkennen gibt.

Der Roman beginnt damit, dass die versammelten deutschen Fürsten den Tod der Fürstin Walpurgis betrauern. Sie hat Selbstmord begangen, um den Nachstellungen des Römers Varus, Hermanns Gegenspieler, zu entgehen. Hermann ruft deshalb zum Krieg gegen die Römer auf; er wird zum obersten Feldherrn gewählt. Die folgende Teuteburger Schlacht (oder ›deutschburger Schlacht‹, wie es im Roman heißt) endet mit der Niederlage der Römer. Anonym kämpft auch Thusnelda mit. Zufällig trifft sie in der Schlacht auf ihren zu den Römern übergelaufenen Vater, den sie besiegt. Nun begeht Varus zusammen mit einigen Edlen Selbstmord. Die Römer werden vertrieben und Hermann zieht als Sieger nach Deutschburg ein. Schließlich beabsichtigt er, Thusnelda zu heiraten; aber zur Ehe muss der gefangene Vater und einstige Verräter sein Ja-Wort geben. Bevor es zur Hochzeit kommt, wird Thusnelda von ihrem Vater und einem Feind Hermanns, Marbod, entführt. Im folgenden Bürgerkrieg befreien Hermann und seine Gefolgsleute die schöne Frau. Der erste Teil endet mit der Hoch-

Daniel Casper von Lohenstein: *Großmüthiger Feldherr Arminius oder Hermann* [...],
Leipzig 1689/90, Titelblatt

zeit, zu der aus Rom glücklicherweise und überraschend der Bruder und die Mutter
der Braut/Thusneldas anreisen.

Eigentlich sind nun die Verwicklungen des Romans geklärt und der historische
Stoff zu Ende fabuliert. Der Roman muss für die Fortsetzung also noch einmal neu
ansetzen; dies ist für die Gattung eher ungewöhnlich. Für den zweiten Teil erfindet der
Erzähler weitere komplizierte Handlungsstränge: etwa einen neuen Krieg mit Rom,
einen Sohn von Thusnelda, eine erneute Entführung der Schönen, nun nach Rom,
deren Flucht und schließlich einige Hochzeiten, die diesen Teil schließen.

Die **staatspolitische Position des Romans** kann als reichsständig bezeichnet
werden. Lutherische Vorstellungen sind unübersehbar. In der Aufnahme des Her-

mann-Stoffes zeigt sich zudem ein deutlich reichspatriotischer Aspekt. Insofern stützt der *Arminius*-Roman kaum absolutistische Vorstellungen, wie etwa der französische Staatsroman oder die Romane Herzog Ulrichs. Borgstedt (1992, 82–125, 215–277) weist auf die neue Liebesethik des Romans hin, die schon an Vorstellungen von Thomasius erinnere. So stelle der Roman eine Abkehr vom Ideal der totalen Affektbeherrschung durch den Fürsten dar. Der Roman beansprucht für die historiographischen Partien eine korrekte Darstellung, die sich nicht nur auf Geschichtsschreiber, sondern auch auf Quellen beruft (Lohenstein: *Arminius*, Vorbericht, [5]). Hinter der Darstellung des historischen Geschehens verbergen sich aber politische Konstellationen – ein Aktualisierungsverfahren, das durch die heilsgeschichtliche Geschichtssicht ermöglicht wird. Der Erzähler denkt in geschichtlichen Schemata, bei denen historische und politische Analysen in einem Bezugsverhältnis stehen. Die Auseinandersetzung zwischen Deutschen und Römern referiert auf die Rivalität zwischen Frankreich und Deutschland. Der Cherusker-Fürst verweist auf Leopold I. von Habsburg. Hinter Marbod verbergen sich Cromwell und Gustav Adolf von Schweden; der Bürgerkrieg hat seine Parallele im Dreißigjährigen Krieg (zum Verfahren vgl. Rösch 2004). Der »Vorbericht an den Leser« zeigt, dass diese Romankonstruktion von den Zeitgenossen durchaus bemerkbar war:

> Was nun diese seine Arbeit anbelanget / so wolle der hochgeneigte Leser solche nicht durchgehends vor ein blosses Getichte / oder so genennten *Roman* halten. Denn ob man zwar wol gestehen muß: daß die Grich= und Römischen Geschichtschreiber nicht so viel wunderliche Zufälle und weitläufftige Umstände anführen; so wird man sich doch diß nicht gantz befrembden lassen. [...] Weßwegen zwar zuweilen ein=oder die andern Umbstände als ertichtet zu sein scheinen; doch aber / daß sie nicht durchgehends vor blosses Fabelwerck zu halten sind / entweder in der alten oder neuen Geschichte ihre gewisse Ursachen und die Wahrheit zum Grunde haben. Welches der in den Alterthümern und Geschichten bewanderte Leser leicht mercken / die Räthsel auflösen / und die rechten Trauben von den gemahlten zu unterscheiden wissen wird. (Lohenstein: *Arminius*, Vorbericht, [5])

Der Wert des *Arminius* liegt nicht nur im Staatspolitischen und Historischen. Er erscheint auch als eine **implizite Enzyklopädie**, da er wesentliches Wissen seiner Zeit (und zwar auch naturwissenschaftlich-technisches) versammelt. In dieser Funktion rückt der polyhistorische Roman, der parallel mehrere Geschichten erzählt, in die Nähe des antiken Epos. Auch das hat schon der »Vorbericht an den Leser« in Ansätzen gesehen (Lohenstein: *Arminius*, Vorbericht [2, 7, 13]).

Der *Arminius*-Roman kann zwar nicht die Funktion eines Nationalepos übernehmen, doch steht er immerhin am Anfang einer intensiven poetischen Auseinandersetzung mit dem nationalen Hermann-Stoff in den kommenden Jahrhunderten (J. E. Schlegel, Wieland, Klopstock, H. v. Kleist). Sein außergewöhnlicher Rang wurde schon von den Zeitgenossen – etwa von Neukirch und Thomasius – erkannt. Selbst Gottsched, gewiss kein Lohenstein-Freund, zählt ihn unter die »deutsche[n] Romane« (*Critische Dichtkunst*, 526), die man nicht vergessen sollte. Noch Lessing lobt ihn 1753 als eines der besten Originale dieser Romanform. Später freilich sprechen Kritiker despektierlich vom Roman des Lohenstein'schen Typs als »toll gewordene Realenzyklopädien« – so ein geflügeltes Wort Eichendorffs (*Sämtliche Werke*, IV, 102).

Die Asiatische Banise von Ziegler-Kliphausen

Mit Heinrich Ans(h)elm von Zi(e)gler-Klip(p)hausens Roman *Die Asiatische Banise /
Oder Das blutig= doch muthige Pegu* (1689) kommt am Ende des Jahrhunderts
beim gleichen Verleger wie Lohensteins *Arminius* ein Publikumserfolg auf den
Markt. Der Roman gehört zu den »beliebtesten und meistgelesenen Romanen des
17. Jahrhunderts« (Szyrocki 1997, 383). Allerdings genoss er bei Gelehrten seiner
Zeit und bei der Fachwelt ein deutlich geringeres Renommee (Meier 1999, 313).
Ein Grund hierfür könnte der bewusst schlichtere Stil sein; so betont das Vorwort
der *Banise*, dass der Erzähler sich »einer leichten und gewöhnlichen Redensart
bedienen« wolle. Und wer die »Vollkommenheit deutscher Sprache zu sehen be-
liebe«, der solle den unvergleichlichen *Arminius* zur Hand nehmen (*Banise*, 13).
Auch die Einführung einer komischen Figur – der Knappe Scandor – zeigt, dass
sich der Roman von der strengen höfisch-historischen Form entfernt hat. Offenbar
spricht der Roman auch ein deutlich anderes Publikum an: Im Blickfeld ist nun
auch eine weniger gelehrte Leserschaft, die ein Interesse für spektakuläre Ereignisse und exotische Nachrichten entwickelt hat. Die am Ende des 17. Jahrhunderts
entstehenden »Klatschrelationen« (Fauser 1997; s. Kap. 4.6, 8.5) – eine Art *yellow
press* der Barockzeit – zielten vermutlich auf einen ähnlichen Rezipientenkreis. Mit
der *Banise* liegt insofern weniger eine gelehrte Repräsentationsdichtung vor, als ein
historischer Roman, der aufgrund seines Stils und seiner »*Barbarismi*« (*Banise*,
13) ein gewisses Lesevergnügen verspricht. Dieser Hinweis auf die dargestellten
exotisch-gewalttätigen Exzesse, die im Roman präsentiert werden, hat sicher die
Absicht, Leser zu werben.

Tatsächlich setzt der Roman schon mit einer Brutalität ein, die ihresgleichen
sucht. Der Prinz Balacin liefert sich einen blutigen Säbelkampf mit hinterrücks an-
greifenden Bramanen. Zwar kann er seine Angreifer niederstrecken, doch wird auch
er verwundet. Er schleppt sich in eine Höhle, wo er der erkalteten und zerstückelten
Opfer eines Pogroms gewahr wird. Als er nach seinem Säbel greifen will, bekommt
er »bald eine eiskalte Hand, bald einen Kopf voll Haare und andere bereits vermo-
derte Menschenglieder in die Hand« (*Banise*, 19). Doch reicht dem Erzähler dieser
entsetzliche Einstieg in die Geschichte noch nicht aus. Ein angriffslustiger Tiger wird
von dem geflossenen Blut angelockt; ihm schlägt der mutige Prinz zuerst die Pranke
ab, ehe er ihn »nach vielen Hieben und Stichen vollends« erlegt (ebd., 20).

Der Roman behandelt einen historischen Stoff aus der Geschichte Birmas und
Siams, der sich im 16. Jahrhundert zugetragen hat. Kaiser Xemindo wird von dem
Tyrannen Chaumigrem gestürzt und ermordet. Die schöne Prinzessin Banise, zu der
er sich hingezogen fühlt, entführt er. Prinz Balacin kämpft einerseits um die Befreiung Banises, andererseits um die Wiedererrichtung einer guten Staatsordnung. Am
Ende steht die glückliche Hochzeit des Prinzen mit seiner Banise. Deren Name kann
als Anagramm von ›Sa–bine‹ entschlüsselt werden; so hieß jedenfalls die Ehefrau
des Autors (Pfeiffer-Belli 1968, 473). Außerdem stellt sich über das Anagramm eine
Assoziation zum Raub der Sabinerinnen her. Dies war in der Antike das Paradigma
einer Entführung, mit der ein Herrschaftsanspruch manifestiert wurde. Das Hoch-
zeitsfest zwischen Banise und Balacin wird durch die Aufführung einer portugiesischen
Komödiantengruppe gestaltet. Die »theatralische Handlung, nach europäischer Art«
(*Banise*, 423) wird am Ende des Romans abgedruckt. Ziegler hat dabei ein italienisches
Opernlibretto, das Hallmann übersetzt hat, bearbeitet.

Die *Asiatische Banise* dient keineswegs nur der vergnüglichen Lektüre. Sie vertritt auch höfische Vorstellungen. Xemindo tritt als absolutistischer Herrscher auf, der Prinz Balacin als vorbildlicher und standhafter Held. Diesen beiden stehen Tyrannen wie Chaumigrem entgegen. Letzterer beruft sich auf eine falsch verstandene, machiavellistisch ausgelegte Staatsraison. Insofern wird trotz des exotischen Stoffs eine typisch barocke Herrschaftskonstellation, wie sie auch in den Geschichtsdramen zu finden ist, vermittelt. Auch die Behandlung des historischen Stoffs kann als durchaus typisch angesehen werden. So zeigt sich in Zieglers Roman ein »Erzählen, das sich [...] als exemplarische Realisierung normativ und dogmatisch vorgegebener Gewißheiten versteht« (Frick 1988, I, 74). Die Präsentation des Geschichtsverlaufs ist aus der Sicht barocker Geschichtstheorie also paradigmatisch.

Neben den genannten ›Klassikern‹ des höfisch-historischen Romans gab es im 17. Jahrhundert auch einige von der vorgeprägten Form **abweichende Beispiele**. Gegenstand und Struktur entsprechen zwar noch dem vorgegebenen Muster, die staatsphilosophischen, ethischen und theologischen Gattungsvoraussetzungen werden aber nicht mehr erfüllt (Meid 1974, 61). Wichtigste Autoren dieses Romantyps sind Eberhard Guerner (Werner) Happel und Joachim Meier.

Eine Sondergruppe im Feld des höfisch-historischen Romans stellen die **religiös-erbaulichen Romane Zesens und Grimmelshausens** dar. Philipp von Zesen hat zwei Bibelromane vorgelegt: *Assenat* (1670), eine Bearbeitung der Josefsgeschichte, und *Simson* (1679). Grimmelshausens nicht-satirische Romane werden von der Forschung als »Idealromane« bezeichnet. Der Terminus sei eine »Verlegenheitslösung«, die aber anzeige, dass die Texte eigentlich auch nicht zur höfisch-historischen Gattung zu rechnen seien (Meid 1984, 180, 184 f.). Die bislang von der Forschung eher vernachlässigten Romane Grimmelshausens sind die auf der Bibel und den *Jüdischen Altertümern* des Flavius Josephus basierende *Histori vom keuschen Joseph in Egypten* (1667), *Dietwald und Amelinde* (1670), der auf ein Meisterlied des 15. Jahrhunderts zu beziehen ist, und *Proximus und Lympida* (1672), der ein Predigtmärlein verarbeitet. Alle drei Romane verstehen sich als historische Romane, das heißt, sie kompilieren eine Reihe von Geschichtsdarstellungen. Trotz dieser historischen Orientierung überwiegen die erbaulichen Momente (Meid 1984, 183). Die Romane zielen in erster Linie auf die exemplarische Vermittlung eines christlichen Lebenswandels.

7.5 Mischformen: Zesen, Beckh, Stockfleth

Die Darstellung der mittleren Romangattung – Mischformen und Schäferromane (s. Kap. 7.6) – muss mit drei Sonderfällen beginnen, die aus dem eingeführten Gattungsraster herausfallen. Sie sind freilich durchaus beachtenswerte Beispiele barocker Prosa. Die Texte werden als »eigenwillige, am eher privaten Lebensbereich interessierte« Romane (Spellerberg 1985, 324 f.) beschrieben. Die Forschung hat auch – mit Blick auf die Entwicklung des Romans – von »bürgerlich-höfischen Mischformen« gesprochen (Rötzer 1972a, 74; Meid 1974, 71). Ihre Prosa ist durchweg einfacher gebaut, weniger umfangreich und leichter lesbar als die der hohen Romane.

Vor allem **Philipp von Zesens *Adriatische Rosemund*** (1645), ein Roman über die fatalen Folgen einer ›Liebe auf den ersten Blick‹, verdient Beachtung. Vermutlich kann man ihn als ersten deutschen Originalroman bezeichnen. Aus dem kunstsinnigen Schlesien stammt der adelige Dichter Markhold, der sich in die venezianische Kaufmannstochter Rosemund verliebt hat. Er begegnet ihr in Amsterdam, wo sie sich wegen der Kriegswirren in Mitteleuropa aufhält. Konfessionsunterschiede – sie ist katholisch, er protestantisch – verhindern aber eine Verbindung der beiden. Den Dichter zieht es in die Ferne, wo er in einem bewegten und geselligen Leben einige Abenteuer zu bestehen hat. Rosemund hingegen wählt die einsame Schäferei, um die unerfüllte Liebe zu Markhold zu verarbeiten. Die Rückkehr des Geliebten nach Amsterdam unterbricht nur, aber beendet nicht die Qualen der Liebe. Die ausführlichen Gespräche mit Rosemund gleichen einem Konversationsspiel mit erotischen Momenten (Krebs 1997, 404 ff.). Die Ehe bleibt aber unmöglich. Markhold muss wieder abreisen und »die wunderschöne Rosemund [wird] ihres jungen lebens weder satt, noch froh, und verschloß ihre zeit in lauter betrübnis« (Zesen: *Adriatische Rosemund*, 262). Eine Fortsetzung der Geschichte, die eine Freundin übernehmen soll, kündigt der Erzähler an. Sie wird von Zesen nicht realisiert.

Der Roman gilt aufgrund seiner autobiographischen Reminiszenzen (v. Ingen 1970, 44) und der Schilderungen von Seelenzuständen als geradezu unbarockes Werk. Obwohl die *Adriatische Rosemund* häufig zur Gattung ›Schäferroman‹ gerechnet wird (etwa bei Szyrocki 1997, 367 und Fischetti (Hg.) 1980, 266), kann sie – im engeren Sinne – kaum als solcher bezeichnet werden. Nicht von der Hand zu weisen ist, dass der Roman Schäfermotive aufnimmt. In Markholds Welt spielt das Bukolische freilich keine besondere Rolle. Auch Rosemunds Habitus erweist sich als nicht immer schäferlich. Dies wird von den Figuren des Romans sogar thematisiert, etwa von Adelmund, der engsten Freundin:

> Ich vermeinte, daß ich eine Schäferin besuchen wollte, aber ich befinde, daß unter einer schäferin tracht die allersinnlichste und gnaueste höflichkeit [...] verborgen liegt. [...] Einer schäferin, hätt ich nicht gedacht, daß es anstehen sollte, oder daß sie in dergleichen nur etwas erfahren wäre. (Zesen: *Adriatische Rosemund*, 114)

Ausgangspunkt der freundschaftlichen Kritik Adelmunds ist ein typisch barockes Spiel mit Verkleidungen und Masken. Rosemund hat sich in ihr Schäferleben eingerichtet, als sie Adelgunde und ihr Bruder zuerst unerkannt und ebenfalls in der Schäfertracht besuchen. Doch Rosemund verhält sich nicht wie es die Rolle vorgibt. In der Larve einer Schäferin zeigt sie sich als redegewandte Hofdame. Dieser Habitus entspricht durchaus ihrem ursprünglichen Stand.

In diesen Brechungen spiegelt sich die Sprechweise des Romans, der in seinen Verfahren bewusst **zwischen den Gattungen** oszilliert. Für eine Zuordnung zum Schäferroman sprechen – neben dem Lebensraum Rosemunds – auch die lyrischen Einlagen, die allerdings längst nicht so dominant sind wie in Prosaeklogen. Die »schäferlichen Merkmale« reichen wohl letztlich »nicht aus«, um die *Adriatische Rosemund* »einen Schäferroman zu nennen« (v. Ingen 1970, 45). Der *in-medias-res*-Eingang und die nachgeholte Vorgeschichte greifen das Heliodor-Muster auf, das auf den hohen Roman verweist. Doch der Schluss »weicht entscheidend vom genannten Typus ab« (v. Ingen 1970, 45). Nicht die Hochzeit der Liebenden, sondern ihre endgültige Trennung beendet die Geschichte. Auch die soziale Position der Figuren entspricht nicht der höfisch-historischen Form. Markhold und Rosemund gehören nicht der politisch bedeutsamen Führungselite, sondern eher einer wohlhabenden bürgerlichen Schicht an. Schließlich ist die erzählte Zeit nicht historisch; der Roman spielt in der

Gegenwart. Als Fazit der Gattungsüberlegungen ergibt sich »eine besondere deutsche ›Mischform‹« (Krebs 1997, 401), die Elemente der höfisch-historischen Gattung *und* des Schäferromans enthält (Meid 1974, 71). Krebs sieht auch eine »Verbürgerlichung des sentimentalen Staatsromans französischer Prägung« (1997, 401).

Die Problematisierung des Konfessionskonflikts und die Erwähnungen des (Dreißigjährigen) Kriegs, der die Romanfiguren zur Flucht aus ihrer Heimat treibt, zeigen, dass die *Adriatische Rosemund* kein unpolitischer Text ist. Die nicht realisierbare private Liebe von Markhold und Rosemund verweist modellhaft auf die historische und politische Situation in Deutschland zur Zeit der Abfassung des Romans. In der Forschung wird sogar ein Spiegelverhältnis konstatiert (I. Breuer 1999, 583). Die Schäferin Rosemund kann als Allegorie der Friedenssehnsucht und der Beständigkeit (*constantia*) gewertet werden.

Im Roman findet sich aber darüber hinaus ein regelrechter politischer Exkurs: Der Erzähler hat eine »Beschreibung der Stadt Venedig, aus vielen bewährten ur- und geschichtschreibern kürzlich zusammen gezogen«, in den Roman integriert (Zesen: *Adriatische Rosemund*, 179 ff.). Sie enthält Hinweise auf die »Beschaffenheit des Venedischen Stadtwesens« (205), also die Darlegung einer republikanischen Verfassung. Zur Diskussion steht, ob dieser Exkurs tatsächlich schon »eine Skepsis gegenüber absolutistischen Tendenzen« erkennen lässt (I. Breuer 1999, 584) oder doch eher einem gelehrten Interesse folgt.

An der *Adriatischen Rosemund* orientiert sich auch die **Elbianische Florabella** (1667) von **Johann Joseph Beckh** (Johann Josef Bekkh), der sonst als Verfasser von geistlichen Texten und Prosadramen in Erscheinung tritt. Auf die Nähe zu Zesens Roman weist vor allem der analog konstruierte Titel. Aber auch inhaltlich gibt es Parallelen: In der *Elbianischen Florabella* geht es ebenfalls um einen konfessionellen Konflikt. Als Held des Romans tritt Talander, ein *poeta doctus* auf; er hat sich in die anziehende Florabella verliebt. Konfessionsunterschiede machen auch hier die Ehe unmöglich; am Ende stirbt die Angebetete. Ihr Tod ist zwar tragisch, hat aber auch ›sinnvolle‹ Aspekte: Er lässt Talander schließlich »nach Einem ordentlichen Beruff« (Beckh: *Elbianische Florabella*, 307) verlangen; der Held wird eine Art (Berufs-)Poet.

Der dritte Roman, der unter der Rubrik Mischformen zu nennen ist, heißt: *Die Kunst= und Tugend=gezierte Macarie* (1669–1673). Er ist eine Gemeinschaftsproduktion von **Heinrich Arnold und Maria Katharina Stockfleth**. »Ausnahmsweise« tritt hier also eine weibliche »poeta doctus« als barocke Romanautorin auf (I. Breuer 1999, 585). Sie gehörte dem gelehrt-schäferlichen Pegnitzorden an (Szyrocki 1997, 169). Es ist nicht auszuschließen, dass Goethe bei der Gestaltung der Makarie-Figur in den *Wanderjahren* an diesen Barockroman dachte. Thema des Romans ist eine ›Entsagung‹ vom Hofleben und die Suche nach einer »moralischen Provinz« (Meid 1974, 72). Die Abkehr vom Hof erbringt »eine sittliche oder religiöse, nicht [...] eine politische Freiheit« (Meid 1977, 62). Im ersten Teil des Romans überwiegt die kritische Darstellung höfischen Lebens, zu der auch das ›verkehrte‹ Schäferleben zu rechnen ist, im zweiten die Ausgestaltung des Bukolischen. Polyphilus und Macarie sind die beiden Protagonisten des Romans, die das Schäferleben wählen. Es bietet Möglichkeiten, sich der Kunst, Tugend und Religion zu widmen.

Neben den genannten Romanen werden von Jürgen Mayer (1976) noch vier »Mischformen« angeführt, die durch die Verbindung verschiedener Romantechniken die vorgegebenen poetischen Grenzen überschreiten: Hieronymus Dürers *Lauf der*

Welt (1668), Johann Riemers *Der politische Stockfisch* (1681), Erasmus Grillandus' *Hasen-Kopff* (1683) und Johann Sigismund Hugos *Christ-Adeliger Otto* (1684). In diesen Romanen sind Elemente des höfisch-historischen und des pikaresken Romans verbunden worden, ohne dass freilich eine neue Form der Großprosa dadurch entsteht.

7.6 Bukolische Prosa

Systematische Aspekte

Die Schäfer- und Landlebendichtung ist ein komplexes Feld innerhalb der frühneuzeitlichen Literatur, die verschiedene Gattungen nutzt; sie hat zudem eine lange Tradition. Mit Blick auf antike Vorstellungen kann zwischen Bukolik und Georgik und zwischen Schäferdichtung in Prosa und solcher in Versen unterschieden werden. Im Barock findet man Pastoralopern, Hirtengedichte, Dialoge oder Romane, die im Schäfermilieu spielen; man trifft auf Lob- und Lehrgedichte über das Landleben oder auf regelrechte Anleitungen zur richtigen Landwirtschaft. Um sich in diesem Feld Klarheit zu verschaffen, müssen deutliche Unterscheidungen getroffen werden (Rusterholz 1985, Lohmeier 1977 und 1981, Garber 1974 und 1982). Doch dürfen alle begrifflichen Bestimmungen nicht darüber hinweg täuschen, dass es im Einzelfall häufig zu Überschneidungen kommt und nicht wenige Mischformen zu analysieren sind.

Bukolik und Georgik im 17. Jahrhundert:

- Georgik (Landlebendichtung oder laus ruris-Dichtung)
- Bukolik (Schäfer- oder Hirtendichtung)

Bukolik (nach Gattungen):

- Prosaekloge (Gesellschaftsschäferei)
- Schäferroman (Individualschäferei)
- Bukolische Oper (Pastoraloper)
- Pastoral (Schäferspiel)
- Ekloge (bukolische Lyrik, Hirtengedichte)

Unter Georgik – nach Vergils *Georgica* (37–29 v. Chr.) – werden jene Texte rubriziert, die das Landleben oder den Feldbau loben; sie stellt den Bauern (und nicht den Schäfer) ins Zentrum ihrer Ausführungen und vermittelt häufig Lehrinhalte. In der Regel arbeitet die Georgik nicht mit Narrationen. Lehrschriften im engeren Sinne (*oeconomia*, s. Kap. 8.3) können von solchen Texten unterschieden werden, die auf dem Land eine bessere Lebensform verwirklicht sehen (*laus ruris*, s. Kap. 5.3). Traditionsstiftend ist die 2. Epode des Horaz' (»*Beatus ille* ...«); als ein bekanntes barockes Beispiel dieses Genres wäre Martin Opitz' *Lob des Feldtlebens* (1623) zu nennen.

Anders als die Georgik wird die **Bukolik** im Rahmen der erzählenden Barockprosa besprochen. Sie hat Schäfer und Hirten als Personal und bezieht narrative

Elemente mit ein, um das positive, oft auch utopisch gedachte, Schäferleben als Daseinsform darzustellen; nicht selten ist die narrative Komponente der Texte allerdings zugunsten expositorischer Partien stark reduziert. Die Schäferdichtung nutzt allegorische Figuren und Konstellationen, während die Georgik die Dinge konkreter beim Namen nennt. Die Bukolik im deutschsprachigen Bereich umfasst Gedichte, dramatische Texte und Prosatexte; Mischformen sind häufig.

Innerhalb der deutschsprachigen Prosa-Bukolik des 17. Jahrhunderts muss man zwischen der **Prosaekloge** und dem **Schäferroman** unterscheiden. In der Prosaekloge geht es um Personen meist hohen Standes, die sich in Schäferkleidern gegenseitig bukolische Verse vortragen. Diese Untergattung der Bukolik mischt also Prosapartien mit lyrischen und dramatischen. Die Einschübe aus anderen Gattungen erhalten ein eigenes, repräsentatives Gewicht. Als Schäferromane werden im Bereich der deutschen Literatur kürzere Liebesromane im Schäfermilieu bezeichnet. Ziel ist die Entfaltung einer ›privaten‹ Beziehung; die eingestreuten Lieder und Briefe sind der Erzählung untergeordnet. Sie richten sich an die Geliebte oder den Geliebten. Die eher problematische Bezeichnung ›Schäferroman‹ für diese nach barockem Verständnis recht kurzen Texte ist durch eine in diesem Zusammenhang immer wieder zitierte Textsammlung eingeführt (*Schäferromane des Barock*). Sie wird deshalb auch hier verwendet.

Die genannten beiden **Gattungsbezeichnungen** sind heute wohl die gängigsten, bleiben aber **umstritten**. Die ältere Forschung unterscheidet zwischen ›Gesellschaftsschäferei‹ und ›Individualschäferei‹ (Meyer 1928). Man liest ebenfalls ›Gelegenheitsschäferei‹ (Rusterholz 1985, 361) und ›pastorale Liebeserzählung‹ (I. Breuer 1999, 578 ff.). Die Begriffspaare decken etwa den gleichen Bereich ab, obwohl sie unterschiedlich begründet werden. Die ältere Terminologie Meyers bezieht sich zum einen auf die Grundstruktur der Dichtung, auf den Gegensatz von gelehrter Geselligkeit und ›privater‹ Liebesgeschichte, zum anderen auf die Erzählform, nämlich auf den Unterschied von polyhistorischer Erzählung und einsträngigem Liebesroman. Rusterholz differenziert eher nach Anlass. Breuer macht den Versuch, den deutschen Schäferroman von umfangreicheren Romanformen zu unterscheiden. Die pastorale Liebeserzählung grenzt er vom hohen und niederen Roman ab. Sie kann aber auch als deutsche Sonderform der Pastoralerzählung vom ›eigentlichen‹ Schäferroman nach europäischem Muster abgehoben werden. Dieser hat vor allem in den romanischen Ländern seit der Renaissance eine recht fest umrissene Tradition: Sannazaros *Arcadia*, 1504, Montemayors *La Diana* 1559, d'Urfés *Astrée* 1607–1627, Sidneys *Arcadia* 1590. Die genannten Romane erzählen nicht nur eine ›private‹ Liebesgeschichte, sondern entwerfen politische Modelle, führen philosophische Diskussionen und vermitteln ethische Konzepte. Die meisten dieser Romane wurden ins Deutsche übertragen, während keine deutschsprachigen Originalromane nach diesem Gattungsmuster erschienen sind. Ihre Tradition wird vor allem im höfisch-historischen Roman aufgenommen.

Prosaekloge

Die Prosaekloge (Garber 1974, 26–40) orientiert sich an der seit der Antike eingeführten Bezeichnung für Schäferdichtung (Vergils *eclogae*), die auch im 17. Jahrhundert verwendet wird, etwa in Weckherlins *Eclogen und Hürtengedichten* (1641). Den Begriff ›Ekloge‹ gebrauchen die Poeten als Synonym für bukolische Dichtung – in

Versen oder in Prosa. Sigmund von Birken beschreibt in seiner Poetik die Sonderform der Prosaekloge. Im 9. Kapitel (»*De Eclogis*«) heißt es:

> Eine andere Art von Hirtengedichten [als diejenige in Versform] ist / wann man in ungebundener Rede schreibet / und Gebänd=Reden untermänget. (Birken: *Teutsche Rede- bind- und Dichtkunst*, 300)

Prosaeklogen präsentieren Formen der Geselligkeit gelehrter Protagonisten. Sie erzählen deren Umgang miteinander und referieren die Dichtungen, die sie sich gegenseitig vortragen. Die Erzählung des Zusammenseins ist (oft nur) der Anlass für die gelehrte Präsentation der Einlagen. Diese Art von Gesellschaftsdichtung kann kaum als Roman gefasst werden.

Von **Martin Opitz** erschien 1630 ein wichtiges Exempel dieser Gattung: die *Schäfferey Von der Nimfen Hercinie* (1630). Es ist »die erste [Prosaekloge] in Teutschland / gleichwie auch die edelste« (Birken: *Teutsche Rede- Bind- und Dichtkunst*, 301). Ihr werden im 17. Jahrhundert die Nürnberger Pegnitz-Dichtungen und später – geprägt durch Fontenelles *Discours sur la nature de L'églogue* (1688) – unter anderem so erfolgreiche Werke wie Geßners *Idyllen* (1753 ff.) folgen.

Die Ekloge von Opitz spielt nicht in Arkadien, sondern entdeckt im schlesischen Riesengebirge ihren *locus amoenus*.

> Es lieget dißseits dem Sudetischen gefilde / welches Böhaimb von Schlesien trennet / vnter dem anmutugen Riesenberge ein thal / deßen weitschweiffiger vmbkreiß einem halben zirckel gleichet / vnd mitt vielen hohen warten / schönen bächen / dörffern / maierhöfen vnd schäffereyen erfüllet ist. Du köndtest es einen wohnplatz aller frewden / eine fröliche einsamkeit / ein lusthauß der Nimfen vnd Feldtgötter / ein meisterstücke der Natur nennen. Daselbst befandt ich mich / nach dem ich mich / [...] von einem anderen orte / welcher [...] des ausgestandenen vbels wegen bey jtzo schwebenden jämmerlichen kriegen / nicht vnbekandt ist / entwiechen war. (Opitz: *Schäfferey*, 9)

Die Ekloge identifiziert die Örtlichkeit, in der sich der Ich-Erzähler befindet, recht genau; sie ist gleich zu Anfang der eigentlichen Handlung bestimmt. Die Idylle ist als Gegenlandschaft zu Orten gedacht, die vom Krieg gezeichnet wurden. Die Assoziation an den Dreißigjährigen Krieg und seine Folgen für Schlesien liegen nahe.

Erzählt wird dann die Begegnung eines gelehrten Dichters (*poeta doctus*) und seiner humanistischen Freunde mit einer Quellen-Nymphe namens Hercinie. Die Dichterfreunde treten gemäß der Gattung im Kostüm antiker Schäfer auf; es erlaubt ihnen Freiräume für Inspirationen, poetische Einfälle und Erzählungen. Die Kleidung verweist darauf, dass sich die Gesellschaft jenseits von Arbeit, Stadt und Politik der Muße widmen kann. Die Nymphe zeigt den Herren die Landschaft mit ihren Grotten und Geheimnissen; sie erzählt ihnen – als Medium der göttlichen Natur – alte Geschichten der Region.

Der Dichter selbst schwankt zwischen der Geliebten im heimatlichen Schlesien und einer gelehrten Reise nach Paris. Der Konflikt wird aber harmonisch – und nicht minder salomonisch – geklärt: Die Freunde kommen zu dem Schluss, dass die Liebe nicht an einen Ort gebunden ist. Dabei fällt die Lösung des Konflikts zwischen Gelehrtheit und Liebe an keinem zufälligen Ort. Das schlesische Arkadien am Fuße des Riesengebirges ist eine *U-topie*, nämlich ein nicht vorhandener, ein erdachter Ort.

Ein Teil der Erzählungen handelt von den Vorfahren des Widmungsträgers, eines Adeligen, bei dem Opitz wohnte. In diesen Passagen erweist sich die Prosaekloge tatsächlich als Gelegenheitsschäferei, als panegyrische Dichtung im engeren Sinne. Auffallend ist die Verbindung eines europäisch-antiken Settings mit klassischen Motiven (Schäfer, Nymphe, *locus amoenus*) mit heimatlichen Elementen. Neben der benannten Riesengebirgslandschaft ist auch die Sage vom schlesischen Berggeist Rübezahl (Opitz: *Schäfferey*, 46–48) und eine Hexenerscheinung (49–52) eingearbeitet. Ein wichtiger Bestandteil dieser Schäferdichtung ist die Darstellung eines poetischen Selbstbewusstseins, das soweit geht, auch dem Adel und den Herrschenden die Notwendigkeit der Poesie nahezulegen. Dem Poeten gesteht Opitz einen eigenen, einen ›Geistes‹-Adel zu. Die *Schäfferei* stellt außerdem politische und konfessionelle Konflikte dar.

In Opitz' Tradition steht das **Pegnesische Schäfergedicht** (1644) von **Georg Philipp Harsdörffer und Johann Klaj.** Auch dieses hebt Birken ausdrücklich als Exempel der Gattung hervor (Birken, *Teutsche Rede- bind- und Dichtkunst*, 300 f.). Die Dichtung ist der Philosophie des pegnesischen Blumenordens in Nürnberg verpflichtet; sie als einen seiner programmatischen Texte zu bezeichnen, wäre sicherlich nicht falsch. Das relativ kurze *Schäfergedicht* verbindet Prosapartien, Dialoge und lyrische Einlagen, die – wie bei Opitz – durch die Erzählung zwar vage legitimiert werden, aber eine poetische Eigenständigkeit aufweisen. Die Ekloge beginnt mit einem Dialog zwischen Strefon (= Harsdörffer) und Clajus (=Klaj), einer Liebeshuldigung aus Anlass einer Doppelhochzeit. Sie ist der panegyrische Auslöser der Schäferdichtung. Der Dialog hat auch die Funktion, den folgenden Text als scherzhaftes und scharfsinniges Spiel vorzustellen. Den beiden Schäferfiguren Strefon und Clajus sind die beiden Pflanzen Maiblümchen und Klee symbolisch zugeordnet. Beide Figuren stammen aus Sidneys *Arcadia*-Roman (1590), den Opitz 1638 übersetzt hat. Die europäische Schäfertradition war also durchaus bekannt, ihre Form in Deutschland aber nicht kanonisch.

Wie in Sidneys Roman und in der *Schäfferey* von Opitz wird das friedliche Schäferleben im *Pegnesischen Schäfergedicht* mit den Wirren eines Krieges konfrontiert. Der große Krieg in Deutschland bildet – gemäß dem Motto auf Poussins Gemälde *Et in arcadia ego* – den Hintergrund, den die Leser/innen mitzudenken haben. Auch für die Pegnitz-Schäfer ist der Krieg als die Gegenwelt zum friedlichen Schäferleben zu denken. So setzt die eigentliche Geschichte mit der Erzählung ein, dass Clajus aus dem Krieg in die Idylle an der Pegnitz geflohen ist. Immer schweifen seine Erinnerungen zu seinem »Kriegsbedrängten- und Angstgezwängten« Vaterland (*Pegnitz-Schäfer*, 25).

Von einer fremden Schäferin wird schließlich der Krieg in einem Lied evoziert, das Strefon und Clajus in der Nähe des Flusses belauschen. Die melancholische Pamela erscheint als Allegorie der Heimat; sie denkt in ihrer »Raserey«, sie »were das arme und in letzten Zügen liegende Teutschland« (*Pegnitz-Schäfer*, 31). Allerdings kann, trotz der stetigen Mahnung an den Krieg, von einer Darstellung der Kriegsgräuel, wie es die Zeitgenossen etwa aus Opitz' *TrostGetichte gegen die Widerwertigkeit deß Kriegs* (1633) kennen, kaum die Rede sein. Vielmehr wird der Krieg hier zum poetischen Legitimationsgrund der Schäferei und auch zum ästhetisierten Ereignis. Aus heutiger Sicht wirken in Pamelas Lied die Assonanzen und Anaphern, die Reime und Rhythmen der daktylischen Verse so dominant, dass der Krieg hinter Rhetorik und Kombinatorik zu verschwinden droht.

> Ein jeder den Nechsten zu würgen begehrt /
> So flinkert / so blinkert das rasende Schwert. (*Pegnitz-Schäfer*, 31)

Schäferroman

Anders als die höfischen Schäferromane der europäischen Renaissance (Sannazaro, d'Urfé, Sidney) sehen die deutschen **Schäferromane** eher den Landadel (der kaum politische Pflichten hat) und das entstehende Bürgertum als ihr Publikum. Das Lesen der Romane dient offenbar der kulturellen Zirkulation innerhalb dieses Personenkreises. Der Schäferroman nimmt – auch was das Personal und die Textverfahren betrifft – eine Zwischenstellung zwischen hohem und niederem Roman ein, wobei er eindeutig das ›**Private**‹ betont. In der ›Vorrede‹ zur *Verwüsteten und verödeten Schäferey / [...] Leorianders* (1642) fällt sogar das selbstreflexive Etikett »Privat-werck« (*Schäferromane des Barock*, 99). Mit dem ›Privaten‹ mag dabei nicht der enge Bereich der Familie gemeint sein, wie aus moderner Sicht, sondern in erster Linie eine Liebesgeschichte, die nicht politisch relevant ist. Voßkamp (1973, 48) hat darauf hingewiesen, dass der Rückzug ins Land- und Schäferleben kaum mit der Konzentration auf das Private, wie es für den Roman des 18. Jahrhunderts kennzeichnend ist, verglichen werden könnte. Zwar gehören die Figuren des Schäferromans seit jeher zu einer fiktionalen Welt; doch erscheinen hier ihre Handlungen realitätsnäher als in höfisch-historischen Romanen. Offenbar autobiographische Elemente bereichern in manchen Fällen die fiktionale Erzählung. Als spätantiker ›Prototyp‹ des Schäferromans stand *Daphnis und Cloë* von Longus zur Verfügung (3. Jh. n. Chr., neuzeitliche Erstausgabe erst 1598, französische Übersetzung bereits 1559).

Im Schäferroman fehlt weitestgehend die ethische Stilisierung des gesellschaftlichen Lebens, die Darstellung der Hofkultur oder einer idealen Gegenwelt mit entsprechendem Verhalten seiner Protagonisten. Ethisches wird tendenziell individualisiert: So wirkt die Liebe als starke, ja verderbliche Macht, der sich niemand entziehen kann. Sie muss durch die Vernunft kontrolliert werden. Als Verhaltensideal wird die gelungene **Affektkontrolle** vorgeführt. In der ›Vorrede an adelige Frauenzimmer‹, die einem Schäferroman vorangestellt ist, wird verlangt, dass die ›blühende Jugend‹ »in der Liebe [...] ein gewisses Maß halten« soll. Der »Verstand« muss die »Gewalt der Liebe« weise »stewren« (*Schäferromane des Barock*, 9). Dieses Konzept hat zur Folge, dass die Romane in der Regel mit der Trennung des Paares enden.

Eine Ausnahme stellt *Damon und Lisille* (1663) von Johann Thomas dar. Der Roman schildert nicht nur eine aufkeimende Liebesbeziehung, sondern auch die darauf folgenden Jahre. Erzählt werden die Vorgeschichte, die Eheschließung und das Alltagsleben eines Paares mit all seinen Höhen und Tiefen. Wie die oben genannten Prosaeklogen von Opitz und Harsdörffer/Klaj beginnt der Roman aber nicht mit dem privaten, sondern mit dem großen Krieg. Erst der Westfälische Friede und die Wiedererrichtung von »Policey vnd Gericht« (*Schäferromane des Barock*, 163) ermöglichen ein Leben in Sicherheit (s. Kap. 3.2, 3.3) und damit auch das Schäferleben. Das Ende des Romans bleibt offen; der Erzähler lässt sich von seinem glücklich lebenden Helden »die Feder auß der Hand« nehmen (*Schäferromane des Barock*, 238).

Dem ersten deutschen Schäferroman – *Jüngst=erbauete Schäfferey / oder keusche Liebes=Beschreibung von der verliebten Nimfen Amoena und dem lobwürdigen Schäffer Amandus* (1632) – ist die oben zitierte Vorrede entnommen. Er ist unter dem Pseudonym Schindschersitzky erschienen und stammt vermutlich aus der Feder George Christoph von Gregersdorf (so Seelbach 1989). Am Ende der moraldidaktischen Exempelerzählung überlegt Amandus, »ob er der Liebe abdancken [...] solte«. Die »Kluge Vernunft« bringt ihn dazu, »daß er die Liebe lassen / seiner bevorstehenden

Reise aber folge thun solte« (*Schäferromane des Barock*, 91). Nur das Ergebnis erinnert an Opitz' *Schäfferey*, nicht aber die Bewertung der Liebe. Der Roman folgt einem emblematischen Aufbau: Die Liebeserzählung steht für die *pictura*, die moralische Erläuterung für die *inscriptio* (I. Breuer 1999, 580).

   Die verwüstete und verödete Schäferey / Mit Beschreibung deß betrogenen Schäfers Leorianders Von seiner vngetreuen Schäferin Perelina (1642) ist anonym erschienen. Die im Titel genannte Verwüstung der »Schäferey« hat einen doppelten Sinn; sie steht für die Folgen des Krieges und die Zerstörung des Schäferidylls durch das Verhalten der Schäferin Perelina. Sie geht mit Offizieren und Soldaten fremd und trinkt. Aber nicht nur die Schäferin wird im Roman kritisiert, auch den Schäfer trifft das Urteil des Erzählers: Die blinde Liebe des naiven Schäfers und sein unkluges Verhalten in der Ehe wird beanstandet.

7.7 Satirischer Roman (niederer Roman)

Im Bereich des satirischen Romans dominiert das oben erläuterte Pikaro-Modell. Neben den Schelmenromanen (Bauer 1993 und 1994) lassen sich in den deutschen Barocktexten aber auch Prosasatiren (Moscherosch) und solche satirischen Romane (Weise, Reuter) finden, die nicht oder kaum noch in der Pikaro-Tradition stehen.

   Ein Buch, das auch in den späteren Jahrhunderten noch gelesen wurde, war Johann Michael **Moscheroschs** *Wunderliche und Wahrhafftige Gesichte Philanders von Sittewalt* (1640, 1643, 1650). Aber auch in der Barockzeit gehört der Autor zu den meistgelesenen deutschen Dichtern (Schäfer 1982; Bubenik 2001). So erschienen zahlreiche reguläre Ausgaben seiner Schriften und auch eine ganze Reihe von Raubdrucken. Außerdem hat man viele Ausgaben in zeitgenössischen Privatbibliotheken nachweisen können (Harms 1986, 245).

   Im engeren Sinne kann man den *Philander* wohl nicht als Roman bezeichnen. Er ist eher mit den großen **Moralsatiren des 16. Jahrhunderts** – wie Sebastian Brants *Narrenschiff* (1494) oder Thomas Murners Narrensatiren (1512–19) – verwandt. Auch Johann Fischarts *Geschichtklitterung* (1575/82/90), der ›deutsche Rabelais‹, wird auf Moscheroschs Satire gewirkt haben. Als antikes Muster steht die **menippeische Satire**, eine Satiregattung in Prosa (Lukian u. a.), zur Verfügung. Manche literaturgeschichtliche Darstellung behandelt Moscheroschs *Philander*, wohl aufgrund der Episodendarstellung und seiner Reihungstechnik, unter den epischen Kleinformen (Szyrocki 1997, 288 f.).

   Der auktoriale Ich-Erzähler Philander reist, desorientiert und etwas naiv, durch die Welt, die ihm verkehrt und ungeordnet erscheint. Das, was er in Büchern liest, stimmt mit dem, was ihm in der Heimat begegnet, nicht überein; deshalb bricht er auf. Die in Frankreich erlebte Hofkultur bedenkt er mit zum Teil harscher Kritik. Die Blickrichtung eines bodenständigen Deutschen auf das überfeinerte und ›politisch‹ denkende Frankreich erleichtert dem damaligen Leser, sich mit dem Helden zu identifizieren. Der ›teutsch gesinnte Leser‹, an den sich die Vorrede richtet, erfährt mit dem Helden ein Panorama satirischer Situationen, die aber durchaus auf ihn selbst zurückweisen. Zwar steht die Alamode-Kritik, die Kritik der modischen Exzesse in Frankreich und der Übernahme französischer Lebensweise in Deutschland, im Vordergrund, doch richtet sich die Satire darüber hinaus auf alle Lebensbereiche. »Aller welt Wesen / aller Mänschen Händel / mit ihren Natürlichen Farben / der Eitelkeit / Gewalts / Heucheley vnd Thorheit / bekleidet«, werden in den *Philander*-Satiren »offentlich auff die Schauw geführet«. Als Opfer der Satire treten ›Venus-Narren‹, Kurpfuscher, Quacksalber, Richter, Studenten, Geistliche, Alchimisten, Soldaten und vor allem Höflinge auf. Sie alle werden »als in einem Spiegel dargestellet« (Moscherosch: *Philander*, Titelblatt, 5). Das **Spiegel-Motiv** vermittelt typischerweise den Zusammenhang von Narrensatire und Selbsterkenntnis. Eine prominente Stelle, wo das Spiegelmotiv ebenfalls auftritt, ist die Vorrede zu Brants *Narrenschiff*. Auch Johann Mathias Schneuber, ein Freund Moscheroschs, hat 1644 den *Philander* als »eyn Spiegel glas / da mancher sich beschaut« (zit. Harms 1985, 259) bezeichnet. Ziel der satirischen Darstellung ist in erster Linie keineswegs die Unterhaltung des Publikums, sondern die Besserung des Menschen.

Die **Reiserevue** ist eine beliebte Form, um wenig zusammenhängende, satirische Episoden dadurch aneinander zu binden, dass ein Helden sie nacheinander erlebt. Sie begegnet etwa auch in Weises *Ertz-Narren* (1672). Aufgrund der Revueform ist es Moscherosch möglich, in anderen Literaturen vorgefundene Satiren mit eigenen zu kompilieren. Die erste Fassung bringt nämlich vornehmlich Satiren des spanischen *Sueños y discursos de verdades* (1627) von Francisco de Quevedo y Villegas, die Moscherosch in einer französischen Version rezipiert. Von Quevedo, dessen Name sogar auf dem Titelkupfer erscheint, stammt auch die Form des Traumes; in einzelnen »Gesichten« (in Träumen) präsentiert der Erzähler seine Welterfahrungen. Während der erste Teil *Philanders* im Wesentlichen noch eine Bearbeitung der spanischen Vorlage darstellt, ist der zweite ein Originalwerk, das einige volkstümliche Stoffe heranzieht.

Grimmelshausens *Simplicissimus Teutsch*

Ein herausragendes und sehr erfolgreiches Beispiel des deutschen Barockromans, ja, überhaupt des satirischen Romans im europäischen Kontext, ist zweifellos Hans Jacob Christoph (Christoffel) von Grimmelshausens *Simplicissimus Teutsch* (1668). Er ist der erste und umfangreichste Roman des ›simplicianischen Zyklus‹, zu dem auch die *Continuatio des abentheurlichen Simplicissimi* (1669), die *Courasche* (1670), der *Seltzame Springinsfeld* (1670) und die beiden *Teile des Wunderbarlichen Vogel-Nests* (1672/1675) gehören. Die Romane werden durch eine Reihe ›simplicianischer Schriften‹ ergänzt. Die Schriften und Romane sind unter Pseudonymen herausgekommen, die als Anagramme des Autors (etwa Samuel Greifnson vom Hirschfeld) und als Autorinszenierungen verstanden werden (Kaminski 2000; Gersch 2004; Gaede 2002).

Zur heutigen **Editionslage**: Die verbreiteten und preisgünstigen Taschenbuch-Ausgaben von Meid (Grimmelshausen 1996, ¹1961, hg. v. Borcherdt) und Kelletat (Grimmelshausen ⁷1983, ¹1956) bieten einen modernisierten Text, der knapp hinsichtlich dunkler Stellen und Begriffe kommentiert ist. Allerdings sind beide Ausgaben nur für die schnelle Orientierung geeignet, nicht für die wissenschaftliche Analyse. Den Originaltext finden heutige Leser/innen im Reprint von Bircher (Grimmelshausen 1988), in der nicht kommentierten Werkausgabe von Tarot (Grimmelshausen 1967–1976) oder in der neuen *Klassiker*-Edition von Dieter Breuer (Grimmelshausen

1989–1997, als Taschenbuch: 2005). Letztere ist mit einem umfangreichen Kommentar versehen und damit die zur Zeit brauchbarste wissenschaftliche Arbeitsgrundlage. Bei Seminararbeiten, Referaten und wissenschaftlichen Publikationen sollte sie herangezogen werden. Im Folgenden wird aus pragmatischen Gründen dennoch auf die verbreitetste Ausgabe von Meid (zitiert: *Simplicissimus*) verwiesen.

Der *Simplicissimus* variiert das **Schema des Pikaro-Romans**, das sich nach dem Modell des *Lazarillo*, nach Alemáns *Guzmán* oder nach Ubedas *Pícara Justina* in ganz Europa verbreitete. Der Roman ist als fiktive Autobiographie in einzelnen, nur auf den ersten Blick wenig verbundenen Episoden erzählt. Mit der Zeit und bei genauerem Hinschauen zeigt sich im Roman ein feines Netz von intratextuellen Verknüpfungen, die auf verschiedenen Sinnebenen platziert sind. So wird erkennbar, dass die einzelnen Episoden kaum isoliert gelesen und noch weniger verstanden werden können. Der Held besteht als Ich-Erzähler in einer Reihe von gesellschaftlichen Rollen und auf unterschiedlichen militärischen Seiten die Wirren des Dreißigjährigen Krieges. Dabei kommen einzelne soziale Gruppen, Stände und Berufe in den Blick. Schon im 17. Jahrhundert leiten andere Autoren vom Titel des Romans eine adjektivische Form – ›simplicianisch‹ – ab (*Simplicianischer Jan Perus*, 1672; Johann Beers *Simplicianischer Welt-Kucker*, 1677). Der *Simplicissimus* liefert zudem die Bezeichnung für die spezifisch deutsche Form des Pikaro-Romans, für die **Simpliciade**.

Einige Hinweise zur äußerst komplizierten **Romanhandlung**: Ein Hirtenjunge erlebt, wie marodierende Soldaten den väterlichen Hof überfallen, die Bauern foltern und die Frauen vergewaltigen. Er flieht in den Wald, wo er von einem Einsiedler, der ihn Simplicius nennt, aufgenommen und zu einem »Christenmenschen« (*Simplicissimus*, 39 ff.) erzogen wird. Er lernt, neben einigen Lebensregeln (*constantia*, Selbsterkenntnis, böse Gesellschaft meiden), Lesen, Schreiben, Beten und Arbeiten. Der Tod des Einsiedlers zwingt Simplicius, den Wald zu verlassen; auf Umwegen kommt er nach Hanau, wo er als Spion verhaftet wird. Auf Anraten seines ehemaligen Dorfpfarrers nimmt der dortige Gubernator den Einfältigen in seine Obhut. Doch dem missfällt zunehmend die Naivität seines Schützlings, so dass er diesen mit Hilfe einer vorgegaukelten Höllenzeremonie in ein närrisches Kalb verwandelt. In der Rolle eines Hofnarren kann Simplicius den beim Einsiedler gelernten Scharfsinn satirisch erproben und verfestigen. Ein Trupp kroatischer Reiter entführt schließlich den umherstreifenden Knaben. Den Reitern kann er aber entfliehen und für kurze Zeit als Räuber und Bauernschreck im Wald leben. Schließlich kommt er wieder zu kaiserlichen Truppen in der Nähe von Magdeburg. Dort gelingt es ihm, sich vom Narrenkostüm zu befreien. Doch muss er stattdessen Frauenkleider anlegen. Nach Tumulten bei einer Schlacht kann sich Simplicius auch dieser Larve entledigen und kommt kurzzeitig in schwedische Dienste. Als sein Herr von kaiserlichen Truppen überwältigt wird, findet der Junge bei einem bayrischen Dragoneroffizier ein neues Umfeld. Dieser setzt ihn zum Wachdienst in einem Kloster bei Soest ein. Simplicius findet Zeit, sich in der Kriegskunst auszubilden, sich mit einem grünen Gewand auszustatten und zu lesen. Der alte Dragoner stirbt, Simplicius beerbt ihn und tritt in die kaiserlichen Dienste ein. Nach einiger Zeit wird der Held als überaus erfolgreicher »Jäger von Soest« gefürchtet, bewundert und beneidet. Eine Reihe von Abenteuern und Begegnungen schließen sich an – zum Beispiel mit einer skurrilen Figur namens Jupiter, der sein Narr wird. Simplicius wird reich und arrogant. Sein Vermögen und seinen Narren deponiert er bei einem Kaufmann in Köln. Auf dem Rückweg kommt es zu einer Gefangennahme durch den Feind, die ihn ein halbes Jahr in Lippstadt festhält. Hier lernt er die Liebe kennen und muss schließlich in eine Ehe einwilligen. Bevor er dort in schwedische Dienste tritt, beabsichtigt er sein Vermögen aus Köln zu holen. Dieses hat der Kaufmann aber offenbar inzwischen durchgebracht. Mit zwei Adeligen reist Simplicius nach Paris, wo er schließlich eine Hofmeisterstelle bei einem Arzt annimmt. Von diesem erlernt er medizinische Fähigkeiten. Doch es kommt wieder anders als man vermutet: Simplicius wird als Musikant vom Pariser Hof entdeckt, in dessen Umfeld er sich der Liebe hingibt. Als Nachrichten aus Lippstadt kommen, reist Simplicius ab; nach zwei Tagen stellt er fest, dass er an den Blattern erkrankt ist. Für die Gesundung geht das ganze in Paris erwirtschaftete Vermögen drauf. Die Blattern entstellen sein einstmals schönes Gesicht. Nun schlägt er sich als Quacksalber durch, bis er als einfacher Musketier wieder in die kaiserliche Armee eintritt. Ein alter Freund erlöst ihn von den anstrengenden Diensten und versorgt ihn mit einem Pferd, so dass der Held als Freireiter wirken kann. Er hat kein Glück, verliert sein Pferd und schlägt sich zu den Merodebrüdern. Diese sind eine Gruppe Unberittener, die den Armeen schmarotzend und raubend folgt. Beim Fouragieren (›Sammeln‹ von Nahrungs- und Genussmitteln) wird er von französischen Truppen gefangen, so dass er nun in die Dienste der Gegenseite als Musketier eintreten muss. Es gelingt ihm, einen Pass nach Lippstadt zu bekommen; doch auf dem Weg dorthin trifft Simplicius auf Oliver, einen alten Bekannten. Durch einen Raub kommen beide zu Reichtum, werden aber ihrerseits durch Soldaten überfallen. Dabei wird Oliver erschlagen, Simplicius kann aber die Soldaten abwehren. Er zieht mit dem ganzen Besitz nach Villingen, wo er seinen Freund Herzbruder gesund pflegen lässt. Gemeinsam unternehmen sie eine Pilgerfahrt in die Schweiz; hier konvertiert Simplicius zum katholischen Glauben.

Nach einiger Zeit in dem ruhigen Land brechen beide wieder auf, um in Wien als Offiziere in die kaiserliche Armee einzutreten. Sie haben erneut kein Glück, werden verwundet und kehren in den Schwarzwald zur Genesung zurück. Simplicius bricht dann nach Lippstadt auf und trifft auf dem Weg dorthin in Köln seinen ehemaligen Narren Jupiter. In Lippstadt erfährt er – von allen unerkannt – vom Tod seiner Frau und begegnet seinem Sohn, der von der Schwägerin erzogen wird. Auch bringt er in Erfahrung, dass er damals mehrfach Vater geworden ist und seine Verehelichung ein abgekartetes Spiel war. Sein Kölner Vermögen werde inzwischen für die Erziehung seines Sohnes verwandt. Er reist zurück in den Schwarzwald, wo er sich wieder dem Liebesleben hingibt. Zufällig trifft er seinen Vater (seinen »Knan«) aus dem Spessart wieder; von diesem erfährt er seine eigentliche adelige Abkunft; der Einsiedel war sein Vater, die Schwester des Gubernators in Hanau seine Mutter. Er unternimmt noch verschiedene Reisen u. a. in den Spessart und zum Mummelsee, wo er ein märchenhaftes Erlebnis hat; er steigt in den See hinab und lernt die Unterwasserwelt kennen. Nun geht es schnell und um die ganze Welt: Nach Moskau kommt er in schwedischen Diensten; dort baut und betreibt er eine Pulvermühle. Beim Krieg mit den Tataren gerät Simplicius in Gefangenschaft; er kommt auf Umwegen zur Küstenkolonie Macao; von Seeräubern wird er dann an ägyptische Händler verkauft, die ihn nach Konstantinopel bringen. Als christlicher Sklave gelangt er auf einer Kriegsgaleere nach Venedig. Dort wartet die Befreiung; zum Dank pilgert der Held nach Rom und Loretto. Er kehrt schließlich in den Schwarzwald zurück, wo inzwischen der Westfälische Frieden herrscht. Simplicius zieht sich als Einsiedler in die Wildnis zurück.

In der **Continuatio** wird die Fortsetzung der *Simplicissimus*-Geschichte präsentiert. Der Erzähler tritt nun als ›Autor‹ des autobiographischen Romans auf und verweist auf den belehrenden Kern der Satire. Der Roman setzt mit einem Bericht vom Einsiedler-Leben ein. Ein Teil ist der Traum von den Versuchen der Hölle, Julus und Avarus zu gewinnen. Bei einem Waldspaziergang begegnet Simplicius einer Statue, die sich als »Baldanders« – als vielgestaltiges Wesen – vorstellt. Er bekommt von ihr Hinweise, wie mit stummen Gegenständen zu reden ist. Schließlich bricht der Einsiedler zu einer Pilgerfahrt auf, während der er allen möglichen Menschen erdichtete Geschichten erzählt. Die Reise bringt ihn zunächst zu einem Bürger aus Schaffhausen und nach Einsiedeln. An der Grenze zu Savoyen führt er in einem Schloss Dispute mit Geistern. Von ihnen erfährt er von einem Schatz im Fußboden. Dieser wird gehoben und Simplicissimus zum Dank mit dem Notwendigsten und einigen Dukaten ausgerüstet. Er durchquert Italien und kann sich dann mit Hilfe des Geldes ins Heilige Land einschiffen. Der Pilger kommt indes vorerst nur nach Ägypten, wo er gefangen, verkauft und auf Jahrmärkten als Ungeheuer gezeigt wird. Europäer befreien ihn schließlich; er bricht mit dem Schiff nach Portugal auf. Das Schiff kentert in einem Unwetter. Simplicius landet zusammen mit einem Gefährten auf einer überaus fruchtbaren, aber unbewohnten Insel. Sogar eine Frau mit einer Kiste, die brauchbare Gegenstände enthält, wird an Land geschwemmt. Die Frau stellt sich aber als verkappter Teufel heraus; der Gefährte stirbt und das Böse wird besiegt. Der Einsame beschäftigt sich nun mit Naturallegorese und schreibt seine Lebensgeschichte auf. An diese ›Continuatio‹ aus eigener Hand schließt sich ein Bericht (eine »Relation«) eines holländischen Kapitäns über seinen Aufenthalt auf der Insel an. Dort habe die Mannschaft einen überaus frommen Deutschen vorgefunden, der ein sinnreicher Poet gewesen sei. Das Angebot, nach Europa zu kommen, habe dieser abgelehnt, sich aber einiges Werkzeug erbeten.

Zu dieser komplexen Geschichte gibt es eine Reihe zum Teil sehr **kontrovers vorgetragener Deutungen,** die meist einen der vielen Handlungsaspekte hervorheben. Die neuere Forschung geht vom Muster des Pikaro-Romans, der Satire, moraltheologischen, kriegshistorischen, sozialgeschichtlichen oder astrologischen Analysemöglichkeiten aus. Eine gute Orientierung bieten die beiden Arbeitsbücher zu Grimmelshausen (Meid 1984; D. Breuer 1999).

Einige der Interpretationsmöglichkeiten seien hier vorgestellt: Das komplexe Romangeschehen und seine Verteilung auf fünf Bücher sowie die verschiedenen Handlungsorte und die Reise legen es nahe, nach einer verborgenen Gesetzmäßigkeit zu suchen. Die ältere Forschung sah im Roman – geprägt durch klassizistische Vorstellungen – Elemente eines Bildungs- oder Entwicklungsromans verwirklicht (etwa: Gundolf 1923; Hoffmann 1967). Eine Anlehnungen an die Fünfaktigkeit des Dramas oder eine bestimmte Folge von Figurentypen wurden ebenfalls schon früh behauptet (Alt 1936); einleuchtender ist die Nähe der Darstellung zu mittelalterlichen Lasterkatalogen (Tarot 1976). In neuerer Zeit beschäftigt man sich auch mit der Deutung des Titelblatts (Gersch 2004).

Als »spektakulärste Deutung dieser Art« (D. Breuer 1999, 56) erscheint die **astrologisch-alchemistische Interpretation** (Weydt 1966, 1968, 1978, 1984), die nicht ohne Widerspruch blieb (Spahr 1977). Sie sieht den Helden im Kräftefeld der chaldäischen Planeten. Der Roman führt – demnach – vor, dass Simplicius nacheinander vom Saturn, vom Mars, von der Sonne, vom Jupiter, von der Venus, vom Merkur und vom Mond beeinflusst wird. Den Planeten werden Steine, Motive, Orte und Episoden zugeordnet. Basis der Interpretation sind zeitgenössische Schriften, zum Teil auch *Des Abenteuerlichen Simplicissimi Ewig-währender Calender* (1670) von Grimmelshausen.

Ein Verständnis des *Simplicissimus* als **Antikriegsroman** (Breuer 1985) geht von der eindrücklichen ersten Begegnung des Jungen mit den Soldaten aus. Die Zerstörung des elterlichen Hofes im Spessart ist in den einschlägigen Historiographien längst zur Ikone der Alltagserfahrung im Dreißigjährigen Krieg geworden (Press 1991, 242). Sie erfasst freilich keine Realität im eigentlichen Sinne; die Gräuel sind vielmehr in einem rhetorisch stilisierten und stellenweise ironischen Text vermittelt (Merzhäuser 1997, 65–82). Die Passagen des Romans, die wegen der Detailtreue und der plastischen Schilderungen auf tatsächliche Kriegserfahrungen bezogen werden, stellen sich oft als Bearbeitung einer literarischen oder historiographischen Vorlage heraus (v. Ingen 1985, 237 f.). Die Intention des Romans, den Krieg in seiner Grausamkeit zu präsentieren (Battafarano 1988b), belegt eine deutliche Äußerung in Grimmelshausens *Satyrischem Pilgram* (1666/67):

> Ich gestehe gern / daß ich den hundersten Theil nicht erzehlet / was Krieg vor ein erschreckliches und grausames Monstrum seye / dann solches erfordert mehr als ein gantz Buch Papier [...] / Mein Simplicissimus wird dem günstigen Leser mit einer andern und zwar lustigern Manier viel Particularitäten von ihm erzehlen [...]. (Grimmelshausen: *Satyrischer Pilgram*, 160)

Auch in dieser Vorankündigung des Romans ist nicht von einer realistischen Darstellung des Krieges die Rede, sondern von einer satirischen. Der *Simplicissimus* setzt den Antikriegsdiskurs des *Satyrischen Pilgram* in einem anderen, einem narrativen Medium fort (D. Breuer 1999, 51). Grundlage für die satirische Abstrafung des Krieges bleibt die christliche Grundhaltung, dass die Bibel und ihr Gebot der Feindesliebe die kriegerische Auseinandersetzung verbieten. Doch gerade der Krieg ist es, der Simplicius immer wieder zu unchristlichen Taten und Zweifeln zwingt. Im Krieg zeigt sich insofern eine ›verkehrte Welt‹, aus der nur der Frieden einen Ausweg bietet, und zwar sowohl für die Gesellschaft als auch für das umherirrende Individuum, das im Einsiedlerleben deshalb die ersehnte Ruhe findet.

In der Auseinandersetzung, die Simplex im Kostüm des berühmten Jägers von Soest mit seinem Narren Jupiter führt (*Simplicissimus*, 261 ff.), wird schließlich deutlich, dass der Krieg als Hauptstrafe Gottes keineswegs den Menschen gebessert habe. Neben dieser Kritik an theologischen Argumenten geraten auch politische Friedenshoffnungen in den Blick. Selbst der absolutistische Staat – mit Einheitsreligion –, den Jupiter als Ordnungsmacht entwirft, garantiert keine Besserung der Menschen. Er ist nur mit brutalen Mitteln durchsetzbar und aufrechtzuerhalten. Aus der allegorisch zu verstehenden Mummelsee-Episode (ebd., 500 ff.) soll gelernt werden, dass es dauerhaften Frieden nur unter Tieren, nicht aber unter Menschen geben kann. Diese haben die Freiheit, so oder so zu handeln, also auch zu sündigen.

Die Kriegsdarstellungen können freilich auch im Sinne der **moraldidaktischen Intention** des Buches verstanden werden. Dann dient die Darstellung der Gräuel (*atrocitas*) nicht als Warnung vor dem Krieg, sondern wäre Mittel, um den Menschen auch außerhalb dieser Extremsituationen zu bessern. Die Darstellung der Unstetigkeit und Vergänglichkeit (*vanitas*) äußerer Umstände zielt auf die Ausbildung der Beständigkeit (*constantia*) als persönliche Tugend. Ausgangspunkt einer solchen Deutung des Romans könnte die genannte Vorrede zur *Continuatio* sein. Dort betont der Erzähler, er präsentiere die Geschichte keineswegs zum Zeitvertreib und Amusement der Leser. Vielmehr solle auch die Zeit, die der Leser benötigt, um den *Simplicissimus* zu lesen, nicht verschwendet sein. Ihre kostbare Zeit sollen die

Gläubigen nutzen, »unserer Seelen Heil in und vermittelst derselbigen zu würken« (*Simplicissimus*, 579). Wie Lohensteins *Arminius*-Roman soll der *Simplicissimus* gleich einer überzuckerten Pille wirken: Die unangenehme Lehre komme dem Leser so auf angenehme Weise zu Bewusstsein. Der Erfolg der Lehre hängt also nicht zuletzt von ihrer narrativen Präsentation ab. Deshalb kommt innerhalb der Erzählstrategie der Anschaulichkeit (*evidentia*) des Erzählten eine große Bedeutung zu. Sie ist Teil des rhetorischen Systems (Solbach 1994).

Über das moralische Ziel hinaus verfolgt der Roman eine **theologische Intention**. Auch dieses Verständnis des Romans kann von den selbstreflexiven Momenten zu Beginn der *Continuatio* abgeleitet werden. Das Buch habe einen geistlichen Nutzen, der aber nur über die allegorische Lesbarkeit der Geschichte vermittelt werde. Denn der »theologische Stylus« sei »zu jetzigen Zeiten leider auch nicht so gar angenehm, daß ich mich dessen gebrauchen sollte« (Grimmelshausen: *Simplicissimus*, 580). Wenn die Deutung des *Simplicissimus* auf die verborgene allegorische Lesart konzentriert wird, empfiehlt es sich, zeitgenössische theologische und philosophische Strömungen zu bedenken. Ein Weg hierzu wäre die Berücksichtigung der anderen *simplicianischen Schriften* (D. Breuer 1999, 59–62). Auf diese Weise wird die Analyse auch dem Zyklus-Charakter der insgesamt zehn Bücher dieses Komplexes gerecht. Die Bekehrungsgeschichten, unter denen diejenige von Simplicius nur das eindrucksvollste Beispiel wäre, vermitteln Probleme der Selbstfindung und der Orientierung in einer heillosen Welt. Die Romane zeigen eine Skepsis gegenüber Verbesserungsmöglichkeiten und auch gegenüber religiösen Konventionen, nicht aber gegenüber der Theologie insgesamt. An der Existenz und der alleinigen Macht Gottes lassen die Bücher keinen Zweifel. Der rechte Glaube kann, muss aber nicht am Ende der Selbstfindung stehen (D. Breuer 1999, 61). Er wäre aus dieser Deutungsperspektive als Gnade der Barmherzigkeit Gottes anzusehen.

An die theologische Deutung schließen sich Interpretationen an, die den *Simplicissimus* **als Satire** mit geistlicher Wirkungsabsicht verstehen (Trappen 1994, 249–311). Die Satire-Forschung unterscheidet zwischen der Satire als historischer Gattung (etwa die lucilische Satire) und derjenigen als Schreibart oder Haltung (Brummack 1971, 275 f.; Könneker 1991, 11 ff.). Da in den Barockpoetiken keine eindeutigen Hinweise auf eine satirische Gattung zu finden sind, sieht ein Teil der Forschung im *Simplicissimus* nur einen satirischen Duktus oder eine satirische Schreibart, aber keine Gattung im engeren Sinne realisiert (Tarot 1978; v. Ingen 1991). Neuere Forschungen verstehen den Roman hingegen in der Tradition der menippeischen Satire (Trappen 1994), einer auf die Antike zurückgehenden, freilich nicht sonderlich fest umrissenen Gattung der Prosasatire. Der *Simplicissimus* und Moscheroschs *Philander* (1640, 1643, 1650) greifen demnach auf die gleiche antike Formtradition zurück. Als Prosasatire hat der Roman vornehmlich – und im Sinne des ersten Kapitels der *Continuatio* – den Zweck, moralische Werte im Kontext religiöser Überzeugungen zu verbreiten. Vor diesem Hintergrund erklärt sich auch der Erfolg des satirischen Romans. Wenn eine solche Interpretation allerdings ihren Ansatz verabsolutiert, läuft sie Gefahr, die Vielfältigkeit des *Simplicissimus* zu reduzieren und seine ästhetische Gestaltung zu marginalisieren (Merzhäuser 1996 u. 2002).

Die Vielfältigkeit des Romans, seine **Polyphonie** (Verweyen 1990), seine **intertextuellen Bezüge**, sein Anspielungsreichtum, seine Formenvielfalt und seine Erzählweisen »auf mehreren Sinnebenen« (D. Breuer 1999, 49; Cordie 2001, 244–452) muss aber jede Interpretation berücksichtigen. Vorschnelle Identifikationen des Romans mit *einer* Haltung werden dem komplexen *Simplicissimus* nicht gerecht. Schon die Anlage des Romans, seine motivische Verflechtung, seine Montagetechnik und seine Einbettung in die *simplicianischen Schriften* sprechen gegen die isolierte Deutung einer Romanstelle oder einer Episode, aber auch gegen die Herausstellung *einer* Intention. An einer christlichen Ausrichtung des Romans soll damit nicht gezweifelt, sondern das Zugleich mehrerer Deutungsmöglichkeiten betont werden.

Diese »Ambivalenz« des Textes erscheint gerade in jüngster Zeit als das »eigentliche Problem« (Wiethölter 1994, 46; vgl. Drügh 2000b; Strässle 2001). Ziel eines neuen Analyseversuchs ist, die Mehrdeutigkeit adäquat zu begreifen. Er versucht, eine **allegorische Zeichenlehre** aufzudecken, das heißt ein dem Roman zugrundeliegendes Semiose-Modell zu beschreiben. Basis dieser Beschreibung sind selbstreflexiv verstandene Hinweise im Baldanders-Kapitel (*Simplicissimus*, 620–624), wobei Baldanders selbst als »die Allegorie der allegorischen Rede (oder Schrift)« verstanden wird (Wiethölter 1994, 63). Seine ständig wechselnde Gestalt vermittelt, nach dieser Lesart, eine Deutungsskepsis nicht nur gegenüber allen weltlichen Erscheinungen, sondern auch gegenüber dem Roman selbst. Dieser erweist sich als allegorischer Roman mit stets sich ändernden Perspektiven, der keine abschließende Sinnzuweisung zulässt. Die Semiose des Baldanders radikal in den Mittelpunkt der Analyse des Romans gestellt, führt letztlich dazu, auch die theologische Basis des *Simplicissimus* zu negieren. Dieser Zugang impliziert freilich selbst einen universalen (ja, dogmatischen) Anspruch, der an manche theologische oder an die astrologische Deutungsart erinnert.

Johann Beer, Christian Weise und Christian Reuter

Seit Richard Alewyns Entdeckung (Alewyn 1932) gilt in der Forschung Johann Beer als »einer der interessantesten Schriftsteller des 17. Jahrhunderts« (Szyrocki 1997, 401). Alewyn hat seinen ›Realismus‹ geschätzt, während Beers Romane heute stärker innerhalb der einzelnen Gattungsvorgaben gelesen werden. Unter verschiedenen Pseudonymen (Alamodus Pickelhering, Jan Rebhu usw.) hat Beer etwa 20 Romane veröffentlicht, von denen die meisten zur Gattung des satirischen Romans gehören. Einige, etwa *Der Simplicianische Welt-Kucker* (1677–79), *Jucundi Jucundissimi* (1680) oder *Der Berühmte Narren-Spital* (1681) orientieren sich am Pikaro-Modell, modifizieren dieses aber. Vor allem den moralischen Duktus hat Beer gegenüber der Fabulierlust herabgesetzt. Bizarre Abenteuer bereichern die narrative Welt des Pikaro.

Abenteuer bereichern die narrative Welt des Pikaro.

In den Romanen finden sich einschlägige Erzählerreflexionen: Bei Beer dient nicht nur das Romanlesen dem Vergnügen, auch der Erzähler behauptet ein eigenes Interesse am Schreiben:

> Ich will mir deswegen selbst zur Verkürzung meiner Zeit eine Geschichte schreiben, damit ich den verdrüßlichen Grillen nicht zu sehr nachhange, noch mich mit leeren Mutmaßungen zu quälen Gelegenheit habe. (Beer: *Jucundi Jucundissimi*, 69)

Im Schreiben – und nicht, wie bei Rabelais und Lohenstein, im Lesen – liegt die medizinische, die therapeutische Kraft. Dadurch erhält das Geschriebene zweifellos einen autobiographischen Akzent. Auf das Papier bringe er »oftmals« seine »eigene Schand«, sagt der Erzähler. Diese autobiographische Fiktion relativiert er allerdings wieder, weil er zugesteht, das Geschriebene übertreffe das geführte Leben an Lustbarkeit (Beer: *Jucundi Jucundissimi*, 69). Dieses Spiel mit der Wahrheit der erzählten eigenen

Geschichte wäre in einem klassischen Pikaro-Roman nicht möglich, da dadurch die Bekehrung zum moralischen Leben unglaubwürdig würde. *Jucundi Jucundissimi* endet auch nicht mit einer Abkehr von der Welt, sondern mit einer **Aussöhnung**. Einem Dorfjungen gelingt es, die Tochter seiner Schlossherrin zu heiraten.

Mit einer **Bekehrung** schließt ein anderer Roman Beers: *Der berühmte Narren-Spital* (1681) erscheint unter dem Pseudonym »Hanß guck in die Welt« (5). Die Romanhandlung beginnt mit der Flucht zweier Schüler vor einem brutalen Schulmeister. Während der eine bei einem Pfarrer unterkommt, tritt Hans in den Dienst eines Landedelmannes. Dieser entpuppt sich als alles andere als edel: Er schert sich nicht um gutes Benehmen, Religion oder Ehre. Nach allerhand Streichen, die Herr und Diener ausführen, besuchen sie zusammen mit einer Hochzeitsgesellschaft ein Narrenspital. Dort werden verschiedene Typen von Narren vorgeführt (Verliebte, Theologen, Musiker, Gelehrte). Der Blick »in die Welt« (Titel) erweist sich als ›verkehrter‹. Doch er bringt den Helden zur Wende. Auf die Frage seines Herrn, wer nun der größte Narr gewesen sei, antwortet Hans: »Die größten waren ich und ihr.« Der Herr friste sein Leben mit »Fressen, Saufen und Schlafen« (Beer: *Narren-Spital*, 64), er selbst lerne nichts, sondern verbringe seine kostbare Zeit bei ihm. Daraufhin entlässt ihn sein Herr mit einer stattlichen Abfindung. Diese ermöglicht Hans, sich einen Traum zu erfüllen: Er beschließt, sich der Kunst zu widmen und ein Musiker zu werden.

Vom satirischen Roman nach dem Pikaro-Modell, insbesondere vom *Simplicissimus*, setzt sich der **Politische Roman** ab. Seine Gattungsbezeichnung geht auf Christian Weise zurück, der mit dem *politicus*-Ideal ein praktisches Handlungsmuster für seine Schüler und Leser entworfen hatte (Frühsorge 1974). Die politischen Romane dienen wie die Dramen Weises der Vermittlung dieses Ideals. In seinen **Drei ärgsten Ertz-Narren in der gantzen Welt** (1672) greift **Christian Weise** noch einmal auf die Narrentradition von Brants Moralsatiren zurück, um ein leicht lesbares Buch zu präsentieren. Der Erzähler versteht sich regelrecht als Gegenmodell zum ›ledernen Salbader‹ Grimmelshausen (Weise: *Die drei ärgsten Ertz-Narren*, 3). Dabei steht nicht die moralische Besserung oder ein theologisches Modell im Zentrum, sondern die Klugheit der Menschen, sein praktisches Zurechtfinden in der öffentlichen Welt. In diesem Sinne das Politische zu fördern, ist das erklärte Ziel der zeitgemäßen Narrensatire (Triefenbach 1985, 353).

Gleichwohl finden sich Anklänge an das bekannte Pikaro-Modell; zu nennen wäre das Reisemotiv und der Episodenaufbau. Florindo und seine Begleiter suchen die drei größten Narren der Welt. Wenn sie sie finden, erbt Florindo ein Schloss. Durch die Beobachtung der verschiedenen Torheiten soll der Leser *ex negativo* auf die zu vermittelnde Klugheit schließen. Die Aufgabe wird am Ende der Handlung nicht gelöst, vielleicht auch, weil die Sucher selbst etwas närrisch sind. Gesetzt wird vielmehr eine Auflösung durch Experten, durch ein ›Collegium Prudentium‹: Torheit sei ein Mangel an Klugheit, Klugheit sei die Wahl des Guten und die Vermeidung des Bösen. Der ist der größte Narr, der sich aus »zeitlichem Koth« (Weise: *Die drei ärgsten Ertz-Narren*, 226) – also Dingen der Vergänglichkeit – den Himmel verscherzt.

Der Roman reflektiert zwar nicht das Verfahren der Allegorese, doch setzt auch er sich – wie der *Simplicissimus* – mit der **Ambivalenz der Sprache** auseinander. Eines Tages treffen Florindo und sein Hofmeister Gelanor bei ihrer Suche nach den drei größten Narren auf den Schreiber Ziriack Fogelbauer. Dieser zeigt sich als ein patriotischer Sprachpurist, der in dieser Haltung an den Alamode-Kritiker Moscherosch oder den radikalen ›Eindeutscher‹ Zesen erinnert. Diesem linguistischen »Stümper«,

»Lesebengel und Papierverderber« (Weise: *Die drei ärgsten Ertz-Narren*, 67 f.), der eine reine und normierte deutsche Hochsprache zu verwirklichen sucht, antwortet der kluge Gelanor folgendermaßen:

> Das Hochteutsche muß auch verständlich seyn. [...] Ein Wort ist ein Wort, das ist, ein blosser Schall, der vor sich nichts heißt, und nur zu einer Bedeutung gezogen wird, nach dem der Gebrauch und die Gewonheit solches bestätigen. Und also muß man den Gebrauch am meisten herrschen lassen. (Weise: *Die drei ärgsten Ertz-Narren*, 67)

Kern der Sprachbeobachtung Gelanors sind zwei Postulate, die auch in der modernen Sprachwissenschaft Bestand haben: Das sprachliche Zeichen erscheint an sich arbiträr, und die Semiose basiert auf Konventionen. Der Hofmeister Gelanor hat verstanden, dass in einer Welt, die sich wesentlich über das Spiel (Lohensteins *Sophonisbe*-Vorrede, 1680), die *vraisemblance* (Wahrscheinlichkeit) und das *decorum* (die Schicklichkeit) definiert, der eingeführte Gebrauch relevanter ist als eine ursprünglich festgelegte Norm. Sprache, das vermittelt der Hofmeister, ist nicht an sich ›verständlich‹, obwohl ›Verständlichkeit‹ das Ziel verbaler Kommunikation ist. Sie bezieht sich nicht auf eine bindende Norm, sondern erweist sich als abhängig von der jeweiligen Kommunikationssituation. Ziriack Fogelbauer, der naiv an eine ursprüngliche Richtigkeit der Sprache glaubt, rät der Hofmeister deshalb, indem er ihm ein mittelalterliches »Complimentir=Buch« überreicht, ironisch: »Wann ihr auch die Antiquität so gar lieb habt, warumb wärmet ihr nicht alle altväterische Redens=Arten wieder auf?« Ziriack, der nicht begreift, dass die ›Sprache‹ sich den veränderten Kommunikationsbedingungen anpassen muss, verlässt daraufhin frustriert und mit »ungnädige[r] Mine« die Gesellschaft (Weise: *Die drei ärgsten Ertz-Narren*, 68).

Neben den *Drei ärgsten Ertz-Narren* hat Christian Weise noch zwei weitere Romane verfasst, die vergleichbare Ziele hatten und unschwer als Folgeproduktionen erkennbar sind: *Die drey Klügsten Leute in der gantzen Welt* (1675) und *Der politische Näscher* (1678). Dem ›politischen‹ Modell von Weise sind **Johann Riemers Romane** verpflichtet. Riemer war zuerst Weises Kollege, später sein Nachfolger an der Ritterakademie in Weißenfels. Drei Romane sind von ihm erschienen: *Der Politische Maul-Affe* (1679), *Die Politische Colica* (1680) und *Der Politische Stock-Fisch* (1681). In der Forschung wird Riemer »ein ursprüngliches Talent als Erzähler« bescheinigt (Meid 1974, 82).

Neue Akzente im Bereich des satirischen Romans setzt **Christian Reuters** *Schelmuffsky* (1696/97). Er ist als Spätform der Gattung zu begreifen. Die ethischen Implikationen des Pikaro-Modells sind nicht mehr vorhanden. Übrig bleibt ein ganz uneigentlicher Schelmenroman, dem es vor allem um die Lebenslust und weniger um die Moral geht. Seine Mittel sind die Aufschneiderei, rüpelhafte Scherze und Tabubrüche. Im *Schelmuffsky* berichtet der Held, ein sächselnder Gernegroß und Maulheld, von seinen Reisen und Abenteuern:

> Teutschland ist mein Vaterland, in Schelmerode bin ich gebohren, zu Sanct Malo habe ich ein gantz halb Jahr gefangen gelegen, und in Holland und Engelland bin ich auch gewesen. (Reuter: *Schelmuffsky*, 11)

Alle Handlungen des Helden zielen auf eine Teilhabe an der großen, der adeligen Welt. Durch das Fehlverhalten und die schrägen Wahrnehmungen Schelmuffskys erscheint nicht nur der Held satirisch, sondern auch die Welt, die er begehrt. Deutlich wird dies etwa, als er von seinen Opernbesuchen in Hamburg berichtet oder von einer vornehmen Hochzeit in Amsterdam. Die im Pikaro-Roman notwendige Distanz zwischen Erzähler und Erzähltem, die die Bekehrung des Helden verdeutlicht, fehlt hier. Die Sprache – die misslungenen Versuche in galanter Komplimentierkunst, die Phrasen und Flüche – vermittelt eine distanzlose Teilhabe des Erzählers an der aufschneiderischen Erzählung. »Der Schelm hat die Kontrolle über sich verloren, er fängt an zu spinnen und führt sich selbst ad absurdum.« (Triefenbach 1985, 355). Das Erzählte erscheint drastisch übertrieben, die Wahrscheinlichkeit gilt nicht mehr als Korrektiv des Erzählten. Dieser Realitätsverlust entbindet den Leser wesentlich von einer Übertragung des Satirischen auf seine Situation. Außerhalb der Fiktion stellt er aber eine Kritik des lediglich empirischen Weltzugangs dar (Geulen 1972). Reuters *Schelmuffsky* zeigt sich in seinen Übertreibungen und der fehlenden Einsicht des Helden schließlich auch als Parodie der satirischen Gattungstradition.

7.8 Prosaroman (sog. ›Volksbuch‹)

Der Begriff ›Volksbuch‹ geht auf die Sammlung *Die deutschen Volksbücher* (1807), die Joseph von Görres herausgegeben hat, zurück. Hier versammelte er vor allem in Prosa verfasste längere, episodenhafte Erzählungen um eine Zentralgestalt oder eine Gruppe von Figuren, die meist im 15. und 16. Jahrhundert entstanden sind und sich über einen längeren Zeitraum in unterschiedlichen Fassungen tradiert haben: z.B. *Haymondskinder*, *Rübezahl* oder *Melusine*. Man hat zeitweise in solchen Texten – ideologisch verblendet – so etwas wie den deutschen Volksgeist walten sehen, obwohl sowohl die vermutlichen Verfasser als auch das mutmaßliche Lesepublikum über eine gewisse, wenn nicht höhere Bildung verfügen musste, um die nicht selten anspielungsreichen Texte richtig verstehen zu können. Die Forschung spricht heute vom frühen Prosaroman (J.-D. Müller 1985; Kreutzer 1977), wobei die Heterogenität der unter diesem Gattungsbegriff rubrizierten Texte betont werden muss. Sie werden noch im 17. Jahrhundert, ja, bis heute rezipiert, nun vornehmlich von einem weniger gelehrten Publikum. Zum Teil erscheinen sie gekürzt und in vereinfachter Fassung als Kinder- und Jugendbücher. Vereinzelt finden sich unter den Prosaromanen weitgehende Neuschöpfungen, die selbst Nachfolgetexte inspiriert haben (*Fortunatus*, 1509; *Faustbuch*, 1587; Jörg Wickrams *Goldtfaden*, 1557). Hervorzuheben sind die auch im Barock viel gelesenen Schwankromane (*Eulenspiegel*, 1515; *Lalebuch*, 1597) und die noch im 17. Jahrhundert neuaufgelegten Prosafassungen höfischer Romane des Hochmittelalters (*Wigoleis vom Rade*, 1472, [10]1664; *Tristan*, 1484, [11]1664; *Sigenot*, 1490, [17]1661; *Herzog Ernst*, 1493, [17]1700). Auch wenn die ursprünglichen Fassungen solcher Prosaromane aus dem 15. und 16. Jahrhundert stammen und auf noch ältere Quellen (Heldensagen, höfische Romane, humanistische Novellen usw.) zurückgehen, spielen sie auf dem barocken Buchmarkt also eine nicht zu unterschätzende Rolle.

Einer der bis heute bekanntesten Prosaromane ist die anonyme *Historia von D. Fausten* (1587), die älteste erhaltene Fassung des Faust-Buchs, die in Frankfurt bei Johann Spieß verlegt wurde. Eine Erweiterung des Buchs um einige Episoden aus dem Leben des Schwarzkünstlers erfolgte schon bald durch einen unbekannten Drucker (1589). In der einschlägigen Forschung werden die **barocken Fassungen des Faust-Buchs** meist etwas vernachlässigt (anders: Lubkoll 1986, 59–73; Münkler

2008), obwohl sie den ursprünglichen Prosaroman zu zwei neuen Formvarianten umarbeiten: zu einer gelehrten, ausführlich kommentierten Langfassung (1599 und 1674) sowie zu einer lesbaren Kurzfassung (1725).

1599 erschien Georg Rudolf Widmans *Warhafftige Historien von [...] D Iohannes Faustus*, der die Faust-Episoden durch fromme Kommentare und parallele Geschehnisse aus aller Welt ergänzte. Fausts Leben wurde so Anlass zu enzyklopädisch-gelehrten Ausführungen über unglaubliche, meist schreckliche Vorkommnisse und ihre christliche Auslegung. Hinzu kam eine ganze Reihe neuer Faust-Episoden, die Widman unterschiedlichen Quellen entnahm. Eine nochmalige barocke Erweiterung erfuhr das Faust-Buch in Nikolaus Pfitzers *Das ärgerliche Leben und schreckliche Ende deß viel-berüchtigten Ertz-Schwartzkünstlers D. Johannis Fausti* (1674). Widmans Erzählungen wurden stilistisch gründlich überarbeitet und erneut durch christlich mahnende Kommentare und Vergleichsgeschichten ergänzt. Nun nehmen die deutenden Begleittexte deutlich mehr Raum ein als die eigentliche Faust-Geschichte. Neue Historien aus Fausts Leben kamen diesmal aber nicht hinzu. Pfisters Faust-Buch erscheint als gutes Beispiel dafür, wie im 17. Jahrhundert nicht nur das Erzählen, sondern auch das gelehrte Kommentieren zur kaum zu bändigenden Lust wurde. Der Barock-Faust erlebte mehrere Auflagen und diente noch 1834 der romantischen Bearbeitung von Hermann Kurz als Vorlage. Als galantes Gegenstück zu Pfisters enzyklopädischer Umarbeitung muss man das anonyme *Faustbuch des Christlich Meynenden* (1725) lesen. Etwa 30 Neuauflagen im 18. Jahrhundert zeugen vom Erfolg auch dieses Buchs, der unter anderem auf dessen leichte Konsumierbarkeit zurückzuführen ist. Denn das Leben Fausts wird nun auf knapp 46 Seiten ohne Kapitelunterbrechungen erzählt; die gelehrten christlichen Kommentare fallen weg. Eine warnende Stimme erscheint innerhalb der Historien deshalb etwas deutlicher als in früheren Erzählungen. Zudem lassen manche kleine Änderungen der Geschichten schon aufgeklärte Positionen erkennen.

7.9 Galanter Roman

Seit etwa 1680 – parallel zu den politischen Romanen Weises und Riemers – entsteht in der Nachfolge des höfisch-historischen Romans eine neue Form, die Elemente des Schäferromans und des französischen Liebesromans (Mme La Fayette: *La Princesse de Clève*, 1678) aufnimmt: der galante Roman (Singer [2]1966). Seine Form ist durchaus eklektizistisch. Wichtige Autoren sind August Bohse, der sich nach Beckhs *Elbianischer Florabella* (1667) ›Talander‹ nennt, Johann Gottfried Schnabel, der durch seinen später verfassten Abenteuerroman *Die Insel Felsenburg* (1731) bekannt ist, und vor allem der Hamburger Christian Friedrich Hunold (= Menantes), der als Librettischreiber einen Namen hat.

Die Romane vertreten ein **galantes Verhaltensideal** (s. Kap. 8.3, 8.5), das auf Kommunikations- und Komplimentierkunst baut. Sie haben nicht die moralische Besserung des Menschen im Sinn. Vielmehr wollen sie sein Zurechtfinden in der (höfischen) Welt verbessern. Dazu gehört wesentlich die Steigerung der **Kommunikationsfähigkeit** (in Briefen, in Gesprächen usw.). Die Romane dienen auch als implizite Lehrbücher im Bereich der Karriereplanung am Hof. Doch erhält die ›gelungene‹

Kommunikation in der galanten Welt auch einen eigenen ›ästhetischen‹ Wert. Daher eignet sie sich besonders gut für die Darstellung im Roman.

Die Wirren des Weltgeschicks werden aus der Perspektive eines Liebespaares gesehen, das – gemäß des Heliodor-Musters – eine Trennung überwinden muss, um sich neu und richtig zu finden. Die Suche nach der Geliebten nimmt dementsprechend viel Raum im Roman ein. Die Liebe ist das Zentrum des Romans, während staatspolitische und moralische Fragen an Bedeutung verlieren. Auch theologische Fragen spielen keine Rolle, der Roman ist säkularisiert (Singer [2]1966, 35). Als Formen der Unterhaltungsliteratur dienen die Texte ausdrücklich dem Vergnügen. Deshalb sind sie kürzer und leichter verständlich als die Vorgänger. Die höfisch-historische Geschichte des hohen Romans wird durch Klatschgeschichten vom Hofleben ersetzt. Die Verschlüsselungen verlieren wesentlich ihre kritischen und ihre panegyrischen Konnotationen; sie zielen in galanten Romanen auf Sensationen aus der ›besseren Welt‹. Das bekannteste Beispiel für die Tendenz, historisch Bedeutsames durch Klatschgeschichten zu ersetzen, ist ein französisch geschriebener Roman eines deutschen Autors: Carl Ludwig von Pöllnitz: *La Saxe Galante*, 1734. Der Roman ist als Taschenbuch auch in deutscher Sprache erschienen (Pöllnitz 1995).

Als typischer galanter Roman kann **Christian Friedrich Hunolds** *Die liebenswürdige Adalie* (1702) bezeichnet werden. Schon das Titelblatt verheißt, dass hier eine annehmliche und wahrhaftige »Liebes-Geschichte der galanten Welt zu vergönnter Gemüths-Ergetzung« vorgelegt wird. Es stellt also das Lesevergnügen für die galante Welt in den Vordergrund. Der implizite Leser (der galante Weltmann) dient als Identifikationsangebot für den tatsächlichen Leser. Der Roman geht entfernt auf eine französische Vorlage zurück, auf *L'illustre Parisienne* (1679) von Préchac. Diese bezieht sich auf einen offenbar tatsächlichen Vorfall in der deutsch-französischen Adelswelt.

Der Roman thematisiert die Liebe einer Pariser Kaufmannstochter – Adalie – zum Prinzen Rosantes. Im Laufe der Geschichte erlangt die Bürgerstochter den Herzoginnen-Titel, so dass der Liebe nichts im Wege steht. Vor der Hochzeit erwartet die beiden das übliche Auf und Ab des Romanlebens: Trennungen, Täuschungen, Verwechslungen, überraschende (Wieder-)begegnungen, Entführungen und schließlich das Wiedererkennen und Wiederfinden. Zu dieser Haupthandlung setzt der Erzähler einige Nebenhandlungen, die zum Teil kontrapunktisch verstanden werden können. Die Heirat von Rosantes und Adalie kann auf das Konzept einer ›vernünftigen Liebe‹ bezogen werden, das von Thomasius stammt. Während die Liebesepisoden der Nebenhandlungen hingegen eher nach ›galanten‹ Modellen entworfen zu sein scheinen. Auch wird im Roman zwischen Rosantes und seinem Hofmeister der Gegensatz von Liebes- und Standesheirat diskutiert. Der Schluss führt die einzelnen Handlungsstränge zusammen.

7.10 Epos

Das Epos gehörte schon immer zu den erhabensten Dichtungsformen; an ihm maß sich seit der Antike (und nicht nur im Abendland) die Qualität einer Nationalliteratur; ja, es stiftete nicht selten nationale oder religiöse Identitätsmuster (Homers *Odys-*

see, Vergils *Aeneis*, das *Nibelungenlied* – Miltons *Paradise Lost*, 1667, Klopstocks *Messias*, 1748). Epen sind in der Regel in gehobener Sprache, in gleichmäßigem Versmaß, geordneten Strophen (oder Gesängen) verfasst und können auch komplexe Geschehnisse und Gedanken präsentieren. Gern begreift man das Epos, insbesondere das Nationalepos, als eine Art kulturelles Gedächtnis seiner Zeit. Aus seiner Anlage und seiner Gattungstradition erwächst der Anspruch Leitgedanken, Mythen und Historien zu konservieren, diese der Gegenwart zu präsentieren und so für die Zukunft Kontinuität zu stiften.

Das barocke Epos orientiert sich an den großen **antiken Vorbildern**, an einer Zeit also, in der der Gattung Leitfunktionen im literarischen Feld zugeschrieben wurden. Vermittler der antiken Dichtungsnormen und mit ihr der neuen Hochschätzung der Gattung waren auch hier Renaissance-Poetiken, wie etwa die *Poetices libri septem* (1561) von Scaliger oder Tassos *Discorsi del Poema eroico* (1594); hinzu kam die Rezeption einschlägiger Exempel aus der Antike und der Renaissance, die sich als Übersetzungen rasch in ganz Europa verbreiteten. Scaliger fasst das Epos als ›gemischtes Gedicht‹ (*carmen mixtum*), das von den Taten berühmter Männer handelt. Auf ihn, auf Aristoteles und die antiken Vorbilder (Homer, Vergil) bezieht sich Opitz, wenn er das Verhältnis der Gattung zum Historischen bestimmt. So gestattet er dem Epos zwar eine gewisse Freiheit im Umgang mit der Geschichte, warnt aber vor allzu großen Abweichungen:

> Gleichwol aber soll man sich in dieser freyheit zue tichten vorsehen / das man nicht der zeiten vergesse / vnd in jhrer wahrheit irre. (Opitz: *Buch von der Deutschen Poeterey*, 29)

Noch wichtiger als der historische Bezug erscheint ihm indes die Relevanz des epischen Gegenstandes, wenn er gleich zu Beginn seiner Gattungsdarstellung feststellt, dass ein »Heroisch getichte« normalerweise »weitleuffig ist / vnd von hohem wesen redet« (26). Die große Tradition der Gattung, die sich in eindrucksvollen Exempeln der Antike und der romanischen Länder manifestiert und die von Opitz reformulierten höchst anspruchsvollen poetischen Vorgaben haben ganz offenbar zu nur wenigen epischen Versuchen im deutschsprachigen Raum geführt, von denen einige zudem in lateinischer Sprache verfasst wurden (etwa Gryphius: *Olivetum*, 1646, 1648). Die auffällige Zurückhaltung deutschsprachiger Autoren mag schließlich auch ganz konkret durch eine Passage der *Deutschen Poetrey* von Opitz begünstigt worden sein:

> Ob aber bey vns Deutschen so bald jemand kommen möchte / der sich eines volkommenen Heroischen werckes vnterstehen werde / stehe ich sehr im zweifel / vnnd bin nur der gedancken / es sey leichtlicher zue wünschen als zue hoffen (29 f.)

Für eine gewisse Präsenz der Gattung im barocken Deutschland sorgten neben der Diskussion der epischen Dichtung in den großen Poetiken (nicht nur bei Opitz, sondern auch etwa bei Birken, Harsdörffer oder Masen; vgl. Rohmer 1998, 175–256) deshalb vor allem **Übersetzungen** großer antiker, aber auch italienischer und französischer Epen. Gerade in der Übertragung der vorbildlichen Muster sollte sich, nach barockem Verständnis, die Qualität des Deutschen als Kultursprache zeigen.

Selbst im meist wenig humanistisch verstandenen Meistersinger-Umfeld entstand genau deshalb schon Anfang des Jahrhunderts eine Übersetzung der *Metamorphosen* Ovids: **Ambrosius Metzgers** *Metamorphosis / Des weitberühmten Poeten / Publij Ovidij Nasonis / Jn gewisse meisterthöne gebracht* (1625). Metzger war als

Magister einer der ganz wenigen an einer Universität ausgebildeten Meistersinger. Seine Meisterlieder, Psalterübersetzung, Gesellschaftslieder und Vertonungen wirkten zumindest in Nürnberg »durchs ganze 17. Jahrhundert« (Kugler 1981, 5).

Etwa zur gleichen Zeit (1626, stark überarbeitet 1651) erschien die wichtige deutsche Übertragung von Tassos *Gerusalemme Liberata* (1570–75) durch **Diederich von dem Werder** unter dem Titel *Gottfried von Bulljon, Oder das Erlösete Jerusalem* (Nachdruck 1974). Als Versmaß wählt er die, von ihm selbst als »schwere [Dichtungs]art« bezeichnete Stanzenform (Tasso: *Gottfried*, v 27f.). Werder liegt es an einer sinngetreuen Übersetzung Tassos (Aurnhammer 1994, 220; vgl. 212–239), er benutzt eine zeitgenössische Rhetorik, vermeidet – im Sinne der *Fruchtbringenden Gesellschaft* (s. Kap. 4.5) – Fremdwörter und umschreibt mythologische Figuren. So entsteht eine deutsche Fassung des *Erlösten Jerusalems*, dem eine »sprach- wie literaturgeschichtlich herausragende Bedeutung« zukommt (Aurnhammer 1994, 220).

Tassos christliches Epos wurde in der Frühen Neuzeit in zahlreiche italienische Dialekte sowie ins Spanische, Französische, Lateinische, Englische und Holländische übertragen. Es behandelt die Auseinandersetzung zwischen Christentum und Islam zur Zeit des ersten Kreuzzugs. Gottfried von Boullion (»Goffredo«) beabsichtigt nach einer Erscheinung des Erzengels Gabriel das Heilige Grab von den Heiden zu befreien; er organisiert und einigt ein schlagkräftiges Heer, dem auch der mutige Draufgänger Rinaldo angehört. Als Gegenspielerin erscheint die Zauberin Armida, die Rinaldo verführt. Als dieser seinen Zustand begreift und sich wieder in den Dienst Gottfrieds stellt, gelingt es schließlich, das heilige Jerusalem zu befreien. In der späteren Fassung des Epos reduziert Tasso einige Liebeshandlungen und formt Rinaldo zu einem ernsten, verantwortungsbewussten christlichen Ritter um.

Werder »forciert« in seiner Übertragung »die drastischen Passagen«, unterdrückt, aus konfessionellen Vorbehalten und angesichts des Dreißigjährigen Krieges, deutlich katholische Bezüge des Originals und gestaltet so eine eher allgemein christlich, ja, irenisch gehaltene Theologie. Die frühe Rezeption des Werks durch Autoren der *Fruchtbringenden Gesellschaft* zeigt »eine ausgeprägte kulturpatriotische und nationale Tendenz«; Tassos Goffredo wird zur nationalen Integrationsfigur umgedeutet, mithin als ›deutscher Gottfried‹ verstanden (Aurnhammer 1994, 221 u. 239).

Der *Habsburgische Ottobert* (1663/64) von **Wolfgang Helmhard von Hohberg** (1612–1688) umfasst 36 Bücher mit insgesamt fast 40.000 Alexandrinern. Das bedeutendste deutschsprachige Original-Epos dient der Verherrlichung der Habsburger und berichtet zu diesem Zweck von den Heldentaten eines fiktiven Ahnherrn des Herrscherhauses. Der erste Teil erzählt – in Anlehnung an die Irrfahrten des Odysseus und den ersten Part der *Aeneis* – von der Teilnahme Ottoberts an einem Kreuzzug gegen die Sarazenen, der zweite – in Analogie zur *Ilias* und zu dem zweiten Part der *Aeneis* – vom Kampf gegen die Hunnen. Zwischen beiden Teilen findet sich eine Traumvision von der glorreichen Zukunft Habsburgs (Jerschke 1936, 62–79; Rohmer 1998, 266, 273–276). Auch hier gibt es eine Parallele in der *Aeneis* von Vergil. Die Handlung des *Habsburgischen Ottobert* wirkt dadurch, dass sie nicht nur durch den epischen Sänger, sondern durch eine ganze Reihe von Binnenerzählern zum Teil im Rückblick berichtet wird, unübersichtlich, ja, verworren. Durch dieses Verfahren kann aber das epische Erzählen selbst und seine Wirkung zum Gegenstand des Epos werden. Deutliches Zentrum der Handlungen bleibt der tugendhafte Ritter Ottobert, der erst am Schluss des Epos mit seiner tot geglaubten Geliebten Ruremunda, die zeitweise als kämpfender Ritter auftritt, zusammenkommt.

Hinsichtlich der Struktur und Funktion seines Epos wurde Hohberg deutlich von den antiken Musterepen, aber, was etwa die Traumpassage, die Figurenzeichnung und den Glaubenskampf zwischen Christen und ›Heiden‹ betrifft, letztlich auch von Tassos *Gerusalemme Liberata* und Ariosts *Orlando furioso* (1516–1532) angeregt (Rohmer 1998, 257–339).

In einem ›Proömium‹ (den Einleitungsversen zum Epos) betont Hohberg dennoch seine poetische Eigenständigkeit. Dabei setzt er sich zum einen von den »Zeitung schreiber[n]« – gemeint sind hier die eher analistisch verfahrenden Historiographen – ab. Zum anderen besteht er auf einem unabhängigen und ursprünglichen Zugang zur epischen Tradition.

> Warum soll man allein aus fremden Lacken nur
> herschöpffen trüben Saft? und nicht selbst aigner Spur/
> Nachfolgen zu dem Bronn/ davon die Silber=Wellen
> auff angebornem Grund/ durchleuchtiger erhellen?
> (Hohberg: *Ottobert*, 1, V, v. 20 und 23–26; Rohmer 1998, 347 f.)

Hohbergs Epos erzählt freilich nicht nur von Kämpfen, Entführungen und Irrfahrten, sondern bietet neben diesen Abenteuern auch deutlich didaktisch geprägte Passagen, die heute kulturhistorisch bedeutsamer sind. So befasst sich im 9. Buch das Epos mit dem Ideal ländlichen Lebens, das – wie damals üblich – von überfeinertem höfischen Gebaren abgesetzt wird. Diese Ausführungen korrespondieren mit Hohbergs späterem in Prosa verfasstem Hauptwerk, den *Georgica Curiosa, das ist Umständlicher Bericht und klarer Unterricht von dem adelichen Land- und Feldleben* (1682, kurzer Auszug: Pörnbacher (Hg.) 1986, 709 f.). In diesem Hausbuch wird die richtige Lebensweise der Landadeligen ausführlich dargestellt und systematisiert (zur Gattung s. Kap. 8.3). Im *Ottobert* findet sich das ›Lob des Landlebens‹ (*laus ruris*) in einem Gespräch nach Tisch; es wird also in das dargestellte Alltagsleben integriert. Nach dem der »Hunger […]gestillt« und »das Tischtuch auffgehoben« worden war, entspinnt sich eine Diskussion, in deren Verlauf schließlich auch Ottobert das Wort ergreift:

> Solt ich den Hofgebrauch der Fürsten Art und Leben
> Vergleichung mit dem Feld und Acker=lüsten geben/
> dunckt mich der gröste Herr sey dort der ärmste Knecht/
> und jeder Baur allhier ein Herr/ wiewol er schlecht
> begütet und Bekleidt/ doch lebt er von dem seinen/ […].
> So leb ich wolgemuht und esse meine Bissen/
> mit Freuden/ Gottes Lob und ruhigem gewissen/
> ist alles Gewürtz aus Peru nicht gemacht/
> ists sauber doch gekocht und ohen Gifft verdacht.
> (Hohberg: *Ottobert*, 1, IX, v. 449–452 und 521–25; Rohmer 1998, 354)

Das Ideal eines einfachen Landlebens überträgt der Graf auf den Adelssitz; damit kritisiert er jene Höfe, die versuchen, die französischen oder spanischen Herrscher und ihre ausufernde Hofhaltung nachzuahmen. Ausdrücklich werden deshalb Erzeugnisse der Kolonien (etwa aus »Peru«) genauso wie »des Goldes glantz« als »Glückes bleiche Gaben« (v. 593) abgelehnt.

Auf das historische Epos *Der Deutschen Dreyßig-Jähriger Krieg* (1657) von **Georg Greflinger** (um 1620–1677) macht Lessing in seinen *Vermischen literarischen Anmerkungen* aufmerksam; er meint, es verdiene bekannter zu sein. Greflinger war

Journalist, Kriegsberichterstatter, Geschichtsschreiber, Verfasser eines Reisehandbuchs sowie Übersetzer eines Garten- und eines Kochbuchs, aber auch Lyriker und Verfasser von Soldatengebeten. Als Ziel der historiographischen Verserzählung *Der Deutschen Dreyßig-Jähriger Krieg* gilt die faktuale Darstellung der leidvollen Geschichte des Krieges, die mit hermeneutischem Interesse verfolgt wird. Der Text versuche »zu verstehen / Worin zu viel / und wo zu wenig sey geschehen«. Das Epos diene ausdrücklich der Erinnerung an den Krieg und damit »zur Bässerung« der Menschen. Denn hier könne man »in Worten« lesen, »was ihr vor wenig Jahren / Im Werke habt gefühlt« (*Der Deutschen Dreyßig-Jähriger Krieg*, 9). Zu diesem Zweck wird »Calliope«, die »Göttin der Geschichte« angerufen, damit die »Rede sich nach dem Verlauffe richte« (11), also der tatsächlichen historischen Chronologie und damit auch den Kausalitäten des Krieges entspreche. Trotz dieser modern anmutenden Ausrichtung auf die Faktualität des Geschehens und seine Hermeneutik dürfte als Vorbild der epischen Kriegsdarstellung Homers *Ilias* gelten. Dieser freilich längere, mythologisch ausgearbeitete und literarisch anspruchsvollere Text galt – wie es Greflingers Alexandriner-Epos anstrebte – zugleich als Kriegsschilderung und Mythos stiftendes Nationalepos. *Der Deutschen Dreyßig-Jähriger Krieg* sollte mit seiner poetischen Darstellung des Krieges analog zur nationalkulturellen Festigung des Alten Reichs und zur Stärkung des christlichen Weltbilds beitragen (Niefanger 2011b).

7.11 Epische Kleinformen

Neben dem Roman, der wichtigsten narrativen Prosaform der Barockzeit, werden auch epische Kleinformen wie die Erzählung, die Anekdote, der Schwank, das Apophthegma oder das Predigtmärlein gepflegt, die in verschiedenen Kommunikationszusammenhängen (Gespräch, Predigt, Rede) genutzt werden.

Die kurze **Erzählung** der Barockzeit steht in der Tradition der romanischen Renaissancenovelle. Bedeutende Muster dieser Gattung liefern die zwischen 1349 und 1353 entstandene Sammlung *Il Decamerone* (deutsch: 1471) von Giovanni Boccaccio (1313–1375; Kocher 2005) und die anonym in Frankreich erschienenen *Cent Nouvelles Nouvelles* (1440). Diese Sammlungen sind zyklisch geordnet und haben eine Rahmengeschichte, die das Erzählen rechtfertigt. Im 16. und 17. Jahrhundert entstehen zuerst in Italien, dann auch in Spanien Erzählsammlungen ohne legitimierenden Rahmen, etwa von Matteo Bandello (*Novelle*, 1554–1573) und Miguel de Cervantes (*Novelas ejemplares*, 1613).

Georg Philipp Harsdörffer (1607–1658) veröffentlichte zwei Sammlungen von lehrhaften Erzählungen in deutscher Sprache, die sich großer Beliebtheit erfreuten (Gemert 1999, 498): *Der Grosse Schauplatz jämmerlicher Mordgeschichte* (1649–1650, [8]1713) und *Der Grosse Schau-Platz Lust- und Lehrreicher Geschichte* (1650, [7]1703). Die Bände enthalten jeweils etwa 200 Erzählungen, die als Exempel (lehrhafte Beispiele) für bestimmte Verhaltensweisen dienen. Der Erzähler pointiert am Ende der jeweiligen Prosastücke noch einmal die Lehrsätze, die das Exempel nahelegt:

> Hierauß ist zu sehen / was Unheil eine blinde Liebes-Brunst mit sich bringet / und wie betrüglich der böse Feind mit den Seinen zu verfahren pfleget [.] (Harsdörffer: *Der Zauberdieb* (XXXVI) zit. n. Fischetti (Hg.) 1980, 232)

Solche Exempel-Erzählungen verwenden im frühen 18. Jahrhundert die *Moralischen Wochenschriften* (etwa Gottscheds *Vernünfftige Tadlerinnen*, 1725/26). Da meist eine Figur und eine ihrer herausragenden Eigenschaften im Zentrum dieser didaktischen Erzählform steht, spricht die Forschung auch von einem ›Moralischen Charakter‹ (Schneider 1976, S. Niefanger 1997, 215 f.).

Kürzere Erzählungen haben in der Barockzeit auch Johann Balthasar Schupp (1610–1661), etwa die satirische Novelle *Corinna* (1660), Grimmelshausen, im *Ewigwährenden Kalender* (1670), und vor allem Johann Peter de Memel (1630–1680), insbesondere die Sammlung *Lustige Gesellschaft* (1656), veröffentlicht (*Deutsche Schwankliteratur*, 36 ff. und 62 ff. sowie Schöne (Hg.) ³1988, 1076 ff.). Memels Buch verstand sich – so der lateinische Untertitel – als bewährter Begleiter auf der Reise im Wagen, es diente also ausdrücklich der Unterhaltung.

Verwandt mit der Erzählung ist die (erst im 18. Jahrhundert so bezeichnete) **Anekdote**, ein kürzerer Erzähltext, der am Ende oft eine Pointe enthält; sie besteht häufig aus einer schlagfertigen Entgegnung oder einer überraschenden Handlungsweise:

> Man sagt von einem Schwaben / als er vor Jahren / im Spanischen zug wider die Churpfaltz am Rhein / gefangen nacher Creutznach geführet / vnd bey tröwung [Androhung] deß Strangs eine Ostia [Hostie] zu essen gezwungen worden / nach dem er wider rantzonirt [freigelassen wurde] / vnd nacher Hauß kommen / da jhm von den seinen ein solches verwiesen ward / hab er sich also verantwortet: Hette ich den kleinen Herrgott nicht gefressen / so hette er mich gefressen. (Zincgref [1626], zit. n. Schöne (Hg.) ³1988, 1075)

Die zitierte Anekdote rechtfertigt ein religiöses Vergehen aus pragmatischen Gründen: die Einnahme einer katholisch geweihten Hostie durch einen gefangenen evangelischen Soldaten, der damit sein Leben retten kann. Schlagfertig reagiert er auf die Vorwürfe seiner Glaubensbrüder, indem er die symbolische Bedeutung der Hostie (›kleiner Herrgott‹) profanisierend auflöst und mit seinem drohenden Tod zusammenbringt. Die Glaubwürdigkeit der Erzählung hebt Julius Wilhelm Zincgref (1591–1635; Kühlmann (Hg.) 2011) durch genaue Orts- und Zeitangaben hervor.

Ähnlich wie die Anekdote arbeitet auch die lateinische **Fazetie** (lat.: Witz, Scherz), eine typische Textsorte der Renaissance (Poggio [Bracciolini]: *Facetiae*, 1470; Bebel: *Libri facetiarum*, 1508–12; Frischlin: *Facetiae selectores*, 1600, wieder aufgelegt: 1603, 1615, 1660). Sie ist eine witzige Kurzerzählung in Prosa, die vom »Bestehen oder Nicht-Bestehen eines kritischen Augenblicks« handelt und mit einer Pointe schließt (Barner 1993, 289). Die Fazetien, bei denen der hohe Stil vermieden wird, enthalten nicht selten Spott und Ironie. Sie eignen sich wie die Anekdoten zur Weitergabe in geselliger Runde.

Von der Anekdote oft nicht unterschieden wird das **Apophthegma** (gr.: prägnante Aussage, gewandt formulierter Ausspruch). Es betont mehr als die Anekdote die Pointe, die als Sinnspruch formuliert wird. Das Apophthegma ist die am besten erforschte epische Kleinform des 17. Jahrhunderts (Verweyen 1970; Braungart 1997; Althaus 1996, 3–50, 219–242), und sie wurde anders als die Anekdote schon von Zeitgenossen als Gattung reflektiert. Sie kommt in einer ernsthaften und einer scherzhaften Variante vor, die häufiger zu finden ist. Apophthegmata sind ›witzige‹ (im Sinne von frz. *esprit*), prägnante Erzählungen, die in knapper und zugespitzter Form Geschehnisse und Situationen berichten, die sich angeblich zugetragen haben. Diese werden »in einem pointierten, oft überraschenden Sinnspruch gedeutet«. Der Sinnspruch ergibt sich konsequent aus der geschilderten Situation, verallgemeinert sie und bekommt so einen »sentenziösen Charakter«, der zum Weiterdenken einlädt (K.-D. Müller 1980, 130 f.; vgl. Braungart 1997, 464; Verweyen 1970, 20 f.). Zentrales rhetorisches Formprinzip ist die *argutia* (Scharfsinnigkeit; Verweyen 1970, 48 ff.). Eine Definition des Apophthegmas liefert der Jesuit Jacobus Pontanus im Jahr 1616, der den Spruch, den situativen Charakter des Erzählten und die daraus resultierende Glaubhaftigkeit hervorhebt:

> Nempe vt historicum quippiam adiunctum habeat, aut subintellectum plerumque.
> [Freilich hat es dadurch den Charakter des Historischen oder den des Ausgewiesenen.]
> (Pontanus, zit./übers. Verweyen 1970, 20 f.)

Apophthegmata sind – als ›unpoetische‹ Gebrauchstexte (s. Kap. 5.1) – nur relativ schwach normiert; sie können in umfangreichere Textsorten wie Predigt, Roman (Grimmelshausen) oder Brief (Liselotte von der Pfalz) integriert (Verweyen, 1970, 172) und zur höfischen Konversation genutzt werden (Braungart 1997, 471). Die Apophthegmata werden aber auch in Sammlungen veröffentlicht: etwa in Zincgrefs *Der Deutschen kluge Sprüche, Apophthegmata genannt* (1639), in Harsdörffers *Ars Apophthegmata* (1655 f.) oder Johannes Leonard Weidners *Deutscher Nation Apophthegmata* (1644). Ein Beispiel aus der letztgenannten Sammlung:

> Von einer Dame
>
> Einer, der einer Frawen zu nah kommen werde, sagt zu jhr: »Ich bin ewer Diener.« Die antwortet jhm höflich: »Ich habe Knecht genug zu Hauß, die das Holtz hawen, den Stall misten, denselben ausführen. So das ich dißmahl keins Dieners mehr bedürfftig.« (*Deutsche Schwankliteratur*, 57)

Die Situation wird im ersten Satz deutlich: Eine Dame beabsichtigt, sich gegen die galanten Annäherungen eines Herren zu wehren, indem sie scharfsinnig seine Worte aufnimmt und absichtlich falsch – nämlich ›wörtlich‹ – versteht. Während dieser eine Höflichkeitsfloskel (»Diener«) verwendet, die an mittelalterliche Minnedienste erinnert, nimmt sie sein Anerbieten für bare Münze und setzt ihn dadurch sozial herab. Denn als wirklicher »Knecht« kommt er für die Liebe nicht in Frage. In diesem Apophthegma wird der Frau die Fähigkeit zur *argutia* zugesprochen.

Eine verwandte und von Anekdote und Apophthegma nur schwer unterscheidbare Textsorte ist der **Schwank** (Straßner ²1978; Röcke 1987). Tendenziell ist er etwas länger als die Anekdote und erzählt immer lustige Begebenheiten; es sind Geschichten von Streichen, Späßen, Neckereien und Possen, häufig mit lokalem Bezug. Der Schwank hat eine »stoffliche Vorliebe für den klerikalen sowie den dörflichen und städtischen Lebensbereich, außerdem für die Vitalsphären von Essen und Trinken, körperlichen Ausscheidungen und Sexualität« (Wunderlich 1992, 212). Die deutschen Schwanksammlungen des 17. Jahrhunderts sind etwas weniger derb als die des 15. und 16., eine Ausnahme bildet *Mainhinklers Sack* von 1612. Als Sammlungen sind außerdem zu nennen: Michael Caspar Lundorfs *Wiesbadisch Wiesenbrünnlein* (1610) und das *Kurzweilige Reisegespann* (1645) des Schweizers Johann L. Talitz von Liechtensee.

Kurze pointiert vorgetragene Geschichten sind auch die im Barock verbreiteten so genannten **Predigtmärlein**. Neben kleinen Erzählungen werden Anekdoten, Fabeln, Fazetien, Legenden oder Parabeln in die Predigten beider Konfessionen eingebaut, um exemplarisch die kirchliche Lehre zu verdeutlichen. Ein Meister dieser Kleingattung ist Abraham a Sancta Clara (s. Kap. 8.2).

7.12 Forschungsgebiete, Tendenzen und Aufgaben

Weder eine umfassende Darstellung der Barockprosa noch eine der erzählenden Werke liegt bislang vor. Die Forschung unterscheidet gewöhnlich zwischen dem Roman und den Kleingattungen. Zu den epischen Kleinformen und der Schäferdichtung finden sich nur vereinzelt umfassende Monographien (Verweyen 1970; Garber 1974), Spezialstudien (Garber 1982) und kürzere Überblicksartikel (Rusterholz 1985); ein einschlägiger Sammelband zu kleineren Erzählformen, wie er für das 15. und 16. vorhanden ist (Haug/Wachinger (Hg.) 1993), fehlt.

Gut erforscht ist zweifellos die Romanliteratur: Zur ersten Orientierung stehen Überblicksaufsätze (I. Breuer 1999; Alewyn [2]1967, G. Müller 1929), die einschlägigen Kapitel in den Gesamtdarstellungen der Barockliteratur (Emrich 1981; 227–296; Szyrocki 1997, 358–408) und zusammenfassende Beiträge zu einzelnen Untergattungen (A. Meier 1999; v. Gemert 1999; Spellerberg 1985; Triefenbach 1985) zur Verfügung. Umfangreichere Einführungen bieten Gattungszuordnungen, Inhaltsangaben, Interpretationen und Bibliographien (Herzog 1976; Meid 1974; Rötzer 1972a). Auch das Handbuch des deutschen Romans (Koopmann (Hg.) 1983) erweist sich in dieser Hinsicht als nützlich. Nacherzählungen der nicht leicht zu lesenden höfisch-historischen Romane und Textausschnitte finden sich bei Cholevius (1866, Neudruck 1965); eine Textsammlung mit einer einführenden Einleitung hat Knight herausgegeben (1969, Einleitung, 1–26).

Hinzu kommen zum Teil ausführliche Monographien zu verschiedenen Einzelaspekten des Barockromans (Rau 1994; Solbach 1994; Frick 1988), die das Zurechtfinden erleichtern; hervorzuheben ist besonders Geulens Studie (1975) über die Formen barocken Erzählens. Eine Studie zur Erzählkunst des 17. Jahrhunderts, die die Erkenntnisse der neueren Narratologie aufnimmt (Genette 1994; Vogt [7]1990, Martinez/Scheffel 1999), steht indes noch aus.

Besonders intensiv wurde, angeregt durch die Bedeutung des *Simplicissimus* in der deutschen Literaturgeschichte, zum Schelmenroman geforscht (Bauer 1993 und 1994; Hoffmeister 1987b; Jacobs 1983; Heidenreich (Hg.) 1969; Cordie 2000). Zu Grimmelshausen existieren einführende Arbeitsbücher (Meid 1984; D. Breuer 1999) und viele – methodisch zum Teil sehr unterschiedliche – Studien (Weydt 1968; Trappen 1992; Wiethölter 1994; Merzhäuser 2002 und 2003; Späni 2004; Arnold (Hg.) 2008; Dohms 2006; Eybl/Wirtz (Hg.) 2009). Seit Alewyns ›Entdeckung‹ Beers (Alewyn 1932) gehören auch seine Romane zu den bevorzugten Forschungsgegenständen (Krämer 1991; v. Ingen 1991; Solbach 1991, 1994; Gersch 2004; Strässle 2001; Battafarano/ Eilert 2003). In den letzten Jahren erlangt auch Moscheroschs *Philander* eine erhöhte Aufmerksamkeit (Bubenik 2001; Knight 2000; Kühlmann/Schäfer 2001).

Im Bereich des hohen Romans richten sich die meisten Blicke auf den Sonderfall Lohenstein. Anfang der 70er Jahre erscheinen grundlegende historisch orientierte Monographien zum *Arminius* (Kafitz 1970; Spellerberg 1970; Szarota 1970); eher ideengeschichtlich ausgerichtet sind die Arbeiten der 90er Jahre (Wichert 1991; Borgstedt 1992). Einzelstudien existieren zu Anton Ulrich (Spahr 1966; Haslinger 1970; Kraft 2004; Rösch 2004, 41–78), zu Ziegler-Kliphausen (Pfeiffer-Belli 1940; Frick 1988), zu Zeesen (Bergengruen/Martin (Hg.) 2008), zu Weise (Hesse (Hg.) 2009), zum galanten Roman (Singer [2]1966; Hobohm (Hg.) 2006; Steigerwald 2011; Rose 2012) und zur Romantheorie (Voßkamp 1973; Althaus/Kaminski (Hg.) 2012). Hierzu liegen auch einige Textsammlungen vor (*Theorie und Technik des Romans*, 1970;

Romantheorie, 1999). Weitere Studien zur Entwicklung der barocken Romantheorie, die neuere Forschungsergebnisse im Bereich der Rhetorik und der Diskursanalyse berücksichtigen, wären wünschenswert. Die stärkere Einbeziehung von Bachtins Romantheorie (Bachtin 1990; Verweyen 1990) wäre sicher förderlich. Zur Konstruktion des Heroischen im 17. Jahrhundert, insbesondere im Roman, liegt nun eine Studie vor (Disselkamp 2002), die Anschlussforschungen verspricht.

Es fehlt – trotz einzelner Versuche (Welzig 1963; Rötzer 1972a; Röcke 1987; Kocher 2005) – eine genaue Untersuchung früher deutschsprachiger Erzähltraditionen, die im 17. Jahrhundert variiert wurden. Wie zum Drama werden auch zur Erzählprosa in den nächsten Jahren verstärkt intertextuell und kulturanthropologisch arbeitende Studien publiziert werden; die Untersuchung von *gender*-Strukturen insbesondere in der Schäferdichtung und im galanten Roman erscheint vielversprechend.

8. Nicht-fiktionale Prosa

Goethes Diktum von der Existenz dreier Naturformen der Dichtung (*Hamburger Ausgabe*, II, 187 ff.) hat bewirkt, dass sich die literaturwissenschaftliche Lehre und Forschung häufig auf die drei Hauptgattungen beschränkt: Epik (Roman), Lyrik, Dramatik. Emrich (1981) und Szyrocki (1997) folgen in ihren Barock-Einführungen ebenfalls dieser Dreiteilung; das Gleiche gilt im Grunde für den *Abriß in Text und Darstellung* von Fischetti (1980) oder die Literaturgeschichten. Gewiss ist ein solches Vorgehen gerechtfertigt, weil damit den Lesegewohnheiten der anvisierten Rezipienten entsprochen wird.

Im 17. Jahrhundert gab es dieses Gattungsverständnis indes nicht. Barner hat in seiner *Barockrhetorik* zu Recht auf die »Unbrauchbarkeit des landläufigen Literaturbegriffs« (1970, 83) für die Barockepoche hingewiesen. Die Gattungsgrenzen waren weniger strikt und »zwischen Poesie und den ›nichtliterarischen Zweckformen‹« herrschten »fließende Übergänge« (Hoffmeister 1987, 156). Um diesem Umstand und dem berechtigten kulturwissenschaftlichen Interesse in Lehre und Forschung, das weiter zunimmt, Rechnung zu tragen, sei hier ein eigenes Kapitel zur nicht-fiktionalen Prosa angefügt, das Zweckformen wie den Brief, die Leichabdankung, das Hausväterbuch, die Verhaltenslehre oder wissenschaftliche Texte vorstellt. Es ergänzt die ausführliche kulturwissenschaftliche Einführung (s. Kap. 2–4).

Über die Grenzen der Literatur, der Poesie oder der so genannten ›Gebrauchstexte‹ soll damit nichts gesagt sein. Briefe können genauso literarische Elemente enthalten wie etwa Koch- oder Geschichtsbücher. Und Lehrgedichte oder Poetiken wird mancher Forscher eben nicht zum Bereich des Literarischen zählen. Da das, was nach heutigem Verständnis schöngeistige Literatur ist, nur »einen Bruchteil der Buchproduktion des 17. Jahrhunderts« darstellt (Hoffmeister 1987, 156), die nicht-fiktionale Prosa aber einen erheblich größeren Part, kann der gegebene Überblick allerdings nur kursorisch sein.

8.1 Briefe

Mit gutem Recht spricht die neuere Forschung von einer eigenständigen »Briefkultur des 17. Jahrhunderts« (Erwentraut 1999, 266). Denn die Barockzeit hat letztlich eine neue Briefpraxis – den in deutscher Sprache verfassten Privatbrief – etabliert. Außerdem sind wirkungsmächtige deutsche Briefsteller (s. u.) publiziert worden. Zunächst dominierte noch der ältere Kanzleistil mit seinem »juristisch-notariell bestimmte[n] Schreibgebaren« (Nickisch 1969, 204). Im Bereich der gelehrten Briefwechsel verwendete der Schreiber die lateinische Sprache, im adeligen Brief das Französische. Selbst in bürgerlichen Kreisen dominierte bis ins 18. Jahrhundert hinein der französisch verfasste Brief; noch die später berühmten Briefschreiberinnen Louise A. V. Kulmus, die spätere Frau Gottscheds, und Sophie Gutermann, die spätere La Roche, lernten und praktizierten zunächst die französische Korrespondenz (Nickisch 1991, 40). Gegen Ende des 17. Jahrhunderts veränderte sich mit den Briefstellern Christian

Weises und Benjamin Neukirchs das Briefideal. Während sich der stark normorientierte Barockbrief noch strikt an Anredeformeln, am Anlass, an der Situation, am Adressaten und am Schreiber orientieren musste, tendierte der galante Brief schon zum privaten, freier gehandhabten, bürgerlichen Kommunikationsmittel (Erwentraut 1999, 285; Nickisch 1991, 44, 79 ff.).

Im 17. Jahrhundert gibt es unterschiedliche Briefgattungen, die jeweils andere Normen haben. So ist die Feldherrnkorrespondenz (etwa die von Tilly im kaiserlichen Heer) von der politischen Korrespondenz (zwischen Regenten oder Diplomaten) zu unterscheiden. Die Geschäftskorrespondenz der Kaufleute, die häufig fremdsprachig war, folgt anderen Vorgaben als die Gelehrten- und Dichterbriefwechsel mit ihrer humanistischen Tradition. Und die meist in französisch gehaltene adelige Privatkorrespondenz sieht anders aus als das zweckorientierte Schreiben eines Hausvaters oder Gutsbesitzers. Der nach dem klassischen **rhetorischen Muster organisierte Brief**, der im 17. Jahrhundert in der Tradition humanistischen Denkens in der Regel noch vorbildlich ist, enthält die folgenden genau festgelegten Teile:

Korrekte Anrede und Grußformel (*salutatio*)
1. Einleitung, Werbung um das Wohlwollen des Adressaten (*exordium* oder *captatio benevolentiae*)
2. Darstellung des Sachverhalts, des Briefanlasses (*narratio*)
3. Anliegen des Briefes, Bittgesuch (*petitio*)
4. Konsequenzen für den Absender (*conclusio*)
Schlussformel

Briefsteller

Die Entwicklung des Briefs im Barock lässt sich gut anhand der Briefsteller, die Anweisungen über das richtige Abfassen von Briefen enthalten, ablesen (Nickisch 1969, 48 ff.; Furger 2010). Der erste Briefsteller des 17. Jahrhunderts ist **Johann Rudolf Sattlers** *Teutsche Rhetoric / Titular: vnd Epistelbüchlein* von 1604, ein Werk, das im Laufe des Jahrhunderts hohe Auflagenzahlen erreichte (ebd., 49). Sattlers Büchlein vertritt eine »konservative Brieflehre« (ebd.); er orientiert sich am Kanzleistil und den Brieflehren des 16. Jahrhunderts. Dem entspricht auch sein ausdrücklich genanntes – und vornehmlich beruflich eingegrenztes – Zielpublikum: Er wendet sich vor allem an Juristen, Verwaltungsfachleute und amtliche Schreiber. Daneben finden aber schon im Titel die »privat Personen« und ihr spezifisches Interesse (hauptsächlich Familienangelegenheiten) Erwähnung. Wie der Titel angibt, ergänzen rhetorische Prinzipien und Fragen des korrekten Titelgebrauchs den Briefsteller. Gleich zu Anfang macht der Autor deutlich, dass »der so einem anderen schreiben will«, zu allererst zu bedenken hat, »wer der seye / wem er schreiben will / ob er höhers oder niders vnnd geringers Standts« (1) sei. Sattler vertritt also das Ideal eines am Empfänger orientierten Schreibens. Der Brief sei stilistisch in einer deutlichen und verständlichen Sprache abzufassen (*perspicuitas*).

Auch wenn der Autor letztlich unsicher bleibt, ist davon auszugehen, dass *Der Teutsche Secretarius* (1655) von **Georg Philipp Harsdörffer** stammt. Auf dem Titelblatt zeichnet ein Kollektiv »von Etlichen Liebhabern der teutschen Sprache« verantwortlich. Harsdörffer war in Nürnberg als Jurist tätig, also – wie übrigens auch Sattler – in administrativen Dingen ein Fachmann und Praktiker. Der Briefsteller richtet sich an jeden, der schreiben und lesen kann: Denn »ein jeder« soll »seine Gedancken verfassen lernen / in was Stand und Beschäftigung er auch sein Leben zubringen möchte« (169, Vorrede, 17). Der Briefsteller enthält – wie derjenige Sattlers – Angaben zu Titel- und Ehrenkonvention, wobei das Ordnungsprinzip seines Verzeichnisses nicht mehr hierarchisch (nach sozialem Rang und Würde), sondern alphabetisch ist. Er beschäftigt sich mit Briefgattungen, zu denen eine Vielzahl von Exempeln in Form von Musterbriefen gegeben wird, und mit stilistischen Fragen. *Der Teutsche Secretarius* betont die Verwandtschaft von Rhetorik und Briefstellerei. Vorgeschlagen wird jedoch eine individuelle Nutzung der Briefmuster. Ein eigenes Kapitel ist den Frauenzimmer- und Liebesbriefen gewidmet. Die Briefe an Frauen erfordern ein gegenüber dem Kanzleistil verändertes Stilideal. Die Höflichkeit steht im Zentrum, Hofsitten sind zu berücksichtigen, und bei den lateinischen Ausdrücken und Fremdwörtern ist Zurückhaltung geboten. Den Grundsätzen der Nürnberger Sprachpflege folgend (s. Kap. 4.5) wird die französische Freizügigkeit in Liebesbriefen abgelehnt. Aus den Richtlinien des Briefstellers wird ersichtlich, dass bei Harsdörffer neben das Kanzlei-Ideal ein höfisches tritt (Nickisch 1969, 84).

Von **Kaspar Stieler** stammt die zweibändige *Teutsche Sekretariats-Kunst* (1673/74). Sie ist neben Harsdörffers Brieflehre der wichtigste Briefsteller der »großen Zeit der Sekretariatskunst« (Nickisch, 1969, 77): der zweiten Hälfte des Jahrhunderts. Stieler schließt an Harsdörffer an; ja, er empfiehlt ihn mehrfach. Wie der Nürnberger plädiert er für eine stilistische Abgrenzung gegenüber der französischen Hofgesellschaft. Seine *Sekretariats-Kunst* nimmt Musterbriefe aller drei Stilebenen (s. Kap. 4.3) auf.

»In mehrfacher Hinsicht« setzen **Christian Weises Briefsteller** »neue Akzente« (Erwentraut 1999; 276, Nickisch 1990). 1691 erscheinen die *Curiösen Gedancken von Teutschen Briefen*, 1693 die *Politische Nachricht von sorgfältigen Briefen*. Weises Brieflehre orientiert sich nicht mehr – wie die vorherigen Anweisungen – am starren Kanzleistil, sondern an pragmatischen Vorgaben. Die ›politische Klugheit‹ (s. Kap. 3.3) bestimme die Abfassung der Schreiben. Weise definiert den Brief als eine Rede eines Abwesenden an einen Abwesenden (»*Sermo absenti ad absentem*«, Weise: *Gedancken*, 213). Aus dieser Bestimmung wird die Nähe des Briefes zur Rede und damit die der Briefstellerei zur Rhetorik noch einmal deutlich.

Weise verlangt eine pragmatische Handhabung gängiger Briefstilregeln, die er insgesamt reduziert. So habe ein Brief lediglich drei Hauptteile, zu denen noch ›Initial- und Final-Complimente‹ kämen:

1. Darstellung der Gelegenheit, die den Brief veranlasst hat (*antecedens*)
2. Erklärung der Gelegenheit (*connexio*)
3. Folge, Veranlassung, die sich durch die Gelegenheit ergibt (*consequens*)

Indem Weise das »Einfühlungsvermögen des Briefschreibers« betont (Erwentraut 1999, 277), ergibt sich, dass die Situation mehr als der gesellschaftliche Rang den Ton des Briefes bestimmt (Weise: *Politische Nachricht*, I, 283).

Benjamin Neukirchs *Anweisung zu deutschen Briefen* (1709) steht für eine zunehmende Verbürgerlichung der Briefkultur. Sein galanter Briefsteller bietet einen entscheidenden »Durchbruch« zum Neuen (Nickisch 1991, 80; Nickisch 1990). Nun wird die Abkehr vom Kanzlei-Stil mit seinen festen rhetorischen Formen endgültig vollzogen. Tendenziell deutet sich das Ideal einer natürlichen Schreibart an, die sich dann im 18. Jahrhundert (seit Gellerts Briefsteller) endgültig durchsetzt. Die Briefe-schreiber sollten sich auf ihr »*hurtiges ingenium*« und ihr Urteilsvermögen verlassen (Neukirch: *Anweisung, Vorrede*). Der Brief orientiere sich am Gespräch, also am gesprochenen Wort, eine Maxime, die Neukirch wahrscheinlich von französischen Vorbildern übernommen hat. Gewarnt wird in der Anweisung jedenfalls vor zu gro-ßer ›Schulfüchserei‹ und Pedanterie. Zudem werden neue Briefschreiber entdeckt: bürgerliche Stände wie Handwerker und sogar Bauern.

Privatbriefe, Briefwechsel

Die umfangreichen **Briefwechsel Sigmund von Birkens** (1626–1681) gehören zu den ergiebigsten Quellen barocken Geisteslebens (Laufhütte 2007). Birken ist der »einzige Autor von Rang in der zweiten Hälfte des 17. Jahrhunderts im deutschen Sprachraum, dessen Korrespondenzarchiv erhalten ist« (Laufhütte, in: *Werke und Korrespondenz*, IX,1, S. XXI). Die Briefwechsel geben auch zusammen mit seinen Tagebüchern einen guten Einblick in das nicht unbeschwerliche Alltagsleben des 17. Jahrhunderts. Über gemeinsame religiöse Erfahrungen, über das Entstehen poetischer Werke und das schwierige Agieren einer adeligen österreichischen Exulantin gibt der Briefwechsel mit Catharina Regina von Greiffenberg Auskunft, über poetische Fragen und Angelegenheiten des Pegnesischen Blumenordens die Korrespondenz mit Harsdörffer, Rist und Schottelius, über seine nicht immer leichte, in erster Linie prag-matisch geschlossene Ehe der Briefwechsel mit Margaretha Magdalena von Birken. Hier kann man u.a. erfahren, wie kompliziert die Eheanbahnung war, wie schwierig sich für den Poeten die Verwaltung der Erbschaft darstellte und welche Vorstellungen er über eine christliche Ehe hegte. Diese hatte Birken in mehreren sehr ausführlichen Mahnbriefen an sein »widerwärtiges EheWeib« (X,1, 200) niedergelegt; seine teils heftigen Drohungen wirken, auch wenn man im Barock einen anderen Umgang unter Eheleuten in Rechnung stellen muss, mitunter völlig unangemessen und auch hilflos. So bemerkt er einmal, dass er gezwungen sein könne, sie »bey der geistlichkeit, als eine UnChristinn, anzuklagen« (X,1 174). Solche Drohungen wirkten im religiös orientierten 17. Jahrhundert naturgemäß viel stärker als heute. Diese Denunziation hätte vermutlich fatale Folgen für Margaretha Magdalena gehabt.

Ein in mancher Hinsicht untypisches Beispiel barocker Briefkultur ist die umfangreiche Korrespondenz der **Liselotte (Elisabeth Charlotte) von der Pfalz** (1652–1722), nach ihrer Hochzeit Duchesse von Orléans und Mitglied der königlichen Familie Ludwig XIV. am Versailler Hof (Mattheier u. a. (Hg.) 1990). Hier lebte sie nach ihrer unglücklichen – politisch motivierten – Verheiratung mit dem Bruder des Sonnenkönigs, dem verwitweten Herzog Philipp I. von Orléans. Der französische Hof versuchte über diese Verbindung Besitzrechte in der Pfalz zu erwerben; um diese nach dem Tod des Kurfürsten – dem Vater von Liselotte – durchzusetzen, beginnt Frankreich den Pfälzischen Erbfolgekrieg (1688–1697).

Die in deutscher Sprache verfassten Privatbriefe – sie sind mit französischen Partien durchsetzt – richten sich an die in der Heimat lebende Halbschwester Louise von Degenfeld und ihre Tante Sophie von Hannover. Die Duchesse schrieb fast täg-lich lange Briefe, von denen etwa 5000 erhalten sind (Liselotte von der Pfalz: *Briefe der Herzogin*, 1867–81). Offensichtlich dienten sie vor allem als »Heilmittel für ihre *innerliche melancholie und betrübnis*, denen sie infolge ihrer deprimierenden Lebenserfahrung« am Hofe »ausgesetzt war« (Kiesel 1981, 10). »Die Pfalz« wird mehr und mehr zum »gelobt land [...], denn alles ist ja gut in unserm lieben vaterland, luft, wasser, wein, brot, fleisch und fisch« (Liselotte von der Pfalz: *Briefe*, 177).

Ihre Probleme am Versailler Hof hatten viele verschiedene Gründe, die in den Briefen erstaunlich deutlich angesprochen werden: Das Hofleben war stark reglementiert, was ihrer »jugendlichen Ausgelassenheit« (Kiesel 1981, 9) Grenzen setzte. Mit ihrem Mann verband sie keine Liebe. Dessen Ausschweifungen (Spielen, Trinken) und homoerotische Neigungen (»Monsieur ist mehr auf die buben verpicht, als nie«, *Briefe*, 119) waren am Hof bekannt, kränkten sie und brachten zudem finanzielle Engpässe (»alles was er in der welt hat, vertut er auf diese Weise«, 119); seine Favoriten behielten trotz der Hochzeit großen Einfluss auf den Herzog und intrigierten gegen die Ehefrau. Außerdem verstand sich Liselotte nicht mit der Mätresse Ludwig XIV., die sie (nicht nur) in ihren Briefen stark beschimpfte (»alte huzel«, 102; »die alte zot«, 114; »das alte weib«, 164 usw.). Sie wird sich in dieser Hinsicht auch im Gespräch nicht zurückgehalten haben; denn bald bemerkte die Hofgesellschaft, dass sie »zu frey im reden were« (58). Dies brachte ihr einen Verweis vom König ein. Sie selbst klagt in einem Brief, sobald »man frey« spreche, habe »man täglich eine neue querelle über den hals« (112). Auch ihre – durch die Eheschließung erzwungene – Konversion zum katholischen Glauben brachte Konflikte. Liselotte behielt Elemente ihres protestantischen Glaubens bei (87) und wurde verdächtigt, mit den Hugenotten zu sympathisieren (60). Außerdem kritisierte sie in ihren Briefen die Verfolgung Andersgläubiger (85) und die Glaubensspaltung (208 f.). Nach Beginn des Erbfolgekrieges verschlechterte sich auch aus politischen Gründen das Verhältnis zwischen Liselotte und der französischen Krone.

»Mein stil ist zu natürlich und gar nicht romanesque« (173), reflektiert die Autorin in einem Brief. Deshalb würden ihre Schreiben schlecht als Einlagen in höfisch-historische Romane wie die *Octavia* von Anton Ulrich passen. Doch gerade diese Abweichung vom höfischen Brief hebt den »**derb-natürlichen Stil**« Liselottes (Nickisch 1991, 42) aus der Masse der barocken Briefkunst heraus. Beispiele ihrer unkonventionellen Schreibart bieten die Selbstbeschreibungen, in denen auch ihr ›volkstümlicher Humor‹ deutlich wird. Denn »lachen erhelt die gesundheit«, wie sie sagt, »kacken und furzen met verlöff [mit Verlaub] helfen auch viel dazu« (118). Die selbstironische Haltung zu ihrem eigenen Körper wird an ihrem Kommentar zu Portraits, die von ihr angefertigt wurden, deutlich:

> Kein einziges von allen meinen contrefaiten gleicht mir so wohl; mein fett hat sich gar übel placiert, muß mir also wohl übel anstehen: ich habe einen abscheulichen met verlöff hintern, bauch und hüften und gar breite axeln, hals und brüste sehr platt, bin also, die wahrheit zu bekennen, gar eine wüste heßliche figur, habe aber das glück gar nichts darnach zu fragen. (128)

Die Selbstbeschreibung enthält ein hohes Maß an Distanz zur eigenen Figur und zeugt letztlich von großem Selbstbewusstsein. Denn die Beschreibung entspricht dem gängigen Vorurteil, dass kluge Frauen nicht schön sein müssen. Deshalb gibt Liselotte viel darauf, dass ihre Freundinnen und Freunde »nur mein gemüte und nicht meine figur betrachten werden« (128). Hinter der Beschreibung des eigenen monströsen Körpers steckt ein beeindruckendes Stück souveräner Selbstironie. Dabei betont Liselotte, wie der eigene Körper zum Text wird, an dem ihr schweres und absurdes Leben ›ablesebar‹ wird. So stellt sie fest, ihre »viereckete figur« enthalte »citationen von sprichwörtern«

und die einst liebliche »Liselotte seye in Sancho Pança verwandelt« (166). Dieser Humor, der in den Selbstportraits deutlich wird, das fast manische Briefeschreiben und die kulinarischen Genüsse helfen Liselotte in Versailles zu überleben.

8.2 Predigten und Leichabdankungen

Die »Predigt und Erbauungsliteratur«, insbesondere die Leichabdankung, »sind am Beginn des 17. Jahrhunderts **fest etablierte Gattungen** des schriftlichen wie mündlichen Diskurses« (Eybl 1999, 401). So wundert es kaum, dass heute umfangreiche Sammlungen dieser Gattung (*Trauerreden des Barock*, 1973; *Predigten der Barockzeit*, 1995) und Forschungsbeiträge (Eybl 1991, 1999; Herzog 1991; Krummacher 1986; Bogner 2006; Bogner/Steiger/Heinen (Hg.) 2009) vorliegen.

In der Predigt gelten die rhetorischen Prinzipien des 17. Jahrhunderts (s. Kap. 4.3). Sie ist der Ort, an der die **geistliche Rhetorik** (*Homiletik*) praktiziert wird. Erster Predigtanlass ist das Kirchenjahr und seine Sonn- und Feiertage; sie legen – besonders im protestantischen Bereich – bestimmte Evangelienstellen fest (*Perikopen*). Gegenstände der Predigt sind besondere Gefahren (Glaubensabfall, Krankheit, Krieg, Hungersnot usw.). Die Predigt zielt in erster Linie auf Belehrung, dann auch auf Widerlegung, Mahnung, vor allem aber auf Trost und Erbauung. Sie dient der individuellen Festigung und der Schaffung eines Gemeinschaftsgefühls in der Gemeinde. Letzteres war im Zeitalter der Glaubenskämpfe und (pragmatischen) Konfessionswechsel höher zu bewerten als heute. Zur Illustration und Unterstützung der Argumentation werden Exempel (Predigtmärlein, Beispiele aus der Alltagswelt und der Geschichte, s. Kap. 7.9) herangezogen.

Der **Aufbau einer Predigt** orientiert sich überwiegend an der klassischen Rhetorik (s. Kap. 4.3):

1. Einleitung und Redeanlass (*exordium*)
2. Erläuterung, Argumentation (*argumentatio*)
3. Zurückweisen der Gegenargumente (*refutatio*)
4. Übertragung auf die Lebenswirklichkeit der Zuhörer (*applicatio*)
5. Zusammenfassung und Schluss (*peroratio, epilogus*)

Bekannte Prediger der Barockzeit waren auf protestantischer Seite der Pietist Philipp Jacob Spener (1635–1705), auf katholischer Florentinus Schilling (1602–1670), Prokop von Templin (1608–1680) sowie vor allem **Abraham a Sancta Clara** (1644–1709), der durch seinen Humor und seine Volksnähe sehr erfolgreich war (Eybl 1992; Knittel (Hg.) 2012). Zu seinen bekanntesten Predigten gehört *Mercks Wienn*, die er 1679 anlässlich der Pest-Epidemie gehalten hat und die ein Jahr später gedruckt wurde. In eindrücklichen Bildern betrauert er die Grausamkeit der Pest in Wien. Man habe »auff freyer gassen todte Cörper gefunden / vnd« so sei »die traurige Tragoedi offentlich kundbar worden«, die »mit keiner Feder nit zu beschreiben sei« (*Mercks Wienn*, 2 f.). Das Türkentraktat *Auff/Auff ihr Christen* (1683) hat Friedrich Schiller als Vorlage für die Kapuziner-Rede im 8. Auftritt von *Wallensteins Lager* gedient.

Gedruckte Leichenpredigten und von der Predigt oft unabhängige Toten-reden, so genannte **Leichabdankungen**, gehören in der Barockzeit zu den eta-blierten und normierten Gattungen (Rusterholz 1979; Lenz 1990; Boge/Bogner (Hg.) 1999). Sie enthalten neben der Auslegung des Evangeliums Widmungen, die Abdankungs- und Standrede, dann Angaben zur Person, zu ihrer akademischen oder beruflichen Biographie, manchmal die Darstellung der Sterbeszene und Mit-teilungen über kirchliche Rituale sowie Epicedien (Trauergedichte). Häufig sind die Leichabdankungen mit Konterfeis (Holzschnitte, Kupferstiche) der Verstorbenen versehen. In einigen Fällen finden sich sogar dichterische Beigaben aus deren eigener Feder. Leichabdankungen in ihrer doppelten Existenz als gehaltene und schriftlich fixierte Rede bewegen sich »auf der Schwelle von Vergänglichkeit und Unvergäng-lichkeit, extemporierter Mündlichkeit und komponierter Schriftlichkeit« (Kaminski 1998, 203). Die Texte markieren selbst also jene Grenze zwischen Vergänglichem, der gehaltenen Rede, und dem »›unvergänglichen‹ literarischen Denkmal« (Fürstenwald 1975, 378), ihrer schriftlichen Form, die für die Trauerfeier maßgeblich ist. Wird dort doch der Übergang eines Menschen vom Reich des Vergänglichen (Welt) in das Reich des Ewigen (Himmel) bedacht.

Vorbild der barocken Leichabdankung ist die antike Totenrede: zum einen der griechische *epitáphios* (Perikles, Gorgias, Lysias usw.), der in der Öffentlichkeit vorgetragen wurde und auch eine Vielzahl von Toten (Gefallene des Peleponnesischen Krieges etwa) bedenken konnte, zum anderen die römische *laudatio funebris* (Q. Cae-cilius Metellus usw.), die auch privat gehalten werden konnte. Die ersten gedruckten Leichenreden in deutscher Sprache sind von Martin Luther (auf den Kurfürsten von Sachsen, 1525) überliefert.

Die wichtigste Sammlung von Leichabdankungen im 17. Jahrhundert stammt von **Andreas Gryphius** (Schings 1966; Fürstenwald 1967; Hay 1980; Kaminski 1998, 202–231). Seine häufig neu aufgelegten *Dissertationes Funebres* (1666, [2]1667, [3]1683, [4]1698) wurden posthum von einem anonymen Herausgeber ediert. Nach Auskunft eines zeitgenössischen Biographen wurde Gryphius »oft zum *Parentieren* [zum Ab-halten von Totenreden] bey vornehmen Leichen ersucht, und schlug es Gönnern und gutten Freunden nicht leichtlich ab« (Stieff: *Andreae Gryphii Lebens-Lauff*, 29). In der Sammlung von 1666 sind 13 Reden abgedruckt; Stieff gibt an, dass Anfang des 18. Jahrhunderts noch einmal so viele »in der ersten *Disposition*« existierten (ebd.). Gryphius habe viele Reden extemporiert. Die Sammlung ist komponiert, mit einem Vorwort, dem Bild des Autors (der bekannte Stich von Philip Kilian) und einem letzten ›Ehrengedächtnis‹ auf Gryphius versehen worden (Kaminski 1998, 205–208). Sinn der Sammlung sei, eine »lebendig-sinnliche Performanz des Begräbnisrituals« zu präsentieren (ebd., 207).

Die Reihe der Reden beginnt mit dem *Brunnen-Diskurs*, den Gryphius 1637 auf den Tod seines Gönners Georg von Schönborn gehalten hat. Der Name des Verstorbenen (= schöner Brunnen, schöne Quelle) gibt den Anlass, diesen in 21 kunstvoll ausgeführten Variationen mit einem Brunnen zu vergleichen: mit einem Weisheitsbrunnen, einem reichlich fließenden Brunnen, einem fruchtbaren Brunnen, einem klaren Brunnen usw. Die einzelnen Brunnenvergleiche werden mit deutschen und lateinischen Ausdrücken benannt; sie sind über Marginal-Glossen und Ziffern im Text leicht auffindbar. Das Vorgetragene wird durch Zitate und Volksweisheiten plausibel gemacht; Schönborn gleicht einem verachteten Brunnen (*fons despectus*): »Denn garstige Säue schöpffen iederzeit mehr Behäglichkeit aus unlauteren garstigen

Pfuden / als auß einem Perlenen Thau oder Cristallinen Wasser [...]« (*Dissertationes Funebres*, 46).

8.3 Lehrbücher

Das Feld der didaktischen Literatur in der Frühen Neuzeit, speziell auch im Barock, ist praktisch unüberschaubar. Folgt die Literatur den poetischen Grundsätzen der Antike und der maßgeblichen Poetik von Opitz, hat sie per se didaktische Ziele. Denn im 17. Jahrhundert gilt das Prinzip »aut prodesse volunt aut delectare poetae« (nützen und erfreuen wollen die Dichter) von Horaz (*De Arte Poetica*, 333), wobei der Nutzen (*prodesse*) der Poesie wesentlich in ihrer Lehrhaftigkeit liegt (v. Gemert 1999, 485). Martin Opitz nimmt in seinem *Buch von der Deutschen Poeterey* (1624) das horazische Prinzip auf, wenn er feststellt, dass »vberredung vnd vnterricht auch ergetzung der leute« der vornehmste Zweck der »Poeterey« sei (17).

Im 17. Jahrhundert verfolgt im Grunde die gesamte Poesie didaktische Ziele, wobei eine Ausnahme wohl die erotischen Texte der Galanten bilden (s. Kap. 3.2 u. 5.3). Es gibt aber eine Literatur, bei der die Didaktik deutlicher als die poetische Gestaltung im Mittelpunkt steht. Diese Lehrdichtung reicht von ausführlichen und mehrbändigen Kompendien (etwa der so genannten ›Hausväterliteratur‹, s.u.) über eher poetische Formen wie Lehrgedichte (etwa *Zlatna* von Martin Opitz, s. Kap. 5.3), Fabeln, Parabeln, Exempeln (s. Kap. 7.9) und Satiren (etwa Moscheroschs *Gesichten Philanders von Sittewald*, s. Kap. 7.7) bis zu Verhaltenslehren (s.u.). Aus diesem Feld seien hier die nicht-fiktionalen Lehrtexte herausgegriffen, die nicht in Versen verfasst sind und deshalb nicht zu den ›poetischen‹ Texten zu rechnen sind. Sicher kann mit guten Gründen darüber gestritten werden, ob die behandelten Beispiele deshalb überhaupt zur *Barockliteratur* zu zählen sind. Marian Szyrocki (1997) grenzt sie zum Beispiel in seiner Darstellung aus.

Ein Grund, sie zumindest kurz zu behandeln, ist ihr großer Erfolg: Bei der ländlichen Oberschicht und ihren Pächterfamilien war die ›Hausväterliteratur‹ neben der Bibel und dem Katechismus oft das einzige Buch, das gelesen oder vorgelesen wurde. Die Verhaltenslehren rezipierten die Höfe und Verwaltungen stark. Sinnvoll ist ein Blick auf die Lehrdichtungen außerdem, weil sie poetische Texte integrieren (Widmungs-, Einleitungsgedichte usw.) und häufig künstlerisch aufwendig gestaltet sind (mit zum Teil kolorierten Illustrationen). Einige in Prosa verfasste Lehrbücher, wie Johann Colers »Haußbuch« (*Oeconomia*, Caledarium, Vorrede), arbeiten zur besseren Memorierbarkeit mit versifizierten Weisheiten:

> Im Jenner hütte dich vor Artzeney /
> Wein / warme Speis vnd Gewürz brauch frey. (ebd., 6)

Zudem werden antike Autoren mit literarischen Werken zitiert. So führt Coler Vergil und Ovid an, um den Lesern die Frühlingsluft schmackhaft zu machen (ebd., 39).

Hausväterliteratur

Der Begriff ›Hausväterliteratur‹ umfasst Bücher, die praktische Anleitungen zur Führung eines Hauswesens, der Haus- und Grundwirtschaft, des Landbaus und der privaten Ökonomie enthalten. Häufig finden sich dort auch Hinweise zur Erziehung, zur Kochkunst und zur Ethik.

Der **Begriff des ›Hauses‹** ging weit über unsere heutige Bedeutung hinaus: Zum »ganzen Haus« (Schulze 1997, I, 59) konnte sowohl nur die überschaubare Bauernfamilie zählen als auch der große adelige Hof mit seinem Gesinde und den leibeigenen Bauern. Das Haus bezeichnet den Wirkungs- und Verantwortungsraum des Vaters bzw. des patriarchal gedachten Gutsherrn. Die patriarchale Struktur des Hauswesens wurde in Analogie zum theologischen Denken – mit Gottvater als verantwortlichem himmlischen Hüter – und zur Staatsphilosophie – mit dem Fürsten als Landesvater – gesehen (s. Kap. 3.2 und 3.3).

Da der in der deutschen Forschung meist verwendete Begriff ›Hausväterliteratur‹ »noch stark mit der Ideologie des 19. Jahrhunderts verbunden« werde (Brandes 1999, Anm. 1), etabliert sich zum Teil die neutralere Bezeichnung ›**Ökonomieliteratur**‹ (Brandes 1999; Frühsorge 1978, Anm. 12). Weil der ältere Begriff sich an die zeitgenössischen Bezeichnungen anlehnt – sowohl »Haußbuch« (Coler: *Oeconomia, Calendarium, Vorrede, Titel*) als auch »Haus-Vatter« (Florin: *Haus-Vatter*) ist gebräuchlich – und er das frühneuzeitliche Prinzip des ›ganzen Hauses‹ wie auch das patriarchale Denken der Zeit gut wiedergibt, scheint er für die literaturwissenschaftliche Darstellung aber angemessen.

Der Erfolg der Hausväterliteratur wird auf die Bedingungen der Landwirtschaft im 17. Jahrhundert zurückgeführt (Brandes 1999, 470). Die Versuche, Missernten und Kriegsverluste im Bereich der landwirtschaftlichen Produktion (›Agrarkrisen‹) auszugleichen und überhaupt das zunehmende Bestreben, Ordnungen in den bisher ungeregelten oder zumindest nicht schriftlich normierten Handlungsbereichen zu etablieren, dürften bei der Verbreitung der Bücher die entscheidenden Faktoren gewesen sein.

Die Ökonomieliteratur verbreitet sich in vielen Ländern Europas. Vorbilder stammen aus der Antike (griechische Ökonomiken von Hesiod, Xenophon und Aristoteles sowie römische Agrarbücher von Cato, Varro usw.). Christlich geprägte und weiter gefasste Lehren über das Hauswesen entstehen im 16. Jahrhundert in Italien, Spanien, Frankreich und den Niederlanden; auch in Russland, Polen und Ungarn verbreitet sich dieses Genre. Im Deutschen Reich entsteht die Hausväterliteratur um 1600; sie verliert am Ende des 18. Jahrhunderts mit zunehmender Ausdifferenzierung des Buchwesens an Bedeutung. Elemente der Hausväterliteratur leben heute noch in immer währenden Kalendern und ländlichen Jahrbüchern fort, die mit Rezepten, Weisheiten, Bauernregeln und kleinen Geschichten bestückt werden (*Illustrierter Familienkalender des Lahrer hinkenden Boten*; *Mit den Landfrauen durch Jahr* usw.).

Helga Brandes (1999) führt **drei Merkmale der Hausväterliteratur** an, wobei sie freilich einräumt, dass diese kaum die Fülle und Vielfalt der im 17. Jahrhundert erschienenen Ökonomiken erfassen können. Zur Orientierung sind sie jedenfalls hilfreich:

1. In der Hausväterliteratur werden **verschiedene Diskurse** besonders aus dem wirtschaftlichen, sozialen und ethischen Bereich integriert. Die Verflechtung der

Diskurse rechtfertigt sich aus der Konstruktion des ›ganzen Hauses‹ als überge-
ordneter Einheit.

2. Die Hausväterliteratur ist **lehrhaft**. Diese Intention wird durch klare Gliede-
   rungen, Übersichten, Listen, Kataloge, Zusammenfassungen, typographische
   Hervorhebungen, Register und Illustrationen unterstützt. Die Bücher sind als
   Nachschlagewerke nutzbar.

3. Als Basis der Hausväterliteratur erweist sich ein **komplexes und zum Teil wi-
   dersprüchliches Welt- und Menschenbild**. Es charakterisiert den Übergang von
   vormodernen zu frühaufklärerischen Sichtweisen. So finden sich magische Gedanken und Elemente des Aberglaubens neben der Darstellung von empirischen
   Beobachtungen und wissenschaftlichen Ergebnissen.

Aus der Vielfalt der Hausväterbücher seien drei besonders verbreitete Beispiele angeführt. **Johann Colers** *Oeconomia oder Hausbuch* (1593–1606) war bis zu Beginn
des 18. Jahrhunderts mit Neuauflagen erfolgreich. Eine Ausstellung in der Landesbibliothek Oldenburg tituliert das erste deutsche Hausväterbuch als »frühneuzeitlichen
Bestseller« (*Bücherwelten des Barock*, 34), Brandes etwas genauer als *longseller*
(Brandes 1999, Anm. 18). Allein zwischen 1609 und 1692 wurden 14 Ausgaben auf
dem Buchmarkt präsentiert.

Das Buch richtet sich an »alle getrewe[n] Haußveter / Hausmütter / vnd
angehende Haußhaltungen« (*Calendarium*, Vorrede); das Titelblatt nennt neben
»Ackerleut[en]« auch »Apotecker / Kauffleute / Wanderleute / Weinhern« oder »Gärtner«; Die Zielgruppe dürften vornehmlich bürgerliche Privathaushalte mit größerem
Landbesitz und adelige Gutsherren gewesen sein. Von Bauern wird es aufgrund der
geringen Lesefähigkeit in dieser Gesellschaftsgruppe weniger rezipiert worden sein.

Das Werk, das möglichst breit das ländliche Leben mit all seinen Bezügen erfassen
will, besteht aus zwei Teilen, einem kalendarisch geordneten und einem umfangreicheren sachlich orientierten Ratgeber mit 20 Büchern. Die ausführliche Titelangabe
des ersten Teils gibt ihn als »stetswerenden Calender« (Titelblatt), also als Werk mit
überzeitlichem Lehrangebot aus. Denn »ein Ackermann soll einen Calender haben /
das er wisse / was er zu jeder zeit thun solle« (Bl. 4ᵛ). Der Kalender (»Calendarium
perpetuum«) verzeichnet deshalb Messen, Saatzeiten, Beachtenswertes für die Vieh-
zucht, Wetterhinweise, Reisetipps und vieles anderes, das an Jahreszeiten und Termine
gebunden scheint. Dem ersten Teil ist ein Traumbuch angehängt, das Musterträume
interpretiert. Es bezieht sich auf eine nicht näher angegebene lateinische Vorlage.

Der zweite Teil (»Oeconomia«) behandelt (nach Büchern geordnet) die Haus-
haltung und sein Personal (I–II), das Kochen (III), den Weinbau (IV), den Gartenbau
(V), die Holzwirtschaft (VI), den Ackerbau (VII), das Säen (VIII), die »zufelligen«
Dinge (»Accidentarius«, IX), die in die anderen landwirtschaftlichen Bücher nicht
einzuordnen sind (etwa Fleischeinsalzen, Bleichen, Mauern oder Zimmern), die
Viehwirtschaft (X–XIII), die Jagd und den Fischfang (XIV–XVI), medizinische Fragen
(XVII–XIX) sowie Ungeordnetes (»Quodlibeticus«, XX). Ethische und didaktische
Fragen werden knapp – nach Mitgliedern des Hauses getrennt – im ersten Buch be-
handelt. So wird vom Hausvater verlangt, dass er »sein Weib / Kinder vnd Gesinde
mit grosser bescheidenheit zu regieren« (I, 4) habe. Das Vokabular erinnert an den
staatsphilosophischen Diskurs. Die Kinder sollen zur »Nüchternheit / Sparsamkeit /
Aufrichtigkeit und Redlichkeit« (I, 11) erzogen werden. »Spielen« gehört – wie
»vollsauffen« und »fressen« – zu Lastern der Kinder, die ausdrücklich zu unterbinden

sind (ebd.). Das Kochbuch (III) bietet sowohl Gerichte der höfischen Küche (Pfau mit Mandelkernen und Rosinen, III, 165) als auch eher einfache bäuerliche Kost (Eiwurst, Schweinskopf, Hanf- oder Erbsenmus, Sauerkraut).

Den Höhepunkt der Ökonomieliteratur deutscher Sprache stelle – so Brandes (1999, 478) – **Wolfgang Helmhard von Hohbergs** *Georgica Curiosa* (1682) dar. Auch dieses Hausväterbuch richtet sich an landwirtschaftlich Tätige, insbesondere an den kleinen herrschaftlichen Haushalt. Nach 1682 erschienen weitere Auflagen des Erfolgsbuchs 1687, 1695, 1701, 1715, 1716 und 1749. Das Werk besteht aus 12 Büchern, mit ähnlichen Themen wie Colers *Oeconomia*. Ab der 2. Auflage fügt der Verleger Martin Endter ein separates Kochbuch an. Ethische Fragestellungen spielen eine etwas größere Rolle als bei Coler. Auch rezipiert Hohberg mehr als sein Vorgänger die einschlägige europäische Ökonomieliteratur; sie wird schon in der Vorrede genannt. Zwar wird die überragende Stellung des Hausvaters nicht in Frage gestellt, doch soll er kleine Fehler tolerieren. Auch etwas kinderfreundlicher gibt sich Hoberg. »Kurtzweil und Frölichkeit« verbietet er genauso wenig wie Springen, Laufen und Spielen (97). In der »Vorrede an den günstigen Leser« berichtet der Autor, er habe die *Georgica Curiosa* ursprünglich kürzer fassen wollen und »Vers=weise« aufgesetzt, doch entspreche es »dergleichen *Scriptia Didactica* besser und anmuthiger«, wenn sie »in freyer [...] Rede« (I, Bl. aiii) gehalten seien. Die Versfassung wurde in manchen Auflagen der Prosa angehängt. Das Wissen wird – wenn auch zurückhaltender als bei Coler – durch Listen, Sprichwörter, Eingangsverse, ausführliche Register und Abbildungen anschaulich und memorierbar gemacht.

Eine Besonderheit stellt sicher das »Kunst=Büchlein« über Betätigungsmöglichkeiten in Mußestunden dar; hier werden jeweils dem Hausvater und der Hausmutter verschiedene »Ergötzlichkeiten« (III, Kunst=Büchlein, 1) angeboten, wie das Kupferstechen, das Konservieren von Gemälden, das Fertigen von Farben, das Verstecken seines Goldbesitzes in Gips (ebd., 19), die Papierherstellung, das Schminken und Parfümieren (ebd., 32).

Verse finden sich hingegen so gut wie gar nicht im *Oeconomus Prudens et Legalis. Oder Allgemeiner Klug= und Rechts-verständiger Haus-Vatter* (1702) von **Franz Philipp Florin**. Es ist wahrscheinlich das umfangreichste und prachtvollste Beispiel der deutschen Hausväterliteratur (ca. 3000 Folio-Seiten mit zahlreichen, zum Teil großformatigen Stichen, s.u.). Schon auf dem ausführlichen, jedes Buch anzeigenden Titelblatt wird betont, dass alle Ausführungen »mit Rechtlichen Anmerckungen auf allerhand vorfallende Begebenheiten« (Florin: *Haus-Vatter*, Titel) versehen sind. Durch die ausführlichen juristischen Hinweise – etwa auf antike Autoren, aber auch auf die Protagonisten der Naturrechtsdiskussion, wie Grotius, und auf einzelne Landesgesetze – erhält das Hausväterbuch einen gelehrteren Charakter als die anderen genannten Beispiele. Literarische Zitate und Merkverse fehlen fast vollständig; Fremdwörter sowie medizinische und technische Ausdrücke werden häufig verwendet. Die genauen technischen Zeichnungen und anschaulichen Illustrationen werden zum Teil umständlich erklärt und über Ziffern an den Text angebunden. Der *Haus-Vatter* enthält schon »frühaufklärerische Elemente« (Brandes 1999, 481). Dies gilt auch für die dort geäußerten Ansichten zur Frauenbildung, da Florin in Ansätzen eine emanzipatorische, an Thomasius erinnernde Ansicht vertritt (s. Kap. 3.5).

Die frühwissenschaftliche Ausrichtung des Buches zeigt sich am Titelkupfer (mit der Justitia im Zentrum und einem Globus mit Messinstrumenten zu ihren Füßen) und der auf einem Stich abgebildeten idealen Bibliothek des Hausvaters:

Die Bibliothek des Hausvaters, in: Franz Philipp Florin [Florinus]:
Oeconomus Prvdens et Legalis.
Oder Allgemeiner Klug= und Rechts-verständiger Haus-Vatter,
Frankfurt, Leipzig 1702, 1. Buch, S. 125.

Neben antiken Autoren und juristischer Literatur sieht der Leser Descartes, Athanasius Kirchner und Paracelsus. Die Bücher sind wohlgeordnet und werden augenscheinlich, fast wie bei einem Gelehrten, gebraucht. Die Uhr an der Wand verrät, dass der Hausvater auf die zeitliche Struktur des Tages zu achten hat.

Die in Florins *Haus-Vatter* vorgestellten Gebiete sind deutlich breiter angelegt als in den anderen Hausbüchern. So finden sich im *Haus-Vatter* ausführliche anatomische Beschreibungen wie diese:

> Das Rippen=Häutlein oder Seiten=Fell (*Pleura*) ist ein Pergament=Häutlein so über die Rippen innwendig allenthalben ausgespannet ist [...]. (VIII, 15)

Aufgrund solcher Darstellungen kann die Barockforschung sehr genau den Stand zum Beispiel des medizinischen Wissens der Zeit ersehen oder zumindest die Möglichkeit abschätzen, an solches Wissen heranzukommen. Zu fragen ist, welcher Hausvater sich für diese Details wirklich interessiert hat und wieso sie im *Haus-Vatter* verzeichnet sind. Der enzyklopädische Anspruch des Buchs, der an den Bedürfnissen des Lesers wohl in aller Regel vorbei gegangen ist, scheint wie bei vielen modernen Sachbüchern unübersehbar.

Der *Haus-Vatter* behandelt – hier nach den neun Büchern geordnet – die Pflichten des Hausvaters und der anderen Mitglieder des Hauses (I), das Bauwesen (II), die Landwirtschaft sowie die Ökonomie in Städten und Dörfern (III), den Garten (IV), die Pferdezucht (V), die Seidenzucht (VI), das Brotbacken, Bierbrauen, die Fleischverarbeitung, die Zubereitung von Tee, Kaffee und Schokolade (VII), medizinische und anatomische Fragen (VIII) und das Kochen (IX).

Garten-, Koch- und Jagdbücher

In den Kontext der Hausväterliteratur gehören gewissermaßen auch die **Garten- und Kochbücher** sowie andere spezielle Ratgeber der Zeit, etwa Anleitungen zum Tranchieren; Harsdörffer hat sich sogar in diesem Genre versucht (Schnabel 2005). In vielen Fällen stellten die Lehrbücher eigene Bände der Hausbücher dar.

Durch ein Faksimile ist heute Johann Royers *Beschreibung des ganzen Fürstlich Braunschweigischen gartens zu Hessen* (^{2}1651) wieder leicht greifbar. Es enthält neben einer kurzen Beschreibung des hessischen Gartens Verzeichnisse der Pflanzen und – ausführlich – Hinweise zur Errichtung eines eigenen Gartens zur Pflege der Pflanzen und zur Verwendung dieser in der Küche. Selbst bei verbreitetem Gemüse sind die Hinweise sehr genau und zum Teil durch Glossen bzw. Register erschlossen, so dass das Buch gut als Lehrbuch und auch als Nachschlagewerk zu nutzen ist:

> Rettich Die Rettich=Körner seet man umb Urbani / im abnemenden Mond / denn schiessen sie nicht mehr. (Royer: *Beschreibung*, 84)

1692 erschien Maria Sophia Schellhammers Kochbuch *Die wol-unterwiesene Köchin*. Es erlangte weitere Auflagen und wurde im Jahre 1700 durch eine Erweiterung über Nachspeisen ergänzt: durch einen *Confect-Tisch* (spätere Auflagen: *Confect-Taffel*). Ein typisch höfisches Rezept informierte über die Zubereitung eines Pfaus:

> Nehmet ein halb Rößel Wein-Eßig / gießet es dem Pfau in den Hals / bindet ihm den Hals zu und hänget ihn auf / daß er erstikket / denn rupfet ihn fein glat / bis an den Kopf und Hals / lasset ihn vier Tage hängen / denn reibet ihn wol aus mit Ingwer / Pfeffer / Nägelken / Zimmet und Muskaten / setzet ihn eine Nacht in den keller in ein gefäß / und dekket ihn zu. Wenn ihr ihn wollet braten / so salzet ihn / lasset ihn noch zwei Stunden liegen / darnach stekket ihn an / bindet den Kopf und Hals zu / daß die federn nicht verbrennen. Wenn ihr ihn betreiffen wollet / so nehmet Wein / Pfeffer / Ingwer und Nägelken / thut Butter hinzu / lasset es miteinander kochen / und begießet den Braten damit. Nach dem er alt / muß er braten: Man kann ihn mitz Butter / oder Braten-Brühe zu Tische geben; es ist ein Fürstlich Essen. (Schellhammer: *Die wol-unterwiesene Köchin*, 160)

Der Pfau wird erstickt, damit der Kopf für die Präsentation erhalten bleibt. Dem gleichen Zweck dient das schützende Abdecken von Kopf und Hals beim Braten. Die Kostbarkeit des Vogels soll auf der Tafel sichtbar werden. Die Zubereitung ist eher einfach, aber insgesamt zeitraubend; auch die Gewürze, die verwendet werden sollen, weisen auf ein »Fürstlich Essen« (ebd.). Schellhammers Kochbuch lehrt auch Konservierungsverfahren, Küchenhygiene, Speisefolgen bei größeren Tafeln und die Tischzucht.

Verwiesen sei in diesem Zusammenhang auch auf die im Adel verbreiteten **Jagdbücher**, etwa auf Eugenio Raimondis kostbar illustriertes Werk *Delle caccie* (1626) oder auf den bis weit ins 18. Jahrhundert hinein wirkenden *Vollkommenen teutschen Jäger* (1719–1724) von Hans Friedrich von Fleming.

Verhaltenslehren

Neben der Hausväterliteratur gehören die Standesbücher (Weigel 1698, ND 1987) und die Verhaltenslehren zu den wichtigsten didaktischen Werken, die im 17. Jahrhundert in Prosa verfasst wurden. Sie gehen zum Teil auf Tisch-, Ehe und Kinderzucht-Bücher und zum Teil auf den *Cortegiano* (1528), den *Hofmann* des Baldassare Castiglione zurück; dies war das wichtigste Verhaltenslehrbuch der Renaissance. Es wurde 1565/66 und 1593 ins Deutsche übersetzt; 1684 erschien in Frankfurt eine anonyme Ausgabe unter dem Titel *Der vollkommene Hofman und Hof-Dame*. Neben dem *Cortegiano* hat der *Galateo* (1558) von Giovanni della Casa »europäischen Ruhm« (Bonfatti 1985, 75) erlangt. An die Verhaltenslehrbücher des 16. Jahrhunderts schlossen die späteren Werke zur Komplimentierkunst und zum galanten Verhalten an (Beetz 1990; Bonfatti 1985). Eine wichtige Traditionslinie für die Verhaltenslehren des 17. Jahrhunderts mag auch die grobianische Literatur sein, die mit satirischen Mitteln Verhaltensnormen darlegt. Friedrich Dedekinds *Grobianus* (1549) erscheint 1551 in der bekannten deutschen Übersetzung von Caspar Scheidt.

Mit der Fürstenerziehung befassen sich im Deutschen Reich, der politischen Ethik des Neostoizisten **Justus Lipsius** (*Politicorum, sive Civilis doctrinae Libri sex*, 1589, s. Kap. 3.3) und dem *Cortegiano* folgend, die Traktate von Hippolyt von Colli, Christoph Besold und Georg Gumpelzhaimer. An Kritik an der unhöflichen Lebensart hat es in Deutschland nicht gefehlt (etwa bei der anonym erschienen *Alamodischen Hobelbank*, 1630), wenngleich der Diskurs über das rechte Verhalten nicht so zentral war wie in den romanischen Ländern. Allerdings werden einige Werke der Nachbarländer übersetzt, etwa Eustache de Refuges *Traité de la Cour* (1616); 1655 erscheint die deutsche Version – *Der kluge Hofmann* – in der Übertragung von Georg Philipp Harsdörffer. Dieser beteiligt sich auch mit einem eigenen Traktat an der Diskussion um das richtige Verhalten (*Discurs von der Höflichkeit*, 1657 als Anhang zum *Mercurius Historicus*). Samuel Bernhards Konversationsbuch *Tableau des actions du ieune gentilhomme* (1607) übersetzt Johann Michael Moscherosch (*Anleitung zu einem adelichen Leben*, 1645).

Neue Akzente setzt vor allem **Christian Thomasius**; er verbindet im *Discours Welcher Gestalt man denen Frantzosen in gemeinem Leben und Wandel nachahmen solle* (1687) sein Programm einer galanten Lebensweise mit einer kritischen Kenntnisnahme der französischen Lebensart auf der einen Seite und einer Ablehnung des deutschen »Pedantismus« auf der anderen (Kühlmann 1982, 423–454; Peter 1999, 37–56; Niefanger 2000a). Der Text war ursprünglich eine deutschsprachige Ankündigung eines Gracián-Kollegs. Als Ideal schwebt Thomasius ein »parfait homme Sâge oder ein vollkommener weiser Mann« (*Deutsche Schriften*, 45) vor, bei dem sich die guten Eigenschaften französischer und deutscher Lebens- und Bildungsart verbinden. Wahre Galanterie sei »etwas gemischtes [...] aus der guten Art etwas zuthun / aus der manier zu leben / so am Hoffe gebräuchlich ist / aus Verstand / Gelehrsamkeit / einen guten judicio, Höfflichkeit / und Freudigkeit zusammengesetzet werde / und deme aller zwang / affectation, und unanständige Plumpheit zuwieder sey« (19).

Ein galantes Kompendium stellt das von Christian Friedrich Hunold (Menantes) übertragene Werk *La Civilité moderne. Oder die Höflichkeit der Heutigen Welt* (1705) dar (Rose 2012). Gegen Ende der galanten Zeit entsteht die *Galante Ethica* (1720) von Johann Christian Barth, die auf konkrete Situationen bezogen zur Konversation und zum höflichen Verhalten anleitet (Bonfatti 1985, 87).

8.4 Gelehrte und wissenschaftliche Literatur

Die gelehrte und wissenschaftliche Prosa der Barockzeit ist unüberschaubar. Schließlich verstand sich das 17. Jahrhundert wie kein anderes Säkulum als ein gelehrtes. Die Mehrzahl dieser Prosa wurde in der Gelehrtensprache Latein abgefasst (Grimm 1983; Niefanger 1996), etwa **Johannes Keplers** astronomisches Hauptwerk *Tabulae Rudolphinae* (1627), das Logarithmentafeln, Planetentafeln und Sternenkataloge enthält, oder **Otto von Guerickes** illustriertes Werk *Experimenta nova Magdeburgica des vacuo spaptio* (1672) über sein berühmtes Vakuum-Experiment (Krafft 1997). Er bewies damit, dass es sechzehn Pferden nicht gelingen kann, zwei hohle eiserne Halbkugeln, denen der Großteil ihrer Luft entzogen worden ist (›Vakuum‹), auseinander zu bringen.

Die erste wissenschaftliche Zeitschrift waren die in lateinischer Sprache erschienenen *Acta eruditorum*. Sie wurden 1644–1707 von dem Leipziger Philosophieprofessor Otto Mencke herausgegeben; 1731 wurde die letzte Ausgabe der Zeitschrift veröffentlicht. Die Akten orientierten sich am Pariser *Journal des Sçavans*; sie brachten neben gelehrten Essays Rezensionen und Anzeigen wissenschaftlicher Neuerscheinungen. Die *Monatsgespräche* (1688–1690) von **Christian Thomasius** waren das erste wissenschaftliche Publikationsorgan in deutscher Sprache; es war zugleich die erste Zeitschrift, in der deutschsprachige Rezensionen und Kritiken erschienen (Jaumann 1995, 1997a; Heudecker 2005, 97–134; Schröder 1999). Zuerst waren die *Monatsgespräche* als fiktive Diskussionen zwischen Gelehrten angelegt. Thomasius rekurrierte damit auf eine ›Gesellschaft gelehrter Kritiker‹ innerhalb der *res publica litteraria* (einer idealen Gelehrtenrepublik), deren Mitglieder sich durch »einen guten Geschmack« (653) auszeichneten. Später ersetzte er diese Fiktion durch ›monologische‹ Rezensionen, die aber verschiedene Aspekte der Bewertung weiterhin erwogen (Grunert 1997, 26 f.).

1684 veröffentlichte **Gottfried Wilhelm Leibniz** in den *Acta eruditorum* den ersten Aufsatz über die Differenzialrechnung. Die *Essais de Théodicée* (1710), in denen Leibniz die Welt als die beste aller möglichen und Gott als ihren Schöpfer verteidigte, erschienen zuerst in französischer Sprache; 1720 und 1726 (*Theodicaea, Theodizee*) brachten Verleger in Hannover und Amsterdam anonyme deutsche Fassungen auf den Markt. 1744 übersetzte Gottsched das Werk.

Erst gegen Ende des 17. Jahrhunderts und zu Beginn des 18. erschienen auch **deutschsprachige** Werke der gelehrten Welt in größerer Anzahl. Ausdrücklich fordert Thomasius in dem oben erwähnten Gracián-*Discours* (1687), »daß wir uns befleissigen sollten die guten Wissenschaften in deutscher Sprache geschickt zuschreiben« (*Deutsche Schriften*, 24).

Martin Zeillers deutschsprachige *Topographia* (1642 ff.) mit den Stadtplänen und Stadtansichten von Matthäus Merian (1593–1650) war ein geographisches Standardwerk des 17. Jahrhunderts, das, wie auch Zeilers kleineres Handbuch *Fidus Achates, Oder getreuer Reisegefert* (1651), zur Vorbereitung von Reisen benutzt wurde. Es enthält ausführliche Beschreibungen von Städten und Regionen. Das monumentale Geschichtswerk *Theatrum Europaeum* (1635–1738, 21 Bände) wurde ebenfalls von Merians Werkstätten hergestellt. Es berichtet in chronologischer Anordnung von historischen Ereignissen, Festen und kuriosen Begebenheiten. Das zweite historiographische Werk der Barockzeit von einiger Bedeutung für spätere Jahrhunderte stammt vom Pietisten **Gottfried Arnold** (1666–1714; Blaufuss/Niewöhner

(Hg.) 1995). Die *Unpartheyische Kirchen- und Ketzer-Historie* (1699/1700, Ergänzungsband 1703) verfolgt die Kirchengeschichte von einer idealisierten Urgemeinde zur institutionalisierten Kirche; sie ist dort als Verfallsgeschichte dargestellt. Dabei nimmt der Verfasser eine Rehabilitierung der Außenseiter und Abweichler vor. Er gibt vor, sich an Quellen (»*fontes*«) zu halten, der »historischen wahrheit« verpflichtet zu sein, überkonfessionell zu berichten und von »menschlichen vorurtheilen, meinungen und aufsätzen« (Vorrede) zu abstrahieren. Arnolds Programm steht somit zweifellos schon für einen »Modernisierungsschub in der Historiographie«, der allerdings erst im 18. Jahrhundert deutlich sichtbar wird (Goldenbaum 1994).

Maria Sibylla Gräffin geb. Merian (1647–1717), die Tochter des Kupferstechers Matthäus Merian, trat als Insekten- und Blumenforscherin hervor. Sie unternahm eine Expedition nach Surinam in Südamerika (1699–1701), um dort exotische Insekten zu zeichnen und zu erforschen (Schneider 1991). Ihre durch sie selbst illustrierten Werke *Der Raupen wunderbare Verwandlung und sonderbare Blumennahrung* (1679–1717), *Neues Blumen Buch* (1680) und – in lateinischer Sprache – *Metamorphosis insectorum Surinamensium* (1705) gehören zu den schönsten Büchern der Barockzeit. Das Blumenbuch mit seinen 36 Farbtafeln und einer »Vorrede an den Natur= und Kunst=liebenden Leser« richtete sich an Maler, Illustratoren und an »Frauenzimmer«, die die Blumen als Muster und Vorlagen für ihre Stickereien nutzen wollten; es steht insofern auch in der Gattungstradition der Florilegien. Es soll »allen Kunstverständigen Liebhabern zu Nutz und Lust dienstlich sein« (Vorrede). Die Nachwelt hat Sibylla Merian geehrt, indem sie insgesamt neun Insekten nach ihr benannte – etwa die Motte *Tinea Merianella* oder den Schmetterling *Papilio Sibilla* – und sie auf einem deutschen Geldschein (500 DM) abbildete.

8.5 Konversationsliteratur

Vor allem in der zweiten Hälfte des 17. Jahrhunderts kamen Textsammlungen auf den Markt, die dazu dienten, Konversationen besser führen zu können. Anders als die Verhaltenslehrbücher schrieben diese Werke nicht vor, *wie* das Gespräch geführt werden sollte, sondern lieferten das Material dafür. Der Konversationsliteratur geht es ausschließlich um das *Was*; die topischen Werke waren *Thesauren* (Schatzkästlein), die mit Anekdoten, Denkwürdigkeiten, Sensationen und kleinen Geschichten gefüllt waren. »Sie bieten ausschließlich Themen, deren einziges Kriterium ihr Erörterungswert ist.« (Fauser 1997, 395). Die präsentierten Texte bewegen sich im Grenzbereich zwischen der Darstellung von Faktischem und der von Fiktionalem. Das macht folgende Geschichte über die »Erstattung des an einer Fürstlichen Person sich ereignenden mannlichen Glied-mangels« unmittelbar deutlich (vgl. hierzu Fauser 1997, 395); sie stammt aus dem von Johann Beer übersetzen Konversationsbuch von Johann Adam Weber:

> Ein teutscher Fürst (schreibet Jonston in Thavmatographia Classe ultima de admirandis hominis artic. 3 gleich zu Anfang) wurde durch einen Büchsen-Schuß seines männlichen Gliedes beraubet / liese ihme dannenhero an statt desselben ein Silbernes machen / und bediente sich dessen gar glücklich zum Kinderzeugen. Dieß meldet (wie gedacht) Jonstonus aus Nancel. Analog. Microcosm. L. 7. (*Hundert Quellen*, I, 471)

Der doppelten Quellenangabe steht ein Nachsatz entgegen, der die ›wahre‹ Geschichte zu einer bloßen Kuriosität werden lässt: »[W]ir wollen es aber denen Medicis etwas genauer zu forschen überlassen.« (ebd.). Im Kommentar drückt sich ein berechtigtes Misstrauen gegenüber der Kraft des silbernen Machtsymbols aus, das offenbar zu wörtlich genommen wurde (Fauser 1997, 395). Die Geschichte könnte durchaus in Rolf Wilhelm Brednichs Sammlung *Sagenhafter Geschichten von heute* (1991) stehen. Denn »die modernen Sagen [erscheinen] nicht wesentlich fortschrittlicher als ihre Vorläufer in den Medien der Renaissance oder des Barock« (Brednich 1991, 14). Beide zeichnen sich unter anderem dadurch aus, dass sie Teil der oralen Überlieferung sind, also schon deshalb zur Konversation taugen, und dass sie vorgeben, ›wahr‹ zu sein (ebd., 6). Die Glaubwürdigkeit wird meist durch rudimentäre Angaben von Überlieferungswegen (ein Bekannter einer Freundin), in den Kuriositätensammlungen durch regelrechte Quellenangaben (»Jonston«) hergestellt.

Die bekannteste und heute wieder nachgedruckte Kuriositäten-Sammlung ist ursprünglich als Zeitschrift erschienen: **Eberhard Werner Happels** Werk *Größte Denckwürdigkeiten der Welt / Oder so-genannte Relationes Curiosae* (1683). Hier wird – wie es auf dem Titel heißt – Wissenswertes aus dem physikalischen, mathematischen und historischen Bereich sowie anderen Gebieten wie der Medizin und der Technik präsentiert (Tatlock 1990; Schock 2011). Als primäres Medium von Sensations- und Klatschnachrichten standen häufig Flugblatt und Flugschrift zur Verfügung (vgl. Kap. 4.5; Hofmann-Randal 1999).

8.6 Forschungsgebiete, Tendenzen und Aufgaben

Die nicht-fiktionale Prosa ist bis heute eher ein Stiefkind der literaturwissenschaftlichen Barockforschung geblieben. Eine Ausnahme bildet hier sicherlich die Philosophie, insbesondere die Werke von Thomasius und Leibniz, zu denen wichtige Sammelbände, Übersichtswerke und Monographien erschienen sind (etwa Schneiders (Hg.) 1989; Vollhardt (Hg.) 1997; Achermann 1997; Schmidt-Biggemann 1983; Schneider 2004). Recht gut erforscht – wenn auch meist erst durch die Basisarbeit einer großen Monographie – sind überdies die Predigten (einen Überblick bietet Eybl 1999; zur katholischen Leichenpredigt vgl. Boge/Bogner (Hg.) 1999), der Brief (Nickisch 1969; Furger 2010) und die Verhaltenslehren (Beetz 1990). Die Konversationsliteratur ist noch nicht durch umfassendere Monographien erschlossen; Arbeiten zu einzelnen Aspekten und Autoren finden sich bei Fauser 1997, Tatlock 1990 und Schock 2011. Die Öffnung der Literaturwissenschaft zur Kulturwissenschaft bringt es mit sich, dass in neuerer Zeit auch die wissenschaftliche und gelehrte Prosa immer mehr Beachtung gewinnt. Die grundlegende Arbeit zum barocken Wissenschaftsverständnis stammt von Schmidt-Biggemann (1983). Die zentrale Studie zur Verbreitung naturrechtlichen Denkens hat Vollhardt (2001) vorgelegt. Die Breite des zu erforschenden Gebiets vermittelt der Sammelband *Naturwissenschaft und Technik im Barock* (1997) oder die Monographie von Denise Albanese (1996). Auch widmete sich das 10. Jahrestreffen des Wolfenbütteler Arbeitskreises für Barockforschung ausdrücklich dem Thema *Artes et scientiae*, dem Verhältnis der Künste zu den neuen Wissenschaften (Mahlmann-Bauer (Hg.) 2004). Neuere Sammelbände zum Verhältnis von Literatur und Wissen

(Bergengruen/Borgards (Hg.) 2009), von Experiment und Literatur (Gamper u.a. (Hg.) 2009) oder zur Neuordnung des Wissens im 17. Jahrhundert (Grunert/Vollhardt (Hg.) 2007) vermitteln, dass die Wissensgeschichte zu einem zentralen Thema der Barock-Forschung geworden ist. Studien, wie die von Bergengruen (2007) zum literarischen Paracelsismus, wie jene von Dohms (2006) zum medizinischen Wissen bei Grimmelshausen oder die von Lepper (2008) zur Affektdarstellung, zeigen wie das Verständnis barocker Texte wesentlich von bestimmten Wissensdiskursen abhängen kann. Notwendig sind aber auch Studien zum konkreten Ablauf des Wissenstransfers, etwa Beiträge zu literarischen Gruppenbildungen im Umfeld von Universitäten (Niefanger/Schnabel 2011) oder Arbeiten zu populären und professionellen Wissensressourcen des 17. Jahrhunderts (Schock 2011; Schierbaum (Hg.) 2009). Glücklicherweise wird die Wissensphilologie gerade in den letzten Jahren durch eine Vielzahl von Studien zur barocken Universitätsgeschichte unterstützt (Brennecke u.a. (Hg.) 2011; Bruning/Gleixner (Hg.) 2010; Geuenich/Hantsche (Hg.) 2007; Gindhart/Kundert (Hg.) 2010; Marti/Komorowski (Hg.) 2008; Krug-Richter u.a. (Hg.) 2009; Rasche (Hg.) 2011 und Schnabel (Hg.) 2012).

Bibliographie

Es werden alle Titel aufgeführt, aus denen im Text zitiert bzw. auf die ausdrücklich verwiesen worden ist. Die Anordnung der Titel folgt dem alphabethischen Wortlaut, aber ohne Berücksichtigung der Artikel. Umfangreiche Titel aus dem 17. Jahrhundert werden gekürzt. Wenn Nachdrucke oder neuere, leichter zugängliche Ausgaben existieren, wird in der Regel auf diese verwiesen. Lediglich im Text genannte Titel wurden nicht aufgenommen.

1. Bibliographien/wichtige Überblickswerke/Einführungen

Die hier verzeichneten Titel sowie Einzelbeiträge sind ebenfalls unter der Rubrik ›Forschungsliteratur‹ aufgeführt.

Bremer, Kai: Literatur der Frühen Neuzeit. Reformation – Späthumanismus – Barock, Paderborn 2008.

Burbaum, Sabine: Barock, in: Kunst-Epochen, Bd. 8, Stuttgart 2003.

Deutsche Drucke des Barock 1600–1720. Katalog der Herzog August Bibliothek Wolfenbüttel, München, New York u. a. 1977–1996.

Drescher, Georg (Hg.): Überauß lustig und männiglich nutzlich zu lesen. Barockliteratur im Museum Otto Schäfer, Schweinfurt 2007.

Dülmen, Richard van: Kultur und Alltag in der Frühen Neuzeit, München ²1999.

Dünnhaupt, Gerhard: Personalbibliographien zu den Drucken des Barock, Stuttgart 1990–1993.

Enzyklopädie der Neuzeit, hg. von Friedrich Jaeger u. a., Stuttgart, Weimar 2005 ff.

Faber du Faur, Curt v.: German Baroque Literature. A Cataloque of the Collection in the Yale University, New Haven 1958, 1969.

Faulstich, Werner: Die Geschichte der Medien, Göttingen 1997–2004.

Flood, John L.: Poets Laureate in the Holy Roman Empire. A Bio-bibliographical Handbook, Berlin, New York 2006.

Freund, Winfried: Abenteuer Barock. Kultur im Zeitalter der Entdeckungen, Darmstadt 2004.

Garber, Klaus (Hg.): Handbuch des personalen Gelegenheitsschrifttums in europäischen Bibliotheken und Archiven, Hildesheim 2001 ff.

Geo Epoche Edition. Die Geschichte der Kunst, Nr. 1-04/10: Barock. Das Zeitalter der Inszenierung, Hamburg 2010.

Grimm, Gunter E., Max, Frank Rainer (Hg.): Deutsche Dichter. Bd. 2: Reformation, Renaissance und Barock, Stuttgart 1990.

Habersetzer, Karl Heinz: Bibliographie der deutschen Barockliteratur. Ausgaben und Reprints 1945–1976, Wiesbaden 1978.

Hess, Daniel/Hirschfelder, Dagmar (Hg.): Renaissance, Barock, Aufklärung. Kunst und Kultur vom 16. bis zum 18. Jahrhundert. Katalog des Germanischen Nationalmuseums, Nürnberg 2010.

Hoffmeister, Gerhart: Deutsche und europäische Barockliteratur, Stuttgart 1987.

Keller, Andreas: Frühe Neuzeit. Das rhetorische Zeitalter, Berlin 2008.

Killy, Walter (Hg.): Literatur Lexikon. Autoren und Werke deutscher Sprache, Gütersloh, München 1988–1993 [auch: Digitale Bibliothek, Nr. 9, Berlin 1998].

Kosch, Wilhelm u. a. (Hg.): Deutsches Literatur-Lexikon. Biographisches und bibliographisches Handbuch, Bern ³1968–1992 / Bern, München 1993 ff.

Küster, Konrad/Niefanger, Dirk/Pfisterer, Ulrich: Barock, in: Enzyklopädie der Neuzeit, hg. v. Friedrich Jaeger u. a., Bd. 1, Stuttgart u. a. 2005, Sp. 976–997.

Meid, Volker: Die deutsche Literatur im Zeitalter des Barock. Vom Späthumanismus zur Frühaufklärung, München 2009.

Meier, Albert (Hg.): Die Literatur des 17. Jahrhunderts, München 1999.

Metzler Autoren Lexikon. Deutschsprachige Dichter und Schriftsteller vom Mittelalter bis zur Gegenwart, hg. von Bernd Lutz und Benedikt Jeßing, Stuttgart ³2004.

Münch, Paul: Das Jahrhundert des Zwiespalts. Deutsche Geschichte 1600–1700, Stuttgart u. a. 1999.

Münch, Paul: Lebensformen in der Frühen Neuzeit. 1500–1800, Frankfurt/M. u. a. 1992.

Niefanger, Dirk: Einleitung – Über Barock und die Lust am Anderen, in: Niefanger, Dirk (Hg.): Barock. Das große Lesebuch, Frankfurt/M 2011, 9–30.

Press, Volker: Kriege und Krisen. Deutschland 1600–1715, München 1991.

Pyritz, Hans und Ilse: Bibliographie zur deutschen Literaturgeschichte des Barockzeitalters, Bern 1985–1994.

Reinhart, Max (Hg.): Early Modern German Literature 1350–1700, Rochester u. a. 2007.

Schöne, Albrecht (Hg.): Das Zeitalter des Barock. Texte und Zeugnisse, München ³1988 (= Die deutsche Literatur. Texte und Zeugnisse, hg. v. Walther Killy, Bd. III).

Schüling, Hermann: Bibliographischer Wegweiser zu dem Schrifttum des 17. Jahrhunderts, Gießen 1964.

Steinhagen, Harald (Hg.): Zwischen Gegenreformation und Frühaufklärung: Späthumanismus, Barock. 1570–1740, in: Horst Albert Glaser (Hg.): Deutsche Literatur. Eine Sozialgeschichte, Bd. 3, Reinbek 1985.

Steinhagen, Harald/Wiese, Benno v. (Hg.): Deutsche Dichter des 17. Jahrhunderts. Ihr Leben und Werk, Berlin 1984.

Szyrocki, Marian: Die deutsche Literatur des Barock. Eine Einführung. Bibliographisch erneuerte Ausgabe, Stuttgart 1997 [¹1968].

Ueding, Gert/Steinbrink, Bernd: Grundriß der Rhetorik. Geschichte, Technik, Methode, Stuttgart 1986, ⁴2006.

Verzeichnis der im deutschen Sprachgebiet erschienenen Drucke des 17. Jahrhunderts (VD17), Titelblattkatalog. Internetadresse: www.vd17.de.

Wiedemann, Conrad: Barocksprache, Systemdenken, Staatsmentalität. Perspektiven der Forschung nach Barners »Barockrhetorik«, in: Int. Arbeitskreis für deutsche Barockliteratur (Hg.): Erstes Arbeitstreffen 27.8.–31.8.1972, Wolfenbüttel 1973, 21–51.

Wolfenbütteler Barocknachrichten 1976 ff. [fortlaufende Barockbibliographie].

Woods, Jean/Fürstenwald, Maria (Hg.): Schriftstellerinnen, Künstlerinnen und gelehrte Frauen des deutschen Barock. Ein Lexikon, Stuttgart 1984.

2. Zitierte Werke/Quellentexte/Sammlungen

[Abraham a Sancta Clara] [= Johann Ulrich Megerle]: Mercks Wienn Deß wütenden Todts ein umbständige Beschreibung [...], Salzburg 1684.

Angelus Silesius [= Scheffler, Johannes]: Der Cherubinische Wandersmann, hg. v. Charles Waldemar, München 1960.

Aristoteles: Poetik. Griechisch/deutsch, übers. u. hg. v. Manfred Fuhrmann, Stuttgart 1982.

Arnold, Gottfried: Unpartheyische Kirchen= und Ketzer=Historie [...], Frankfurt/M. 1729.

Ayrer, Jacob: Dramen [Opus Theatricum 1618 u. a.], für den Litterarischen Verein in Stuttgart hg. v. Adalbert von Keller, Stuttgart 1865.

Balde, Jacob S.J.: Opera poetica Omnia [...] [1729], hg. v. Wilhelm Kühlmann u. a., Frankfurt/M. 1979.

Balde, Jacob S.J.: Jephtias, übers. v. W. Beitinger, München: masch.schr. ca. 1990 (vorhanden im Institut für klassische Philologie der LMU München.

Barocklyrik, hg. v. Herbert Cysarz, Leipzig 1937.

Bauer, Barbara/Leonhardt, Jürgen (Hg.): Triumphus Divi Michaelis Archangeli Bavarici – Triumph des Heiligen Michael, Patron Bayerns. Einleitung – Dramentext/ Übersetzung – Kommentar, München 2000.

Beckh, Johann Josef: Elbianische Florabella (Rarissima Litterarum 6), Stuttgart 1997.

Beer, Johann: Die teutschen Winter-Nächte & Die kurzweiligen Sommer-Täge, hg. v. Richard Alewyn, Frankfurt/M. 1963.

Beer, Johann: Das Narrenspital sowie Jucundi Jucundissimi Wunderliche Lebens-Beschreibung, hg. v. Richard Alewyn, Hamburg 1957.

Bernardt, Georg S.J.: Tundalus Redivivus, in: Bernardt, Georg: Dramen, Bd. II, hg. und übersetzt v. Fidel Rädle, Amsterdam 1985.

Besser, Johann von: Schriften, hg. v. Peter-Michael Hahn u. a., Heidelberg 2009 ff.

Bidermann, Jakob: Cenodoxus. Deutsche Übersetzung von Joachim Meichel (1635), hg. v. Rolf Tarot, Stuttgart 1965.

Bidermann, Jakob: Ludi theatrales (1666), Neudruck hg. v. Rolf Tarot, Tübingen 1967.

Bidermann, Jakob: Philemon Martyr, Lateinisch und deutsch, hg. u. übers. v. Max Wehrli, Köln, Olten 1960.

[Birken, Sigmund v.]: Vor-Ansprache zum Edlen Leser, in: Anton Ulrich von Braunschweig: Die Durchleuchtige Syrerinn Aramena. Der Erste Theil, Nürnberg 1669, unpag. [S. 1–14].

Birken, Sigmund v.: Teutsche Rede- bind- und Dichtkunst [1679], Hildesheim, New York 1973.

Birken, Sigmund von: Die Tagebücher, bearbeitet von Joachim Kröll, Würzburg 1971.

Birken, Sigmund von: Werke und Korrespondenzen, hg. v. Klaus Garber, Ferdinand von Ingen, Hartmut Laufhütte und Johann Anselm Steiger, Tübingen 2009 ff.

Bodin, Jean: Über den Staat [/Six Livres de la République]. Auswahl, Übersetzung und Nachwort v. Gottfried Niedhart, Stuttgart 1976.

Boileau-Despréaux, Nicolas: Art poétique [Paris 1674], hg. v. Rita Schober, Halle 1968.

Braune, Wilhelm (Hg.): Julius Wilhelm Zincgref (Hg.): Auserlesene Gedichte Deutscher Poeten, Halle 1879.

Breitinger, Johann Jakob: Bedenken von Comoedien oder Spilen [1624], in: Brunnweiler, Thomas: Johann Jakob Breitingers Bedenken von Comoedien oder Spilen. Die Theaterfeindlichkeit im Alten Zürich. Edition – Kommentar – Monographie, Bern u. a. 1989.

Brerewood, Edward: Enquiries Touching the Diversity of Language and Religions, London 1675.

Bressand, Friedrich Christian: Salzthalischer Mäyen=Schluß […], hg. v. Thomas Scheliga, Berlin 1994.

Bressand, F[riedrich] C[hristian]: Hermenegildus. Trauer=Spiel an dem Fürstl. Hofe zu Wolfenbüttel vorgestellet, Wolfenbüttel 1693.

Brunner, Andreas S.J.: Dramata sacra […], hg.v. Jean-Marie Valentin, Amsterdam 1986.

Buno, Johannes siehe Schupp, Johann Balthasar.

Canitz, Friedrich Rudoph Ludwig Freiherr v.: Gedichte [nach der Ausgabe v. Johann Ulrich König], hg. v. Jürgen Stenzel, Tübingen 1982.

Coler [Colerus], Johann: Calendarium Perpetuum et Libri Oeconomici […], Wittemberg 1604 ff.

Coler [Colerus], Johann: Oeconomia. Oder Haußbuch […], Wittemberg 1604 ff.

Comenius, Johann Amos: Das labyrinth der Welt […] und das Paradies des Herzens [1623], Luzern, Frankfurt/M. 1970.

Corneille, Pierre: Le Cid. Tragi-comédie en cinq actes/Der Cid. Tragikomödie in fünf Aufzügen, übers. u. hg. v. Hartmut Köhler, Stuttgart 1997.

Corneille, Pierre: Théâtre Complet, hg. v. Maurice Rat, Paris 1960.

Curtz, Albert Graf: Harpffen Davids / Mit Teutschen Saiten / bespannet […], Augsburg 1669.

Czarnecka, Mirosława (Hg.): Dichtungen schlesischer Autorinnen des 17. Jahrhunderts. Eine Anthologie, Wrocław 1997.

Dach, Simon: Simon Dach und der Königsberger Dichterkreis, hg. v. Alfred Kelletat, Stuttgart 1986.

Das Faustbuch des Christlich Meynenden von 1725. Faksimile-Edition des Erlanger Unikats, hg. v. Günther Mahal, Knittlingen 1983.

Deutsche Barocklyrik. Auswahl und Nachwort v. Max Wehrli, Basel, Stuttgart ³1962.

Deutsche National-Litteratur. Historisch-kritische Ausgabe, hg. v. Josef Kürschner, Berlin, Stuttgart 1884 ff.

Deutsche Schwankliteratur vom 17. Jahrhundert bis zur Gegenwart, hg. v. Werner Wunderlich, Frankfurt 1992 (Deutsche Schwankliteratur, Bd. II).

Dichtungen schlesischer Autorinnen des 17. Jahrhunderts. Eine Anthologie, hg. v. Mirosława Czarnecka, Wrocław 1997.

Eichendorff, Joseph von: Sämtliche Werke, hist.-krit. Ausgabe, hg. v. Wilhelm Kosch u. a., Tübingen 1908 ff.

Emblemata. Handbuch zur Sinnbildkunst des XVI. und XVII. Jahrhunderts, hg. v. Arthur Henkel und Albrecht Schöne. Taschenausgabe, Stuttgart, Weimar 1996.

Die Entdeckung der Wollust. Erotische Dichtung des Barock. Mit Illustrationen aus Kupferstichen der Zeit, hg. v. Joseph Kiermeier-Debre u. Fritz Franz Vogel, München 1995.

Erotische Lyrik der galanten Zeit, ausgew. u. mit einem Nachwort v. Hansjürgen Blinn, Frankfurt/M., Leipzig 1999.

Feind, Barthold: Das verwirrte Haus Jacob [1703], hg. u. eingel. v. W. Gordon Marigold, Frankfurt/M. 1983.

Feind, Barthold: Deutsche Gedichte. Faksimiledruck d. Ausg. v. 1708, hg. v. W. Gordon Marigold, Bern, Frankfurt 1989.

Fischer, Albert/Tümpel, W. (Hg.): Das deutsche evangelische Kirchenlied des 17. Jahrhunderts, Hildesheim 1904 ff.

Fleming, Paul: Deutsche Gedichte, hg. v. Johann Martin Lappenberg, Darmstadt 1965 [ED: Stuttgart 1865].

Fleming, Paul: Gedichte, ausgew. v. Johannes Pfeiffer, Stuttgart 1967.

Fleming, Paul: Deutsche Gedichte, hg. v. Volker Meid, Stuttgart 1986.

Flemming, Willi (Hg.): Sammlung literarischer Kunst- und Kulturdenkmäler in Entwicklungsreihen. Reihe Barock, Leipzig 1930 ff.

Florin [Florinus], Franz Philipp: Oeconomus Prvdens et Legalis. Oder Allgemeiner Klug=und Rechtsverständiger Haus-Vatter, Frankfurt, Leipzig 1702.

Francke, August Hermann: Werke in Auswahl, hg. v. Erhard Peschke, Berlin 1969.

Francke, August Hermann: Einfältiger Unterricht wie man die Heilige Schrift zu seiner wahren Erbauung lesen solle [1694], Halle ²2004.

Frank, Johann Peter: System einer vollständigen medicinischen Policey, Mannheim 1779–1788.

Freytag, Gustav: Bilder der deutschen Vergangenheit 3, in: Werke, Bd. 5, eingel. v. Johannes Lemcke, Hans Schimank, Hamburg o.J.

[Fuchs, Anna Rupertina]: Aufgedeckter Spiegel Wunderbarer Gottes Regierung […], [Daphne Poëtischer Gedancken Schatz. Erster Theil], Sulzbach 1714.

[Fuchs, Anna Rupertina]: Daphne Poëtischer Gedancken Schatz. Zweyter Theil, Sulzbach 1720.

Furttenbach, Joseph: Architectura Navalis. Das ist: Von dem Schiff=Gebaw/Auff demm meer vnd Seekusten zugebrauchen. [...] [1629]. Verkleinerter Nachdruck, hg. v. der Schiffbautechnischen Gesellschaft (STG), Hamburg 1956.

Gajek, Konrad (Hg.): Das Breslauer Schultheater im 17. und 18. Jahrhundert. Einladungsschriften zu den Schulactus und Szenare zu den Aufführungen *förmlicher Comödien* an den protestantischen Gymnasien, Tübingen 1994.

Der galante Stil. 1680–1730, hg. v. Conrad Wiedemann, Tübingen 1969.

Gedichte 1600–1700. Nach den Erstdrucken in zeitlicher Folge hg. v. Christian Wagenknecht, München 1969 (Epochen der deutschen Lyrik 4).

Gedichte des Barock, hg. v. Maché, Ulrich/Meid, Volker, Stuttgart 1980.

Gerhardt, Paul: Geistliche Lieder, hg. v. Gerhard Rödding, Stuttgart 1991.

Glückel von Hameln: Die Memoiren der Glückel von Hameln, aus dem Jüdisch-Deutschen von Bertha Pappenheim, Weinheim, Basel ²2010.

Goethe, Johann Wolfgang von: Werke. Hamburger Ausgabe in 14 Bänden, hg. v. Erich Trunz, München ¹³1982.

Gottsched, Johann Christoph: Lob= und Gedächtnisrede auf den Vater der deutschen Dichtkunst, Martin Opitzen von Boberfeld […], Leipzig 1739.

Gottsched, Johann Christoph: Sterbender Cato, hg. v. Horst Steinmetz, Stuttgart 1964.

Gottsched, Johann Christoph: Versuch einer Critischen Dichtkunst [⁴1751], Darmstadt 1982.

Grass, Günter: Das Treffen in Telgte. Eine Erzählung und dreiundvierzig Gedichte aus dem Barock, München 1994 [zuerst 1979].

Greflinger, Georg: Der Deutschen Dreyßig-Jähriger Krieg 1657 [Faksimile]. Kommentiert und mit einem Nachwort von Peter Michael Ehrle, München 1983.

Greiffenberg, Catharina Regina v.: Geistliche Sonette / Lieder und Gedichte, Nürnberg 1662 [ND Darmstadt 1967].

Greiffenberg, Catharina Regina v.: Sämtliche Werke. 10 Bde, hg. v. Martin Bircher u.a., Millwood (N.Y.) 1983.

Gretser, Jakob: Udo von Magdeburg [1598], hg. v. Urs Herzog, Berlin 1970.

Gretser, Jakob: Augustinus conversus. Einleitung, Text, Übersetzung und Kommentar von Dorothea Weber, Wien 2000.

Grimmelshausen, Hans Jacob Christoffel von: Der Abenteuerliche Simplicissimus Teutsch, hg. v. Alfred Kelletat, München ⁷1983.

Grimmelshausen, Hans Jacob Christoffel von: Der Abenteuerliche Simplicissimus Teutsch, [neu hg. v. Volker Meid], Stuttgart 1996.

Grimmelshausen, Hans Jacob Christoffel von: Der Abentheuerliche Simplicissimus Teutsch. Reprint der Erstausgabe (1668) und der Continuatio (1669), hg. v. Martin Bircher, Weinheim 1988.

Grimmelshausen, Hans Jacob Christoffel von: Gesammelte Werke in Einzelausgaben, hg. v. Rolf Tarot u.a., Tübingen 1967–1976.

Grimmelshausen, Hans Jacob Christoffel von: Satyrischer Pilgram, hg. v. Wolfgang Bender, Tübingen 1970, in: Gesammelte Werke in Einzelausgaben, hg. v. Rolf Tarot u. a., Tübingen 1967–1976.

Grimmelshausen, Hans Jacob Christoffel von: Werke, hg. v. Dieter Breuer, Frankfurt/M. 1989–1997.

Grimmelshausen, Hans Jacob Christoffel von: Simplicissimus Teutsch, hg. v. Dieter Breuer, Frankfurt/M. 2005 [Taschenbuchausgabe von Bd. I/1 der Werkausgabe].

Gryphius, Andreas: Absurdia Comica Oder Herr Peter Squentz. Kritische Ausgabe. Schimpfspiel, hg. v. Gerhard Dünnhaupt u .a., Stuttgart 1983.

Gryphius, Andreas: Cardenio und Celinde Oder Unglücklich Verliebete. Trauerspiel, hg. v. Rolf Tarot, Stuttgart 1968.

Gryphius, Andreas: Carolus Stuardus, hg. v. Hans Wagener, Stuttgart 1972.

Gryphius, Andreas: Catharina von Georgien, hg. v. Alois M. Haas, Stuttgart 1975.

Gryphius, Andreas: Dissertationes Funebres oder Leich-Abdanckungen, Frankfurt/Leipzig [4]1698.

Gryphius, Andreas: Dramen, hg. v. Eberhard Mannack, Frankfurt 1991 (Bibliothek der frühen Neuzeit II, Bd.3/BdK, Bd. 67).

Gryphius, Andreas: Fewrige Freystadt, Lissa 1637.

Gryphius, Andreas: Gedichte. Eine Auswahl, hg. v. Adalbert Elschenbroich, Stuttgart 1968.

Gryphius, Andreas: Gesamtausgabe der deutschsprachigen Werke, hg. v. Marian Szyrocki und Hugh Powell, Tübingen 1963 ff.

Gryphius, Andreas (Hg.): Glogauisches Fürstenthumbs Landes Privilegia aus den Originalen an tag gegeben. Glogawischen Fürstenthums LandesStände und Ritterschaft Privilegia, Statuten, Kayserl: Königl: und Fürstliche Indulten und Bekräfftigungen, Lissa in GroßPohlen 1653.

Gryphius, Andreas: Großmütiger Rechtgelehrter oder Sterbender Paulus Papinian. Trauerspiel, hg. v. Ilse-Marie Barth, Stuttgart 1965.

Gryphius, Andreas: Horribilicribrifax. Scherzspiel, hg. v. Gerhard Dünnhaupt, Stuttgart 1981.

Gryphius, Andreas: Leo Armenius. Trauerspiel, hg. v. Peter Rusterholz, Stuttgart 1971.

Grypius, Andreas: Sonnete, Lissa o.J. [1637] (Neudruck: Frühe Sonette. Abdruck der Ausgaben 1637, 1643 u. 1650, hg. v. Marian Szyrocki, Tübingen 1964).

Gryphius, Andreas: Verliebetes Gespenst. Gesangspiel/Die geliebte Dornrose. Scherzspiel, hg. v. Eberhard Mannack, Stuttgart 1985.

Gryphius, Christian: Actus von den Helden-Büchern oder Romanen (1694), hg. v. Konrad Gajek, Frankfurt/M. u. a. 1994.

Gryphius, Andreas: Fewrige Freystadt. Erste Neuedition seit 1637. Text und Materialien, hg. v. Johannes Birgfeld, Hannover 2006.

Günther, Johann Christian: Die von Theodosio bereute Eifersucht, Faksimile-Nachdruck der Sammel-Ausgabe [5]1733, Darmstadt 1968.

Günther, Johann Christian: Werke, hg. v. Reiner Bölhoff, Frankfurt/M. 1997.

Günther, Johann Christian: Gedichte, hg. v. Manfred Windfuhr, Stuttgart 1961.

Happel, Eberhard Werner: Gröste Denkwürdigkeiten der Welt/Oder so-genannte Relationes Curiosae [...], Bd. 1, Hamburg 1683.

Happel, Eberhard Werner: Größte Denkwürdigkeiten der Welt oder Sogenannte Relationes Curiosae [1684], hg. v. Jürgen Westphal, Berlin 1990.

Happel, Eberhard Werner: Der Insulanische Mandorell [1682]. Im Anhang: Pierre-Daniel Huets »Traité de l'origine des romans« [1670], hg. v. Stefanie Stockhorst, Berlin 2007.

Harms, Wolfgang (Hg.): Deutsche illustrierte Flugblätter des 16. und 17. Jahrhunderts, München 1980 ff.

Harms, Wolfgang u. a. (Hg.): Flugblätter des Barock. Eine Auswahl, Tübingen 1983.

[Harsdörffer, Georg Philipp]: Der teutsche Secretatrius [...] von Etlichen Liebhabern der teutschen Sprache, Nürnberg 1656 [Reprint: Hildesheim u. a. 1971].

Harsdörffer, Georg Philipp: Frauenzimmer Gesprächspiele [Nürnberg 1641–1649], hg. v. Irmgard Böttcher, Tübingen 1968.

Harsdörffer, Georg Philipp: Poetischer Trichter. Die Teutsche Dicht- und Reimkunst/ohne Behuf der lateinischen Sprache/in Vi. Stunden einzugiessen, Nürnberg 1647–53.

Hegel, Georg Wilhelm Friedrich: Vorlesungen über die Ästhetik. Dritter Teil: Die Poesie, hg. v. Rüdiger Bubner, Stuttgart 1971.

Henkel, Arthur/Schöne, Albrecht (Hg.) siehe Emblemata.

Hobbes, Thomas: Leviathan. Erster und zweiter Teil, übers. v. Jacob Peter Diesselhorst, erg. Ausg., Stuttgart. 1980.

Hobbes, Thomas: Leviathan or the Matter, Forme and Power of a Commonwealth Ecclesiasticall and Civil, London 1651.

Hofmannswaldau, Christian Hofmann v.: Gedichte, hg. Manfred Windfuhr, bibl. erg. Ausg., Stuttgart 1994.

Hofmannswaldau, Christian Hofmann v.: Gedichte, ausgew. v. Helmut Heißenbüttel, Frankfurt/M. 1968.

[Hohberg, Wolfgang Helmhard Freiherr von:] Der Habspurgische Ottobert [...], Erfurt 1663/1664.

Hohberg, Wolf Helmhard v.: Georgica Curiosa [...], Nürnberg 1715 f. [¹1682].

Horaz [Quintus Horatius Flaccus]: Sämtliche Gedichte. Lateinisch/Deutsch, hg. v. Bernard Kytzler, Stuttgart 1992.

Huet, Pierre Daniel: Traité de l'origine des romans. Faksimiledrucke nach der Erstausgabe 1670 und der Happelschen Übersetzung von 1682, Stuttgart 1966.

Ignatius von Loyola: Geistliche Übungen, übers. v. Alfred Feder S.J., Regensburg ²1922.

Kaldenbach, Christoph: Auswahl aus dem Werk, hg. u. eingel. v. Wilfried Barner, Tübingen 1977.

[Kindermann, Balthasar:] Der Deutsche Poët [...], Wittenberg 1664.

Knorr von Rosenroth, Christian Freiherr: Kabbala Denudata, 2 Bände. Sulzbach 1677 u. Frankfurt 1684 (ND: Hildesheim 1999).

Komm, Trost der Nacht, O Nachtigall. Deutsche Gedichte aus dem 17. Jahrhundert, hg. v. Horst Hartmann, Leipzig 1977.

Kormart, Christoph: Maria Stuart: Oder Gemarterte Majestät/Nach dem Holländischen Jost van Vondels [...], Hall[e] 1672.

Lang, Franz[iskus]: Abhandlung über die Schauspielkunst [Dissertatio de actione scenica, 1727], übers. u. hg. v. Alexander Rudin, Bern, München 1975. [Der Band enthält ein Faksimile des lateinischen Originals].

Leibniz, Gottfried Wilhelm: Ermahnung an die Teutsche [...], in: Politische Schriften, hg. v. Zentralinstitut für Philosophie an der Akademie der Wissenschaften der DDR, Bd. 3, Berlin 1986, 795–820.

Lessing, Gotthold Ephraim: Briefe, die neueste Literatur betreffend, hg. v. Wolfgang Bender, Stuttgart 1972.

Lipsius, Justus: De Constantia – Von der Bestendigkeit. Übers. v. Andreas Viritius. Faksimiledruck der Ausgabe v. 1601, hg. v. Leonard Forster, Stuttgart 1965.

Liselotte von der Pfalz [= Elisabeth Charlotte von Orléans]: Briefe, hg. v. Helmuth Kiesel, Frankfurt/M. 1981.

Liselotte von der Pfalz: Briefe der Herzogin Elisabeth Charlotte von Orléans [...], hg. v. Wilhelm Ludwig Holland, Stuttgart 1867–81.

Die Litteratur des 17. Jahrhunderts, ausgew. u. eingel. v. Gotthold Bötticher, Halle 1892.

Logau, Friedrich von: 366 Sinn=Gedichte, erlesen, erklärt und benawortet v. Werner Schmitz, Zürich 1989.

Logau, Friedrich von: Sinngedichte, hg. v. Ernst-Peter Wieckenberg, Stuttgart 1984.

Lohenstein, Daniel Casper v.: Türkische Trauerspiele [Ibrahim Sultan, Ibrahim Bassa], hg. v. Klaus Günther Just, Stuttgart 1953.

Lohenstein, Daniel Casper v.: Römische Trauerspiele [Agrippina, Epicharis], hg. v. Klaus Günther Just, Stuttgart 1955.

Lohenstein, Daniel Casper v.: Cleopatra. Trauerspiel. Text der Erstfassung von 1661, hg. v. Ilse-Marie Barth, Stuttgart 1965.

Lohenstein, Daniel Casper v.: Sophonisbe. Trauerspiel, hg. v. Rolf Tarot, Stuttgart 1970.

Lohenstein, Daniel Casper v.: Grossmüthiger Feldherr Arminius, hg. v. Elida Maria Szarota, Hildesheim 1973 (Nachdruck der Ausg. 1689/90).

Lohenstein, Daniel Casper von: Sämtliche Werke, hg. v. Lothar Mundt, Wolfgang Neuber und Thomas Rahn, Berlin, New York 2005 ff.

Lohenstein, Johann Casper v.: Kurtz Entworffener Lebens-Lauff Deß sel. *Autoris*, Breslau 1685 (als Anhang der ersten posthumen Ausgabe von: Daniel Casper v. Lohenstein: Ibrahim Sultan [...] Und andere Poetische Gedichte, Breslau 1685).

Luther, Martin: Von der Freiheit eines Christenmenschen, in: An den christlichen Adel Deutscher Nation [...], hg. v. Ernst Kähler, Stuttgart 1962, 124–150.

Lyrik des Barock, hg. v. Marian Szyrocki, Reinbek b. Hamburg 1971.

Lyrik des Barock, mit Materialien ausgew. v. Hans Ulrich Staiger, Leipzig u. a. 2005 (Editionen für den Literaturunterricht).

Marlowe, Christopher: The Jew of Malta, in: The complete Works of Christopher Marlowe, hg. v. Fredson Bowers, Bd. 1, Cambridge 1973.

Megerle, Johann Ulrich siehe Abraham a Santa Clara.

Merian, Maria Sibylla: Neues Blumen Buch [1680], Frankfurt [Neuauflage] 1999.

Moscherosch, Johann Michael: Wunderliche und Wahrhafftige Gesichte Philanders von Sittewald, ausgew. und hg. v. Wolfgang Harms, Stuttgart 1986.

Neukirch, Benjamin: Anweisung zu Teutschen Briefen, Leipzig 1727.

Neukirch, Benjamin (Hg.): Herrn von Hofmannswaldau und anderer Deutschen auserlesener und bißher ungedruckter Gedichte. Erster Teil [1697], hg. v. Angelo George de Capua u. a., Tübingen 1961.

Neukirch, Benjamin: Vorrede von der deutschen Poesie, in: Neukirch, Benjamin (Hg.): Herrn von Hofmannswaldau und anderer Deutschen auserlesener und bißher ungedruckter Gedichte. Erster Teil [1695/1697], hg. v. Angelo George de Capua u. a., Tübingen 1961, 6–22.

Niefanger, Dirk (Hg.): Barock. Das große Lesebuch, Frankfurt/M. 2011.

Das Oberammergauer Passionsspiel in seiner ältesten Gestalt, hg. v. August Hartmann, Wiesbaden 1968 (ND d. Ausg.: Leipzig 1880).

Opitz, Martin: Gesammelte Werke. Kritische Ausgabe, hg. v. George Schulz-Behrend, Stuttgart 1968 ff.

Opitz, Martin: Schaefferey von der Nimfen Hercinie, hg. v. Peter Rusterholz, Stuttgart 1969.

Opitz, Martin: Buch von der Deutschen Poeterey (1624), hg. v. Cornelius Sommer, Stuttgart 1970.

Opitz, Martin: Gedichte, hg. v. Jan-Dirk Müller, Stuttgart 1970.

Opitz, Martin: Buch von der Deutschen Poeterey. Studienausgabe, hg. v. Herbert Jaumann, Stuttgart 2002.

Opitz, Martin: Aristarch oder Wider die Verachtung der deutschen Sprache, übers. v. Georg Witkowski, in: Buch von der Deutschen Poeterey. Studienausgabe, hg. v. Herbert Jaumann, Stuttgart 2002, 77–94.

Opitz, Martin: Briefwechsel und Lebenszeugnisse. Kritische Edition mit Übersetzung, hg. v. Klaus Conermann u. a., Berlin 2009.

Parival, Jean-Nicolas de: Abrégé de L'Histoire de ce siècle de fer, contenant les miseres et calamitez des derniers temps, avec leurs causes & pretextes, jusques au couronnement du roy des Romains Ferdinand IV. […], Leiden 1653.

Die Pegnitz-Schäfer. Nürnberger Barockdichtung, hg. v. Eberhard Mannack, erg. Aufl., Stuttgart 1988.

Petrarca, Francesco: Il Canzoniere, hg. v. Lorenzo Mascetta, Lanciano 1895.

Petrarca, Francesco: Das lyrische Werk, übers. v. Benno Geiger, Darmstadt 1958.

Poetik des Barock, hg. v. Marian Szyrocki, Stuttgart 1977.

Pöllnitz, Carl Ludwig v.: Das galante Sachsen. Mit zeitgenössischen Abbildungen, übers. v. René Faber, München 1995.

Pontanus, Jacob: Poeticarum institutionum libri tres. Tyrocinium poeticum, Ingolstadt 1594 [kurzer Auszug mit Übersetzung: Pörnbacher (Hg.) 1986, 856–858].

Pörnbacher, Dieter (Hg.): Die Literatur des Barock, München 1986.

[Postel, Christian Heinrich:] Die wunderschöne Psyche [nach Corneille]. In einem Singe Spiel auf dem Braunschweigischen Theatro vorgestellet, Braunschweig o. J. [ca. 1695].

Predigten der Barockzeit. Texte und Kommentar, hg. v. Werner Welzig u. a., Wien 1995.

Pufendorf, Samuel: [De statu imperii Germanici] Die Verfassung des deutschen Reiches [1667], hg. u. übers. v. Horst Denzer, durchges. Aufl., Stuttgart 1994.

Quellen zur Tanzkultur um 1700: Französische Tanzkunst an deutschen Höfen, hg. v. Giles Bennett, Marie-Thérèse Mourey und Stephanie Schroedter, Freiburg 2006.

Racine, Jean: Britannicus. Tragédie en cinq actes. Französisch/deutsch, hg. u. übers. v. Barbara Mitterer, Stuttgart 1983.

Reichelt, Klaus (Hg.): Historisch-politische Schauspiele, Tübingen 1987.

Reuter, Christian: Graf Ehrenfried. Abdruck der Erstausgabe von 1700, hg. v. Wolfgang Hecht, Tübingen 1961.

Reuter, Christian: Schelmuffskys warhafftige curiöse und sehr gefährliche Reisebeschreibung zu Wasser und Lande, hg. v. Ilse-Marie Barth, Stuttgart 1985.

Reuter, Christian: Schlampampe. Komödien, hg. v. Rolf Tarot, Stuttgart 1977.

Rist, Johann: Sämtliche Werke, hg. v. Eberhard Mannack, Berlin 1967 ff.

Romantheorie. Texte vom Barock bis zur Gegenwart, hg. v. Hartmut Steincke und Fritz Wahrenburg, Stuttgart 1999.

Rompler von Löwenhalt, Jesaias: Erstes gebüsch seiner reim-getichte [1647], hg. v. Wilhelm Kühlmann u. a., Tübingen 1988.

Rotth, Albrecht Christian: Vollständige Deutsche Poesie in drey Theilen […], Leipzig 1688.

Royer, Johann: Beschreibung des ganzen Fürstlich Braunschweigischen gartens zu Hessen (²1651), Reprint, hg. v. d. Landkreis Wolfenbüttel und der Herzog August Bibliothek, Wolfenbüttel 1990.

Sandrart, Joachim von: Teutsche Academie der Bau-, Bild- und Mahlerey-Künste, Nürnberg 1675–1680, neu gedruckt von Christian Klemm, Nördlingen 1994.

Sattler, Johann Rudolph: Teutsche Rhetoric/Titular: vnd Epistelbüchlein [...], Basel ⁴1613.

Scaliger, Julius Caesar: Poetices Libri septem. Sieben Bücher über die Dichtkunst [1561], hg. v. Luc Deitz, Stuttgart-Bad Cannstadt 1994.

Schaer, Alfred (Hg.): Drei deutsche Pyramus-Thisbe-Spiele (1581–1607), Tübingen 1911.

Schäferromane des Barock, hg. v. Klaus Kaczerowsky, Reinbek b. Hamburg 1970.

Scheffler, Johannes siehe Angelus Silesius

Schellhammer, Maria Sophia: Der wohl-unterwiesenen Köchin zufällige Confect-Taffel, Berlin, Potsdam ²1697 [1692, ³1732].

Schiller, Friedrich: Sämtliche Werke, hg. v. Gerhard Fricke und Herbert G. Göpfert u. a., München ⁶1981.

Schöne, Albrecht (Hg.): Das Zeitalter des Barock. Texte und Zeugnisse, München ³1988 (= Die deutsche Literatur. Texte und Zeugnisse, hg. v. Walther Killy, Bd.III).

Schottelius, Justus Georg: Ausführliche Arbeit Von der Teutschen HaubtSprache [...], Braunschweig 1663 [ND Tübingen 1967].

Schottelius, Justus Georg: Der schreckliche Sprachkrieg. Horrendum Bellum Grammaticale Teutonum antiquissimorum, hg. v. Friedrich Kittler u. a., Leipzig 1991.

Schupp, Johann Balthasar: Sermon von der Siebenzehenden dieses hundertjährigen Zeit Lauffs Glückseligkeit Beschreibung [Übers. v. Johannes Bunos Schrift], in: Schupp, Johann Balthasar: Schrifften, Hanau 1659, 775–784.

Schuster, Ralf (Hg.): Die Pegnitz-Schäferinnen. Eine Antologie, Passau 2009.

Schwarz, Sibylle: Deutsche Poëtische Gedichte. ND der Ausgabe von 1650, hg. v. Helmut W. Ziefle, Bern, Frankfurt/M., Las Vegas 1980.

Seckendorff, Veit Ludwig von: Teutscher Fürsten=Stat [...], Frankfurt/M. 1656.

Shakespeare, William: Titus Andronicus. Englisch/Deutsch, übers. u. hg. v. Dieter Wessels, Stuttgart 1988.

Simon, Joseph: Leo Armenus. in: Harring, Willi: Andreas Gryphius und das Drama der Jesuiten, Halle 1907, 74–126 (Anhang I).

Simon, Karl (Hg.): Deutsche Flugschriften zur Reformation (1520–1525), Stuttgart 1980.

Ein Söldnerleben im Dreißigjährigen Krieg. Eine Quelle zur Sozialgeschichte, hg. v. Jan Peters, Berlin 1993.

Spee, Friedrich: Cautio Criminalis [lat. u. zeitgenössische deutsche Übers. v. Hermann Schmidt], hg. v. Theo G. M. van Oorschot, Tübingen 1992.

Spee, Friedrich: Cautio Criminalis oder Rechtliches Bedenken wegen der Hexenprozesse, übers. v. Joachim-Friedrich Ritter [1939], München ⁶2000.

Spee, Friedrich: Trutz-Nachtigal. Kritische Ausgabe nach der Trierer Handschrift, hg. v. Theo G. M. van Oorschot, Stuttgart 1985.

Spee, Friedrich: Trutznachtigall, hg. v. Gustave Otto Arlt, Halle/Saale 1936.

Spieltexte der Wanderbühne, hg. v. Manfred Brauneck, 4 Bde., Berlin 1970.

Stieff, Christian: Andreae Gryphii Lebens-Lauff [1737], in: Text + Kritik 7/8 (1980), 25–31.

Szarota, Elida Maria (Hg.): Das Jesuitendrama im deutschen Sprachgebiet. Eine Periochen-Edition. Texte und Kommentare, München 1979–1987.

Tacitus: Germania, übers. erläutert und Nachwort v. Manfred Fuhrmann, Stuttgart 1971.

Tasso, Torquato: Gottfried von Bulljon, Oder das Erlösete Jerusalem[...]. [Übers. v. Diederich von dem Werder], Frankfurt/M. 1626, ²1651 (Nachdruck der ersten Ausgabe, hg. v. Gerhard Dünnhaupt, Tübingen 1974).

Theorie und Technik des Romans im 17. und 18. Jahrhundert, Bd. 1: Barock und Aufklärung, hg. v. Dieter Kimpel und Conrad Wiedemann, Tübingen 1970.

Thomasius, Christian: Deutsche Schriften, hg. v. Peter v. Düffel, Stuttgart 1970.

Thomasius, Christian: Monatsgespräche [1688–1690]. Frankfurt/M. 1972.

Trauerreden des Barock, hg. v. Maria Fürstenwald, Wiesbaden 1973.

Übersetzungen. Nach den Erstdrucken in zeitlicher Folge. Erster Teil, hg. v. Dieter Gutzen u. a. Epochen der deutschen Lyrik, hg. v. Walther Killy, Bd. 10/1, München 1977.

Vondel, [Joost van den]: De Werken van Vondel [wb-editie], hg. v. J.F.M. Sterck u. a., Amsterdam 1927–1940.

Vondel, [Joost van den]: Lust tot poëzie. Gedichten van Vondel, hg. v. Hans Luijten, Jan Konst, Amsterdam 1989.

Vossius, Gerhard Johannes: Rhetorices Contractae, sive partitionum oratoriam libri V, Genae 1643.

Wagenseil, Johann Christoph: Von der Meistersinger holdseligen Kunst, separater Teil von: De sacri Rom. Imperii libera Civitate Noribergensi commentatio, Altdorf 1697.

Wagenseil, Johann Christoph: Belehrung der Jüdisch-Teutschen Red- und Schreibart [...], Königsberg 1699.

Weber, Johann Adam: Hundert Quellen Der von Allerhand Materialien handelnden Unterredungs= Kunst [...]. Anfangs in Lateinische Sprache verfertigt [...] Anizo aber Jns Teutsche übersetzet [...] von J[ohann] C[hristoph] B[eer], Nürnberg 1676.

Weckherlin, Georg Rodolf: Gedichte, hg. v. Christian Wagenknecht, Stuttgart 1972.

Weigel, Christian: Sculptura Historiarum et Temporum Memoratrix: Oder Nutrz- und Lust-bringende Gedächtnis-Kunst der Merckwürdigsten Welt-Geschichten aller Zeiten [...], Nürnberg 1697.

Weigel, Christoph: Abbildung und Beschreibung der gemein-nützlichen Haupt-Stände [Faksimile der Ausgabe v. 1698]. Mit einer Einführung hg. v. Michael Bauer, Nördlingen 1987.

Weise, Christian: Curiöse Gedancken von Teutschen Briefen [...], Leipzig, Dresden 1702.

Weise, Christian: Masaniello. Trauerspiel, hg. v. Fritz Martini, Stuttgart 1972.

Weise, Christian: Politische Nachricht von Sorgfältigen Briefen [...], Dresden, Leipzig 1701.

Weise, Christian: Sämtliche Werke, hg. v. John D. Lindberg u. a., Berlin, New York 1971 ff.

Weise, Christian: Schauspiel vom Niederländischen Bauer, hg. v. Harald Burger, Stuttgart 1969.

Weise, Christian: Von Verfertigung der Komödien und ihrem Nutzen, in: Aus der Frühzeit der deutschen Aufklärung. Christian Thomasius und Christian Weise, hg. v. Fritz Brüggemann, Leipzig 1938 (= Deutsche Literatur, Reihe 14, Bd. 15), 128–133.

[Zedler, Johann Heinrich:] Grosses vollständiges Universal Lexicon [...], Leipzig, Halle 1732– 1754.

Zesen, Philipp von: Die Adriatische Rosemund. Mit den Kupfern der Erstausgabe von 1645, hg. v. Klaus Kaczerowsky, Bremen 1970.

Zigler und Kliphausen, Heinrich Anshelm von: Asiatische Banise [Ausgabe 1707, unter Berücksichtigung der Erstausgabe 1689], Darmstadt 1968.

Zincgref, Julius Wilhelm: Gesammelte Schriften, hg. v. Dieter Mertens und Theodor Verweyen, Tübingen: Niemeyer 1978 ff.

Der Zupfgeigenhansl, hg. v. Hans Breuer u. a., Leipzig ⁵1911.

3. Forschungsliteratur

Abel, Günter: Stoizismus und Frühe Neuzeit. Zur Entstehungsgeschichte modernen Denkens im Felde von Ethik und Politik, Berlin, New York 1978.

Achermann, Eric: Worte und Werte. Geld und Sprache bei Gottfried Wilhelm Leibniz, Johann Georg Hamann und Adam Müller, Tübingen 1997.

Adam, Wolfgang: Poetische und kritische Wälder. Untersuchungen zu Geschichte und Formen des Schreibens ›bei Gelegenheit‹, Heidelberg 1988.

Adorno, Theodor W.: Der mißbrauchte Barock, in: Adorno, Theodor W.: Ohne Leitbild. Parva Aestetica, Frankfurt/M. 1967.

Aikin, Judith Popovich: German Baroque Drama, Boston 1982.

Albanese, Denise: New science, new world, Durham, London 1996.

Alewyn, Richard: Johann Beer. Studien zum Roman des 17. Jahrhunderts, Leipzig 1932.

Alewyn, Richard: Feste des Barock, in: Richard Alewyn u. a.: Aus der Welt des Barock, Stuttgart 1957, 101–111.

Alewyn, Richard (Hg.): Deutsche Barockforschung. Dokumente einer Epoche, Köln, Berlin 1965.

Alewyn, Richard: Der Roman des Barock, in: Formkräfte der deutschen Dichtung vom Barock bis zur Gegenwart, hg. v. Hans Steffen, Göttingen ²1967, 21–34.

Alewyn, Richard: Maske und Improvisation. Die Geburt der europäischen Schauspielkunst, in: Richard Alewyn: Probleme und Gestalten. Essays, Frankfurt/M. 1974, 20–42.

Alexander, Robert J.: Das deutsche Barockdrama, Stuttgart 1984.✗

Alt, Johannes: Grimmelshausen und der Simplicissimus, München 1936.

Alt, Peter-André: Begriffsbilder. Studien zur literarischen Allegorie zwischen Opitz und Schiller, Tübingen 1995.

Alt, Peter-André: Aufklärung, Stuttgart, Weimar 1996.

Alt, Peter-André: Der Tod der Königin. Frauenopfer und politische Souveränität im Trauerspiel des 17. Jahrhunderts, Berlin u.a. 2004.

Alt, Peter-André: Von der Schönheit zerbrechender Ordnungen. Körper, Politik und Geschlecht in der Literatur des 17. Jahrhunderts, Göttingen 2007.

Althaus, Thomas: Epigrammatisches Barock, Berlin, New York 1996.

Althaus, Thomas: Gesang von zerbrechen der Leier. Liedverwerfungen und Liedemphase in der Kapuzinerlyrik, in: Morgen-Glantz 14 (2004), 77–103.

Althaus, Thomas/Kaminski, Nicola (Hg.): Spielregeln barocker Prosa. Historische Konzepte und theoriefähige Texturen ›ungebundener Rede‹ in der Literatur des 17. Jahrhunderts, Bern u.a. 2012.

Althaus, Thomas/Seelbach, Sabine/Seelbach, Ulrich (Hg.): Salomo in Schlesien. Zum 400. Geburtstag Friedrich von Logaus, Amsterdam 2006.

Ammon, Frieder v./Vögel, Herfried (Hg.): Die Pluralisierung des Paratextes in der Frühen Neuzeit. Theorie, Formen, Funktionen, Berlin 2008.

Andreas Gryphius, hg. v. Heinz Ludwig Arnold, Text + Kritik 7/8 (²1980).

Arend, Stefanie: Rastlose Weltgestaltung. Senecaische Kulturkritik in den Tragödien Gryphius' und Lohensteins, Tübingen 2003.

Arend, Stefanie: Einführung in Rhetorik und Poetik, Darmstadt 2012.

Arend, Stefanie/Sittig, Claudius u.a. (Hg.): »Was ein Poëte kan!« Studien zum Werk von Paul Fleming (1609–1640), Berlin 2012.

Arend, Stefanie u.a. (Hg.): Anthropologie und Medialität des Komischen im 17. Jahrhundert (1580–1730), Amsterdam, New York 2008.

Arndt, Johannes/Körber, Esther-Beate (Hg.): Das Mediensystem im Alten Reich der Frühen Neuzeit (1600–1750), Göttingen 2010.

Arnold, Heinz Ludwig (Hg.): Hans Jacob Christoffel von Grimmelshausen. Text + Kritik, Sonderband VI/08, München 2008.

Ash, Ronald G./Duchhardt, Heinz (Hg.): Der Absolutismus – ein Mythos? Strukturwandel monarchischer Herrschaft, Köln u.a. 1996.

Asmuth, Bernhard: Daniel Casper von Lohenstein, Stuttgart 1971 [1971a].

Asmuth, Bernhard: Lohenstein und Tacitus. Eine quellenkritische Interpretation der Nero-Tragödien und des ›Arminius‹-Romans, Stuttgart 1971 [1971b].

Asmuth, Bernhard: Lohensteins Quelle und Vorlagen für die Epicharis, in: Die Welt des Daniel Casper von Lohenstein. Hrsg. von Peter Kleinschmidt u.a.. Köln 1978, 92–103.

Asmuth, Bernhard: Lust- und Trauerspiele. Ihre Unterschiede bei Gryphius, in: Weltgeschick und Lebenszeit. Ein schlesischer Barockdichter aus deutscher und polnischer Sicht, hg. v. d. Stiftung Gerhart-Hauptmann-Haus, Düsseldorf 1993, 69–93.

Aurnhammer, Achim: Torquato Tasso im deutschen Barock, Tübingen 1994.

Aurnhammer, Achim (Hg.): Francesco Petrarca in Deutschland. Seine Wirkung in Literatur, Kunst und Musik, Tübingen 2006.

Baasner, Rainer: Lyrik, in: Meier, Albert (Hg.): Die Literatur des 17. Jahrhunderts, München 1999, 517–538.

Bachtin, Michail M.: Literatur und Karneval. Zur Romantheorie und Lachkultur, übers. v. Alexander Kaempfe, Frankfurt 1990.

Baesecke, Anna: Das Schauspiel der englischen Komödianten in Deutschland, Halle 1935.

Banet, Ilona: Daniel Casper von Lohenstein, neues Quellenmaterial zu seiner Tätigkeit als Syndikus, in: Germanica Wratislaviensia 55 (1984), 195–204.

Bannasch, Bettina: Zwischen Jakobsleiter und Eselsbrücke. Das ›bildende Bild‹ im Emblem- und Kinderbilderbuch des 17. und 18. Jahrhunderts, Göttingen 2007.

Barner, Wilfried: Gryphius und die Macht der Rede. Zum ersten Reyen des Trauerspiels ›Leo Armenius‹, in: DVjs 42 (1968), 325–358.

Barner, Wilfried (Hg.): Der literarische Barockbegriff, Darmstadt 1975 (WdF CCCLVIII).

Barner, Wilfried: Über das Negieren von Tradition. Zur Typologie literaturprogrammatischer Epochenwenden in Deutschland, in: Reinhart Herzog, Reinhart Koselleck: Epochenschwelle und Epochenbewußtsein. Poetik und Hermeneutik XII, München 1987, 3–51.

Barner, Wilfried: Disponible Festlichkeit. Zu Lohensteins Sophonisbe. (Mit Diskussionsbericht von Elke Kaiser, Bernhard Teuber), in: Das Fest, hg. von Walter Haug und Rainer Warning. München 1989, 247–275, 299–300 (Poetik und Hermeneutik 14).

Barner, Wilfried: Überlegungen zur Funktionsgeschichte der Fazetien, in: Haug, Walter/Wachinger, Burghart (Hg.): Kleinere Erzählformen des 15. und 16. Jahrhunderts, Tübingen 1993, 287–310.

Barner, Wilfried: Der Jurist als Märtyrer. Andreas Gryphius' »Papinianus«, in: Mölk, Ulrich (Hg.): Literatur und Recht. Literarische Rechtsfälle von der Antike bis in die Gegenwart. Göttingen 1996, 229–242.

Barner, Wilfried: Tübinger Poesie und Eloquenz im 17. Jahrhundert: Christoph Kaldenbach, in: Wilfried Barner: Pioniere, Schulen, Pluralismus. Studien zu Geschichte und Theorie der Literaturwissenschaft, Tübingen 1997, 69–96.

Barner, Wilfried: Spielräume. Was Poetik und Rhetorik nicht lehren, in: Hartmut Laufhütte u. a. (Hg.): Künste und Natur in Diskursen der Frühen Neuzeit, Wiesbaden 2000 (Wolfenbütteler Arbeiten zur Barockforschung 35), Bd. 1, 33–67.

Barner, Wilfried: Barockrhetorik. Untersuchungen zu ihren geschichtlichen Grundlagen, Tübingen 1970, ²2002.

Barner, Wilfried: Theater und Publikum des deutschen Barock, in: Anselm Maler u. a. (Hg.): Theater und Publikum im europäischen Barock, Frankfurt/M. u. a. 2002, 9–22.

Barock [hg. v. Ingo Stöckmann], in: Text+Kritik, hg. v. Heinz Ludwig Arnold, 154 (2002).

Bartels, Adolf: Geschichte der deutschen Dichtung. In zwei Bänden, Leipzig ⁶1909.

Baßler, Moritz: Zur Sprache der Gewalt in der Lyrik des deutschen Barock, in: Meumann, Markus/Niefanger, Dirk (Hg.): *Ein Schauplatz herber Angst.* Wahrnehmung und Darstellung von Gewalt im 17. Jahrhundert, Göttingen 1997, 125–144.

Battafarano, Italo Michele (Hg.): Friedrich von Spee. Dichter, Theologe und Bekämpfer der Hexenprozesse, Gardolo di Trento 1988.

Battafarano, Italo Michele: ›Was Krieg vor ein schreckliches und grausames Monstrum seye‹: Der Dreißigjährige Krieg in den Simplicianischen Schriften Grimmelshausens, in: Simpliciana X (1988), 45–59. [1988b].

Battafarano, Italo Michele: Glanz des Barock. Forschungen zur deutschen als europäischen Literatur, Bern, Berlin u. a. 1994.

Battafarano, Italo Michele: Christian Weises *Masaniello*: Trauerspiel der Politik zwischen Machtaffirmation und Beruf im Dienste des Gemeinwohls, in: Morgen-Glantz 6 (1996), 185–236.

Battafarano, Italo Michele: Absentia die in Spees *Cautio Criminalis* (1631)? Wesen und Wirkung einer epochemachenden Schrift, in: Morge-Glantz 8 (1998), 385–400 [=1998a].

Battafarano, Italo Michele: Satanisierung des Alltags als verfehlte Sozialdisziplinierung in Spees *Cautio Criminalis* (1631), in: Morge-Glantz 8 (1998), 363–383 [1998b].

Battafarano, Italo Michele/Eilert, Hildegard: Courage. Die starke Frau der deutschen Literatur, Bern u. a. 2003.

Battenberg, Friedrich: Die Juden in Deutschland vom 16. bis zum Ende des 18. Jahrhunderts, München 2001.

Bauer, Barbara: Jesuitische ›ars rhetorica‹ im Zeitalter der Glaubenskämpfe, Frankfurt/M. 1986.

Bauer, Barbara: Multimediales Theater. Ansätze zu einer Poetik der Synästhesie bei den Jesuiten, in: Helmut F. Plett (Hg.): Poetik der Renaissance, Berlin/New York 1994, 197–238.

Bauer, Barbara: Zur Geschichte des Jesuitentheaters im 16. und 17. Jahrhundert, in: alma mater philippina, Sommersemester 1995, 20–25.

Bauer, Barbara: Naturverständnis und Subjektkonstitution aus der Perspektive der frühneuzeitlichen Rhetorik und Poetik, in: Hartmut Laufhütte u. a. (Hg.): Künste und Natur in Diskursen der Frühen Neuzeit, Wiesbaden 2000 (Wolfenbütteler Arbeiten zur Barockforschung 35), Bd. 1, 69–132.

Bauer, Barbara siehe auch: Mahlmann-Bauer, Barbara

Bauer, Mathias: Im Fuchsbau der Geschichte. Anatomie des Schelmenromans, Weimar 1993.

Bauer, Mathias: Der Schelmenroman, Stuttgart, Weimar 1994.

Bauer-Heinold, Margarete: Theater des Barock. Festliches Bühnenspiel im 17. und 18. Jahrhundert, München 1966.

Bauer-Roesch, Susanne: Gesangspiel und Gesprächspiel. Georg Philipp Harsdörffers *Seelewig* als erste Operntheorie in deutscher Sprache, in: Hartmut Laufhütte u. a. (Hg.): Künste und Natur in Diskursen der Frühen Neuzeit, Wiesbaden 2000 (Wolfenbütteler Arbeiten zur Barockforschung 35), Bd. 1, 645–664.

Bauer-Roesch, Susanne: »Zerknirschen/zerschmeissen/zermalmen/zerreissen« – Gewalt auf der Opernbühne des 17. Jahrhunderts, in: Meumann, Markus/Niefanger, Dirk (Hg.): *Ein Schauplatz herber Angst.* Wahrnehmung und Darstellung von Gewalt im 17. Jahrhundert, Göttingen 1997, 145–169.

Baumstark, Reinhold (Hg.): Rom in Bayern. Kunst und Spiritualität der ersten Jesuiten. Katalog zur Ausstellung des Bayrischen Nationalmuseums in München, München 1997.

Becker-Cantarino, Barbara: Der lange Weg zur Mündigkeit. Frau und Literatur in Deutschland 1500–1800, Stuttgart 1987.

Beeskow, Hans-Joachim (Hg.): »Auf rechten, guten Wegen«. Beiträge zu Leben, Werk und Wirkungen von Paul Gerhardt (1607–1676), Berlin u. a. ²2007.

Beetz, Manfred: Rhetorische Logik. Prämissen der deutschen Lyrik im Übergang vom 17. zum 18. Jahrhundert, Tübingen 1980.

Beetz, Manfred: Frühmoderne Höflichkeit. Komplimentierkunst und Gesellschaftsrituale im altdeutschen Sprachraum, Stuttgart 1990.

Béhar, Pierre: Silesia tragica. Epanouissement et fin de l'école dramatique silésienne dans l'oeuvre de Daniel Casper von Lohenstein (1635–1683). Wiesbaden 1988. (Wolfenbütteler Arbeiten zur Barockforschung 18).

Béhar, Pierre/Watanabe O'Kelly, Helen (Hg.): Spectaculum Europaeum: Theatre and Spectacle in Europe, Histoire du Spectacle en Europe (1580–1750), Wiesbaden 1999.

Behnke, Peter/Roloff, Hans-Gert (Hg.): Christian Weise: Dichter – Gelehrter – Pädagoge. Beiträge zum ersten Christian-Weise-Symposium aus Anlaß des 350. Geburtstages Zittau 1992, Bern u. a. 1994 (= Jb. f. Int. Germanistik, A, Bd. 37).

Behringer, Wolfgang: Thurn und Taxis. Die Geschichte der Post und ihrer Unternehmen, München, Zürich 1990.

Behringer, Wolfgang: Hexen. Glaube, Verfolgung, Vermarktung, München 1998.

Behringer, Wolfgang: Religionen, in: Enzyklopädie der Neuzeit, hg. v. Friedrich Jaeger u. a., Bd. 10, Stuttgart/Weimar 2005 ff., Sp. 1048–1062.

Beise, Arnd: Geschichte, Politik und das Volk im Drama des 16. bis 18. Jahrhunderts, Berlin u. a. 2010.

Beissner, Friedrich: Deutsche Barocklyrik, in: Formkräfte der deutschen Dichtung vom Barock bis zur Gegenwart. Vorträge gehalten im deutschen Haus, Paris 1961/1962, hg. v. Hans Steffen, Göttingen 1963, 35–55.

Benjamin, Walter: Porträt eines Barockpoeten [1928], in: Walter Benjamin: Der Stratege im Literaturkampf. Zur Literaturwissenschaft, hg. v. Hella Tiedemann-Bartels, Frankfurt/M. 1974, 38–40.

Benjamin, Walter: Der Ursprung des deutschen Trauerspiels, hg.v. Rolf Tiedemann, Frankfurt/M. ²1982 [Erstausgabe 1925].

Benthien, Claudia: Barockes Schweigen. Rhetorik und Performativität des Sprachlosen im 17. Jahrhundert, München 2006.

Benthien, Claudia/Martus, Steffen (Hg.): Die Kunst der Aufrichtigkeit im 17. Jahrhundert, Tübingen 2006 (Frühe Neuzeit 114).

Bergengruen, Maximilian: Nachfolge Christi – Nachahmung der Natur: Himmlische und Natürliche Magie im Paracelsus, im Paracelsismus und in der Barockliteratur (Scheffler, Zesen, Grimmelshausen), Hamburg 2007.

Bergengruen, Maximilian/Borgards, Roland (Hg.): Bann der Gewalt: Studien zur Literatur- und Wissensgeschichte, Göttingen 2009.

Bergengruen, Maximilian/Martin, Dieter (Hg.): Philipp von Zesen. Wissen – Sprache – Literatur, Tübingen 2008.

Berghaus, Günter: Die Quellen zu Andreas Gryphius' Trauerspiel ›Carolus Stuardus‹. Studien zur Entstehung eines historisch-politischen Märtyrerdramas der Barockzeit, Tübingen 1984.

Berns, Jörg Jochen: Die Festkultur der deutschen Höfe zwischen 1580 und 1730. Eine Problemskizze in typologischer Absicht, in: Germanisch-Romanische Monatsschrift N.F. 34 (1984), 295–311.

Berns, Jörg Jochen/Neuber, Wolfgang (Hg.): Seelenmaschinen. Gattungstraditionen, Funktionen und Leistungsgrenzen der Mnemotechniken vom späten Mittelalter bis zum Beginn der Moderne, Wien 2000.

Berns, Jörg Jochen/Rahn, Thomas (Hg.): Zeremoniell als höfische Ästhetik in Spätmittelalter und früher Neuzeit, Tübingen 1995.

Beutin, Wolfgang u. a.: Deutsche Literaturgeschichte. Von den Anfängen bis zur Gegenwart, Stuttgart ⁶2001.

Bielmann, Joseph: Die Dramentheorie und Dramengestaltung des Jakobus Ponatus, in: Görres-Jb. 3 (1928), 45–85.

Bircher, Martin (Hg.): Inszenierung und Regie barocker Dramen. Vorträge und Berichte, Hamburg 1976.

Bircher, Martin: »Teutsche Gemüther zu Tugenden und Künsten anfrischen« – Die deutsche Oper in Halle: eine Frucht des Palmordens unter Herzog August von Sachsen, in: Engelhardt, Markus (Hg.): »in Teutschland noch gantz ohnbekannt« – Monteverdi-Rezeption und frühen Musiktheater im deutschsprachigen Raum, Frankfurt/M. u. a. 1996, 105–168.

Bircher, Martin/Haas, Alois M. (Hg.): Deutsche Barocklyrik. Gedichtinterpretationen von Spee bis Haller, Bern, München 1973.

Bircher, Martin/Ingen, Ferdinand v. (Hg.): Sprachgesellschaften, Sozietäten, Dichtergruppen, Hamburg 1978.

Bircher, Martin/Mannack, Eberhard (Hg.): Deutsche Barockliteratur und europäische Kultur. Dokumente des Internationalen Arbeitskreises für deutsche Barockliteratur in der Herzog August Bibliothek Wolfenbüttel 3, Hamburg 1977.

Birke, Joachim: Gottscheds Neuorientierung der deutschen Poetik an der Philosophie Wolffs, in: Zeitschrift für deutsche Philologie 85 (1966), 560–575.

Blastenbrei, Peter: Johann Christoph Wagenseil und seine Stellung zum Judentum, Erlangen 2004.

Blaufuss, Dietrich/Niewöhner, Friedrich (Hg.): Gottfried Arnold (1666–1617), Wiesbaden 1995.

Boberski, Heiner: Das Theater der Benediktiner an der alten Universität Salzburg (1617–1778), Wien 1978.

Bobzin, Hartmut: Judenfeind oder Judenfreund?. Der Altdorfer Gelehrte Johann Christoph Wagenseil, in: Gunnar Och, Hartmut Bobzin (Hg.): Jüdisches Leben in Franken, Würzburg 2002, 33–51.

Bobzin, Hartmut/Süß, Hermann (Hg.): Sammlung Wagenseil, Mikrofiche Edition und CD-ROM, Erlangen 1996.

Böckmann, Paul: Formgeschichte der deutschen Dichtung. Bd. 1: Von der Sinnbildsprache zur Ausdruckssprache, Hamburg 1949.

Boeckh, J. G. u.a.: Geschichte der deutschen Literatur 1600–1700, Berlin (DDR) 1963.

Boge, Birgit/Bogner, Ralf Georg (Hg.): Oratio Funebris. Die katholische Leichenpredigt der frühen Neuzeit. Zwölf Studien. Mit einem Katalog deutschsprachiger katholischer Leichenpredigten in Einzeldrucken 1576–1799 aus den Beständen der Stiftsbibliothek Kloster Neuburg und der Universitätsbibliothek Eichstätt. Amsterdam, Atlanta 1999.

Bogel, Else/Blühm, Elger: Die deutschen Zeitungen des 17. Jahrhunderts. Ein Bestandsverzeichnis mit historischen und bibliographischen Angaben, Bremen 1971.

Bogner, Ralf Georg: Die Bezähmung der Zunge. Literatur und Disziplinierung der Alltagskommunikation in der frühen Neuzeit, Tübingen 1997.

Bogner, Ralf Georg: Der Autor im Nachruf. Formen und Funktionen der literarischen Memorialkultur von der Reformation bis zum Vormärz, Tübingen 2006.

Bogner, Ralf Georg/Steiger, Johann Anselm/Heinen, Ulrich (Hg.): Leichabdankung und Trauerarbeit. Zur Bewältigung von Tod und Vergänglichkeit im Zeitalter des Barock, (Daphnis Bd. 38), Amsterdam/New York 2009.

Bonfatti, Emilio: Verhaltenslehrbücher und Verhaltensideale, in: Steinhagen, Harald (Hg.): Zwischen Gegenreformation und Frühaufklärung: Späthumanismus, Barock. 1570–1740, in: Horst Albert Glaser (Hg.): Deutsche Literatur. Eine Sozialgeschichte, Bd. 3, Reinbek 1985, 74–87.

Bopp, Monika: Die »Tannengesellschaft«. Studien zu einer Straßburger Sprachgesellschaft von 1633 bis um 1670. Johannes Matthias Schneuber und Jesaias Rompler von Löwenhalt in ihrem literarischen Umfeld, Frankfurt/M. 1998.

Borgstedt, Thomas: Scharfsinnige Figuration. Zur Semantik des Herrscherlobs bei Lohenstein, in: Typologie. Internationale Beiträge zur Poetik, hg. v. Volker Bohn, Frankfurt 1988, 206–235.

Borgstedt, Thomas: Reichsidee und Liebesethik. Eine Rekonstruktion des Lohensteinschen Arminiusromans, Tübingen 1992.

Borgstedt, Thomas: Andreas Gryphius: *Catharina von Georgien*, in: Dramen vom Barock bis zur Aufklärung (Reihe Literaturstudium: Interpretationen), Stuttgart 2000, 37–66.

Borgstedt, Thomas: Topik des Sonetts. Gattungstheorie und Gattungsgeschichte, Tübingen 2009.

Borgstedt, Thomas/Schmitz, Walter (Hg.): Martin Opitz (1597–1639). Nachahmungspoetik und Lebenswelt, Tübingen 2002.

Borgstedt, Thomas/Solbach, Andreas (Hg.): Der galante Diskurs. Kommunikationsideal und Epochenschwelle, Dresden 2001.

Bornscheuer, Lothar: Trauerspiele, in: Steinhagen, Harald (Hg.): Zwischen Gegenreformation und Frühaufklärung: Späthumanismus, Barock. 1570–1740, in: Horst Albert Glaser (Hg.): Deutsche Literatur. Eine Sozialgeschichte, Bd. 3, Reinbek 1985, 268–294.

Bourdieu, Pierre: Die feinen Unterschiede. Kritik der gesellschaftlichen Urteilskraft, übers. v. Bernd Schwibs und Achim Russer, Frankfurt/M. 1987.

Bourdieu, Pierre: Die Regeln der Kunst. Genese und Struktur des literarischen Feldes, übers. v. Bernd Schwibs und Achim Russer, Frankfurt/M. 2001.

Bourger, Désirée: Schwert und Zunge. Über die zweifache Prahlerei in Andreas Gryphius' *Horribilicribrifax*, in: Daphnis 28 (1999), 117–136.

Brady, Philip: Procopius von Templin: A Seventeenth-Century German Cauchin and the Art of Communication, in: Collectanea Franciscana 55 (1985), 33–51.

Bramenkamp, Hedwig: Krieg und Frieden in Harsdörffers ›Frauenzimmer Gesprächsspielen‹ und bei den Nürnberger Friedensfeiern 1649 und 1650, 2., durchges. Aufl., München 2009.

Brandes, Helga: Frühneuzeitliche Ökonomieliteratur, in: Meier, Albert (Hg.): Die Literatur des 17. Jahrhunderts, München 1999, 470–484.

Brandstetter, Alois: Prosaauflösungen. Studien zur Rezeption der höfischen Epik im frühneuhochdeutschen Prosaroman, Frankfurt 1971.

Braudel, Fernand: Sozialgeschichte des 15.–18. Jahrhunderts. Der Alltag, übers. v. Siglinde Summerer u. a., München 1985.

Braun, Werner: Die Musik des 17. Jahrhunderts, Wiesbaden 1981 (Neues Handbuch der Musikwissenschaft, hg. v. Carl Dahlhaus, Bd. 4).

Brauneck, Manfred: Die Welt als Bühne. Geschichte des europäischen Theaters. 6 Bde., Stuttgart, Weimar 1996–2006.

Braungart, Georg: Rhetorik, Poetik, Emblematik, in: Steinhagen, Harald (Hg.): Zwischen Gegenreformation und Frühaufklärung: Späthumanismus, Barock. 1570–1740, in: Horst Albert Glaser (Hg.): Deutsche Literatur. Eine Sozialgeschichte, Bd. 3, Reinbek 1985, 219–236.

Braungart, Georg: Hofberedsamkeit. Studien zur Praxis höfisch-politischer Rede im deutschen Territorialabsolutismus, Tübingen 1988.

Braungart, Georg: Ein Ferment der Geselligkeit: Zur Poetik des Apophthegmas, in: Wolfgang Adam u. a. (Hg): Gesellschaft und Gesellschaft im Barockzeitalter. Wiesbaden 1997, Bd. 1, 463–472.

Braungart, Georg: Barocke Grabinschriften: zu Begriff und Typologie, in: Feger, Hans (Hg.): Studien zur Literatur des 17. Jahrhunderts. Gedenkschrift für Gerhard Spellerberg (1937–1996), Amsterdam 1997 (Chloe 27), 425–487.

Braungart, Georg: Barock, in: Literaturwissenschaftliches Lexikon. Grundbegriffe der Germanistik, hg. v. Horst Brunner u. a., Berlin ²2006, 44–50.

Brecht, Martin u. a. (Hg.): Geschichte des Pietismus, Göttingen 1993 ff.

Brednich, Rolf Wilhelm: Die Liedpublizistik im Flugblatt des 15. bis 17. Jahrhunderts, Baden-Baden 1974 f.

Brednich, Rolf Wilhelm: Die Spinne in der Yucca-Palme. Sagenhafte Geschichten von heute, München 1991.

Bremer, Kai: Literatur der Frühen Neuzeit. Reformation – Späthumanismus – Barock, Paderborn 2008.

Brennecke, Hans-Christoph u. a. (Hg.): Akademie und Universität Altdorf. Studien zur Hochschulgeschichte Nürnbergs, Köln 2011.

Brenner, Peter J.: Der Tod des Märtyrers. »Macht« und »Moral« in den Trauerspielen des Andreas Gryphius, in: DVjs 62 (1988), 246–265.

Brenner, Peter J.: Neue deutsche Literaturgeschichte. Vom ›Ackermann‹ zu Günter Grass, Tübingen 1996.

Brenner, Peter J.: Das Drama, in: Die Literatur des 17. Jahrhunderts, hg. v. Albert Meier, München 1999, 539–574 und 670–674.

Breuer, Dieter: Deutsche Metrik und Versgeschichte, München 1981.

Breuer, Dieter: Krieg und Frieden in Grimmelshausens ›Simplicissimus Teutsch‹, in: Der Deutschunterricht 37,5 (1985), 79–97.

Breuer, Dieter: Grimmelshausen-Handbuch, München 1999.

Breuer, Dieter: Die Lieddichtung des Procopius von Templin, in: Morgen-Glantz 14 (2004), 53–76.

Breuer, Ingo: Formen des Romans, in: Meier, Albert (Hg.): Die Literatur des 17. Jahrhunderts, München 1999, 575–593.

Breuer, Ingo: Literarische Sozietäten, in: Meier, Albert (Hg.): Die Literatur des 17. Jahrhunderts, München 1999, 201–208.

Breuer, Mordechai/Graetz, Michael: Deutsch-jüdische Geschichte in der Neuzeit, hg. v. Michael A. Meyer u. a., Bd. 1: Tradition und Aufklärung 1600–1780, München 2000.

Brockpähler, Renate: Handbuch zur Geschichte der Barockoper in Deutschland, Emsdetten/W. 1964.

Browning, Robert M.: Deutsche Lyrik des Barock. 1618–1723. [German baroque poetry, 1971] Autorisierte deutsche Ausgabe besorgt durch Gerhart Teuscher, Stuttgart 1980.

Brummack, Jürgen: Zu Begriff und Theorie der Satire, in: DVjs 45, 1971 (Sonderheft Forschungsreferate).

Bruning, Jens/Gleixner, Ulrike (Hg.): Das Athen der Welfen: Die Reformuniversität Helmstedt 1576–1810. Katalog, Wolfenbüttel 2010.

Bubenik, Claudia: »Ich bin, was man will«: Werte und Normen in Johann Michael Moscheroschs »Gesichten Philanders von Sittenwald«, Frankfurt/M. 2001.

Buch, Hans Christoph: Ut pictura Poesis. Die Beschreibungsliteratur und ihre Kritiker von Lessing bis Lukács, München 1972.

Bücherwelten des Barock. Eine Ausstellung der Landesbibliothek Oldenburg, Oldenburg 1995 (Schriften der Landesbibliothek Oldenburg 30).

Buck, August (Hg.): Europäische Hofkultur im 16. und 17. Jahrhundert, Stuttgart 1981.

Burbaum, Sabine: Barock, in: Kunst-Epochen, Bd. 8, Stuttgart 2003.

Burgard, Paul (Hg.): Die Frühe Neuzeit. Ein Lesebuch zur deutschen Geschichte 1500–1815, München 1997.

Burgard, Peter (Hg.): Barock. Neue Sichtweisen einer Epoche. Wien 2001.

Burger, Harald: Jakob Bidermanns ›Belisarius‹. Edition und Versuch einer Deutung, Berlin 1966.

Burkard, Thorsten u.a. (Hg.): Jakob Balde im kulturellen Kontext seiner Epoche. Zur 400. Wiederkehr seines Geburtstages, Regensburg 2006.

Burkhardt, Johannes: Der Dreißigjährige Krieg, Frankfurt/M. 1992.

Bußmann, Klaus, Schilling, Heinz (Hg.): 1648. Krieg und Frieden in Europa. Ausstellungskatalog, o.O. [Münster, Osnabrück] 1998.

Caemmerer, Christiane: Siegender Cupido oder Triumphierende Keuschheit. Deutsche Schäferspiele des 17. Jahrhunderts, Stuttgart-Bad-Cannstatt 1998.

Caemmerer, Christiane/Delabar, Walter (Hg.): »Ach, Neigung zur Fülle...«. Zur Rezeption »barocker« Literatur im Nachkriegsdeutschland, Würzburg 2001.

Capua, Angelo George de: German Baroque Poetry. Interpretative Readings, Albany, New York 1973.

Cersowsky, Peter: Buchwesen, in: Meier, Albert (Hg.): Die Literatur des 17. Jahrhunderts, München 1999, 176–200.

Chaunu, Pierre: Europäische Kultur im Zeitalter des Barock, übers. v. Alfred P. Zeller, Frankfurt/M. 1989 [Paris ¹1966].

Cholevius, Leo: Die bedeutendsten deutschen Romane des siebzehnten Jahrhunderts. Ein Beitrag zur Geschichte der deutschen Literatur, Darmstadt 1965 [Neudruck der Ausgabe von 1866].

Cohen, John M.: The Barock Lyric, London 1963.

Conrady, Karl Otto: Lateinische Dichtungstradition und deutsche Lyrik des 17. Jahrhunderts, Bonn 1962.

Cordie, Ansgar M.: Christian Reuters ›Graf Eherenfried‹ als Zeitdiagnose der Jahrhundertwende um 1700, in: Zeitschrift für Germanistik NF 1 (2000), 42–60.

Cordie, Ansgar M.: Raum und Zeit des Vaganten. Formen der Weltaneignung im deutschen Schelmenroman des 17. Jahrhunderts, Berlin, New York 2000.

Cornette, Joel: Le roi de guerre. Essai sur la souveraineté dans la France du Grand Siècle, Paris 1993.

Cysarz, Herbert: Deutsche Barockdichtung. Renaissance. Barock. Rokoko, Leipzig 1924.

Czarnecka, Mirosława: Schauen, Zerstückeln, Begehren: Körpermodelle im Barock, in: Germanica Wratislaviensia 126 (2004), 9–16.

Czarnecka, Mirosława u.a. (Hg.): Literaturgeschichte 17. Jahrhundert, Wrocław, Dresden 2006.

Czarnecka, Mirosława u.a. (Hg.): Frühneuzeitliche Stereotype. Zur Produktivität und Restriktivität sozialer Vorstellungsmuster, Bern 2010.

Davidson, Peter/Bepler, Jill (Hg.): The Triumphs of the Defeated. Early Modern Festivals and Messages of Legitimacy, Wiesbaden 2007.

Derks, Paul: Deutsche Barocklyrik als Renaissancelyrik, in: Steinhagen, Harald (Hg.): Zwischen Gegenreformation und Frühaufklärung: Späthumanismus, Barock. 1570–1740, in: Horst Albert Glaser (Hg.): Deutsche Literatur. Eine Sozialgeschichte, Bd. 3, Reinbek 1985, 385–393.

Deutsche Drucke des Barock 1600–1720. Katalog der Herzog August Bibliothek Wolfenbüttel, München, New York u.a. 1977–1996.

Dietl, Cora: Das frühe deutsche Drama. Von den Anfängen bis zum Barock, Helsinki 1998.

Disselkamp, Martin: Barockheroismus. Konzeptionen ›politischer‹ Größe in Literatur und Traktatistik des 17. Jahrhunderts, Tübingen 2002.

Dohm, Burkhard: Poetische Alchimie. Öffnung zur Sinnlichkeit in der Hohelied- und Bibeldichtung von der protestantischen Barockmystik bis zum Pietismus, Tübingen 1999.

Dohms, Misia Sophia: »Alkühmisten« und »Decoctores«. Grimmelshausen und die Medizin seiner Zeit, Bern 2006.

Dohms, Misia Sophia: Die Viel-Einheit des Seelenraums in der deutschsprachigen barocken Lyrik, Berlin u. a. 2010.

Dramen vom Barock bis zur Aufklärung (Reihe Literaturstudium: Interpretationen), Stuttgart 2000.

Drescher, Georg (Hg.): Überauß lustig und männiglich nutzlich zu lesen. Barockliteratur im Museum Otto Schäfer, Schweinfurt 2007.

Drügh, Heinz J.: »Was mag wol klärer seyn?« – Zur Ambivalenz des Allegorischen in Andreas Gryphius' Trauerspiel Leo Armenius, in: Hartmut Laufhütte u. a. (Hg.): Künste und Natur in Diskursen der Frühen Neuzeit, Wiesbaden2000 (Wolfenbütteler Arbeiten zur Barockforschung 35), Bd. II, 1019–1031. [2000a].

Drügh, Heinz J.: Anders Rede. Zur Struktur und historischen Systematik des Allegorischen (Grimmelshausen – Novalis – Benjamin), Heidelberg 2000 [i.Dr.]. [2000b].

Dülmen, Richard van: Theater des Schreckens. Gerichtspraxis und Strafrituale in der frühen Neuzeit, München (durchges. Aufl.) ⁴1995.

Dülmen, Richard van: Kultur und Alltag in der Frühen Neuzeit, München ²1999.

Dünnhaupt, Gerhard: Personalbibliographien zu den Drucken des Barock, Stuttgart 1990–1993.

Dyck, Joachim: Ticht-Kunst. Deutsche Barockpoetik und rhetorische Tradition, Tübingen ³1991.

Ebert-Schifferer, Sybille/Mazzetti di Pietralata, Cecilia (Hg.): Joachim von Sandrart. Ein europäischer Künstler und Theoretiker zwischen Italien und Deutschland, München 2009.

Ecker, Hans-Peter: Andreas Gryphius: *Absurdia Comica. Oder Herr Peter Squenz. Schimpff-Spiel*, in: Dramen vom Barock bis zur Aufklärung (Reihe Literaturstudium: Interpretationen), Stuttgart 2000, 93–114.

Eco, Umberto: Einführung in die Semiotik [La struttura Assente, 1968], autorisierte deutsche Ausgabe v. Jürgen Trabant, München 1972.

Edward Białek u. a. (Hg.): Ein Gedenkband zum 10. Todestag von Professor Konrad Gajek, (Orbis Linguarum Bd. 35), Dresden 2009.

Elias, Norbert: Über den Prozeß der Zivilisation. Soziogenetische und psychogenetische Untersuchungen, Frankfurt/M. ²¹1997.

Ellenberg, Heinz: Vegetation Mitteleuropas mit den Alpen. In ökologischer, dynamischer und historischer Sicht, Stuttgart ⁵1996.

Elnaggar, Diaa: Das Orientbild im Werk Lohensteins, Stuttgart 2009.

Emich, Birgit/Signori, Gabriela (Hg.): Kriegs/Bilder in Mittelalter und Früher Neuzeit, Berlin 2009.

Emrich, Wilhelm: Deutsche Literatur der Barockzeit, Königstein/Ts. 1981.

Endres, Rudolf: Die Verbreitung der Schreib- und Lesefähigkeit zur Zeit der Reformation, in: FS Heinz Hürten zum 60. Geburtstag, hg. v. Harald Dickerhof, Frankfurt/M. u. a. 1988, 213–223.

Engelhardt, Markus: Oper, Festspiel, Ballett, in: Meier, Albert (Hg.): Die Literatur des 17. Jahrhunderts, München 1999, 333–346.

Entner, Heinz: Paul Fleming. Ein deutscher Dichter im Dreißigjährigen Krieg, Leipzig 1989.

Enzyklopädie der Neuzeit, hg. von Friedrich Jaeger u. a., Stuttgart, Weimar 2005 ff.

Ertzdorff, Xenia v.: Romane und Novellen des 15. und 16. Jahrhunderts in Deutschland, Darmstadt 1989.

Erwentraut, Kirsten: Briefkultur und Briefsteller – Briefsteller und Briefkultur, in: Meier, Albert (Hg.): Die Literatur des 17. Jahrhunderts, München 1999, 266–285.

Eybl, Franz M.: Die gedruckte katholische Barockpredigt zwischen Folklore und Literatur. Eine Standortbestimmung, in: Bödeker, Hans Erich u. a. (Hg.): Le livre religieux et ses pratiques. Etudes sur l'histoire du livre religieux en Allemagne et en France à l'époque moderne. Der Umgang mit dem religiösen Buch. Studien zur Geschichte des religiösen Buches in Deutschland und Frankreich in der frühen Neuzeit, Göttingen 1991, 221–240.

Eybl, Franz M.: Abraham a Sancta Clara. Vom Prediger zum Schriftsteller, Tübingen 1992.

Eybl, Franz M.: Predigt/Erbauungsliteratur, in: Meier, Albert (Hg.): Die Literatur des 17. Jahrhunderts, München 1999, 401–419.

Eybl, Franz M./Wirtz, Irmgard M. (Hg.): Delectatio. Unterhaltung und Vergnügen zwischen Grimmelshausen und Schnabel, Bern 2009.

Faber du Faur, Curt v.: German Baroque Literature. A Cataloque of the Collection in the Yale University, New Haven 1958, [1969].

Fabian, Claudia (Hg.): Schmelze des barocken Eisbergs? Das VD 17 – Bilanz und Ausblick. Beiträge des Symposiums in der Bayerischen Staatsbibliothek München am 27. und 28. Oktober 2009, Wiesbaden 2010 (= Jahrbuch Bibliothek und Wissenschaft 43, 2010).

Faulstich, Werner: Die Geschichte der Medien, Göttingen 1997–2004.

Fauser, Markus: Klatschrelationen im 17. Jahrhundert, in: Wolfgang Adam u. a. (Hg.): Geselligkeit und Gesellschaft im Barockzeitalter. Wiesbaden 1997, Bd. 1, 391–399.

Fechner, Jörg-Ulrich: Der Antipetrarkismus. Studien zur Liebessatire in barocker Lyrik, Heidelberg 1966.

Fechner, Jörg-Ulrich (Hg.): Stammbücher als kulturhistorische Quellen, München 1981.

Fechner, Jörg-Ulrich/Kessler, Wolfgang (Hg.): Martin Opitz 1597–1639. Fremdheit und Gegenwärtigkeit einer geschichtlichen Persönlichkeit, Herne 2006.

Fichte, Hubert: Lohensteins Agrippina. Vorwort v. Bernhard Asmuth, Köln 1978.

Fink, Gonthier-Louis: Vom Alamodestreit zur Frühaufklärung. Das wechselseitige deutsch-französische Spiegelbild 1648–1750, in: Recherches Germaniques 21 (1991), 3–47.

Fischer, Bernhard: Ein politisches Experiment über den Bürgerkrieg. Christian Weises »Trauer-Spiel von dem Neapolitanischenn Haupt-Rebellen Masaniello«, Zeitschrift f. Germanistik NF 5 (1995), 495–507.

Fischer-Lichte, Erika: Semiotik des Theaters. Eine Einführung. 3 Bde, Tübingen ^{3}1994.

Fischer-Lichte, Erika (Hg.): Theatralität und die Krisen der Repräsentation, Stuttgart, Weimar 2001 (Germanistische Symposien. Berichtsbände, XXII).

Fischetti, Renate (Hg.): Barock, in: Die deutsche Literatur. Ein Abriß in Text und Darstellung, hg. v. Otto F. Best und Hans-Jürgen Schmitt, Bd. 4, erg. Ausgabe, Stuttgart 1980.

Fix, Ulla (Hg.): »In Traurigkeit mein Lachen … in Einsamkeit mein Sprachgesell«. Das evangelische Kirchenlied am Beispiel Paul Gerhardts aus interdisziplinärer Perspektive, Berlin 2008.

Flemming, Willi: Andreas Gryphius und die Bühne, Halle/S. 1921.

Flemming, Willi (Hg.): Das Schauspiel der Wanderbühne, Leipzig 1931.

Flemming, Willi: Die deutsche Kultur im Zeitalter des Barock, Potsdam 1937.

Flood, John L.: Poets Laureate in the Holy Roman Empire. A Bio-bibliographical Handbook, Berlin, New York 2006.

Forster, Leonard W: The Icy Fire. Five Studies in European Petrarcism, London 1969 (= Das eiskalte Feuer. Sechs Studien zum europäischen Petrarkismus, 1976).

Foucault, Michel: Überwachen und Strafen. Die Geburt des Gefängnisses, übers. v. Walter Seitter, Frankfurt 1994.

Freitag, Winfried: Missverständnis eines Konzepts. Zu Gerhard Oestreichs ›Fundamentalprozeß‹ der Sozialdisziplinierung, in: Zeitschrift für historische Forschung 28 (2001), 513–538.

Freund, Winfried: Abenteuer Barock. Kultur im Zeitalter der Entdeckungen, Darmstadt 2004.

Frey, Indra: Paul Flemings deutsche Lyrik der Leipziger Zeit, Frankfurt/M. 2009.

Frick, Werner: Providenz und Kontingenz. Untersuchungen zur Schicksalssemantik im deutschen und europäischen Roman des 17. und 18. Jahrhunderts, Tübingen 1988.

Fricke, Gerhard: Die Bildlichkeit in der Dichtung des Andreas Gryphius. Materialien und Studien zum Formproblem des deutschen Literaturbarock [EA 1933], Darmstadt 1967.

Frühsorge, Gotthart: Der politische Körper. Zum Begriff des ›Politischen‹ im 17. Jahrhundert und in den Romanen Christian Weises, Stuttgart 1974.

Frühsorge, Gotthart: Die Begründung der ›väterlichen Gesellschaft‹ in der europäischen oeconomia christiana. Zur Rolle des Vaters in der ›Hausväterliteratur‹ des 16. bis 18. Jahrhunderts in Deutschland, in: Hubertus Tellenbach (Hg.): Das Vaterbild im Abendland I. Rom, Frühes Christentum, Mittelalter, Neuzeit, Gegenwart, Stuttgart u. a. 1978, 110–123.

Führer, Heidrun: Studien zu Jacob Baldes »Jephtias«. Ein jesuitisches Meditationsdrama aus der Zeit der Gegenreformation, Lund 2003.

Fulda, Daniel: Schau-Spiele des Geldes. Die Komödie und die Entstehung der Marktgesellschaft von Shakespeare bis Lessing, Tübingen 2005 (Frühe Neuzeit 102).

Fülleborn, Ulrich: Die barocke Grundspannung Zeit – Ewigkeit in den Trauerspielen Lohensteins, Stuttgart 1969.

Furger, Carmen: Briefsteller. Das Medium ›Brief‹ im 17. und frühen 18. Jahrhundert, Köln 2010.

Fürstenwald, Maria: Andreas Gryphius, Dissertationes funebres. Studien zur Didaktik der Leichabdankungen, Bonn 1967.

Fürstenwald, Maria: Zur Theorie und Funktion der Barockabdankung, in: Leichenpredigten als Quelle historischer Wissenschaft, hg. v. Rudolf Lenz, Bd. 1, Köln, Wien 1975, 372–389.

Gaede, Friedrich: Humanismus – Barock – Aufklärung. Geschichte der deutschen Literatur vom 16. bis zum 18. Jahrhundert, in: Handbuch der deutschen Literaturgeschichte, Abt. Darstellungen, Bd. 2, Bern, München 1971

Gaede, Friedrich: »Der Wahn betrügt«, Johann Jacob Christoffel von Grimmelshausen, Marbacher Magazin 99 (2002).

Gajek, Konrad: Johann Christian Günthers Beziehung zum schlesischen Schultheater, in: Stüben, Jens (Hg.): Johann Christian Günther (1695–1723), Oldenburger Symposium zum 300. Geburtstag des Dichters, München 1997, 47–75.

Gamper, Michael u. a. (Hg.): »Es ist nun einmal zum Versuch gekommen«. Experiment und Literatur I. 1580–1790, Göttingen 2009.

Garber, Klaus: Der Locus amoenus und der Locus terribilis. Bild und Funktion der Natur in der deutschen Schäfer- und Landlebendichtung des 17. Jahrhunderts, Köln, Wien 1974.

Garber, Klaus: Arkadien und Gesellschaft. Skizze zur Sozialgeschichte der Schäferdichtung als utopischer Literaturform Europas, in: Wilhelm Voßkamp (Hg.): Utopieforschung. Interdisziplinäre Studien zur neuzeitlichen Utopie, Stuttgart 1982, Bd. 2, 37–81.

Garber, Klaus (Hg.): Nation und Literatur im Europa der Frühen Neuzeit. Akten des I. Internationalen Osnabrücker Kongresses zur Kulturgeschichte der Frühen Neuzeit, Tübingen 1989.

Garber, Klaus (Hg.): Europäische Barock-Rezeption, Wiesbaden 1991.

Garber, Klaus (Hg.): Handbuch des personalen Gelegenheitsschrifttums in europäischen Bibliotheken und Archiven, Hildesheim 2001 ff.

Gardt, Andreas: Sprachreflexion in Barock und Frühaufklärung, Berlin und New York 1994.

Gearhart, Ezra Frederick: The Treatment oft the Jew in Works of Bucholz, Grimmelshausen and Happel, Michigan 1965.

Geisen, Bernhard (Hg.): Nationale und kulturelle Identität. Studien zur Entwicklung des kollektiven Bewußtseins in der Neuzeit, Frankfurt 1991.

Gemert, Guillaume v.: Moral-didaktische Literatur, in: Albert Meier (Hg.): Die Literatur des 17. Jahrhunderts, München 1999, 485–500.

Gemert, Guillaume v.: Pikaro-Roman, in: Albert Meier (Hg.): Die Literatur des 17. Jahrhunderts, München 1999, 453–469.

Genette, Gérard: Die Erzählung, übers. v. Andreas Knop, München 1994.

Geo Epoche Edition. Die Geschichte der Kunst, Nr. 1-04/10: Barock. Das Zeitalter der Inszenierung, Hamburg 2010.

George, David E.R. (Hg.): Deutsche Tragödientheorien vom Mittelalter bis zu Lessing. Texte und Kommentare, übers. v. Heinz Ludwig Arnold, München 1972.

Gersch, Hubert: Literarisches Monstrum und Buch der Welt. Grimmelshausens Titelbild zum »Simplicissimus Teutsch«, Tübingen 2004.

Gerstl, Doris (Hg.): Georg Philipp Harsdörffer und die Künste, Nürnberg 2005.

Gervinius, Georg Gottfried: Geschichte der deutschen Dichtung, Bd. 3, Leipzig ⁴1853.

Gess, Nicola u. a. (Hg.): Barocktheater heute. Wiederentdeckungen zwischen Wissenschaft und Bühne, Bielefeld 2008.

Geuenich, Dieter/Hantsche, Irmgard (Hg.): Zur Geschichte der Universität Duisburg 1655–1818, Duisburg 2007.

Geulen, Hans: Noten zu Christian Reuters ›Schelmuffsky‹, in: Rezeption und Produktion zwischen 1570. FS Günther Weydt zum 65. Geburtstag, hg. v. Wolfdietrich Rasch u. a., Bern u. a. 1972, 481–492.

Geulen, Hans: Erzählkunst der frühen Neuzeit. Zur Geschichte epischer Darbietungsweisen und Formen der Renaissance und des Barock, Tübingen 1975.

Gilbert, Mary E.: ›Carolus Stuardus‹ by Andreas Gryphius. A Contemporary Tragedy on the Execution of Charles I., in: German Life and Letters, NS 3 (1949/50), 81–91.

Gillespie, Gerald: German Baroque Poetry, New York 1971.

Gillespie, Gerald/Spellerberg, Gerhard (Hg.): Studien zum Werk Daniel Caspers von Lohenstein. Anläßlich der 300. Wiederkehr des Todesjahres, Amsterdam 1983 (= Daphnis Literatur 12,2/3 (1983).

Gindhart, Marion/Kundert, Ursula: Disputatio 1200–1800. Form, Funktion und Wirkung eines Leitmediums universitärer Wissenskultur, Berlin u. a. 2010.

Glei, Reinold F./Seidel, Robert (Hg.): Das lateinische Drama der Frühen Neuzeit. Exemplarische Einsichten in Praxis und Theorie, Tübingen 2008.

Gnädinger, Louise: Die Rosen-Sprüche des Cherubinischen Wandersmann als Beispiel für Johannes Schefflers geistliche Epigrammatik, in: Gedichte und Interpretationen, Bd. 1: Renaissance und Barock, hg. v. Volker Meid, Stuttgart 1982, 303–318.

Göbel, Helmut: Andreas Gryphius' ›Cardenio und Celinde‹ im Spannungsfeld französischer und deutscher Spanien-Rezeption, in: Turk, Horst/Valentin, Jean-Marie (Hg.): Konvention und Konventionsbruch, Frankfurt/M. u. a. 1992 (= Jb. für Internationale Germanistik A 30).

Goldenbaum, Ursula: Die philosophische Methodendiskussion des 17. Jahrhunderts in ihrer Bedeutung für den Modernisierungsschub in der Historiographie, in: Wolfgang Küttler u. a. (Hg.): Geschichtsdiskurs. Bd. 2: Anfänge modernen historischen Denkens, Frankfurt/M 1994, 148–161.

Greber, Erika: Petrarkismus als Geschlechtercamouflage? Die Liebeslyrik der Barockdichterin Sibylle Schwarz, in: Kraß, Andreas/Tischel, Alexandra (Hg.): Bündnis und Begehren. Ein Symposium über die Liebe, Berlin 2002, 142–168.

Greber, Erika: Der (un)weibliche Petrarkismus im deutschen Barock: Sibylle Schwarz' Sonettzyklus, in: Aurnhammer, Achim (Hg.): Francesco Petrarca in Deutschland. Seine Wirkung in Literatur, Kunst und Musik, Tübingen 2006, 223–242.

Greber, Erika: Text und Paratext als Paartext. Sibylle Schwarz und ihr Herausgeber, in: Ammon, Frieder v./Vögel, Herfried (Hg.): Die Pluralisierung des Paratextes in der Frühen Neuzeit. Theorie, Formen, Funktionen, Berlin 2008, 19–43.

Greber, Erika/Zemanek, Evi (Hg.): Sonett-Künste. Mediale Transformationen einer klassischen Gattung, Dozwil 2012.

Greenblatt, Stephen (Hg.): The Forms of Power and The Power of Forms in the Renaissance, in: Genre 15,1 u. 2 (1982).

Greenblatt, Stephen (Hg.): Representing the English Renaissance, Berkley 1988.

Greenblatt, Stephen: Verhandlungen mit Shakespeare. Innenansichten der englischen Renaissance, übers. v. Robin Cackett, Berlin 1990.

Greiner, Bernd: Barock – Komödie der ›reduplizierten Repräsentation‹. Andreas Gryphius, Verliebtes Gespenste. Gesang-Spil, Die gelibete Dornrose. Schertz-Spill, in: Bernd Greiner: Die Komödie. Eine theatralische Sendung: Grundlagen und Interpretationen, Tübingen 1992, 131–142.

Grimm, Gunter E.: Literatur und Gelehrtentum in Deutschland. Untersuchungen zum Wandel ihres Verhältnisses vom Humanismus bis zur Frühaufklärung, Tübingen 1983.

Grimm, Gunter E./Max, Frank Rainer (Hg.) Deutsche Dichter. Leben und Werk deutschsprachiger Autoren, Bd. 2: Reformation, Renaissance und Barock, Stuttgart durchges. Aufl. 2000.

Grimm, Reinhold: Bild und Bildlichkeit im Barock. Zu einigen neueren Arbeiten, in: GRM 50 (1969), 379–412.

Grimm, Reinhold: Hugo Peter, der Ketzerchor und die Religion: Zur Deutung des Carolus Stuardus von Gryphius, in: Germanic Review 61,1 (1986), 3–10.

Großmann, G. Ulrich u. a. (Hg.): Von teutscher Not zu höfischer Pracht. 1648–1701, Katalog der Ausstellung im Germanischen Nationalmuseum, Nürnberg 1. 4.–16. 8. 1998, Nürnberg 1998.

Grunert, Frank: Von polylogischer zu monologischer Aufklärung. Die Monatsgespräche von Christian Thomasius, in: Martin Fontius und Werner Schneiders (Hg.): Die Philosophie und die Belles-Lettres. Berlin 1997, 21–38.

Grunert, Frank/Vollhardt, Friedrich (Hg.): Historia literaria. Neuordnung des Wissens im 17. und 18. Jahrhundert, Berlin 2007.

Gundolf, Friedrich: Shakespeare und der deutsche Geist, Berlin 1922 [EA Berlin 1914].

Gundolf, Friedrich: Grimmelshausen und der Simplicissimus, in: DVjs 1 (1923), 339–358.

Günthart, Romy: Metamorphosen der Nacht. Zu Andreas Gryphius' ›Carolus Stuardus‹, in: Daphnis 37 (2008), 433–456.

Gutsche, Victoria Luise: Zwischen Angrenzung und Annäherung. Konstruktionen des Jüdischen in der Literatur des 17. Jahrhunderts, masch.schr. Diss. 2011.

Habersetzer, Karl Heinz: Bibliographie der deutschen Barockliteratur. Ausgaben und Reprints 1945–1976, Wiesbaden 1978.

Habersetzer, Karl-Heinz: Politische Typologie und dramatisches Exemplum. Studien zum historisch-ästhetischen Horizont des barocken Trauerspiels am Beispiel von Andreas Gryphius' ›Carolus Stuardus‹ und ›Papinianus‹, Stuttgart 1985.

Haeckel, Ralf: Die englischen Komödianten in Deutschland. Eine Einführung in die Ursprünge des deutschen Berufsschauspiels, Heidelberg 2004.

Hankamer, Paul: Deutsche Gegenreformation und deutscher Barock [1947], Stuttgart ³1964.

Harms, Wolfgang: Nachwort, in: Moscherosch, Johann Michael: Wunderliche und Wahrhafftige Gesichte Philander von Sittenwald, ausgew. und hg. v. Wolfgang Harms, Stuttgart 1986, 245–269.

Harms, Wolfgang (Hg.): Text und Bild, Bild und Text. DFG-Symposion 1988, Stuttgart 1990.

Harms, Wolfgang: Zur Problematik der Festlegung von Epochensignaturen aus literaturwissenschaftlicher Sicht. Konkurrenzen von Heterogenem im Zeitraum der »Frühen Neuzeit«, in: Mitteilungen des Deutschen Germanistenverbandes 49 (2002,3), 278–293.

Harper, Anthony J.: Schriften zur Lyrik Leipzigs. 1629–1670, Stuttgart 1985.

Härter, Andreas: Digressionen. Studien zum Verhältnis von Ordnung und Abweichung in Rhetorik und Poetik. Quintilian – Opitz – Gottsched – Friedrich Schlegel, München 2000.

Haslinger, Adolf: Epische Formen im höfischen Barockroman. Anton Ulrichs Romane als Modell, München 1970.

Haug, Walter/Wachinger, Burghart (Hg.): Kleinere Erzählformen des 15. und 16. Jahrhunderts, Tübingen 1993.

Hauschild, Wolf-Dieter: Lehrbuch der Kirchen- und Dogmengeschichte, Bd. 2, Reformation und Neuzeit, Gütersloh ³2005.

Hay, Gerhard: »Wann er den Kirchhoff wählt zu seiner hohen Schul«. Zur Prosa des Andreas Gryphius, in: Text + Kritik 7/8 (²1980), 94–104.

Hecht, Wolfgang: Christian Reuter, Stuttgart 1966.

Heckel, Martin: Deutschland im konfessionellen Zeitalter, Göttingen 1983 (Deutsche Geschichte, Bd. 5).

Hecken, Thomas: Die Lüste des Barock. Literatur, Sexualität, Recht. In: Text + Kritik 154 (2002), 83–93

Heidenreich, Helmut (Hg.): Pikarische Welt. Schriften zum europäischen Schelmenroman, Darmstadt 1969.

Heiduk, Franz: Die Dichter der galanten Lyrik, Bern, München 1971.

Heinen, Ulrich/Thielemann, Andreas (Hg.): Rubens Passioni. Kultur der Leidenschaften im Barock, Göttingen 2001.

Heinen, Ulrich u. a. (Hg.): Welche Antike? Konkurrierende Rezeption des Altertums im Barock, Wiesbaden 2011.

Helk, Vello: Stambogskikken i det danske moarki indtil 1800. […], Odense 2001

Henkel, Arthur/Pörnbacher, Karl: Deutsche Dichtung des Barock, München 1979.

Henshall, Nicholas: The Myth of Absolutism. Change und Continuity in Early Modern European Monarchy, London 1992.

Herbst, Klaus-Dieter u. a. (Hg.): Kommunikation in der Frühen Neuzeit, Frankfurt/M. 2009.

Herzog, Urs: Der deutsche Roman des 17. Jahrhunderts. Eine Einführung, Stuttgart 1976.

Herzog, Urs: Deutsche Barocklyrik. Eine Einführung, München 1979.

Herzog, Urs: Geistlicher ›Augenblick‹. Zu Friedrich Spees Liebgesang der Gesponß Jesu, im anfang der Sommerzeit, in: Gedichte und Interpretationen, Bd. 1: Renaissance und Barock, hg. v. Volker Meid, Stuttgart 1982, 267–280.

Herzog, Urs: Geistliche Wohlredenheit. Die katholische Barockpredigt, München 1991.

Hess, Daniel/Hirschfelder, Dagmar (Hg.): Renaissance, Barock, Aufklärung. Kunst und Kultur vom 16. bis zum 18. Jahrhundert. Katalog des Germanischen Nationalmuseums, Nürnberg 2010.

Heß, Gilbert: Literatur im Lebenszusammenhang. Text- und Bedeutungskonstituierung im Stammbuch Herzog Augusts des Jüngeren von Braunschweig-Lüneburg (1579–1666), Frankfurt/M. 2002.

Hess, Günter u. a.: Figura Mundi. Bilder von Gott und der Welt in den Dichtungen Jacob Baldes (1604–1668). Eine Ausstellung der Bayerischen Staatsbibliothek München und der Stadt Neuburg an der Donau, o. O. 2004

Hess, Peter: Galante Rhetorik, in: Historisches Wörterbuch der Rhetorik, hg. v. Gert Ueding, Bd. 3, Tübingen 1996, Sp. 507–523.

Hesse, Peter (Hg.): Poet und Praeceptor. Christian Weise (1642–1708) zum 300. Todestag, Dresden 2009.

Heudecker, Sylvia: Modelle literaturkritischen Schreibens. Dialog, Apologie, Satire vom späten 17. bis zur Mitte des 18. Jahrhunderts, Tübingen 2005.

Heudecker, Sylvia/Niefanger, Dirk/Wesche, Jörg (Hg.): Kulturelle Orientierung um 1700. Traditionen, Programme, konzeptionelle Vielfalt, Tübingen 2004 (Frühe Neuzeit 93).

Heyde, David: Subjektkonstitution in der Lyrik Simon Dachs, Berlin, New York 2010.

Hinck, Walter: Das deutsche Lustspiel des 17. und 18. Jahrhunderts und die italienische Komödie. Commedia dell'arte und théâtre italien, Stuttgart 1965.

Hinck, Walter (Hg.): Geschichte als Schauspiel. Deutsche Geschichtsdramen. Interpretationen, Frankfurt/M. 1981.

Hinrichs, Boy: Rhetorik und Poetik, in: Albert Meier (Hg.): Die Literatur des 17. Jahrhunderts, München 1999, 209–232.

Hirsch, Arnold: Barockroman und Aufklärung, in: Études Germaniques 9, 2–3 (1954), 97–111.

Hobohm, Cornelia (Hg.): Menantes. Ein Dichterleben zwischen Barock und Aufklärung, Bucha bei Jena 2006.

Hoffmann, Werner: Grimmelshausens ›Simplicissimus‹ – nicht doch ein Bildungsroman, in: GRM NF 17 (1967), 166–180.

Hoffmeister, Gerhart: Barocker Petrarkismus. Wandlungen und Möglichkeiten der Liebessprache in der Lyrik des 17. Jahrhunderts, in: Europäische Tradition und deutscher Literaturbarock. Internationale Beiträge zum Problem von Überlieferung und Umgestaltung, hg. v. Gerhart Hoffmeister, Bern 1972, 37–50.

Hoffmeister, Gerhart: Petrarkistische Lyrik, Stuttgart 1973.

Hoffmeister, Gerhart: Deutsche und europäische Barockliteratur, Stuttgart 1987.

Hoffmeister, Gerhart: Der deutsche Schelmenroman im europäischen Kontext. Rezeption – Interpretation – Bibliographie. Cloë 5, Amsterdam 1987 [1987b].

Hofmann-Randall, Christina: Monster, Wunder und Kometen. Sensationsberichte auf Flugblättern des 16. bis 18. Jahrhunderts [Katalog zur Ausstellung der Universitätsbibliothek Erlangen-Nürnberg], Erlangen 1999.

Holstein, Hugo: Der Nürnberger Spruchsprecher Wilhelm Weber (1602–1661), in: Zeitschrift für deutsche Philologie 16 (1884), 165–185.

Hong, Melanie: Gewalt und Theatralität in Dramen des 17. und des späten 20. Jahrhunderts. Untersuchungen zu Bidermann, Gryphius, Weise, Lohenstein, Fichte, Dorst, Müller und Tabori, Würzburg 2008.

Horn, Hans Arno: Christian Weise als Erneuerer des deutschen Gymnasiums im Zeitalter des Barock. Der Politicus als Bildungsideal, Weinheim 1966.

Hübscher, Arthur: Barock als Gestaltung antithetischen Lebensgefühls, in: Euphorion 24 (1922), 517–562, 759–805.

Hundt, Markus: »Spracharbeit« im 17. Jahrhundert. Studien zu Georg Philipp Harsdörffer, Justus Georg Schottelius und Christian Gueintz, Berlin 2000.

Ijsewijn, Jozef: Humanistische neulateinische Literatur, in: Ingrid Bennewitz, Ulrich Müller (Hg.): Von der Handschrift zum Buchdruck: Spätmittelalter, Reformation, Humanismus. 1320–1572, in: Horst Albert Glaser (Hg.): Deutsche Literatur. Eine Sozialgeschichte, Bd. 2, Reinbek 1991, 287–301.

Ingen, Ferdinand van: Vanitas und Memento mori in der deutschen Barocklyrik, Groningen 1968.

Ingen, Ferdinand van: Philipp von Zesen, Stuttgart 1970.

Ingen, Ferdinand van: Die Sprachgesellschaften des 17. Jahrhunderts. Versuch einer Korrektur, in: Daphnis 1 (1972), 14–23.

Ingen, Ferdinand van: Holländisch-deutsche Wechselbeziehungen in der Literatur des 17. Jahrhunderts, Bonn 1981.

Ingen, Ferdinand van: Poetik und ›Deoglori‹. *Auf die unverhinderliche Art der Edlen Dicht-Kunst* von Catharina Regina von Greiffenberg, in: in: Meid, Volker (Hg.): Gedichte und Interpretationen. Band 1: Renaissance und Barock, Stuttgart 1982, 319–330.

Ingen, Ferdinand van: Der Dreißigjährige Krieg in der Literatur, in: Steinhagen, Harald (Hg.): Zwischen Gegenreformation und Frühaufklärung: Späthumanismus, Barock. 1570–1740, in: Horst Albert Glaser (Hg.): Deutsche Literatur. Eine Sozialgeschichte, Bd. 3, Reinbek 1985, 237–256.

Ingen, Ferdinand van: Spielformen der »satirischen Schreibart«. Zum Autor-Leser-Verhältnis bei Grimmelshausen und Beer, in: Simpliciana 13 (1991), 125–142.

Ingen, Ferdinand van: Catharina Regina von Greiffenberg, in: Grimm, Gunter E./Max, Frank Rainer (Hg.): Deutsche Dichter. Leben und Werk deutschsprachiger Autoren, Bd. 2: Reformation, Renaissance und Barock, durchges. Aufl. Stuttgart 2000, 321–330.

Ingen Ferdinand van/Moore, Cornelia Niekus (Hg.): Gebetsliteratur der frühen Neuzeit als Hausfrömmigkeit. Funktionen und Formen in Deutschland und den Niederlanden, Wiesbaden 2001.

Jacobs, Jürgen: Der deutsche Schelmenroman. Eine Einführung, München u. a. 1983.

Jäger, Hans-Wolf: Theater, in: Steinhagen, Harald (Hg.): Zwischen Gegenreformation und Frühaufklärung: Späthumanismus, Barock. 1570–1740, in: Horst Albert Glaser (Hg.): Deutsche Literatur. Eine Sozialgeschichte, Bd. 3, Reinbek 1985, 257–267.

Jahn, Bernhard: Das Libretto als literarische Leitgattung am Ende des 17. Jahrhunderts? Zu Zi(e)glers Roman Die Asiatische Banise und seine Opernfassung, in: Eleonore Sent (Hg.): Die Oper am Weißenfelser Hof, Rudolstadt 1996, 143–169.

Jahn, Bernhard: Affektregie – zur Koordinierung von Affekterregung und Affektdämpfung im *Neuen Helicon* des Knorr von Rosenroth, in: Morgen-Glantz 14 (2004), 251–274.

Jahn, Bernhard: Die Sinne und die Oper. Sinnlichkeit und das Problem ihrer Versprachlichung im Musiktheater des nord- und mitteldeutschen Raumes (1680–1740), Tübingen 2005.

Jakob, Hans-Joachim/Korte, Hermann (Hg.): Harsdörffer-Studien. Mit einer Bibliographie der Forschungsliteratur von 1847 bis 2005, Frankfurt/M. 2006.

Jaumann, Herbert Die deutsche Barockliteratur. Wertung – Umwertung. Eine wertungsgeschichtliche Studie in systematischer Absicht, Bonn 1975.

Jaumann, Herbert: *Critica*. Untersuchungen zur Geschichte der Literaturkritik zwischen Quintilian und Thomasius. Leiden u. a. 1995.

Jaumann, Herbert: Bücher und Fragen. Zur Genrespezifik der *Monatsgespräche*, in: Friedrich Vollhardt (Hg.), Christian Thomasius (1655–1728). Neue Forschungen im Kontext der Frühaufklärung. Tübingen 1997[a], 395–404.

Jaumann, Herbert: Frühe Neuzeit, in: Reallexikon der deutschen Literaturwissenschaft, hg. v. Klaus Weimar u. a., Bd. 1, Berlin, New York 1997[b], 632–636.

Jaumann, Herbert: Andreas Gryphius: *Carolus Stuardus*, in: Dramen vom Barock bis zur Aufklärung (Reihe Literaturstudium: Interpretationen), Stuttgart 2000, 67–92.

Jerschke, Irmgard: Wolfgang Helmhard Freiherr von Hohberg, ein Dichter aus der zeit des Barock, Emsdetten 1936.

Jürgensen, Renate: Melos conspirant singuli in unum. Repertorium bio-bibliographicum zur Geschichte des Pegnesischen Blumenordens in Nürnberg (1644–1744), Wiesbaden 2006 (Beiträge zum Buch- und Bibliothekswesen, 50).

Kafitz, Dieter: Lohensteins ›Arminius‹. Disputatorische Verfahren und Lehrgehalt in einem Roman zwischen Barock und Aufklärung, Stuttgart 1970.

Kaiser, Marianne: Mitternacht/Zeidler/Weise. Das protestantische Schultheater nach 1648 im Kampf gegen höfische Kultur und absolutistisches Regiment, Göttingen 1972.

Kaiser, Michael: »Excidium Magdeburgense«. Beobachtungen zur Wahrnehmung und Darstellung von Gewalt im Dreißigjährigen Krieg, in: Meumann, Markus/Niefanger, Dirk (Hg.): *Ein Schauplatz herber Angst*. Wahrnehmung und Darstellung von Gewalt im 17. Jahrhundert, Göttingen 1997, 43–64.

Kaminski, Nicola: Der Liebe Eisen=harte Noth. *Cardenio und Celinde* im Kontext von Gryphius' Märtyrerdramen, Tübingen 1992.

Kaminski, Nicola: Textualität des Erlebens und Materialität der Zeichen. Zu einer Semiotik der Liebe und des Todes in Johann Christian Günthers Liebesgedichten, in: Stüben, Jens (Hg.): Johann Christian Günther (1695–1723), Oldenburger Symposium zum 300. Geburtstag des Dichters, München 1997, 229–248.

Kaminski, Nicola: Andreas Gryphius, Stuttgart 1998.

Kaminski, Nicola: Narrator absconditus oder Der Ich-Erzähler als »verschwundener Kerl«: von der erzählten Utopie zu utopischer Autorschaft in Grimmelshausens ›Simplicianische Schriften‹. In: DVjs 74, (2000) H. 3, 367–394.

Kaminski, Nicola: Ex bello ars oder Ursprung der »Deutschen Poeterey«, Heidelberg 2004 (Beiträge zur neueren deutschen Literaturgeschichte).

Kasten, Ingrid/Fischer-Lichte, Erika (Hg.): Transformation des Religiösen. Performativität und Textualität im geistlichen Spiel, Berlin 2007.

Katritzky, M.A.: The Art of Commedia. A study in the Commedia dell'Arte 1560–1620 with Special Reference to the Visual Records, Amsterdam 2006.

Kaufmann, Jürg: Die Greuelszenen im deutschen Barockdrama, Zürich 1968.

Kawatake, Toshio: Das Barocke im Kabuki – Das Kabukihafte im Barocktheater. Aus dem Japanischen übersetzt, kommentiert und mit einem Anhang versehen von Thomas Leims, Wien 1981.

Kayser, Gerhard (Hg.): Die Dramen des Andreas Gryphius. Eine Sammlung von Einzelinterpretationen, Stuttgart 1968.

Kayser, Wolfgang: Die Klangmalerei bei Harsdörffer. Ein Beitrag zur Geschichte der Literatur, Poetik und Sprachgeschichte der Barockzeit, Göttingen [2]1962.

Kayser, Wolfgang: Lohensteins Sophonisbe als geschichtliche Tragödie [[1]1941], in: Elfriede Neubuhr (Hg.): Geschichtsdrama, Darmstadt 1980, 108–130.

Kayser, Wolfgang: Das sprachliche Kunstwerk. Eine Einführung in die Literaturwissenschaft, Tübingen [20]1992.

Keller, Andreas: Frühe Neuzeit. Das rhetorische Zeitalter, Berlin 2008.

Keller, Andreas/Losel, Elke/Wels, Ulrike (Hg.): Theorie und Praxis der Kasualdichtung in der Frühen Neuzeit, Amsterdam 2010.

Keller, Peter: Die Oper Seelewig von Sigmund Theophil Staden und Georg Philipp Harsdörffer, Bern 1977.

Kemper, Hans-Georg: Deutsche Lyrik der frühen Neuzeit, Tübingen 1987 ff.

Kemper, Hans-Georg: Gottebenbildlichkeit und Naturnachahmung im Säkularisierungsprozeß. Problemgeschichtliche Studien zur deutschen Lyrik in Barock und Aufklärung, Tübingen 1981.

Kemper, Hans-Georg: Die »Macht der Zunge« und die Ohnmacht des Wissens. Poesie als »Artzney« einer bezauberten Welt. Gryphius' »Reyen der Höfflinge«, in: Zeitschrift für Germanistik 19 (2009), 51–62.

Keppler-Tasaki, Stefan/Kocher, Ursula (Hg.): Georg Philipp Harsdörffers Universalität. Beiträge zu einem uomo universale des Barock, Berlin 2011.

Ketelsen, Uwe-K.: Daniel Casper von Lohenstein: *Cleopatra*, in: Dramen vom Barock bis zur Aufklärung (Reihe Literaturstudium: Interpretationen), Stuttgart 2000, 115–133.

Kiedrón, Stefan: Andreas Gryphius und die Niederlande. Niederländische Einflüsse auf sein Leben und Schaffen, Wrocław 1993.

Kiedrón, Stefan: Christian Hofmann von Hofmannswaldau und seine ›niederländische Welt‹, Wrocław, Dresden 2007.

Kiesant, Knut: Zur Rezeption der Literatur des 17. Jahrhunderts durch die Romantik, in: Weimarer Beiträge 26 (1980), 36–48.

Kiesel, Helmuth: ›Bei Hof, bei Höll‹. Untersuchungen zur literarischen Hofkritik von Sebastian Brant bis Friedrich Schiller, Tübingen 1979.

Kiesel, Helmuth: Einleitung, in: Briefe der Liselotte von der Pfalz, hg. v. Helmuth Kiesel, Frankfurt 1981, 9–31.

Kießling, Rolf u. a. (Hg.): Räume und Wege. Jüdische Geschichte im Alten Reich 1300–1800, Berlin 2007.

Killy, Walter (Hg.): Literatur Lexikon. Autoren und Werke deutscher Sprache, Gütersloh, München 1988–1993 [auch: Digitale Bibliothek, Nr. 9, Berlin 1998].

Kindermann, Heinz: Theatergeschichte Europas. Bd. 3: Das Theater der Barockzeit, Salzburg ²1967.

Kittler, Friedrich A.: Aufschreibesysteme 1800 –1900, München ³1995.

Kittler, Friedrich A.: Rhetorik der Macht und Macht der Rhetorik – Lohensteins *Agrippina*, in: Johann Christian Günther, hg. von Hans-Georg Pott, Paderborn, Wien, Zürich 1988, 39–52.

Klueting, Harm: Das konfessionelle Zeitalter 1525–1648, Stuttgart 1989.

Knight, Kenneth Graham (Hg.): Deutsche Romane der Barockzeit. Auszüge aus dem erzählenden Schrifttum des 17. Jahrhunderts, London 1969.

Knight, Kenneth Graham: Johann Michael Moscherosch. Satiriker und Moralist des siebzehnten Jahrhunderts. Aus dem Englischen übers. von Michael Amerstorfer, Stuttgart 2000.

Knittel, Anton (Hg.): Unterhaltender Prediger und gelehrter Stofflieferant. Abraham a Sancta Clara (1644–1709). Beiträge eines Symposions anlässlich seines 300. Todestages, Eggingen 2012.

Koberstein, August: Grundriss der Geschichte der deutschen Nationalliteratur, von Karl Bartsch umgearb. Aufl., ⁵1872 f.

Kocher, Ursula: Boccaccio und die deutsche Novellistik. Formen der Transposition italienischer ›novelle‹ im 15. und 16. Jahrhundert, Amsterdam u. a. 2005.

Köhler, Johannes/Schneider, Wolfgang Christian (Hg.): Das Emblem im Widerspiel von Intermedialität und Synmedialität, Hildesheim 2007.

Kohlschmidt, Werner: Geschichte der deutschen Literatur vom Barock bis zur Klassik, Stuttgart 1965.

Könneker, Barbara: Satire im 16. Jahrhundert. Epoche – Werke – Wirkung, München 1991.

Konst, Jan u. a. (Hg.): Niederländisch-deutsche Literaturbeziehungen 1600–1830, Stuttgart 2009.

Koopmann, Helmut (Hg.): Handbuch des deutschen Romans, Düsseldorf 1983.

Kosch, Wilhelm u. a. (Hg.): Deutsches Literatur-Lexikon. Biographisches und bibliographisches Handbuch, Bern ³1968–1992 / Bern, München 1993 ff.

Kosellek, Gerhard (Hg.): Die oberschlesische Literaturlandschaft im 17. Jahrhundert. Bielefeld 2001.

Krafft, Fritz: Die Schwere der Luft in der Diskussion des 17. Jahrhunderts: Otto Guericke, in: Wim Klever (Hg.): Die Schwere der Luft in der Diskussion des 17. Jahrhunderts, Wiesbaden 1997, 135–170.

Kraft, Stephan: Geschlossenheit und Offenheit der ›Römischen Octavia‹ von Herzog Anton Ulrich. »der roman macht die ewigkeit gedencken den er nimbt kein endt«, Würzburg 2004.

Krämer, Jörg: Johann Beers Romane. Poetologie, immanente Poetik und Rezeption ›niederer‹ Texte im späten 17. Jahrhundert, Frankfurt/M. u. a. 1991.

Krapf, Ludwig: Germanenmythos und Reichsideologie. Frühhumanistische Rezeptionsweisen der taciteischen ›Germania‹, Tübingen 1979.

Krapf, Ludwig/Wagenknecht, Christian (Hg.): Stuttgarter Hoffeste. Texte und Materialien zur höfischen Repräsentation im frühen 17. Jahrhundert (und Ergänzungsband: Essais van Hulsen/ Matthäus Merian: Repraesentatio. Der Fvrstlichen Avfzug vnd Ritterspil. Die Kuppferstichfolge von 1616), Tübingen 1979.

Krebs, Jean Daniel: Manieren und Liebe. Zur Dialektik von Affekt und Höflichkeit in Philipp von Zesens *Adriatische Rosemund*, in: Wolfgang Adam u. a. (Hg.): Geselligkeit und Gesellschaft im Barockzeitalter. Wiesbaden 1997, Bd. 1, 401–410.

Kreutzer, Hans Joachim: Der Mythos vom Volksbuch. Studien zur Wirkungsgeschichte des frühen deutschen Romans seit der Romantik, Stuttgart 1977.

Kross, Siegfried: Geschichte des deutschen Liedes, Darmstadt 1989.

Krug-Richter, Barbara u. a. (Hg.): Frühneuzeitliche Universitätskulturen. Kulturhistorische Perspektiven auf die Hochschulen in Europa, Köln u. a. 2009.

Krummacher, Hans-Henrik: Der junge Gryphius und die Tradition. Studien zu den Perikopensonetten und Passionsliedern, München 1976.

Krummacher, Hans-Henrik: Überlegungen zur literarischen Eigenart und Bedeutung der protestantischen Erbauungsliteratur im frühen 17. Jahrhundert, in: Rhetorik 5 (1986), 97–113.

Krump, Sandra: In scenam datus est cum plausu – Das Theater der Jesuiten in Passau (1612–1773), Berlin 2000.

Krusenstjern, Benigna v.: Was sind Selbstzeugnisse? Begriffskritische und quellenkundliche Überlegungen anhand von Beispielen aus dem 17. Jahrhundert, in: Historische Anthropologie 2 (1994), 462–471.

Kugler, Hartmut: Vorbemerkung und Einleitung zu: Metamorphosis Ovidij in meisterthöne gebracht von Ambrosius Metzger, Tübingen 1981, 5–162.

Kühlmann, Wilhelm: »Magni fabula nominis«. Jacob Baldes Meditationen über Wallensteins Tod, in: Gedichte und Interpretationen, Bd. 1: Renaissance und Barock, hg. v. Volker Meid, Stuttgart 1982, 190–197.

Kühlmann, Wilhelm: Selbstbehauptung und Selbstdisziplin. Zu Paul Flemings *An sich*, in: Gedichte und Interpretationen, Bd. 1: Renaissance und Barock, hg. v. Volker Meid, Stuttgart 1982, 159–166.

Kühlmann, Wilhelm: Gelehrtenrepublik und Fürstenstaat. Entwicklung und Kritik des deutschen Späthumanismus in der Literatur des Barockzeitalters, Tübingen 1982.

Kühlmann, Wilhelm: Martin Opitz. Deutsche Literatur und deutsche Nation. 2., durchgesehene und erw. Aufl., Heidelberg 2001.

Kühlmann, Wilhelm/Neuber, Wolfgang (Hg.): Intertextualität in der Frühen Neuzeit. Studien zu ihren theoretischen und praktischen Perspektiven, Frankfurt/M. 1994.

Kühlmann, Wilhelm/Schäfer, Walter E.: Literatur im Elsaß von Fischart bis Moscherosch. Gesammelte Studien, Tübingen 2001.

Kühlmann, Wilhelm u. a. (Hg.): Jacob Balde im kulturellen Kontext seiner Epoche, Regensburg 2006.

Kühlmann, Wilhelm (Hg.): Julius Wilhelm Zincgref und der Heidelberger Späthumanismus. Zur Blüte- und Kampfzeit der calvinistischen Kurpfalz, Heidelberg u. a. 2011.

Küster, Konrad/Niefanger, Dirk/Pfisterer, Ulrich: Barock, in: Enzyklopädie der Neuzeit, hg. v. Friedrich Jaeger u. a., Bd. 1, Stuttgart u. a.: 2005., Sp. 976–997.

Laak, Lothar van: Hermeneutik literarischer Sinnlichkeit. Historisch systematische Studien zur Literatur des 17. und 18. Jahrhunderts, Tübingen 2003.

Lahnstein, Peter: Das Leben im Barock. Zeugnisse und Berichte. 1640–1740, Stuttgart u. a. 1974.

Langer, Herbert: Kulturgeschichte des Dreißigjährigen Krieges, Stuttgart 1978.

Laufhütte, Hartmut (Hg.): Künste und Natur in Diskursen der frühen Neuzeit, Wiesbaden 2000.

Laufhütte, Hartmut: Birken-Studien. Sigmund von Birken. Leben, Werk und Nachleben. Gesammelte Studien, Passau 2007.

Laufhütte, Hartmut/Titzmann, Michael (Hg.): Heterodoxie in der Frühen Neuzeit, Tübingen 2006.

Lausberg, Heinrich: Handbuch der literarischen Rhetorik. Eine Grundlegung der Literaturwissenschaft, Stuttgart [¹1960] ³1990.

Lemcke, Carl v.: Geschichte der Deutschen Dichtung neuerer Zeit [1871 ff.], Neuausgabe Leipzig 1882.

Lenk, Werner: Absolutismus, staatspolitisches Denken, politisches Drama. Die Trauerspiele des Andreas Gryphius, in: Werner Lenk u. a.: Studien zur deutschen Literatur im 17. Jahrhundert, Berlin, Weimar 1984, 252–351.

Lenk, Werner u. a.: Studien zur deutschen Literatur im 17. Jahrhundert, Berlin, Weimar 1984.

Lentfer, Dirk: Die Glogauer Landesprivilegien des Andreas Gryphius von 1653, Frankfurt/M. u. a. 1996 (Rechtshistorische Reihe, Bd. 147).

Lenz, Rudolf: De mortuis nil nise bene? Leichenpredigten als multidisziplinäre Quelle, Sigmaringen 1990.

Lepper, Marcel: Typologie in der Westentasche. Der ›Neue Mensch‹ als ›barocker Held‹, in: Der Neue Mensch. Utopien, Leitbilder und Reformkonzepte zwischen den Weltkriegen. Hg. von Alexandra Gerstner u. a., Frankfurt/M. 2006, 71–86 [2006a].

Lepper, Marcel: Typologie, Stilpsychologie, Kunstwollen. Zur Erfindung des ›Barock‹ (1900–1933), in: Arcadia 41 (2006), 14–28 [2006b].

Lepper, Marcel: Die ›Entdeckung‹ des deutschen Barock. Zur Geschichte der Frühneuzeitgermanistik 1888–1915, in: Zeitschrift für Germanistik, NF XVII/2 (2007), 300–321.

Lepper, Marcel: Lamento. Zur Affektdarstellung in der Frühen Neuzeit, Frankfurt/M. 2008.

Levack, Brian P.: Hexenjagd. Die Geschichte der Hexenverfolgung in Europa, München 1995.

Llewllyn, Terry: Christian Hoffmann von Hoffmannswaldau: »wo sind die stunden der süssen zeit«, in: Peter Hutchinson (Hg): Landmarks in German Poetry, Oxford 2000, 31–39.

Lohmeier, Anke-Marie: Zur Bestimmung der deutschen Landlebendichtung des 17. und 18. Jahrhunderts, in: Wilhelm Voßkamp (Hg.): Schäferdichtung. Referate der fünften Arbeitsgruppe beim zweiten Jahrestreffen des Internationalen Arbeitskreises für deutsche Barockliteratur vom 28. bis 31. August 1976 in Wolfenbüttel. Hamburg 1977, 123–140.

Lohmeier, Anke-Marie: Beatus ille. Studien zum ›Lob des Landlebens‹ in der Literatur des absolutistischen Zeitalters, Tübingen 1981.

Loos, Helmut: Daniel Casper von Lohenstein: *Sophonisbe*, in: Dramen vom Barock bis zur Aufklärung (Reihe Literaturstudium: Interpretationen), Stuttgart 2000, 134–153.

Lowry Jr., Nelson: Baroque Lyric Poetry, New Haven, London 1961.

Lubkoll, Christine: »… und wär's ein Augenblick«. Der Sündenfall des Wissens und der Liebeslust in Faustdichtungen von der ›Historia‹ zu Thomas Manns ›Doktor Faustus‹, Rheinfelden 1986.

Lüdke, Alf u. a. (Hg.): Gelehrtenleben. Wissenschaftspraxis in der Neuzeit, Köln u. a. 2008.

Ludscheidt, Michael: Georg Neumark (1621–1681). Leben und Werk, Heidelberg 2002.

Ludwig, Walther: Das Stammbuch als Bestandteil humanistischer Kultur. Das Album des Heinrich Carlhack Hermeling (1587–1592), Göttingen 2006.

Lugowski, Clemens: Die märchenhafte Enträtselung der Wirklichkeit im heroisch-galanten Roman [1936], in: Richard Alewyn (Hg.): Deutsche Barockforschung. Dokumentation einer Epoche, Köln, Berlin 1965, 372–394.

Luhmann, Niklas: Soziale Systeme. Grundriß einer allgemeinen Theorie, Frankfurt/M. 1987.

Luhmann, Niklas: Liebe als Passion. Zur Codierung von Intimität, Frankfurt/M. 1994.

Lunding, Erik: Das schlesische Kunstdrama. Eine Darstellung und Deutung, Kopenhagen 1940.

Luserke, Mathias: Christian Weise *Masaniello*, in: Dramen vom Barock bis zur Aufklärung (Reihe Literaturstudium: Interpretationen), Stuttgart 2000, 154–176.

Maché, Ulrich: Die Unbegreiflichkeit der Liebe. Das Petrarca-Sonett von Martin Opitz, in: Volker Meid (Hg.): Gedichte und Interpretationen. Band 1: Renaissance und Barock, Stuttgart 1982, 124–135.

Mahlmann-Bauer, Barbara (Hg.): Scientiae et artes. Die Vermittlung alten und neuen Wissens in Literatur, Kunst und Musik, Wiesbaden 2004.

Mahlmann-Bauer, Barbara: »Leo Armenius« und der Rückzug der Heilsgeschichte von der Bühne des 17. Jahrhundert. Andreas Gryphius und Joseph Simon SJ, in: Christel Meyer-Staubach u. Heinrich Meyer (Hg.): Das Theater des Mittelalters und der frühen Neuzeit als Ort und Medium sozialer und symbolischer Kommunikation, Münster 2004, 423–465 [=2004b].

Mahlmann-Bauer, Barbara: Jacob Pontanus in Augsburg. Seine Schülergespräche, seine Poetik und sein Drama »Opferung Isaaks«, in: Helmut Gier (Hg.): Jakob Bidermann und sein »Cenodoxus«. Der bedeutendste Dramatiker aus dem Jesuitenorden und sein erfolgreichstes Stück, Regensburg 2005 (= Jesuitica 8), 15–59.

Mahlmann-Bauer, Barbara siehe auch: Bauer, Barbara

Malapert, Fabienne: Friedrich von Logau (1605–1655). L'art de l'epigramme, Bern u. a. 2002.

Maler, Anselm u. a. (Hg.): Theater und Publikum im europäischen Barock, Frankfurt/M. u. a. 2002.

Mallinckrodt, Rebekka von (Hg.): Bewegtes Leben. Körpertechniken in der Frühen Neuzeit. Ausstellungskatalog, Wolfenbüttel 2008.

Mannack, Eberhard: Geschichtsverständnis und Drama. Zu Weises *Masaniello*, in: Daphnis 12 (1983), 111–125.

Mannack, Eberhard: Lustspiele, in: Steinhagen, Harald (Hg.): Zwischen Gegenreformation und Frühaufklärung: Späthumanismus, Barock. 1570–1740, in: Horst Albert Glaser (Hg.): Deutsche Literatur. Eine Sozialgeschichte, Bd. 3, Reinbek 1985, 295–309.

Mannack, Eberhard: Andreas Gryphius, Stuttgart ²1986.

Mannack, Eberhard: Barock in der Moderne. Deutsche Schriftsteller des 20. Jahrhunderts als Rezipienten deutscher Barockliteratur, Frankfurt/M. u. a. 1991.

Markwardt, Bruno: Geschichte der deutschen Poetik, Bd. 1: Barock und Frühaufklärung, Berlin ³1964.

Marti, Hanspeter/Komorowski, Manfred: Die Universität Königsberg in der Frühen Neuzeit, Köln u. a. 2008.

Martin, Dieter: Barock um 1800. Bearbeitung und Aneignung deutscher Literatur des 17. Jahrhunderts von 1770–1830, Frankfurt/M. 2000.

Martin, Dieter: Deutsche Barockliteratur im Museum Schäfer, in: Drescher, Georg (Hg.): Überauß lustig und männiglich nutzlich zu lesen. Barockliteratur im Museum Otto Schäfer, Schweinfurt 2007, 9–21.

Martinez, Matias/Scheffel, Michael: Einführung in die Erzähltheorie, München 1999.

Martino, Alberto: Daniel Casper von Lohenstein. Geschichte seiner Rezeption. Bd. 1: 1661–1800. Aus dem Italienischen von Heribert Streicher. Tübingen 1978.

Martus, Steffen: Sprachtheorien, in: Meier, Albert (Hg.): Die Literatur des 17. Jahrhunderts, München 1999, 140–155.

Martus, Steffen: Werkpolitik. Zur Literaturgeschichte kritischer Kommunikation vom 17. bis ins 20. Jahrhundert, Berlin 2007.

Martus, Steffen (Hg.): Wiederkehr der Frühen Neuzeit, Schwerpunktheft der Zeitschrift für Germanistik 2 (2007).

Mattheier, Klaus H. u. a. (Hg.): Pathos, Klatsch und Ehrlichkeit: Liselotte von der Pfalz am Hofe des Sonnenkönigs, Tübingen 1990.

Maurer, Michael: Geschichte und gesellschaftliche Strukturen des 17. Jahrhunderts, in: Meier, Albert (Hg.): Die Literatur des 17. Jahrhunderts, München 1999, 18–99.

Mauser, Wolfram: Dichtung, Religion und Gesellschaft im 17. Jahrhundert. Die ›Sonnete‹ des Andreas Gryphius, München 1976.

Mauser, Wolfram: Anderas Gryphius' *Einsamkeit*. Meditation, Melancholie und Vanitas, in: Gedichte und Interpretationen. Bd. 1: Renaissance und Barock, hg. v. Volker Meid, Stuttgart 1982, 231–244.

Mayer, Jürgen: Mischformen barocker Erzählkunst zwischen pikareskem und höfisch-historischem Roman im letzten Drittel des 17. Jahrhunderts, München 1976.

Mehnert, Hennig: Commedia dell'arte. Struktur – Geschichte – Rezeption, Stuttgart 2003.

Meid, Volker: Der deutsche Barockroman, Stuttgart 1974.

Meid, Volker: Ungleichheit gleich Ordnung. Zu Macarie von Heinrich Arnold und Maria Katharina Stockfleth, in: Wilhelm Voßkamp (Hg.): Schäferdichtung. Dokumente des Internationalen Arbeitskreises für Deutsche Barockliteratur 4, Hamburg 1977, 59–66.

Meid, Volker: Ein politischer Deutscher. Zu Weckherlins Sonett *An das Teutschland*, in: Volker Meid (Hg.): Gedichte und Interpretationen. Band 1: Renaissance und Barock, Stuttgart 1982, 148–158.

Meid, Volker: Grimmelshausen. Epoche – Werk – Wirkung, München 1984.

Meid, Volker: Lyrik, in: Steinhagen, Harald (Hg.): Zwischen Gegenreformation und Frühaufklärung: Späthumanismus, Barock. 1570–1740, in: Horst Albert Glaser (Hg.): Deutsche Literatur. Eine Sozialgeschichte, Bd. 3, Reinbek 1985, 367–384.

Meid, Volker: Barocklyrik, Stuttgart 1986.

Meid, Volker: Die deutsche Literatur im Zeitalter des Barock. Vom Späthumanismus zur Frühaufklärung, München 2009.

Meier, Albert: Der heroische Roman, in: Meier, Albert (Hg.): Die Literatur des 17. Jahrhunderts, München 1999, 300–315.

Meier, Albert (Hg.): Die Literatur des 17. Jahrhunderts, München 1999.

Meierhofer, Christian: Alles neu unter der Sonne. Das Sammelschrifttum der Frühen Neuzeit und die Entstehung der Nachricht, Würzburg 2010.

Menhennet, Alan: The historical experience in german drama. From Gryphius to Brecht. Rochester, NY u. a. 2003 (Studies in german literature, linguitsics, and culture).

Merkel, Kerstin/Wunder, Heide: Deutsche Frauen der Frühen Neuzeit. Dichterinnen, Malerinnen, Mäzeninnen, Darmstadt 2000.

Mertens, Dieter: Zu Heidelberger Dichtern von Schede bis Zincgref, in: Zeitschrift für deutsches Altertum und deutsche Literatur 103 (1974), 200–241.

Merzhäuser, Andreas: Die Ausnahme als Regelfall. Ein Kommentar zu Stefan Trappens ›Grimmelshausen und die menippeische Satire‹ nebst methodologischen Bemerkungen zum Stand der Forschung, in: Zeitschrift für Germanistik NF 1 (1996), 92–99.

Merzhäuser, Andreas: Über die Schwelle geführt. Anmerkungen zur Gewaltdarstellung in Grimmelshausens *Simplicissimus*, in: Meumann, Markus/Niefanger, Dirk (Hg.): *Ein Schauplatz herber Angst*. Wahrnehmung und Darstellung von Gewalt im 17. Jahrhundert, Göttingen 1997, 65–82.

Merzhäuser, Andreas: Satyrische Selbstbehauptung. Einführungen in Grimmelshausens *Abendteuerlichen Simplicissimus Teutsch*, Göttingen 2002.

Metzger, Erika Alma und Michael Metzger: Reading Andreas Gryphius. Critical Trends 1664–1993, Columbia 1994.

Metzler Autoren Lexikon. Deutschsprachige Dichter und Schriftsteller vom Mittelalter bis zur Gegenwart, hg. von Bernd Lutz und Benedikt Jeßing, Stuttgart ³2004.

Meumann, Markus: Von der Endzeit zum Säkulum. Zur Neuordnung von Zeithorizonten und Zukunftserwartungen ausgangs des 17. Jahrhunderts, in: Kulturelle Orientierung um 1700. Traditionen, Programme, konzeptionelle Vielfalt, hg. v. Sylvia Heudecker, Dirk Niefanger, Jörg Wesche, Tübingen 2004 (Frühe Neuzeit 93), 100–121. [= 2004b]

Meumann, Markus: Die schwedische Herrschaft in den Stiftern Magdeburg und Halberstadt während des Dreißigjährigen Krieges (1631–1635), in: Die besetzte *res publica*, hg. v. Markus Meumann und Jörg Rogge (Herrschaft und soziale Systeme in der Frühen Neuzeit 4), Münster 2006, 241–269.

Meumann, Markus/Niefanger, Dirk (Hg.): *Ein Schauplatz herber Angst*. Wahrnehmung und Darstellung von Gewalt im 17. Jahrhundert, Göttingen 1997.

Meumann, Markus/Niefanger, Dirk: Für eine interdisziplinäre Betrachtung von Gewaltdarstellungen des 17. Jahrhunderts. Einführende Überlegungen, in: Meumann, Markus/Niefanger, Dirk (Hg.): *Ein Schauplatz herber Angst*. Wahrnehmung und Darstellung von Gewalt im 17. Jahrhundert, Göttingen 1997, 7–23.

Meumann, Markus/Pröve, Ralf: Die Faszination des Staates und die historische Praxis, in: Herrschaft in der Frühen Neuzeit. Umrisse eines dynamisch-kommunikativen Prozesses, hg. v. Markus Meumann und Ralf Pröve, Münster u.a. 2004 (Herrschaft und soziale Systeme in der Frühen Neuzeit 2), 11–49

Meyer, Heinrich: Der deutsche Schäferroman des 17. Jahrhunderts, Dorpat 1928.

Meyer, Reinhart (Hg.): Die Hamburger Oper. Eine Sammlung von Texten der Hamburger Oper aus der Zeit 1678–1730, München 1980.

Meyer-Kalkus, Reinhart: Wollust und Grausamkeit. Affektenlehre und Affektdarstellung in Lohensteins Dramatik am Beispiel von ›Agrippina‹, Göttingen 1986.

Michelsen, Peter: Der Zeit Gewalt. Andreas Gryphius: *Ermordete Majestät Oder Carolus Stuardus*, in: Walter Hinck (Hg.): Geschichte als Schauspiel. Deutsche Geschichtsdramen. Interpretationen, Frankfurt/M. 1981, 48–66.

Montrose, Louis: Renaissance Literary Studies an the Subjekt of History, in: English Literary Renaissance 16 (1986), 5–12.

Moser, Dietz-Rüdiger: Bräuche und Feste im christlichen Jahreslauf, Graz u.a. 1993.

Mourey, Marie-Thérèse: Poésie et éthique au XVIIe siècle. Les traductions allemands de Christian Hoffmann von Hoffmannswaldau (1616–1679), Wiesbaden 1998.

Mourey, Marie-Thérèse: Art et littérature en Allemagne aux XVIe et XVIIe siècles. Vol. 2, Tome 3: Danser dans le Saint Empire: éloquence du corps, discipline des sujets, civilité des mœurs, Paris 2003 (Habil. Sorbonne).

Mourey, Marie-Thérèse: Körperrhetorik und -semiotik der volkstümlichen Figuren auf der Bühne, in: Anthropologie und Medialität des Komischen im 17. Jahrhundert (1580–1730), hg. v. Stefanie Arend, Thomas Borgstedt, Dirk Niefanger und Nicola Kaminski, Amsterdam, New York 2008 (Chloe 40), 105–141.

Muhlack, Ulrich: Geschichtswissenschaft im Humanismus und in der Aufklärung. Die Vorgeschichte des Historismus, München 1991.

Mulagk, Karl-Heinz: Phänomene des politischen Menschen im 17. Jahrhundert. Propädeutische Studien zum Werk Lohensteins unter besonderer Berücksichtigung Diego Saavedra Fajardos und Baltasar Gracián, Berlin 1973.

Müller, Günther: Barockromane und Barockroman, in: Literaturwissenschaftliches Jahrbuch der Görres-Gesellschaft 4 (1929), 1–29.

Müller, Günther: Deutsche Dichtung von der Renaissance bis zum Ausgang des Barock, Potsdam 1930 (ND 1957).

Müller, Jan-Dirk: Volksbuch/Prosaroman im 15./16. Jahrhundert – Perspektiven der Forschung, in: Int. Archiv für Sozialgeschichte der deutschen Literatur (IASL), 1. Sonderheft, Forschungsreferate, Tübingen 1985, 1–128.

Müller, Jan-Dirk: Mimesis und Ritual. Zum geistlichen Spiel des Mittelalters, in: Kablitz, Andreas/Neumann, Gerhard (Hg.): Mimesis und Simulation, Freiburg 1998, 541–571.

Müller, Jan-Dirk: Kulturwissenschaft historisch. Zum Verhältnis von Ritual und Theater im späten Mittelalter, in: Neumann, Gerhard/Weigel, Sigrid (Hg.): Lesbarkeit der Kultur. Literaturwissenschaften zwischen Kulturtechnik und Ethnographie, München 2000, 53–77.

Müller, Jan-Dirk: Realpräsenz und Repräsentation. Theatrale Frömmigkeit und geistliches Spiel, in: Ziegeler, Hans-Joachim (Hg.): Ritual und Inszenierung. Geistliches und weltliches Drama des Mittelalters und der Frühen Neuzeit, Tübingen 2004, 113–133.

Müller, Jan-Dirk u. a. (Hg.): Aemulatio. Kulturen des Wettstreits in Text und Bild (1420–1620), Berlin 2011.

Müller, Klaus-Detlef: Brecht-Kommentar zur erzählenden Prosa, München 1980.

Müller-Blattau, Joseph: Heinrich Albert und das deutsche Barocklied, in: DVjs 25 (1951), 401–414.

Münch, Paul: Lebensformen in der Frühen Neuzeit. 1500–1800, Frankfurt/M. u. a. 1992.

Münch, Paul: Das Jahrhundert des Zwiespalts. Deutsche Geschichte 1600–1700, Stuttgart u. a. 1999.

Münch, Paul: ›Homines tertii generis‹. Gesangskastraten in der Kulturgeschichte Europas, in: Essener Unikate 14 (2000), 58–67.

Münch, Paul (Federführung) u. a.: Erfahrung. Über den wissenschaftlichen Umgang mit einem Begriff, in: Essener Unikate. Berichte aus Forschung und Lehre 16 (2001).

Münkler, Herfried: Machiavelli. Die Begründung des politischen Denkens der Neuzeit aus der Krise der Republik Florenz, Frankfurt/M. 1984.

Münkler, Marina: Sündhaftigkeit als Generator von Individualität. Zu den Transformationen legendarischen Erzählens in den Faustbüchern des 16. und 17. Jahrhunderts, in: Strohschneider, Peter (Hg.): Literarische und religiöse Kommunikation in Mittelalter und Früher Neuzeit. Berlin/New York 2008, 25–61.

Museum des Dreißigjährigen Krieges Wittstock/Dosse, hg. v. Kreis Ostprignitz-Ruppin, Wittstock o.J.

Naturwissenschaft und Technik im Barock. Innovation, Repräsentation, Diffusion, Köln u. a. 1997.

Neuber, Wolfgang: Locus, Lemma, Motto. Entwurf zu einer mnemonischen Emblematiktheorie, in: Jörg Jochen Berns/Wolfgang Neuber (Hg.): Ars memorativa. Zur kulturgeschichtlichen Bedeutung der Gedächtniskunst 1400–1750, Tübingen 1993, 351–372 u. 443–447.

Neuber, Wolfgang: Imago und Pictura. Zur Topik des Sinn-Bilds im Spannungsfeld von Ars Memorativa und Emblematik (am Paradigma des »Indianers«), in: Text und Bild, Bild und Text. DFG-Symposion 1988, hg. v. Wolfgang Harms, Stuttgart 1990, 245–261.

Neuhaus, Helmut: Westfälscher Frieden und Dreißigjähriger Krieg. Neuerscheinungen aus Anlaß eines Jubiläums. In: Archiv für Kulturgeschichte 82 (2000), 455–475.

Neuhaus, Helmut: Dar Reich in der Frühen Neuzeit, München ²2003 (Enzyklopädie deutscher Geschichte, Bd. 42).

Neukirchen, Thomas: Inscriptio. Rhetorik und Poetik der Scharfsinnigen Inschrift im Zeitalter des Barock, Tübingen 1999.

Neuss, Raimund: Tugend und Toleranz. Die Krise der Gattung Märtyrerdrama im 18. Jahrhundert, Bonn 1989.

Newald, Richard: Die deutsche Literatur vom Späthumanismus zur Empfindsamkeit. 1570–1750, München 1975 (= ⁶1967).

Newman, Jane O.: Pastoral Conventions. Poetry, Language and Thought in Seventeenth Century Nuremberg, Baltimore, London 1990.

Newman, Jane O.: Innovation and the text which is not one: representing history in Lohenstein's ›Sophonisbe‹ (1669), in: Innovation und Originalität, hg. v. Walter Haug u. Burghart Wachinger, Tübingen 1993, 206–238.

Newman, Jane O.: The intervention of philology: gender, learning and power in Lohenstein's roman plays, Chapel Hill 2000.

Neymeyr, Barbara: Das autonome Subjekt in der Auseinandersetzung mit Fatum und Fortuna. Zum stoischen Ethos in Paul Flemings Sonett »An sich«, in: Daphnis 31 (2002), 235–254.

Neymeyr, Barbara u. a. (Hg.): Stoizismus in der europäischen Philosophie, Literatur, Kunst und Politik. Eine Kulturgeschichte von der Antike bis zur Moderne, Berlin 2008.

Nickisch, Reinhard M.G.: Die Stilprinzipien in den deutschen Briefstellern des 17. Jahrhunderts, Göttingen 1969.

Nickisch, Reinhard M.G.: »Die Allerneuste Art Höflich und Galant zu Schreiben«. Deutsche Brief-steller um 1700: Von Christian Weise zu Benjamin Neukirch, in: Klaus H. Mattheier u. a. (Hg.): Pathos, Klatsch und Ehrlichkeit: Liselotte von der Pfalz am Hofe des Sonnenkönigs, Tübingen 1990, 117–138.

Nickisch, Reinhard M.G.: Brief, Stuttgart, 1991.

Niefanger, Dirk: Sfumato. *Traditionsverhalten* in Paratexten zwischen ›Barock‹ und ›Aufklärung‹, in: Zeitschrift für Literaturwissenschaft und Linguistik (LiLi), Themenheft ›Barock‹, 98 (1995), 94–118.

Niefanger, Dirk: Gelehrtenliteratur, Gelehrtensprache, in: Historisches Wörterbuch der Rhetorik, hg. v. Gert Ueding, Bd. 3, Tübingen 1996, Sp. 668–678.

Niefanger, Dirk: »Fretowische Fröhligkeit« – Die *laus ruris*-Dichtung von Sibylle Schwarz, in: Wolfgang Adam u. a. (Hg.): Geselligkeit und Gesellschaft im Barockzeitalter. Wiesbaden 1997, Bd. 1, 411–425.

Niefanger, Dirk: Galanterie. Grundzüge eines ästhetischen Konzepts um 1700, in: Hartmut Lauf-hütte u. a. (Hg.): Künste und Natur in Diskursen der Frühen Neuzeit, Wiesbaden: 2000, Bd. 1, 459–472 [2000a].

Niefanger, Dirk: *Fewrige Freystadt*, eine Gedächtnisschrift von Andreas Gryphius, in: Zeitschrift für deutsche Philologie (ZfdPh) 119, 2000, 481–497.

Niefanger, Dirk: Die Chance einer ungefestigten Nationalliteratur. Traditionsverhalten im galanten Dis-kurs, in: Thomas Borgstedt/Andreas Solbach (Hg.): Der galante Diskurs, Dresden 2001, 147–163.

Niefanger, Dirk: Über »Speisen« und »Artzeneyen«. Ansätze einer kulinarischen Literaturtheorie in der Lohenstein-Kritik von Christian Thomasius, in: Manfred Beetz/Herbert Jaumann (Hg.): Thomasius im literarischen Feld. Neue Beiträge zur Erforschung seines Werkes im historischen Kontext, Tübingen 2003, 117–130.

Niefanger, Dirk: Barocke Vielfalt. Trauerspielformen auf deutschen und niederländischen Bühnen des 17. Jahrhunderts, in: Werner Frick u. a. (Hg.): Die Tragödie: Eine Leitgattung der europäischen Literatur, Göttingen 2003, 158–178 [= 2003b].

Niefanger, Dirk: Geschichtsdrama der Frühen Neuzeit. 1495–1773, Tübingen 2005 (Studien zur deutschen Literatur, Bd. 174).

Niefanger, Dirk: »Theater«, in: Enzyklopädie der Neuzeit, hg. v. Friedrich Jaeger u. a. Stuttgart/ Weimar 2005 ff., Bd. 13, Sp. 418–441.

Niefanger, Dirk: »Allzu freye gedancken«. Zur Sexualrhetorik in der Neukirchschen Sammlung, in: Daphnis 38, 3/4 (2009), 673–693 [2009a].

Niefanger, Dirk: »Von allen Kunstverständigen hoch gepriesen«. Thesen zur Wirkung des nieder-ländischen Theaters auf die deutsche Schauspielkunst des 17. Jahrhunderts, in: Niederländisch-deutsche Literaturbeziehungen 1600–1830, hg. v. Jan Konst, Inger Leemanns und Bettina Noak, Stuttgart 2009, 153–166 [2009b].

Niefanger, Dirk: Erzählweisen der Gewalt im XII. Kapitel von Grimmelshausens Courasche, in: Simpliciana XXXI (2009), 209–225 [2009c].

Niefanger, Dirk: Lohensteins Sophonisbe als Metadrama, in: Wolfenbütteler Barocknachrichten 37, 1/2 (2010), 33–46.

Niefanger, Dirk: Einleitung – Über Barock und die Lust am Anderen, in: Niefanger, Dirk (Hg.): Barock. Das große Lesebuch, Frankfurt/M 2011, 9–30.

Niefanger, Dirk: Gebärde und Bühne. Harsdörffers Schauspieltheorie, in: Georg Philipp Harsdörffers Universalität. Beiträge zu einem uomo universale des Barock, hg. v. Stefan Keppler-Tasaki und Ursula Kocher, Berlin 2011, 65–82 [2011a].

Niefanger, Dirk: »Die Welt vol Schrecken«. Die Schlacht bei Wittstock in Georg Greflingers *Der Deutschen Dreyßig-Jähriger Krieg*, erscheint in: Simpliciana XXXIII (2011), 255–270 [2011b].

Niefanger, Dirk/Schnabel, Werner: Literarische Gruppenbildungen an der Universität Altdorf, in: Akademie und Universität Altdorf. Begründung und Fortleben der Hochschultradition in der Re-gion Nürnberg, hg. v. Hans-Christoph Brennecke, Dirk Niefanger und Werner Wilhelm Schnabel, Wien u. a. 2011, 245–322.

Niefanger, Susanne: Schreibstrategien in Moralischen Wochenschriften. Formalstilistische, pragma-tische und rhetorische Untersuchungen am Beispiel von Gottscheds ›Vernünfftigen Tadlerinnen‹, Tübingen 1997.

Nietzsche, Friedrich: [Vom Barockstile, aus: Menschliches Allzumenschliches I/219], in: Friedrich Nietzsche, Werke, hg. v. Karl Schlechta, Frankfurt/M. u. a. 1983, Bd. 1, 576–577.

Nowosadko, Jutta u. a. (Hg.): »Mars und die Musen«. Das Wechselspiel von Militär, Krieg und Kunst in der Frühen Neuzeit, Berlin 2008.

Nusser, Peter: Deutsche Literatur von 1500 bis 1800. Lebensformen, Wertvorstellungen und literarische Entwicklungen, Stuttgart 2002.

Oberdeutsche Literatur im Zeitalter des Barock. Hg. v. Dieter Breuer u. a., München: Beck 1984 [= Zeitschrift f. Bayerische Landesgeschichte 47 (1984), H. 1].

Oestreich, Gerhard: Geist und Gestalt des frühmodernen Staates. Ausgewählte Aufsätze, Berlin 1969.

Oestreich, Gerhard: Antiker Geist und moderner Staat bei Justus Lipsius (1547–1606). Der Neustoizismus als politische Bewegung, hg. v. Nicolette Mout, Göttingen 1989.

Olsen, Solveig: Christian Heinrich Postels Beitrag zur deutschen Literatur. Versuch einer Darstellung, Amsterdam 1973.

Ort, Claus-Michael: Medienwechsel und Selbstreferenz. Christian Weise und die literarische Epistemologie des späten 17. Jahrhunderts, Tübingen 2003 (Studien und Texte zur Sozialgeschichte der Literatur 93).

Ortkemper, Herbert: Engel wider Willen. Die Welt der Kastraten, Berlin 1993.

Osterkamp, Ernst: Emblematik, in: Meier, Albert (Hg.): Die Literatur des 17. Jahrhunderts, München 1999, 233–254.

Ottmers, Clemens: Rhetorik, Stuttgart, Weimar 1996.

Palme, Andreas: ›Bücher haben auch ihr Glücke‹. Die Sinngedichte Friedrich von Logaus und ihre Rezeptionsgeschichte, Erlangen, Jena 1998.

Panofsky, Erwin: Studien zur Ikonologie. Humanistische Themen in der Kunst der Renaissance, [Studies in Iconology], Köln 1980.

Parzefall, Edith: Das Fortwirken des »Simplicissimus« von Grimmelshausen in der deutschen Literatur, Berlin 2001.

Paul, Markus: Reichsstadt und Schauspiel. Theatrale Kunst im Nürnberg des 17. Jahrhunderts, Tübingen 2002.

Paulsen, Friedrich.: Geschichte des gelehrten Unterrichts auf den deutschen Schulen und Universitäten [...], hg. v. Rudolf Lehmann, Leipzig ³1919/21.

Peter, Emanuel: Geselligkeiten. Literatur, Gruppenbildung und kultureller Wandel im 18. Jahrhundert, Tübingen 1999.

Pfeiffer-Belli, Wolfgang: Die asiatische Banise. Studien zur Geschichte des höfisch-historischen Romans in Deutschland, Berlin 1940.

Pfeiffer-Belli, Wolfgang: Nachwort, in: Heinrich Anshelm von Zigler und Kliphausen: Asiatische Banise, Darmstadt 1968, 473–484.

Plume, Cornelia: Heroinen der Geschlechterordnung. Weiblichkeitsprojektionen bei Daniel Casper von Lohenstein und die »Querelle des femmes«, Stuttgart 1996.

Pleithner, Regina (Hg.): Reisen des Barock. Selbst- und Fremderfahrungen und ihre Darstellung, Bonn 1991.

Plotke, Seraina: Gereimte Bilder. Visuelle Poesie im 17. Jahrhundert, München 2009.

Pörnbacher, Hans: Jacob Bidermann: Cenodoxus, Der Doktor von Pariß, in: Dramen vom Barock bis zur Aufklärung (Reihe Literaturstudium: Interpretationen), Stuttgart 2000, 7–36.

Press, Volker: Kriege und Krisen. Deutschland 1600–1715, München 1991.

Pröve, Ralf: Violentia und Potestas. Perzeptionsprobleme von Gewalt in Söldnertagebüchern des 17. Jahrhunderts, in: Meumann, Markus/Niefanger, Dirk (Hg.): Ein Schauplatz herber Angst. Wahrnehmung und Darstellung von Gewalt im 17. Jahrhundert, Göttingen 1997, 24–42.

Puschmann, Claudia: Fahrende Frauenzimmer. Zur Geschichte der Frauen an deutschen Wanderbühnen (1670–1760), Pfaffenweiler 1999.

Pyritz, Hans: Paul Flemings Liebeslyrik. Zur Geschichte des Petrarkismus, Göttingen 1963.

Pyritz, Hans und Ilse: Bibliographie zur deutschen Literaturgeschichte des Barockzeitalters, Bern 1985–1994.

Rädle, Fidel: Das Jesuitentheater in der Pflicht der Gegenreformation, in: Daphnis 8, 3/4 (1979), 167–199.

Rädle, Fidel: Die Praemonitio ad Lectorem zu Bidermanns Ludi theatrales (1666), deutsch in: »Der Buchstab tödt – der Geist macht lebendig«. FS Hans-Gert Roloff, hg. v. James Hardin/Jörg Jungmayr, Bern u. a. 1992, 1131–1171.

Raducanu, Sevilla [Baer-]: Die deutsche Literatur im 17. Jahrhundert, Bukarest 1974.

Rahn, Thomas: Festbeschreibung. Funktion und Topik einer Textsorte am Beispiel höfischer Hochzeiten in Deutschland (1568–1794), Tübingen 2006.

Rasche, Ulrich (Hg.): Quellen zur frühneuzeitlichen Universitätsgeschichte. Typen, Bestände, Forschungsperspektiven. Wiesbaden 2011.

Rau, Peter: Speculum amoris. Zur Liebeskonzeption des deutschen Romans im 17. und 18. Jahrhundert, München 1994.

Regener, Ursula: Stumme Lieder? Zur motiv- und gattungsgeschichtlichen Situierung von Johann Christian Günthers ›Verliebten Gedichten‹, Berlin, New York 1989.

Reichelt, Klaus: Barockdrama und Absolutismus. Studien zum deutschen Drama zwischen 1650 und 1700, Frankfurt/M. u. a. 1981.

Reichelt, Klaus: Historisch-politische Schauspiele, in: Steinhagen, Harald (Hg.): Zwischen Gegenreformation und Frühaufklärung: Späthumanismus, Barock. 1570–1740, in: Horst Albert Glaser (Hg.): Deutsche Literatur. Eine Sozialgeschichte, Bd. 3, Reinbek 1985, 284–294.

Reinhard, Wolfgang: Frühmoderner Staat und deutsches Monstrum. Die Entstehung des modernen Staates und das Alte Reich, in: Zeitschrift für historische Forschung 29 (2002), 338–357.

Richter, Sandra: Makroepoche der Mikroepochen. ›Frühe Neuzeit‹ in der Deutungskonkurrenz literaturwissenschaftlicher Epochenbegriffe, in: Neuhaus, Helmut (Hg.): Die Frühe Neuzeit als Epoche, München 2009, 143–164.

Rieger, Stefan: Speichern / Merken. Die künstlichen Intelligenzen des Barock, München 1997.

Rieger, Stefan: In(ter)ventionen. Die Ordnung der Texte im Barock. In: Text + Kritik 154 (2002), 22–34.

[RISM] Répertoire International des Sources Musicales (RISM), Arbeitsgruppe Deutschland (Hg.): Libretti in deutschen Bibliotheken. Katalog der gedruckten Texte zu Opern, Oratorien, Kantaten, Schuldramen, Balletten und Gelegenheitskompositionen von den Anfängen bis zur Mitte des 19. Jahrhunderts. Mikrofiche Edition, München 1992.

Ritter, Michael: ›Man sieht der Sternen König glantzen‹. Der Kaiserhof im barocken Wien als Zentrum deutsch-italienischer Literaturbestrebungen (1653–1718) am besonderen Beispiel der Libretto-Dichtung, Wien 1999.

Röcke, Werner: Die Freude am Bösen. Studien zur Poetik des deutschen Schwankromans im Spätmittelalter, München 1987.

Rödding, Gerhard: Paul Gerhardt, in: Deutsche Dichter. Leben und Werk deutschsprachiger Autoren vom Mittelalter bis zur Gegenwart, hg. v. Gunter E. Grimm und Frank Rainer Max, Stuttgart 1993, 80–83.

Rohmer, Ernst: Das epische Projekt. Poetik und Funktion des ›carmen heroicum‹ in der deutschen Literatur des 17. Jahrhunderts, Heidelberg 1998.

Rösch, Gertrud Maria: Clavis Scientiae. Studien zum Verhältnis von Faktizität und Fiktionalität am Fall der Schlüsselliteratur, Tübingen 2004.

Rose, Dirk: Conduite und Text. Paradigmen eines galanten Literaturmodells im Werk von Christian Friedrich Hunold (Menantes), Berlin 2012.

Roselt, Jens (Hg.): Seelen mit Methode. Schauspieltheorien vom Barock bis zum postdramatischen Theater, Berlin 2005.

Rothmund, Elisabeth: Daphne und kein Ende: Heinrich Schütz, Martin Opitz und die verfehlte erste deutsche Oper, in: Schütz-Jahrbuch 1998, 123–147.

Rötzer, Hans Gerd: Der Roman des Barock. 1600–1700. Kommentar zu einer Epoche, München 1972 [1972a].

Rötzer, Hans Gerd: Picaro – Landstörtzer – Simplicius. Studien zum niederen Roman in Spanien und Deutschland, Darmstadt 1972 [1972b].

Rustemeyer, Frank: »Nur zun Himmelpforten Verweisets allen ton«. Allegorie im Werk Friedrich Spees, Paderborn 2003.

Rusterholz, Peter: Theatrum vitae humanae. Funktion und Bedeutungswandel eines poetischen Bildes. Studien zu den Dichtungen von Anderas Gryphius, Christian Hofmann von Hofmannswaldau und Daniel Casper von Lohenstein, Berlin 1970.

Rusterholz, Peter: Schäferdichtung – Lob des Landlebens, in: Steinhagen, Harald (Hg.): Zwischen Gegenreformation und Frühaufklärung: Späthumanismus, Barock. 1570–1740, in: Horst Albert Glaser (Hg.): Deutsche Literatur. Eine Sozialgeschichte, Bd. 3, Reinbek 1985, 356–366.

Rusterholz, Sibylle: Leichenreden, Ergebnisse, Probleme, Perspektiven ihrer Erforschung, in: Internationales Archiv für Sozialgeschichte der Literatur 4 (1979), 179–196.

Scattola, Merio/Vollhardt, Friedrich: ›Historia litteraria‹, Geschichte und Kritik. Das Projekt der *Cautelen* im literarischen Feld, in: Manfred Beetz/Herbert Jaumann (Hg.): Thomasius im literarischen Feld. Neue Beiträge zur Erforschung seines Werkes im historischen Kontext, Tübingen 2003, 159–186.

Schadewaldt, Wolfgang: Furcht und Mitleid? Zur Deutung des Aristotelischen Tragödiensatzes, in: Hellas und Hesperien. Gesammelte Schriften, Zürich, Stuttgart 1960, 346–391.

Schäfer, Walter E.: Johann Michael Moscherosch. Staatsmann, Satiriker und Pädagoge im Barockzeitalter, München 1982.

Schaller, Stephan: Das Passionsspiel von Oberammergau. 1634 bis 1950, Ettal 1950.

Scheitler, Irmgard: Das geistliche Lied im deutschen Barock, Berlin 1982.

Scheitler, Irmgard: Geistliche Lieder als literarische Gebrauchsform. Versuch einer Gattungsbeschreibung am Beispiel der Lieder des Laurentius von Schnüffis, in: Zeitschrift für bayerische Landesgeschichte 47 (1984), 215–239.

Scheitler, Irmgard: Geistliche Lyrik, in: Meier, Albert (Hg.): Die Literatur des 17. Jahrhunderts, München 1999, 347–376.

Scheitler, Irmgard: Deutschsprachige Oratorienlibretti von den Anfängen bis 1730, München 2005.

Scheitler, Irmgard: Poesie und Musik im Umkreis der Nürnberger Pegnitzschäferinnen. Nürnberg als »Ort kulturellen Handelns«, in: Rode-Breymann, Susanne (Hg.): Orte der Musik. Kulturelles Handeln von Frauen in der Stadt, Köln 2007, 35–65.

Scheitler, Irmgard: Martin Opitz und Heinrich Schütz: *Daphne* – ein Schauspiel, in: Archiv für Musikwissenschaft 68,3 (2011), 205–226.

Schierbaum, Martin (Hg.): Enzyklopädistik 1550–1650. Typen und Transformationen von Wissensspeichern und Medialisierungen des Wissens, Münster 2009.

Schilling, Heinz: Disziplinierung oder »Selbstregulierung der Untertanen«? Ein Plädoyer für die Doppelperspektive von Makro- und Mikrohistorie bei der Erforschung der frühmodernen Kirchenzucht, in: Historische Zeitschrift 264 (1997), 675–691.

Schilling, Heinz: Reichs-Staat und frühneuzeitliche Nation der Deutschen oder teilmodernisiertes Reichssystem. Überlegungen zu Charakter und Aktualität des Alten reiches, in: Historische Zeitschrift 272 (2001), 377–395.

Schilling, Michael: Bildpublizistik der frühen Neuzeit. Aufgaben und Leistungen des illustrierten Flugblatts in Deutschland bis um 1700, Tübingen 1990.

Schilling, Michael: Höfische Lyrik, in: Meier, Albert (Hg.): Die Literatur des 17. Jahrhunderts, München 1999, 316–332.

Schings, Hans-Jürgen: Consolatio tragoediae. Zur Theorie des barocken Trauerspiels, in: Reinhold Grimm (Hg.): Deutsche Dramentheorien. Beiträge zu einer historischen Poetik des Dramas in Deutschland, Bd. 1, Frankfurt/M. ³1980 [zuerst: 1971, ²1978], 1–44.

Schings, Hans-Jürgen: *Constantia* und *Prudentia*. Zum Funktionswandel des barocken Trauerspiels, in: Daphnis 12, 2/3 (1983), 403-439 (bzw. 187–223).

Schings, Hans-Jürgen: Die patristische und stoizistische Tradition bei Andreas Gryphius. Untersuchungen zu den Dissertationen funebres und Trauerspielen, Köln/Graz 1966.

Schleier, Inge: Die Vollendung des Schauspielers zum Emblem. Zu den ästhetischen Grundlagen der Theatersemiotik in der Gryphius-Zeit. In: Daphins 28 (1999), 529–562.

Schmidt, Georg: Geschichte des Alten Reiches. Staat und Nation in der Frühen Neuzeit. 1495–1806, München 1999.

Schmidt, Heinrich Richard: Sozialdisziplinierung? Ein Plädoyer für das Ende des Etatismus in der Konfessionalisierungsforschung, in: Historische Zeitschrift 265 (1997), 639–682.

Schmidt, Siegfried J.: Die Selbstorganisation des Sozialsystems Literatur im 18. Jahrhundert, Frankfurt/M. 1989.

Schmidt-Biggemann, Wilhelm: Topica Universalis. Eine Modellgeschichte humanistischer und barocker Wissenschaft, Hamburg 1983.

Schnabel, Werner Wilhelm: Die Stammbücher und Stammbuchfragmente der Stadtbibliothek Nürnberg, Wiesbaden 1995.

Schnabel, Werner Wilhelm: Das Stammbuch. Konstitution und Geschichte einer textsortenbezogenen Sammelform bis ins erste Drittel des 18. Jahrhunderts, Tübingen 2003.

Schnabel, Werner Wilhelm: Herrscherliche Willkür und ihre Opfer – Handlungsmuster und Wertehorizonte im voraufklärerischen Drama, in: Petra Bendel/Thomas Fischer (Hg.): Menschen- und Bürgerrechte. Perspektiven der Region, Erlangen 2004 (Zentralinstitut für Regionalforschung, Arbeitspapier 7), 569–588.

Schnabel, Werner Wilhelm: Was ist Barock? Zum Geltungsbereich des literaturwissenschaftlichen Epochenschlagworts und Periodenkonstrukts, in: Dieter J. Weiß (Hg.): Barock in Franken (Bayreuther Historische Kolloquien 17), Dettelbach 2004, 47–79.

Schnabel, Werner Wilhelm: Vorschneidekunst und Tafelfreuden. Georg Philipp Harsdörffer und sein ›Trincierbuch‹, in: Doris Gerstl (Hg.): Georg Philipp Harsdörffer und die Künste, Nürnberg 2005, 158–174.

Schnabel, Werner Wilhelm: Vom Ister an die Pegnitz. Lebensstationen der Barockdichterin Catharina Regina von Greiffenberg, in: Enzner, Manfred/Krauß, Eberhard (Hg.): Exulanten aus niederösterreichischen Eisenwurzen in Franken. Eine familien- und kirchengeschichtliche Untersuchung, Nürnberg 2005, 265–301.

Schnabel, Werner Wilhelm: Kirchweih in Kraftshof 1641. Volksbelustigung im Spiegel akademischer und nichtakademischer Dichtung, in: Jahrbuch für fränkische Landesforschung 66 (2006) (FS Werner K. Blessing), 51–81.

Schnabel, Werner Wilhelm (Hg.): Norica. Bilder und Daten zur Geschichte der Universität Altdorf, Nürnberg 2012 (gff digital – Reihe A: Digitalisierte Quellen, 2).

Schneider, Christiane: »Sibylle à Surinam va chercher la nature ...«. Maria Sibylla Merians Metamorphosis Insectorum Surinamensium, in: Pleithner, Regina (Hg.): Reisen des Barock. Selbst- und Fremderfahrungen und ihre Darstellung, Bonn 1991, 127–141.

Schneider, Martin: Das Weltbild des 17. Jahrhunderts. Philosophisches Denken zwischen Reformation und Aufklärung, Darmstadt 2004.

Schneider, Ute: Der Moralische Charakter. Ein Mittel aufklärerischer Menschendarstellung in den frühen deutschen Wochenschriften, Stuttgart 1976.

Schneiders, Werner (Hg.): Christian Thomasius: 1655–1728. Interpretationen zu Werk und Wirkung. Hamburg 1989.

Schneiders, Werner: Thomasius politicus. Einige Bemerkungen über Staatskunst und Privatpolitik in der aufklärerischen Klugheitslehre, in: Norbert Hinske (Hg.): Zentren der Aufklärung I: Halle. Aufklärung und Pietismus, Heidelberg 1989, 91–109.

Schnettger, Matthias (Hg.): Imperium Romanum – Irregulare Corpus – Teutscher Reichs-Staat: das alte Reich im Verständnis der Zeitgenossen und der Historiographie, Mainz 2002.

Schock, Flemming: Die Text-Kunstkammer. Populäre Wissenssammlungen des Barock am Beispiel der ›Relationes Curiosae‹ von E.W. Happel, Köln u.a. 2011.

Schöberl, Joachim: ›liljen-milch und rosen-purpur‹. Die Metaphorik in der galanten Lyrik des Spätbarock. Untersuchungen zur Neukirchschen Sammlung, Frankfurt/M. 1972.

Schoeps, Hans Joachim: Philosemitismus im Barock. Religions- und geistesgeschichtliche Untersuchungen, Tübingen 1952.

Schoeps, Hans Joachim: Barocke Juden – Christen – Judenchristen, Bern u.a. 1965.

Scholz, Bernhard: Zur Bedeutung von Michel Foucaults These eines epistemischen Bruchs im 17. Jahrhundert für die Barockforschung, in: Garber, Klaus (Hg.): Europäische Barock-Rezeption, Wiesbaden 1991, 169–184.

Scholz, Bernhard F.: Emblem und Emblempoetik. Historische und systematische Studien, Berlin 2002.

Schöne, Albrecht: Säkularisation als sprachbildende Kraft. Studien zur Dichtung deutscher Pfarrersöhne, Göttingen 1958 [²1968].

Schöne, Albrecht: Kürbishütte und Königsberg. Modellversuch einer sozialgeschichtlichen Entzifferung poetischer Texte. Am Beispiel Simon Dach, München 1975.

Schöne, Albrecht (Hg.): Stadt – Schule – Universität – Buchwesen und die deutsche Literatur im 17. Jahrhundert, München 1976.

Schöne, Albrecht: Vorbemerkung des Herausgebers, in: Schöne, Albrecht (Hg.): Das Zeitalter des Barock. Texte und Zeugnisse, München ³1988 (= Die deutsche Literatur. Texte und Zeugnisse, hg. v. Walther Killy, Bd.III).

Schöne, Albrecht: Emblematik und Drama im Zeitalter des Barock, München [¹1964] ³1993.

Schramm, Helmar u.a. (Hg.): Kunstkammer, Laboratorium, Bühne. Schauplätze des Wissens im 17. Jahrhundert, Berlin u.a. 2003.

Schröder, Dorothea: Zeitgeschichte auf der Opernbühne. Barockes Musiktheater in Hamburg im Dienst von Politik und Diplomatie (1690–1745), Göttingen 1998.

Schröder, Peter: Christian Thomasius zur Einführung, Hamburg 1999.

Schröder, Thomas: Die ersten Zeitungen. Textgestalt und Nachrichtenauswahl, Tübingen 1995.

Schubert, Dietmar: »Weil immer eine Kunst die ander‹ liebt und ehrt«. Der Beitrag des Leipziger Dichterkreises zu Herausbildung einer deutschsprachigen Kunstdichtung. In: Künste und Natur in Diskursen der Frühen Neuzeit, hg. v. Hartmut Laufhütte, Wiesbaden 2000, Bd. 1, 635–644.

Schüling, Hermann: Bibliographischer Wegweiser zu dem Schrifttum des 17. Jahrhunderts, Gießen 1964.

Schulz, Matthias: Deutscher Wortschatz im 17. Jahrhundert. Methodologische Studien zu Korpustheorie, Lexikologie und Lexikographie von historischem Wortschatz, Tübingen 2007.

Schulze, Winfried (Hg.): Egodokumente. Annäherung an den Menschen in der Geschichte (Selbstzeugnisse der Neuzeit 2), Berlin 1996.

Schulze, Winfried: Vom »ganzen Haus« zum »Kreislauf der geselligen Dienste und Arbeiten«. Geselligkeit und Gesellschaftsbildung im 17. Jahrhundert, in: Wolfgang Adam u. a. (Hg.): Geselligkeit und Gesellschaft im Barockzeitalter. Wiesbaden 1997, Bd. 1, 43–69.

Schwanitz, Dietrich: Bildung. Alles was man wissen muß, Frankfurt/M. 1999.

Schwarz, Christiane: Studien zur Stammbuchpraxis der Frühen Neuzeit. Gestaltung und Nutzen des Album amicorum am Beispiel eines Hofbeamten und Dichters, eines Politikers und eines Goldschmidts (etwa 1550 bis 1650), Frankfurt/M. 2002.

Schwind, Peter: Schwulst-Stil. Historische Grundlagen von Produktion und Rezeption manieristischer Sprachformen in Deutschland 1624–1738, Bonn 1977.

Seelbach, Ulrich: Logau, Gruttschreiber, Gregersdorf. Zum Verfasser der *Jüngsterbaweten Schäfferey*, in: Daphnis 18 (1989), 113–124.

Segebrecht, Wulf: Das Gelegenheitsgedicht. Ein Beitrag zur Geschichte und Poetik der deutschen Lyrik, Stuttgart 1977.

Seidel, Robert: Späthumanismus in Schlesien. Caspar Dornau (1577–1631): Leben und Werk, Tübingen 1994.

Siegl-Mocavini, Susanne: John Barclays ›Argenis‹ und ihr staatstheoretischer Kontext: Untersuchungen zum politischen Denken der frühen Neuzeit, Tübingen 1999)(Frühe Neuzeit 48).

Silber, Karl-Bernhard: Die dramatischen Werke Sigmund von Birkens (1626–1681), Tübingen 2000.

Simons, Olaf: Marteaus Europa oder Der Roman, bevor er Literatur wurde, Amsterdam 2001.

Simons, Olaf: Kulturelle Orientierung um 1700. Linien einer bislang nicht geschriebenen Literaturgeschichte, in: Scientia Poetica 9 (2005), 39–71.

Singer, Herbert: Der galante Roman, Stuttgart ²1966.

Skowronek, Susanne: Autorenbilder: Wort und Bild in den Porträtkupferstichen von Dichtern und Schriftstellern des Barock, Würzburg 2000.

Smart, Sara: Die Oper in Weißenfels (1696 und 1708): zur Aufgabe und zum Inhalt der Weißenfelser Libretti, in: Eleonore Sent (Hg.): Die Oper am Weißenfelser Hof, Rudolstadt 1996, 277–303.

Solbach, Andreas: Transgression als Verletzung des Decorum bei Christian Weise, H.J. Chr. v. Grimmelshausen und in Johann Beers *Narrenspital*, in: Daphnis 20 (1991), 34–60.

Solbach, Andreas: Evidentia und Erzähltheorie. Die Rhetorik anschaulichen Erzählens in der Frühmoderne und ihre antiken Quellen, München 1994.

Solbach, Andreas: Politische Theologie und Rhetorik in Andreas Gryphius' Trauerspiel *Leo Armenius*, in: Wahrheit und Wort. FS Rolf Tarot, hg. v. Gabriela Scherer u. Beatrice Wehrli, Bern u. a. 1996, 409–425.

Solbach, Andreas: Johann Beer. Rhetorisches Erzählen zwischen Satire und Utopie, Tübingen 2003 (Frühe Neuzeit 82).

Spahr, Blake Lee: Anton Ulrich und Aramena. The Genesis and Development of a Baroque Novel, Berkeley, Los Angeles 1966.

Spahr, Blake Lee: Baroque and manierism: Epoch and style, in: Colloquia Germanica 1 (1967), 78–100.

Spahr, Blake Lee: Grimmelshausen's ›Simplicissimus‹: Astrological Structure, in: Argenis 1 (1977), 7–29.

Späni, Marc: Poetische Gärtner und phaetonische Himmelsflieger. Formen poetologischer Reflexion im niederen Roman des 17. Jahrhunderts, Bern u. a. 2004.

Spellerberg, Gerhard: Verhängnis und Geschichte. Untersuchungen zu den Trauerspielen und dem ›Arminius‹-Roman Daniel Caspers von Lohenstein, Bad Homburg 1970.

Spellerberg, Gerhard: Barockdrama und Politik, in: Daphnis 12, 1 (1983), S. 127–168.

Spellerberg, Gerhard: Lohensteins ›Sophonisbe‹: Geschichtliche Tragödie oder Drama von Schuld und Strafe?, in: Daphnis 12, 2/3 (1983), S. 375–401 (bzw. 159–185).

Spellerberg, Gerhard: Höfischer Roman, in: Steinhagen, Harald (Hg.): Zwischen Gegenreformation und Frühaufklärung: Späthumanismus, Barock. 1570–1740, in: Horst Albert Glaser (Hg.): Deutsche Literatur. Eine Sozialgeschichte, Bd. 3, Reinbek 1985, 310–337.

Spengler, Oswald: Der Untergang des Abendlandes. Umrisse einer Morphologie der Weltgeschichte, München ⁹1988.

Springer-Strand, Ingeborg: »Der Kriegmann will ein Schäfer werden« oder Krieg, Frieden und Poesie in Harsdörffers *Friedenshoffnung*, in: Volker Meid (Hg.): Gedichte und Interpretationen. Band 1: Renaissance und Barock, Stuttgart 1982, 245–254.

Stauffer, Hermann: Sigmund von Birken (1626–1681). Morphologie seines Werks, Tübingen 2007.

Steiger, Johann Anselm: Die poetische Christologie des Andreas Gryphius als Zugang zur lutherisch-orthodoxen Theologie, in: Daphnis 26,1 (1997), 85–112.

Steiger, Johann Anselm: Schule des Sterbens. Die »Kirchhofgedanken« des Andreas Gryphius (1616–1664) als poetologische Theologie in Vollzug, Heidelberg 2000.

Steiger, Johann Anselm (Hg.): Passion, Affekt und Leidenschaft in der Frühen Neuzeit, Wiesbaden 2005.

Steiger, Johann Anselm: »Geh' aus, mein Herz, und suche Freud«. Paul Gerhardts Sommerlied und die Gelehrsamkeit der Barockzeit (Naturkunde, Emblematik, Theologie), Berlin 2007.

Steiger, Johann Anselm (Hg.): »Ewigkeit, Zeit ohne Zeit«. Gedenkschrift zum 400. Geburtstag des Dichters und Theologen Johann Rist, Neuendettelsau 2007.

Steigerwald, Jörn: Galanterie. Die Fabrikation einer natürlichen Ethik der höfischen Gesellschaft (1650–1710), Heidelberg 2011.

Steinhagen, Harald: Wirklichkeit und Handeln im barocken Drama. Historisch-ästhetische Studien zum Trauerspiel des Andreas Gryphius, Tübingen 1977.

Steinhagen, Harald/Wiese, Benno v. (Hg.): Deutsche Dichter des 17. Jahrhunderts. Ihr Leben und Werk, Berlin 1984.

Steinhagen, Harald (Hg.): Zwischen Gegenreformation und Frühaufklärung: Späthumanismus, Barock. 1570–1740, in: Horst Albert Glaser (Hg.): Deutsche Literatur. Eine Sozialgeschichte, Bd. 3, Reinbek 1985.

Stenzel, Jürgen: »Welch Pflaster kann den tieffen Riß verbinden?« Johann Christian Günthers *Abschieds-Aria*, in: Volker Meid (Hg.): Gedichte und Interpretationen. Band 1: Renaissance und Barock, Stuttgart 1982, 379–390.

Stockhorst, Stefanie: Reformpoetik. Kodifizierte Genustheorie des Barock und alternative Normenbildung in poetologischen Paratexten, Tübingen 2008.

Stockhorst, Stefanie: »Geiles 17. Jahrhundert«. Zur Barock-Rezeption Thomas Klings, in: Ammon, Frieder u. a. (Hg.): Das Gellen der Tinte. Zum Werk Thomas Klings, Stuttgart 2011, 163–196.

Stöckmann, Ingo: Vor der Literatur. Eine Evolutionstheorie der Poetik Alteuropas, Tübingen 2001.

Stolberg, Michael: Homo patiens. Krankheits- und Körpererfahrung in der Frühen Neuzeit, Köln u. a. 2003.

Strässle, Thomas: »Vom Unverstand zum Verstand durchs Feuer«. Studien zu Grimmelshausens »Simplicissimus Teutsch«, Bern 2001.

Straßner, Erich: Schwank, Stuttgart ²1978.

Straßner, Erich: Deutsche Sprachkultur. Von der Barbarensprache zur Weltsprache, Tübingen 1995.

Straßner, Erich: Zeitschrift, Tübingen 1997.

Strich, Fritz: Der lyrische Stil des 17. Jahrhunderts [1916], in: Alewyn, Richard (Hg.): Deutsche Barockforschung. Dokumente einer Epoche, Köln, Berlin 1965, 229–259.

Stroh, Wilfired: Baldeana. Untersuchungen zum Lebenswerk von Bayerns größtem Dichter. hg. von Bianca-Jeanette Schröder, München 2004 (Münchner Balde Studien 4).

Stüben, Jens (Hg.): Johann Christian Günther (1695–1723), Oldenburger Symposium zum 300. Geburtstag des Dichters, München 1998.

Sulzer, Dieter: Traktate zur Emblematik. Studien zu einer Geschichte der Emblemtheorien, hg. v. Gerhard Sauder, St. Ingbert 1992.

Szarota, Elida Maria: Künstler, Grübler und Rebellen. Studien zum europäischen Märtyrerdrama des 17. Jahrhunderts, Bern, München 1967.

Szarota, Elida Maria: Lohensteins *Arminius* als Zeitroman. Sichtweisen des Spätbarock, Bern, München 1970.

Szarota, Elida Maria: Geschichte, Politik und Gesellschaft im Drama des 17. Jahrhunderts, Bern, München 1976.

Szarota, Elida Maria: Einleitung, in: Szarota, Elida Maria (Hg.): Das Jesuitendrama im deutschen Sprachgebiet. Eine Periochen-Edition. Texte und Kommentare, München 1979–1987, Bd. 1, 6–101.

Szarota, Elida Maria: Stärke, Dein Name sei Weib! Bühnenfiguren des 17. Jahrhunderts. Berlin, New York 1987 (Komparatistische Studien 12).

Szyrocki, Marian: Andreas Gryphius. Sein Leben und Werk, Tübingen 1964.

Szyrocki, Marian: Die deutsche Literatur des Barock. Eine Einführung. Bibliographisch erneuerte Ausgabe, Stuttgart 1997 [¹1968].

Tarot, Rolf: ›Nosce te ipsum‹. Lebensjahre und Lebensweg in Grimmelshausens ›Simplicissimus Teutsch‹, in: Daphnis 5 (1976), 499–530.

Tarot, Rolf: Grimmelshausen als Satiriker, in: Argenis 2 (1978), 115–142.

Tatlock, Lynne: Thesaurus novorum. Periodicity and the rhetoric of fact in Eberhard Werner Happel's prose, in: Daphnis 19 (1990), 105–134.

Thiel, Roger: Constantia oder Klassenkampf? Christian Weises Masaniello (1682) und Barthold Feinds Masagniello Furioso (1706), in: Daphnis 17,2 (1988), 247–266.

Thimann, Michael: Gedächtnis und Bild-Kunst. Die Ordnung des Künstlerwissens in Joachim von Sandrarts ›Teutscher Academie‹, Freiburg 2007.

Thomke, Hellmut: Geistliches Drama und Kritik am Theater, in: Meier, Albert (Hg.): Die Literatur des 17. Jahrhunderts, München 1999, 377–400.

Till, Dietmar: Affirmation und Subversion. Zum Verhältnis von ›rhetorischen‹ und ›platonischen‹ Elementen in der frühneuzeitlichen Poetik. In: Zeitsprünge. Forschungen zur Frühen Neuzeit 4 (2000), H. 3, 181–210.

Till, Dietmar: Transformationen der Rhetorik. Untersuchungen zum Wandel der Rhetoriktheorie im 17. und 18. Jahrhundert. Tübingen 2004 (= Frühe Neuzeit, Bd. 91).

Till, Dietmar: Rhetorik und Schauspielkunst. In: Mallinckrodt, Rebekka von (Hg.): Bewegtes Leben. Körpertechniken in der Frühen Neuzeit. Wolfenbüttel 2008, 61–84.

Titzmann, Michael: Konstanz und intraepochaler Wandel im deutschen Barock, in: Garber, Klaus (Hg.): Europäische Barock-Rezeption, Wiesbaden 1991, Bd. 1, 63–83.

Titzmann, Michael: Epoche und Literatursystem. Ein terminologisch-methodologischer Vorschlag, in: Mitteilungen des Deutschen Germanistenverbandes 49,3 (2002), 294–307.

Toscan, Daniela: Form und Funktion des Komischen in den Komödien von Andreas Gryphius, Bern 2000.

Trappen, Stefan: Grimmelshausen und die menippeische Satire. Eine Studie zu den historischen Voraussetzungen der Prosasatire im Barock, Tübingen 1994.

Treppmann, Egon: Besuche aus dem Jenseits. Geistererscheinungen auf dem deutschen Theater im Barock, Konstanz 1999.

Triefenbach, Peter: Pikarischer und satirischer Roman, in: Steinhagen, Harald (Hg.): Zwischen Gegenreformation und Frühaufklärung: Späthumanismus, Barock. 1570–1740, in: Horst Albert Glaser (Hg.): Deutsche Literatur. Eine Sozialgeschichte, Bd. 3, Reinbek 1985, 338–355.

Trunz, Erich: Nachwort zu: Martin Opitz: Weltliche Poemata 1644. Zweiter Teil, Tübingen 1975, 3*–113*.

Trunz, Erich: Deutsche Literatur zwischen Späthumanismus und Barock. Acht Studien, München 1995.

Tschopp, Silvia Serena: Heilsgeschichtliche Deutungsmuster in der Publizistik des Dreißigjährigen Krieges. Pro- und antischwedische Propaganda in Deutschland 1628 bis 1635, Frankfurt/M. 1991.

Tuttas, Susanne: Sibylla Schwarz – die ›Pommersche Sappho‹, in: Wilhelm Kühlmann/Horst Langer (Hg.): Pommern in der Frühen Neuzeit, Tübingen 1994, 389–398.

Ueding, Gert/Steinbrink, Bernd: Grundriß der Rhetorik. Geschichte, Technik, Methode, Stuttgart ⁴2006.

Valentin, Jean-Marie: Le Theatre des Jésuites dans les pays de langue allemande (1554–1680), Bern u.a. 1978.

Valentin, Jean-Marie: Le Theatre des Jésuites dans les pays de langue allemande. Répertoire chronologique des Pièces représentées et des Documents conserves (1555–1773), Stuttgart 1983/84.

Valentin, Jean-Marie: Jesuitendrama als gegenreformatorische Propaganda, in: Steinhagen, Harald (Hg.): Zwischen Gegenreformation und Frühaufklärung: Späthumanismus, Barock. 1570–1740, in: Horst Albert Glaser (Hg.): Deutsche Literatur. Eine Sozialgeschichte, Bd. 3, Reinbek 1985, 172–205.

Valentin, Jean-Marie: Französischer ›Roman comique‹ und deutscher Schelmenroman, Opladen 1992.

Vavra, Elisabeth (Hg.): Jakob Prandtauer. Leben im Barock, St. Pölten 2010.

Verweyen, Theodor: Apophthegma und Scherzrede. Die Geschichte einer einfachen Gattungsform und ihrer Entfaltung im 17. Jahrhundert, Bad Homburg u.a. 1970.

Verweyen, Theodor: Dichterkrönungen. Rechts- und sozialgeschichtliche Aspekte literarischen Lebens in Deutschland, in: Conrad Wiedemann (Hg.): Literatur und Gesellschaft im deutschen Barock, GRM, Beiheft 1 (1979), 7–29.

Verweyen, Theodor: »Über die poetische Praxis vor Opitz – am Beispiel eines Sonetts aus dem Englischen von Petrus Denaisius« (mit einem rezeptionskritischen Nachwort zum ›Barockjahr 1981‹)«, in: Germanistik in Erlangen. Hundert Jahre nach der Gründung des Deutschen Seminars, hg. v. Dietmar Peschel, Erlangen 1983, 143–183.

Verweyen, Theodor: Der polyphone Roman und Grimmelshausens Simplicissimus, in: Simpliciana 12 (1990), 267–290.

Verweyen, Theodor: Thränen des Vaterlandes/Anno 1636 von Andreas Gryphius – Rhetorische Grundlagen, poetische Strukturen, Literarizität, in: Traditionen der Lyrik, FS Hans-Henrik Krummacher, hg. v. Wolfgang Düsing u. a., Tübingen 1997, 31–45.

Verweyen, Theodor: »Literarische Evolution um 1600. Epochenschwellen und Epochenprobleme im Blick auf Erich Trunz: Deutsche Literatur zwischen Späthumanismus und Barock. Acht Studien. Beck, München 1995«, in: Göttingische Gelehrte Anzeigen 252, 2000, Heft 1/2, 76–100.

Verweyen, Theodor/Witting, Günther: Das Epigramm. Beschreibungsprobleme einer Gattung und ihrer Geschichte, in: Simpliciana XI (1989), 161–180.

Verzeichnis der im deutschen Sprachgebiet erschienen Drucke des 17. Jahrhunderts (VD17), Titelblattkatalog. Internetadresse: www.vd17.de.

Vierhaus, Rudolf: Absolutismus, in: Ernst Hinrichs (Hg.): Absolutismus, Frankfurt/M. 1986, 35–62.

Vigarello, Georges: Wasser und Seife, Puder und Parfüm. Körperhygiene seit dem Mittelalter, Frankfurt/M. u. a. 1992.

Villinger, Ingeborg: Rhetorik als Verhängnis. Johann Christian Günthers Drama *Die von Theodosio bereute Eifersucht*, in: Pott, Hans-Georg (Hg.): Johann Christian Günther (mit einem Beitrag zu Lohensteins ›Agrippina‹), Paderborn 1988, 53–67.

Vogt, Jochen: Aspekte erzählender Prosa. Eine Einführung in Erzähltechnik und Romantheorie. Neubearbeitete und erweiterte Aufl., Opladen ⁷1990.

Vollhardt, Friedrich (Hg.): Christian Thomasius (1655–1728). Neue Forschungen im Kontext der Frühaufklärung. Tübingen 1997.

Vollhardt, Friedrich: Selbstliebe und Geselligkeit. Untersuchungen zum Verhältnis von naturrechtlichem Denken und moraldidaktische Literatur im 17. und 18. Jahrhundert, Tübingen 2001.

Voßkamp, Wilhelm: Untersuchungen zur Zeit- und Geschichtsauffassung im 17. Jahrhundert bei Gryphius und Lohenstein, Bonn 1967.

Voßkamp, Wilhelm: Romantheorie in Deutschland. Von Martin Opitz bis Friedrich von Blanckenburg, Stuttgart 1973.

Voßkamp, Wilhelm: Daniel Casper von Lohensteins *Cleopatra*. Historisches Verhängnis und politisches Spiel, in: Geschichte als Schauspiel. Deutsche Geschichtsdramen, hg. von Walter Hinck. Frankfurt 1981, 67–81.

Vries, Jan de: European Urbanization 1500–1800, London 1984.

Wade, Mara Renee: The early German pastoral »Singspiel«, Ann Arbor/Mich. 1984.

Wade, Mara: Triumphus Nuptialis Danicus: German Court Culture and Denmark. The Great Wedding of 1634, Wiesbaden 1996.

Wagenknecht, Christian: Einleitung, in: Gedichte 1600–1700. Nach den Erstdrucken in zeitlicher Folge hg. v. Christian Wagenknecht, München 1969 (Epochen der deutschen Lyrik 4), 5–11.

Wagenknecht, Christian: Weckherlin und Opitz. Zur Metrik der deutschen Renaissancepoesie, München 1971.

Wagenknecht, Christian: Nachwort, in: Georg Rodolf Weckherlin: Gedichte, hg. v. Christian Wagenknecht, Stuttgart 1972, 259–264.

Wagenknecht, Christian: Deutsche Metrik. Eine historische Einführung, München ²1989.

Walter, Axel E. (Hg.): Simon Dach (1605–1659). Werk und Nachwirkungen, Tübingen 2008.

Weiß, Dieter J.: Katholische Reform und Gegenreformation. Ein Überblick, Darmstadt 2005.

Weisz, Jutta: Das deutsche Epigramm des 17. Jahrhunderts, Stuttgart 1979.

Wels, Volkhard: Der Begriff der Dichtung in der Frühen Neuzeit, Berlin u. a. 2009.

Welzig, Werner: Beispielhafte Figuren. Tor, Abenteurer und Einsiedler bei Grimmelshausen, Graz, Köln 1963.

Wendebourg, Dorothea (Hg.): Paul Gerhardt – Dichtung, Theologie, Musik. Wissenschaftliche Beiträge zum 400. Geburtstag, Tübingen 2008.

Wentzlaff-Eggebert, Erika und Friedrich-Wilhelm: Andreas Gryphius 1616–1664 (EdF), Darmstadt 1983.

Wesche, Jörg: Literarische Diversität. Abweichungen, Lizenzen und Spielräume in der deutschen Poesie und Poetik der Barockzeit, Tübingen 2004 (Studien zur deutschen Literatur 173).

Weydt, Günther: Planetensymbolik im barocken Roman. Versuch einer Entschlüsselung des ›Simplicissimus Teutsch‹, in: Doitsu Bungaku 36 (1966), 1–14.

Weydt, Günther: Nachahmung und Schöpfung im Barock. Studien um Grimmelshausen, Bern 1968.

Weydt, Günther: »Und sie bewegen sich [leider?] doch!« Zu B.L. Spahrs – und G. Lemkes – Zweifeln an der Planetenstruktur des Simplicissimus, in: Argenis 2 (1978), 3–17.

Weydt, Günther: Spärliches von Spahr – Nochmals zur Planetenstruktur des »Simplicissimus«, in: Simpliciana 6/8 (1984), 219–221.

Wichert, Adalbert: Literatur, Rhetorik und Jurisprudenz im 17. Jahrhundert. Daniel Casper von Lohenstein und sein Werk. Eine exemplarische Studie. (Studien und Texte zur Sozialgeschichte der Literatur 32), Tübingen 1991.

Wiedemann, Conrad: Johann Klaj und seine Redeoratorien. Untersuchungen zur Dichtung eines deutschen Barockmanieristen, Nürnberg 1966.

Wiedemann, Conrad: Barocksprache, Systemdenken, Staatsmentalität. Perspektiven der Forschung nach Barners »Barockrhetorik«, in: Int. Arbeitskreis für deutsche Barockliteratur (Hg.): Erstes Arbeitstreffen 27.8.–31.8.1972, Wolfenbüttel 1973, 21–51.

Wiedemann, Conrad: Heroisch – Schäferlich – Geistlich. Zu einem möglichen Systemzusammenhang barocker Rollenhaltungen, in: Voßkamp, Wilhelm (Hg.): Schäferdichtung. Referate der 5. Arbeitsgruppe beim 2. Arbeitstreffen des Internationalen Arbeitskreises für deutsche Barockliteratur, Hamburg 1977, 96–122.

Wiedemann, Conrad: Bestrittene Individualität. Beobachtungen zur Funktion der Barockallegorie [1979], in: Wiedemann, Conrad: Grenzgänge. Studien zur europäischen Literatur und Kultur, hg. v. Renate Stauf u. Cord-Friedrich Berghahn, Heidelberg 2005, 59–82.

Wiedemann, Conrad: Himmelsbilder des Barock [1994], in: Wiedemann, Conrad: Grenzgänge. Studien zur europäischen Literatur und Kultur, hg. v. Renate Stauf u. Cord-Friedrich Berghahn, Heidelberg 2005, 31–58.

Wiese, Benno v.: Die Antithetik in den Alexandrinern des Angelus Silesius [1928], in: Deutsche Barockforschung. Dokumentation einer Epoche, hg. v. Richard Alewyn, Köln, Berlin 1965, 260–281.

Wiethölter, Waltraud: »Baltanderst Lehr und Kunst«. Zur Allegorie des Allegorischen in Grimmelshausens Simplicissimus Teutsch, in: DVjs 68,1 (1994), 45–65.

Wiethölter, Waltraud: »Schwartz und Weiß auß einer Feder« oder Allegorische Lektüren im 17. Jahrhundert: Gryphius, Grimmelshausen, Greiffenberg, in: DVjs 72 (1998), 537–591 und 73 (1999), 122–151.

Willems, Gottfried: Anschaulichkeit. Zur Theorie und Geschichte der Wort-Bild-Beziehung und des literarischen Darstellungsstils, Tübingen 1989.

Wills, John E.: 1688. Was geschah in jenem Jahr rund um den Globus? Ein Mosaik der Frühen Neuzeit [1688. A Global History], übers. v. Nikolaus Gatter, Bergisch Gladbach 2003.

Wimmer, Ruprecht: Jesuitentheater. Didaktik und Fest. Das Exemplum des ägyptischen Joseph auf der deutschen Bühne der Gesellschaft Jesu, Frankfurt/M. 1982.

Windfuhr, Manfred: Die barocke Bildlichkeit und ihre Kritiker. Stilhaltungen in der deutschen Literatur des 17. und 18. Jahrhunderts, Stuttgart 1966.

Wölfflin, Heinrich: Renaissance und Barock. Eine Untersuchung über Wesen und Entstehung des Barockstils in Italien, München 1888.

Wolter, Beatrice: Deutsche Schlagwörter zur Zeit des Dreißigjährigen Krieges. Frankfurt/M. 2000.

Woods, Jean/Fürstenwald, Maria (Hg.): Schriftstellerinnen, Künstlerinnen und gelehrte Frauen des deutschen Barock. Ein Lexikon, Stuttgart 1984.

Wunder, Heide: »Er ist Sonn', sie ist der Mond«. Frauen in der Frühen Neuzeit, München 1992.

Wunderlich, Werner: Zu den epischen Merkmalen des Schwanks. Zur Geschichte der deutschen Schwankliteratur vom 17. Jahrhundert bis zur Gegenwart, in: Deutsche Schwankliteratur vom 17. Jahrhundert bis zur Gegenwart, hg. v. Werner Wunderlich, Frankfurt 1992, 211–243.

Zähme, Volker: Schnellkurs Barock, Köln 2000.

[Zedler, Johann Heinrich:] Grosses vollständiges Universal Lexicon [...], Leipzig, Halle/S. 1732–1754.

Zeeden, Ernst Walter: Das Zeitalter der Glaubenskämpfe, München [1973] ⁷1986 (Gebhardt: Handbuch der deutschen Geschichte, Bd. 9).

Zelle, Carsten: Angenehmes Grauen. Literarhistorische Beiträge zur Ästhetik des Schrecklichen im achtzehnten Jahrhundert, Hamburg 1987.

Zeller, Konradin: Pädagogik und Drama. Untersuchungen zur Schulkomödie Christian Weises, Tübingen 1980.

Zeller, Rosmarie: Der Neue Helicon als Schule der Glückseligkeit, in: Morgen-Glantz 14 (2004), 229–249.

Ziefle, Helmut W.: Sibylle Schwarz. Leben und Werk. Bonn 1975.

Ziegeler, Hans-Joachim (Hg.): Ritual und Inszenierung. Geistliches und weltliches Drama des Mittelalters und der Frühen Neuzeit, Tübingen 2004. Zymner, Rüdiger: Manierismus. Zur poetischen Artistik bei Johann Fischart, Jean Paul und Arno Schmidt, Paderborn u. a. 1995.

Zymner, Rüdiger: Literarische Individualität. Vorstudien am Beispiel Johann Christian Günthers, in: Stüben, Jens (Hg.): Johann Christian Günther (1695–1723), Oldenburger Symposium zum 300. Geburtstag des Dichters, München 1997, 249–287.

Zeitschriften mit ausschließlich frühneuzeitlichen bzw. barocken Schwerpunkten

Daphnis. Zeitschrift für Mittlere Deutsche Literatur und Kultur der Frühen Neuzeit (1400–1750) / Schriftenreihe Chloe
Morgen-Glantz. Zeitschrift der Christian Knorr von Rosenroth-Gesellschaft
Simpliciana. Schriften der Grimmelshausen-Gesellschaft
Spee-Jahrbuch der Arbeitsgemeinschaft der Friedrich-Spee-Gesellschaften in Düsseldorf und Trier
Wolfenbütteler Barocknachrichten (Wolfenbütteler Arbeitskreis für Barockforschung/Herzog August Bibliothek Wolfenbüttel)

Personenregister